第二次全国土地调查成果之一

中国土地调查技术

中华人民共和国国土资源部
国务院第二次全国土地调查领导小组办公室 编著

地质出版社
·北 京·

图书在版编目（CIP）数据

中国土地调查技术 / 中华人民共和国国土资源部，国务院第二次全国土地调查领导小组办公室编著．— 北京：地质出版社，2017.6

ISBN 978-7-116-10446-4

I. ①中… II. ①中… ②国… III. ①土地资源－资源调查－中国 IV. ① F323.211

中国版本图书馆 CIP 数据核字（2017）第 159306 号

策划编辑：何　蔓
责任编辑：李　颖　蔡　莹　孙　灿
责任校对：王洪强
出版发行：地质出版社
社址邮编：北京市海淀区学院路 31 号，100083
电　　话：(010) 66554649（发行部）；(010) 66554612（编辑室）
网　　址：http://www.gph.com.cn
传　　真：(010) 66554607
印　　刷：北京地大彩印有限公司
开　　本：889mm × 1194mm 1/16
印　　张：30
字　　数：800 千字
版　　次：2017年6月北京第1版
印　　次：2017年6月北京第1次印刷
审 图 号：GS(2017)2819号
定　　价：128.00元
书　　号：ISBN 978-7-116-10446-4

国务院第二次全国土地调查
领导小组成员名单

《国务院关于开展第二次全国土地调查的通知》（国发〔2006〕38号）

2006年12月

组　长	曾培炎	国务院副总理
副组长	孙文盛	国土资源部部长
	张　平	国务院副秘书长
成　员	杜　鹰	发展改革委副主任
	罗平飞	民政部副部长
	贠小苏	国土资源部副部长
	陈晓丽	建设部总规划师
	矫　勇	水利部副部长
	牛　盾	农业部副部长
	吴晓青	环保总局副局长
	张为民	统计局副局长
	雷加富	林业局副局长
	张宏声	海洋局副局长
	李维森	测绘局副局长

国务院第二次全国土地调查领导小组成员名单

《国务院办公厅关于调整国务院第二次全国土地调查领导小组组成人员的通知》（国办函〔2008〕42号）
2008年4月

组　长	李克强	国务院副总理
副组长	徐绍史	国土资源部部长
	张　勇	国务院副秘书长
成　员	杜　鹰	发展改革委副主任
	罗平飞	民政部副部长
	张少春	财政部副部长
	贠小苏	国土资源部副部长
	吴晓青	环境保护部副部长
	仇保兴	住房城乡建设部副部长
	矫　勇	水利部副部长
	高鸿宾	农业部副部长
	张为民	统计局副局长
	雷加富	林业局副局长
	张宏声	海洋局副局长
	李维森	测绘局副局长

2009年10月21日，经请示国务院第二次全国土地调查领导小组同意，由国土资源部副部长王世元同志担任领导小组成员，并兼任领导小组办公室主任。贠小苏同志不再担任领导小组成员及办公室主任。

国务院第二次全国土地调查领导小组办公室人员名单

《关于组建国务院第二次全国土地调查领导小组办公室的通知》

（国土调查办发〔2007〕1号）

2007年4月

主　任	贠小苏	国土资源部副部长
副主任	高延利	国土资源部地籍管理司司长（常务）
	朱留华	中国土地勘测规划院院长
	谢俊奇	中国土地勘测规划院副院长（专职）
成　员	赵久田	国土资源部政策法规司副巡视员
	殷卫平	国土资源部规划司巡视员
	韩和平	国土资源部财务司副司长
	黄鹤图	国土资源部耕地保护司副司长
	蒋文彪	国土资源部信息中心副主任
	佟绍伟	中国土地矿产法律事务中心副主任
	辛少华	国家测绘局国土测绘司副司长
	韩永顺	中国土地勘测规划院副巡视员兼信息核查组组长
	何　平	国土资源部地籍管理司土地登记处处长兼综合组组长
	孙建宏	国土资源部地籍管理司权属调处处处长兼权属纠纷调处指导组组长
	孙　毅	中国土地勘测规划院遥感所所长兼调查组组长

国务院第二次全国土地调查领导小组办公室人员名单

2016年6月领导小组办公室人员

主　任	王世元	国土资源部副部长（2009 年 10 月至今）
副主任	高延利	中国土地勘测规划院院长（常务）
	朱留华	国土资源部地籍管理司（不动产登记局）巡视员
	冯文利	国土资源部地籍管理司（不动产登记局）副司长（副局长）
	张建平	中国土地勘测规划院副院长
	李宪文	中国土地勘测规划院副院长
成　员	陈现宾	国土资源部办公厅副主任
	夏　俊	国土资源部办公厅副巡视员
	赵久田	国土资源部政策法规司副巡视员
	韩和平	国土资源部财务司巡视员
	刘国洪	国土资源部耕地保护司司长
	刘明松	国土资源部耕地保护司副司长
	何　平	国土资源部地籍管理司（不动产登记局）副司长（副局长）
	黄鹤图	国土资源部土地利用管理司巡视员
	李全人	国家土地督察沈阳局局长
	辛少华	国家测绘地理信息局国土测绘司巡视员
	蒋文彪	国土资源部信息中心主任
	佟绍伟	中国土地矿产法律事务中心副主任
	杨祝晖	国土资源部地籍管理司（不动产登记局）登记处处长
	杨　地	国土资源部地籍管理司（不动产登记局）调查处处长
	张炳智	国土资源部地籍管理司（不动产登记局）监统处处长
	孙　毅	中国土地勘测规划院遥感所所长兼调查组组长

全国土地调查办工作人员（按姓氏笔画排序）

丁龙玺	于丽娜	于林竹	马刚	马晶	马相臣	尤淑撑
牛春盈	牛新萍	王昊	王恒	王雯	王锦	王静
王磊	王月红	王龙江	王亦白	王刚武	王庆日	王江波
王建萍	王忠武	王欣欣	王宪民	王荣彬	卢立为	卢艳霞
史良树	叶辉	田原	田立瑛	田彦军	白晓飞	全振海
刘莉	刘康	刘玉红	刘光成	刘国权	刘顺喜	吕宝玲
吕建乐	曲芳	朱希波	朱国华	朱明君	毕继业	许坚
许实	何禾	何宇华	何欢乐	吴田	吴明辉	吴海平
宋海荣	张娟	张辉（女）	张辉	张嘉	张阳阳	张利卫
张志宏	张定祥	张明达	张炳智	张荣慧	张衍毓	张晓玲
李涛	李琪	李万东	李绍学	李彦杰	李培敏	李雪梅
杜舰	杨地	杨穗	杨祝晖	杨冀红	汪秀莲	苏月建
辛丽璇	邱烈飞	陈旭	陈建	陈涛	陈莹	陈川南
陈志军	陈瑜琦	周玥	周娜	周凤琴	周弟桥	周灵霞
周连芳	周昌龙	孟超	季宏伟	欧阳宏斌	郑颖	姜栋
战鹰	胡绍永	胡碧霞	赵伟	赵松	赵心浩	郗晓菲
钟京涛	唐程杰	徐小黎	柴渊	耿冲	袁金	陶密
顾威	高莉	崔功杰	扈传荣	梁耘	黄亮	黄志凌
黄远煌	黄思红	黄美均	彭晋福	曾珏	曾巍	温礼
董北平	蒋科	韩立	韩旭	韩毅	解琳	臧艺
蔡勇	蔡玉梅	黎春侠	霍淼	戴建旺	戴银萍	魏淑英

《第二次全国土地调查成果系列丛书》
编委会人员名单

《中国土地调查技术》
编写人员名单

主　　编　王世元　贠小苏

副 主 编　高延利　朱留华　谢俊奇　韩永顺　孙　毅

编　　委　（按姓氏笔画排序）

于丽娜　马小计　王孝强　王志宏　王建弟　王建萍
王慧敏　韦　革　牛春盈　毛玉龙　尹鹏程　石　珩
史良树　白晓飞　齐建伟　许　实　孙建宏　孙茜茜
芦仲进　李　刚　李　涛　李　琪　李佳明　李金鹿
李相一　李留所　杨　地　杨良顺　杨祝晖　杨冀红
何　乐　何欢乐　辛丽璇　宋永存　宋海容　张　丰
张　嘉　张利卫　张荣慧　张炳智　陈华萍　武　娟
范胜强　周连芳　赵　伟　赵乔贵　郝继坤　胡绍永
战　鹰　钟京涛　姜　栋　袁　金　高　莉　高学文
唐程杰　梁　耘　蒋　科　曾　珏　曾　巍　霍　森
戴榅卓

序

第二次全国土地调查（以下简称二次土地调查）是一次重要的国情国力调查，是中华人民共和国成立以来开展的一次全面翔实的土地资源清查。在党中央、国务院正确领导下，在各级政府统一组织和相关部门密切配合下，全国土地调查战线20多万干部职工历时三年，圆满完成二次土地调查各项任务，取得丰硕成果。全面查清了全国土地利用现状，准确掌握了各类土地资源底数；建成了国家、省、市、县四级土地利用基础数据库，首次实现了调查成果管理的数字化；建立了土地变更调查新机制，实现了土地利用变化常态化监测；构建了国土资源管理“一张图”和综合监管平台，夯实了国土资源管理基础。

2013年下半年，国务院专题会议、国务院常务会议、中央政治局常委会议、中央政治局会议先后四次听取二次土地调查主要情况汇报。中央领导同志在对调查成果给予高度评价后指出，我国耕地调查数据虽然有所增加，但人均耕地少、耕地质量总体不高、耕地后备资源不足的基本国情没有改变；粗放利用土地的现象依然突出，土地管理形势依然严峻；必须毫不动摇地坚持最严格的耕地保护制度和最严格的节约用地制度，严防死守耕地红线，确保国家粮食安全。要用好二次土地调查成果，进一步把土地管理好，把耕地保护好，科学制定好经济社会发展重大战略规划和政策举措。

二次土地调查成果已经得到广泛应用，发挥了多方面作用。一是为中央宏观决策和战略规划制定提供了有力支撑。在国家“十三五”规划、《国家新型城镇化规划（2014—2020年）》、“一带一路”建设、京津冀协同发展、长江经济带建设、国家新一轮生态退耕等重大规划和政策的制定中，二次土地调查成果成为重要支撑。二是为地方政府把握土地资源形势和编制各类规划提供了重要依据。各省（自治区、直辖市）编制各类发展规划、进行经济建设布局，都把二次土地调查成果作为重要依据，更加重视基于土地承载能力科学开发建设，优化国土空间开发格局。三是在相关行业和领域得到普遍应用。在国家人口、经济、农业等国情国力调查，湿地、土壤污染、生物多样性等生态环境调查，抗震救灾和灾后重建等工作中，二次土地调查成果发挥了基础作用。四是有力促进了国土资源管理方式转变。以二次土地调查成果构建的国土资源“一张图”和综合监管平台，广泛应用于土地利用总体规划、耕地保护、土地征收、高标准农田建设等工作中，提升了国土资源管理的科学性和实效性。

为充分发挥二次土地调查成果效用，国务院第二次全国土地调查领导小组办公室、全国土地调查成果汇总编辑委员会编纂了《第二次全国土地调查成果系列丛书》，通过图件、数据、数据库、文字资料等多种形态，全面总结和展示了二次土地调查成果。这套丛书是我国目前最系统、最全面、最准确的土地国情国力数据资料，对于准确掌握土地资源国情，科学制定土地政策和发展战略，促进经济社会持续健康发展，具有重要的参考价值。

当前，我国进入全面建成小康社会决胜阶段，经济发展进入新常态，供给侧结构性改革深入推进，对国土资源工作提出了新的更高要求。面对新形势新任务，国土资源系统干部职工要全面贯彻落实党中央、国务院决策部署，主动适应、把握、引领经济发展新常态，牢固树立创新、协调、绿色、开放、共享新发展理念，大力弘扬求真务实、勇于创新、攻坚克难、甘于奉献、团结协作的“二调精神”，着力提高“懂全局、管本行，抓重点、破难题，抓落实、求实效，崇廉洁、拒腐蚀”四种能力，切实履行好“尽职尽责保护国土资源，节约集约利用国土资源，尽心尽力维护群众权益”工作职责，为稳增长、调结构、惠民生提供坚实支撑保障。在工作推进中，我们要充分发挥二次土地调查成果的基础性作用，不断提高国土资源监管和服务水平，为全面建成小康社会、实现中华民族伟大复兴中国梦做出新的更大贡献。

二〇一六年六月

前 言

第二次全国土地调查（以下简称二次土地调查）是在党中央、国务院的正确领导下，在各级政府的统一组织和各部门的密切配合下开展的一次重大国情国力调查，是在我国经济社会加快发展、土地利用状况急剧变化的背景下，运用当代最新技术手段进行的一次土地资源清查。2006年12月，国务院印发《关于开展第二次全国土地调查的通知》（国发〔2006〕38号，以下简称38号文件），在全国部署开展二次土地调查工作。调查工作自2007年7月1日全面启动，历时三年，形成了2009年12月31日的时点数据，并于2010年上半年基本完成全国数据汇总。经中央政治局会议审议通过，二次土地调查主要成果于2013年12月30日由国土资源部、国家统计局、国务院第二次全国土地调查领导小组办公室联合向社会公布。

一、二次土地调查主要任务及其成果

根据38号文件和《第二次全国土地调查总体方案》要求，二次土地调查开展了农村土地调查，城镇土地调查，基本农田调查，县、市、省、国家四级土地利用数据库建设，各级土地调查成果汇总及年度更新等项工作，取得了丰富的成果。

一是完成农村土地调查。全国2859个县级调查单位全部完成了农村土地调查，实地调查了1.5亿个地块，查清了全国每一块土地的地类、位置、范围、面积、分布等，掌握了耕地、园地、草地、林地、农村居民点等各类土地的利用现状；查清了全国71.3万个村级范围；查清了农村集体土地所有权和国有土地使用权状况。同时，开展土地权属争议案件清查及调处工作。

二是完成城镇土地调查。全国完成了7.26万平方千米的城镇土地调查，基本查清了城镇内部建设用地的使用权状况，确定了城镇内部每宗土地的界址、范围、界线、数量、用途等。通过汇总分析，掌握了工业用地、基础设施用地、金融商业服务用地、房地产用地、开发园区等土地利用状况。

三是完成基本农田调查。按照土地利用总体规划和基本农田保护区（块）划定资料，全国所有县级调查单位完成了基本农田调查，将基本农田保护地块落实到最新的土地利用现状图上，查清了31个省（自治区、直辖市）0.5亿个基本农田地块的位置、范围、面积等基本情况。

四是完成各级土地利用数据库建设。按照国家统一制定的标准和规范，建立了2859个县级土地调查数据库，包含遥感影像、土地利用、基本农田、权属界线等信息。在此基础上，逐级检查汇交数据，形成了国家、省、市、县级四级土地利用数据库。国家级数据库容量达75TB，首次实现了对全国每一块土地利用情况的全面掌控。同时，基于土地利用数据库建立了国土资源遥感监测“一张图”和综合信息监管平台。

五是完成成果汇总。在土地利用数据库基础上，逐级汇总各级行政辖区内的各类土地利用数据、基本农田和城镇建设用地等基础数据，对全国土地调查图形数据进行整理缩编，编制出国家、省、市、县级系列土地利用图件、图集和各种专题图件。同时，根据土地调查结果，开展土地利用状况分析，编制二次土地调查各类成果报告。

六是完成年度土地调查成果更新。2010年以来，在二次土地调查成果的基础上，每年组织开展全国土地利用变更调查，全面掌握全国2800多个县级行政单位的年度土地利用变化情况，及时更新各级土地调查数据库和国土资源综合信息监管平台，保持全国土地调查数据的现势性。

二、二次土地调查成果应用和价值

党中央、国务院对二次土地调查成果给予了高度评价，认为二次土地调查成果全面、真实、准确、客观，是一项前所未有的调查成果。二次土地调查成果从“边调查、边应用”到国家级、省级主要数据成果向社会公布，已经在中央和地方政府决策、国土资源管理，以及在相关部门管理和行业工作中得到了广泛应用，发挥了重要的基础支撑作用。同时，二次土地调查的顺利完成，对完善国土资源监管方式、提升国土资源管理水平，具有里程碑式的意义。

一是支撑了中央宏观决策和战略规划制定。党中央、国务院依据二次土地调查数据，对我国土地基本国情和土地管理形势做出科学判断，明确提出，我国人均耕地少、耕地质量总体不高、耕地后备资源不足的基本国情没有改变；粗放利用土地的现象依然突出，土地管理形势依然严峻；要毫不动摇地坚持最严格的耕地保护制度和最严格的节约用地制度。在《中华人民共和国国民经济和社会发展第十三个五年规划纲要》、《国家新型城镇化规划（2014—2020年）》、京津冀一体化战略、国家新一轮生态退耕规划等重大规划和政策的制定过程中，二次土地调查成果都起到了重要的支撑作用。

二是为地方政府准确把握土地资源形势和编制各类规划提供了重要依据。各省（自治区、直辖市）党委、政府依据二次土地调查成果，对本地区土地资源形势做出了与党中央、国务院高度统一的判断，都强调要依据省（自治区、直辖市）情切实加强调查成果应用。在各地“十二五”规划、“十三五”规划、土地利用总体规划、城乡规划等各类规划编制和经济建设中，都十分重视并应用了二次土地调查成果，进一步提升了地方政府决策和管理的科学化水平。

三是促进了国土资源管理方式的转变。随着国土资源遥感监测“一张图”和综合信息监管平台建设的逐步深入和完善，二次土地调查及随后开展的年度土地变更调查成果已经成为土地利用总体规划调整完善、耕地保护和永久基本农田划定、用地审批、节约集约用地、不动产统一登记、地质灾害防治、执法监察和土地督察等国土资源管理工作必须依据的基础数据，实现了国土资源开发利用“天上看、地上查、网上管”，促进土地监管方式从“以数管地”到“图数一体管地”的重大转变。

四是在各政府部门的相关管理工作中得到广泛的共享应用。二次土地调查成果已经在部门之间形成良好共享应用机制。调查成果已经广泛应用于发改、住建、农业、林业、统计、税收等政府部门和有关行业，在第六次全国人口普查、农村土地承包经营权确权登记、第一次全国水利普查、国家新一轮退耕还林工程、第一次地理国情普查、抗震救灾和灾后重建、不动产登记等工作中发挥了重要的基础数据支撑作用。

五是在社会及公众层面也得到越来越多的共享和应用。各地主要通过公报的形式向社会公布了二次土地调查主要地类数据成果；全国各地的高校、科研机构、学术团体和专家学者在课题研究、学术论文撰写过程中也日益广泛使用二次土地调查相关成果。

三、二次土地调查形成了值得传承、创新和完善的基本制度

按照国务院"国家整体控制，地方细化调查"的总体要求，国家在二次土地调查中建立形成一套严密的土地调查制度体系和运行机制。同时，各地在调查工作实践中，创新性地建立了一些切合当地实际的工作制度，有效地保证了二次土地调查数据成果的真实、准确。

一是在法律法规层面。《土地调查条例》的出台，实现了土地调查工作管理机制由行政化向法治化的根本性转变，建立起法治化的土地调查工作管理机制，土地调查结果具备了法律赋予的权威性，土地调查经费筹措和土地调查工作标准化、规范化、信息化建设都能有法可依。

二是在工作组织层面。建立了由国务院直接部署，统一方案和分工要求，各级政府组织推动，国土部门牵头，层层落实，多部门参与的组织模式，以"三下两上一更新"工作流程为核心，建立形成了项目监理制度、成果质量控制岗位责任制、成果抽查制度、统一时点更新制度、成果汇交统计制度、成果分级检查验收制度，以及责任追究制度等。

三是在规程规范层面。《土地利用现状分类》（GB/T 21010—2007）、《第二次全国土地调查技术规程》（TD/T 1014—2007）等一系列标准和技术规范构建起土地调查制度的技术基础，实现了国家层面一个标准的控制性调查。

四是在内部管理层面。构建了集体议事、检查指导、定期统计上报、档案管理和资料保密，以及招投标管理、经费管理等严密的管理制度，形成了工作规则、培训方案、宣传方案，以及专项经费管理办法等，使各项工作规范化、制度化。

五是在成果检查验收层面。建立检查验收制度，采用分阶段成果检查制度，保证成果质量；执行调查成果县级自查自核和市、省、国家分级检查验收制度。

六是在调查公开性层面。建立社会队伍参与调查的工作模式，通过公开"招投标"的方式选择作业队伍；同时建立了第三方评价制度，由国家统计局中国经济景气监测中心对调查成果进行评价。

实践证明，二次土地调查形成的土地调查制度体系和运行机制，是符合当前土地调查工作要求的，具有很强的科学性和创新性。二次土地调查创新性的成功实践，不仅可以为我们组织实施国土资源管理调查评价重大工程提供范例，也能为我国其他方面开展重大国情国力调查提供借鉴。

四、《第二次全国土地调查成果系列丛书》简介

二次土地调查是巨大的工程，取得了丰硕的成果。为了更好地发挥二次土地调查成果的应用价值，按照国土资源部要求，我们组织编纂了《第二次全国土地调查成果系列丛书》。其中，《第二次全国土地调查成果分析》是在国土资源部向党中央、国务院集中汇报材料的基础上形成的重要成果；《中国土地调查技术》和《中国土地资源与利用》分别论述二次土地调查的技术路线和技术方法，对1996—2009年间我国土地资源与利用的变化情况进行分析；《第二次全国土地调查数据集》包括《农村土地调查数

据集》和《城镇建设用地细化调查统计数据集》，反映了全国土地利用现状的数量、结构、分布情况，以及与全国第一次土地调查数据的比较；《中华人民共和国土地利用系列图》和《第二次全国土地调查影像图集》等以图册（集）形式，系统展示了全国及各省（自治区、直辖市）的土地利用状况和分布规律。同时，该系列丛书包括《第二次全国土地调查成果应用选编》《第二次全国土地调查工作报告》《沃土丰碑——第二次全国土地调查工作纪实画册》《第二次全国土地调查文件选编》《群英谱——第二次全国土地调查先进集体和先进工作者风采录》等成果，以期用文字、图件、影像等形式全面系统地总结和展示二次土地调查成果。

《第二次全国土地调查成果系列丛书》的编纂出版，是广大土地调查工作者和全体编纂人员无私奉献和辛勤工作的结果，是传承发扬求真务实、勇于创新、攻坚克难、甘于奉献、团结协作“二调精神”的集中体现。我代表国务院第二次全国土地调查领导小组办公室和国土资源部向所有在这项工作中付出辛劳和智慧的同志们表示祝贺和问候！让我们在新的历史条件下，按照党中央、国务院的部署和要求，珍惜和利用好来之不易的调查成果，把土地调查成果维护好，共享应用好，把土地调查工作一茬接一茬干好，为支撑和服务经济社会健康、稳定、可持续发展做出新的更大贡献！

王世元

二〇一六年六月

数据说明：《第二次全国土地调查成果系列丛书》中所使用的土地数据主要来源于第二次全国土地调查和相关年度土地变更调查等。书中涉及的土地调查数据均未含香港特别行政区，澳门特别行政区，台湾地区，福建省的金门、马祖等岛屿。涉及社会经济相关数据均来源于相应年份的统计年鉴资料。特此说明，未尽事宜，由国务院第二次全国土地调查领导小组办公室负责解释。

目录

第一章　第二次全国土地调查技术路线

现阶段，土地调查主要是指土地利用现状及变化情况的调查，包括地类、位置、面积、分布、权属、利用状况的调查。《国务院关于开展第二次全国土地调查的通知》（国发〔2006〕38号）指出：“土地调查是我国法定的一项重要制度，是全面查实查清土地资源的重要手段。第二次全国土地调查作为一项重大的国情国力调查，目的是全面查清目前全国土地利用状况，掌握真实的土地基础数据，建立和完善土地调查、统计和登记制度，实现土地资源信息的社会化服务，满足经济社会发展及国土资源管理的需要。”《土地调查条例》指出：“土地调查的目的，是全面查清土地资源和利用状况，掌握真实准确的土地基础数据，为科学规划、合理利用、有效保护土地资源，实施最严格的耕地保护制度，加强和改善宏观调控提供依据，促进经济社会全面协调可持续发展。”

通过土地调查所获得的数据、图件等土地基础资料，是支撑土地资源管理的基础。土地资源管理是从土地调查开始的。中华人民共和国成立后，我国十分重视土地调查工作，先后开展了若干次与土地相关的土地调查，特别是20世纪80年代以后，统一组织开展了若干次全国性的土地调查：一是按照《关于商请参加全国土地资源调查制图工作的函》（1980年5月5日国家农委国农区划字〔1980〕5号），由全国农业自然资源调查和农业区划委员会办公室组织，于1980—1984年开展了以省为单位的国家级遥感调查，利用卫片初步查清了全国主要土地资源的面积和分布，编制成图，供中央和省（未调查到县）一级使用；二是按照国务院〔1979〕111号文件要求，结合全国第二次土壤普查、县级农业区划，由土壤普查、土地管理、农业区划部门组织，于1979—1985年开展了以县为单位的全国土地利用现状概查工作（简称土地概查）；三是按照《国务院批转农牧渔业部、国家计委等部门关于进一步开展土地资源调查工作的报告的通知》（国发〔1984〕70号），先由全国农业区划委员会组织，国家土地管理局成立后改为由国家土地管理局组织，依据制定的全国统一的《土地利用现状调查技术规程》（1984年全国农业区划委员会制定）于1984—1996年历时十余年，开展了以县为基本调查单位的土地利用现状调查（为了与土地概查区别，也称为土地利用现状详查、土地资源调查，简称土地详查），现在称之为第一次全国土地调查（简称一次调查）。第一次全国土地调查采用了当时先进的航空遥感影像（航空遥感影像为主，航天遥感影像为辅）、转绘制图技术、面积量算技术、汇总技术等，完成了具有重要历史意义的国情、国力调查。一次调查首次全面查清了全国每一块土地的地类、面积、权属和利用状况，取得了翔实的土地利用图件、数据和文字资料等系列成果，完成了一项在中华民族历史上前所未有的伟业，也为以后开展的土地调查奠定了基础。

一次调查完成后，根据土地资源管理的需要，国土资源部先后组织开展了每年一次的土地变更调查、新一轮土地资源大调查、土地利用基础图件与数据更新调查（简称土地利用更新调查、更新调查）、耕地后备资源调查与评价、土地利用动态遥感监测等其他土地调查，为土地资源管理提供了支撑。这些不同时期开展土地调查所形成的技术路线，为开展和制定第二次全国土地调查技术路线提供了经验和借鉴。

目前，由于社会经济发展、管理需要和技术要求等的不同，农村地区和城镇地区在土地调查内容、调查手段、调查方法、调查周期等方面存在很大差异。因此，二次调查分为两大部分：一部分为覆盖所有调查区域（全覆盖）的农村土地调查，即土地利用现状调查（包括土地权属调查），其中城市、建制镇、村庄作为整体进行调查；一部分为在城镇范围内开展地籍调查（包括土地利用现状调查）。农村土地调查是第二次全国土地调查的重点和主要任务。

本章主要介绍农村土地调查技术路线和工作流程。

第一节　制定统一的技术标准

一、开展前期专题研究

我国疆域辽阔，土地类型多样，山地多、平原少、地形条件复杂，山地、高原、丘陵、盆地、平原等各类地形交错分布，再加上区域社会经济发展的不平衡，形成了复杂多样的土地利用类型且区域差异明显。如何在规划的3年内，在现有土地调查的基础上确保完成第二次全国土地调查，全面查清全国范围内的土地利用状况，建立和完善我国土地调查、土地统计和土地登记制度，实现土地资源信息的社会化服务，满足经济社会发展及土地资源管理需要的总体目标，制定统一的技术标准至关重要。古人云："兵马未动，粮草先行"，说明做好充分准备是完成好第二次全国土地调查的最基本条件和前提。同时，第一次全国土地调查制定的技术标准，随着时间的推移，已基本不能满足第二次全国土地调查需要，都需要重新研究和制定。因此，围绕采用新机制、新观念、新技术、新方法，以调查准确性（特别是对耕地、建设用地等主要用地类型）、时效性（3年内完成）为核心，在充分总结以往土地调查技术路线和调查经验以及不足的基础上，2006年起，按照国土资源部地籍管理司的要求，中国土地勘测规划院组织力量根据规划的第二次全国土地调查总体目标，在认真总结第一次全国土地调查和其他土地调查的经验、不足、问题的基础上，有针对性地开展了第二次全国土地调查中有关技术的专题研究。专题研究包括调研性专题研究和试验性专题研究两个方面。通过专题研究，对每个专题提出了可行的结论性的建议，为制定第二次全国土地调查标准提供了支撑和依据。

（一）调研性专题研究

1. 全国土地调查范围确定专题研究

全国土地调查范围确定包括大陆调查范围确定和海岛调查两部分。

1）大陆调查范围的确定

大陆调查范围的确定包括国界线和大陆沿海陆海分界线的确定。对第一次全国土地调查确定的国界线、大陆沿海陆海分界线的变化情况，向有关部门进行了调研，掌握了国界线、大陆沿海陆海分界线变化情况。第一次全国土地调查后，国界线和有关资料都发生了一些变化和更新；随着社会经济的快速发展，大陆沿海陆海分界线也发生了很大变化。同时，随着技术的进步、发展及管理需要，第一次全国土地调查确定的国界线、大陆沿海陆海分界线的精度也较低，且均为纸质资料，满足不了第二次全国土地调查信息化的要求。因此，通过调研提出了第二次全国土地调查应重新采用国界线、大陆沿海陆海分界线主管部门外交部、海军航保部提供的最新资料重新确定国界线、陆海分界线的建议。

2）海岛调查

海岛数量和面积的调查是构成全国土地调查范围的重要内容，是第二次全国土地调查的组成部分。

由于我国海岛众多，有的有人居住、有的无人居住，有的距大陆较近、有的较远，根据海岛的定义，仅仅依据遥感影像在当时是很难按常规调绘的方法确定海岛的位置、范围等海岛调查内容的。第一次全国土地调查时，由于缺少海岛的遥感影像和有关资料，大部分海岛没有调查，只是在1995年全国汇总时，依据海军航保部掌握并提供的分省海岛数量和面积进行了全国汇总。第二次全国土地调查就如何开展海岛调查，专门到海军航保部进行了调研并收集有关资料。通过调研，海军航保部测绘的海图上具有海岛的位置、分布、范围，完全能够满足第二次全国土地调查的需要，且具有权威性。因此提出了应依据海图上测绘的海岛，作为第二次全国土地调查海岛调查的主要依据。

2. 基本农田调查上图方法专题研究

基本农田调查上图是第二次全国土地调查内容之一。为了规范基本农田调查上图方法和基本要求，对不同区域的基本农田资料情况和基本农田所包含的地类情况进行了调研和分析研究，形成了切实可行的基本农田调查上图方法和要求思路，为制定基本农田调查上图技术标准提供了依据。

3. 土地利用基础图件与数据更新调查与第二次全国土地调查衔接专题研究

第一次全国土地调查后，随着经济的快速发展，实地的土地利用发生了很大变化，特别是在沿海发达地区，造成已有的土地调查资料已不能满足管理的需要，迫切需要重新开展土地调查更新原有土地调查基础资料。经国土资源部批准，部分省份和部分县，自筹经费按照国土资源部的统一技术要求开展了土地利用基础图件与数据更新调查（更新调查）。为了确保更新调查资料与第二次全国土地调查的衔接，对开展更新调查的省份、县进行了实地调研和研究。调研内容主要包括更新调查所采用的工作底图、调查内容、调查方法、调查精度等是否能够达到和满足第二次全国土地调查的基本要求，以及还存在的问题和不足等。通过调研和分析研究，认为更新调查成果总体上达到了二次调查的基本要求，因此提出了对更新调查成果应按照第二次全国土地调查的内容、精度等基本要求，经过核实，本着“缺什么、补什么”的原则，可用于第二次全国土地调查的建议。

4. 线状地物调绘专题研究

随着遥感影像分辨率的提高和调查技术手段的进步，第一次全国土地调查规定的线状地物实地宽度大于等于50米的方可按图斑进行调绘的要求已不适应当前的需要。各地通过尝试认为，一是缩小线状地物宽度按图斑调绘标准，完全能够达到精度要求；二是在数据库中，线状地物全部按图斑表示，使用方便。为了统一标准，对线状地物调绘问题进行了调研和研究，在征求各方面意见基础上，结合当时获取遥感影像的分辨率状况，在确保线状地物宽度调绘精度要求的前提下，提出了当线状地物实地宽度大于等于20米时，可按图斑进行调绘的建议；对线状地物实地宽度小于20米的，仍保留按单线调绘并标注在实地丈量的宽度的做法。

5. 零星地物调查专题研究

第一次全国土地调查对零星地物明确要求必须进行调查。第二次全国土地调查对零星地物，特别是对耕地中的非耕地零星地物、非耕地中的零星耕地进行了调研和研究。第二次全国土地调查是否开展零星地物调查存在着两种观点：一种观点认为，应取消零星地物调查的要求，理由是零星地物面积很小，经随机抽样统计，除西南省份外，其他地区的零星地物面积所占比例不足0.5%，对地类面积影响甚微，但调查零星地物投入的精力和工作量却很大，影响调查的总体进度；另一种观点认为，零星地物调查还应保留，理由是对于山区地貌破碎地区，零星地物数量很大，就耕地而言，不调查零星地物会使耕地面积大量增加，不调查零星耕地会使个别村庄可能没有耕地，与实地现状不符。经统计，贵州省零星耕地面积、其他零星地物面积所占比例不足5%。根据这一情况，经过反复讨论、调研、分析和研究，第二次全国土地调查采取了对零星地物调查，国家不做统一规定，是否需要对零星地物进行调查由各省根据实际情况自行确定的原则，但明确规定了零星地物调查只限于耕地中的非耕地和非耕地中的耕地，其他情况的零星地物不再进行调查，其目的主要是将耕地面积调查准确和保证调查的总体进度。

6. 飞地调查专题研究

土地调查中的飞地（也称插花地），一般是指隶属于某个行政区域或权属单位（如村）管辖，但不与本行政区域或权属单位毗连的土地。我国的飞地大部分是因为资源分布与开发、城市经济发展与人口疏散需要等历史原因遗留下来的。飞地具有以下特征：一是飞地是所属行政区域或权属单位不可分割的一部分；二是飞地同本行政区域或权属单位在空间上具有不连续性，是一个独立的地域单元；三是飞地同本行政区域或权属单位的地面交通联系一定要经过其他行政区域或权属单位境内。随着民政部门组织的各级行政区域勘界工作的完成，但各行政区域管辖彼此之间的分界线并没有因行政区划的变更而改变，完全以勘定的行政区域界线为准，即勘定的行政区域界线与权属界线不一致，勘定的行政区域界线两侧呈现出我中有你、你中有我的一种犬牙交错状态，形成的这些地块，在土地调查中也视之为飞地。因此，飞地的形成主要有两方面原因：一是历史遗留下来的，二是行政区域勘界新产生的。飞地的主要类型一是行政区域之间，如省之间、县之间、乡（镇）之间的飞地，也称为省级飞地、县级飞地、乡（镇）级飞地。二是权属单位之间，如村之间的飞地，也可称村级飞地；飞地的主要表现形式一为成建制飞地，如完整县、乡（镇）、村、矿区、农场、林区等飞地；二为零星飞地（片块飞地）。随着社会经济的发展，飞地给行政管理带来诸多不便，如治安管理、电信、土地管理等，但由于飞地成因复杂、形式多样，虽然有些地区通过各种方式，解决了一些飞地问题，但就全国而言，全面解决飞地问题还存在很多困难，因此飞地还将会长期存在下去。

土地调查对飞地如何处理，第一次全国土地调查时，明确规定了对飞地应进行调查并统计其面积。第二次全国土地调查是否对飞地进行调查，经过调研和研究最终建议对飞地不做统一规定。理由主要包括 3 个方面：一是第二次全国土地调查已明确按照各级行政区域为单位开展调查和汇总；二是对调查飞地的目标和用途不明确，因此如何开展调查、调查精度、调查程序等不好进行规定，而飞地的调查又不可避免地会涉及权属争议且调处难度大，同时在短时间内全面调查清除飞地状况工作量也很大，会影响到第二次全国土地调查的总体进度；三是第二次全国土地调查以主要查清土地的利用状况为主。因此，国家没有明确规定飞地是否调查。有些地方根据需要已开展了飞地调查，但必须以确定的行政调查区域为控制进行汇总。

7. 田坎系数测算方法专题研究

扣除耕地中的田坎面积，是获得耕地有效耕种面积的重要环节。第一次全国土地调查规定了对于坡度＞ 2° 的耕地，可测算耕地中的田坎系数，并用田坎系数扣除田坎面积。第二次全国土地调查是否测算耕地中田坎系数有两种意见：一种意见认为田坎是耕地的组成部分，耕地中田坎不应扣除；一种意见认为田坎面积应扣除，特别是山区省份，耕地中田坎密度很大，不扣除的话耕地面积会增加很多，不符合实际情况。根据这一情况，对有关省份进行了调研和分析，经研究和征求部分省份意见，考虑到山区的具体情况，以及考虑到土地调查的延续性，最终提出了第二次全国土地调查还仍应保留对于坡度＞ 2° 的耕地，允许测算耕地中的田坎系数，并用田坎系数扣除田坎面积的建议。但同时，通过总结第一次全国土地调查由县自行测算田坎系数的弊端，以及测算田坎系数的方法、要求不统一的不足，建议第二次全国土地调查应统一田坎系数测算方法和要求，且田坎系数应由省统一组织测算，从而确保了测算的田坎系数总体上基本符合实际情况的总体要求。

8. 第二次全国土地调查调绘方法专题研究

第二次全国土地调查由于时间紧（规划 3 年内完成）、任务重，因此选择既能够加快调查进度，又能够保证调查质量的调绘技术方法尤为重要。通过总结第一次全国土地调查、土地变更调查、更新调查等的调绘方法，以及高分辨率遥感影像的广泛使用、专业技术队伍的参与调绘等因素，提出了采用综合调绘法、全野外调绘法两种调绘方法。即内业进行影像解译、充分利用以往调查资料和外业实地核实、补充调查相结合的综合调绘法（即内外业相结合的调绘方法）；全部到外业实地调绘的全野外调绘法。根据以往能够参考的调查资料、第二次全国土地调查将要采用的高分辨率遥感影像、专业技术队伍的广泛参与调查等主客观因素，明确提出了应采用综合调绘法为主，或综合调绘法与全野外调绘法相结合的第二次全国土地调查调绘方法。

9. 土地调查数据库建设专题研究

以县为单位建设土地调查数据库，用数据库全面反映第二次全国土地调查结果，是第二次全国土地调查与第一次全国土地调查重大区别之一。通过专题调研研究，充分总结了以往数据库建设中的经验、存在的主要问题，明确了第二次全国土地调查数据库建设的基本思路，为制定土地调查数据库建设标准提供了依据。

10. 第二次全国土地调查质量控制专题研究

保证调查成果总体质量，是第二次全国土地调查的核心环节。如何排除地方对土地调查结果的人为干扰，保证第二次全国土地调查的总体质量，通过总结第一次全国土地调查、历年土地变更调查，特别是土地利用更新调查的质量控制的经验，结合国家能够获取覆盖全国调查区域遥感影像（主要是航天遥感影像）已成为可能，提出了国家可依据遥感影像，组织专业技术队伍，对县级调查成果逐图斑（或对主要地类）进行地类一致性全面内业核查、外业重点抽查核实，确保数据真实性的质量控制思路。

通过实践，国家对县级调查成果进行内业核查和外业重点抽查，保证了调查成果的总体质量。但是，由于技术等方面的原因，国家只对耕地、建设用地等主要地类进行了核查，没有进行逐图斑核查。对如何进行土地调查的国家级核查（包括内、外业）方面应开展进一步研究和实践。

11. 第二次全国土地调查技术标准编制框架专题研究

第二次全国土地调查相对于第一次全国土地调查，调查内容、技术方法、组织实施、成果形式等有很大不同。第一次全国土地调查制定的有关技术标准基本上不能满足第二次全国土地调查的需要，都需要重新制定。因此，根据第二次全国土地调查的总体目标和基本要求，从调查的目的、任务、内容、流程、指标、方法、要求等方面开展了第二次全国土地调查技术标准编制框架研究，为制定第二次全国土地调查技术规程提供了基础。

（二）试验性专题研究

1. 依据民政部门行政区域勘界资料，确定省级行政区域调查界线专题研究

《行政区域界线管理条例》（2002 年中华人民共和国国务院令第 353 号）规定，国务院民政部门负责全国行政区域界线管理工作。如何利用民政部门行政区域勘界资料，确定省级行政区域调查界线，选择了北京、甘肃、四川 3 个试验区，以这 3 个省（市）为中心，相邻省配合，开展了利用民政部门提供的省级行政区域勘界资料确定省级行政区域调查界线的试验。通过试验，进一步了解了民政部门的省级行政区域勘界利用第一次全国土地调查资料的有关情况，提出了第二次全国土地调查全面采用民政部门省级行政区域勘界资料确定省级行政区域调查界线总体上是可行的。同样，县级、乡（镇）行政区域调查界线的确定，也应充分利用民政部门的行政区域勘界资料。

2. 地球椭球表面积的计算方法专题研究

土地面积计算是土地调查的重要组成部分，是取得土地面积数据的关键环节。为了直接获得任意封闭图形（图斑）的椭球面积，开展了地球椭球表面积计算方法的研究。通过研究和征求有关专家意见，确定了地球椭球表面积的计算方法、计算公式、计算参数等，并明确和统一了在不同软件环境下采用计算机计算椭球表面积的算法。

3. 图式、图例、色标设计专题研究

图式、图例、色标是制图和使用土地利用图的重要依据之一。为了满足制图需要，根据当时的《土地利用现状分类》国家标准报批稿，组织有关专家在原有基础上，开展了图式、图例、色标设计研究和制定。经过设计 — 征求意见 — 修改 — 再征求意见 — 再修改的程序，形成了第二次全国土地调查的土地分类图式、图例、色标。

4. 利用 DEM（数字高程模型）确定耕地坡度分级方法专题研究

如何确定耕地图斑坡度分级是耕地调查的重要内容之一。第一次全国土地调查是利用地形图上等高线通过人工量算确定耕地图斑坡度分级的传统方法。随着科学技术的进步和发展，如何在全国范围内采用新技术新方法确定耕地坡度分级，即提出了采用 DEM 确定耕地图斑坡度分级的设想。由于将要在全国范围内利用 DEM 确定耕地图斑坡度分级没有先例可循，为了慎重起见，进行了专题试验研究。通过选择有代表性的不同地貌典型地区进行试验，初步形成了利用 DEM（数字高程模型）确定耕地坡度分级的总体技术路线、方法、关键技术、基本要求等。为下一步研究工作和制定相应技术标准奠定了基础。

5. 遥感基础调查资料分析与正射影像图制作等综合试验研究

选择西北地区的甘肃、西南地区的贵州、华北地区的天津、华东地区的浙江、中南地区的湖北，开展了不同地域、不同调查比例尺、不同地形地貌类型区第二次全国土地调查航空、航天遥感资料的优选方案试验研究。根据当时已有的航空航天遥感资料，从影像获取时间、影像质量、航空摄影比例尺与最大成图比例尺关系、卫星遥感影像空间分辨率与最大成图比例尺关系等方面进行全面分析，初步提出上述遥感资料在第二次全国土地调查中的应用建议，为制定相应技术标准提供了参考。

6. 县级计算机辅助制图专题研究

县级调查中，为全面、直观地反映全县的土地利用状况，需要编制县级土地利用图。随着计算机技术的发展，传统的制图方法已基本不用了，取而代之的是用计算机辅助制图技术的广泛使用。通过本专题的研究，探索了计算机辅助编制县级土地利用图的可行性、关键环节、技术要求等，为制定相应技术标准提供了技术支撑。

二、制定技术标准

在开展第二次全国土地调查前期专题研究基础上，国务院第二次全国土地调查领导小组办公室（简称全国土地调查办）组织制定了第二次全国土地调查系列技术标准、规程、规范、规定等技术标准和技术培训材料。

（1）《土地利用现状分类》（GB/T 21010 — 2007）。

（2）《第二次全国土地调查技术规程》（TD/T 1014 — 2007）。

（3）《第二次全国土地调查实施方案》（国土调查办发〔2007〕7 号）。

（4）《第二次全国土地调查底图生产技术规定》（国务院第二次全国土地调查领导小组办公室）。

（5）《第二次全国土地调查基本农田调查技术规程》（TD/T 1017 — 2008）。

（6）《第二次全国土地调查数据库建设技术规范》（国土调查办发〔2007〕54号）。

（7）《利用DEM确定耕地坡度分级技术规定（试行）》（国土调查办发〔2008〕50号）。

（8）《第二次全国土地调查中增加可调整地类的规定》（国土调查办发〔2009〕9号）。

（9）《第二次全国土地调查成果国家级核查技术规定》（国土调查办发〔2007〕55号）。

（10）《第二次全国土地调查成果检查验收办法》（国土调查办发〔2007〕48号）。

（11）《统一图幅理论面积与图斑椭球面积计算要求》（国土调查办发〔2008〕32号）。

（12）《第二次全国土地调查国家级数据库及管理系统建设总体方案》（国土调查办发〔2009〕13号）。

（13）第二次全国土地调查专项用地调查统计实施方案（国土调查办发〔2009〕43号）。

（14）《第二次全国土地调查培训教材》中国农业出版社（2007）。

在国家制定的技术标准基础上，各地都根据本地区实际情况制定了相应的技术细则、补充技术规定等地方技术标准，满足了本地区调查需要。

第二节　调查的实施

一、国家统一生产调查底图

调查底图是开展第二次全国土地调查和土地调查数据库建设的主要依据。为了统一调查底图的比例尺、时相、影像分辨率、数学基础和精度要求等，满足全国不同区域开展第二次全国土地调查的需要，全国土地调查办统一组织专业技术队伍制作了调查底图提供地方使用。

（一）规划调查底图比例尺

由于不同区域的自然条件和社会经济条件不同，土地的产业结构和利用方式也不尽相同。根据不同区域经济发展水平、土地集约化利用程度、地方土地资源管理需要、调查精度要求、在规定的时间内尽可能获取高分辨率遥感影像，以及不低于第一次全国土地调查的调查底图比例尺等因素，全国土地调查办统一规划确定了东、中部省份，西部农区、部分农牧区，调查底图比例尺为1∶1万；东部局部地区调查底图比例尺为1∶5000、1∶2000；其他地区调查底图比例尺为1∶5万。

（二）采购遥感影像

根据规划的不同调查底图比例尺和时相要求，全国土地调查办统一采购了不同分辨率的遥感影像。在规定的时间内，没有适用的遥感影像空白区，全国土地调查办组织进行了航摄、卫星数据编程采购。

（三）调查底图制作

对获取的存档、订购、航摄的遥感影像数据，按照规划的调查底图比例尺，全国土地调查办组织技术队伍生产制作了标准分幅调查底图，并以省为单位分发，作为第二次全国土地调查主要信息源，用于地方开展实地调查。

二、国家统一确定全国和省级调查界线和控制面积

按照国家与地方的分工，全国土地调查办依据外交部、海军航保部、民政部提供（确认）的有关资料，负责国界线、大陆（含海岛）与海洋分界线、省级行政区域之间土地调查界线的确定，全国土地总面积、全国土地调查总面积、31个省（自治区、直辖市）土地调查总面积（控制面积）的确定，并以省

为单位分发，作为地方开展调查的范围界线和数据汇总的基础和依据。

三、国家统一组织县级土地调查数据库管理系统软件测评

县级土地调查数据库是第二次全国土地调查结果的集中体现。为规范土地调查数据库建设和调查成果管理，引导土地调查数据库管理系统的开发方向，确保第二次全国土地调查县级数据库能够顺利向全国土地调查办汇交和管理系统的正常运行，全国土地调查办组织对软件公司开发的土地调查数据库管理系统统一进行测评。只有通过测评的软件方可用于县级土地调查数据库建设。

四、地方组织开展实地调查

（一）农村土地调查

农村土地调查是第二次全国土地调查的重点和主要任务。依据全国土地调查办分发的调查底图、省级调查界线和控制面积，省级土地调查办公室组织本省以县为单位开展实地调查。主要内容包括确定县级、乡（镇）级土地调查界线和控制面积；确定调查队伍；开展权属和地类调查；基本农田调查上图；耕地坡度分级图和耕地田坎系数测算；县级土地调查数据库建设；县级调查成果质量控制等。

（二）城镇土地调查

根据《第二次全国土地调查实施方案》（国土调查办发〔2007〕7号），城镇土地调查范围是城市建成区和县城所在地建制镇建成区，有条件的地区可开展其他城镇、村庄的地籍调查。调查范围应与农村土地调查范围相衔接，不重不漏。调查内容为地籍调查和土地利用现状调查。

五、国家统一对县级调查成果全面核查

县级农村土地调查是整个第二次全国土地调查的基础。为了获得真实、准确的土地调查数据，全国土地调查办组织对县级农村土地调查成果进行了内、外业相结合的全面核查。通过核查，对因技术原因造成的错误进行了纠正，对人为弄虚作假问题进行了全国通报，保证了第二次全国土地调查成果的总体质量。

六、分级汇总

以县级调查成果为基础，实施省级和国家级汇总。汇总内容主要包括数据、图件、文字报告、数据库及其他内容。对省级汇总成果，全国土地调查办组织进行了预检和验收，保证了省级汇总成果总体质量。

第三节　调查的工作流程

根据《第二次全国土地调查总体方案》、《第二次全国土地调查实施方案》确定的调查内容，按照《第二次全国土地调查技术规程》、《第二次全国土地调查数据库建设技术规范》等技术标准的要求，第二次全国土地调查从地块（宗地）调查到全国汇总，形成了一套完整的总体工作流程，主要包括准备工作、农村土地调查、城镇土地调查、县级成果的国家级核查、省级汇总、全国汇总等主要环节，如图1-1所示。

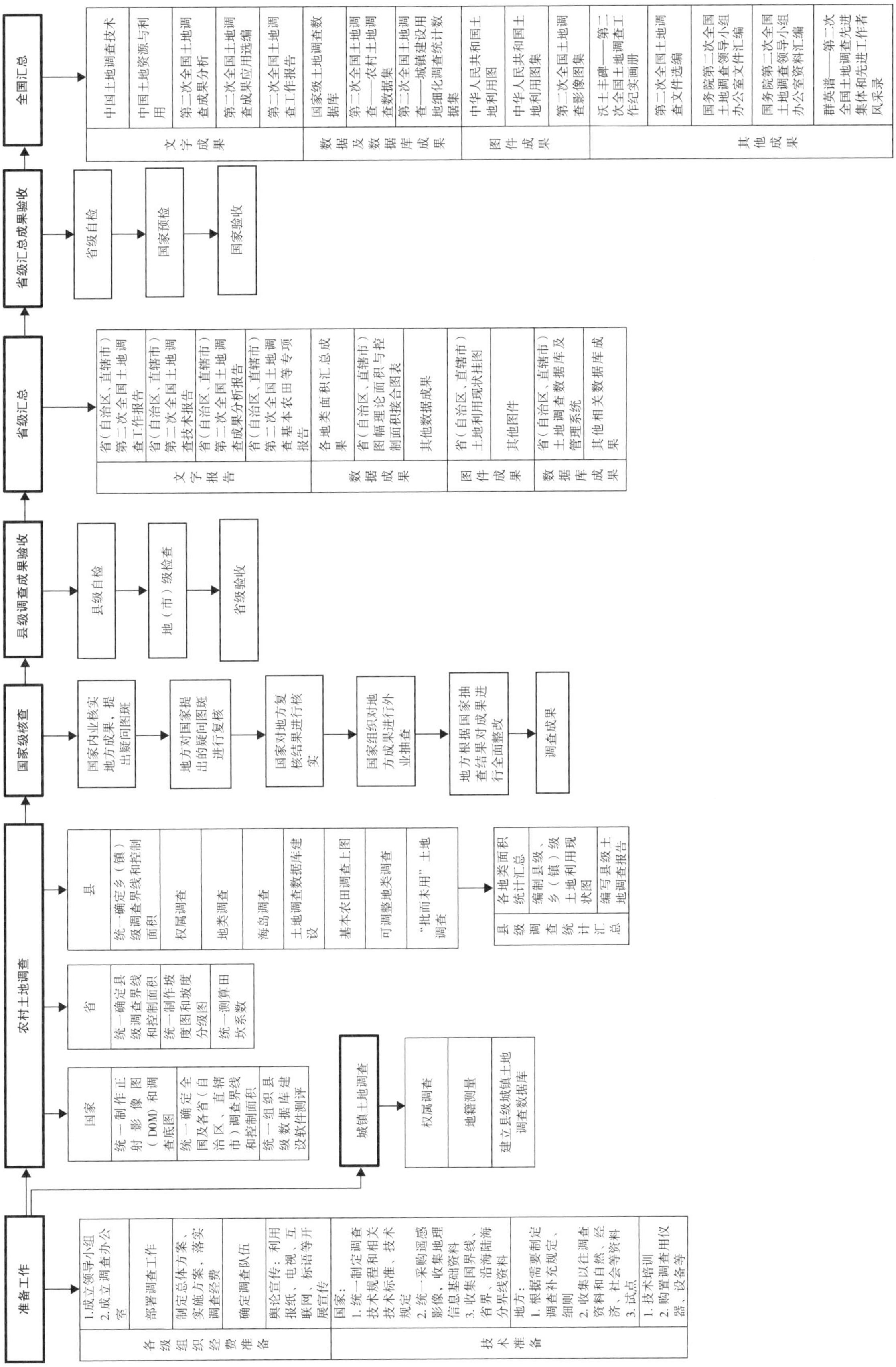

图 1-1　第二次全国土地调查工作流程图

第二章　土地利用现状分类

土地利用现状分类，也称土地利用分类，是土地调查的基础和依据，也是土地学科研究的内容之一。土地利用分类是从土地利用现状出发，在研究分析各类土地的特点及它们之间的相同性和差异性的基础上，依据土地的用途、经营特点、利用方式和覆盖特征，对土地利用类型进行归纳和划分。土地利用分类是科学合理利用土地的有效途径，是进行土地资源管理和科学决策的一项基础性技术措施。土地利用分类标准是土地资源管理的基础，是摸清土地资源利用家底、掌握土地资源现状、了解土地利用结构状态及其分布特点的依据，是土地法治建设的重要组成部分。准确掌握有关土地资源利用信息，可为国家制定土地政策，为土地可持续利用及土地利用规划编制、土地整治、地籍管理、地价管理、土地执法、土地科学研究等提供服务。

2007 年 8 月 10 日，中华人民共和国国家质量监督检验检疫总局和中国国家标准化管理委员会联合发布了《土地利用现状分类》(GB/T 21010—2007)。《土地利用现状分类》国家标准的发布，标志着我国土地利用现状分类第一次拥有了全国统一的国家标准，该标准从 2007 年 8 月 10 日起实施。按照国务院部署开展的第二次全国土地调查，将《土地利用现状分类》国家标准作为调查的主要依据。

本章主要介绍我国土地利用分类系统的历史、《土地利用现状分类》国家标准制定、第二次全国土地调查分类等的有关内容。

第一节　我国土地利用分类系统回顾

以 1986 年成立国家土地管理局，颁布《中华人民共和国土地管理法》(以下简称《土地管理法》)为起点，标志着全国地籍管理工作的全面展开。在 20 世纪 80 年代初，土地调查工作就已经开展，并制定出台了第一套统一的土地利用分类系统。目前，我国已先后出台了 4 套土地利用分类系统。

一、1984 年《土地利用现状分类及含义》

根据《国务院批转农牧渔业部、国家计委等部门关于进一步开展土地资源调查工作的报告的通知》(国发〔1984〕70 号)。我国从 1984 年至 1996 年开展了第一次全国土地调查。为了开展第一次全国土地调查，1984 年全国农业区划委员会发布了《土地利用现状调查技术规程》，其中制定了《土地利用现状分类及含义》。《土地利用现状分类及含义》由当时的农牧渔业部、国家计委、林业部、城乡建设环境保护部、国家统计局、水利水电部、国家测绘局和国家海洋局等八部委局共同制订。适用于第一次全国土地调查及之后的土地变更调查。《土地利用现状分类及含义》是由多部门共同制定的我国第一套土地分类系统，不但满足了当时土地调查的需要，也为土地资源管理提供了依据。

《土地利用现状分类及含义》采用两级分类，其中一级类 8 个，包括耕地、园地、林地、牧草地、居民点及工矿用地、交通用地、水域和未利用土地，二级类共 46 个，各地类名称和编号如表 2-1 所示。

表 2-1 土地利用现状分类及含义

一级类编号	一级类名称	二级类编号	二级类名称	含义
1	耕地			种植农作物的土地，包括新开荒地、休闲地、轮歇地、草田轮作地；以种植农作物为主，间有零星果树、桑树或其他树木的土地；耕种 3 年以上的滩地和海涂；耕地中包括南方宽 <1.0 米，北方宽 <2.0 米的沟、渠、路、田埂
		11	灌溉水田	有水源保证和灌溉设施，在一般年景能正常灌溉，用以种植水稻、莲藕、席草等水生作物的耕地，包括灌溉的水旱轮作地
		12	望天田	无灌溉工程设施，主要依靠天然降雨，用以种植水稻、莲藕、席草等水生作物的耕地，包括无灌溉设施的水旱轮作地
		13	水浇地	指水田、菜地以外，有水源保证和灌溉设施，在一般年景能正常灌溉的耕地
		14	旱地	无灌溉设施，靠天然降水种植旱作物的耕地，包括没有固定灌溉设施，仅靠引洪淤灌的耕地
		15	菜地	种植蔬菜为主的耕地，包括温室、塑料大棚用地
2	园地			种植以采集果、叶、根茎等为主的集约经营的多年生木本和草本作物，覆盖度 >50%，或每亩[1]株树大于合理株数 70% 的土地，包括果树苗圃等用地
		21	果园	种植果树的园地
		22	桑园	种植桑树的园地
		23	茶园	种植茶树的园地
		24	橡胶园	种植橡胶树的园地
		25	其他园地	种植可可、咖啡、油棕、胡椒等其他多年生作物的园地
3	林地			生长乔木、竹类、灌木、沿海红树林等林木的土地，不包括居民绿化用地，以及铁路、公路、河流、沟渠的护路、护岸林
		31	有林地	树木郁闭度 >30% 的天然、人工林
		32	灌木林	覆盖度 >40% 的灌木林地
		33	疏林地	树木郁闭度 10% ～ 30% 的疏林地
		34	未成林造林地	指造林成活率大于或等于合理造林株数的 41%，尚未郁闭但有成林希望的新造林地（一般指造林后不满 3 ～ 5 年或飞机播种后不满 5 ～ 7 年的造林地）
		35	迹地	森林采伐、火烧后，五年内未更新的土地
		36	苗圃	固定的林木育苗地
4	牧草地			生长草本植物为主，用于畜牧业的土地
		41	天然草地	以天然草本植物为主，未经改良，用于放牧或割草的草地，包括以牧为主的疏林、灌木草地
		42	改良草地	采用灌溉、排水、施肥、松耙、补植等措施进行改良的草地
		43	人工草地	人工种植牧草的草地，包括人工培植用于牧业的灌木
5	居民点及工矿用地			指城乡居民点、独立居民点以及居民点以外的工矿、国防、名胜古迹等企事业单位用地，包括其内部交通、绿化用地
		51	城镇	市、镇建制的居民点，不包括市、镇范围内用于农、林、牧、渔业生产用地
		52	农村居民点	镇以下的居民点用地

[1] 1 亩≈ 666.7 平方米。

续表

一级类		二级类		含义
编号	名称	编号	名称	
5	居民点及工矿用地	53	独立工矿用地	居民点以外独立的各种工矿企业、采石场、砖瓦窑、仓库及其他企事业单位的建设用地，不包括附属于工矿、企事业单位的农副业生产基地
		54	盐田	以经营盐业为目的，包括盐场及附属设施用地
		55	特殊用地	指居民点以外的国防、名胜古迹、风景旅游、墓地、陵园等用地
6	交通用地			居民点以外的各种道路及其附属设施和民用机场用地，包括护路林
		61	铁路	铁道线路及站场用地，包括路堤、路堑、道沟、取土坑及护路林
		62	公路	指国家和地方公路，包括路堤、路堑、道沟和护路林
		63	农村道路	指农村南方宽≥1米，北方宽≥2米的道路
		64	民用机场	民用机场及其附属设施用地
		65	港口、码头	专供客、货运船舶停靠的场所，包括海运、河运及其附属建筑物，不包括常水位以下部分
7	水域			指陆地水域和水利设施用地，不包括滞洪区和垦殖3年以上的滩地、海涂中的耕地、林地、居民点、道路等
		71	河流水面	天然形成或人工开挖河流常水位岸线以下的面积
		72	湖泊水面	天然形成的积水区常水位岸线以下的面积
		73	水库水面	人工修建总库容≥10万立方米，正常蓄水位岸线以下的面积
		74	坑塘水面	天然形成或人工开挖蓄水量<10万立方米常水位岸线以下的蓄水面积
		75	苇地	生长芦苇的土地，包括滩涂上的苇地
		76	滩涂	包括沿海大潮高潮位与低潮位之间的潮侵地带，河流、湖泊常水位至洪水位间的滩地，时令湖、河洪水位以下的滩地；水库、坑塘的正常蓄水位与最大洪水位间的面积；常水位线一般按地形图，不另行调绘
		77	沟渠	人工修建,用于排灌的沟渠,包括渠槽、渠堤、取土坑、护堤林;指南方宽≥1米、北方宽≥2米的沟渠
		78	水工建筑物	人工修建，用于除害兴利的闸、坝、堤路林、水电厂房、扬水站等常水位岸线以上的建筑物
		79	冰川及永久积雪	表层被冰雪常年覆盖的土地
8	未利用土地			目前还未利用的土地，包括难利用的土地
		81	荒草地	树木郁闭度<10%，表层为土质，生长杂草，不包括盐碱地、沼泽地和裸土地
		82	盐碱地	表层盐碱聚集，只生长天然耐盐植物的土地
		83	沼泽地	经常积水或渍水，一般生长湿生植物的土地
		84	沙地	表层为沙覆盖，基本无植被的土地，包括沙漠，不包括水系中的沙滩
		85	裸土地	表层为土质，基本无植被覆盖的土地
		86	裸岩、石砾地	表层为岩石或石砾，其覆盖面积>50%的土地
		87	田坎	主要指耕地中南方宽≥1米，北方宽≥2米的地坎或堤坝
		88	其他	指其他未利用土地，包括高寒荒漠、苔原等

第一次全国土地调查及之后的年度土地变更调查，均采用土地利用现状分类。从 1984 年颁布实施开始，一直沿用到 2001 年 12 月止。

二、1989 年《城镇土地分类及含义》

为了满足城镇地籍调查需要，1989 年原国家土地管理局发布了《城镇地籍调查规程》，其中包括《城镇土地分类及含义》。《城镇土地分类及含义》采用两级分类，其中一级类 10 个，包括商业金融业用地，工业、仓储用地，市政用地，公共建筑用地，住宅用地，交通用地，特殊用地，水域用地，农用地和其他用地，二级类共 24 个，各地类名称和编号如表 2-2 所示。

表 2-2 城镇土地分类及含义

一级类		二级类		含 义
编号	名称	编号	名称	
10	商业金融业用地			指商业服务业、旅游业、金融保险业等用地
		11	商业服务业	指各种商店、公司、修理服务部、生产资料供应站、饭店、旅社、对外经营的食堂、文印誊写社、报刊门市部、蔬菜购销转运站等用地
		12	旅游业	指主要为旅游业服务的宾馆、饭店、大厦、乐园、俱乐部、旅行社、旅游商店、友谊商店等用地
		13	金融保险业	指银行、储蓄所、信用社、信托公司、证券兑换所、保险公司等用地
20	工业、仓储用地			指工业、仓储用地
		21	工业	指独立设置的工厂、车间、手工业作坊、建筑安装的生产场地、排渣（灰）场地等用地
		22	仓储	指国家、省（自治区、直辖市）及地方的储备、中转、外贸、供应等各种仓库、油库、材料堆场及其附属设备等用地
30	市政用地			指市政公用设施、绿化用地
		31	市政公用设施	指自来水厂、泵站、污水处理厂、变电所、煤气站、供热中心、环卫所、公共厕所、火葬场、消防队、邮电局（所）及各种管线工程专用地段等用地
		32	绿化	指公园、动植物园、陵园、风景名胜、防护林、水源保护林以及其他公共绿地等用地
40	公共建筑用地			指文化、体育、娱乐、机关、科研、设计、教育、医卫等用地
		41	文、体、娱	指文化馆、博物馆、图书馆、展览馆、纪念馆、体育场馆、俱乐部、影剧院、游乐场、文艺体育团体等用地
		42	机关、宣传	指行政及事业机关、党、政、工、青、妇、群众组织驻地，广播电台、电视台、出版社、报社、杂志社等用地
		43	科研、设计	指科研、设计机构用地，如研究院（所）、设计院及其试验室、试验场等用地
		44	教育	指大专院校、中等专业学校、职业学校、干校、党校，中、小学校，幼儿园、托儿所，业余、进修院校，工读学校等用地
		45	医卫	指医院、门诊部、保健院（站、所）、疗养院（所），救护、血站、卫生院、防治所、检疫站、防疫站、医学化验、药品检验等用地
50	住宅用地			指供居住的各类房屋用地

续表

一级类		二级类		含义
编号	名称	编号	名称	
60	交通用地			指铁路、民用机场、港口码头及其他交通用地
		61	铁路	指铁路线路及场站、地铁出入口等用地
		62	民用机场	指民用机场及其附属设施用地
		63	港口码头	指专供客、货运船舶停靠的场所用地
		64	其他交通	指车场（站）、广场、公路、街、巷、小区内的道路等用地
70	特殊用地			指军事设施、涉外、宗教、监狱等用地
		71	军事设施	指军事设施用地，包括部队机关、营房、军用工厂、仓库和其他军事设施等用地
		72	涉外	指外国使领馆、驻华办事处等用地
		73	宗教	指专门从事宗教活动的庙宇、教堂等宗教自用地
		74	监狱	指监狱用地，包括监狱、看守所、劳改场（所）等用地
80	水域用地			指河流、湖泊、水库、坑塘、沟渠、防洪堤防等用地
90	农用地			指水田、菜地、旱地、园地等用地
		91	水田	指筑有田埂（坎）可以经常蓄水，用于种植水稻等水生作物的耕地
		92	菜地	指种植蔬菜为主的耕地，包括温室、塑料大棚等用地
		93	旱地	指水田、菜地以外的耕地，包括水浇地和一般旱地
		94	园地	指种植以采集果、叶、根、茎等为主的集约经营的多年生木本和草本作物，覆盖度大于 50% 或每单位面积株数大于合理株数 70% 的土地，包括树苗圃等用地
00	其他用地			指各种未利用土地、空闲地等其他用地

城镇土地分类用于城镇地籍调查和城镇地籍变更调查。从 1989 年发布开始，一直沿用到 2001 年 12 月止。

三、2001 年《全国土地分类（试行）》

为适应社会主义市场经济发展和实施土地用途管制制度，科学实施城乡地政统一管理的需要，在研究、分析 1984 年制定的《土地利用现状分类及其含义》和 1989 年制订的《城镇土地分类及含义》两个土地分类标准的基础上，2001 年，国土资源部制定了城乡统一的《全国土地分类（试行）》，自 2002 年 1 月 1 日起试行。原《土地利用现状分类及其含义》和《城镇土地分类及含义》同时停止使用。《全国土地分类（试行）》采用三级分类。其中，一级类 3 个，包括农用地、建设用地和未利用地，也就是《中华人民共和国土地管理法》规定的将土地分为农用地、建设用地和未利用地的三大类。二级类 15 个，包括耕地、园地、林地、牧草地、其他农用地、商服用地、工矿仓储用地、公用设施用地、公共建筑用地、住宅用地、交通运输用地、水利设施用地、特殊用地、未利用土地和其他土地。三级类共 71 个，各地类名称和编号如表 2-3 所示。

表 2-3　全国土地分类（试行）

<table>
<tr><th colspan="2">一级类</th><th colspan="2">二级类</th><th colspan="2">三级类</th><th colspan="3" rowspan="2">含　　义</th></tr>
<tr><th>编号</th><th>三大类名称</th><th>编号</th><th>名称</th><th>编号</th><th>名称</th></tr>
<tr><td rowspan="19">1</td><td rowspan="19">农用地</td><td></td><td></td><td></td><td></td><td colspan="3">指直接用于农业生产的土地，包括耕地、园地、林地、牧草地及其他农用地</td></tr>
<tr><td rowspan="6">11</td><td rowspan="6">耕地</td><td></td><td></td><td colspan="3">指种植农作物的土地，包括熟地、新开发复垦整理地、休闲地、轮歇地、草田轮作地；以种植农作物为主，间有零星果树、桑树或其他树木的土地；平均每年能保证收获一季的已垦滩地和海涂；耕地中还包括南方宽＜1.0 米，北方宽＜2.0 米的沟、渠、路和田埂</td></tr>
<tr><td>111</td><td>灌溉水田</td><td colspan="3">指有水源保证和灌溉设施，在一般年景能正常灌溉，用于种植水生作物的耕地，包括灌溉的水旱轮作地</td></tr>
<tr><td>112</td><td>望天田</td><td colspan="3">指无灌溉设施，主要依靠天然降水，用于种植水生作物的耕地，包括无灌溉设施的水旱轮作地</td></tr>
<tr><td>113</td><td>水浇地</td><td colspan="3">指水田、菜地以外，有水源保证和灌溉设施，在一般年景能正常灌溉的耕地</td></tr>
<tr><td>114</td><td>旱地</td><td colspan="3">指无灌溉设施，靠天然降水种植旱作物的耕地，包括没有灌溉设施，仅靠引洪淤灌的耕地</td></tr>
<tr><td>115</td><td>菜地</td><td colspan="3">指常年种植蔬菜为主的耕地，包括大棚用地</td></tr>
<tr><td rowspan="11">12</td><td rowspan="11">园地</td><td></td><td></td><td colspan="3">指种植以采集果、叶、根茎等为主的集约经营的多年生木本和草本作物（含其苗圃），覆盖度大于 50% 或每亩有收益的株数达到合理株数 70% 的土地</td></tr>
<tr><td rowspan="2">121</td><td rowspan="2">果园</td><td colspan="3">指种植果树的园地</td></tr>
<tr><td>121K</td><td>可调整果园</td><td>指由耕地改为果园，但耕作层未被破坏的土地 *</td></tr>
<tr><td rowspan="2">122</td><td rowspan="2">桑园</td><td colspan="3">指种植桑树的园地</td></tr>
<tr><td>122K</td><td>可调整桑园</td><td>指由耕地改为桑园，但耕作层未被破坏的土地 *</td></tr>
<tr><td rowspan="2">123</td><td rowspan="2">茶园</td><td colspan="3">指种植茶树的园地</td></tr>
<tr><td>123K</td><td>可调整茶园</td><td>指由耕地改为茶园，但耕作层未被破坏的土地 *</td></tr>
<tr><td rowspan="2">124</td><td rowspan="2">橡胶园</td><td colspan="3">指种植橡胶树的园地</td></tr>
<tr><td>124K</td><td>可调整橡胶园</td><td>指由耕地改为橡胶园，但耕作层未被破坏的土地 *</td></tr>
<tr><td rowspan="2">125</td><td rowspan="2">其他园地</td><td colspan="3">指种植可可、咖啡、油棕、胡椒、花卉、药材等其他多年生作物的园地。</td></tr>
<tr><td>125K</td><td>可调整其他园地</td><td>指由耕地改为其他园地，但耕作层未被破坏的土地 *</td></tr>
<tr><td>13</td><td>林地</td><td></td><td></td><td colspan="3">指生长乔木、竹类、灌木、沿海红树林的土地，不包括居民点绿地，以及铁路、公路、河流、沟渠的护路、护岸林</td></tr>
</table>

续表

一级类		二级类		三级类		含　义
编号	三大类名称	编号	名称	编号	名称	
1	农用地	13	林地	131	有林地	指树木郁闭度≥ 20% 的天然、人工林地
				131K	可调整有林地	指由耕地改为有林地，但耕作层未被破坏的土地 *
				132	灌木林地	指覆盖度≥ 40% 的灌木林地
				133	疏林地	指树木郁闭度≥ 10% 但< 20% 的疏林地
				134	未成林造林地	指造林成活率大于或等于合理造林数的 41%，尚未郁闭但有成林希望的新造林地（一般指造林后不满 3 ～ 5 年或飞机播种后不满 5 ～ 7 年的造林地）
				134K	可调整未成林造林地	指由耕地改为未成林造林地，但耕作层未被破坏的土地 *
				135	迹地	指森林采伐、火烧后，5 年内未更新的土地
				136	苗圃	指固定的林木育苗地
				136K	可调整苗圃	指由耕地改为苗圃，但耕作层未被破坏的土地 *
		14	牧草地			指生长草本植物为主，用于畜牧业的土地
				141	天然草地	指以天然草本植物为主，未经改良，用于放牧或割草的草地，包括以牧为主的疏林、灌木草地
				142	改良草地	指采用灌溉、排水、施肥、松耙、补植等措施进行改良的草地
				143	人工草地	指人工种植牧草的草地，包括人工培植用于牧业的灌木地
				143K	可调整人工草地	指由耕地改为人工草地，但耕作层未被破坏的土地 *
		15	其他农用地			指上述耕地、园地、林地、牧草地以外的农用地
				151	畜禽饲养地	指以经营性养殖为目的的畜禽舍及其相应附属设施用地
				152	设施农业用地	指进行工厂化作物栽培或水产养殖的生产设施用地
				153	农村道路	指农村南方宽≥ 1.0 米，北方宽≥ 2.0 米的村间、田间道路（含机耕道）
				154	坑塘水面	指人工开挖或天然形成的蓄水量< 10 万立方米（不含养殖水面）的坑塘常水位以下的面积
				155	养殖水面	指人工开挖或天然形成的专门用于水产养殖的坑塘水面及相应附属设施用地
				155K	可调整养殖水面	指由耕地改为养殖水面，但可复耕的土地 *
				156	农田水利用地	指农民、农民集体或其他农业企业等自建或联建的农田排灌沟渠及其相应附属设施用地
				157	田坎	主要指耕地中南方宽≥ 1.0 米，北方宽≥ 2.0 米的梯田田坎
				158	晒谷场等用地	指晒谷场及上述用地中未包含的其他农用地

续表

一级类		二级类		三级类		含　义
编号	三大类名称	编号	名称	编号	名称	
2	建设用地					指建造建筑物、构筑物的土地，包括商业、工矿、仓储、公用设施、公共建筑、住宅、交通、水利设施、特殊用地等
		21	商服用地			指商业、金融业、餐饮旅馆业及其他经营性服务业建筑及其相应附属设施用地
				211	商业用地	指商店、商场、各类批发、零售市场及其相应附属设施用地
				212	金融保险用地	指银行、保险、证券、信托、期货、信用社等用地
				213	餐饮旅馆业用地	指饭店、餐厅、酒吧、宾馆、旅馆、招待所、度假村等及其相应附属设施用地
				214	其他商服用地	指上述用地以外的其他商服用地，包括写字楼、商业性办公楼和企业厂区外独立的办公楼用地；旅行社、运动保健休闲设施、夜总会、歌舞厅、俱乐部、高尔夫球场、加油站、洗车场、洗染店、废旧物资回收站、维修网点、照相、理发、洗浴等服务设施用地
		22	工矿仓储用地			指工业、采矿、仓储业用地
				221	工业用地	指工业生产及其相应附属设施用地
				222	采矿地	指采矿、采石、采砂场、盐田、砖瓦窑等地面生产用地及尾矿堆放地
				223	仓储用地	指用于物资储备、中转的场所及相应附属设施用地
		23	公用设施用地			指为居民生活和二、三产业服务的公用设施及瞻仰、游憩用地
				231	公共基础设施用地	指给排水、供电、供燃、供热、邮政、电信、消防、公用设施维修、环卫等用地
				232	瞻仰景观休闲用地	指名胜古迹、革命遗址、景点、公园、广场、公用绿地等
		24	公共建筑用地			指公共文化、体育、娱乐、机关、团体、科研、设计、教育、医卫、慈善等建筑用地
				241	机关团体用地	指国家机关，社会团体，群众自治组织，广播电台、电视台、报社、杂志社、通讯社、出版社等单位的办公用地
				242	教育用地	指各种教育机构，包括大专院校、中专、职业学校、成人业余教育学校、中小学校、幼儿园、托儿所、党校、行政学院、干部管理学院、盲聋哑学校、工读学校等直接用于教育的用地
				243	科研设计用地	指独立的科研、设计机构用地，包括研究、勘测、设计、信息等单位用地
				244	文体用地	指为公众服务的公益性文化、体育设施用地，包括博物馆、展览馆、文化馆、图书馆、纪念馆、影剧院、音乐厅、少青老年活动中心、体育场馆、训练基地等
				245	医疗卫生用地	指医疗、卫生、防疫、急救、保健、疗养、康复、医检药检、血库等用地
				246	慈善用地	指孤儿院、养老院、福利院等用地

续表

一级类		二级类		三级类		含义
编号	三大类名称	编号	名称	编号	名称	
2	建设用地	25	住宅用地			指供人们日常生活居住的房基地（有独立院落的包括院落）
				251	城镇单一住宅用地	指城镇居民的普通住宅、公寓、别墅用地
				252	城镇混合住宅用地	指城镇居民以居住为主的住宅与工业或商业等混合用地
				253	农村宅基地	指农村村民居住的宅基地
				254	空闲宅基地	指村庄内部的空闲旧宅基地及其他空闲土地等
		26	交通运输用地			指用于运输通行的地面线路、场站等用地，包括民用机场、港口、码头、地面运输管道和居民点道路及其相应附属设施用地
				261	铁路用地	指铁道线路及场站用地，包括路堤、路堑、道沟及护路林；地铁地上部分及出入口等用地
				262	公路用地	指国家和地方公路（含乡镇公路），包括路堤、路堑、道沟、护路林及其他附属设施用地
				263	民用机场	指民用机场及其相应附属设施用地
				264	港口码头用地	指人工修建的客运、货运、捕捞船舶停靠的场所及其相应附属建筑物，不包括常水位以下部分
				265	管道运输用地	指运输煤炭、石油和天然气等管道及其相应附属设施地面用地
				266	街巷	指城乡居民点内公用道路（含立交桥）、公共停车场等
		27	水利设施用地			指用于水库、水工建筑的土地
				271	水库水面	指人工修建总库容≥10万立方米，正常蓄水位以下的面积
				272	水工建筑用地	指除农田水利用地以外的人工修建的沟渠（包括渠槽、渠堤、护堤林）、闸、坝、堤路林、水电站、扬水站等常水位岸线以上的水工建筑用地
		28	特殊用地			指军事设施、涉外、宗教、监教、墓地等用地
				281	军事设施用地	指专门用于军事目的的设施用地，包括军事指挥机关和营房等
				282	使领馆用地	指外国政府及国际组织驻华使领馆、办事处等用地
				283	宗教用地	指专门用于宗教活动的庙宇、寺院、道观、教堂等宗教自用地
				284	监教场所用地	指监狱、看守所、劳改场、劳教所、戒毒所等用地
				285	墓葬地	指陵园、墓地、殡葬场所及附属设施用地

续表

一级类		二级类		三级类		含 义
编号	三大类名称	编号	名称	编号	名称	
3	未利用地					指农用地和建设用地以外的土地
		31	未利用土地			指目前还未利用的土地，包括难利用的土地
				311	荒草地	指树木郁闭度＜10%，表层为土质，生长杂草，不包括盐碱地、沼泽地和裸土地
				312	盐碱地	指表层盐碱聚集、只生长天然耐盐植物的土地
				313	沼泽地	指经常积水或渍水、一般生长湿生植物的土地
				314	沙地	指表层为沙覆盖、基本无植被的土地，包括沙漠，不包括水系中的沙滩
				315	裸土地	指表层为土质、基本无植被覆盖的土地
				316	裸岩石砾地	指表层为岩石或石砾、其覆盖面积≥70%的土地
				317	其他未利用土地	指包括高寒荒漠、苔原等尚未利用的土地
		32	其他土地			指未列入农用地、建设用地的其他水域地
				321	河流水面	指天然形成或人工开挖河流常水位岸线以下的土地
				322	湖泊水面	指天然形成的积水区常水位岸线以下的土地
				323	苇地	指生长芦苇的土地，包括滩涂上的苇地
				324	滩涂	指沿海大潮高潮位与低潮位之间的潮浸地带；河流、湖泊常水位至洪水位间的滩地；时令湖、河洪水位以下的滩地；水库、坑塘的正常蓄水位与最大洪水位间的滩地；不包括已利用的滩涂
				325	冰川及永久积雪	指表层被冰雪常年覆盖的土地

注：* 指生态退耕以外，按照《国土资源部、农业部关于搞好农用地管理促进农业生产结构调整工作的通知》（国土资发〔1999〕511号）规定，在农业结构调整中将耕地调整为其他农用地，但未破坏耕作层，不作为耕地减少衡量指标。自文件下发时开始执行。

全国城乡统一的《全国土地分类（试行）》，满足了城乡土地的一体化调查和统一管理的需要。但是，由于城、乡土地调查的比例尺、调查方法、调查精度要求、人财物投入等差异很大，很难在短时间内在全国范围内完全做到采用《全国土地分类（试行）》同步开展城、乡土地调查。为保证原土地分类到《全国土地分类（试行）》的平稳过渡，国土资源部在《全国土地分类（试行）》基础上，2002年制定了《全国土地分类（过渡期间适用）》。《全国土地分类（过渡期间适用）》的整体框架与《全国土地分类（试行）》相同，采用三级分类。其中农用地和未利用地部分与《全国土地分类（试行）》完全相同，建设用地部分进行了适当归并。将商服用地、工矿仓储用地、公用设施用地、公共建筑用地、住宅用地、特殊用地6个二级类和交通运输用地中三级类的街巷，合并为居民点及工矿用地，作为二级类，在其下划分城市、建制镇、农村居民点、独立工矿、盐田和特殊用地6个三级类，各地类名称和编号如表2-4所示。

表 2-4　全国土地分类（过渡期间适用）

一级类		二级类		三级类		含　义
编号	三大类名称	编号	名称	编号	名称	
1	农用地					指直接用于农业生产的土地，包括耕地、园地、林地、牧草地及其他农用地
		11	耕地			指种植农作物的土地，包括熟地、新开发复垦整理地、休闲地、轮歇地、草田轮作地；以种植农作物为主，间有零星果树、桑树或其他树木的土地；平均每年能保证收获一季的已垦滩地和海涂；耕地中包括南方宽＜1.0米，北方宽＜2.0米的沟、渠、路和田埂
				111	灌溉水田	指有水源保证和灌溉设施，在一般年景能正常灌溉，用于种植水生作物的耕地，包括灌溉的水旱轮作地
				112	望天田	指无灌溉设施，主要依靠天然降雨，用于种植水生作物的耕地，包括无灌溉设施的水旱轮作地
				113	水浇地	指水田、菜地以外，有水源保证和灌溉设施，在一般年景能正常灌溉的耕地
				114	旱地	指无灌溉设施，靠天然降水种植旱作物的耕地，包括没有灌溉设施，仅靠引洪淤灌的耕地
				115	菜地	指常年种植蔬菜为主的耕地，包括大棚用地
		12	园地			指种植以采集果、叶、根、茎等为主的集约经营的多年生木本和草本作物（含其苗圃），覆盖度大于50%或每亩有收益的株数达到合理株数70%的土地
				121	果园	指种植果树的园地
				121K	可调整果园	指由耕地改为果园，但耕作层未被破坏的土地 *
				122	桑园	指种植桑树的园地
				122K	可调整桑园	指由耕地改为桑园，但耕作层未被破坏的土地 *
				123	茶园	指种植茶树的园地
				123K	可调整茶园	指由耕地改为茶园，但耕作层未被破坏的土地 *
				124	橡胶园	指种植橡胶树的园地
				124K	可调整橡胶园	指由耕地改为橡胶园，但耕作层未被破坏的土地 *
				125	其他园地	指种植可可、咖啡、油棕、胡椒、花卉、药材等其他多年生作物的园地。
				125K	可调整其他园地	指由耕地改为其他园地，但耕作层未被破坏的土地 *
		13	林地			指生长乔木、竹类、灌木、沿海红树林的土地，不包括居民点绿地，以及铁路、公路、河流、沟渠的护路、护岸林
				131	有林地	指树木郁闭度≥20%的天然、人工林地
				131K	可调整有林地	指由耕地改为有林地，但耕作层未被破坏的土地 *
				132	灌木林地	指覆盖度≥30%的灌木林地
				133	疏林地	指树木郁闭度10%~19%的疏林地

续表

一级类		二级类		三级类		含义
编号	三大类名称	编号	名称	编号	名称	
1	农用地	13	林地	134	未成林造林地	指造林成活率大于或等于合理造林数的41%，尚未郁闭但有成林希望的新造林地（一般指造林后不满3～5年或飞机播种后不满5～7年的造林地）
				134K	可调整未成林造林地	指由耕地改为未成林造林地，但耕作层未被破坏的土地 *
				135	迹地	指森林采伐、火烧后，五年内未更新的土地
				136	苗圃	指固定的林木育苗地
				136K	可调整苗圃	指由耕地改为苗圃，但耕作层未被破坏的土地 *
		14	牧草地			指生长草本植物为主，用于畜牧业的土地
				141	天然草地	指以天然草本植物为主，未经改良，用于放牧或割草的草地，包括以牧为主的疏林地、灌木草地
				142	改良草地	指采用灌溉、排水、施肥、松耙、补植等措施进行改良的草地
				143	人工草地	指人工种植牧草的草地，包括人工培植用于牧业的灌木地
				143K	可调整人工草地	指由耕地改为人工草地，但耕作层未被破坏的土地 *
		15	其他农用地			指上述耕地、园地、林地、牧草地以外的农用地
				151	畜禽饲养地	指以经营性养殖为目的的畜禽舍及其相应附属设施用地
				152	设施农业用地	指进行工厂化作物栽培或水产养殖的生产设施用地
				153	农村道路	指农村南方宽≥1.0米、北方宽≥2.0米的村间、田间道路（含机耕道）
				154	坑塘水面	指人工开挖或天然形成的蓄水量＜10万立方米（不含养殖水面）的坑塘常水位以下的面积
				155	养殖水面	指人工开挖或天然形成的专门用于水产养殖的坑塘水面及相应附属设施用地
				155K	可调整养殖水面	指由耕地改为养殖水面，但可复耕的土地 *
				156	农田水利用地	指农民、农民集体或其他农业企业等自建或联建的农田排灌沟渠及其相应附属设施用地
				157	田坎	主要指耕地中南方宽≥1.0米、北方宽≥2.0米的梯田田坎
				158	晒谷场等用地	指晒谷场及上述用地中未包含的其他农用地
2	建设用地					指建造建筑物、构筑物的土地，包括商业、工矿、仓储、公用设施、公共建筑、住宅、交通、水利设施、特殊用地等；其中，21～25及28等6个二级类（含所属三级类）及“交通用地”中的266一个三级类暂不启用，仍使用原土地利用现状分类中的“居民点及工矿用地”地类，“居民点及独立工矿用地”中包含的农用地、水域、其他建设用地，过渡期暂不变动

续表

一级类		二级类		三级类		含　义
编号	三大类名称	编号	名称	编号	名称	
2	建设用地	20	居民点及独立工矿用地	201	城市	指城市居民点
				202	建制镇	指设建制镇的居民点
				203	农村居民点	指镇以下的居民点
				204	独立工矿用地	指居民点以外的各种工矿企业、采石场、砖瓦窑、仓库及其他企事业单位的建设用地，不包括附属于工矿、企事业单位的农副业生产基地
				205	盐田	指以经营盐业为目的，包括盐场及附属设施用地
				206	特殊用地	指居民点以外的国防、名胜古迹、风景旅游、墓地、陵园等用地
		26	交通运输用地			指用于运输通行的地面线路、场站等用地，包括民用机场、港口、码头、地面运输管道和居民点道路及其相应附属设施用地
				261	铁路用地	指铁道线路及场站用地，包括路堤、路堑、道沟及护路林；地铁地上部分及出入口等用地
				262	公路用地	指国家和地方公路（含乡镇公路），包括路堤、路堑、道沟、护路林及其他附属设施用地
				263	民用机场	指民用机场及其相应附属设施用地
				264	港口码头用地	指人工修建的客运、货运、捕捞船舶停靠的场所及其相应附属建筑物，不包括常水位以下部分
				265	管道运输用地	指运输煤炭、石油和天然气等管道及其相应附属设施地面用地
		27	水利设施用地			指用于水库、水工建筑的土地
				271	水库水面	指人工修建总库容≥ 10 万立方米，正常蓄水位以下的面积
				272	水工建筑用地	指除农田水利用地以外的人工修建的沟渠（包括渠槽、渠堤、护堤林）、闸、坝、堤路林、水电站、扬水站等常水位岸线以上的水工建筑用地
3	未利用地					指农用地和建设用地以外的土地
		31	未利用土地			指目前还未利用的土地，包括难利用的土地
				311	荒草地	指树木郁闭度＜ 10%，表层为土质，生长杂草，不包括盐碱地、沼泽地和裸土地
				312	盐碱地	指表层盐碱聚集、只生长天然耐盐植物的土地
				313	沼泽地	指经常积水或渍水、一般生长湿生植物的土地
				314	沙地	指表层为沙覆盖，基本无植被的土地，包括沙漠，不包括水系中的沙滩
				315	裸土地	指表层为土质、基本无植被覆盖的土地
				316	裸岩石砾地	指表层为岩石或石砾、其覆盖面积≥ 70% 的土地
				317	其他未利用土地	指包括高寒荒漠、苔原等尚未利用的土地

续表

一级类		二级类		三级类		含　义
编号	三大类名称	编号	名称	编号	名称	
3	未利用地	32	其他土地			指未列入农用地、建设用地的其他水域地
				321	河流水面	指天然形成或人工开挖河流常水位岸线以下的土地
				322	湖泊水面	指天然形成的积水区常水位岸线以下的土地
				323	苇地	指生长芦苇的土地，包括滩涂上的苇地
				324	滩涂	指沿海大潮高潮位与低潮位之间的潮浸地带；河流、湖泊常水位至洪水位间的滩地；时令湖、河洪水位以下的滩地；水库、坑塘的正常蓄水位与最大洪水位间的滩地；不包括已利用的滩涂
				325	冰川及永久积雪	指表层被冰雪常年覆盖的土地

注：* 指生态退耕以外，按照《国土资源部、农业部关于搞好农用地管理促进农业生产结构调整工作的通知》（国土资发〔1999〕511 号）规定，在农业结构调整中将耕地调整为其他农用地，但未破坏耕作层，不作为耕地减少衡量指标。自文件下发时开始执行。

2002—2008 年，《全国土地分类（过渡期间适用）》有效地应用于年度土地变更调查及土地资源管理工作中。

四、2007 年《土地利用现状分类》国家标准

具体内容见本章第二节。

第二节　土地利用现状分类国家标准制定

2004 年，国务院《关于深化改革　严格土地管理的决定》（国发〔2004〕28 号）中明确要求：“国土资源部要会同有关部门，抓紧建立和完善统一的土地分类、调查、登记和统计制度。”国土资源部从2000年起就已开始筹备《土地利用现状分类》国家标准的编制工作，并于2002年正式列入国家标准编制、修订计划。为了贯彻落实国务院制定统一的土地分类的要求，国土资源部组织开展了《土地利用现状分类》国家标准编制工作。在国务院领导支持协调下，在相关部门配合下，2007 年 8 月 10 日中华人民共和国国家质量监督检验检疫总局和中国国家标准化管理委员会联合发布了《土地利用现状分类》（GB/T 21010—2007），并于 2007 年 8 月 10 日起实施。《土地利用现状分类》国家标准的发布实施，为 2007 年 7 月 1 日起全面开展的第二次全国土地调查获取统一的土地基础数据提供了依据。

一、制定《土地利用现状分类》国家标准的必要性

（一）统一不同土地利用分类标准的需要

实行统一的土地利用分类标准，在发达国家已成为惯例。在我国，由于历史的原因，长期以来我国的土地资源分类标准不统一，国土、农业、林业、建设、水利、交通等相关部门，按照部门的职能分工和管理需要，各自制定了分类体系、调查统计体系。由于各部门的分类含义、体系、口径不同，对同一地类的认定、调查、统计结果相差很大，加之专业部门调查又难以做到全覆盖，造成了土地重

复统计、数出多门、数据矛盾。因此，统一土地利用分类标准，不仅使土地资源可以做到统一规范管理，也可使国家全面、系统、准确掌握全国土地资源现状，为制定土地政策、科学决策提供统一的依据。

（二）土地资源管理的需要

土地资源是最重要的自然资源之一，是人类生存和生产的基本条件。土地利用分类是国土资源管理的基础性工作，涉及土地管理工作的各个方面。土地资源是有限的，适合于生活和生产的土地资源则更少。制定统一的土地利用分类标准，可以及时准确地掌握有关土地资源利用的信息，了解土地利用的结构及其分布和特点，为土地资源的可持续利用及土地利用规划、国土规划提供服务，为土地调查、土地统计、不动产登记等提供支撑。

（三）国家宏观调控和科学决策的需求

改革开放以来，随着社会经济的快速发展，土地利用状况日益复杂。土地资源管理在国家宏观经济发展中的地位和作用越来越重要，国家和各级政府掌握统一的真实可靠的土地基础数据，已成为加强和改善宏观调控、落实最严格的土地管理制度的关键。土地利用分类不统一造成的土地基础数据不一致，越来越难以满足新形势下宏观调控的需要。因此，在国家层面上，制定统一的、科学的土地利用分类国家标准势在必行。

二、《土地利用现状分类》标准编制过程

《土地利用现状分类》国家标准编制工作从2000年开始筹备，并于2002年列入国家标准制定、修订计划，正式启动标准编制工作。标准编制工作由国土资源部地籍管理司领导并负责与相关部门协调，中国土地勘测规划院成立了标准编制课题组负责标准起草，国土资源部科技司负责国家标准的申报工作。《土地利用现状分类》国家标准编制工作经历了以下主要阶段。

（一）收集和整理资料

为使编制的分类标准更具科学性和通用性，广泛收集了各方面的有关资料，一是收集了国外有关土地分类的标准；二是收集了国家及农、林、水、建设、水利、交通、统计等与土地相关的法律法规、相关部门分类标准；三是收集了国土资源管理部门制定的分类标准。对收集的国内外有关资料进行系统整理和分析，梳理出与土地分类相关的内容，作为起草分类标准的主要依据。

（二）分类标准起草

1. 确定分类方法

目前，土地分类方法主要有3种：一是土地自然分类法。主要依据土地自然属性的相同性和差异性，对土地进行分类。一般按地貌、土壤、植被为具体标志进行分类。目的是揭示土地类型的分异和演替规律，遵循土地构成要素的自然规律，最佳、最有效地挖掘土地生产力。二是土地评价分类法。主要依据一些评价指标的相同性和差异性，对土地进行分类。一般按土地生产力水平、土地质量、土地生产潜力、土地适宜性等为具体标志进行分类，也称为土地的经济特性分类。主要依据是土地的自然属性和社会经济属性，目的是为开展土地条件调查和土地适宜性调查服务，为实现土地资源的最佳配置服务。三是土地综合分类法。主要依据土地的自然特性和社会经济特性、管理特性及其他因素对土地进行分类。

对土地进行分类是土地管理最为基础的工作之一。根据编制的土地分类既要反映实地的土地利用状

况、又要满足土地资源管理需要的原则，《土地利用现状分类》国家标准采用了土地综合分类法，即按照土地的覆盖特征、利用方式、用途、经营特点、利用效果等为具体标志进行分类。

2. 分类标准征求意见稿编制

为了使编制的《土地利用现状分类》国家标准，既要满足土地资源资源管理需要，同时又要尽可能满足相关部门需要，首先确定了分类编制的原则：一是科学性原则，依据土地的自然和社会经济属性，运用土地管理科学及相关科学技术，采用多级续分法，对土地利用现状类型进行归纳、分类，同时国家法律法规有明确规定的，依从法律法规；二是实用性原则，分类系统力求通俗易用、层次简明、易于判别、便于掌握和应用，并尽可能满足相关部门管理的需要；三是开放性原则，分类系统具有兼容性，但根据管理和应用需要，分类系统可以进一步细分，开放性强；四是继承性原则，对已有分类标准，且目前无争议或异议的内容直接继承和保留，能够与以往分类系统有效衔接。

根据确定的分类方法和分类系统编制原则，课题组编制了《土地利用现状分类》国家标准征求意见稿。

（三）广泛征求各方面意见

2004 年 9 月，《土地利用现状分类》国家标准征求意见稿以国土资源部办公厅（国土资厅函〔2004〕456 号）名义送国务院有关部门、地方国土资源管理部门、国土资源部有关司局、国土资源部直属单位及相关科研院校广泛征求意见。征求意见稿共发出 77 份，涉及国务院有关部门 14 个、省（自治区、直辖市）国土资源厅（局）33 个、计划单列市国土资源局 5 个、国土资源部有关司局 7 个、国土资源部直属单位 3 个、相关科研院校 15 个。收到反馈意见 48 份，涉及国务院有关部门 14 个、省（自治区、直辖市）国土资源厅（局）19 个、国土资源部有关司局 7 个、国土资源部直属单位 3 个、相关科研院校 5 个。

（四）《土地利用现状分类》国家标准送审稿编制

对《土地利用现状分类》国家标准征求意见稿的反馈意见，课题组重点对国务院有关部门提出的 110 条反馈意见进行了认真的梳理分析，其中被完全采纳的有 42 条，部分采纳的有 43 条，两项占反馈意见总数的近 80%，同时对其他反馈意见也进行了梳理。在此基础上，课题组对《土地利用现状分类》国家标准征求意见稿进行了认真修改，形成了《土地利用现状分类》国家标准送审稿。

（五）通过标准审查会审查

2005 年 7 月 18 日，全国国土资源标准化技术委员会在北京组织召开了《土地利用现状分类》国家标准审查会，出席会议的有农业部、建设部、水利部、交通部、国家统计局、国家海洋局、国家林业局等 7 个部（局）的代表，北京市、浙江省、重庆市、广东省等 4 个国土资源厅（局）的代表，国家标准化委员会、全国国土资源标准化技术委员会的代表和土地资源规划、调查、评价分技术委员会委员及有关专家。会议对中国土地勘测规划院起草编制的《土地利用现状分类》国家标准送审稿进行了审查，形成了会议纪要，认为《土地利用现状分类》国家标准基本可行，同时也提出了进一步修改完善意见和建议，会议建议对《土地利用现状分类》国家标准尽快修改完善，按照国家标准制、修订程序报批。

（六）《土地利用现状分类》国家标准报批稿编制

根据全国国土资源标准化技术委员会对《土地利用现状分类》国家标准审查的意见和建议，课题组进行了全面认真研讨，并对重大问题又进行了调研，在此基础上对《土地利用现状分类》国家标准审查稿进行了修改和完善，形成了《土地利用现状分类》国家标准报批稿。

（七）《土地利用现状分类》国家标准发布

2007年8月10日，中华人民共和国质量监督检验检疫总局和国家标准化管理委员会联合发布了《土地利用现状分类》（GB/T 21010—2007），历史性地统一了全国土地利用现状分类标准。土地利用现状分类标准的统一，将避免各部门因土地利用分类不一致引起的统计重复、数据矛盾、难以分析应用等问题，对科学划分土地利用类型、掌握真实可靠的土地基础数据、实施全国土地和城乡地政统一管理乃至国家宏观管理和决策具有重大意义。

三、《土地利用现状分类》国家标准基本框架

《土地利用现状分类》国家标准采用二级分类体系。一级类12个，二级类57个。各省（自治区、直辖市）可根据本地区具体情况，在全国统一的二级类基础上，根据从属关系续分三级类，并进行编码排列，但不能打乱全国统一的编码排序及其所代表的地类及含义。

（一）一级类的设定

（1）依据土地用途和利用方式，考虑到农、林、水、交通等有关部门需求，设定了“耕地”、“园地”、“林地”、“草地”、“交通运输用地”、“水域及水利设施用地”一级类。

（2）依据土地利用方式和经营特点，考虑到城市管理等有关部门的需求，设定了“商服用地”、“工矿仓储用地”、“住宅用地”、“公共管理与公共服务用地”一级类。

（3）对于军事设施、使领馆等特殊的用地，设定了“特殊用地”一级类。

（4）为了保证地类的全覆盖，对难以归并到上述一级类的用地，如设施农用地、盐碱地等，设定了“其他土地”一级类。

（二）二级类的设定

根据一级类涵盖的内容，依据土地的自然属性、覆盖特征、用途和经营目的等方面差异进行细分，形成二级类。

（三）《土地利用现状分类》国家标准

《土地利用现状分类》国家标准如表2-5所示。

表2-5　土地利用现状分类

一级类		二级类		含　义
编码	名称	编码	名称	
01	耕地			指种植农作物的土地，包括熟地，新开发、复垦、整理地，休闲地（含轮歇地、轮作地）；以种植农作物（含蔬菜）为主，间有零星果树、桑树或其他树木的土地；平均每年能保证收获一季的已垦滩地和海涂；耕地中包括南方宽度＜1.0米、北方宽度＜2.0米固定的沟、渠、路和地坎（埂）；临时种植药材、草皮、花卉、苗木等的耕地，以及其他临时改变用途的耕地
		011	水田	指用于种植水稻、莲藕等水生农作物的耕地，包括实行水生、旱生农作物轮种的耕地
		012	水浇地	指有水源保证和灌溉设施，在一般年景能正常灌溉，种植旱生农作物的耕地；包括种植蔬菜等的非工厂化的大棚用地
		013	旱地	指无灌溉设施，主要靠天然降水种植旱生农作物的耕地，包括没有灌溉设施，仅靠引洪淤灌的耕地

续表

一级类		二级类		含 义
编码	名称	编码	名称	
02	园地			指种植以采集果、叶、根、茎、汁等为主的集约经营的多年生木本和草本作物，覆盖度大于 50% 或每亩株数大于合理株数 70% 的土地；包括用于育苗的土地
		021	果园	指种植果树的园地
		022	茶园	指种植茶树的园地
		023	其他园地	指种植桑树、橡胶、可可、咖啡、油棕、胡椒、药材等其他多年生作物的园地
03	林地			指生长乔木、竹类、灌木的土地，及沿海生长红树林的土地；包括迹地，不包括居民点内部的绿化林木用地，铁路、公路征地范围内的林木，以及河流、沟渠的护堤林
		031	有林地	指树木郁闭度≥ 0.2 的乔木林地，包括红树林地和竹林地
		032	灌木林地	指灌木覆盖度≥ 40% 的林地
		033	其他林地	包括疏林地（指树木郁闭度≥ 0.1、< 0.2 的林地）、未成林地、迹地、苗圃等林地
04	草地			指生长草本植物为主的土地
		041	天然牧草地	指以天然草本植物为主、用于放牧或割草的草地
		042	人工牧草地	指人工种植牧草的草地
		043	其他草地	指树木郁闭度< 0.1，表层为土质，生长草本植物为主，不用于畜牧业的草地
05	商服用地			指主要用于商业、服务业的土地
		051	批发零售用地	指主要用于商品批发、零售的用地，包括商场、商店、超市、各类批发（零售）市场，加油站等及其附属的小型仓库、车间、工场等的用地
		052	住宿餐饮用地	指主要用于提供住宿、餐饮服务的用地，包括宾馆、酒店、饭店、旅馆、招待所、度假村、餐厅、酒吧等
		053	商务金融用地	指企业、服务业等办公用地，以及经营性的办公场所用地；包括写字楼、商业性办公场所、金融活动场所和企业厂区外独立的办公场所等用地
		054	其他商服用地	指上述用地以外的其他商业、服务业用地，包括洗车场、洗染店、废旧物资回收站、维修网点、照相馆、理发美容店、洗浴场所等用地
06	工矿仓储用地			指主要用于工业生产、物资存放场所的土地
		061	工业用地	指工业生产及直接为工业生产服务的附属设施用地
		062	采矿用地	指采矿、采石、采砂（沙）场，盐田，砖瓦窑等地面生产用地及尾矿堆放地
		063	仓储用地	指用于物资储备、中转的场所用地
07	住宅用地			指主要用于人们生活居住的房基地及其附属设施的土地
		071	城镇住宅用地	指城镇用于生活居住的各类房屋用地及其附属设施用地，包括普通住宅、公寓、别墅等用地
		072	农村宅基地	指农村用于生活居住的宅基地

续表

一级类		二级类		含　义
编码	名称	编码	名称	
08	公共管理与公共服务用地			指用于机关团体、新闻出版、科教文卫、风景名胜、公共设施等的土地
		081	机关团体用地	指用于党政机关、社会团体、群众自治组织等的用地
		082	新闻出版用地	指用于广播电台、电视台、电影厂、报社、杂志社、通讯社、出版社等的用地
		083	科教用地	指用于各类教育，独立的科研、勘测、设计、技术推广、科普等的用地
		084	医卫慈善用地	指用于医疗保健、卫生防疫、急救康复、医检药检、福利救助等的用地
		085	文体娱乐用地	指用于各类文化、体育、娱乐及公共广场等的用地
		086	公共设施用地	指用于城乡基础设施的用地，包括给排水、供电、供热、供气、邮政、电信、消防、环卫、公用设施维修等用地
		087	公园与绿地	指城镇、村庄内部的公园、动物园、植物园、街心花园和用于休憩及美化环境的绿化用地
		088	风景名胜设施用地	指风景名胜（包括名胜古迹、旅游景点、革命遗址等）景点及管理机构的建筑用地，景区内的其他用地按现状归入相应地类
09	特殊用地			指用于军事设施、涉外、宗教、监教、殡葬等的土地
		091	军事设施用地	指直接用于军事目的的设施用地
		092	使领馆用地	指用于外国政府及国际组织驻华使领馆、办事处等的用地
		093	监教场所用地	指用于监狱、看守所、劳改场、劳教所、戒毒所等的建筑用地
		094	宗教用地	指专门用于宗教活动的庙宇、寺院、道观、教堂等宗教自用地
		095	殡葬用地	指陵园、墓地、殡葬场所用地
10	交通运输用地			指用于运输通行的地面线路、场站等的土地，包括民用机场、港口、码头、地面运输管道和各种道路用地
		101	铁路用地	指用于铁道线路、轻轨、场站的用地，包括设计内的路堤、路堑、道沟、桥梁、林木等用地
		102	公路用地	指用于国道、省道、县道和乡道的用地，包括设计内的路堤、路堑、道沟、桥梁、汽车停靠站、林木及直接为其服务的附属用地
		103	街巷用地	指用于城镇、村庄内部公用道路（含立交桥）及行道树的用地，包括公共停车场、汽车客货运输站点及停车场等用地
		104	农村道路	指公路用地以外的南方宽度≥ 1.0 米、北方宽度≥ 2.0 米的村间、田间道路（含机耕道）
		105	机场用地	指用于民用机场的用地
		106	港口码头用地	指用于人工修建的客运、货运、捕捞及工作船舶停靠的场所及其附属建筑物的用地，不包括常水位以下部分
		107	管道运输用地	指用于运输煤炭、石油、天然气等管道及其相应附属设施的地上部分用地

续表

一级类		二级类		含　义
编码	名称	编码	名称	
11	水域及水利设施用地			指陆地水域，海涂，沟渠、水工建筑物等用地；不包括滞洪区和已垦滩涂中的耕地、园地、林地、居民点、道路等用地
		111	河流水面	指天然形成或人工开挖河流常水位岸线之间的水面，不包括被堤坝拦截后形成的水库水面
		112	湖泊水面	指天然形成的积水区常水位岸线所围成的水面
		113	水库水面	指人工拦截汇集而成的总库容≥ 10 万立方米的水库正常蓄水位岸线所围成的水面
		114	坑塘水面	指人工开挖或天然形成的蓄水量< 10 万立方米的坑塘常水位岸线所围成的水面
		115	沿海滩涂	指沿海大潮高潮位与低潮位之间的潮浸地带，包括海岛的沿海滩涂，不包括已利用的滩涂
		116	内陆滩涂	指河流、湖泊常水位至洪水位间的滩地；时令湖、河洪水位以下的滩地；水库、坑塘的正常蓄水位与洪水位间的滩地；包括海岛的内陆滩地，不包括已利用的滩地
		117	沟渠	指人工修建，南方宽度≥ 1.0 米、北方宽度≥ 2.0 米用于引、排、灌的渠道，包括渠槽、渠堤、取土坑、护堤林
		118	水工建筑用地	指人工修建的闸、坝、堤路林、水电厂房、扬水站等常水位岸线以上的建筑物用地
		119	冰川及永久积雪	指表层被冰雪常年覆盖的土地
12	其他土地			指上述地类以外的其他类型的土地
		121	空闲地	指城镇、村庄、工矿内部尚未利用的土地
		122	设施农用地	指直接用于经营性养殖的畜禽舍、工厂化作物栽培或水产养殖的生产设施用地及其相应附属用地，农村宅基地以外的晾晒场等农业设施用地
		123	田坎	主要指耕地中南方宽度≥ 1.0 米、北方宽度≥ 2.0 米的地坎
		124	盐碱地	指表层盐碱聚集，生长天然耐盐植物的土地
		125	沼泽地	指经常积水或渍水，一般生长沼生、湿生植物的土地
		126	沙地	指表层为沙覆盖、基本无植被的土地，不包括滩涂中的沙地
		127	裸地	指表层为土质，基本无植被覆盖的土地；或表层为岩石、石砾，其覆盖面积≥ 70% 的土地

为了满足土地用途管制需求，将《土地利用现状分类》的地类与《中华人民共和国土地管理法》规定的农用地、建设用地、未利用地建立了对应关系，如表 2-6 所示。

表 2-6　土地利用现状分类与三大类对照表

三大类	土地利用现状分类			
	一级类		二级类	
	类别编码	类别名称	类别编码	类别名称
农用地	01	耕地	011	水田
			012	水浇地
			013	旱地
	02	园地	021	果园
			022	茶园
			023	其他园地
	03	林地	031	有林地
			032	灌木林地
			033	其他林地
	04	草地	041	天然牧草地
			042	人工牧草地
	10	交通用地	104	农村道路
	11	水域及水利设施用地	114	坑塘水面
			117	沟渠
	12	其他土地	122	设施农用地
			123	田坎
建设用地	05	商服用地	051	批发零售用地
			052	住宿餐饮用地
			053	商务金融用地
			054	其他商服用地
	06	工矿仓储用地	061	工业用地
			062	采矿用地
			063	仓储用地
	07	住宅用地	071	城镇住宅用地
			072	农村宅基地
	08	公共管理与公共服务用地	081	机关团体用地
			082	新闻出版用地
			083	科教用地
			084	医卫慈善用地
			085	文体娱乐用地
			086	公共设施用地
			087	公园与绿地
			088	风景名胜设施用地

续表

三大类	土地利用现状分类			
	一级类		二级类	
	类别编码	类别名称	类别编码	类别名称
建设用地	09	特殊用地	091	军事设施用地
			092	使领馆用地
			093	监教场所用地
			094	宗教用地
			095	殡葬用地
	10	交通运输用地	101	铁路用地
			102	公路用地
			103	街巷用地
			105	机场用地
			106	港口码头用地
			107	管道运输用地
	11	水域及水利设施用地	113	水库水面
			118	水工建筑物用地
	12	其他土地	121	空闲地
未利用地	11	水域及水利设施用地	111	河流水面
			112	湖泊水面
			115	沿海滩涂
			116	内陆滩涂
			119	冰川及永久积雪
	04	草地	043	其他草地
	12	其他土地	124	盐碱地
			125	沼泽地
			126	沙地
			127	裸地

第三节　第二次全国土地调查分类（农村土地调查分类）

第二次全国土地调查采用《土地利用现状分类》（GB/T 21010—2007）。但是，由于城、乡土地调查的底图比例尺、调查方法、调查精度要求、人财物投入、调查的时间周期等差异很大。为了在3年时间内完成国务院部署开展的第二次全国土地调查任务，《第二次全国土地调查总体方案》、《第二次全国土地调查实施方案》明确要求第二次全国土地调查分为农村土地调查和城镇土地调查两大部分，其中农村土地调查是第二次全国土地调查的重点，也是覆盖全部调查区域的土地调查。为了配合开展农村土地调查，对《土地利用现状分类》国家标准中的部分一级类和二级类进行了适当归并，具体为对《土地利用现状分类》国家标准中的 05、06、07、08、09 一级类和 103、121 二级类进行归并，形成了用于农村土地调查的城镇村及工矿用地，如表 2-7 所示。

表 2-7　城镇村及工矿用地

一级		二级		含　义
编码	名称	编码	名称	
20	城镇村及工矿用地			指城乡居民点、独立居民点以及居民点以外的工矿、国防、名胜古迹等企事业单位用地，包括其内部交通、绿化用地
		201	城市	指城市居民点，以及与城市连片的和区政府、县级市政府所在地镇级辖区内的商服、住宅、工业、仓储、机关、学校等单位用地
		202	建制镇	指建制镇居民点，以及辖区内的商服、住宅、工业、仓储、学校等企事业单位用地
		203	村庄	指农村居民点，以及所属的商服、住宅、工矿、工业、仓储、学校等用地
		204	采矿用地	指采矿、采石、采砂（沙）场，盐田，砖瓦窑等地面生产用地及尾矿堆放地
		205	风景名胜及特殊用地	指城镇村用地以外用于军事设施、涉外、宗教、监教、殡葬等的土地，以及风景名胜（包括名胜古迹、旅游景点、革命遗址等）景点及管理机构的建筑用地

第四节　不同时期土地调查分类对应关系

目前，我国已开展了第一次全国土地调查和第二次全国土地调查，以及年度土地变更调查，历经三十多年，积累了海量的土地调查数据，为掌握土地资源状况及变化状况，提供了数据支撑。但是，由于三十多年来，土地利用分类标准经历了几次变化，第一次全国土地调查和 2001 年以前的年度土地变更调查采用的是土地利用现状分类及含义（表 2-1）；2002 — 2008 年的年度土地变更调查采用是《全国土地分类（过渡期间适用）》（表 2-4）；第二次全国土地调查及以后的年度土地变更调查采用的是第二次全国土地调查分类。由于不同时期采用的土地分类标准存在差异，给不同时期土地数据的对比分析带来了一定困难。因此，需要根据不同时期的土地分类及含义，以第二次全国土地调查分类为基础，建立不同时期土地利用分类与《土地利用现状分类》国家标准的对应关系，从而对土地调查数据进行修正，形成同口径数据，才能满足对不同时期的土地数据进行对比分析的需要。以第二次全国土地调查分类为主线和基础，不同时期土地调查分类具体对应关系如表 2-8 所示。

表 2-8　不同时期土地调查分类对应关系表

第二次全国土地调查分类				全国土地分类（过渡期间适用）		第一次全国土地调查分类	
类别编码	地类名称	类别编码	地类名称	类别编码	地类名称	类别编码	地类名称
01	耕地	011	水田	111	灌溉水田	11	灌溉水田
				112	望天田	12	望天田
		012	水浇地	113	水浇地	13	水浇地
				115	菜地	15	菜地
		013	旱地	114	旱地	14	旱地
02	园地	021	果园	121	果园	21	果园
		022	茶园	123	茶园	23	茶园
		023	其他园地	122	桑园	22	桑园
				124	橡胶园	24	橡胶园
				125	其他园地	25	其他园地
03	林地	031	有林地	131	有林地	31	有林地
		032	灌木林	132	灌木林地	32	灌木林
		033	其他林地	133	疏林地	33	疏林地
				134	未成林造林地	34	未成林造林地
				135	迹地	35	迹地
				136	苗圃	36	苗圃
04	草地	041	天然牧草地	141	天然草地	41	天然草地
		042	人工牧草地	142	改良草地	42	改良草地
				143	人工草地	43	人工草地
		043	其他草地	311	荒草地	81	荒草地
				317	其他未利用土地（苔原部分）	88	其他（苔原部分）
20	城镇村及工矿用地	201	城市	201	城市	51A	城市
				204	独立工矿用地归属城市部分	53	独立工矿用地归属城市部分
		202	建制镇	202	建制镇	51B	建制镇
				204	独立工矿用地归属建制镇部分	53	独立工矿用地归属建制镇部分
		203	村庄	203	农村居民点	52	农村居民点
				204	独立工矿用地归属村庄部分	53	独立工矿用地归属村庄部分
		204	采矿用地	204	独立工矿用地采矿部分	53	独立工矿用地采矿部分
				205	盐田	54	盐田
		205	风景名胜及特殊用地	206	特殊用地	55	特殊用地

续表

第二次全国土地调查分类				全国土地分类（过渡期间适用）		第一次全国土地调查分类	
类别编码	地类名称	类别编码	地类名称	类别编码	地类名称	类别编码	地类名称
10	交通运输用地	101	铁路用地	261	铁路用地	61	铁路
		102	公路用地	262	公路用地	62	公路
		104	农村道路	153	农村道路	63	农村道路
		105	机场用地	263	民用机场	64	民用机场
		106	港口码头用地	264	港口码头用地	65	港口、码头
		107	管道运输用地	265	管道运输用地	—	除居民点及独立工矿用地外有关地类
11	水域及水利设施用地	111	河流水面	321	河流水面	71	河流水面
		112	湖泊水面	322	湖泊水面	72	湖泊水面
		113	水库水面	271	水库水面	73	水库水面
		114	坑塘水面	154	坑塘水面	74	坑塘水面
				155	养殖水面		
		115	沿海滩涂	324	滩涂	76	滩涂
		116	内陆滩涂	323	苇地滩涂部分	75	苇地滩涂部分
		117	沟渠	156	农田水利用地	77	沟渠
		118	水工建筑用地	272	水工建筑用地	78	水工建筑物
		119	冰川及永久积雪	325	冰川及永久积雪	79	冰川及永久积雪
12	其他土地	122	设施农用地	151	畜禽饲养地	52 53	52、53 中畜禽饲养地、设施农业用地 52 中晒谷场等用地
				152	设施农业用地		
				158	晒谷场等用地		
		123	田坎	157	田坎	87	田坎
		124	盐碱地	312	盐碱地	82	盐碱地
		125	沼泽地	313	沼泽地	83	沼泽地
				323	苇地除滩涂部分	75	苇地除滩涂部分
		126	沙地	314	沙地	84	沙地
		127	裸地	315	裸土地	85	裸土地
				316	裸岩石砾地	86	裸岩、石砾地
				317	其他未利用土地除苔原外部分	88	其他除苔原外部分

第五节　制定第二次全国土地调查土地分类图示、图例、色标

为了满足第二次全国土地调查制图需要，根据 2007 年 8 月 10 日中华人民共和国国家质量监督检验检疫总局和中国国家标准化管理委员会联合发布并实施的《土地利用现状分类》（GB/T 21010 — 2007）和第二次全国土地调查需要，在原有土地分类图示、图例、色标基础上，组织有关专家进行了重新设计，制定了第二次全国土地调查土地分类图示、图例、色标，如表 2-9 所示。

表 2-9　第二次全国土地调查土地分类图式、图例、色标

地类编号	地　类名　称	式　样	RGB［数据］	地类编号	地　类名　称	式　样	RGB［数据］
011	水　田	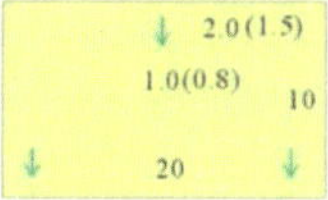	R 0　G 160　B 100 R 255　G 255　B 100	041	天然牧草地	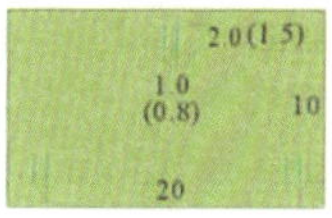	R 0　G 135　B 80 R 170　G 190　B 30
012	水浇地	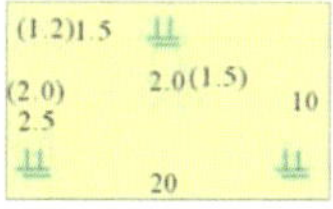	R 0　G 160　B 100 R 255　G 255　B 150	042	人工牧草地	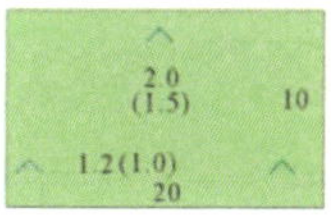	R 0　G 135　B 80 R 150　G 210　B 50
013	旱　地	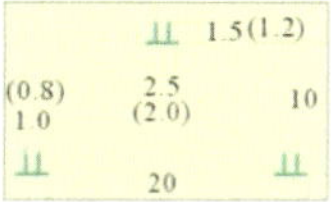	R 0　G 160　B 100 R 255　G 255　B 200	043	其他草地	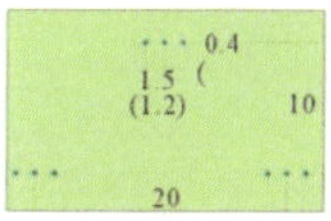	R 0　G 135　B 80 R 200　G 220　B 100
021	果　园	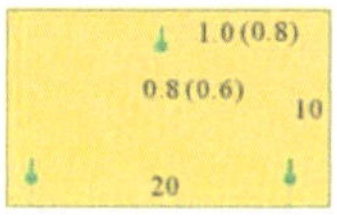	R 0　G 160　B 100 R 245　G 210　B 40	051	批发零售用地		R 235　G 135　B 150 R 235　G 150　B 160
022	茶　园	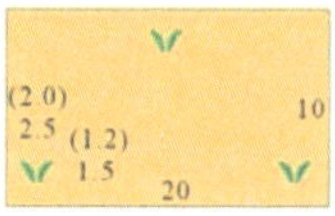	R 0　G 165　B 60 R 255　G 200　B 80	052	住宿餐饮用地	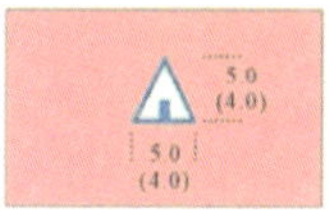	R 0　G 120　B 200 R 235　G 150　B 160
023	其他园地		R 0　G 165　B 60 R 250　G 185　B 20	053	商务金融用地	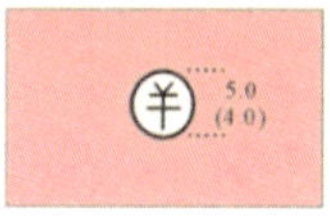	R 0　G 0　B 0 R 235　G 150　B 160
031	有林地	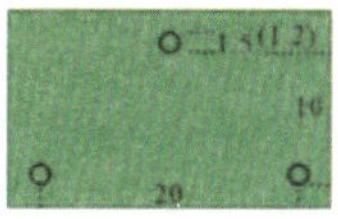	R 0　G 0　B 0 R 40　G 140　B 0	054	其他商服用地	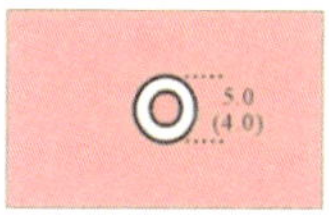	R 235　G 135　B 150 R 235　G 150　B 160
	林　带		R 40　G 140　B 0	061	工业用地		R 0　G 0　B 0 R 210　G 145　B 135
032	灌木林	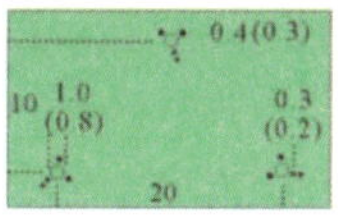	R 0　G 0　B 0 R 85　G 180　B 100	062	采矿用地		R 0　G 0　B 0 R 210　G 145　B 135
033	其他林地	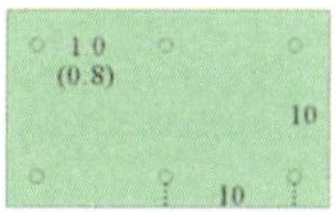	R 0　G 0　B 0 R 140　G 215　B 130	063	仓储用地		R 210　G 150　B 140 R 210　G 145　B 135

续表

地类编号	地类名称	式样	RGB［数据］
071	城镇住宅用地		R 0 G 0 B 0 R 240 G 110 B 125
072	农村宅基地	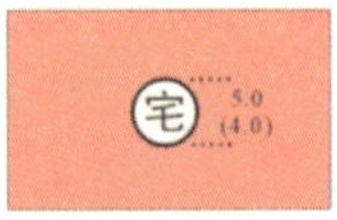	R 0 G 0 B 0 R 240 G 110 B 125
081	机关团体用地		R 220 G 40 B 30 R 255 G 170 B 200
082	新闻出版用地	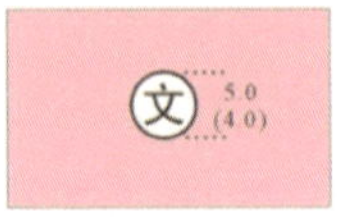	R 0 G 0 B 0 R 255 G 170 B 200
083	科教用地	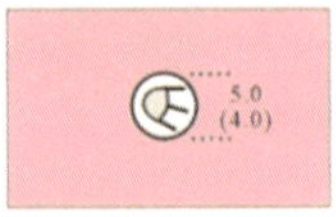	R 220 G 220 B 210 R 255 G 170 B 200
084	医卫慈善用地	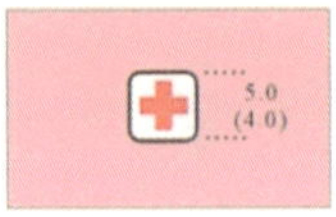	R 220 G 30 B 80 R 255 G 170 B 200
085	文体娱乐用地		R 0 G 0 B 0 R 255 G 170 B 200
086	公共设施用地		R 210 G 120 B 140 R 255 G 170 B 200
087	公园与绿地	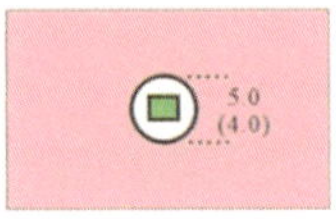	R 130 G 240 B 50 R 255 G 170 B 200
088	风景名胜设施用地		R 0 G 0 B 0 R 255 G 170 B 200

地类编号	地类名称		式样	RGB［数据］
	长城		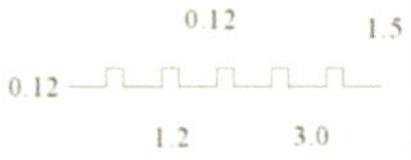	R 0 G 0 B 0
091	军事设施用地		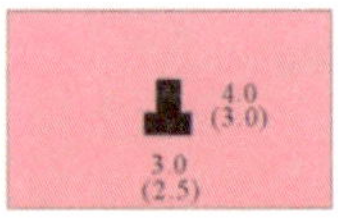	R 0 G 0 B 0 R 240 G 100 B 200
092	使领馆用地			R 0 G 0 B 0 R 240 G 100 B 200
093	监教场所用地		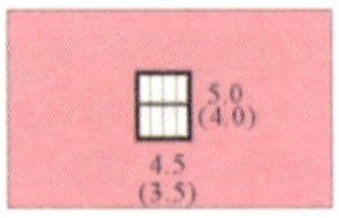	R 0 G 0 B 0 R 240 G 100 B 200
094	宗教用地			R 0 G 0 B 0 R 240 G 100 B 200
095	殡葬用地			R 0 G 0 B 0 R 240 G 100 B 200
101	铁路用地	面状		R 0 G 0 B 0 R 178 G 170 B 176
		线状		R 178 G 170 B 176
102	公路用地	面状		R 0 G 0 B 0 R 170 G 85 B 80
		线状 高速公路		R 170 G 85 B 80
		线状 国道		R 170 G 85 B 80
		线状 县乡(含)以上公路		R 170 G 85 B 80

续表

地类编号	地类名称		式样	RGB［数据］
103	街巷用地			R 0　G 0　B 0 R 180　G 80　B 30
104	农村道路	面　状		R 0　G 0　B 0 R 170　G 85　B 80
		线　状		R 170　G 85　B 80
105	机场用地			R 0　G 0　B 0 R 235　G 130　B 130
106	港口码头用地			R 0　G 0　B 0 R 235　G 130　B 130
107	管道运输用地	面　状	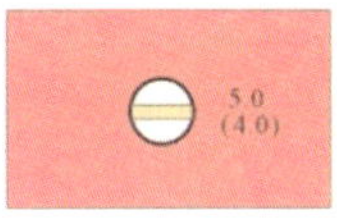	R 235　G 215　B 150 R 235　G 130　B 130
		线　状		R 235　G 130　B 130
111	河流水面		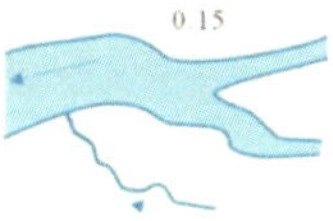	R 0　G 120　B 200 R 150　G 240　B 255
112	湖泊水面		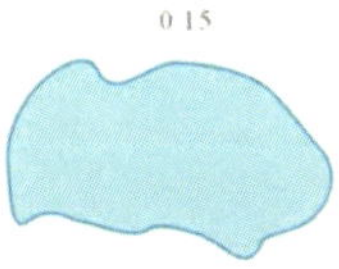	R 0　G 120　B 200 R 150　G 240　B 255
113	水库水面		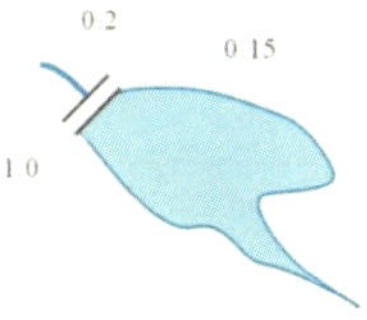	R 0　G 0　B 0 R 0　G 120　B 200 R 150　G 240　B 255

地类编号	地类名称		式样	RGB［数据］
114	坑塘水面		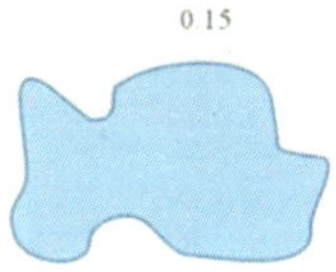	R 0　G 120　B 200 R 160　G 205　B 240
115	沿海滩涂		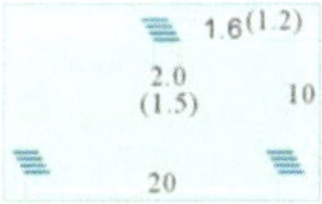	R 0　G 120　B 200 R 215　G 255　B 255
116	内陆滩涂		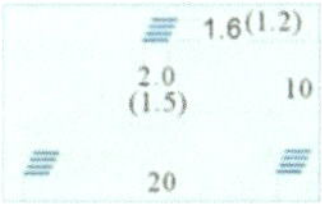	R 0　G 120　B 200 R 215　G 255　B 255
117	沟渠	面　状		R 180　G 220　B 250 R 160　G 205　B 240
		①干渠 ②一般沟渠		R 0　G 120　B 200
118	水工建筑用地	面　状	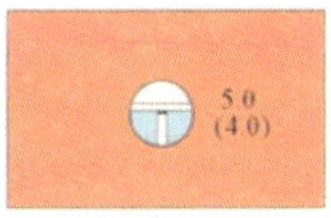	R 180　G 220　B 250 R 230　G 130　B 100
		线　状		R 230　G 130　B 100
119	冰川及永久积雪		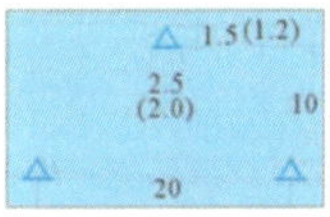	R 0　G 150　B 220 R 135　G 205　B 240
121	空闲地			R 0　G 0　B 0 R 225　G 220　B 225
122	设施农用地			R 70　G 150　B 100 R 220　G 180　B 130
123	田　坎		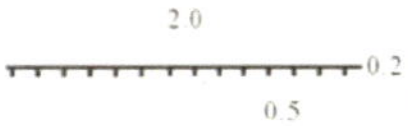	R 0　G 0　B 0

续表

地类编号	地类名称	式样	RGB［数据］
124	盐碱地	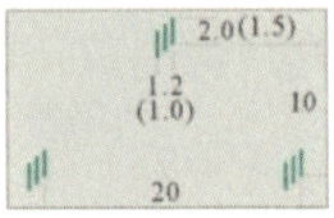	R 0 G 140 B 80 R 200 G 205 B 200
125	沼泽地	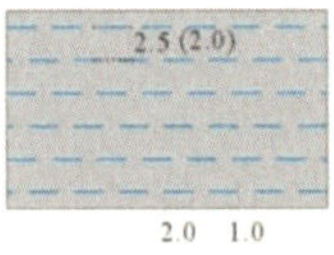	R 0 G 140 B 220 R 185 G 185 B 190
126	沙地	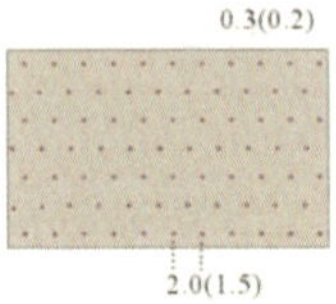	R 140 G 80 B 60 R 200 G 190 B 170
127	裸　地	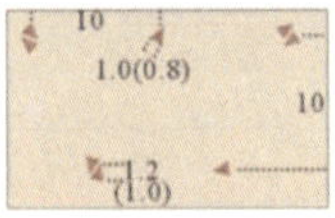	R 160 G 100 B 80 R 215 G 200 B 185
201	城　市	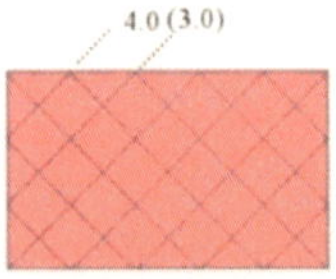	R 0 G 0 B 0 R 220 G 100 B 120
202	建制镇	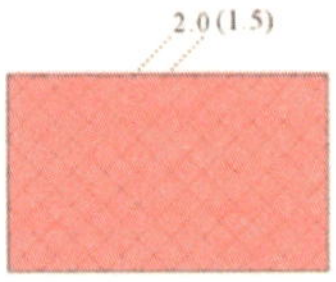	R 0 G 0 B 0 R 220 G 100 B 120
203	村　庄	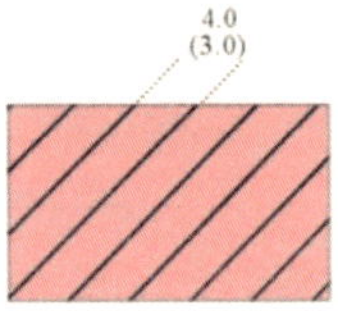	R 0 G 0 B 0 R 230 G 140 B 160
204	采矿用地		R 0 G 0 B 0 R 230 G 120 B 130
205	风景名胜及特殊用地		R 0 G 0 B 0 R 230 G 120 B 130

地类编号	地类名称		式样	RGB［数据］
	界线	国　界	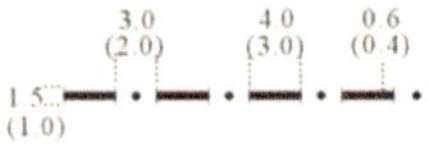	R 0 G 0 B 0
		未定国界	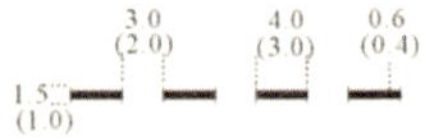	R 0 G 0 B 0
		省、自治区、直辖市界	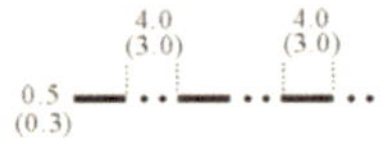	R 0 G 0 B 0
		地区、州、地级市界	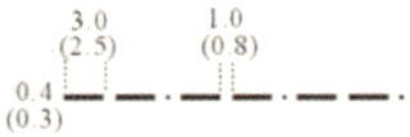	R 0 G 0 B 0
		县、区、县级市界	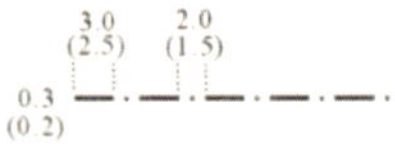	R 0 G 0 B 0
		乡、镇、街道界	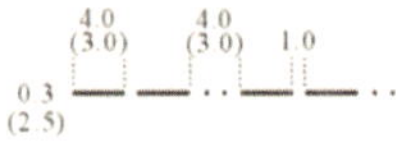	R 0 G 0 B 0
		村　界		R 0 G 0 B 0
		村民小组界		R 0 G 0 B 0
		争议界		R 0 G 0 B 0
		工作界		R 0 G 0 B 0
		土地权属界		R 255 G 0 B 0
		土地权属争议界		R 255 G 0 B 0
		地类界		R 0 G 0 B 0
		海岸线		R 0 G 150 B 220
		滩涂界线（低潮线）		R 0 G 150 B 220

续表

地类编号	地类名称			式样	RGB［数据］
	地貌要素		首曲线		R 190 G 130 B 90
	地貌要素		计曲线		R 190 G 130 B 90
	地貌要素		示坡线		R 190 G 130 B 90
	地貌要素		高程点	· 0.3	R 0 G 0 B 0
	地貌要素		三角点	△ 2.0, 0.2	R 0 G 0 B 0
	地貌要素		埋石点	⊡ 1.5, 0.2	R 0 G 0 B 0
	地貌要素		权属拐点（界址点）	· 1.5, 0.2	R 0 G 0 B 0
	地物要素	隧道	单 线		R 0 G 0 B 0
	地物要素	隧道	双 线	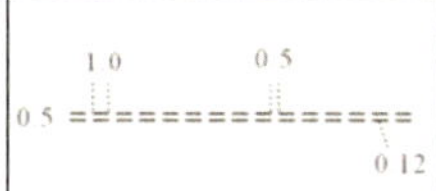	R 0 G 0 B 0
	地物要素		桥 梁	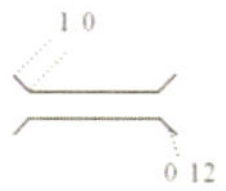	R 0 G 0 B 0
	注记		地类编号	黑体，正体，2.0~1.5	R 0 G 0 B 0
	注记		图斑编号	黑体，正体，2.0~1.5	R 0 G 0 B 0
	注记		权属拐点号 界址点号	中等线，正体，2.0	R 0 G 0 B 0
	注记		大型江河名称	仿宋体，左斜体，6.0	R 70 G 180 B 235
	注记		一般河流名称	仿宋体，左斜体，5.0~3.5	R 70 G 180 B 235
	注记		干渠名称	仿宋体，左斜体，4.0~3.0	R 0 G 150 B 220
	注记		支渠名称	仿宋体，左斜体，3.0~2.0	R 0 G 150 B 220

地类编号	地类名称		式样	RGB［数据］
	注记	大型湖泊名称	仿宋体，左斜体，6.0	R 0 G 150 B 220
	注记	一般湖泊名称	仿宋体，左斜体，5.0~3.5	R 0 G 150 B 220
	注记	大型水库名称	仿宋体，左斜体，6.0	R 0 G 150 B 220
	注记	一般水库名称	仿宋体，左斜体，5.0~3.5	R 0 G 150 B 220
	注记	坑塘水面名称	仿宋体，左斜体，3.75	R 0 G 150 B 220
	注记	省级政府驻地名称	黑体，正体，6.0	R 0 G 0 B 0
	注记	地（市）级政府驻地名称	黑体，正体，5.5	R 0 G 0 B 0
	注记	县（市）级政府驻地名称	黑体，正体，4.5	R 0 G 0 B 0
	注记	乡（镇）级政府驻地名称	中等线，正体，3.75	R 0 G 0 B 0
	注记	村、权属单位名称	仿宋体，正体，3.0	R 0 G 0 B 0
	注记	村民小组名称	仿宋体，正体，2.5	R 0 G 0 B 0
	注记	自然村名称	仿宋体，正体，2.5	R 0 G 0 B 0
	注记	等高线注记	黑体，正体，2.0	R 190 G 130 B 90
	注记	高程点注记	黑体，正体，2.0	R 0 G 0 B 0
	注记	线状地物宽度注记	黑体，正体，2.0	R 0 G 0 B 0
	注记	铁路名称注记	仿宋，正体，4.0~2.5	R 0 G 0 B 0
	注记	道路名称注记	仿宋，正体，5.0~2.5	R 0 G 0 B 0

第三章　全国与省级调查界线和控制面积的确定

第二次全国土地调查中，调查界线是指国界线、大陆（含海岛）与海洋分界线、省级行政区域之间土地调查分界线、县级行政区域之间土地调查分界线、乡（镇）级行政区域之间土地调查分界线等。调查界线是构成全国及各级行政区域土地调查范围的依据。控制面积是指根据确定的全国及各级行政区域土地调查范围，以调查底图比例尺的图幅理论面积为基础，通过计算得到的全国土地调查总面积，省级、县级、乡（镇）级等行政区域土地调查总面积。

调查界线是各级行政区域之间开展实地调查的分界线，控制面积是调查数据逐级汇总的依据。为了能够顺利地开展第二次全国土地调查，首先就是要确定各级行政区域土地调查的范围。因此，调查界线和控制面积的确定，是整个土地调查工作的基础，是开展实地调查、土地数据库建设、数据汇总、图件编制、成果分析的重要依据。调查界线和控制面积一经确定不能随意改变。按照《第二次全国土地调查实施方案》、《第二次全国土地调查技术规程》规定的国家与地方的分工，国家层面负责国界线、大陆（含海岛）与海洋分界线、省级行政区域之间土地调查分界线的确定；全国土地总面积、全国土地调查总面积、31个省（自治区、直辖市）行政区域土地调查总面积、港澳台土地总面积等的计算。地方（主要指省级、县级）在国家确定的省级调查界线和省级控制面积的基础上，负责县级行政区域之间土地调查分界线、乡（镇）级行政区域之间土地调查分界线的确定；县级、乡（镇）级行政区域土地调查总面积的计算。

第二次全国土地调查确定的调查界线和控制面积，只用于第二次全国土地调查，不作为各级行政区域划分的依据。

本章主要介绍国界线、大陆（含海岛）与海洋分界线、省级行政区域之间土地调查分界线的确定和全国土地调查总面积、省级行政区域土地调查总面积（控制面积）的计算确定等有关内容。县级、乡（镇）级土地调查界线和控制面积的确定在第五章农村土地调查中介绍。

第一节　土地调查界线的来源

按照国家与地方的分工，调查界线中的国界线、大陆（含海岛）与海洋分界线、省级行政区域之间土地调查分界线由全国土地调查办确定；县级行政区域之间土地调查分界线由省级土地调查办公室确定；乡（镇）级行政区域之间土地调查分界线由县级土地调查办公室确定。目前，调查界线来源主要有两种方式：一种为通过实地调查获取（如第一次全国土地调查先实地调查获取后再进行复核接边确定）；一种为利用现有的有关资料获取。两种方式各有优劣。为了加快调查进度，避免实地调查获取调查界线所带来的大量接边工作，经过对两种方式优势的对比、调研和研究，第二次全国土地调查决定利用现有权威性资料上的国界线、大陆（含海岛）与海洋分界线、省级行政区域之间分界线作为土地调查界线。

一、国界线的来源

国界线是指国家与国家之间的界线。我国是世界上陆地国界线最长和毗邻国最多的国家之一。我国陆地国界线从鸭绿江口到北仑河口，依次与朝鲜、俄罗斯、蒙古、哈萨克斯坦、吉尔吉斯斯坦、塔吉克斯坦、阿富汗、巴基斯坦、印度、尼泊尔、不丹、缅甸、老挝、越南等14个国家接壤，涉及辽宁、吉林、黑龙江、内蒙古、甘肃、新疆、西藏、云南、广西等9个省（自治区）。中华人民共和国成立以来，我国先后与大多数毗邻国正式划定并勘定了国界线。外交部是国界线主管部门，因此第二次全国土地调查利用了外交部提供（确认）的最新国界线资料，作为我国与毗邻国的分界线。

二、大陆（含海岛）与海洋分界线的来源

我国大陆与海洋分界线，北起鸭绿江入海口，南至北仑河入海口，涉及辽宁、天津、河北、山东、江苏、上海、浙江、福建、广东、广西等10个省（自治区、直辖市）及香港、澳门特别行政区。我国海岛、独立滩（岛滩）众多，分属辽宁、天津、河北、山东、江苏、上海、浙江、福建、广东、广西、海南等沿海11个省（自治区、直辖市）及台湾地区和香港、澳门特别行政区。按照我国法律法规，中国人民解放军海军司令部航海保证部（简称海军航保部、航保部）是海洋测绘的主管部门，负责和管理海洋基础测绘工作，也是唯一的海图出版机构。根据国家需要，航保部组织测绘和编制了各种类型、各种比例尺的海图。因此，第二次全国土地调查的大陆（含海岛）与海洋分界线，包括大陆与海洋分界线、海岛与海洋分界线、独立滩与海洋分界线等采用海图等资料确定。海图上零米等深线是海图上一条重要的界线，表示海洋深度基准线，代表着海水退潮的低潮线。因此，第二次全国土地调查利用了航保部提供的最新零米线资料，作为大陆（含海岛）等与海洋的分界线，以下简称零米线。

三、省级行政区域土地调查界线的来源

行政区域界线，是指国务院或者省、自治区、直辖市人民政府批准的行政区域毗邻的各有关人民政府行使行政区域管辖权的分界线。行政区域界线主要包括省级、县级、乡（镇）级等。《行政区域界线管理条例》（2002年中华人民共和国国务院令第353号）规定国务院民政部门负责全国行政区域界线管理工作，主要包括对行政区域界线的使用、管理、变更、争议处理等。县级以上地方各级人民政府民政部门负责本行政区域界线管理工作。为实施国家有效行政管理，从根本上解决边界纠纷，维护社会稳定，促进经济发展，1995年国务院决定启动全国勘界工作。《国务院关于开展勘定省、县两级行政区域界线工作有关问题的通知》（国发〔1996〕32号）中要求，从1996年起用5年时间完成全国省、县两级陆地行政区域界线勘定任务。根据国务院部署，由民政部门组织实施，从1996年起，经过5年的时间，在国务院、各省（自治区、直辖市）人民政府领导下，以行政区域管辖的现状为基础，完成了全国陆地（不含广东省与香港、澳门之间的分界线）68条省级行政区域界线和6300多条县级行政区域界线的勘定工作。这是中国有史以来的第一次全面勘界，在我国历史上第一次确定了法定的省、县两级陆地行政区域界线，并取得了最全面的法定行政区域界线资料。因此，第二次全国土地调查利用民政部门提供的省级行政区域界线资料，作为大陆省级行政区域之间土地调查的分界线，以下简称省界。

四、确定海岛（含独立滩）归属相应省份的依据和方法

我国海岛众多，海岛合理归属某一省级行政调查区域，是确定沿海省份控制面积的重要环节。由于

民政部门组织的行政区域勘界工作，只是对大陆的省、县两级行政区域界线进行了勘定，不包括海域部分。因此，全国土地调查办委托海军出版社根据目前掌握的海岛资料状况，依据海图和《全国海岛资源综合调查报告（海岛名录）》（1996年）及其他有关资料，对海岛归属进行划分：对有明确归属依据的海岛，海岛归属到相应省份；对没有明确归属资料的海岛，或按照临近原则确定海岛归属相应省份，或采用将陆地行政区域界线垂直海岸线向海域延长确定海岛归属相应省份。海岛归属一经确定，原则上不予调整，对地方提出的海岛归属的争议问题未进行调处。第二次全国土地调查确定的海岛归属到相应省份，只用于第二次全国土地调查，不作为海域行政区域划分的依据。

由于国界线、零米线、省界是从相关部门的相关图件上获取的，没有落实到实地，因此将这些界线统称为调查界线。

第二节　省级土地调查界线的确定

省级土地调查界线由两部分组成：一部分是指大陆所涉及的国界线、零米线、省界；一部分是指归属到本省份所有海岛（含独立滩）的零米线。根据第二次全国土地调查总体要求，对获取的国界线、零米线、省界等进行了技术处理，形成了省级土地调查界线。

一、省界的确定

（一）对已勘定省界资料的处理

对民政部门提供的省级勘界协议书和不同比例尺附图（东部地区以1 ∶ 1万比例尺地形图为主、中部地区以1 ∶ 5万比例尺地形图为主、西部地区为1 ∶ 10万比例尺地形图为主）制作的68条数字化的陆地省级行政区域界线（不含广东省与香港、澳门之间的分界线），全国土地调查办委托国家基础地理信息中心按照第二次全国土地调查要求，进行了坐标系统、比例尺、数据格式等的转换，以及数据属性内容、闭合性等的处理，形成了基于1980西安坐标系、高斯平面坐标、统一比例尺、ArcInfo Coverage和ShapeFile格式环境下的数字化的省界数据。

（二）对未勘定省界的处理

民政部门提供的68条陆地省级行政区域界线中，遗留了3处未勘定的界线段，分布在蒙吉（内蒙古与吉林）线、蒙甘（内蒙古与甘肃）线和苏鲁（江苏与山东）线三条省界上。对未勘定界线段的界线，采用了民政部门提供的权宜画法的资料予以确定。

1. 蒙吉线、蒙甘线

对蒙吉线、蒙甘线上未勘定界线段的界线，在民政部门提供的蒙吉线、蒙甘线1 ∶ 25万比例尺未定界画法图上，采集了未勘定界线段界线的权宜画法确定。

2. 苏鲁线

苏鲁线上未勘定界线段的界线，在民政部门提供的标绘于一套航空影像数据中的界线，采集了未勘定界线段界线的权宜画法确定。

对未勘定界线段的界线，委托国家基础地理信息中心进行采集和数字化，形成了未勘定界线段的省界数据。

二、广东省与香港、澳门特别行政区之间陆地分界线的确定

民政部门提供的68条陆地省级行政区域界线资料中不含广东省与香港、澳门特别行政区之间的分界线，需要补充和处理。

（一）广东省与香港特别行政区之间陆地分界线的确定

广东省与香港特别行政区之间的陆地分界线，全国土地调查办委托国家基础地理信息中心从原国家测绘局1∶5万比例尺国家基础地理信息数据库中采集确定。

1∶5万比例尺国家基础地理信息数据库中的广东省与香港特别行政区之间陆地分界线是主要依据《中华人民共和国香港特别行政区行政区域界线文字表述》（1997年中华人民共和国国务院令第221号）及其粤港边界管理议定书等资料确定的。

（二）广东省与澳门特别行政区之间陆地分界线的确定

广东省与澳门特别行政区之间的陆地分界线，全国土地调查办委托国家基础地理信息中心从原国家测绘局1∶5万比例尺国家基础地理信息数据库中采集确定。

1∶5万比例尺国家基础地理信息数据库中的广东省与澳门特别行政区之间陆地分界线是依据《中华人民共和国澳门特别行政区行政区域范围文字表述》（1999年中华人民共和国国务院令第275号）确定的。

三、国界线的确定

我国与毗邻国14条陆地国界线，均采用外交部提供和确定的有关资料确定。对收集的国界线图件上的国界线，全国土地调查办委托国家基础地理信息中心进行采集和数字化，并进行坐标系转换、统一比例尺、数据格式转换、属性数据内容调整、拓扑检查、毗邻国界线拼接处理和整合集成等，形成了数字化的国界线数据。

四、零米线的确定

零米线确定，包括大陆、海岛、独立滩（也称岛滩，是指低潮时露出水面，被零米线围绕四面环水自然形成的区域）零米线的确定。对航保部提供的涉及零米线最新不同比例尺海图上的零米线，全国土地调查办委托海军出版社（航保部直属单位），进行采集和数字化。数字化时应位置准确、翔实、原则上不作综合，充分全面反映其特征，保证其真实性。全国土地调查办委托国家基础地理信息中心配合海军出版社，按照全国土地调查办要求，对采集的零米线数据进行了投影转换、统一比例尺、坐标系转换、接边等整合处理，形成了数字化的大陆、海岛、独立滩的零米线数据。

为了地方调查方便和参考，同时也对海图上的海岸线一并进行了数字化，形成了海岸线数据。

（一）大陆沿海海岸线、零米线的数字化

对涉及大陆沿海海图等其他有关资料上的海岸线、零米线，进行采集和数字化。数字化的海岸线、零米线须保持连续，对不连续的地方依据其他有关资料进行了整合和处理。

（二）江河入海口陆海分界线的画法

江河入海口陆海分界线的画法，虽然基本原则是入海口处两岸突出岬角的连线，或入海口狭窄处的连线，但具体划分方法很多。为了保持江河入海口陆海分界线画法的连续性，第二次全国土地调查沿用

了第一次全国土地调查的画法，即采用海军航保部的画法。江河入海口陆海分界线的画法主要包括三种情况。

1. 变化缓慢的大江大河入海口陆海分界线的画法

对于入海口变化缓慢的大江大河，主要指长江、钱塘江、闽江、珠江等大江大河，其入海口的陆海分界线采用海军航保部提供的画法确定。

2. 动态变化的江河入海口陆海分界线的画法

江河入海口总是处于动态变化中的典型江河是黄河。黄河是世界上输沙量最多、来沙量最大、最集中的河流。由于黄河入海口总是处在动态变化中，因此黄河入海口陆海分界线没有统一的画法，一般是按照调查时的现状，以黄河入海口两岸突出岬角的连线作为黄河入海口陆海分界线。

3. 其他小的江河入海口陆海分界线的画法

对其他较小河流入海口陆海分界线的画法，以调查时的两岸突出岬角连线作为入海口的陆海分界线。

4. 江河入海口陆海分界线的数字化

对确定的江河入海口陆海分界线，按照制定的实施方案要求进行数字化，并与其他大陆沿海零米线相接，形成了完整的大陆与海洋分界线的数字化数据。

（三）海岛沿海海岸线、零米线的数字化

1. 海岛的确定

以海图上标注的面状海岛，作为海岛调查和统计的依据。地方在实地调查时，当海岛有桥与大陆相连接时，仍视为海岛；当两个海岛之间有桥相连接时，仍视为两个海岛；当海岛与大陆有堤相连接时，不视为海岛，应视为大陆；当两个（或多个）海岛之间有堤相连接时，应视为一个海岛。

2. 海岛沿海海岸线、零米线的数字化

依据海图，对确定海岛的海岸线、零米线按照制定的实施方案要求进行了采集和数字化，形成了数字化的海岛数据。

3. 海岛上河流入海口陆海分界线的画法

对海岛上河流入海口陆海分界线的画法，以调查时的两岸突出岬角连线作为入海口的陆海分界线。对确定海岛上河流入海口陆海分界线，按照制定的实施方案要求进行了采集和数字化，并与其他零米线相接，形成了完整的海岛与海洋分界线的数字化数据。

（四）独立滩零米线的数字化

对确定的独立滩零米线，按照制定的实施方案要求进行了采集和数字化，形成了数字化的独立滩数据。第二次全国土地调查将海岛数据和独立摊数据统称为海岛数据。

（五）零米线的调整

由于沿海地区不断地围填海、新建码头等工程，造成沿海零米线位置总是处于动态变化中。而海图因为更新不及时、比例尺较小等原因，造成了全国土地调查办将确定的零米线数据分发后，地方通过实地调查和使用，少部分地区反映了分发的零米线与实地现状不完全一致，存在一定误差等问题。为了确保零米线的现势性，全国土地调查办发文要求以 2009 年 12 月 31 日为标准时点；沿海省份在使用国家下发的零米线数据时发现的与调查底图影像或实地不一致的零米线段，不允许自行调整；应将不一致零米线段所涉及图幅、相应影像、调整内容及说明等材料一并报全国土地调查办，经核实后由全国土地调

查办统一调整，并重新下发该零米线数据；对国家下发数据中遗漏或不存在的海岛，地方可依据调查底图影像、相关资料和实地情况进行增减，并将增减的海岛报全国土地调查办审查。根据各省上报的零米线调整材料，经全国土地调查办审查核实后，调整更新了有关省份的大陆、海岛零米线，形成了调整后的零米线数据。

（六）海岸线调整

对于国家下发的海岸线数据，地方在调查使用时若发现与实地不一致，由于不涉及控制面积的调整，地方可按实地现状自行调整，无须报全国土地调查办审查。

第三节　地球椭球表面积的计算

第二次全国土地调查是以不同调查比例尺（主要为1 ：1万、1 ：5万比例尺）遥感影像为主要依据开展的调查。由于地球椭球表面同一纬度带上标准分幅图的图幅理论面积是相等的，每一幅图中的图幅理论面积是可以计算的。因此，调查获得的各种用地类型的面积，采用了地球椭球表面上面积。计算椭球表面积是控制面积计算的基础，是确保调查面积准确的关键环节。第二次全国土地调查中，地球椭球表面积计算包括标准分幅图的图幅理论面积的计算和任意图形（图斑）椭球面积的计算。

一、图幅理论面积的计算

图幅理论面积是指标准分幅图在地球椭球表面上的面积。第二次全国土地调查图幅理论面积主要指1 ：1万、1 ：5万标准分幅图的图幅理论面积。

图幅理论面积计算公式：

$$P=\frac{4\pi b^2\Delta L}{360\times 60}\Big[A\sin\frac{1}{2}(B_2-B_1)\cos B_m-B\sin\frac{3}{2}(B_2-B_1)\cos 3B_m+C\sin\frac{5}{2}(B_2-B_1)\cos 5B_m-D\sin\frac{7}{2}(B_2-B_1)\cos 7B_m+E\sin\frac{9}{2}(B_2-B_1)\cos 9B_m\Big] \quad (3\text{-}1)$$

式中：

P—— 图幅理论面积（单位：平方米，保留1位小数）；

a—— 椭球长半轴（单位：米）；

α—— 椭球扁率；

b—— 椭球短半轴（单位：米）；

$e^2=(a^2-b^2)/a^2$；

$A=1+(3/6)e^2+(30/80)e^4+(35/112)e^6+(630/2304)e^8$；

$B=(1/6)e^2+(15/80)e^4+(21/112)e^6+(420/2304)e^8$；

$C=(3/80)e^4+(7/112)e^6+(180/2304)e^8$；

$D=(1/112)e^6+(45/2304)e^8$；

$E=(5/2304)e^8$；

ΔL—— 图幅东西图廓的经差（单位：弧度）；

(B_2-B_1)—— 图幅南北图廓的纬差（单位：弧度）；

$B_m=(B_1+B_2)/2$。

二、任意封闭图形（图斑）地球椭球表面积的计算

任意封闭图形（图斑）地球椭球表面积是指任意封闭图形在椭球表面上的面积。为了保证任意封闭图形面积的计算与图幅理论面积计算的方法一致，第二次全国土地调查中任意封闭图形（图斑）面积的计算，也采用在椭球表面上计算。任意封闭图形地球椭球表面积计算是第二次全国土地调查面积计算方法的创新，可直接得到任意封闭图形的地球椭球表面积。

任意封闭图形地球椭球表面积的计算分为两步：第一步，是将采集的任意封闭图形的高斯平面坐标（x，y）利用高斯投影反解变换模型（公式），换算为相应地球椭球的大地坐标（经纬度坐标 B, L）；第二步，是利用地球椭球表面上任意梯形图块面积计算模型（公式）计算其地球椭球表面积，从而得到任意封闭图形（图斑）的地球椭球表面积。

（一）高斯投影反解变换数学模型（公式）

根据大地测量学原理，直接给出高斯投影反解变换（$x, y\rightarrow B, L$）模型（公式）：

$$\begin{cases} y'=y-500000-\text{带号}\times 1000000 \\ E=K_0x \\ B_f=E+\cos E\,(K_1\sin E-K_2\sin^3E+K_3\sin^5E-K_4\sin^7E) \\ B=B_f-\frac{1}{2}\left(V^2t\right)\left(\frac{y'}{N}\right)^2+\frac{1}{24}\left(5+3t^2+\eta^2-9\eta^2t^2\right)\left(V^2t\right)\left(\frac{y'}{N}\right)^4-\frac{1}{720}\left(61+90t^2+45t^4\right)\left(V^2t\right)\left(\frac{y'}{N}\right)^6 \\ L=\left(\frac{1}{\cos B_f}\right)\left(\frac{y'}{N}\right)-\frac{1}{6}\left(1+2t^2+\eta^2\right)\left(\frac{1}{\cos B_f}\right)\left(\frac{y'}{N}\right)^3+\frac{1}{120}\left(5+28t^2+24t^4+6\eta^2+8\eta^2t^2\right)\left(\frac{1}{\cos B_f}\right)\left(\frac{y'}{N}\right)^5+ \\ \quad\text{中央子午线经度值（弧度）} \end{cases} \tag{3-2}$$

式中：

$t=tgB_f$；

$\eta^2=e'^2\cos^2B_f$；

$N=C/V$；

$C=a^2/b$；

$V=\sqrt{1+\eta^2}$；

K_0, K_1, K_2, K_3, K_4 —— 与椭球常数有关的量。

公式说明：若坐标为没有带号前缀格式，则不需减去带号 $\times 1000000$；若坐标为有带号前缀格式，则需减去带号 $\times 1000000$。

（二）地球椭球表面上任意封闭图形（图斑）面积的计算

1. 地球椭球表面上任意梯形图块面积计算公式

直接给出地球椭球表面上任意梯形面积计算公式：

$$S = 2b^2\Delta L\left[A\sin\frac{1}{2}(B_2 - B_1)\cos B_m - B\sin\frac{3}{2}(B_2 - B_1)\cos 3B_m + C\sin\frac{5}{2}(B_2 - B_1)\cos 5B_m - D\sin\frac{7}{2}(B_2 - B_1)\cos 7B_m + E\sin\frac{9}{2}(B_2 - B_1)\cos 9B_m\right] \quad (3\text{-}3)$$

式中：

S—— 地球椭球表面上任意梯形面积；

a—— 椭球长半轴（单位：米）；

b—— 椭球短半轴（单位：米）；

ΔL—— 图块经差（单位：弧度）；

$(B_2 - B_1)$ —— 图块纬差（单位：弧度）；

$B_m =（B_1 - B_2）/2$；

A，B，C，D，E—— 常数，同式（3-1）计算方法。

2. 任意封闭图形（图斑）地球椭球表面积计算方法

任意封闭图形（图斑）地球椭球表面积计算原理：将采集的任意封闭图形高斯平面坐标（x, y）利用高斯投影反解变换模型（式 3-2），将高斯平面坐标（x, y）换算为相应地球椭球的大地坐标（B, L），再利用地球椭球表面上任意梯形图块面积计算公式（3-3）计算其地球椭球表面积，从而得到任意封闭图形的椭球面积。

1）计算方法

任意封闭图形总是可以分割成有限个小梯形图块，因此任意封闭图形面积：

$$P = \sum_{i=1}^{n} S_i \quad (3\text{-}4)$$

式中：

P—— 任意封闭图形面积；

S_i—— 按式（3-3）计算的分割的任意小梯形图块面积（i=1, 2, ⋯, n）。

如计算任意封闭图形 $ABCD$ 的面积（图 3-1），其具体方法如下：

（1）对任意封闭图形界址点连续编号（顺时针或逆时针）A、B、C、D，提取各界址点的高斯平面坐标 $A(X_1, Y_1)$，$B(X_2, Y_2)$，$C(X_3, Y_3)$，$D(X_4, Y_4)$。

（2）利用高斯投影反解变换公式（3-2），将高斯平面坐标换算为相应椭球的大地坐标 $A(B_1, L_1)$，$B(B_2, L_2)$，$C(B_3, L_3)$，$D(B_4, L_4)$。

（3）任意给定一经线 L_0（如 $L_0 = 60°$），这样多边形 $ABCD$ 的各边 AB、BC、CD、DA 与 L_0 就围成了 4 个梯形图块（ABB_1A_1、BCC_1B_1、CDD_1C_1、DAA_1D_1）。

（4）由于在椭球面上同一经差随着纬度升高，梯形图块的面积逐渐减小，而同一纬差上经差梯形图块的面积相等，所以，将梯形图块 ABB_1A_1 按纬差分割成许多个小梯形图块 $AE_iF_iA_1$，用公式（3-3）计算出各小梯形图块 $AE_iF_iA_1$ 的面积 S_i，然后累加 S_i 就得到梯形图块 ABB_1A_1 的面积，同理，依次计算出梯形图块 BCC_1B_1、CDD_1C_1、DAA_1D_1 的面积［注：用公式（3-3）计算面积时，B_1、B_2 分别取沿界址点编号方向的前一个、后一个界址点的大地纬度，ΔL 为沿界址点编号方向的前一个、后一个界址点的大地经度的平均值与 L_0 的差］。

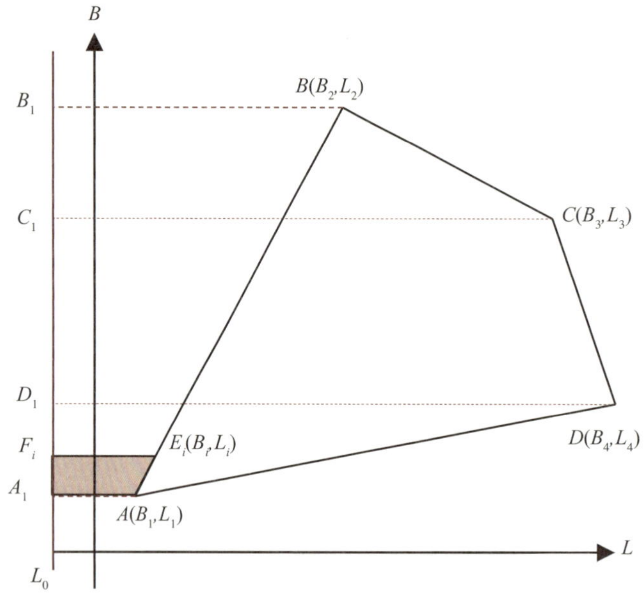

图 3-1　椭球面上任意多边形计算面积

（5）任意封闭图形的面积就等于 4 个梯形图块（ABB_1A_1、BCC_1B_1、CDD_1C_1、DAA_1D_1）面积的代数和。

则任意封闭图形 $ABCD$ 的面积 $P = ABCD = BCC_1B_1 + CDD_1C_1 + DAA_1D_1 - ABB_1A_1$。

2）计算要求

（1）利用图形坐标点将高斯坐标系下的几何图形反算投影到大地坐标系，进行投影变换。

（2）任意指定一条经线 L_0，从选定多边形几何形状的起始点开始，沿顺时针方向依次计算相邻两点构成的线段，以及两点到指定经线的平行线构成的梯形面积。将该梯形沿纬度变化方向（Y 轴）进行切割，至少需切割为 2 个部分。

（3）计算过程中应顺同一方向依坐标点逐个计算相邻两点连线与任意经线构成的梯形面积，坐标点不得有遗漏。若任意封闭图形内包含任意封闭图形（洞），则该任意封闭图形面积为外任意封闭图形面积减去包含的所有任意封闭图形面积。

（4）计算所有梯形面积的代数和，即为该任意封闭图形的面积。

三、面积计算中的常数、椭球参数和计算取位要求

为了保证不同软件计算任意封闭图形面积的一致，要求采用伪代码描述算法，并对计算图幅理论面积、任意封闭图形斑椭球面积时用到的有关常数、椭球参数及保留的位数进行了规定。

（一）计算用到的常数、椭球参数

常数：

$\pi = 3.14159265358979$；

$\rho = 206264.8062471$。

1980 坐标系椭球参数：

椭球长半轴：$a = 6378140$；

椭球扁率：$\alpha = 1/298.257$;

椭球短半轴：$b = 6356755.29$;

椭球第一偏心率：$e^2 = 6.69438499958795E\text{-}03$;

椭球第二偏心率：$e'^2 = 6.73950181947292E\text{-}03$;

极点子午圈曲率半径：$c = 6399596.65198801$。

相关常数：

$k_0 = 1.57048687472752E\text{-}07$;

$k_1 = 5.05250559291393E\text{-}03$;

$k_2 = 2.98473350966158E\text{-}05$;

$k_3 = 2.41627215981336E\text{-}07$;

$k_4 = 2.22241909461273E\text{-}09$。

（二）计算中的取位及要求

（1）高斯投影反解变换后的 B, L 以秒为单位，保留到小数点后 6 位，四舍五入。

（2）采用计算机计算时，所有变量数据类型均要定义为双精度。

（3）面积计算结果以平方米为单位，保留一位小数，四舍五入。

（4）各种比例尺标准分幅图经差、纬差如表 3-1 所示。

（5）在用大地坐标生成标准分幅图框时，要求在每条边框线的整秒处插入加密点。

表 3-1　各种比例尺标准分幅图经差、纬差表

比例尺	1 ∶ 100 万	1 ∶ 50 万	1 ∶ 25 万	1 ∶ 10 万	1 ∶ 5 万	1 ∶ 2.5 万	1 ∶ 1 万	1 ∶ 5 千
经差	6°	3°	1°30′	30′	15′	7′ 30″	3′ 45″	1′ 52.5″
纬差	4°	2°	1°	20′	10′	5′	2′ 30″	1′ 15″

（三）算法伪代码描述

为了确保地球椭球表面积计算机计算程序编制使用的参数、算法一致，保证不同软件计算椭球表面积的一致，全国土地调查办采用了算法伪代码描述的方法对编程进行了统一规定，在利用计算机编制椭球表面积计算程序时，计算参数与计算顺序应严格按照以下代码执行。

1. 参数说明

双精度类型：

圆周率值：PI = 3.14159265358979

中央经线：CenterL

RHO = 206264.8062471

A:ParamA

B:ParamB

C:ParamC

D:ParamD

E:ParamE

Const ZERO As Double = 0.000000000001
80 椭球常数
椭球长半轴：aRadius = 6378140
椭球短半轴：bRadius = 6356755.29
椭球扁率：ParaAF = 1/ 298.257
椭球第一偏心率：ParaE1 = 6.69438499958795E-03
椭球第二偏心率：ParaE2 = 6.73950181947292E-03
极点子午圈曲率半径：ParaC = 6399596.65198801
k0:Parak0 = 1.57048687472752E-07
k1:Parak1 = 5.05250559291393E-03
k2:Parak2 = 2.98473350966158E-05
k3:Parak3 = 2.41627215981336E-07
k4:Parak4 = 2.22241909461273E-09

2. 算法描述

初始化参数

```
Double e ;
Double a ;

e = ParaE2 ;
ParaC = aRadius / (1–ParaAF) ;
ParamA = 1 + (3 / 6) * e + (30 / 80) * Power(e, 2) + (35 / 112) * Power(e, 3) + (630 / 2304) * Power(e, 4) ;
ParamB = (1 / 6) * e + (15 / 80) * Power(e, 2) + (21 / 112) * Power(e, 3) + (420 / 2304) * Power(e, 4) ;
ParamC = (3 / 80) * Power(e, 2) + (7 / 112) * Power(e, 3) + (180 / 2304) * Power(e, 4) ;
ParamD = (1 / 112) * Power(e, 3) + (45 / 2304) * Power(e, 4) ;
ParamE = (5 / 2304) * Power(e, 4) ;
```

参数初始化结束

中央经线转换为弧度

```
CenterL = TransDegreeToArc(CenterL)
```

选定本初子午线为参考经线

```
StandardLat = 0
```

For 起始点 To 倒数第二点

```
由高斯坐标反解计算经纬度值
ComputeXYGeo [PntColl.Point(i).y, PntColl.Point(i).x, B, L, CenterL]
ComputeXYGeo [PntColl.Point(i + 1).y, PntColl.Point(i + 1).x, B1, L1, CenterL]

将经纬度转换为弧度值
        B = B / RHO
        L = L / RHO
        B1 = B1 / RHO
        L1 = L1 / RHO

计算梯形面积
          Double AreaVal;// 梯形面积值
          Double lDiference ;// 经差
          Double bDiference; // 纬差
          Double bSum;// 纬度和
          Double ItemValue(5);// 计算变量

          bDiference = (B1–B0) ;

          bSum = (B1 + B0) / 2 ;

          lDiference = (L1 + L) / 2 ;

          ItemValue(0) = ParamA * Sin(bDiference / 2) * Cos(bSum);
          ItemValue(1) = ParamB * Sin(3 * bDiference / 2) * Cos(3 * bSum);
          ItemValue(2) = ParamC * Sin(5 * bDiference / 2) * Cos(5 * bSum);
          ItemValue(3) = ParamD * Sin(7 * bDiference / 2) * Cos(7 * bSum);
          ItemValue(4) = ParamE * Sin(9 * bDiference / 2) * Cos(9 * bSum);
          AreaVal = 2 * bRadius * lDiference * bRadius * [ItemValue(0)–ItemValue(1) – ItemValue(2) –
ItemValue(3) + ItemValue(4)];

areaSum = areaSum + AreaVal ;
Next

End Sub
```

3. 高斯坐标反解算法

```
Public Sub ComputeXYGeo(x As Double, y As Double, B As Double, L As Double, center As Double)
```

```
Dim y1 As Double
Dim bf As Double

y1 = y – 500000

Dim e As Double

e = Parak0 * x

Dim se As Double

se = Sin(e)
bf = e + Cos(e) * [Parak1 * se – Parak2 * Power(se, 3) + Parak3 * Power(se, 5) – Parak4 * Power(se, 7)]

Dim v As Double
Dim t As Double
Dim N As Double
Dim nl As Double
Dim vt As Double
Dim yn As Double
Dim t2 As Double
Dim g As Double

g = 1

t = Tan(bf)
nl = ParaE1 * Power[Cos(bf), 2]
v = Sqr(1 + nl)
N = ParaC / v
yn = y1 / N
vt = Power(v, 2) * t
t2 = Power(t, 2)
B = bf – vt * Power(yn, 2) / 2 + (5 + 3 * t2 + nl – 9 * nl * t2) * vt * Power(yn, 4) / 24 – [61 + 90 * t2 + 45 * 
Power(t2, 2)] * vt * Power(yn, 6) / 720

B = TransArcToDegree(B)

Dim cbf As Double
```

```
    cbf = 1 / Cos(bf)
    L = cbf * yn – (1 + 2 * t2 + nl) * cbf * Power(yn, 3) / 6 + [5 + 28 * t2 + 24 * Power(t2, 2) + 6 * nl + 8 *
nl * t2] * cbf * Power(yn, 5) / 120 + center
    L = TransArcToDegree(L)
End Sub

弧度转换为度
Public Function TransArcToDegree(arc As Double) As Double
    Dim degree As Double
    Dim min As Double
    Dim sec As Double
    Dim ret As Double
    Dim tmp As Double
    ret = arc * 180 / PI
    degree = FormatValue(ret, 100, 100)
    tmp = (ret – degree) * 60
    min = FormatValue(tmp, 100, 100)
    sec = (tmp – min) * 60
    // 秒保留到小数点后 6 位，四舍五入
    sec = Format(sec, "####.000000" ) ' FormatValue(sec, 10000000, 100)
    TransArcToDegree = degree * 3600 + min * 60 + sec
End Function

    Private Function FormatValue(inputVal As Double, precsion As Long, scaleNum As Long) As Double
    FormatValue = [Int(inputVal * precsion) – Int(inputVal * precsion) Mod scaleNum] / precsion
End Function
```

第四节 控制面积计算

第二次全国土地调查控制面积采用计算机计算。控制面积计算主要包括省级调查区域控制面积（简称省级控制面积）计算并通过汇总得到全国土地调查控制面积、县级调查区域控制面积（简称县级控制面积）计算、乡（镇）级调查区域控制面积［简称乡（镇）级控制面积］计算等［有的进行了地（市）级控制面积计算］。这里主要介绍省级控制面积计算方法和要求。

省级控制面积计算由两部分组成，一部分为大陆省级控制面积的计算，一部分为海岛省级控制面积的计算，通过汇总得到完整的省级控制面积。

一、控制面积计算基本原理

（一）标准分幅图内调查界线两侧面积的计算

在有调查界线穿过的标准分幅图上，对由调查界线分割的不同行政调查区域，按地球椭球表面积计算公式（3-3），计算得到的标准分幅图内各个行政调查区域的面积，称为破幅面积，如图 3-2 中湖北省面积 6505327.4 平方米、河南省面积 20811623.4 平方米，图 3-3 所示湖北省面积 1780769.8 平方米、湖南省面积 8059606.4 平方米、重庆市面积 18256102.2 平方米等。作为检核条件，计算得到的标准分幅图内各个行政调查区域的面积之和应等于该比例尺标准分幅图的图幅理论面积。当不等时，并且相差不大于 ±1 平方米时，可以图幅理论面积为面积控制进行平差，一般可将差值加或减到较大破幅面积中；当相差大于 ±1 平方米时，应查找和分析原因，重新计算。以同样方式，逐一对调查界线穿过的所有标准分幅图进行计算，得到调查界线所在标准分幅图的所有破幅面积。

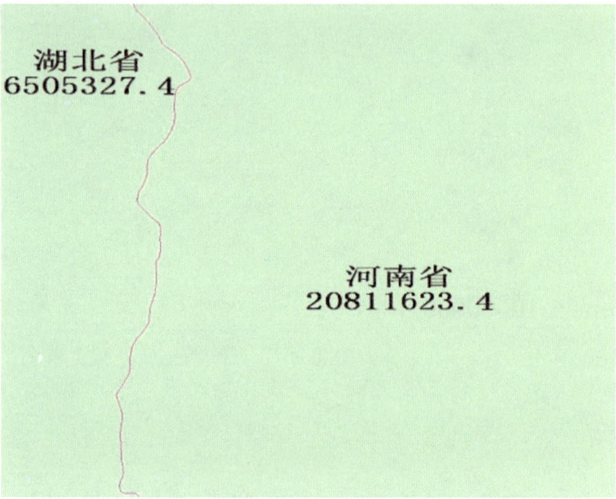

图 3-2 标准分幅图内调查界线及控制面积

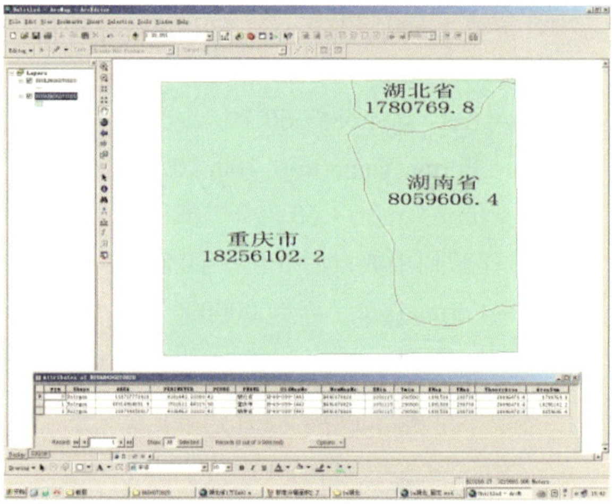

图 3-3 标准分幅图内调查界线及控制面积计算

（二）标准分幅图内海岛面积的计算

对于标准分幅图内的海岛（图 3-4），按地球椭球表面积计算公式（3-3），计算得到了标准分幅图内海岛面积和海域面积。作为检核条件，海岛面积和海水面积之和应等于该比例尺标准分幅图的图幅理论面积。当不等时，并且相差不大于 ±1 平方米时，可以图幅理论面积为面积控制进行平差，一般可将差值加或减到较大破幅面积中；当相差大于 ±1 平方米时，应查找和分析原因，重新计算。以同样方式，逐一对海岛所涉及的所有标准分幅图进行计算，得到海岛所在标准分幅图的所有破幅面积。

（三）控制面积计算

以确定的调查界线为依据，调查界线范围内包含的所有图幅中属于本省级行政调查区域的面积之和即为本行政调查区域控制面积，包括本行政调查区域调查界线所在图幅范围内的所有本行政调查区域的破幅面积和整图幅面积（图幅理论面积），将所有整图幅面积之和与所有破幅面积之和相加即可得到本行政调查区域的控制面积。

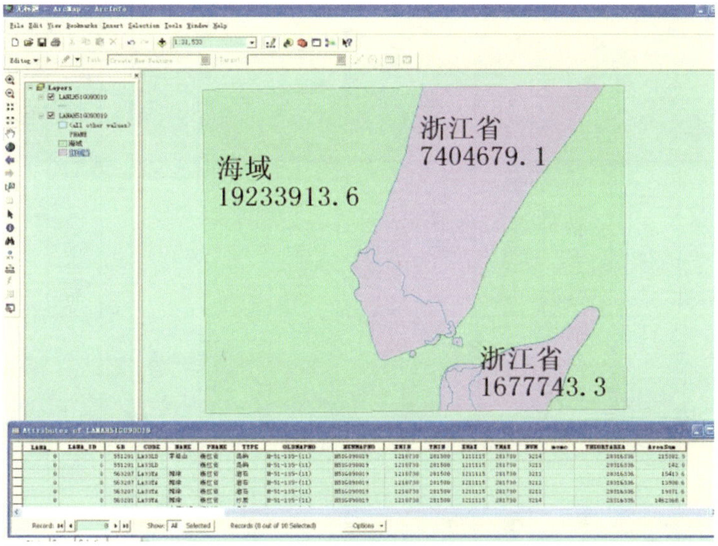

图 3-4 海岛控制面积图

二、图幅理论面积与控制面积接合图表制作方法及要求

当一个调查区域较小、涉及的标准图幅有限时，采用上述简单的计算控制面积方法是可行的。但就全国而言，第二次全国土地调查主要采用 1 ∶ 1 万或 1 ∶ 5 万比例尺调查，经统计全国共涉及 1 ∶ 1 万标准分幅图 224444 幅（含海岛 2693 幅），1 ∶ 5 万标准分幅图 10803 幅。对于省级调查区域，涉及的标准分幅图也很多，少则几百幅，多则上千幅。因此，采用上述简单方法计算控制面积，容易造成图幅丢漏、合计数据统计错误等计算错误，很难保证控制面积计算的完全正确。为了能够确保控制面积计算的正确和具有检核条件，采用了与第一次全国土地调查一样的制作图幅理论面积与控制面积接合图表（简称接合图表）的形式和做法，计算控制面积。接合图表是计算调查区域控制面积的依据。为了保证各级调查区域控制面积计算的正确，第二次全国土地调查采取“上一级控制下一级”逐级控制的原则，即省级接合图表由全国土地调查办组织制作，用于计算省级控制面积；县级接合图表由省（自治区、直辖市）土地调查办公室，依据全国土地调查办制作并下发的省级接合图表和省级控制面积组织制作，用于计算县级控制面积，各县级控制面积之和必须与省级控制面积相等，当不等时应查找原因并重新计算；乡（镇）级接合图表由县级土地调查办公室，依据省级制作并下发的县级接合图表和县级控制面积组织制作，用于计算乡（镇）级控制面积，各乡（镇）级控制面积之和必须与县级控制面积相等，当不等时应查找原因并重新计算。

为了使用和计算方便起见，虽然接合图表制作分为了若干级别，但制作接合图表的基本方法、面积计算方法和要求是一样的。图 3-5 为示意性接合图表式样，实际工作中则采用计算机技术进行接合图表制作和面积计算，通过接合图表计算将得到本调查区域的控制面积。

根据图 3-5，接合图表由图幅理论面积、调查区域经纬度、所涉及图幅编号（由于篇幅有限，图中省略了）、调查区域界线（如图 3-5 为省界）、调查区域名称、相邻调查区域名称、调查界线两侧破幅面积（也称界内外控制面积）、调查界线内横向累加值和纵向累加值（也称界内横向累加值和界内纵向累加值）、合计（即本调查区域控制面积，也称界内总面积）等构成。

接合图表制作要求如下：

（1）按照使用的调查比例尺制作。

________图幅理论面积与控制面积接合图表　　　　　　单位：平方米（0.0）

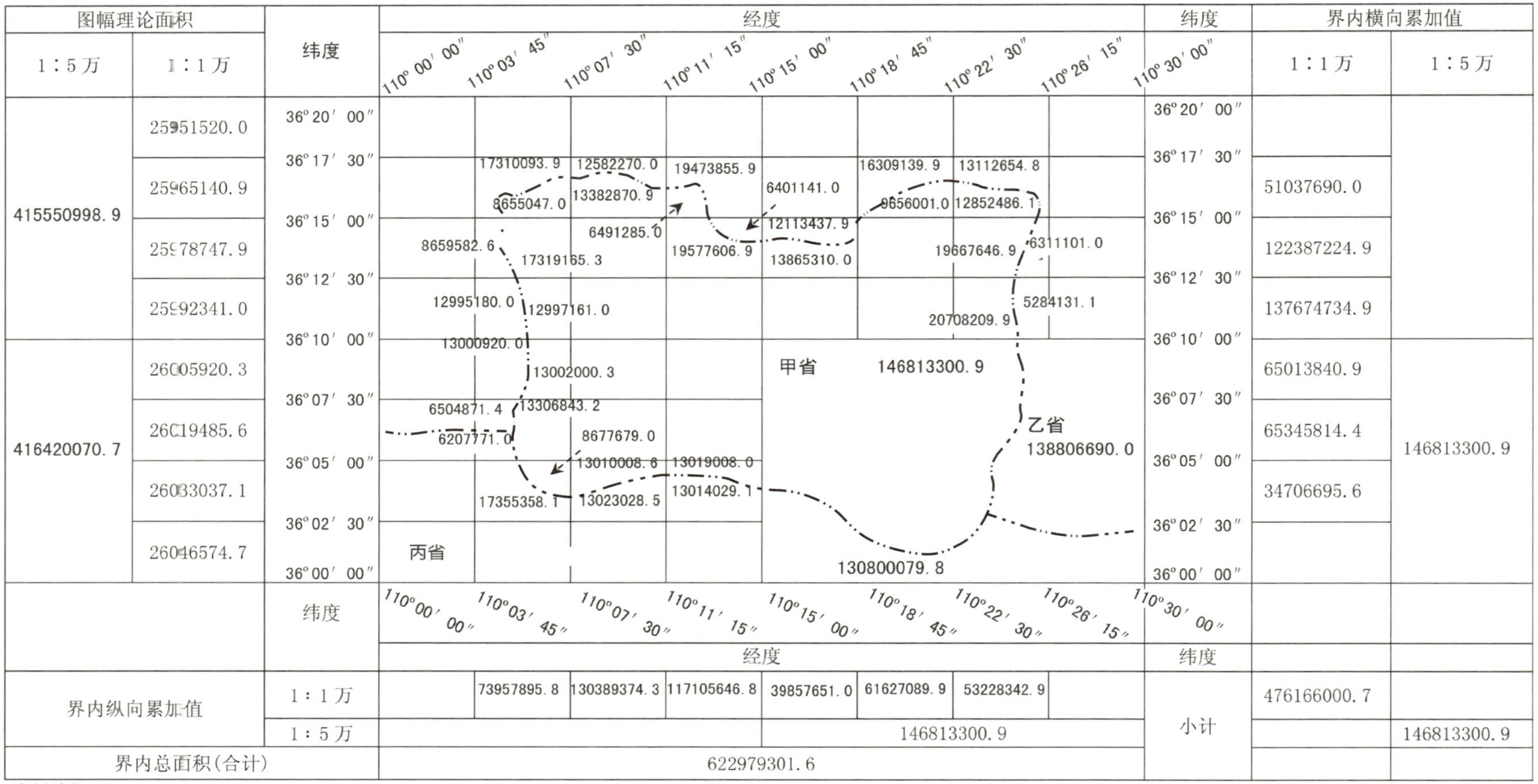

编制单位：　　　　　　　　　　　　　　　　　　　　日期：

注：__________位置填写具体行政区域名称，如××省图幅理论面积与控制面积接合图表。

图 3-5　示意性的图幅理论面积与控制面积接合图表

（2）全国接合图表以省级为单位制作、省级接合图表以县级为单位制作、县级接合图表以乡（镇）级为单位制作。

（3）调查界线按照《第二次全国土地调查技术规程》规定的相应符号表示。

（4）界内横向累加值之和与界内纵向累加值之和必须相等，当不等时应查找原因重新计算。该累加值即为合计值（本调查区域控制面积）。

（5）当有不同调查比例尺接边时，大比例尺图的控制面积保持不变（视为“真值”），小比例尺图控制面积等于该小比例尺图的图幅理论面积减去大比例尺图的控制面积。

（6）在有调查界线穿过的图幅中，被调查界线分割的界内外控制面积之和必须等于该图幅的图幅理论面积，当不等时应查找原因重新进行计算。

（7）在实际中，各地根据具体情况和习惯，在保持基本做法不变的情况下，可对结合图表的格式做适当调整。

三、省级接合图表制作

全国土地调查办组织制作了第二次全国土地调查省级接合图表，并计算省级控制面积。为了方便制作和使用，第二次全国土地调查沿海省份的省级接合图表由大陆省级接合图表和海岛省级接合图表组成，控制面积也分别计算，之后通过数据汇总，即可得到沿海省份完整的省级控制面积。

（一）大陆省级接合图表制作

以省为单位，逐省将调查范围所涉及的不同比例尺标准分幅图，包括调查界线内的整图幅和破图幅，采用计算机技术，按照上述接合图表制作基本方法和要求，逐省生成省级接合图表，如由计算机制作的北京市图幅理论面积与控制面积接合图表式样，如图 3-6 所示。

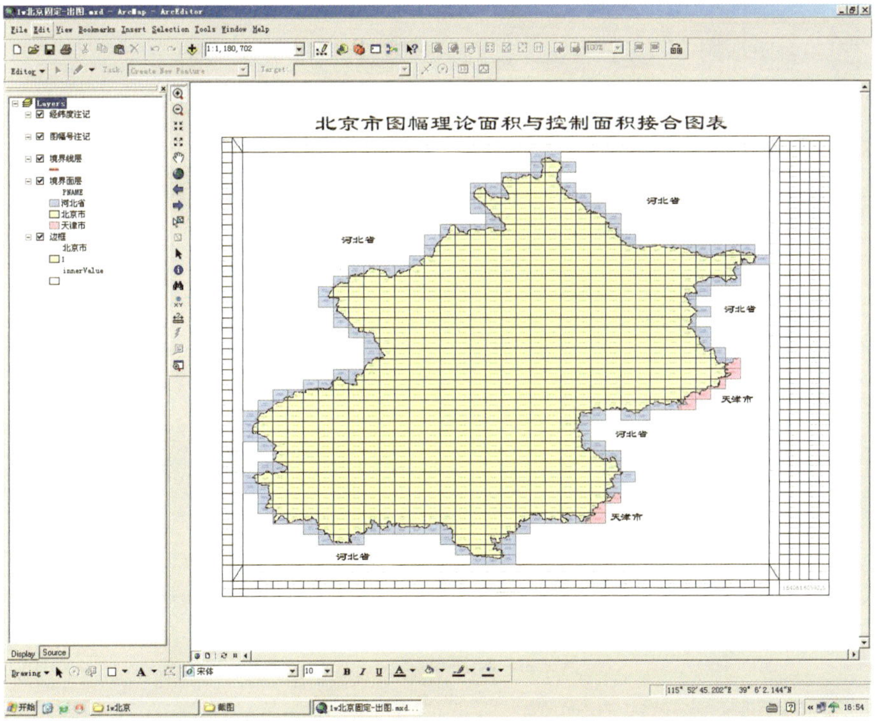

图 3-6　北京市图幅理论面积与控制面积接合图表式样

根据接合图表界内整图幅和破图幅控制面积，由计算机计算界内横向累加值之和、界内纵向累加值之和，当横向累加值之和与纵向累加值之和相等时，该合计值即为该省份的控制面积。当调查范围内涉及 1 ： 1 万和 1 ： 5 万两种调查比例尺时，接合图表制作稍复杂些，应将两种调查比例尺的范围标注清楚，横向累加值、纵向累加值应按不同调查比例尺分别计算，之后再计算横向累加值之和与纵向累加值之和，当横向累加值之和与纵向累加值之和相等时，该合计值即为该省份的控制面积。无论调查范围内为单一调查比例尺还是两种调查比例尺，当计算的横向累加值之和与纵向累加值之和不相等时，都应查找原因，重新计算。

（二）海岛（含独立滩）省级接合图表制作

对沿海省份，以省为单位制作了辽宁、天津、河北、山东、江苏、上海、浙江、福建、广东、广西、海南等 11 个沿海省（自治区、直辖市）的海岛接合图表。由于三沙市距离海南岛较远，将海南省所有海岛制作在一张接合图表上不方便，因此独立制作了三沙市接合图表。由于第二次全国土地调查的海岛调查比例尺均为 1 ： 1 万，因此接合图表中均以 1 ： 1 万图幅表示。同样，以省为单位，逐省将调查范围所涉及海岛 1 ： 1 万调查比例尺标准分幅图，包括整图幅和破图幅，采用计算机技术，按照上述接合图表制作的基本方法和要求，逐省生成省级海岛接合图表，如上海市海岛图幅理论面积与控制面积接合图表式样（图 3-7）。

根据接合图表界内整图幅和破图幅控制面积，由计算机计算界内横向累加值之和、界内纵向累加值之和，当横向累加值之和与纵向累加值之和相等时，该合计值即为该省份海岛控制面积。当计算的横向累加值之和与纵向累加值之和不相等时，应查找原因，重新计算。

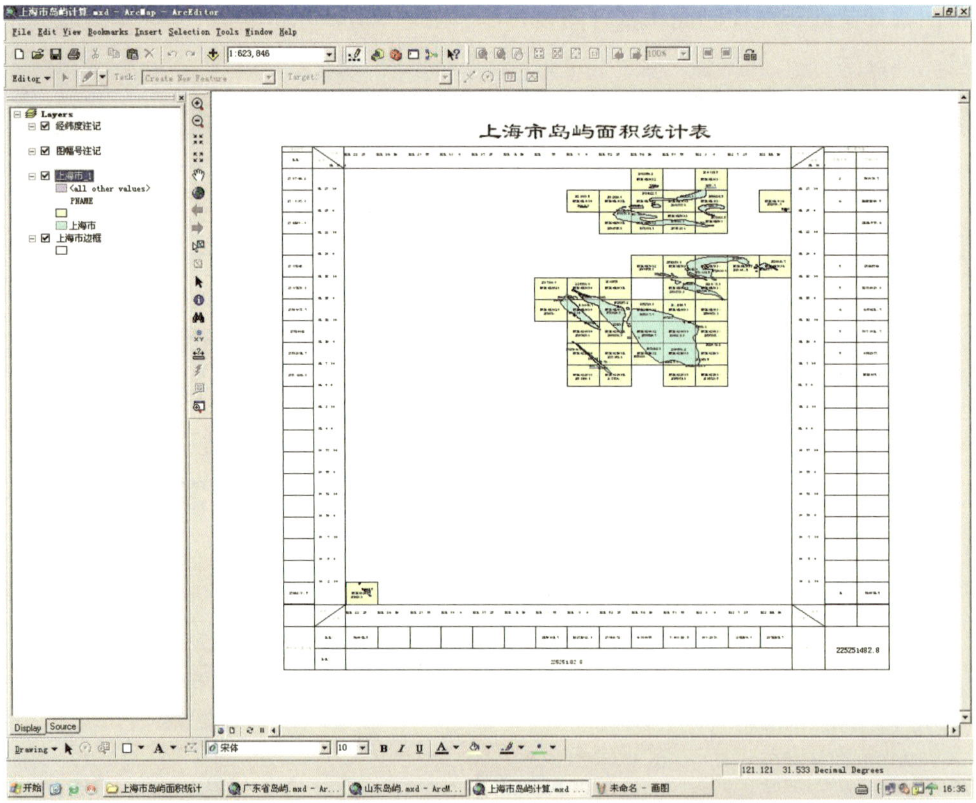

图 3-7　上海市海岛图幅理论面积与控制面积接合图表式样

（三）其他接合图表制作

为了统计全国土地总面积，对于台湾地区、香港特别行政区、澳门特别行政区等不开展调查的区域，按照接合图表制作的基本方法和要求，分别制作了接合图表并计算了其控制面积。

四、全国及省级控制面积

经过控制面积计算和统计汇总，得到了与第二次全国土地调查有关的各种控制面积数据。

（一）省级控制面积数据

31个省（自治区、直辖市）控制面积数据[省级控制面积：大陆省级控制面积与省级海岛（含独立滩）控制面积之和]，即每个省份的控制面积数据。其中福建省的控制面积数据含金门、马祖等海岛的控制面积数据。该数据是各省（自治区、直辖市）开展调查，面积数据统计汇总的控制数据。

（二）省级海岛控制面积数据

沿海省份海岛控制面积数据，即每个沿海省份的海岛控制面积数据和独立滩控制面积数据。该数据是沿海省份开展海岛调查，海岛面积数据统计汇总的控制数据。

（三）全国土地调查总面积数据

即不含台湾地区、香港特别行政区、澳门特别行政区、福建省范围内的金门马祖等海岛的控制面积的31个省（自治区、直辖市）实际开展调查的控制面积。全国土地调查总面积数据是第二次全国土地调查全国数据汇总的依据。

（四）港、澳、台等未调查面积数据

指台湾地区、香港特别行政区、澳门特别行政区、金门、马祖等未开展调查的海岛控制面积数据。

（五）全国土地总面积数据

即31个省（自治区、直辖市）土地调查总面积、台湾地区控制面积、香港特别行政区控制面积、澳门特别行政区控制面积、金门、马祖等海岛控制面积之和。

五、全国接合图表制作

为了全面展示第二次全国土地调查控制面积计算成果，全国土地调查办委托国家基础地理信息中心按照第二次全国土地调查的要求，在制作的省级接合图表基础上，制作了全国图幅理论面积与控制面积接合图表（简称全国接合图表）。由于第二次全国土地调查使用了1∶1万标准分幅图224444幅，其中大陆涉及221751幅、海岛涉及2693幅；使用了1∶5万标准分幅图10803幅。若以如此多的图幅为基础制作成一张（幅）全国接合图表，一是巨大不便制作、二是使用不方便，因此采用以1∶50万标准分幅为单元，分幅制作全国接合图表。

（一）1∶50万标准分幅接合图表制作方法和要求

以1∶50万标准分幅图为基本单元，以制作的省级接合图表（大陆省级接合图表和海岛省级接合图表）为基础，将省级接合图表使用的1∶1万及1∶5万标准分幅图，以及国界线、零米线、省界、省份名称等标绘在相应1∶50万标准分幅图上，形成以1∶50万标准分幅图为基本单元的全国接合图表。按照上述控制面积计算方法及要求，逐一计算每一1∶50万标准分幅图上不同省份的控制面积。

通过汇总，将分布在不同 1 ∶ 50 万标准分幅图上同一省份控制面积数据进行累加汇总，得到了 31 个省（自治区、直辖市）的省级控制面积数据，香港特别行政区、澳门特别行政区、台湾地区控制面积数据，全国土地总面积控制数据。

1 ∶ 50 万标准分幅接合图表主要内容包括：上方中部标注图名，即第二次全国土地调查图幅理论面积与控制面积接合图表，1 ∶ 50 万标准分幅图幅号，图外右上方标注内部用图；中部为主图，包括使用的 1 ∶ 1 万及 1 ∶ 5 万标准分幅图及图幅编号、国界线、零米线、省界、省份名称、调查界线穿过图幅破幅及各调查区域控制面积数据；主图外标注 1 ∶ 1 万及 1 ∶ 5 万图廓点的经纬度；主图外左侧标注使用的 1 ∶ 1 万及 1 ∶ 5 万标准分幅图的图幅理论面积；主图下方标注主图内各省份使用的 1 ∶ 1 万及 1 ∶ 5 万图幅面积的纵向累加值，包括纵向累加值的小计与合计；主图右侧标注主图内各省份使用 1 ∶ 1 万及 1 ∶ 5 万图幅面积的横向累加值，包括横向累加值的小计与合计；主图右下角标注为 1 ∶ 50 万图中的调查总面积，即 1 ∶ 50 万图中调查区域总控制面积；图外下方，左侧标注坐标系、中部标注数字比例尺即 1 ∶ 500000、右侧标注接合图表编制单位和日期。

第二次全国土地调查，除内蒙古、四川、西藏、甘肃、青海、新疆 6 省（自治区）调查比例尺使用 1 ∶ 1 万和 1 ∶ 5 万两种比例尺外，其他省（自治区、直辖市）调查比例尺均为 1 ∶ 1 万比例尺。因此，根据调查比例尺制作的 1 ∶ 50 万接合图表，分三种形式：第一种是全部为 1 ∶ 1 万标准分幅图，如图 3-8 所示；第二种是全部为 1 ∶ 5 万标准分幅图，如图 3-9 所示；第三种是包括 1 ∶ 1 万和 1 ∶ 5 万两种标准分幅图，如图 3-10 所示。

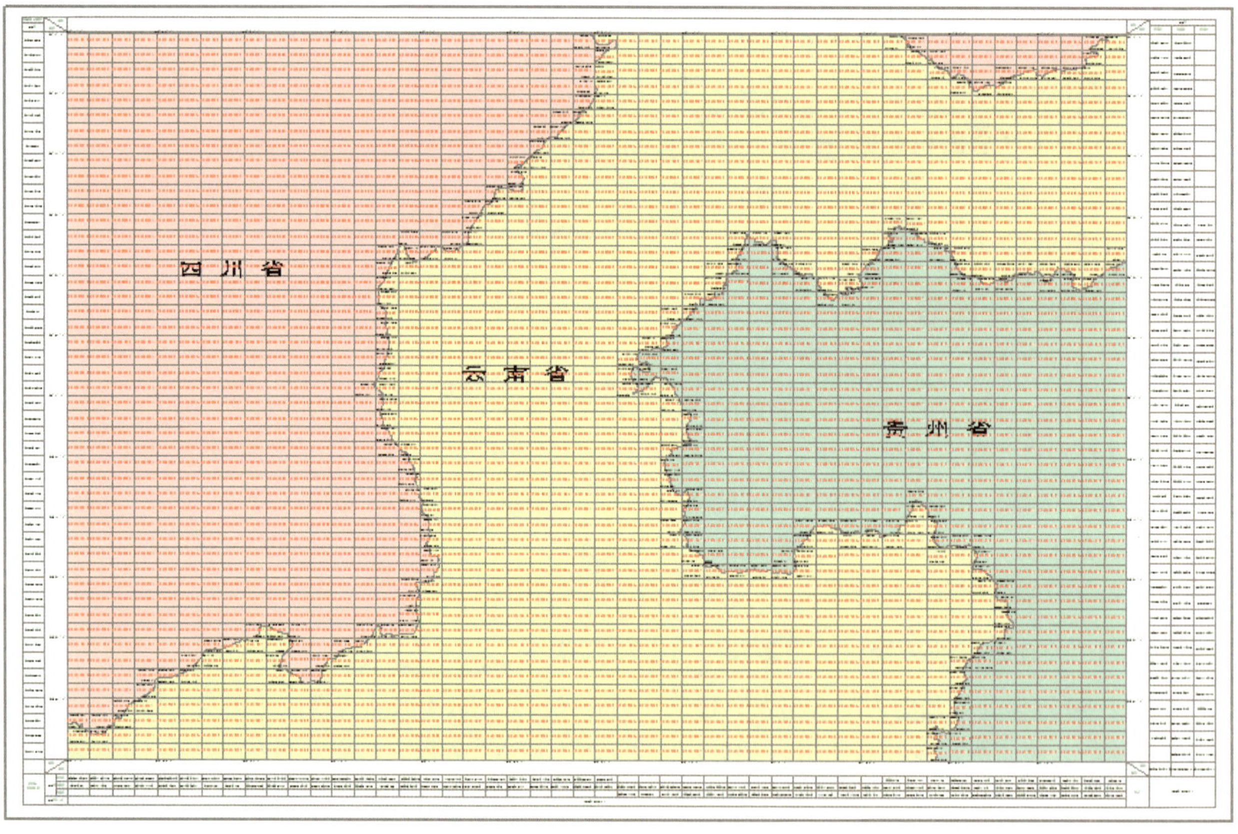

图 3-8　1 ∶ 50 万接合图表（全部为 1 ∶ 1 万比例尺图形式）

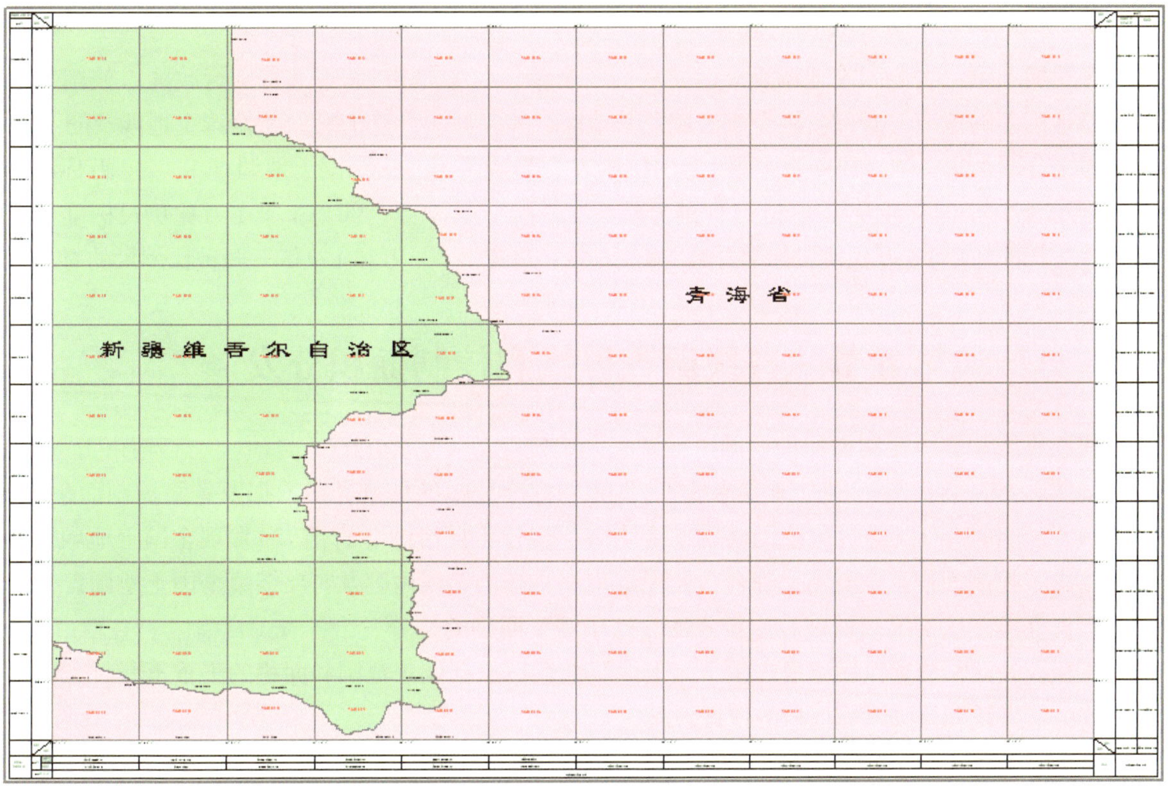

图 3-9 1 ： 50 万接合图表（全部为 1 ： 5 万比例尺图形式）

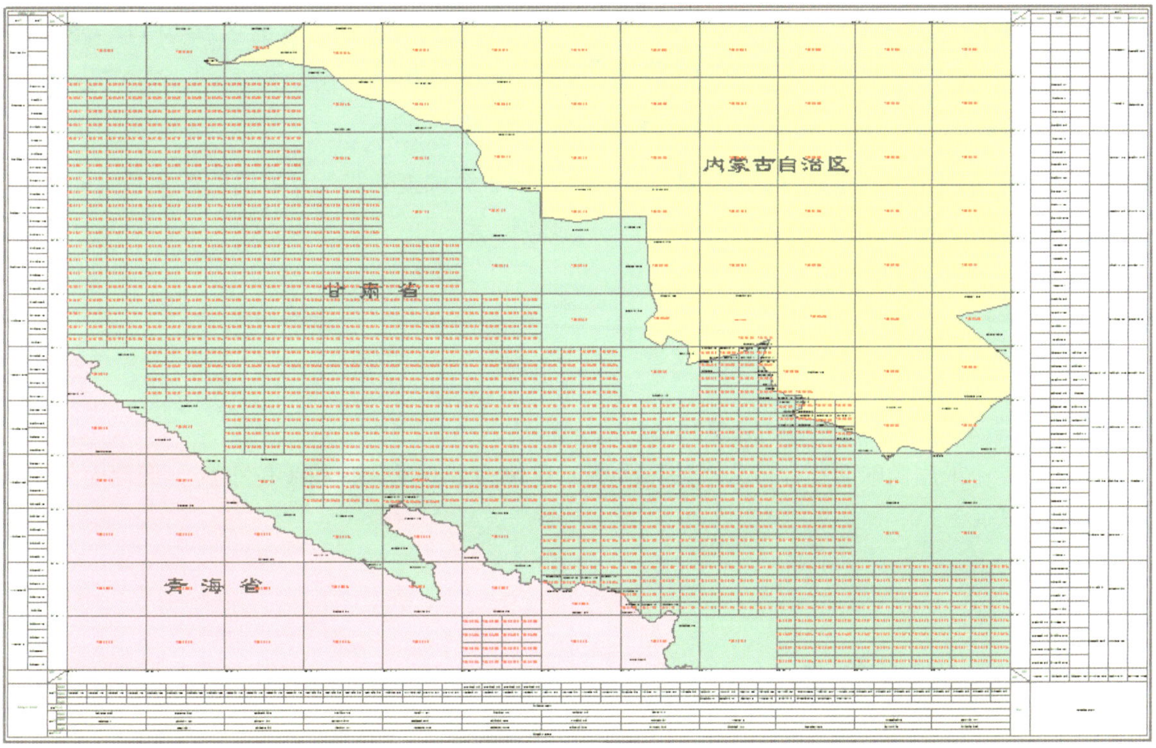

图 3-10 1 ： 50 万接合图表（1 ： 1 万和 1 ： 5 万两种比例尺图形式）

（二）1 ： 50 万标准分幅接图表制作

为了直观展示第二次全国土地调查全国、各省（自治区、直辖市）、香港特别行政区、澳门特别行政区、台湾地区等的范围，查阅省级调查区域及其他区域控制面积计算情况，将全国土地涉及的 1 ： 50 万标准分幅接合图表集中制作成一张（幅）全国接图表，形成了第二次全国土地调查 1 ： 50 万标准分幅接图表。经统计，全国共涉及 1 ： 50 万标准分幅图 223 幅，其中：全部为 1 ： 1 万比例尺标准分幅图的有 111 幅，全部为 1 ： 5 万比例尺标准分幅的有 36 幅，包含 1 ： 1 万和 1 ： 5 万两种比例尺的有 76 幅。

第五节 省级调查界线和控制面积分发

省级调查界线和省级控制面积由全国土地调查办确定并分发给相应省（自治区、直辖市），具体包括国界线、零米线（含海岛、独立滩零米线）、省界的标准分幅的矢量界线数据及省级控制面积数据。各省（自治区、直辖市）在经过检查无误后直接使用。当省（自治区、直辖市）发现全国土地调查办分发的调查界线、控制面积有误时不允许自行处理，应将具体的错误内容及时反馈给全国土地调查办，由全国土地调查办检查核实统一处理后重新分发。这里需要明确的是分发给各省（自治区、直辖市）的调查范围界线和控制面积数据仅用于第二次全国土地调查，以保证调查范围和面积的不重不漏，不作为实地确定行政区域界线和行政区域面积的依据。

一、省级调查界线矢量数据制作要求

为了统一界线数据标准，确保各级数据的唯一性，以及后期数据库建设的需要，根据第二次全国土地调查要求，同时参考了现行最新的国家技术标准和行业技术规范，在制作省级调查界线矢量数据时，对第二次全国土地调查中用到的省级调查界线矢量数据的命名、数学基础、要素及属性内容、数据模型与表示、数据分层、各字段定义及数据格式要求等进行了具体明确的规定。

（一）数学基础

按照《第二次全国土地调查技术规程》要求，标准分幅省级调查界线矢量数据的数学基础如下：

（1）投影：高斯 — 克吕格投影。

（2）平面坐标系统：1980 西安坐标系。

（3）高程系统：1985 国家高程基准。

（二）数据格式

（1）数据格式：ARCGIS 的 Shape 格式。

（2）面积计算：采用椭球面积计算公式计算面积，单位为平方米，保留 1 位小数。椭球面积计算公式见式（3-1）、式（3-3）。

（三）数据组织

1. 要素分层

省级调查界线矢量数据共包括 5 个图层，如表 3-2 所示。数据分层的命名采用 4 个字符，前 3 个字符代表数据分类，BOU 代表大陆，LAN 代表岛屿，第四个字符代表数据类型，A 代表面层，L 代表线层，P 代表点层。

表 3-2 省级调查界线矢量数据要素分层

数据类型	图层名	几何类型	主要要素内容
省级界线（面）	BOUA	面	省级行政调查区域
省级界线（线）	BOUL	线	省级调查界线，包含国界线、零米线、省界
岛屿（面）	LANA	面	面状岛海、滩涂、海面
岛屿（线）	LANL	线	面状岛屿、滩涂的边线（海岸线和零米线）
岛屿（点）	LANP	点	点状岛屿

2. 属性定义

1）大陆（省级行政调查区域）

中文名：省界面。

图层名：BOUA。

内容：省级行政调查区域，内陆省份（不涉及国界线、零米线省份）根据省界、图幅框构面；涉及国界线、零米线省份根据国界线、省界、零米、图幅框构面。

要素类型：面。

属性表：如表 3-3 所示。

表 3-3 省界面属性表

属性项名	数据类型	是否可为空	长度	小数位数	备 注
GB	整型	否	6	—	《基础地理信息要素分类与代码》（GB/T 13923—2006）
PCODE	字符串	否	2	—	所属省级行政区划代码
PNAME	字符串	否	16	—	所属省份名称
OlddMapNo	字符串	否	16		旧图幅号
NewMapNo	字符串	否	16		新图幅号
XMin	双精度	否		3	图廓经纬度范围 X 最小值
YMin	双精度	否		3	图廓经纬度范围 Y 最小值
XMax	双精度	否		3	图廓经纬度范围 X 最大值
YMax	双精度	否		3	图廓经纬度范围 Y 最大值
TheoryArea	双精度	否		1	图幅理论面积
AreaSum	双精度	否		1	椭球面面积

中文名：省界线。

图层名：BOUL。

内容：省级行政调查区域界线，包括国界线、零米线、省界。

要素类型：线。

属性表：如表 3-4 所示。

表 3-4　省界线属性表

属性项名	数据类型	是否可为空	长度	小数位数	备 注
GB	整型	否	6	—	《基础地理信息要素分类与代码》（GB/T 13923—2006）
CODE	字符串	否	8	—	编码
NAME	字符串	否	10	—	界线名称
OldMapNo	字符串	否	16		旧图幅号
NewMapNo	字符串	否	16		新图幅号
XMin	双精度	否		3	图廓经纬度范围 X 最小值
YMin	双精度	否		3	图廓经纬度范围 Y 最小值
XMax	双精度	否		3	图廓经纬度范围 X 最大值
YMax	双精度	否		3	图廓经纬度范围 Y 最大值

2）海岛

中文名：海岛面。

图层名：LANA。

内容：面状海岛、滩涂、海域。

要素类型：面。

属性表：如表 3-5 所示。

表 3-5　海岛面属性表

属性项名	数据类型	是否可为空	长度	小数位数	备 注
GB	整型	否	6	—	《基础地理信息要素分类与代码》（GB/T 13923—2006）
CODE	字符串	否	6	—	编码
NAME	字符串	否	16		海域或岛屿名称（编号）
PCODE	字符串	否	2	—	所属省行政区划代码
PNAME	字符串	是	16	—	所属省份名称
Type	字符串	是	6	—	海岸类型：岩石、沙质等
OldMapNo	字符串	否	16		旧图幅号
NewMapNo	字符串	否			新图幅号
XMin	双精度	否		3	图廓经纬度范围 X 最小值
YMin	双精度	否		3	图廓经纬度范围 Y 最小值
XMax	双精度	否		3	图廓经纬度范围 X 最大值
YMax	双精度	否		3	图廓经纬度范围 Y 最大值
TheoryArea	双精度	否		1	图幅理论面积
AreaSum	双精度	否		1	椭球面面积
CODE	字符串	是	3	—	面状地类编码

中文名：海岛线。
图层名：LANL。
内容：零米线、海岸线。
要素类型：线。
属性表：如表 3-6 所示。

表 3-6　海岛线属性表

属性项名	数据类型	是否可为空	长度	小数位数	备 注
GB	整型	否	6	—	《基础地理信息要素分类与代码》（GB/T 13923—2006）
CODE	字符串	否	6	—	编码
NAME	字符串	否	10		名称：零米线、海岸线
PCODE	字符串	否	2	—	所属省行政区划代码
PNAME	字符串	是	16	—	所属省名称
Type	字符串	否	6		海岸线类型：岩石、沙质等
OldMapNo	字符串	否	16		旧图幅号
NewMapNo	字符串	否	16		新图幅号
XMin	双精度	否		3	图廓经纬度范围 X 最小值
YMin	双精度	否		3	图廓经纬度范围 Y 最小值
XMax	双精度	否		3	图廓经纬度范围 X 最大值
YMax	双精度	否		3	图廓经纬度范围 Y 最大值

中文名：点状海岛。
图层名：LANP。
内容：点状海岛。
要素类型：点。
属性表：如表 3-7 所示。

表 3-7　点状海岛属性表

属性项名	数据类型	是否可为空	长度	小数位数	备 注
GB	整型	否	6	—	《基础地理信息要素分类与代码》（GB/T 13923—2006）
CODE	字符串	否	6	—	编码
NAME	字符串	否	16		岛屿名称或编号
PCODE	字符串	否	2	—	所属省行政区划代码
PNAME	字符串	是	16	—	所属省名称
X	双精度	否		3	点状岛屿经纬度坐标
Y	双精度	否		3	点状岛屿经纬度坐标
AREASUM	双精度	否		3	岛屿椭球面积
CODE	字符串	是	3	—	地类编码

3. 分类代码与编码规则

分类代码主要依据新修订的《基础地理信息要素分类与代码》(GB/T 13923 — 2006)。

1)省界编码

省界中的省级行政区域编码采用两位数字表示一个省级行政区划(域),使用的省级行政区划代码如表 3-8 所示。

表 3-8　省级行政区划代码表

省级行政区名称	编码	省级行政区名称	编码
北京市	11	湖南省	43
天津市	12	广东省	44
河北省	13	广西壮族自治区	45
山西省	14	海南省	46
内蒙古自治区	15	重庆市	50
辽宁省	21	四川省	51
吉林省	22	贵州省	52
黑龙江省	23	云南省	53
上海市	31	西藏自治区	54
江苏省	32	陕西省	61
浙江省	33	甘肃省	62
安徽省	34	青海省	63
福建省	35	宁夏回族自治区	64
江西省	36	新疆维吾尔自治区	65
山东省	37	台湾地区	71
河南省	41	香港特别行政区	81
湖北省	42	澳门特别行政区	82

对应字段:PCODE/PCODE1。

编码规则:两位省级行政区划代码 +2 位省级行政区划代码,例如:北京市与河北省省界编码:1113。

2)国界线编码

国界中的国家代码使用两位字母代码,如表 3-9 所示。

表 3-9 国家代码表

国家名称	编码	备注
中国	CN	
阿富汗	AF	
不丹	BT	

续表

国家名称	编码	备注
印度	IN	
哈萨克斯坦	KZ	
朝鲜	KP	
吉尔吉斯斯坦	KG	
老挝	LA	
蒙古	MN	
缅甸	MM	
尼泊尔	NP	
巴基斯坦	PK	
俄罗斯联邦	RU	
塔吉克斯坦	TJ	
越南	VN	

对应字段：PCODE/PCODE1。

编码规则：CN+2 位国家代码 + 省级行政区划编码，例如：中越之间国界线云南段的编码：CNVN53。

3）海岸线编码

沿海界线中的海岸线名称代码使用两位字母代码，如表 3-10 所示。

表 3-10 海岸线名称代码表

海岸线名称	编码	备注
零米线	LM	
海岸线	AX	
陆地	LD	
海域	HA	
海岛	LA	
滩涂	TA	

对应字段：PCODE/PCODE1。

编码规则：LA+ 省级行政区划编码 + 类型码，例如：上海市范围内的岛屿零米线编码为 LA31LM；上海市范围内的岛屿的岸线编码：LA31AX。

4. 数据文件的命名规则

标准分幅界线数据文件命名规则：图层名 + 图幅号

例如：以“J50E001006”命名的标准分幅界线数据文件夹下省界面图层数据文件的名称为：

BOUAJ50E001006；以“J50E001006”命名的标准分幅界线数据文件夹下省界线图层数据文件的名称为：BOULJ50E001006；以标准分幅图的图幅号为名，建立数据文件夹，存储相应的面层与线层数据。

二、省级调查界线矢量数据的制作

第二次全国土地调查用到的省级调查界线来源于民政部、外交部和海军航保部，全国土地调查办委托国家基础地理信息中心，对各部门分别数字化的矢量界线进行了整合集成，统一制作了以省级行政调查区域为基础的省级调查界线，形成了完整的省级调查界线数据，并将省级调查界线以省为单位按照标准分幅图进行裁切整理，作为省级开展第二次全国土地调查范围的界线。

（一）省级调查界线数据的整合与集成

省级调查界线由国界线、省界、大陆沿海零米线、归属到本省份所有海岛（含独立滩）零米线构成。按照省级调查界线矢量数据制作要求，对数字化的国界线、零米线、省界的矢量数据进行坐标转换，统一到1980西安坐标系。对国界线、大陆沿海零米线、省界数据进行集成接边处理，包括：对大陆沿海零米线与国界线数据进行接边检查，当不接边时，国界线保持不变，将大陆沿海零米线顺势延伸与其严密接边，使大陆形成一个完整的封闭区域；对省界与国界线、大陆沿海零米线进行接边检查，当不相交时，将省界顺势延伸与国界线、零米线相交。通过对国界线、零米线、省界数据进行接边处理和集成，形成了严密闭合的大陆省级调查界线数据。同样，将归属到本省份数字化的所有海岛（含独立滩）零米线矢量数据进行坐标转换，统一到1980西安坐标系，形成了以省为单元的海岛（含独立滩）数据。对形成后的大陆省级调查界线数据和海岛（含独立滩）数据赋以相应字段属性，形成了大陆分省调查界线和海岛界线的面层和线层数据，即第二次全国土地调查的省级调查界线数据。

（二）省级调查界线数据裁切

为了满足以图幅为单位开展第二次全国土地调查的需要，将大陆分省的省级调查界线数据和分省的省级海岛数据，按1∶1万和1∶5万比例尺标准分幅图框对省级调查界线数据进行裁切处理，形成了第二次全国土地调查所需要的省级标准分幅的省级调查界线数据（包括线层和面层两种），作为分发省级调查界线的基础。

三、省级控制面积计算

在进行省级调查界线数据裁切过程中，根据全国土地调查办确定的调查比例尺，按照本章第四节控制面积计算方法，计算了标准分幅图中各省控制面积和省级控制面积。

四、省级调查界线分发

（一）省界调查界线数据整理

对裁切后的标准分幅省级调查界线数据，以省为单位进行命名存放，每个以省命名的文件夹下包括：1∶5万分幅数据和1∶1万分幅数据两个子文件夹。标准分幅数据以图幅号建立文件夹，在标准分幅数据中分别包含了“标准分幅数据线层数据”与“含有面积计算结果的标准分幅面层数据”。

（二）省级控制界线分发

以省级行政区域名称为文件夹，依据全国土地调查办确定的调查比例尺，将省级调查界线涉及的不同标准分幅图数据打包（含界线两侧控制面积），由全国土地调查办分发到相应省（自治区、直辖市）作为省级土地调查范围的控制界线。相邻省份必须使用同一标准分幅图，以保证相邻省份调查中使用同一界线和控制面积，确保土地调查面积不重不漏。

（三）省级控制面积分发

全国土地调查办在完成了省级大陆及海岛图幅理论面积与控制面积接合图表制作后，确定了31个省（自治区、直辖市）的土地调查总面积（即省级控制面积），并将省级大陆及海岛图幅理论面积与控制面积接合图、省级控制面积数据一并分发给各省（自治区、直辖市），作为第二次全国土地调查省级数据汇总的依据。

第四章　遥感影像与数字正射影像图（DOM）生产

利用航空或航天遥感数据（影像）生产制作的数字正射影像图（简称 DOM），是各地开展第二次全国土地调查的基础资料，是开展土地调查的主要信息源，也是数据库建设的依据和基础。土地调查的质量和精度在很大程度上取决于 DOM 的影像质量和数学精度。我国地域辽阔，土地利用多样，有农区、牧区、半农半牧区、林区、沙漠、无人区等；有经济发达的东部地区、经济欠发达的中西部地区等；有土地集约化程度高的地区、土地集约化程度低的地区等。因此，根据不同区域，土地调查采用不同的遥感影像，既能满足调查要求、保证调查质量，又能节约经费。

本章主要介绍第二次全国土地调查航空像片、卫星影像使用情况和 DOM 生产等内容。

第一节　基本概述

一、遥感影像

遥感影像（也称遥感数据）包括航空遥感影像（也称航空影像、航空摄影、航空像片等）和航天遥感影像（也称航天影像、卫星影像、卫星像片等）。

（一）航空遥感影像

航空摄影始于 19 世纪 50 年代，法国的纳达尔于 1858 年首次利用气球实现了航拍，拍摄了法国巴黎的“鸟瞰”像片，开创了从空中观察地球的历史。1909 年美国的莱特兄弟发明了飞机，第一次从飞机上对地面拍摄像片，促进了航空遥感向实用性的迈进。随着飞机和飞行技术，以及摄影机和感光材料等的飞速发展，航空遥感得到了迅速发展。20 世纪末，全世界范围内掀起了无人机的研制热潮，无人机与遥感技术的结合，将航空遥感推向了一个崭新的阶段。航空遥感在高时效性、高分辨率、可控制性等方面的特点，具有航天遥感无法比拟的优势。

数字航摄仪是搭载在飞行器平台上对地面目标物进行摄影，获得数字化影像的仪器设备，在传统胶片航摄仪的基础上发展而来。随着测绘技术、信息技术、计算机技术及传感器技术的发展创新，以及社会经济发展对地理信息方面的需求越来越大，人们在航摄仪原理基础上整合各种新技术，制造出了能够直接获取数字化影像的数字航摄仪。

数字航摄仪利用一种电荷耦合器件 (CCD)，将镜头所成影像的光信号转化成电信号，再把这种电信号转化成计算机可以识别的“数字信号”记录下来，最后转换成影像；在数字航摄仪中，CCD 传感器相当于航空胶片，其实质是按某种规律排列的 MOS（金属 — 氧化物 — 半导体）电容器构成的移位存储器。MOS 是 CCD 的基础，CCD 感光的过程就是光子冲击感光元件产生信号电荷，并通过 CCD 上 MOS 进行电荷存储传输的过程。CCD 传感器是数字航摄仪的核心元件，是由为数众多的微小光电二极管构成的固态电子感光部件。光电二极管的排列方式有两种：一种是平面阵列，众多光电二极管排列成一个平面，同时感受光信号；另一种是线状阵列，多个光电二极管排列成一条直线，逐行进行感光成像。

面阵 CCD 传感器获取图像的方式与框幅式摄影机相似，某一瞬间获得一幅完整的影像，是一个单中心投影。线阵传感器获取的图像与飞行方向垂直，在某一瞬间得到的是一条线影像，一幅影像由若干条线影像拼接而成，又称为推扫式扫描成像。传统的胶片航摄仪体积大、价格高、周期长、效率低，而基于数码相机的数字摄影仪体积小、价格低、周期短、效率高，数字摄影仪已成为当前的研究热点。

航空遥感就是利用安装在飞行器上的遥感器感测地表物体对电磁波的反射和其发射的电磁波，并将其特征记录下来供识别和判断。航天遥感影像作为对地观测获取地球表面覆盖与结构信息的载体，在地学分析应用领域特别在国土资源管理领域是不可或缺的信息源。

（二）航天遥感影像

1957 年，苏联第一颗人造卫星升空，开辟了航天遥感的新纪元。1968 年，美国阿波罗 -8 宇宙飞行器发送回了第一个地球影像。从此，人类开始以全新的视角来重新认识自己赖以生存的地球。随着计算机技术、光电技术和航天技术的不断发展，航天遥感技术正在进入一个能快速、及时提供多种对地观测海量数据的新阶段及应用研究的新领域。

航天遥感泛指利用各种空间飞行器为平台的遥感技术系统。它以地球人造卫星为主体，包括载人飞船、航天飞机和空间站，有时也把各种行星探测器包括在内。在航天遥感平台上采集遥感影像信息的方式有四种：一是宇航员操作，如在阿波罗飞船上宇航员利用组合相机拍摄地球照片；二是卫星舱体回收，如中国的科学实验卫星回收的卫星像片；三是通过扫描将图像转换成数字编码，传输到地面接收站；四是卫星数据采集系统收集地球或其他行星、卫星上定位观测站发送的探测信号，中继传输到地面接收站。

二、图像处理

遥感图像处理是对遥感图像进行辐射校正和几何纠正、图像整饬、投影变换、镶嵌、特征提取、分类及各种专题处理等一系列操作，以求达到预期目的的技术。遥感图像处理可分为两类：一是利用光学、照相和电子学的方法对遥感模拟图像（照片、底片）进行处理，简称为光学处理；二是利用计算机对遥感数字图像进行一系列操作，从而获得某种预期结果的技术，称为遥感数字图像处理。

遥感图像的光学处理包括一般的照相处理、光学的几何纠正、分层叠加曝光、相关掩模处理、假彩色合成、电子灰度分割和物理光学处理等。光学处理有时称为模拟处理。数字处理是指利用计算机图像分析处理系统进行的遥感图像处理。遥感图像的数字处理往往与多光谱扫描仪和专题制图仪图像数据的应用联系在一起。数字处理方式灵活，重复性好，处理速度快，可以得到高像质和高几何精度的图像，容易满足特殊的应用要求，因而得到广泛的应用。

三、调查底图

以航空、航天遥感数据（影像）生产制作的 DOM 为底图，根据规划的调查比例尺，按照地图标准分幅进行裁切，并添加图廓、行政区域调查界线等要素，形成的标准分幅图 DOM 称为调查底图。调查底图是开展权属调查、地类调查、数据库建设的主要依据，是第二次全国土地调查最重要的信息源之一。

四、调查底图生产

（一）目标

根据全国不同调查区域需要，按照第二次全国土地调查的调查比例尺规划要求，收集、订购相应遥感数据及其他资料，采用航空航天遥感技术、GPS技术和数字化、网络化等技术，使生产出的调查底图精度符合要求，并做到色调均匀、影像清晰、反差适中。

（二）任务

面向全国范围的底图生产是一项系统性强、十分复杂的工作。底图生产主要包括以下内容。

1. 开展底图生产技术方法研究和制订底图生产的技术规范

根据《国务院关于开展第二次全国土地调查的通知》（国发〔2006〕38号）、《第二次全国土地调查技术规程》及有关要求，参照国家、相关行业技术标准和规范，在开展底图生产技术方法研究的基础上，全国土地调查办制订了《第二次全国土地调查底图生产技术规定》（2007年），明确了第二次全国土地调查底图生产技术指标、工艺流程、技术方法、质量控制等，保障了底图能够规范和高效地进行生产。

2. 制定底图生产管理办法及保密制度

为及时掌握底图的生产情况，跟踪底图的生产进度，组织制定底图管理办法是顺利进行底图生产的必要环节。第二次全国土地调查涉及的遥感影像数据类型多，部分高分辨数据以及用于影像正射纠正的DEM等保密数据的保密工作不容忽视。因此按照国家有关保密规定制定了调查底图生产保密制度，保障了第二次全国土地调查影像数据使用过程中的安全。

3. 收集、定购遥感影像等调查基础资料

遥感数据的采集、控制资料的收集等调查基础资料的准备是底图生产的前提。根据《第二次全国土地调查实施方案》对调查比例尺的规划要求，对重点区域进行航空摄影，收集相关资料；对其他区域收集、订购国内外能够满足调查要求的航天遥感数据；用于遥感数据处理的控制资料，采用精确的GPS测量等方式获取。因此，按照调查的总体进度和实际情况，对遥感数据的收集、订购、控制资料的获取，是直接影响底图生产的进度、保障地方按时开展调查的重要环节。

4. 调查底图制作、质量控制及分发

对获取的存档、订购、航摄等的遥感数据，全国土地调查办组织技术队伍，按照《第二次全国土地调查底图生产技术规定》中具体的生产技术要求，生产制作了DOM和调查底图，并通过采取监理形式，对调查底图生产进行全过程质量控制，对达到质量标准要求的调查底图，以省为单位分发，用于地方开展实地调查使用。

五、其他有关概念

（一）像元

指数字影像的基本单元。

（二）影像分辨率

主要指空间分辨率，即遥感图像上能够详细区分的最小单元的尺寸或大小，是用来表征影像分辨地面目标细节能力的指标。

（三）影像灰度值

指记载了像元表示的地物反射的该波段波长范围内的电磁波强度信号。

（四）正射纠正

指利用满足精度要求的纠正控制点和数字高程模型，对影像进行几何纠正和投影差改正。

（五）数字正射影像图（DOM）

指利用数字高程模型（DEM）对航空、航天遥感影像进行正射纠正、接边、色彩调整、镶嵌，并按照一定范围裁切生成的数字正射影像数据集。本书所指的数字正射影像图均为航天数字正射影像图。

（六）数字高程模型（DEM）

指在等间距平面格网点上以高程表达地形起伏的数据集。

（七）影像配准

指将同一地区的不同特性的相关影像（如不同传感器、不同时相、不同波段或传感器在不同位置获取的同一地区地物）在几何上互相匹配，即实现影像与影像间地理坐标及像元空间分辨率上的统一。

（八）影像融合

指将不同类型传感器获得的同一地区的影像进行空间配准，将各影像中的优势或互补性有机结合起来产生新影像的技术过程。影像融合主要包括几何空间配准以及光谱特征和几何特征的综合。

（九）影像镶嵌

指将两幅或多幅影像拼在一起，构成一幅整体影像的技术过程。

（十）全色数据

指对地物辐射中全色波段的影像摄取，在图像上显示是灰度图片。一般指从 0.5 微米到 0.75 微米左右的单波段数据。

（十一）多光谱数据

指对地物辐射中多个单波段的摄取，该数据中包含多个波段的光谱信息。

（十二）模拟自然真彩色

指利用多光谱数据中的 3 个波段或计算后的 3 个波段，按照 R、G、B3 个基色分量顺序合成后的彩色影像与自然界中实际地物的色彩基本一致的影像。

（十三）采样间隔

指处理后的数字影像相邻像素中心的距离，通常为一固定值。

第二节 遥感影像使用情况

一、调查底图比例尺规划

第二次全国土地调查的调查底图比例尺，原则上不低于第一次全国土地调查的调查底图比例尺。第一次全国土地调查的调查底图比例尺，农区为1 ∶ 1万、重点林区为1 ∶ 2.5万、一般林区为1 ∶ 5万、牧区为1 ∶ 5万或1 ∶ 10万等。第二次全国土地调查的调查底图比例尺主要参照各地经济发展状况、地方需求、遥感数据源获取保障能力等多种因素进行规划。第二次全国土地调查的调查底图，主要采用1 ∶ 1万和1 ∶ 5万两种比例尺，部分经济发达地区的调查底图采用1 ∶ 5000和1 ∶ 2000比例尺。

二、调查底图使用情况

（一）不同比例尺调查底图分布和数量情况

按照调查底图比例尺的规划要求，结合在规定的时间内能够获取到的遥感影像（数据），最终确定东、中部省份和西部农区及部分农牧区，调查底图为1 ∶ 1万比例尺；内蒙古自治区西部，青藏高原，新疆维吾尔自治区和甘肃省的山区、沙漠地区、无人区调查底图为1 ∶ 5万比例尺；江苏省、山东省全省，以及湖北省、四川省和福建省等省的部分地区调查底图为1 ∶ 5000比例尺；天津市等个别地区调查底图为1 ∶ 2000比例尺。调查底图分布情况如图4-1所示，不同比例尺调查底图面积统计表如表4-1所示。

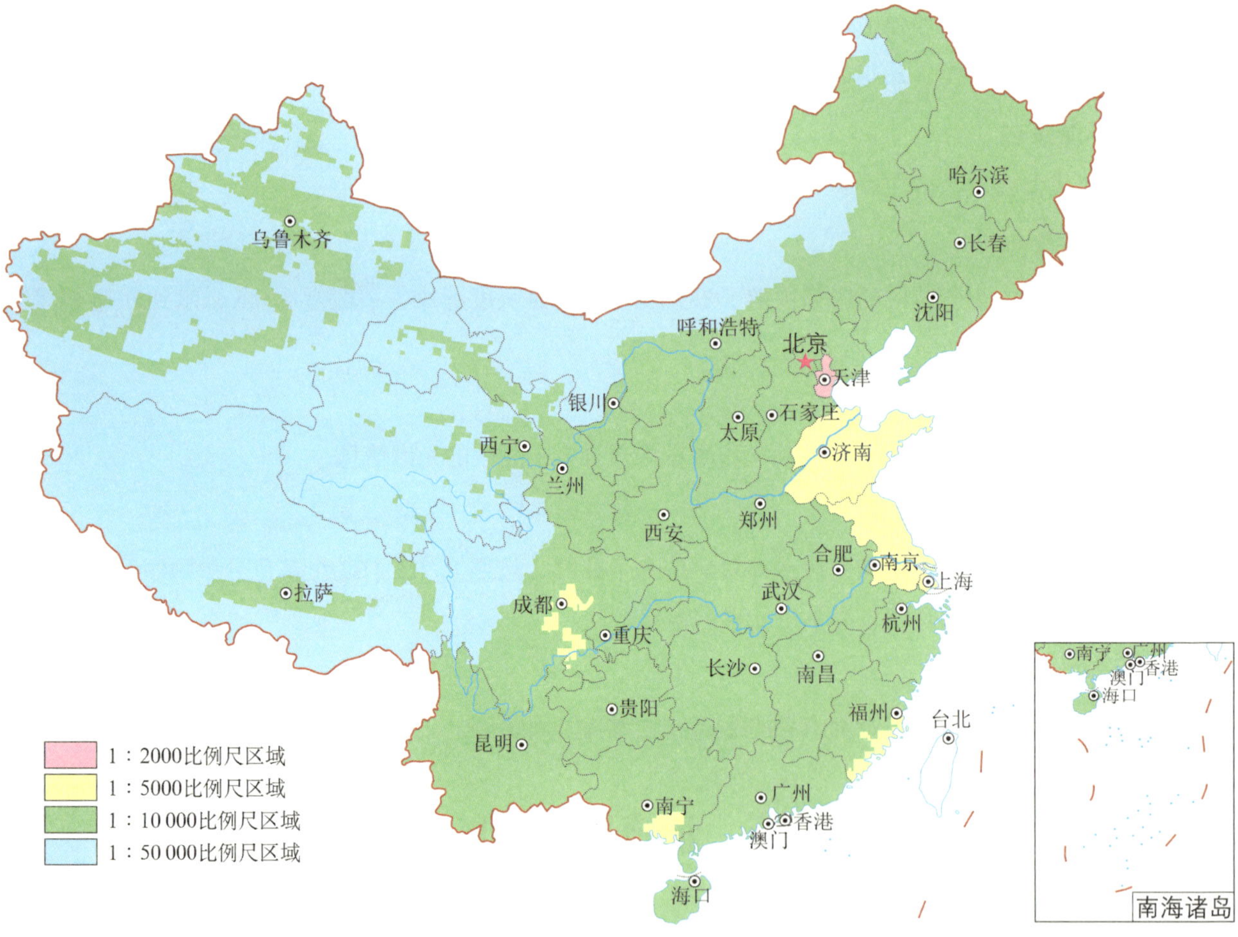

图4-1　第二次全国土地调查不同比例尺调查底图分布示意图

表 4-1 第二次全国土地调查不同比例尺调查底图面积统计汇总表 单位：万平方千米

序号	省（自治区、直辖市）	比例尺				小计
		1 ：2000	1 ：5000	1 ：1万	1 ：5万	
1	北京市	0.00	0.00	1.89	0.00	1.89
2	天津市	1.36	0.00	0.00	0.00	1.36
3	河北省	0.00	0.00	20.08	0.00	20.08
4	山西省	0.00	0.00	17.14	0.00	17.14
5	内蒙古自治区	0.00	0.00	64.20	58.77	122.97
6	辽宁省	0.00	0.00	15.71	0.00	15.71
7	吉林省	0.00	0.00	20.19	0.00	20.19
8	黑龙江省	0.00	0.00	48.57	0.00	48.57
9	上海市	0.00	0.86	0.00	0.00	0.86
10	江苏省	0.00	10.54	0.00	0.00	10.54
11	浙江省	0.00	0.00	11.92	0.00	11.92
12	安徽省	0.00	0.00	15.18	0.00	15.18
13	福建省	0.00	2.24	11.33	0.00	13.57
14	江西省	0.00	0.00	17.69	0.00	17.69
15	山东省	0.00	16.13	0.00	0.00	16.13
16	河南省	0.00	0.00	17.41	0.00	17.41
17	湖北省	0.00	0.00	19.83	0.00	19.83
18	湖南省	0.00	0.00	22.82	0.00	22.82
19	广东省	0.00	0.00	20.37	0.00	20.37
20	广西壮族自治区	0.00	1.57	23.65	0.00	25.22
21	海南省	0.00	0.00	3.80	0.00	3.80
22	重庆市	0.00	0.00	9.17	0.00	9.17
23	四川省	0.00	0.00	34.11	20.30	54.41
24	贵州省	0.00	0.00	18.80	0.00	18.80
25	云南省	0.00	0.00	40.27	0.00	40.27
26	西藏自治区	0.00	0.00	10.35	119.94	130.29
27	陕西省	0.00	0.00	21.73	0.00	21.73
28	甘肃省	0.00	0.00	27.47	23.40	50.87
29	青海省	0.00	0.00	10.27	67.31	77.58
30	宁夏回族自治区	0.00	0.00	5.77	0.00	5.77
31	新疆维吾尔自治区	0.00	0.00	54.29	124.51	178.80
	合 计	1.36	31.34	584.01	414.23	1030.94

注：表中面积按图幅统计，含省际重叠图幅。

（二）不同遥感影像使用情况

第二次全国土地调查需要在短时间内获取覆盖全国的遥感影像，时间紧，任务重，任何单一的遥感影像都不能独立完成，需要充分利用现有的多源多时相遥感影像。经过对有关部门、地方、遥感影像供应商等已有的航空和航天遥感影像的调查，结合不同地区经济发展、地形地貌、土地利用差异等对遥感影像的需求，对这些遥感影像进行了合理优化，制定了全国遥感影像采购方案：一是充分利用已有的2005年以后的遥感影像；二是优先选择高分辨率遥感影像；三是对于地块比较破碎、土地利用状况复杂的西南部困难地区，由于卫星编程效率和影像质量合格率较低，采用获取影像较为灵活、分辨率较高、地面控制精度高的航空遥感影像。

根据调查底图不同比例尺情况，结合相关标准规范，确定了采购相应分辨率的航天遥感影像、航空遥感影像（表4-2，表4-3）。

表4-2　不同比例尺调查底图与采购航天遥感影像分辨率对应关系

调查底图比例尺	1 ∶ 5000	1 ∶ 1万	1 ∶ 5万
采购航天遥感影像分辨率 / 米	≤ 1.0	≤ 2.5	≤ 10.0

表4-3　不同比例尺调查底图与航空遥感影像分辨率对应关系

调查底图比例尺	1 ∶ 2000	1 ∶ 5000	1 ∶ 1万
采购航空遥感影像分辨率 / 米	≤ 0.2	≤ 0.5	≤ 0.8

第二次全国土地调查使用的航空遥感影像，面积为140.6万平方千米，占全国土地调查底图生产总面积（1030.8万平方千米，含省际重叠图幅）的13.6%。其中收集已有的航空摄影资料航摄比例尺均在1 ∶ 5万以上，主要覆盖环渤海、长三角、珠三角东部经济发达地区，以及江西省、广西壮族自治区、山西省等地区，面积约为100万平方千米。全国土地调查办新组织的航空摄影地区覆盖辽宁省和山东省全辖区，以及航天遥感数据严重缺少的四川省和重庆市部分地区，面积约为40万平方千米；使用航天遥感影像，面积为890.2万平方千米，占全国土地调查底图生产总面积的86.4%（表4-4）；第二次全国土地调查底图数据时相横跨2002年至2008年，不同年度数据使用比例如表4-5所示。

表4-4　第二次全国土地调查不同分辨率遥感影像面积统计汇总表　　单位：万平方千米

序号	省（自治区、直辖市）	航空遥感影像分辨率		航天遥感影像分辨率		
		≤ 0.5 米	≤ 0.8 米	≤ 1.0 米	≤ 2.5 米	≤ 10.0 米
1	北京市	0.00	0.00	0.00	1.89	0.00
2	天津市	1.36	0.00	0.00	0.00	0.00
3	河北省	0.00	0.01	15.45	4.57	0.05
4	山西省	0.00	5.66	5.42	6.05	0.01
5	内蒙古自治区	0.00	0.20	2.84	62.25	57.68
6	辽宁省	0.00	14.83	0.00	0.88	0.00

续表

序号	省（自治区、直辖市）	航空遥感影像分辨率		航天遥感影像分辨率		
		≤ 0.5 米	≤ 0.8 米	≤ 1.0 米	≤ 2.5 米	≤ 10.0 米
7	吉林省	0.00	0.01	0.30	19.88	0.01
8	黑龙江省	0.00	0.12	0.00	48.06	0.38
9	上海市	0.00	0.86	0.00	0.00	0.00
10	江苏省	0.00	10.54	0.00	0.00	0.00
11	浙江省	0.00	7.22	0.16	4.54	0.00
12	安徽省	0.00	2.42	2.63	10.11	0.02
13	福建省	0.00	6.56	0.51	6.38	0.00
14	江西省	0.00	8.57	0.17	8.95	0.00
15	山东省	15.01	0.00	0.00	1.12	0.00
16	河南省	0.00	1.80	3.84	11.77	0.00
17	湖北省	1.26	2.23	0.09	16.19	0.06
18	湖南省	0.00	3.54	0.00	19.28	0.00
19	广东省	5.95	0.00	0.82	13.60	0.00
20	广西壮族自治区	0.00	21.23	0.15	3.83	0.00
21	海南省	0.00	1.98	0.00	1.82	0.00
22	重庆市	0.00	7.55	0.04	1.55	0.02
23	四川省	1.00	10.58	2.35	24.31	16.17
24	贵州省	0.00	0.40	0.03	18.37	0.00
25	云南省	0.00	2.72	1.36	36.18	0.00
26	西藏自治区	0.00	0.00	0.00	126.40	3.89
27	陕西省	0.00	2.43	3.11	16.20	0.00
28	甘肃省	0.00	0.42	15.77	14.60	20.08
29	青海省	0.00	0.01	9.53	31.20	36.85
30	宁夏回族自治区	0.00	0.00	1.85	3.92	0.00
31	新疆维吾尔自治区	0.00	4.17	53.22	91.26	30.15
合计		20.96	118.46	120.33	608.43	162.76
		140.6		890.2		
		1030.8				

表 4-5 第二次全国土地调查底图数据时相统计表

年份	2002	2003	2004	2005	2006	2007	2008
比例 / %	0.13	0.49	8.36	17.15	19.52	37.19	17.16

（三）不同航天遥感影像使用情况

遥感卫星的类型、用途都很多，有国外的，也有国产的。第二次全国土地调查中，航天遥感数据主要使用了中、高分辨率两类卫星遥感数据，包括分辨率高于 1 米的 QuickBird、WorldView1 和 IKONOS 高分辨率数据，面积约 120 万平方千米，占全国土地调查底图生产总面积的 11.6%；分辨率在 1～5 米之间的 Spot5、资源二号、北京一号、ALOS 、P5 及 P6 等中分辨率数据，面积为 767.6 万平方千米，占全国土地调查底图生产总面积的 74.5%。其中国产卫星数据面积为 164.1 万平方千米，占全部卫星数据面积的 18.4%。第二次全国土地调查不同航天遥感数据源分布如图 4-2 所示，不同航天遥感数据源使用面积统计汇总如表 4-6 所示。

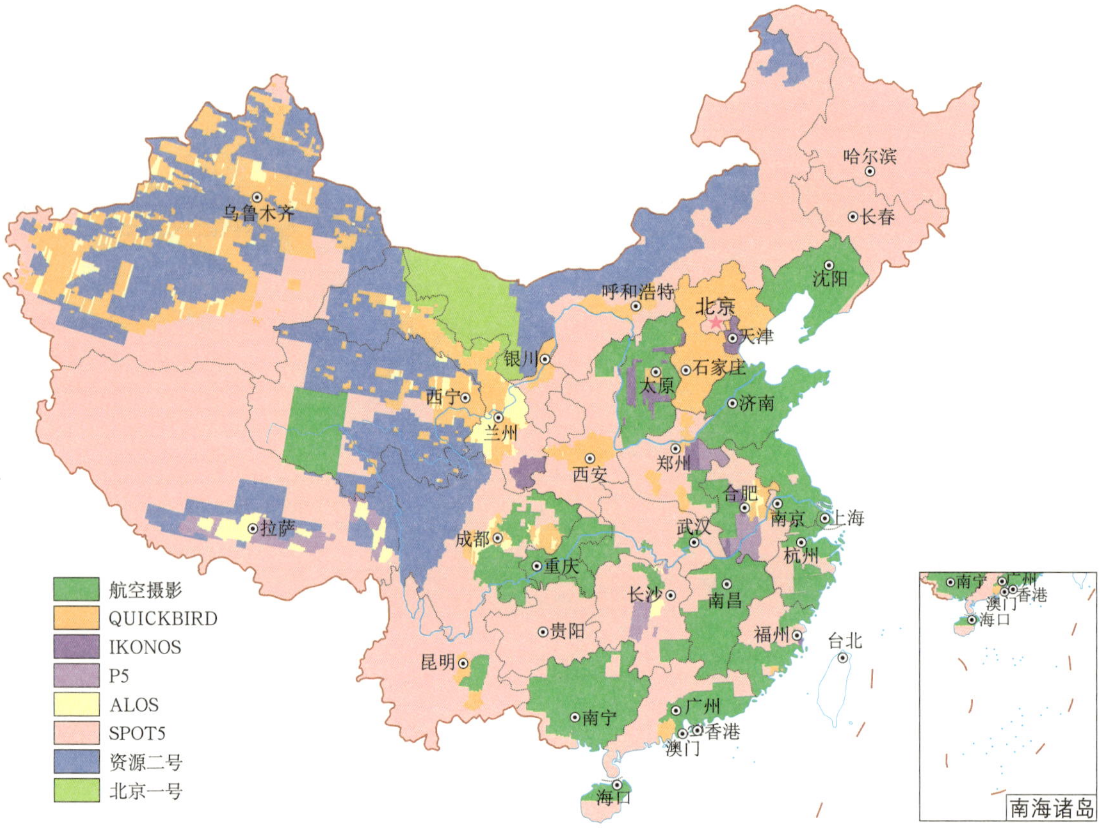

图 4-2　第二次全国土地调查不同航天遥感数据源分布图

第三节　航天遥感数字正射影像图（DOM）生产

DOM 生产是第二次全国土地调查的基础性工作，关系到整个调查工作能否保质、保量、按时完成，是土地利用现状调查、权属调查、数据库建设、成果汇总的依据。因此，DOM 生产是第二次全国土地调查非常关键的环节。航天遥感数字正射影像图（DOM）生产是调查底图生产的主体部分。DOM 生产是基于获取的航天遥感卫星原始影像，结合相应的控制资料及数字高程模型（DEM），使用遥感图像处理软件进行各环节处理，最后经过按调查比例尺裁切、叠加行政区域调查界线等要素、图廓整饬等，形成了标准分幅的用于第二次全国土地调查的调查底图。

表 4-6 第二次全国土地调查不同航天遥感数据源使用面积情况统计汇总表

单位：万平方千米

序号	省（自治区、直辖市）	航空数据	航天数据										
			国产航天遥感数据			国外航天遥感数据							
			资源二号	北京一号	CBER2	QuickBird	WorldView	IKONOS	Spot5	ALOS	P5	P6	其他
1	北京市	0.00	0.00	0.00	0.00	0.00	0.00	0.00	1.89	0.00	0.00	0.00	0.00
2	天津市	1.36	0.00	0.00	0.00	0.00	0.00	0.00	0.00	0.00	0.00	0.00	0.00
3	河北省	0.01	0.04	0.00	0.01	12.39	3.07	0.00	0.04	4.53	0.00	0.00	0.00
4	山西省	5.66	0.01	0.00	0.00	0.34	0.44	4.64	0.47	0.00	5.57	0.00	0.00
5	内蒙古自治区	0.20	39.43	18.25	0.34	1.67	1.03	0.14	61.12	0.25	0.55	0.00	0.00
6	辽宁省	14.83	0.00	0.00	0.00	0.00	0.00	0.00	0.88	0.00	0.00	0.00	0.00
7	吉林省	0.01	0.01	0.00	0.00	0.00	0.00	0.30	19.88	0.00	0.00	0.00	0.00
8	黑龙江省	0.12	0.38	0.00	0.00	0.00	0.00	0.00	48.06	0.00	0.00	0.00	0.00
9	上海市	0.86	0.00	0.00	0.00	0.00	0.00	0.00	0.00	0.00	0.00	0.00	0.00
10	江苏省	10.54	0.00	0.00	0.00	0.00	0.00	0.00	0.00	0.00	0.00	0.00	0.00
11	浙江省	7.22	0.00	0.00	0.00	0.16	0.00	0.00	4.02	0.35	0.17	0.00	0.00
12	安徽省	2.42	0.02	0.00	0.02	0.68	1.10	0.85	5.49	1.13	3.47	0.00	0.00
13	福建省	6.56	0.00	0.00	0.00	0.42	0.00	0.09	6.38	0.00	0.00	0.00	0.00
14	江西省	8.57	0.00	0.00	0.00	0.00	0.00	0.17	8.93	0.00	0.02	0.00	0.00
15	山东省	15.01	0.00	0.00	0.00	0.00	0.00	0.00	1.12	0.00	0.00	0.00	0.00
16	河南省	1.80	0.00	0.00	0.00	2.46	0.00	1.38	10.78	0.00	0.99	0.00	0.00
17	湖北省	3.49	0.06	0.00	0.00	0.00	0.00	0.09	16.11	0.02	0.06	0.00	0.00
18	湖南省	3.54	0.00	0.00	0.03	0.00	0.00	0.00	15.36	1.12	2.77	0.00	0.00
19	广东省	5.95	0.00	0.00	0.00	0.79	0.00	0.04	13.60	0.00	0.00	0.00	0.00
20	广西壮族自治区	21.23	0.00	0.00	0.00	0.00	0.00	0.15	3.83	0.00	0.00	0.00	0.00
21	海南省	1.98	0.00	0.00	0.00	0.00	0.00	0.00	1.82	0.00	0.00	0.00	0.00
22	重庆市	7.55	0.02	0.00	0.00	0.00	0.04	0.00	1.55	0.01	0.00	0.00	0.00
23	四川省	11.58	13.25	0.00	0.17	1.38	0.96	0.01	23.05	2.78	0.93	0.31	0.00
24	贵州省	0.40	0.00	0.00	0.01	0.00	0.00	0.03	18.24	0.00	0.13	0.00	0.00
25	云南省	2.72	0.00	0.00	0.02	0.69	0.66	0.01	36.16	0.00	0.00	0.00	0.00
26	西藏自治区	0.00	0.77	0.00	1.51	0.00	0.00	0.00	105.77	13.96	5.16	0.52	2.60
27	陕西省	2.43	0.00	0.00	0.00	1.38	1.70	0.03	15.44	0.76	0.00	0.00	0.00
28	甘肃省	0.42	13.36	3.25	3.08	8.95	6.80	0.02	8.34	2.65	0.53	3.47	0.00
29	青海省	0.01	31.63	0.00	0.00	7.91	1.62	0.00	29.96	1.24	0.00	5.18	0.04
30	宁夏回族自治区	0.00	0.00	0.00	0.00	1.52	0.33	0.00	3.76	0.15	0.00	0.00	0.00
31	新疆维吾尔自治区	4.17	29.10	0.00	9.36	46.05	7.16	0.00	62.83	19.07	0.00	0.74	0.32
	合　计	140.64	128.09	21.50	14.55	86.78	24.91	7.93	524.87	48.02	20.35	10.21	2.96

一、技术依据与指标

（一）技术依据

（1）《第二次全国土地调查技术规程》（TD/T 1014—2007）。

（2）《第二次全国土地调查底图生产技术规定》（国务院第二次全国土地调查领导小组办公室，2007年）。

（3）《数字地形图系列和基本要求》（GB/T 18315—2001）。

（4）《国家基本比例尺地形图分幅和编号》（GB/T 13989—92）。

（5）《遥感影像平面图制作规范》（GB 15968—1995）。

（6）《数字测绘产品检查验收规定和质量评定》（GB/T 18316—2001）。

（7）《基础地理信息数字产品数据文件命名规则》（CH/T 1005—2000）。

（8）《基础地理信息数字产品元数据》（CH/T 1007—2001）。

（9）《基础地理信息数字产品1：10000、1：50000数字高程模型》（CH/T 1008—2001）。

（10）《基础地理信息数字产品1：10000、1：50000数字正射影像图》（CH/T 1009—2001）。

（11）《土地利用动态遥感监测规程》（TD/T 1010—1999）。

（12）1：1万数字正射影像图生产技术规定（国家测绘局，1999年9月）。

（二）技术指标

1. 数学基础

（1）平面坐标系统：1980西安坐标系。

（2）高程系统：1985国家高程基准。

（3）投影方式：高斯—克吕格投影。

（4）1：5000、1：1万比例尺按3°分带，1：5万比例尺按6°分带。

2. 标准分幅与整饰

DOM按标准比例尺图幅进行分幅，分幅与编号执行《国家基本比例尺地形图分幅和编号》（GB/T 13989—92）。

叠加行政区域调查界线、注记等有关土地调查信息要素，并按《遥感影像平面图制作规范》（GB 15968—1995）进行图廓整饰，形成标准分幅的调查底图。

3. 影像时相与模式

1）影像时相

使用2005年以后获取的遥感影像，对于西南等难以接收光学影像、土地利用变化较小的地区，可使用2005年以前的影像。

2）影像模式

航天遥感影像应同时采用全色和多光谱影像。

4. 精度要求

1）DOM平面位置精度

DOM地物点相对于实地同名地物点的点位中误差，不得大于表4-7所示之规定，特殊地区可放宽0.5倍。取中误差的两倍为最大误差。

表 4-7 DOM 平面位置中误差

DOM 比例尺	平地、丘陵地 / 米	山地、高山地 / 米
1：5000	2.50	3.75
1：1 万	5.00	7.50
1：5 万	25.00	37.50

2）配准控制点残差限差

配准控制点残差中误差不大于表 4-8 所示之规定，取中误差的两倍为其最大误差。若配准控制点残差超限，须查找原因并重新选点。

表 4-8 配准控制点残差限差

地形类别	平地、丘陵地（像素）	山地、高山地（像素）
残差限差	1.0	2.0

注：全色与多光谱影像不同步或不同源时，可放宽 0.5 倍。

3）影像接边要求

（1）同批次接边要求：同一批次内标准分幅之间光谱及几何接边应为无缝接边。

（2）不同批次标准分幅之间接边精度应满足接边精度指标，如表 4-9 所示。

表 4-9 航天 DOM 接边限差

DOM 比例尺	平地、丘陵地 / 米	山地、高山地 / 米
1：5000	2.5	4.0
1：1 万	5.0	8.0
1：5 万	25.0	40.0

（3）在丘陵、山区等侧视角较大地区（一般大于 15 度），卫星数据相邻纠正单元之间接边误差允许存在局部超限现象，涉及的标准分幅调查底图通过选择适当的镶嵌线避免出现地物错位的现象。

4）影像重叠精度要求

两幅相同的标准分幅同名地物点之间的相对点位之间的中误差应满足表 4-10 所示之规定。

表 4-10 相同标准分幅之间重叠误差

DOM 比例尺	平地、丘陵地 / 米	山地、高山地 / 米
1：5000	3.5	5.6
1：1 万	7.0	10.5
1：5 万	35.0	52.5

特殊地物可放宽 0.5 倍。最大误差值不得超过 2 倍中误差。

5. 影像质量要求

（1）DOM 应纹理清晰，色调均匀，亮度、反差适中，无明显的信息损失，耕地、建设用地等主要地类边界清晰。彩色影像应模拟自然真彩色，无明显偏色现象，光谱信息丰富。

（2）同一标准分幅图内，云、雪覆盖量应小于 10%（常年积雪除外），且不能遮盖耕地、建设用地等重要地类。

（3）相邻景之间时相相同或相近时，色彩、亮度、对比度应尽量保持一致。

（4）相邻景之间时相相差较大时，保证单景影像色彩正确，亮度、对比度一致、适中。

6. 影像镶嵌要求

（1）镶嵌线路径合理，保证地物、地块完整。

（2）相邻景卫星影像镶嵌时，应尽量保留时相佳、侧视角小、纹理清晰的影像。

（3）影像镶嵌时，羽化值应适度，镶嵌线处无模糊、锯齿、重影、晕边等现象。

二、技术流程

航天 DOM 生产包括 1∶1 万和 1∶5 万两种成图比例尺，其生产流程基本相同，实测纠正控制点或从已有 DOM 上采集纠正控制点，结合 DEM 或其他高程数据，正射纠正全色遥感数据，再将多光谱遥感数据与之配准、融合，也可直接正射纠正多光谱彩色合成数据。经过色彩调整、镶嵌、裁切、整饬与注记，形成标准分幅为单元的模拟自然真彩色数字正射影像图，技术流程如图 4-3 所示。

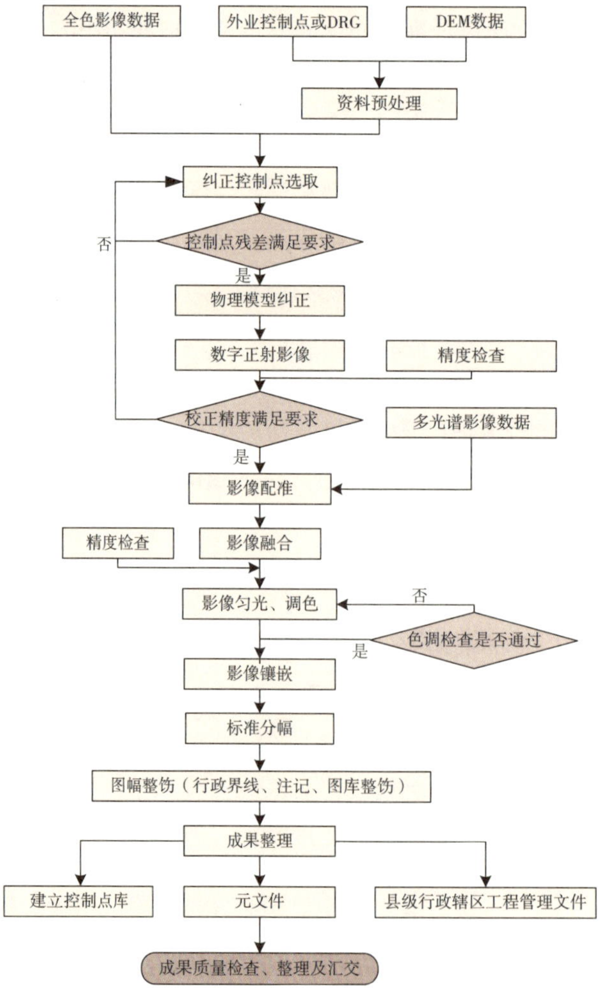

图 4-3　航天 DOM 生产技术流程图

三、技术方法

（一）正射纠正

正射纠正是制作高质量数字正射影像图的基础和前提，主要技术方法包括准备工作、控制点采集、纠正模型选择、采样方法确定及精度检查等。

1. 准备工作

1）控制资料的准备

控制资料主要包括平面控制资料和高程控制资料。平面控制资料主要包括实测控制点、地形图或已有 DOM、土地利用数据库，平面控制资料采样间隔或比例尺一般应高于或等于被纠正影像分辨率或成图比例尺。高程控制资料包括数字高程模型（DEM）和其他高程数据，如 SRTM（Shuttle Radar Topography Mission）和 ASTGTM 30 米高程数据等，不同比例尺 DOM 与高程数据的关系如表 4-11 所示。

表 4-11 不同比例尺 DOM 与高程数据的关系

DOM 比例尺	高程数据比例尺（采样间隔 / 米）	影像分辨率 / 米
1：5000	1：1 万（12.5）	高于 0.5
1：1 万	1：1 万（12.5）/1：5 万（25/30）	高于 1.0
1：5 万	1：5 万（25/30）/1：1 万（50）	高于 5.0

调查区域跨带时，应对控制资料和高程数据进行跨带处理。调查区域跨带处理原则是：当调查区域在相邻两带的面积相差较大时，将面积较小的部分所在带换算到面积较大的部分所在的带；当调查区域在相邻两带的面积相近时，移动中央子午线至调查区域中央区域。

平面控制资料的跨带处理可以采用以下两种方法：一是实时跨带处理，在几何校正过程中，通过软件设置跨带处理参数，由软件将实时采集的控制点大地坐标进行换带计算；二是脱机处理，分别将两个带的控制点大地坐标文件统一进行换带计算。无论采用何种方法均再利用换带计算后的控制点大地坐标文件对控制资料进行几何校正，从而使校正后的控制资料具有统一的投影带。

2）原始影像的准备

根据调查区域范围界线确定原始影像的覆盖情况，并进行相应检查，主要检查内容包括：

（1）检查相邻景影像之间是否有重叠，原则上不少于 2%。

（2）检查原始影像光谱信息是否丰富。

（3）检查原始影像是否存在噪声和掉线。

（4）以景为单位，检查云、雪覆盖量是否超过 10%，或是否覆盖城乡结合部及公路两侧等重点地区。

（5）检查平原和山区侧视角是否满足制作 DOM 的精度要求。通常在同等条件下，以侧视角小为优。实际作业中按调查要求与任务目标确定对侧视角大小的限定。

（6）检查使用不同传感器、不同时相影像组合时，多光谱与全色影像分辨率的倍率关系，一般以不超过 4 倍为宜。

2. 控制点采集

采用预处理后的平面和高程控制资料为纠正基础，选取待纠正影像和控制资料上同名的明显特征地物点为纠正控制点。当控制资料为已有 DOM 时，应避免在其镶嵌线附近、存在错误或误差超限的区域采集。

以单景影像为纠正单元时，每景影像控制点数量一般在 9 ～ 15 个之间，山地应适当增加控制点，相邻景重叠区应选取不少于 3 个公共点，同时选择的纠正控制点应尽量均匀分布，控制影像四周。控制点选取位置必须为遥感影像上明显的特征地物点、点位具有唯一性和相对固定性，如道路、桥涵和各种构筑物拐角某一则或一端形成的线性交叉顶点等，注意不要选择道路、河流等地物交叉的中心位置，因其有不确定性，以及不要在高大建筑物周围选点，其阴影会影响精度。

纠正单元可以是单景影像、条带影像或区域影像。通常情况下，如果提供的原始数据为条带影像，尽量以条带为单元进行正射纠正，可以提高纠正精度和效率。在软件支持的条件下，采用区域影像纠正可以减少纠正控制点的数量，提高相邻影像的接边精度，同时可以大幅度提高纠正效率。

根据纠正过程中软件自动记录的控制点残差文件，检查正射纠正控制点的点位精度。纠正控制点残差中误差应不大于表 4-12 所示之规定，取中误差的两倍为其最大误差。若控制点残差超限，须查找原因并重新选点。

表 4-12 纠正控制点残差

地形类别	平地、丘陵地（像素）	山地、高山地（像素）
残差中误差	1.0	2.0

3. 纠正模型选择

目前比较常用的纠正模型包括物理模型、有理函数模型和几何多项式模型。实际生产过程中应根据卫星数据的类型、控制资料的种类以及遥感处理软件合理选择几何纠正模型。

1）物理模型

在卫星轨道参数和成像参数已知的情况下，使用严格的物理传感器模型，它描述了真实的物理成像关系，在理论上是严密的。该类模型的建立涉及传感器物理构造、成像方式及各种成像参数。在这类模型中，每个定向参数都有严格的物理意义，并且彼此是相互独立的。物理传感器模型是与传感器密切相关的，因此不同类型的传感器需要不同的传感器模型。

物理传感器模型通常以像点和相应地面点的坐标关系来表示，如式（4-1）所示。

$$
\begin{aligned}
x_{ij} &= f_x(X_i, Y_i, Z_i, X_{sj}, Y_{sj}, Z_{sj}, \omega_j, \varphi_j, k_j) \\
y_{ij} &= f_x(X_i, Y_i, Z_i, X_{sj}, Y_{sj}, Z_{sj}, \omega_j, \varphi_j, k_j)
\end{aligned}
\tag{4-1}
$$

式中：

x_{ij}—— 横坐标；

y_{ij}—— 纵坐标；

f—— 相机主距；

X_s, Y_s, Z_s—— 描述投影中心位置的 3 个参数；

ω, φ, k—— 描述传感器姿态的 3 个角度参数，这 6 个参数称为影像的外方位元素。

利用卫星的物理传感器模型，其模型的定位精度较高，纠正后的结果影像平面精度优于其他通用模型处理的结果。因此，对于可以获得卫星星历参数且商业遥感软件支持该种数据模型的遥感数据，都应利用物理传感器模型和 DEM 数据进行影像正射纠正，如 SPOT5、ALOS、SPOT2/4、IRS P5/P6、TM/ETM 等。通常情况下，纠正控制点个数在 12 个以上，控制整景且均匀分布。

2）有理函数模型

有理函数模型（简称RFM）是将像点坐标（x，y）表示为以相应地面点空间坐标（X，Y，Z）为自变量的多项式的比值，如式（4-2）所示。有理函数模型是多项式模型的扩展形式，即当$Q=N=1$时，此时的RFM就变成了一般的多项式。

该模型需要提供影像的Rational Polynomial Coefficient（简称RPC）文件和DEM数据，适用QuickBird、WorldView1、IKONOS、EROS-B、GeoEye-1、RapidEye等卫星数据。另外也可根据选择足够数量的控制点和DEM数据实现卫星数据的有理多项式模型纠正，但相对使用RPC参数进行纠正的结果精度会略有下降。

$$
\begin{aligned}
x &= \frac{P^{(n)}(X,Y,Z)}{Q^{(n)}(X,Y,Z)} \\
y &= \frac{M^{(n)}(X,Y,Z)}{N^{(n)}(X,Y,Z)}
\end{aligned}
\qquad (4\text{-}2)
$$

式中：

x，y—— 像点坐标；

X，Y，Z—— 地面点大地坐标；

P，Q，M，N—— 多项式，取前若干项即可得到实用的近似模型，一般取$n \leqslant 3$。

3）几何多项式模型

几何多项式模型回避了遥感成像的空间几何过程，直接对图像变形的本身进行数学模拟。遥感图像的几何变形由多种因素引起，其变化规律十分复杂。为此，把遥感图像的总体变形看作平移、缩放、旋转、仿射、偏扭、弯曲以及更高次的基本变形的综合作用结果，难以用一个严格的数学表达式来描述，而是用一个适当的多项式来描述纠正前后图像相应点之间的坐标关系。利用地面控制点的图像坐标和其同名点的地面坐标，通过平差原理计算多项式中的系数，然后用该多项式对图像进行纠正。

一般多项式纠正公式表示如式（4-3）所示。

$$
\begin{aligned}
x &= a_0 + (a_1X + a_2Y) + (a_3X^2 + a_4XY + a_5Y^2) + (a_6X^3 + a_7X^2Y + a_8XY^2 + a_9Y^3) + \cdots \\
y &= b_0 + (b_1X + b_2Y) + (b_3X^2 + b_4XY + b_5Y^2) + (b_6X^3 + b_7X^2Y + b_8XY^2 + b_9Y^3) + \cdots
\end{aligned}
\qquad (4\text{-}3)
$$

式中：

x，y—— 某像素原始图像坐标；

X，Y—— 同名像素的地面坐标。

多项式的项数（即系数个数）N与其阶数n的固定关系为$N=\frac{1}{2}(n+1)(n+2)$。

由于几何多项式模型未考虑高程信息，因此利用几何多项式模型对遥感影像纠正精度相对物理传感器模型和有理函数模型要低，特别是在地形起伏较大的区域。因此，几何多项式模型一般用于地形起伏较小区域的几何纠正或同源卫星全色数据与多光谱数据的配准等。

4. 采样方法确定

当像素变换的坐标计算值不为整数时，原始图像阵列中该非整数点位上并无现成的亮度值存在，于是就需要采用适当的方法把该点位周围邻近像素的亮度值对该点亮度的贡献累积起来，构成该点位的新亮度值。这个过程称为像素亮度值重抽样或重采样。常用的重采样方法包括最邻近法、双线性内插法和三次卷积内插法。

1）最邻近法

将最邻近像素的亮度值赋予该像素。最邻近法重采样最简单，最省时，但它会造成像素点在一个像素范围内的位移，其几何精度和影像质量较其他方法差。通常不采用该方法进行影像纠正。

2）双线性内插法

从邻近4个像素点的亮度值通过双线性内插获得该像素值。双线性内插法的计算较为简单，几何精度较高。考虑到计算效率和纠正精度，通常采用该方法进行影像纠正。

3）三次卷积法

从周围16个点进行3次卷积内插赋予该像素。3次卷积法计算复杂，需要的时间较长，但相比最邻近法和双线性内插法，其纠正精度最高。

5. 纠正精度检查

正射影像精度检查方法通常采用随机读点法、透明叠加法和拉窗帘法等。

1）随机读点法

通过在纠正后影像上和平面控制资料上随机、均匀读取一定数量的同名特征点，计算它们之间的纵横坐标偏差以及检查点中误差，判读是否满足相关规定要求。通常情况下每景影像的检查点数量不少于20个。计算如式（4-4）所示。

$$
\begin{aligned}
M &= \pm\sqrt{M_X^2 + M_Y^2} \\
M_x &= \pm\sqrt{\frac{\sum_{i=1}^{n}(x_i - X_i)^2}{n}} \\
M_y &= \pm\sqrt{\frac{\sum_{i=1}^{n}(y_i - Y_i)^2}{n}}
\end{aligned}
\tag{4-4}
$$

式中：

X_i、Y_i—— 检测点的坐标值；

x_i、y_i—— DOM 坐标值；

M_x、M_y—— 检测点在 X、Y 方向的点位中误差；

n —— 检测点个数；

M —— 检测点点位中误差。

2）透明叠加法

将纠正后影像与平面控制资料在同一窗口中打开，使上层影像置于50%透明，逐屏检查，判读并量测正射影像的平面精度。

3）拉窗帘法

将校正后的影像与平面控制资料在同一窗口中打开，采用“拉窗帘”的方法逐屏幕检查，判读并量测正射影像的平面精度。

三种精度检查方法通用，在实际作业过程中，可通过透明叠加法和拉窗帘法快速检查图面精度情况，对于正射影像需要精度检核，获取精度检测报告的情况，可选择随机读点法进行检查，应用中误差公式计算其精度偏差情况。

（二）影像配准

影像配准的原理与方法与正射纠正的原理和方法基本相同，其精度直接影响融合影像的质量。通常主要包括配准控制点采集、配准模型的选择、采样方法确定及精度检查等内容。

同源、同步获取的多光谱与全色影像可采用“先配准再正射”的方法，即首先利用几何多项式模型或二维有理多项式模型，将多光谱影像参照全色影像进行相对配准纠正，然后进行影像融合和正射纠正。采用该方法一般配准控制点的数量较少，且全色影像与多光谱影像的配准精度较高；否则应采用“先正射后配准”的方法，即以正射纠正后全色影像为基础，对多光谱影像进行配准纠正。

对于 RapidEye 和 IRS P6 多光谱遥感数据，在山区或部分地区存在多光谱波段不匹配现象，首先对各波段进行相互配准、合成，然后再进行正射纠正。

1. 配准控制点采集

采用全色数字正射影像和高程数据为基础，选取待配准影像和全色数字正射影像上特征明显的同名地物点为配准控制点。

配准控制点应均匀分布，控制影像四周。每景控制点数量在 9 ～ 15 个之间，山地应适当增加控制点。

2. 配准模型选择

配准模型采用物理模型或有理函数模型。同步获取的全色与多光谱影像，可选择几何多项式模型，为了避免产生局部扭曲和变形，阶数一般不大于 2 阶。

3. 采样方法选择

重采样方法采用双线性内插法或三次卷积法。

4. 精度检查

影像配准精度通常采用快速融合检查、透明叠加检查和拉窗帘检查等方法。影像配准中误差一般地区不大于 0.5 个像元，平地、丘陵地严格控制在 0.5 个像元以内，山地、高山地可适当放宽。

当配准精度不能满足要求时，应在有重影的地区适当加密控制点，重新进行纠正配准，直到精度符合要求。

1）快速融合检查

对配准后数据进行快速融合处理，目视检查融合图是否有重影现象。

2）叠加检查

利用遥感影像处理软件的连接和分层交互显示功能目视检查数据配准精度。

3）拉窗帘检查

叠加纠正后的全色影像和多光谱影像，以略大于原始分辨率的比例逐屏“拉窗帘”检查，检查分析二者的配准精度。

在第二次全国土地调查底图生产过程中，三种方法均可用于影像配准精度检查，最常用的是拉窗帘检查法。

（三）影像融合

要保证全色与多光谱影像融合的最佳效果，影像配准精度、融合前影像处理、融合方法的选择及融合后影像处理等几个方面至关重要。

1. 融合前影像处理

纠正、配准后满足精度要求的全色与多光谱数据融合前还需要对其进行预处理。一方面，提高全色数据的亮度，增强局部反差，突出纹理细节，尽可能降低噪声；另一方面，对多光谱数据进行色彩增强，拉大不同地类之间的色彩反差，突出其多光谱彩色信息。

1）全色数据处理

融合中要突出全色数据的高空间分辨率特征，因此融合前处理的目的是为了增强局部灰度的反差从而突出纹理细节，通过细化来尽可能减少噪声，常用的全色数据处理方法包括灰度线性拉伸、高通滤波等。

2）多光谱数据处理

多光谱数据具有多个光谱波段和丰富的光谱信息，不同波段影像对不同地物有特殊的贡献。因此在影像融合前需要进行最佳波段的选择组合和彩色合成，以最大程度地利用各波段的信息量，辅助影像的判读与分析。

融合前对多光谱数据的处理以色彩增强为主，调整亮度、色度、饱和度，拉开不同地类之间的色彩反差，对局部的纹理要求不高。有时为了保证光谱色彩，可适当削弱纹理信息来确保融合影像的效果。

2. 影像融合

1）基本要求

（1）相同季节融合后影像要色调基本一致，不同季节影像色彩应反映当时地类光谱特征。

（2）根据影像波段的光谱范围、地物和地形特征等因素，选择能清晰表现土地利用类型特征和边界、颜色接近自然真彩色的融合算法。

（3）当原始影像质量较差时，融合影像建设用地边界清晰。

（4）融合影像应无重影、模糊等现象。

2）融合方法选择

在遥感影像处理过程中，通常采用的融合方法主要包括IHS变换、主成分变换、加权乘积、比值变换、小波变换、高通滤波、BROVERY及PANSHARP等。实际工作中可根据应用需求以及融合方法的特点合理选择融合方法，如表4-13所示。在第二次全国土地调查底图生产过程中，根据不同数据源及应用需求情况选择融合方法。

表4-13 常用融合方法的优缺点

融合方法	优 点	缺 点
HIS变换	运算简单、实现容易，较好地保留全色影像纹理细节和多光谱影像的彩色关系	限于3个波段参加，融合后同色系缺少层次，影响类型判读
主成分变换	能较好地保留全色影像的纹理，不限参加波段的数量，减少信息损失	融合后各波段的物理含义发生变化，难掌握彩色关系，不易获得较好的融合结果
线性加权乘积	能够较好地保留多光谱数据的色彩，全色与多光谱数据完全融为一体，生成较好的融合影像	降低了影像亮度，给融合后处理的色调调整带来困难，全色数据纹理相应减弱，增加全色数据预处理难度
加权融合	实现简单，运算速度快，抑制噪声，不限多光谱的参与波段数	抑制原图像中的某些显著特征，融合影像的对比度较低，容易出现褪色现象，增加后期处理难度
Brovey变换	算法简单，较好地保持原多光谱数据和全色数据的信息，后处理难度相对较小	融合后影像色彩偏暗，需要进一步进行亮度调整及色彩调整

续表

融合方法	优　点	缺　点
小波变换法	最大程度保持原多光谱数据和全色数据的信息，减少后处理难度	算法复杂，融合后影像存在振铃效应，影像有锯齿，不连续，因此，在土地利用动态监测中较少应用
高通滤波	最大程度保持原多光谱数据和全色数据的信息，减少后处理难度	算法较复杂，融合过程需要时间相对较长
PANSHARP 融合	无需对全色和多光谱数据进行融合前处理，最大程度保持原多光谱数据和全色数据的信息，减少后处理难度	算法较复杂，支持该种算法的遥感处理软件相对较少，目前只有 PCI 软件中支持该算法

3）融合效果检查

（1）检查融合影像整体亮度、色彩反差是否适度、是否有蒙雾。

（2）检查融合影像整体色调是否均匀连贯。不同季节影像亮度一致，可不考虑植被变化引起的色彩差异。

（3）检查融合影像纹理及色彩信息是否丰富，有无细节损失，层次深度是否足够，特别是各植被、地物等地类是否可见和容易判读。

（4）检查清晰度。判断各种地物边缘是否清晰明确，特别是城乡结合部的建设用地与耕地。

4）融合后影像处理

融合后影像处理是保证成果质量的重要技术环节，融合后影像通常亮度偏低、灰阶分布动态范围小，（图 4-4），色彩不够丰富。需要采用线性或非线性拉伸、亮度对比度、色彩平衡、色度、饱和度和明度调整等方法进行色调调整。处理后的影像要达到灰阶分布具有较大动态范围（图 4-5），纹理清晰、色调均匀、反差适中，色彩接近自然真彩色，可以清晰判别建设用地和耕地等重要地类类型。

（1）色阶拉伸。对反差较低，亮度偏暗的融合影像，调整输入输出范围，改变反差系数进行线性拉伸，使其各色直方图接近正态分布，尽可能扩大影像的灰度动态范围，提高影像的清晰度及饱和度。

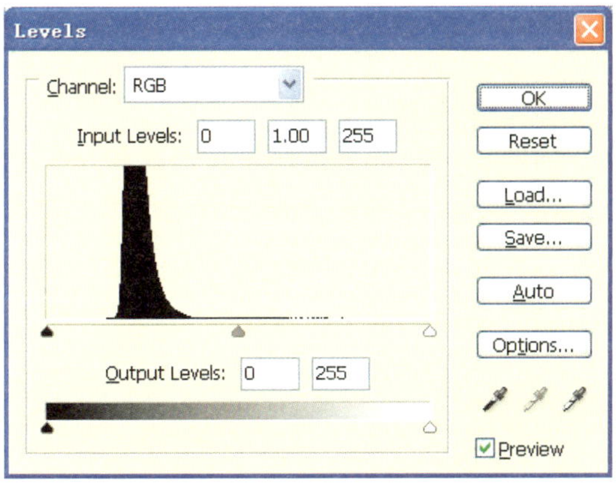

图 4-4　较小灰度动态范围

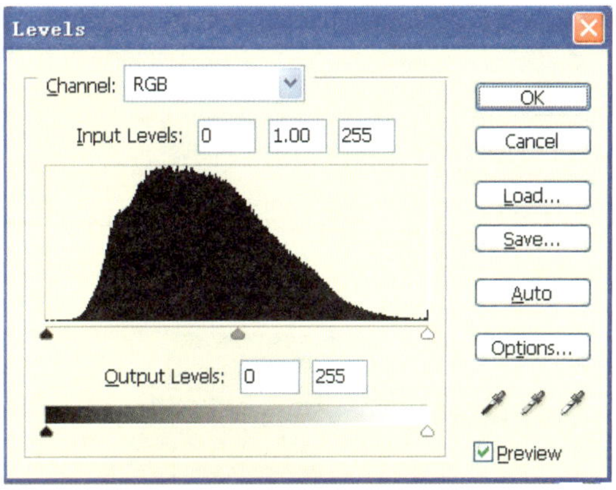

图 4-5　较大灰度动态范围

（2）USM 锐化。通过变化阈值、半径、锐化程度来使居民点、耕地及线状地物等边界清晰，容易分辨。同时通过处理可以增强反差、提高色彩饱和度、消除蒙雾，并适当抑制噪声。

（3）彩色平衡。经过融合运算后，影像一般会有一定程度的偏色，通过调整彩色平衡来加以改正。

（4）色度饱和度明度。经过上述调整后，影像的色彩仍然不能达到理想效果，此时可通过调整色度、饱和度和明度，来增强色彩夸大对比度等。当影像偏向某一单一颜色时，采用该方法可起到很好的作用，如 SPOT5 影像上存在的洋红色。

（5）亮度对比度。为了提高不同色彩之间的区分度，调整亮度对比度最为直接有效，但对高亮度或低亮度的细节损失较为严重，因此使用时应时刻注意观察高亮区和暗调区的变化。

（四）影像镶嵌

影像镶嵌的质量高低直接影响着数字正射影像图的图面效果和成果应用，因此，要特别注意镶嵌前影像处理、镶嵌线的选择以及镶嵌方法的确定等几个关键环节，保证镶嵌后的影像满足相关规定的要求。

1. 重叠精度检查

叠加相邻纠正单元，采用“拉窗帘”方式逐屏幕目视检查相邻纠正单元间重叠区域的精度；若同名地物出现“抖动”或“错位”现象，则量测该处同名点误差，检查是否超限。

2. 镶嵌前影像处理

重叠精度检查合格后，对待镶嵌影像进行亮度对比度和色彩调整，保证时相相同或相近的影像基本保持一致；时相相差较大的影像应保证各自影像色调正确，亮度反差基本一致，同一地块内光谱特征保持一致。

3. 镶嵌线选择

镶嵌线应尽量选取线状地物或地块边界等明显分界线，以使镶嵌影像中的拼缝尽可能地消除，且镶嵌处无裂缝、模糊、重影现象。选择的镶嵌线应避免切割居民地、地块等，保证地物完整，有利于判读。另外，镶嵌线选择时还应遵循影像质量最优原则，尽量使镶嵌后影像避开云、雾、雪及其他质量相对较差的区域。

4. 镶嵌

镶嵌线绘制完成后，在相应的遥感软件中进行影像的镶嵌。镶嵌后影像应避免产生重影、错位、硬线、模糊、晕边等现象。镶嵌线选择或过渡值不当会造成镶嵌后影像重影、错位、模糊等现象，可通过调整镶嵌线的位置或改变过渡值来消除此类现象。镶嵌后影像存在硬线主要是没有按照要求绘制镶嵌线，镶嵌后影像存在晕边是由于软件中的参数设置不正确产生的。

（五）裁切

一般以标准分幅或县级行政区域调查界线为单元进行影像裁切。以县级行政调查区域为单元进行影像裁切时，可以按照县级行政调查区域界线（县级调查界线）外扩 1 千米范围，沿最小外接矩形裁切，如图 4-6 所示。根据不同应用需求，县级行政区域调查界线外扩 1 千米至最小外接矩形之间的区域可填

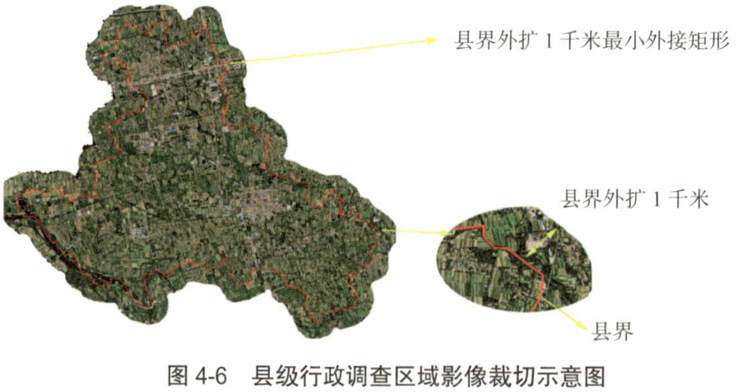

图 4-6　县级行政调查区域影像裁切示意图

充黑色（RGB 值为：0，0，0 或全色灰度值 0），也可保留影像。

（六）整饬与注记

根据不同应用需求，在数字正射影像上叠加公里格网、名称注记、调查界线等要素，形成标准分幅数字正射影像图。

第四节 航空遥感数字正射影像图（DOM）生产

一、技术依据与指标

（一）技术依据

（1）《第二次全国土地调查总体方案》（国土调查办发〔2007〕3 号）。

（2）《第二次全国土地调查技术规程》（TD/T 1014—2007）。

（3）《全球定位系统（GPS）测量规范》（GB/T 18314—2001）。

（4）《国家基本比例尺地形图分幅和编号》（GB/T 13989—92）。

（5）《1 ∶ 5000、1 ∶ 10000 地形图航空摄影测量外业规范》（GB/T 13977—1992）。

（6）《1 ∶ 5000、1 ∶ 10000 地形图航空摄影测量内业规范》（GB/T 13990—1992）。

（7）《数字测绘产品检查验收规定和质量评定》（GB/T 18316—2001）。

（8）《基础地理信息数字产品数据文件命名规则》（CH/T 1005—2000）。

（9）《基础地理信息数字产品元数据》（CH/T 1007—2001）。

（10）《基础地理信息数字产品 1 ∶ 10000、1 ∶ 50000 生产技术规程第 2 部分：数字高程模型（DEM）》（CH/T 1015.2—2007）。

（11）《基础地理信息数字产品 1 ∶ 10000、1 ∶ 50000 生产技术规程第 3 部分：数字正射影》（CH/T 1015.2—2007）。

（12）国家基础航空摄影产品检查验收和质量评定细则（试行）（国家测绘局，2001 年 7 月）。

（13）惯导与差分定位技术（IMU/DGPS）辅助航空摄影技术规定（试行）（国家测绘局，2007 年 3 月）。

（14）全球定位系统（GPS）辅助航空摄影技术规定（试行）（国家测绘局，2004 年 12 月）。

（15）《1 ∶ 5000、1 ∶ 10000 地形图航空摄影测量数字化测图规范》（CH/T 1006—2000）。

（16）《基础地理信息数字产品 1 ∶ 10000、1 ∶ 50000 数字高程模型》（CH/T 1008—2001）。

（17）《基础地理信息数字产品 1 ∶ 10000、1 ∶ 50000 数字正射影像图》（CH/T 1009—2001）。

（二）技术指标

1. 数学基础

（1）平面坐标系统：1980 西安坐标系。

（2）高程系统：1985 国家高程基准。

（3）投影方式：高斯—克吕格 3° 分带投影。

2. 精度要求

1）航空摄影技术要求

（1）航摄比例尺及分辨率。基于胶片相机航空摄影时，DOM 比例尺与摄影比例尺的关系如表 4-14 所示。

表 4-14　DOM 比例尺与摄影比例尺关系

DOM 比例尺	摄影比例尺	地面采样间隔 / 米
1 ∶ 5000	1 ∶ 1 万 ~ 1 ∶ 2 万	优于 0.5
1 ∶ 1 万	1 ∶ 2 万 ~ 1 ∶ 3.2 万	优于 0.8

基于数码相机摄影时，DOM 比例尺与数码相机像素对应地面分辨率的关系如表 4-15 所示。

表 4-15　DOM 比例尺对应数码相机地面分辨率

DOM 比例尺	地面采样间隔 / 米
1 ∶ 5000	优于 0.5
1 ∶ 1 万	优于 0.8

（2）摄影季节与摄影时间。摄影季节须选取植被生长旺盛、土地利用类型最易区分的时段，其余要求参考《1∶5000、1∶10000、1∶25000、1∶50000、1∶100000 地形图航空摄影规范》（GB/T15661—1995 执行）。

2）控制测量精度要求

（1）首级控制点。对于附近国家等级三角点的平面位置中误差不超过图上 ±0.05 毫米，对于附近水准点或三角点的高程中误差，平地、丘陵地、山地均不超过十分之一基本等高距（高山地按山地要求），如表 4-16 所示。

表 4-16　高程精度　　单位：米

比例尺	平地	丘陵	山地	高山地
1 ∶ 5000	0.1	0.25	0.5	0.5
1 ∶ 1 万	0.1	0.25	0.5	1.0

（2）似大地水准面精化。似大地水准面精化要求如表 4-17 所示。

表 4-17　似大地水准面精化要求

	平地	丘陵	山地
高程精度 / 厘米	5	15	35
分辨率	2.5′ × 2.5′	5′ × 5′	10′ × 10′

（3）像片控制点。对于附近国家等级三角点或高级地形控制点的平面位置中误差不超过图上 ±0.1 毫米；对于附近水准点或三角点的高程中误差，平地、丘陵地、山地、高山地不超过相应比例尺 DEM 的三分之一高程中误差（表 4-18）。

表 4-18　高程精度单位　　单位：米

比例尺	平地	丘陵	山地	高山地
1 ∶ 1万	0.5/3	1.2/3	2.5/3	5/3
1 ∶ 5万	3/3	5/3	8/3	14/3

注:本规定中像片控制点为《1 ∶ 5000、1 ∶ 10000 地形图航空摄影测量外业规范》(GB/T 13977—92)中的平高控制点，同时具有平面和高程坐标。

3)空三加密技术要求及精度

(1)影像扫描要求。①扫描分辨率：根据航摄比例尺和成图比例尺的系数选择 20~25 微米或更高扫描分辨率。②保证扫描影像的灰度直方图尽可能布满 0 ~ 255 灰阶的区间，并接近正态分布。③在必要时，对(框标)影像进行预处理，以增强框标清晰度。④扫描影像应反差适中、层次丰富、色调饱满、影像及框标清晰、相邻扫描影像色调基本一致，无明显的污点、污物构像。⑤扫描数据采用不压缩的 TIFF 格式存储，彩色底片采用 RGB 24bit。

(2)定向精度。①内定向：小于 8 ～ 10 微米；数码航空摄影无内定向。②相对定向限差见表 4-19。

表 4-19　相对定向残差　　单位：毫米

类别	平地、丘陵地	山地、高山地
标准点位	0.02	0.03
检查点	0.03	0.04

(3)模型连接差。

a. 平面位置较差，如式(4-5)所示：

$$\Delta S \leqslant 0.10 \cdot M_p \cdot 10^{-3} \tag{4-5}$$

b. 高程较差，如式(4-6)所示：

$$\Delta Z \leqslant 0.05 \cdot \frac{M_P \cdot f_K}{b_P} \cdot 10^{-3} \tag{4-6}$$

式中：

ΔS—— 平面位置差，单位，米；

ΔZ—— 高程位置差，单位：米；

M_P—— 航摄比例尺分母；

f_k—— 航摄仪焦距，单位，毫米；

b_p—— 像片基线长度，单位，毫米。

(4)绝对定向后定向点各项残差如表 4-20 所示。

表 4-20　绝对定向残差

地形类别	点别	平面限差 / 毫米	高程限差 / 米
平地、丘陵地	基本定向点	0.30	1.50
	多余控制点	0.35	2.00
	网间公共点较差	0.70	4.00
山地、高山地	基本定向点	0.40	1.50
	多余控制点	0.50	2.00
	网间公共点较差	1.00	4.00

4）DEM 精度要求

（1）DEM 格网点精度。依据《基础地理信息数字产品 1：10000、1：50000 数字高程模型》（CH/T 1008—2001），一级、二级和三级精度的 DEM 可以取满足相应比例尺 DOM 生产（表 4-21）。

表 4-21　DEM 精度要求

比例尺		1 ：1 万	1 ：5 万
采样间隔		12.5(0.625″) 米	25(1.25″) 米
高程数据取位		0.1 米	1 米
高程中误差	一级	平地 0.5 米，丘陵 1.2 米，山地 2.5 米。高山地 5.0 米	平地 3 米，丘陵 5 米，山地 8 米，高山地 14 米
	二级	平地 0.7 米，丘陵 1.7 米，山地 3.3 米，高山地 6.7 米	平地 4 米，丘陵 7 米，山地 11 米，高山地 19 米
	三级	平地 1.0 米，丘陵 2.5 米，山地 5.0 米，高山地 10.0 米	平地 6 米，丘陵 10 米，山地 16 米，高山地 28 米

注：破碎地貌地区的 DEM 采样间隔可适当提高；森林等隐蔽地区 DEM 按 1.5 倍计算；DEM 内插点精度按格网点精度的 1.2 倍计算；两倍中误差为最大误差限。

（2）DEM 接边差。①模型接边区内同名点 DEM 的高程较差在 2 倍高程中误差以上的点所占比例不应大于 7%，同名点高程较差不得超过一个等高距。②单模型 DEM 之间进行拼接，应具有一定宽度的重叠带，一般以控制点连线为中线，带宽不小于 2 个格网（三排点）。

5）DOM 精度要求

（1）数字正射影像地面分辨率：1 ：5 千比例尺分辨率为 0.5 米，1 ：1 万比例尺为 1 米。

（2）DOM 平面位置精度。DOM 地物点相对于实地同名地物点的点位中误差，不得大于表 4-22 所示之规定，特殊地区可放宽 0.5 倍。取中误差的两倍为最大误差。

表 4-22　DOM 平面位置中误差

DOM 比例尺	平地、丘陵地 / 米	山地、高山地 / 米
1 ：5000	2.50	3.75
1 ：1 万	5.00	7.5

（3）影像接边要求。①同批次接边要求：同一批次内标准分幅之间光谱及几何接边应无缝接边。②不同批次接边要求：不同批次标准分幅之间接边精度满足接边精度指标，利用航空影像制作的DOM接边限差见表4-23。③在丘陵、山区等侧视角较大地区（一般大于15度），卫星数据相邻纠正单元之间接边误差允许存在局部超限现象，涉及的标准分幅调查底图通过选择适当的镶嵌线避免出现地物错位的现象。

表4-23 航空DOM接边限差

DOM比例尺	平地、丘陵地/米	山地、高山地/米
1 ： 5000	1.0	1.5
1 ： 1万	2.0	3.0

（4）影像重叠精度要求。两幅相同的标准分幅同名地物点之间的相对点位之间的中误差满足表4-24之规定。

表4-24 相同标准分幅之间重叠误差

DOM比例尺	平地、丘陵地/米	山地、高山地/米
1 ： 5000	3.5	5.6
1 ： 1万	7.0	10.5

特殊地物可放宽0.5倍。最大误差值不得超过2倍中误差。

（5）影像质量要求。①DOM纹理清晰，色调均匀，亮度、反差适中，无明显的信息损失，耕地、建设用地等主要地类边界清晰。彩色影像应模拟自然真彩色，无明显偏色现象，光谱信息丰富。②同一标准分幅内，云、雪覆盖量应小于25%（常年积雪除外），且不能遮盖耕地、建设用地等重要地类。③相邻景之间时相相同或相近时，色彩、亮度、对比度应尽量保持一致。④相邻景之间时相相差较大时，保证单景影像色彩正确，亮度、对比度一致、适中。

（6）影像镶嵌要求。①镶嵌线路径合理，保证地物、地块完整。②相邻景卫星影像镶嵌时，应尽量多保留时相佳、侧视角小、纹理清晰的影像。③影像镶嵌时，羽化值应适度，镶嵌线处无模糊、锯齿、重影、晕边等现象。

二、技术流程

航空数字正射影像图（DOM）生产通过对相应区域进行航空摄影，获取原始航片，再对航片布设像控点进行像控点测量及空三加密工作并制作DEM，最后对航拍影像进行匀光匀色、正射纠正等处理生产DOM，总体技术流程如图4-7所示。

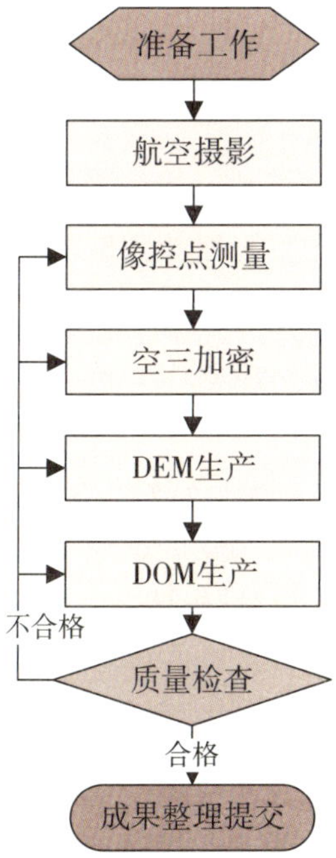

图4-7 航空DOM制作技术流程图

（一）航空摄影

航空摄影主要包括胶片航空摄影和数码航空摄影，主要技术流程如图 4-8 所示。

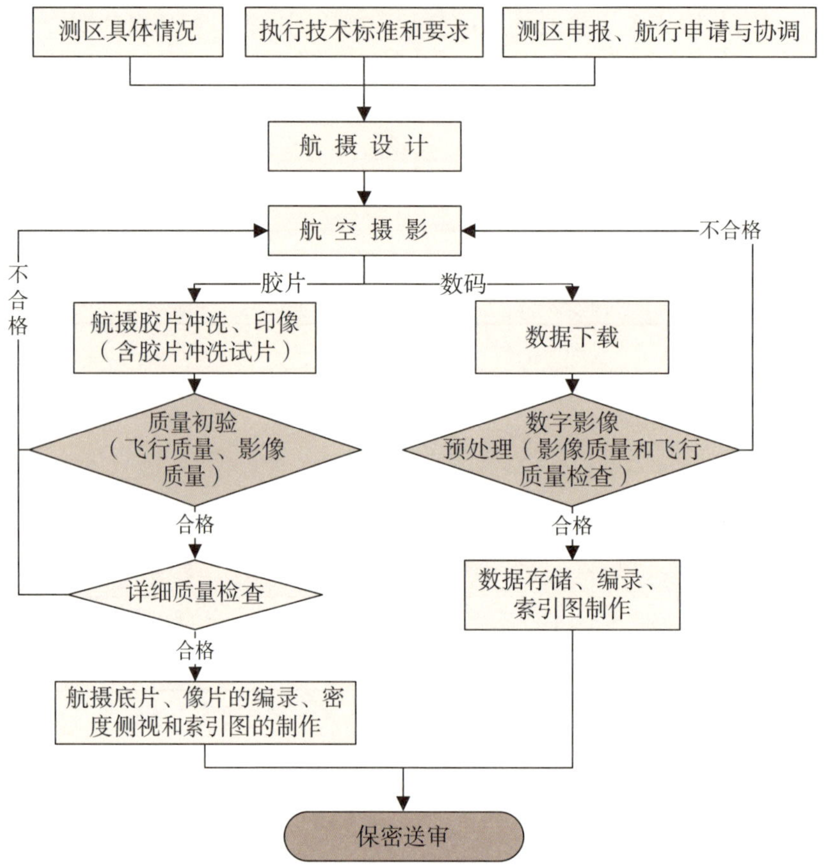

图 4-8 胶片和数码航空摄影技术流程图

当采用惯性测量单元和差分全球定位系统（IMU/DGPS）数据时，航摄技术流程见图 4-9。

1. 准备工作

航空摄影的准备工作主要包括调查区域勘测、空域申请、设备安装测试，当采用IMU/DGPS技术时，需要进行检校场的布设及基站架设测量。

1）调查区域勘测

收集调查区域范围内的相关资料，了解调查区域的地形，为后期航摄设计做准备。

2）空域申请

根据采购方的要求，到相对应的军区进行航空摄影的空域申请。

3）设备安装测试

对将要使用的航摄仪器等设备进行安装测试，确保仪器设备的正常使用。

4）检校场和基站布设、测量

当采用 IMU/DGPS 设备时，需要进行基站的架设、检校场的布设和测量。

（1）基站架设、测量：由于采用 IMU/DGPS 技术，即差分 GPS 技术，需要事先架设地面基站；基站的选择为离调查区域较近，或者在调查区域内，最好选择信号较好的区域，当有固定连续运行的基站

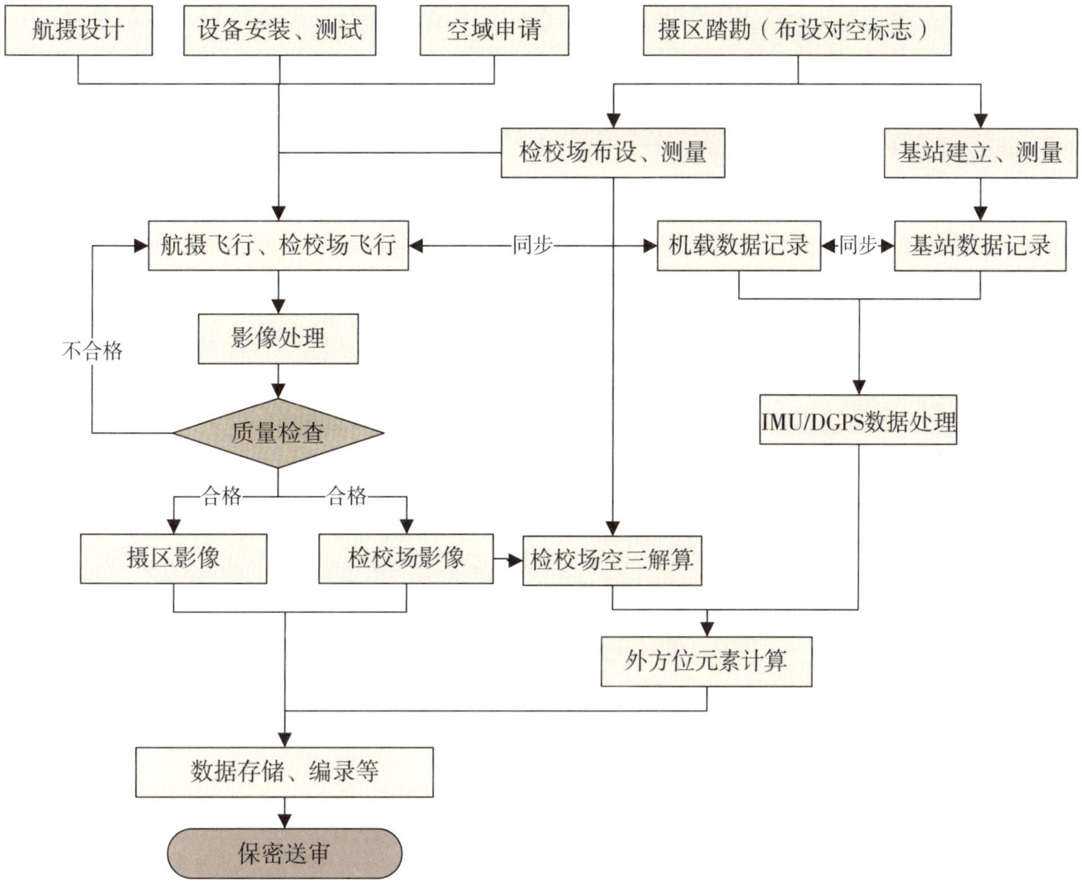

图 4-9 带 IMU/DGPS 航空摄影技术流程图

时应优先选择；当基站选择完成后，对基站进行测量，解算出其坐标。

（2）考虑到观测备份和精度检核，应根据航摄区域大小，在航摄区域内合理布设不少于两个基站。航摄区域内任意位置与最近基站间距离如表 4-25 所示。

表 4-25 航摄区域内任意位置与最近基站间距离表

成图比例尺	1 ∶ 1万	1 ∶ 5000
航摄区域内任意位置与最近基站间距离	一般不大于 300 千米，最大不超过 450 千米	一般不大于 200 千米，最大不超过 300 千米

（3）检校场布设、测量：对于 IMU/DGPS 技术，需要布设检校场，以便对飞机上 IMU/DPGS 设备进行改正；检校场应尽量布设在航摄区域内或者距航摄区域不大于 200 ～ 300 千米，能够实施野外像片控制测量的区域；检校场测量，按照空三加密的要求进行像控点的测量。

2. 航摄设计

航摄设计主要包括航摄方法选择、地面分辨率及比例尺，航摄范围覆盖及使用的飞机及机场。

3. 航空摄影

飞行前进行设备系统安装测试，系统测试正常后进行航空摄影。每架次飞行结束后，将机载 IMU/

DGPS 数据及影像数据送回进行数据处理、质量检查，质检结果及时反馈航摄现场，以便及时进行补摄和重摄。

4. 数据处理及质量检查

每架次航摄完成后，需进行数据处理和质量检查，主要内容如下。

1）胶片航摄仪

航摄后，对航摄胶片进行冲洗、印像，并进行质量初检；合格后，进行详细的质量检查。

2）数码航摄仪

航摄后，对航摄仪数据进行下载，并对数字影像进行预处理（包括影像质量和飞行质量检查）。

3）带 IMU/DGPS 设备

航摄完成后需对 IMU/DGPS 进行解算检查，检查合格后进行检校场的空三加密解算，并对 IMU/DGPS 数据进行改正。

当有如下情况时，需进行补摄与重摄：

（1）航摄飞行质量和影像质量存在局部缺陷等情况时，必须按《1 ∶ 500、1 ∶ 1000、1 ∶ 2000 地形图航空摄影规范》（GB/T 6962 — 2005），《1 ∶ 5000、1:10000、1 ∶ 25000、1 ∶ 50000、1 ∶ 100000 地形图航空摄影规范》（GB/T 15661 — 2008）的相应规定进行补摄，补摄航线的两端一般需超出补摄范围外 2 条基线，并考虑与原航线的旁向与航向重叠应满足航摄设计要求；

（2）航摄飞行质量和影像质量符合要求，但由于 IMU/DGPS 数据缺失记录或精度不够，应对该段数据进行补飞；

（3）因 IMU/DGPS 数据质量问题造成整条航线不能测图时，必须重摄；

（4）不用于测图的检校场航线，在 IMU/DGPS 数据正常的情况下，如果出现局部相对漏洞或有其他缺陷（如云影、密度差、脱胶等），在不影响整条航线进行检校场空中三角测量模型连接和选点的情况下，可不补摄。

5. 成果送审

航摄飞行完成后，将数据进行整理，并进行保密送审，编写报告。

（二）像控测量

像控测量的主要工作流程如图 4-10 所示。

1. 准备工作

为保证像控测量保质保量地完成，在像控测量前，需收集调查区域的相关资料，包括基础控制资料、已有平面和高程资料等。

2. 基础控制测量

对不能满足调查区域施测像片控制点的平面和高程精度要求的区域，应根据调查区域的实际情况和具体要求，合理地布设等级控制点，构建基础控制网，作为像片控制测量的基础。

基础控制网布设总体原则：基础控制网点密度和控制精度必须满足相应精度等级规范要求和调查区域施测像片控制点的需要。

3. 像片控制点布设方案

区域网的划分一般按图廓线整齐划分，亦可根据航摄分区、地形条件等情况划分，力求网的图形呈方形或矩形。区域网的大小和像片控制点间

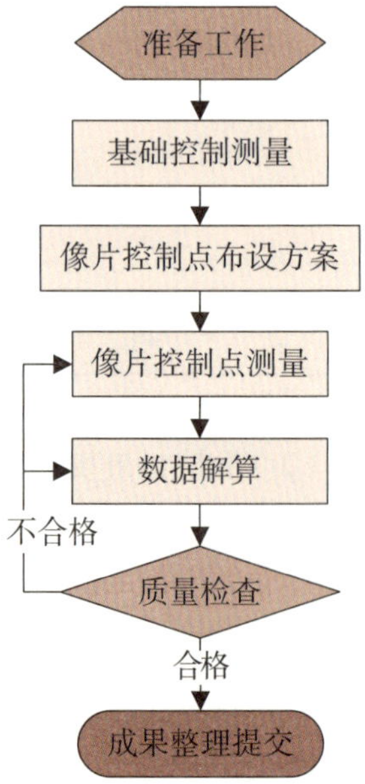

图 4-10　像控测量技术流程图

的跨度主要依据成图精度、航摄资料条件以及对系统误差的处理等因素确定。

1）胶片航空摄影

（1）像片控制点区域网按周边 8 点法、6 点法布设。

（2）旁向控制点间的跨度：平地、丘陵地不大于 2 条航线，山地、高山地不大于 3 条航线；

（3）航向两相邻控制点间的跨度：按《1 ∶ 5000、1 ∶ 10000 地形图航空摄影测量外业规范》（GB/T 13977 — 92）附录 G 中 G1 公式进行估算。

2）数码航空摄影

在满足空三加密精度的条件下，可适当放宽航线和基线数。

3）基于 IMU/DGPS 辅助航空摄影

稀少控制点即可满足像控测量要求。

根据调查区域面积、比例尺和地形等条件，整个调查区域布设 4 ～ 6 个或更多控制点，要求采用双点布设法（图 4-11）。

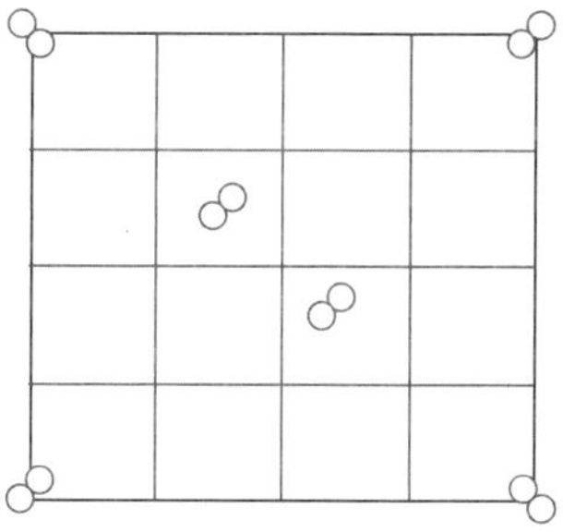

图 4-11　基于 IMU/DGPS 辅助航空摄影布点方案

4）像片控制点布设基本要求

（1）像片控制点的点位目标要求清晰，易于判刺，选点以地面目标为主。

（2）当目标与其他像片条件矛盾时，着重考虑目标条件。航线中间上下对点可偏离航线中线同侧各半条基线、异侧各一条基线；航线两端上下对点不超过半条基线。

（3）像片控制点距像片边缘不小于 1.5 厘米（23 厘米 ×23 厘米像幅），距像片的各类标志不小于 1 毫米。

（4）像片控制点应布设在航向及旁向 6 片或 5 片重叠范围内，布设的像片控制点能尽量公用。

（5）像片控制点应选在旁向重叠中线附近，离开方位线的距离应大于 4.5 厘米（23 厘米 ×23 厘米像幅）。当旁向重叠过大时，离开方位线的距离应大于 3 厘米。否则应分别布点。旁向重叠较小相邻航线点不能公用时，可分别布点，此时控制范围所裂开的垂直距离应小于 1 厘米，布点困难时应不大于 2 厘米。

（6）调查区域边缘像片控制点一律布设在图廓或范围线外，确保成图满足要求。

（7）如有军事保密区、像主点落水等像片控制点按《1 ∶ 5000、1 ∶ 10000 地形图航空摄影测量外业规范》（GB/T 13977 — 92）中 4. 5 的要求进行布设。

4. 像片控制点测量

1）平面坐标

采用基础控制网资料作为起算点，由像片控制点组成 GPS 网，按照相关规范进行 GPS 联测和解算，获取像片控制点平面坐标。

2）高程坐标

（1）当调查区域似大地水准面精化满足精度要求时，像片控制点高程坐标直接与精化似大地水准面进行平差。

（2）当不能获取调查区域似大地水准面精化资料或其不能满足精度要求时，应根据调查区域情况在GPS控制网周围及中央选取适当个数的高等级水准点进行联测和高程拟合，并以此对像片控制点高程进行改正。

5. 数据解算及质量检查

像片控制点的选刺、施测、整饰和数据解算等均参照《1 ∶ 5000、1 ∶ 10000地形图航空摄影测量外业规范》（GB/T 13977 — 92）和《全球定位系统（GPS）测量规范》（GB/T 18314 — 2001）等相关规范执行。解算及整饰完成后进行质量检查。

（三）空三加密

空三加密的主要技术流程如图4-12所示。

1. 准备工作

空三加密前对影像数据及相关数据（如IMU/DGPS数据、相机检校数据等）进行整理准备，转换成所需软件的格式。

对于胶片航摄仪，需进行胶片影像的扫描数字化，变成数码影像。

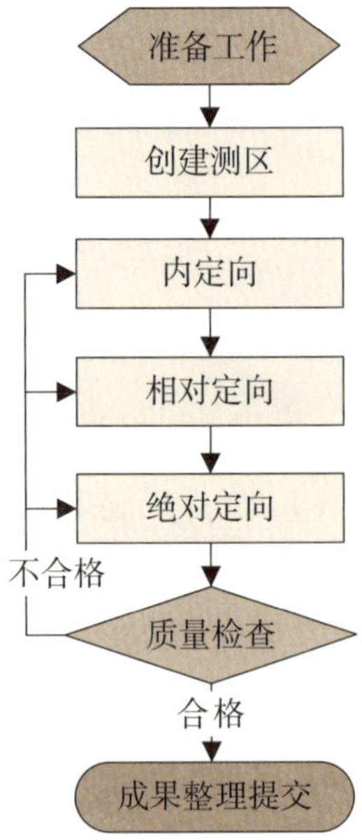

图4-12　空三加密技术流程图

2. 创建调查区域

将准备好的影像数据等，根据加密软件的要求，及加密分区的划分，进行加密分区调查区域的建立。

3. 内定向

加密分区调查区域建立好后，根据相机检校报告及像片框标进行每张像片的内定向；数码相机无须进行此步骤。

4. 相对定向

内定向完成后，根据要求分别进行航带内相对定向和航带间相对定向。

1）航带内相对定向

（1）首先，进行航带内每个像对的模型建立。

（2）其次，进行航带内模型连接，将每条航带的模型进行连接。

（3）最后，进行航带内连接点的自动转点，完成航带内像片的连接。

2）航带间相对定向

每条航带内连接完成后，进行航带间连接，内容如下：

（1）航带间初始偏移量确定。

（2）自动航带间转点。

（3）粗差剔除，整体平差。

5. 绝对定向及质量检查

相对定向完成后，将像控点刺入相应位置，如有IMU/DGPS数据，则也导入，一起进行平差计算，直至达到相关标准。

平差完成后，进行检查，检查包括如下内容：

（1）定向精度是否符合要求。

（2）检查空三加密点精度（平面精度和高程精度）是否符合要求。

（3）空三加密成果是否齐全。

（四）DEM 生产

DEM 生产的主要流程如图 4-13 所示。

1. 准备工作

DEM 制作前，首先将空三加密数据及航片数据整理好，确保数据的正确性，并明确相关要求。

2. 生成立体模型

空三加密成果导入全数字摄影测量工作站，经检查定向精度等指标符合要求后，对立体模型进行预处理。

3.DEM 生成

DEM 的生成主要包括如下内容：

（1）以一定采样间隔的格网密度生成匹配点，对这些点进行精编辑后作为特征数据使用。

（2）对特殊地形，可以采集山头、洼地，鞍部等地形特征点以及包括山脊线、山谷线、面状水域线、水涯线、断裂线等特征线，并加入外业实测散点生成 DEM。

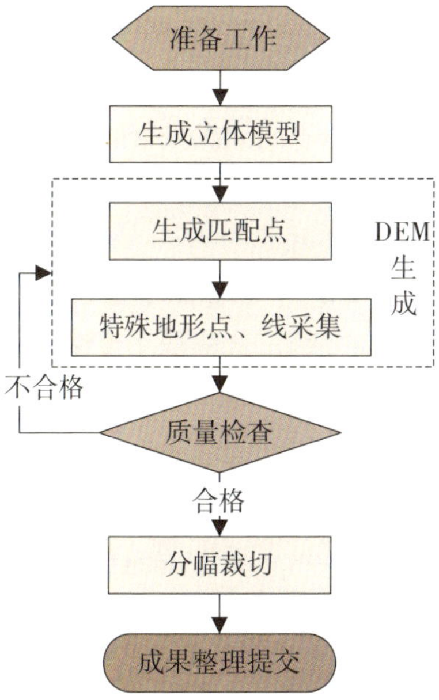

图 4-13　DEM 生产技术流程图

（3）利用已完成的特征点、线进行三角内插及相关平滑处理，生成 DEM 数据。

4. 质量检查

DEM 数据生成完成后，为确保 DEM 精度，对 DEM 进行检查，采用高程异常自动查错和人工精度检测两种方法。

（1）高程异常自动查错：为避免 DEM 成果异常突起、凹陷和图幅间不接边等问题，需要对 DEM 成果进行高程异常自动查错。

（2）人工精度检测：采用立体观察检测和像控点对 DEM 精度进行检测。立体观察检测方法是将 DEM 建立该区域的立体像对，在立体观察状态下检查 DEM 格网点或等高线是否切准地面。

检查内容主要包括：

（1）检查 DEM 是否完整覆盖调查区域，是否存在漏洞。

（2）检查不同模型 DEM 接边是否满足精度要求，是否存在粗差。

（3）检查接边后 DEM 是否出现裂隙，重叠部分高程是否一致。

（4）检查 DEM 高程精度是否符合要求。

5. 分幅裁切

对检查修改好后的 DEM 数据镶嵌处理，可以以图幅或调查区域为单位。采用标准分幅时，应向四边扩展（图上约 10 厘米），以矩形覆盖。

6. 成果整理提交

分幅裁切后，按规定进行格式转换并整理提交。

（五）DOM 生产

DOM 生产技术流程如图 4-14 所示。

1. 准备工作

DOM 生产前，首先将空三加密数据、DEM 数据及航片数据整理好，确保数据的正确性，并明确 DOM 制作的相关要求。

2. 匀光匀色

由于不同架次飞行的原始影像数据会存在差异，因此对原始影像数据进行匀光匀色处理，确保数据色彩等的相近性。

3. 单片正射纠正

采用 DEM 数据、空三加密成果和影像数据进行影像重采样，完成影像的微分纠正，生成单模型数字正射影像。

4. 镶嵌处理

单片 DOM 数据生产完成后，对其进行无缝镶嵌，要求避开存在投影差的区域（房屋等）和局部色差大的区域；并对镶嵌区域进行处理，确保地物的完整性，不增、减地物，避免重影、错位等现象。

5. 质量检查

DOM 质量检查主要包括精度检查和图面质量检查，主要内容如下：

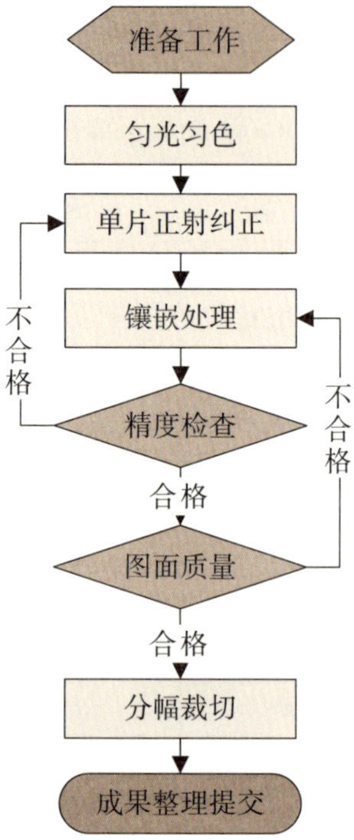

图 4-14　DOM 生产技术流程图

（1）精度检查：使用已有资料，如像控点进行精度检查，确保地物点对最近野外控制点的图上点位中误差满足相关精度要求如表 4-8、表 4-9 和表 4-10 所示。

（2）图面质量检查：确保影像清晰，层次丰富，幅与幅之间影像保持色调均匀，反差适中，图面上不得有影像处理留下的明显痕迹，在屏幕上要有良好的视觉效果；且影像接边重叠带不允许出现明显的模糊和重影，相邻数字正射影像要严格接边。

6. 分幅裁切

质量检查完成后，进行标准图幅裁切，输出标准图幅 DOM。

7. 成果整理提交

分幅裁切后，按规定进行格式转换并整理提交。

在第二次全国土地调查底图生产过程中，根据不同地区的经济发展情况、气候特征以及数据获取难易程度确定航摄飞行区，同时结合航空数字正射影像数据存档情况，分析需要进行航空摄影的调查区域，通过项目招投标确定符合生产资质要求的实施单位，严格按照相关规范标准开展航空遥感数字正射影像生产项目。

第五节　质量控制

第二次全国土地调查底图生产，秉承成果质量一次性通过验收的要求，通过制定科学、合理的质量控制措施，并落实行之有效的质量控制手段。对生产单位和监理单位实行红黄牌管理，即未达到进度要求或成果质量要求的，则会口头警告一次；再次警告，则给予生产单位或监理单位黄牌警告；累计两次黄牌，出示红牌，取消生产单位或监理单位的生产和监理资格。严格保证了第二次全国土地调查底图成果质量和生产进度。

一、总体要求

（1）质量控制实行二检一验制度，即自检、预检和验收。自检由本单位质检机构实施，预检由全国土地调查办委托的监理机构实施，最终由全国土地调查办组织验收。自检、预检和验收均独立进行。

（2）自检采用规范化技术管理手段，对过程成果及最终成果实行两级检查制度，对成果进行100%检查，并填写相应质量检查记录表。

（3）生产实行全过程的质量控制，加强生产过程中工序的质量控制，上工序成果经检查无误后才能进行下工序作业。

（4）质检工作有计划有组织地开展工作，各级检查不得省略或代替。

二、质量控制依据

（1）《第二次全国土地调查技术规程》（TD/T 1014—2007）。

（2）《第二次全国土地调查底图生产技术规定》（国务院第二次全国土地调查领导小组办公室，2007）。

（3）《测绘产品检查验收规定》（CH 1002—1995）。

（4）《测绘产品质量评定标准》（CH 1003—1995）。

（5）《数字测绘产品检查验收规定和质量评定》（GB/T 18316—2001）。

（6）底图生产技术方案、任务书、合同等。

三、质量控制内容

质量控制检查内容包括对底图生产过程中涉及的各环节成果质量、精度、完整性、规范性等内容进行检查。

（一）航空DOM生产质检

1. 空三加密成果

检查数据源（如相机参数、控制成果和航空影像）是否正确；点位分布是否符合要求；选点是否准确；加密成果精度是否符合要求，成果内容是否完整。

2. 标准分幅DEM成果

检查数据格式、数学基础、采样间隔、裁切范围等基本要求是否符合要求；接边精度是否超限；数据质量和元文件等内容是否符合要求。

3.DOM成果

检查文件命名、投影带号、数据格式、采样间隔、成果完整性等基本要求是否符合规定；DOM影像内部接边是否符合要求；影像是否完整，影像质量是否清晰、纹理丰富、色彩美观、各图幅间色调基本一致，地物影像无拉伸、变形等。

（二）航天DOM生产质检

1. 基础资料

检查控制资料（包括DRG、DEM、实测控制点等）的选择与处理是否满足要求，以及原始卫星影像是否满足生产需求。

2. DOM 成果

检查文件命名、投影带号、数据格式、采样间隔、成果完整性等基本要求是否符合规定；平面精度、接边精度、融合效果、镶嵌质量、完整性等是否符合要求。

（三）接边质量控制

底图接边质量检查，包括同一批次或不同批次数据相邻图幅之间、不同比例尺数据之间的接边情况进行检查。

底图生产过程中，原则上仅要求对同分辨率、同波段类型（单波段与单波段、多波段与多波段）的影像进行镶嵌接边，不同采样间隔、不同波段类型（即多波段与单波段）之间不进行影像镶嵌接边，但需要满足相关接边精度要求。接边质量检查要求同一批次标准分幅底图之间光谱及几何接边为无缝接边，其他情况接边满足接边限差要求。具体接边精度指标与要求如下。

1. 同分辨率、同波段数据接边限差及重叠限差要求

（1）接边限差。1 ∶ 1 万比例尺接边限差为 5 米（平原）和 8 米（山区），1 ∶ 5 万比例尺接边限差为 25 米（平原）和 40 米（山区）。

（2）重叠限差（两幅相邻标准分幅影像重叠区域同名地物点之间的中误差）。相应比例尺、相应地形条件，平面中误差的 2 倍。特殊地区放宽 0.5 倍。

2. 不同分辨率、不同波段数据接边限差及重叠限差要求

（1）接边限差。不同数据源接边限差执行低分辨率数据标准，平地、丘陵地为 2 个像素，山地、高山地为 3 个像素，特殊地区放宽 0.5 倍。

（2）不同数据源重叠误差。相应比例尺、相应地形条件，平面中误差的 2 倍。特殊地区放宽 0.5 倍。

3. 相邻图幅接边

当相邻图幅接边超限时，通过控制资料确定超限图幅及修改方；在沙漠、戈壁或高山等困难地区，利用控制资料难于确定问题图幅时，原则上两相邻图幅各修改一半，使其满足规定要求。

（四）分幅 DOM 质检

检查其数据格式、数学基础、采样间隔、裁切范围等基本要求是否符合规定，接边精度、数据质量（包括影像的纹理和色调）、整饬质量和元文件等内容是否满足要求。

（五）其他成果

检查控制点库、元文件、管理文件夹等内容是否符合要求。

四、质量控制流程

生产单位完成相应生产任务后需进行全面自检，实行全过程质量控制，并向监理单位提交真实、可靠的数据及成果。监理单位按照相关规定采用现场检查、送检和外业检测等形式，开展公平、公正、科学监理，最后由全国土地调查办组织专家、生产单位代表、监理单位在指定地点对生产的底图进行验收。质量控制总体流程如图 4-15 所示。

五、质量控制方法

第二次全国土地调查底图生产质量控制严密，质量检查贯穿底图生产全过程，同时建立了监理机制。从生产单位自检，到监理单位对所有成果进行全面检查，严格控制了各个生产环节可能出现的质量问题。

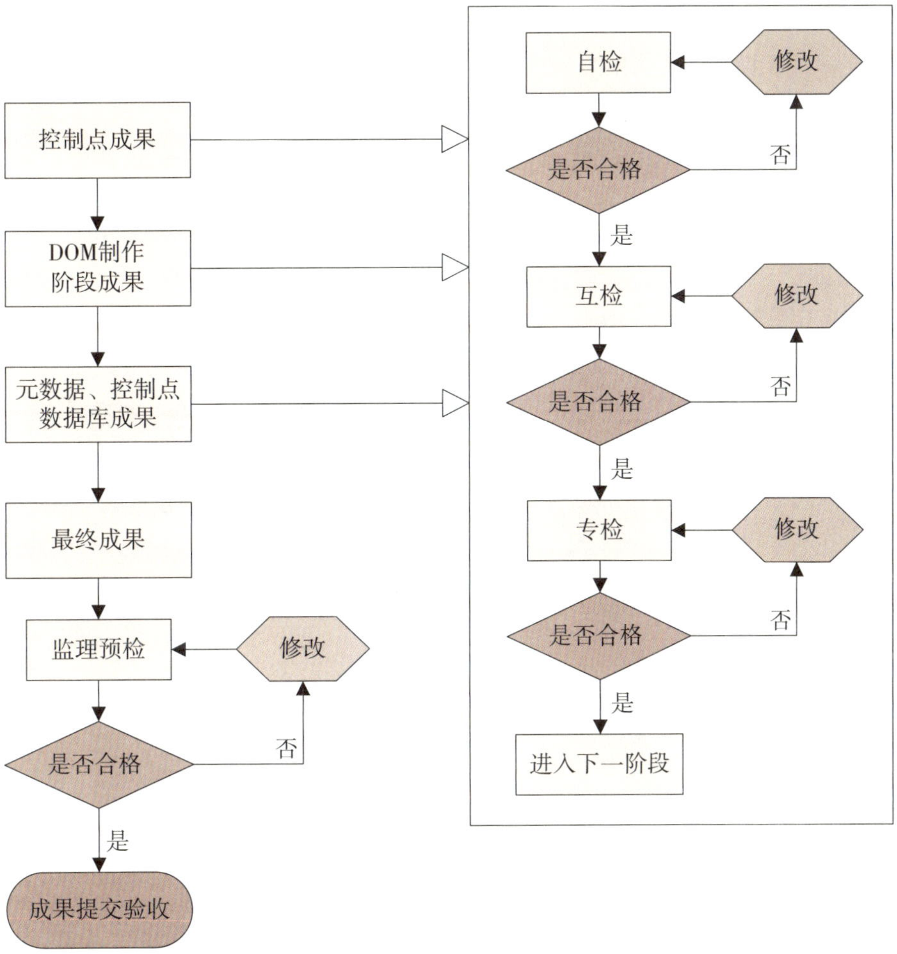

图 4-15 质量控制流程图

（一）不同质检环节控制措施

1. 生产单位的质量控制环节

生产单位在各个生产环节，对质量进行独立跟踪、检查，把握好各项精度指标，随时掌握质量状况，把质量问题消灭在生产过程中。

2. 监理单位的质量控制环节

监理单位对生产单位提交的底图成果进行 100% 的预检，对控制测量、影像纠正等关键环节的精度要求进行重点检查，同时均匀抽取一定比例的 GPS 实测点或者用于纠正的部分 DRG 对 DOM 的精度作出评定。

3. 接边质量控制环节

由于第二次全国土地调查底图生产的范围大、涉及的生产单位多、数据源多样等特点，有可能在各个生产单位生产底图的边缘区域、不同数据源之间的精度会出现质量问题而失控。为了保证底图生产的质量，全国土地调查办组织生产单位、监理单位集中进行接边精度检查，发现问题及时解决。

在质量控制过程中采用的主要方法：

（1）程序自动检查：通过设计检查模型算法和编制计算机程序，利用影像数据、信息文件、元文件、控制点文件的内容特征及其之间的数据关联和逻辑关系，自动检查文件名、元文件内容、控制点库结构等内容及其一致性。

（2）人机交互检查：借助地理信息系统和图像处理软件，通过人工目视判断，检查空三加密、DEM 精度、DOM 影像质量（色调和精度）等内容。

（3）人工核对检查：通过手工清点，检查成果资料的完整性和正确性，确定各种上交资料数量是否齐全、纸质文档填写格式的规范性和内容正确性等。

（4）外业检测：通过外业实测 GPS 检查点检查影像平面精度。

（5）现场考察与质询。

（二）引入过程监理

引入过程监理，缩短监理周期，加快底图生产进度，提高最终成果质量。过程监理不是一种形式，而是深入生产单位，针对生产的关键环节进行监理，发现问题，研究对策，解决问题。实践证明，过程监理起到了非常重要的作用，确保全国底图生产基本按照计划完成，并且保证了最终成果的质量。

第六节　关键技术

一、采用 GPS 野外实测控制点

用于生产航空、航天 DOM 的纠正控制点采用 GPS 野外实测控制点，精度高，相对邻近国家等级控制点平面位置中误差小于 0.5 米，高程中误差小于 0.5 米。实测点以已知的基础控制点为起始点，采用了 GPS 静态测量、常规 RTK 动态 GPS 测量、GPS 快速静态测量或者卫星定位综合服务系统等多种方法快速准确获取地面特征地物点的坐标，确保不同地形、不同区域在短时间内获取了密度、精度满足要求的 GPS 实测控制点。同时按照不同地形类别，还测量了一定数量的检查点，用于成果的精度评定。

对每个 GPS 野外实测控制点，都进行了详细记录，如表 4-26 所示。

二、建设全国控制点库

通过底图生产，在 1 ∶ 1 万制图区域大范围地开展了地面控制点的实测工作，获取实测地面控制点 60232 个，控制面积超过 500 万平方千米，且控制点全部具有 1980 西安坐标系、1954 北京坐标系和 WGS84 坐标系的三套坐标，平面精度统一控制在 0.5 米以内。每一控制点拥有完备的点之记、控制点点位信息表和矢量文件，能够方便地通过位置描述、实地照片、控制点影像，在实地和影像上迅速定位。通过对这些控制点收集整理，将其相应的属性信息进行建库管理，形成控制点库，有效地把这些控制点科学合理地管理起来。

控制点库的建立，首次为航天遥感影像控制建立了大范围的专用高精度控制点数据库，可对控制点进行重复利用。为今后影像纠正节省大量的时间和经费奠定了基础。

三、采用严格轨道模型的区域网平差方法

在较大范围内进行控制平差，可以更加可靠地剔除低精度的野外控制点，有效地反应控制成果的质量，提高整体解算精度。与单模型平差相比，区域整体平差由于使用了公共控制点，可以有效消除不同轨道卫星影像间的局部系统误差，生成的正射影像相对精度优于单模型平差纠正的影像，在保障正射影像精度的同时，降低后期影像镶嵌的难度，有利于实现影像的无缝接边，提高大规模作业的整体效率。

表 4-26 控制点点位信息表（点之记）

<table>
<tr><td>工作区</td><td></td><td>所在辖区</td><td></td><td>控制点号</td><td></td></tr>
<tr><td>图幅号</td><td></td><td>控制点类型</td><td>GPS 实测点</td><td>北坐标</td><td></td></tr>
<tr><td>东坐标</td><td></td><td>高程</td><td></td><td>高程坐标系类别</td><td>1985 国家高程基准</td></tr>
<tr><td>平面坐标系类别</td><td>1980 西安坐标系</td><td>影像类别</td><td></td><td>影像时相</td><td></td></tr>
<tr><td>控制点等级</td><td>E 级</td><td>控制点精度</td><td></td><td>坐落</td><td></td></tr>
<tr><td>测量单位</td><td></td><td>GPS 测量日期</td><td></td><td></td><td></td></tr>
<tr><td colspan="6">备　　注</td></tr>
<tr><td>控制点图形图像</td><td colspan="2"></td><td>实地图片</td><td colspan="2"></td></tr>
<tr><td colspan="6">交通状况和点位描述</td></tr>
<tr><td colspan="6"></td></tr>
<tr><td>制表日期</td><td colspan="5"></td></tr>
</table>

四、计算机自动化检查技术

（一）标准分幅调查底图接边自动检查

标准分幅调查底图接边检查，采用计算机自动检查的方法，减少了人工投入，大大提高了检查效率，避免了由于人工检查出现的错查、漏查现象。

（二）GPS 实测点半自动化检查

通过软件实现了 GPS 实测点的半自动化检查。输入点号，在软件中自动显示该点在调查底图上的位置及点之计的位置，自动记录调查底图上的平面坐标，得出每个点的点位误差。利用这种方法可以避免遗漏，缩短检查时间，提高检查精度。

五、特殊地区使用的关键技术

（一）纠正控制资料

对使用 QuickBird 数据和 IKONOS 数据，生产沙漠、戈壁、高山、草原地区的底图，由于实测控制点困难，实测控制点的数量和分布很难达到规定的要求，因此，采用实测的控制点和 1 ∶ 5 万比例尺数字栅格地图（DRG）对该区域的 Landsat ETM 正射影像成果进行精度改正，改正后的 Landsat ETM 正射影像成果作为控制资料，对该区域的 QuickBird 数据和 IKONOS 数据进行正射纠正，使纠正后的成果平面精度基本达到 1 ∶ 1 万比例尺 DOM 精度要求。

对位于沙漠、戈壁、高山、草原等困难地区的 QuickBird 数据和 IKONOS 数据生产任务区，由于实测控制点困难，实测控制点的数量和分布情况很难达到规定的要求。因此，采用实测的控制点和 1 ∶ 5 万数字栅格地图（DRG）对该区域的 Landsat ETM 正射影像成果进行精度改正，改正后的 Landsat ETM 正射影像成果作为控制资料，对该区域的 QuickBird 数据和 IKONOS 数据进行正射纠正，使纠正后成果平面精度基本达到 1 ∶ 1 万 DOM 精度要求。

（二）接边限差要求

由于 QuickBird 数据和 IKONOS 数据分辨率较高，使用 1 ∶ 5 万比例尺 DEM 数据进行投影差改正，丘陵、山区正射纠正后景间接边精度很难达到规定要求。因此，丘陵、山区景间接边限差只要求沟谷、平地等高程值较小的区域满足规定要求，山坡、山脊接边限差可超出接边限差要求，镶嵌时通过选择合理的镶嵌线路径，解决地物错位现象。

（三）采用临时数据制作调查底图，满足地方外业调查

对于规划采用 QuickBird 数据和 IKONOS 数据的地区，由于数据获取困难或获取数据质量不满足相关规定要求，通过暂时定购较低分辨率卫星影像数据制作调查底图，用于地方外业调查，完成全国调查底图的全覆盖。同时，对该区域继续订购高分辨率卫星影像数据，生产调查底图，替换原低分辨率调查底图成果。

第五章　农村土地调查

第二次全国土地调查分为农村土地调查和城镇土地调查两大部分。其中，农村土地调查，也称土地利用现状调查、土地资源调查，是指对城市、建制镇、村庄用地范围以外的土地进行的调查。城市、建制镇、村庄范围内部不进行细化调查，按单一地类图斑整体认定为城市、建制镇、村庄用地。农村土地调查是第二次全国土地调查的重点和主要内容，也是覆盖全部调查区域的土地调查。按照《第二次全国土地调查技术规程》（TD/T 1014—2007）的规定，农村土地调查是以县级行政调查区域为基本调查单位，按照第二章第三节第二次全国土地调查分类，分县查清每一块土地的地类、权属、面积、分布和利用状况，并建设县级土地调查数据库，故也称为县级农村土地调查，简称县级调查。在县级调查基础上，通过逐级汇总便可得到地（市）级、省级、全国的土地调查的各种数据和其他基础资料。因此，县级调查是农村土地调查的核心和基础。县级调查由县级土地调查办公室统一领导，按照全国土地调查办和省级土地调查办公室的要求组织实施；县以下的乡（镇）及村主要是配合县级土地调查办公室开展调查工作；县级以上各级土地调查办公室在整个调查中，主要承担本调查区域的实施方案制订、培训、指导、协调、重大问题处理等工作，保障本调查区域调查工作的顺利开展。

农村土地调查是一项系统工程，涉及的环节和内容很多，本章将主要介绍以县级为基本调查单位开展农村土地调查的主要内容、技术方法和要求等。

第一节　概述

一、调查范围

农村土地调查是第二次全国土地调查的主要任务。农村土地调查覆盖完整的调查区域，其中城市、建制镇、村庄、采矿用地、风景名胜及特殊用地，依据《第二次全国土地调查技术规程》（TD/T 1014—2007）规定的“城镇村及工矿用地”划分要求，按单一地类图斑调查。以外的其他土地，依据《土地利用现状分类标准》（GB/T 21010—2007）进行细化调查。

二、调查任务和内容

（1）土地权属调查。

（2）地类调查。

（3）基本农田调查。

（4）农村土地调查数据库建设。

（5）统计汇总。

（6）文字报告编写。

（7）统一时点变更。

三、调查的基本原则

（一）实事求是原则

第二次全国土地调查坚持实事求是调查的基本原则，实事求是地依据土地利用现状开展调查，防止和排除来自行政、技术等各方面的干扰，做到数据、图件、实地三者一致。同时，全国土地调查办采取了遥感技术，加大了对县级调查成果核查力度，防止调查中人为弄虚作假、不如实上报数据、随意更改调查数据等行为，保证了调查数据的真实性和可靠性。对发现人为弄虚作假的地区，进行了曝光和通报。

（二）统一标准原则

调查中必须严格执行国家统一制订的技术规程、技术规范、技术规定等技术标准规定的调查内容、技术要求、调查方法、精度指标、成果内容，保证全国调查成果的统一性、规范性。对自行组织完成的类似的土地调查，如土地利用更新调查，其调查成果，对照《第二次全国土地调查技术规程》（TD/T 1014—2007）的内容、标准、要求等，本着“缺什么补什么”的原则，对已完成的调查成果进行全面的补充调查和完善。

（三）数字化原则

第二次全国土地调查采用现代信息技术，从调查底图制作、实地调查、数据库建设到调查最终成果形成等全面实现了数字化，满足管理对调查成果快速阅览、查询、统计、汇总、分析、输出等的需要。

（四）继承性原则

对以往调查形成的成果，如土地确权登记发证成果资料，签订的土地权属界线协议书经核实无误的可直接继承使用，既提高了调查工作效率，又保持了调查成果的延续性。

（五）充分利用原则

调查中，充分利用以往调查成果作为第二次全国土地调查辅助资料，如第一次全国土地调查成果、土地变更调查成果、土地利用更新调查成果、土地利用数据库成果等，发挥以往调查成果在第二次全国土地调查地类调查、权属调查等方面的辅助作用，提高了调查的准确性和效率。

四、技术方法

土地调查技术方法采用调绘的方法，即以全国土地调查办生产并提供的调查底图为基础进行调查和绘图的方法。全国土地调查办根据全国各地区不同情况，规定了调绘方法采用综合调绘法、全野外调绘法。

（一）综合调绘法

综合调绘法是内业解译（判读、判译、预判、判绘）和外业核实、补充调查相结合的调绘方法。

首先，在室内直接对影像进行解译，也可利用已有土地利用数据库与调查底图套合后解译，依据影像对各种界线进行确定和调整；其次，将能够确认的地类或界线、不能够确认的地类或界线、无法解译的影像等，分别用不同的线划、颜色、符号、注记等形式标绘在调查底图上；然后到实地，对内业标绘的地类、界线等内容逐一进行核实、修正或补充调查（如线状地物宽度丈量、名称调查或核实）；再将不正确的予以修正，并补测新增加的地物，用规定的线划、符号在调查底图上标绘出来，将地物属性标注在调查底图或填写在《农村土地调查记录手簿》上；最终获得能够反映调查区域内土地利用状况的原始调查图件和资料，以此作为内业土地调查数据库建设的依据。

综合调绘法主要分三步完成。

（1）对影像进行室内解译前可广泛收集与调查区域有关的资料，如以往土地调查图件资料、土地利用数据库、自然地理状况、交通图、水利图、河流和湖泊分布图、农作物分布图、地名图等，作为室内判读的参考资料。

（2）对影像进行室内解译主要采用目视直接判读标绘。将已有的土地利用数据库及第一步收集的其他有关资料数字化，并与调查底图套合辅助解译及标绘；或是参照解译标志及判读经验，对影像直接进行解译及标绘。通过室内解译，从影像中判读地类和界线，并标绘在调查底图上。对影像不够清晰或室内无法判读的地类或界线，以及线状地物宽度，由外业实地进行补充调查确定。

（3）外业实地核实和补充调查。外业之前，首先要计划核实和补充调查路线、核实和补充调查重点及一般查看的内容，做到心中有数，既要对内业解译内容进行全面核实和补充调查，保证成果质量，又要突出重点，提高工作效率，发挥内业解译的作用。

综合调绘法可以将大量外业调绘工作提前到室内完成，减轻外业调绘的劳动强度，提高调绘的工作效率。

（二）全野外调绘法

全野外调绘法，是持调查底图直接到实地，将影像所反映的地类信息与实地状况一一对照、识别，将各种地类的位置、界线用规定的线划、符号在调查底图上标绘出来，将地物属性标注在调查底图或填写在《农村土地调查记录手簿》上，最终获得能够反映调查区域内的土地利用状况的原始调查图件和资料，作为内业数据库建设的依据。这种调绘方法主要作业都是在外业实地进行，因此称为全野外调绘法。

以上两种调绘方法各有优缺点，前者内外业结合，充分发挥内业优势，精度高又可节省时间且工作强度较低，适用于影像现势性强、分辨率高、具有影像解译能力和具备一定调绘经验的人员使用；后者调绘工作一次性全部完成，精度高但用时较长且工作强度较大，适用于影像分辨率较低、影像现势性不强、影像解译能力较差和调绘经验不足的人员使用。在具体实际调绘中，两种调绘方法的使用不会截然分开，一般视情况两种调绘方法可单独使用，更多的是两种方法相结合一并使用。

五、调查基本流程

在第二次全国土地调查中，大部分地区采用的是综合调绘法或综合调绘法和全野外调绘法结合的方法。因此，形成了农村土地调查的基本流程，包括准备阶段、外业调查底图制作、外业阶段、内业阶段、成果检查验收和核查阶段。

六、准备阶段

准备阶段包括组织准备和技术准备。技术准备包括下列主要内容。

（一）制订调查方案和补充规定

根据国家的总体要求和省级、地（市）级制订的方案和技术要求，结合实际情况制订、细化县级调查方案、补充技术规定、技术细则等。县级制订、细化的各种方案、细则、补充技术规定等不能与国家相应规定相冲突。

（二）确定调查队伍

采取招投标方式或其他方式确定调查队伍。

（三）收集资料

收集资料是第二次全国土地调查的重要环节，是准确、高效开展调查的重要基础和辅助资料。归纳起来，收集的资料主要包括以下内容。

（1）行政区域界线资料。包括向民政部门收集县级行政区域勘界资料，收集最新确定的乡（镇）级行政区域界线资料。

（2）以往土地调查资料。主要包括第一次全国土地调查资料、历年土地变更调查资料、自行开展的土地利用更新调查资料及形成的数据库、土地利用图、调查手簿、田坎系数资料、各种文字报告等；城镇地籍调查资料（图件、数据、控制测量资料、文字报告等）。

（3）土地权属资料。包括已签订的《土地权属界线协议书》、《土地权属界线争议原由书》、权属界线图；土地登记发证资料（如集体土地登记发证资料，林地、草原登记发证资料，铁路、公路等的国有土地登记发证资料等）；土地权属争议、历史遗留问题状况及调处情况资料；土地的征用、划拨、转让等相关资料；城镇、村庄权属调查资料等。

（4）基本农田资料。收集有关基本农田的划定、调整、补划的文件、方案、图件等资料。

（5）建设用地审批资料。收集以往建设用地审批的有关文件、图件等资料。

（6）土地整治资料。收集以往的土地开发、复垦、整理等土地整治资料。

（7）海岛（含独立滩）资料。沿海地区收集海岛的名称、权属等资料。

（8）相关部门资料。收集本调查区域公路的位置、名称、权属等方面的图件、文字等资料；收集水利部门的河流、湖泊、水库图件、文字等资料；收集林业、草原等部门的林地、草地图件、文字等资料，以及其他部门的相关资料，这些资料将作为土地调查的辅助资料。

（9）其他有关资料。如生态退耕、农业结构调整、土地承包等有关资料。

对收集的资料进行整理和分析，确定其实用价值、明确用途。

（四）技术培训

技术培训是保证调查成果质量的重要环节，技术培训主要由国家级和省级培训构成。地（市）级、县级培训视情况自行确定。培训根据调查任务和内容分期、分批进行，培训后对参加培训人员进行考试，检验培训效果和接受培训人员掌握培训内容情况。其中，对承担各级调查任务的技术队伍培训，从基础理论和实践技能等方面进行了考核，考核通过后，颁发结业证书。不经培训或经培训但考核通过率过低（一般不足30%）的技术队伍，不得从事调查工作。

（1）国家级培训。由全国土地调查办组织，培训对象以省级参与调查的管理人员和技术人员及承担全国土地调查办任务的技术队伍为主。

（2）省级培训。根据国家培训内容和要求，并结合本省份实际情况，省级土地调查办公室组织，培训对象一是地（市）级、县级国土资源主管部门参与调查的管理人员和技术人员；二是承担调查任务的技术队伍。

（3）培训形式。培训形式多样，包括课堂讲解和答疑、实际演示和操作、实习交流、网络辅导等。

（五）仪器设备准备

准备外业调查工作所需的皮尺（钢尺）、手持GPS、全站仪、照相机等；内业工作所需的计算机及软件、扫描仪、打印机、复印机等设备；调查所需的交通工具；其他有关设备和仪器等。

（六）接收国家下发的调查底图

根据第二次全国土地调查部署，用于县级调查的调查底图由全国土地调查办统一组织生产和提供。对接收的国家提供的调查底图，地方（主要是省级、县级）应对其进行影像清晰度能否满足调查要求、调查底图数学精度是否符合技术标准等检查。当符合要求时，作为调查的重要依据；当不符合要求时，将存在的具体问题信息及时反馈到全国土地调查办，由全国土地调查办处理后重新提供。

（七）试点

部分省份根据自身情况，在全面开展调查前，依据国家要求和本省份具体情况，开展了以乡（镇）为单位的不同类型的省级、地（市）级、县级的调查试点。通过试点，完善了调查方案、技术补充规定和实施细则，为全面开展调查奠定了基础。

第二节　县级、乡（镇）级土地调查界线和控制面积的确定

县级、乡（镇）级土地调查界线是指县级行政区域之间、乡（镇）级行政区域之间土地调查的分界线。县级调查界线是构成县级行政区域土地调查范围的依据；乡（镇）级调查界线是构成乡（镇）级行政区域土地调查范围的依据。县级、乡（镇）级控制面积是指根据确定的县级、乡（镇）行政区域土地调查界线，以调查底图比例尺的图幅理论面积为基础，通过计算得到的县级、乡（镇）级行政区域土地调查的总面积。

第二次全国土地调查确定的县级、乡（镇）级土地调查界线和控制面积，只用于第二次全国土地调查，不作为行政区域划分的依据。

一、县级、乡（镇）级土地调查界线的来源

按照《第二次全国土地调查实施方案》、《第二次全国土地调查技术规程》（TD/T 1014—2007）规定的国家与地方的分工，国家层面负责国界线、大陆（含海岛）与海洋分界线、省级行政区域之间土地调查分界线的确定；省级负责在国家确定的省级土地调查界线基础上，负责县级行政区域之间土地调查分界线的确定；县级负责在省级确定的县级土地调查界线基础上，负责乡（镇）级行政区域之间土地调查分界线的确定。根据《行政区域界线管理条例》（2002年中华人民共和国国务院令第353号）“国务院民政部门负责全国行政区域界线管理工作。县级以上地方各级人民政府民政部门负责本行政区域界线管理工作”的规定，同时由民政部门组织实施，已经完成了省、县两级行政区域界线勘定工作。因此，《第二次全国土地调查技术规程》（TD/T 1014—2007）规定：“县级及县级以上行政区域界线采用全国陆地行政区域勘界成果的界线。乡（镇）级行政区域界线，采用各县（市、区）最新确定的界线。”也就是说，县级土地调查界线应采用民政部门勘界成果的界线；乡（镇）级土地调查界线只要采用当地最新确定的界线即可。按照全国土地调查办的要求，各地方利用了民政部门提供的县级行政区域勘界成果，收集了当地最新确定的乡（镇）级界线，作为第二次全国土地调查县级行政区域之间、乡（镇）级行政区域之间的分界线，简称县界、乡（镇）界。

由于全国各地具体情况不同，虽然县界来源于民政部门，但在具体使用时绝大部分省份是严格按照民政部门提供的界线资料确定了县界，但也有个别省份有所不同，如河北省只是将民政部门提供的界线作为参考，县界是在河北省第一次全国土地调查成果、土地利用更新调查等成果基础上，通过接边获取的；同样，河北省的乡（镇）界也是利用了河北省第一次全国土地调查成果、土地利用更新调查等成果，通过接边获取的。

二、县级、乡（镇）级土地调查界线的确定

由于县界、乡（镇）界的来源不同，一种是来源于民政部门的县界和收集的最新的乡（镇）界；另一种是利用已有的土地调查资料产生的。因此，县级、乡（镇）级土地调查界线确定的方法是不同的。

（一）利用民政部门的县界和收集的最新的乡（镇）界确定县级、乡（镇）级土地调查界线

对民政部门提供的县级勘界协议书及附图，由省级土地调查办公室组织将附图上的县界进行采集和数字化，同时进行了坐标系、统一比例尺、数据格式、属性内容、闭合性等的转换和处理，形成了基于1980西安坐标系、高斯平面坐标、统一比例尺、统一数据格式的数字化的县界数据。

对收集的乡（镇）界线，县级土地调查办公室组织进行采集和数字化，同时进行了坐标系、统一比例尺、数据格式、属性内容、闭合性等的转换和处理，形成了基于1980西安坐标系、高斯平面坐标、统一比例尺、统一数据格式的数字化的乡（镇）界数据。

县界、乡（镇）界确定之后，对县界、乡（镇）界涉及与国界线、大陆沿海零米线进行接边的，对确定的县界、乡（镇）界数据与国界线、大陆沿海零米线数据进行了接边检查，当县界、乡（镇）界与国界线、大陆沿海零米线不相交时，将县界、乡（镇）界顺势延伸与国界线、零米线相交。通过接边处理和集成，形成了严密闭合的大陆县级、乡（镇）级调查界线数据。

由于海域部分行政区域没有勘界，第二次全国土地调查按以下原则确定了海岛归属。根据全国土地调查办确定并提供的归属到各沿海省份的海岛（含独立滩）数据，省级、县级、乡（镇）级，依据收集到的海岛资料，对海岛归属进行划分：一是对海岛有明确归属依据的，将海岛归属到相应县、乡（镇）；二是对没有明确归属资料的海岛或存在争议的海岛，由省级、县级土地调查办公室组织通过协商处理，若在短时间内处理不了，暂时归属到省、县。第二次全国土地调查确定的海岛归属到相应县、乡（镇），只用于第二次全国土地调查，不作为海域行政区域划分和海岛归属确定的依据。

（二）利用已有的土地调查资料，确定县级、乡（镇）级土地调查界线

河北省第二次全国土地调查是利用已有的土地调查资料上的县界和乡（镇）界，通过组织相邻县、相邻乡（镇）之间的接边和对接边中问题的处理，确定县级、乡（镇）级土地调查界线的省份。已有土地调查资料上县界和乡（镇）界实际上是权属界线。利用已有的土地调查资料确定县级、乡（镇）级土地调查界线的方法和流程如下。

1. 明确组织实施单位

河北省县级土地调查界线确定工作由河北省第二次土地调查领导小组办公室组织，乡（镇）级土地调查界线确定工作由县级第二次土地调查领导小组办公室组织。具体技术工作委托河北省国土资源利用规划院作为项目实施牵头单位，全面负责县级、乡（镇）级土地调查界线的确定。河北省国土资源利用规划院对参与该项工作的国土资源主管部门有关人员、确定的技术队伍进行了技术培训，并在工作中负责技术指导、质量控制，对成果负责进行检查验收，以保证成果质量。

2. 制订技术标准

根据国土资源部发布的《第二次全国土地调查技术规程》（TD/T 1014—2007）的有关要求，制定了《河北省县际土地权属调查与接边成果规范》（冀土地调查办〔2008〕2 号）和《河北省县际土地权属调查与接边检查验收办法》。

3. 县级权属界线接边方法与流程

（1）数据预处理。由河北省国土资源利用规划院组织，将全国土地调查办下发的 DOM 影像图（见第四章）与土地更新调查数据库套合，在 MapGIS 软件中，参照民政部门提供的县界，核对相邻两县的县界。一般会出现重叠、交叉、偏离三种情形。对走向基本一致的，偏差在允许范围内的，则视为一致，任意选取其中的一条界线作为共同的界线，并且依据 DOM 做适当微调，做到界线与影像的一致；若界线走向不同，则暂且保留两条界线；对双方的界线出现交叉、偏离的地方，用特殊颜色标示并作出标记。最后制作成调查底图打印出图，下发到相关县进行核实、调查。

（2）相邻县之间权属界线接边。相邻县之间权属界线接边，实际上是对相邻县的相邻村等权属单位的权属界线的接边。由县级第二次土地调查领导小组办公室，根据省下发的调查底图，组织相邻村等权属单位的法人代表或委托代理人进行权属界线的接边，双方认定界线一致的，无须到实地核实确认，并在 1 ∶ 1 万标准分幅接边图上签字盖章即可（图 5-1）。

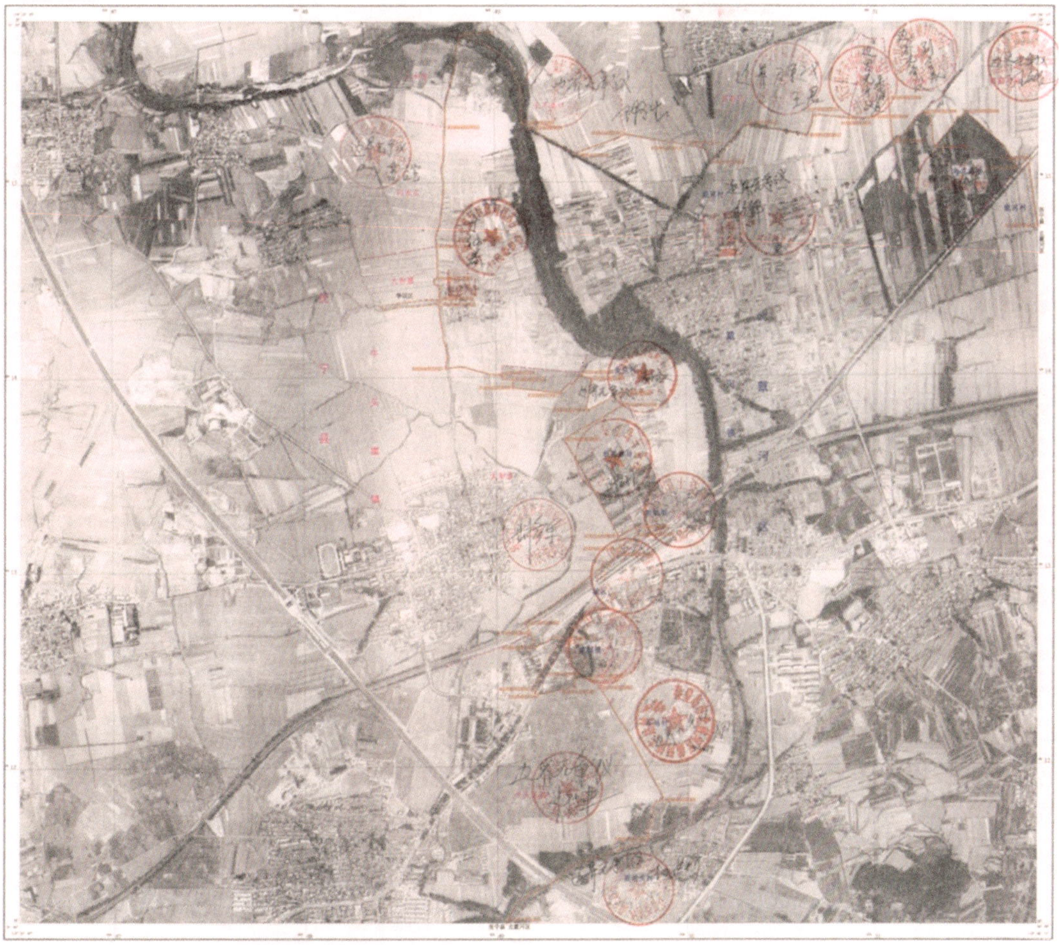

图 5-1　1 ∶ 1 万标准分幅接边示意图

双方认定界线不一致的，但通过协商能够确定一条界线的，在接边图上签字盖章即可。当双方认定界线不一致的，通过到实地调查核实确认能够确定一条界线的，在接边图上签字盖章即可。当双方认定界线不一致的，通过协商在短时间内无法确定一条界线的，可画出争议区，双方协商或由上级国土资源主管部门明确一条工作界线，用于调查和数据汇总。工作界线只用于第二次全国土地调查，不作为权属界线划定的依据。

（3）检查整理。河北省国土资源利用规划院对各地提交的接边成果进行检查，检查内容包括提交的纸质和扫描成果是否齐全，内容填写是否符合规范要求。对不符合要求的需补充内容进行重新提交。在检查完成以后，以各地提交的接边成果为基础，以1∶10万分幅为单位，按1∶1万标准分幅顺序排放，以行政区域和图幅号为索引建立索引目录，并对成果进行装订造册。

（4）数据库建设。河北省相邻县之间土地权属调查与接边成果数据库系统是将河北省相邻县权属调查与接边的成果数据规范化的收集整理，以各地提交的矢量数据和扫描资料为基础，通过空间属性挂接的方法，建立的河北省相邻县之间土地权属与接边数据库，实现了相关数据的汇总和统计、矢量数据和扫描数据的共同管理。

4. 乡（镇）级权属界线接边方法与流程

乡（镇）级权属界线接边方法与流程和县级权属界线接边方法与流程一致，这里不再赘述。

三、县级、乡（镇）级控制面积计算

县级、乡（镇）级控制面积计算由两部分组成，一部分为大陆县级、乡（镇）级控制面积的计算；另一部分为海岛县级、乡（镇）级控制面积的计算，通过汇总得到完整的县级、乡（镇）级控制面积。

（一）标准分幅图内县界、乡（镇）界两侧破幅面积的计算

在有县界、乡（镇）界穿过的标准分幅图上，对县界、乡（镇）界分割的不同行政调查区域，按地球椭球表面积计算公式（式3-3），计算得到标准分幅图内各个行政调查区域的破幅面积。作为检核条件，计算得到的标准分幅图内各破幅面积之和应等于该比例尺标准分幅图的图幅理论面积。当两者不等时，并且相差不大于±1平方米时，可以图幅理论面积为面积控制进行平差，一般可将差值加或减到较大破幅面积中；当相差大于±1平方米时，应查找和分析原因，重新计算。以同样方式，逐一对县界、乡（镇）界穿过的所有标准分幅图进行计算，得到县界、乡（镇）界所在标准分幅图的所有破幅面积。

（二）县级、乡（镇）级接合图表制作与控制面积计算

（1）县级接合图表制作与控制面积计算。县级接合图表的制作由省级土地调查办公室组织，以全国土地调查办制作并下发的省级接合图表和省级控制面积为基础，将县界和县界两侧破幅面积标绘、标注在接合图表相应位置，按照图3-5的要求，制作形成“××省（自治区、直辖市）县级图幅理论面积与控制面积接合图表”。按照第三章第四节控制面积计算方法，通过计算得到每一县级调查区域的总面积，即县级控制面积，各县级控制面积之和必须与省级控制面积相等，当不等时应查找原因重新计算。

（2）乡（镇）级接合图表制作与控制面积计算。乡（镇）级接合图表的制作由县级土地调查办公室组织，以省级土地调查办公室制作并下发的县级接合图表和县级控制面积为基础，将乡（镇）级和乡（镇）级界两侧破幅面积标绘、标注在接合图表相应位置，按照图3-5的要求，制作形成“××县（市、区）乡（镇）级图幅理论面积与控制面积接合图表”。按照第三章第四节控制面积计算方法，通过计算得到每一乡（镇）级调查区域的总面积，即乡（镇）级控制面积，各乡（镇）级控制面积之和必须与县级控制面积相等，

当不等时应查找原因重新计算。

（三）县级、乡（镇）级海岛控制面积计算

沿海省份，根据全国土地调查办提供的归属到本省份的海岛（含独立滩）的数量、分布、面积，将海岛（含独立滩）落实到县、乡（镇），通过计算得到沿海县、乡（镇）的海岛控制面积。各县海岛面积之和必须与本省份海岛面积相等；各乡（镇）海岛面积之和必须与本县海岛面积相等。

（四）县级、乡（镇）级控制面积

（1）非沿海县级、乡（镇）级控制面积。由接合图表直接计算出来的非沿海县级、乡（镇）级控制面积，即县级控制面积、乡（镇）级控制面积。

（2）沿海县级、乡（镇）级控制面积。由接合图表直接计算出来的面积加上落实到县、乡（镇）的海岛面积，即沿海县级、乡（镇）级控制面积。

四、县级土地调查界线和控制面积分发

确定的县级土地调查界线和控制面积由省级土地调查办公室统一制作后分发到县级土地调查办公室，在经过检查无误后直接使用。当县级土地调查办公室发现分发的县级土地调查界线、控制面积有误时不允许自行处理，应将具体的错误内容及时反馈给省级土地调查办公室，由省级土地调查办公室核实统一处理后重新分发。这里需要明确的是，分发给各县的土地调查范围界线和控制面积数据仅用于第二次全国土地调查，以保证调查范围和面积的不重不漏，不作为实地确定行政区域界线和行政区域面积的依据。

乡（镇）级土地调查界线和控制面积由县级调查直接使用。

第三节　土地权属调查

一、农村土地权属状况

土地权属，也称地权，是指土地产权的归属。土地产权，简单地讲就是对土地拥有的权利及通过土地形成的权利关系。《中华人民共和国土地管理法》（2004 年，以下同）第二条明确规定了我国基本土地制度："中华人民共和国实行土地的社会主义公有制，即全民所有制和劳动群众集体所有制。"土地权属调查就是确定土地权利归属。我国土地权属分为所有权和使用权两种。

（一）土地所有权

土地所有权是土地所有者所拥有的、受到国家法律保护的排他性的专有权利。这些权利可细分为占有、使用、收益、处分等权能。这些权能在一般情况下是统一的，但在特定情况下也可以是分离的，即土地所有权与使用权的分离。

我国实行土地的社会主义公有制，具体表现为两种形式，即全民所有制和劳动群众集体所有制，反映在所有权上的是国家土地所有权和农民集体土地所有权。

1. 国家土地所有权

国家土地所有权，是指国家对全民所有的土地享有占有、使用、收益和处分的权利。国家土地所有权是我国土地社会主义公有制的法律表现之一，是我国确认和保护全民所有制财产的重要法律制度。

在我国，全民所有制也称为国家所有制，全民所有的土地也称为国有土地，这是法律赋予国家对全民所有的土地行使所有权的法律制度。

我国国有土地属于全民所有，国有土地所有权的主体是代表全国人民意志和利益的国家，其他机关、单位、公民个人都不能成为国有土地所有权的主体。《中华人民共和国土地管理法》第二条规定："全民所有，即国家所有土地的所有权由国务院代表国家行使。"

2. 集体土地所有权

集体土地所有权，是指劳动群众集体对属于其所有的土地依法享有的占有、使用、收益和处分的权利，是土地集体所有制在法律上的表现，集体所有的土地也称为集体土地。

集体土地所有权的主体是农民集体。所谓农民集体应具备3个条件：

（1）必须有一定的组织形式、机构，如农民集体经济组织、村民委员会或村民小组。

（2）具有民事主体资格，依法享受权利和承担义务。

（3）集体成员应为长期生活于该集体内的农业户口的村民。

农民集体分三种类型：

（1）村农民集体。村的概念在法律上是指自治村（俗称行政村），即设立村民委员会机构的农民集体，相当于计划经济时代的生产大队。村农民集体土地所有权属于全村农民所有，集体经济组织或者村民委员会只能作为集体土地的经营和管理者。

（2）村内农民集体（村民小组）。指行政村内两个以上各自独立的农村集体经济组织，一般为过去的生产队。这种村内的农村集经济组织是否具有集体土地所有权主体的特征，主要从两个方面去考察，一是各个农村集体经济组织之间是否有明确的土地权属界线；二是这些农村集体经济组织对已确定的界线内的土地有无法定的土地所有权，农林牧渔等用地承包经营的发包权，以及国家建设征用土地时的独立受偿权等。

（3）乡（镇）农民集体。乡（镇）农民集体经济组织指全乡（镇）性，包括乡（镇）全体农民在内的经济组织。

（二）土地使用权

土地使用权是民事主体（国家机关、企事业单位、社会团体、农村集体经济组织和公民个人）在法律允许的范围内，对国有土地或集体土地占有、使用、收益的权利和承担一定的义务。土地使用权按照其所依附的土地所有权的不同，分为国有土地使用权和集体土地使用权。

1. 国有土地使用权

国有土地使用权即依法使用国家所有土地（国有土地）的权利。国家通过行政手段如划拨或有偿出让体现所有者意志，但并不直接参与土地的使用而从中获得利益。国有土地所有权在很大程度上是通过国有土地使用权来实现的。

国有土地使用权根据不同获取方式，分为划拨、出让、入股、租赁、授权经营国有土地使用权5种。

2. 集体土地使用权

国家对取得集体土地使用权有较为严格的限制范围。一般情况下，除农民集体办乡（镇）村企业和农民建住宅使用本村集体土地，乡（镇）村公共设施和公益事业建设使用集体土地外，其他任何单位或个人都只能使用国有土地，即不能取得集体土地使用权。其他单位或个人建设需要使用集体土地，应当通过土地征用，使之转为国有土地后才能依法取得使用权。

目前也有例外情况，如通过兼并、联营、破产、拍卖等形式获得集体土地使用权。

二、土地权属调查内容

农村土地调查中，土地权属调查主要包括集体土地所有权和国有土地使用权的调查。

（一）查清农村集体土地所有权状况

对乡（镇）、村或村民小组集体土地所有权的土地权属界线、土地权利归属等的确认（简称确权），并与相邻权属单位（如村或村民小组）签订《土地权属界线协议书》。

（二）查清国有农、林、牧、渔场（含部队、劳改农场及使用的土地）国有土地使用权状况

对国有农、林、牧、渔场（含部队、劳改农场）的国有土地使用权进行确权，并与相邻权属单位签订《土地权属界线协议书》。

（三）查清公路、铁路等权属状况

对公路、铁路等用地的权属进行调查。

三、土地权属的确认

（一）确认国家土地所有权法律依据

《中华人民共和国宪法》第十条规定："城市的土地属于国家所有。农村和城市郊区的土地，除由法律规定属于国家所有的以外，属于集体所有；宅基地和自留地、自留山，也属于集体所有。国家为了公共利益的需要，可以依照法律规定对土地实行征收或者征用并给予补偿。"第九条规定："矿藏、水流、森林、山岭、草原、荒地、滩涂等自然资源，都属于国家所有，即全民所有；由法律规定属于集体所有的森林和山岭、草原、荒地、滩涂除外。"

《中华人民共和国土地管理法》第八条规定："城市市区的土地属于国家所有。农村和城市郊区的土地，除由法律规定属于国家所有的以外，属于农民集体所有；宅基地和自留地、自留山，属于农民集体所有。"《中华人民共和国土地管理法实施条例》第二条规定："国家依法征收的土地，属于国家所有。"《中华人民共和国水法》第三条规定："水资源属于国家所有。水资源的所有权由国务院代表国家行使。农村集体经济组织的水塘和由农村集体经济组织修建管理的水库中的水，归各该农村集体经济组织使用。"这里的水资源，包括地表水和地下水。《中华人民共和国森林法》第三条规定："森林资源属于国家所有，由法律规定属于集体所有的除外。"《中华人民共和国草原法》第九条规定："草原属于国家所有，由法律规定属于集体所有的除外。国家所有的草原，由国务院代表国家行使所有权。"

上述法律规定了这些土地应确定为国家土地所有权，而不能由法律规定证明属于集体所有的土地，均应确定为国家所有。

（二）国家土地所有权确权

根据《确定土地所有权和使用权的若干规定》（1995 年 3 月 11 日国家土地管理局发布）等有关规定，在农村土地调查中，下列土地可以确定为国有土地：

（1）城市市区范围内的土地。城市市区，一般是指城市建成区，即已进行城市配套建设，具备城市功能，基本连片并由市政部门管理的区域。

（2）国家依法没收、征收、征用的土地。

（3）依法不属于集体所有的林地、草地、荒地、水面、滩涂及其他土地。即国家未确定为集体所有的林地、草地、山岭、荒地、水面、滩涂及其他土地。

（4）被开发利用的国有土地。开发利用者依法只享有土地使用权。

（5）铁路线路、车站、货场用地及其他铁路用地。

（6）县级以上（含县级）公路线路用地。

（7）国家已办理征地手续的电力、通信设施用地。

（8）军事用地。

（9）河道内土地，除已分配给农民，国家未征用，且迄今仍归农民集体使用的以外的土地。

（10）县级以上（含县级）水利部门直接管理的水库、渠道等水利工程用地。

（11）根据国家征用土地需要，农民集体全部或部分转为非农业人口，其未征用的土地，归国家所有。

（12）因国家建设需要、自然灾害等原因，进行移民安置并调剂土地后，迁移农民原有的土地。

（13）寺庙、教堂等宗教用地。

（14）土地所有权有争议的，不能依法证明属于农民集体所有的争议土地。

（15）其他依据《确定土地所有权和使用权的若干规定》和地方法律法规确权的土地。

（三）确认集体土地所有权法律依据

《中华人民共和国宪法》第十条规定："农村和城市郊区的土地，除由法律规定属于国家所有的以外，属于集体所有；宅基地和自留地、自留山，也属于集体所有。"《中华人民共和国土地管理法》第八条规定："农村和城市郊区的土地，除由法律规定属于国家所有的以外，属于农民集体所有；宅基地和自留地、自留山属于农民集体所有。"《中华人民共和国民法通则》第七十四条规定："劳动群众集体组织的财产属于劳动群众集体所有。"其中包括法律规定为集体所有的土地和森林、山岭、草原、荒地和滩涂等。按照《中华人民共和国土地改革法》分配给农民个人所有的土地。1956 年全国人大《高级农业生产合作社示范章程》第二条规定："农业生产合作社按照社会主义原则，把社员私有的生产资料转为合作社集体所有……"第十三条规定："入社的农民必须把私有的土地和耕畜，大型农机具等主要生产资料转为合作社集体所有。"农业合作化时期或实行劳力、土地、耕畜、农具"四固定"时，确定给农民集体所有的土地、林地的有关文件等。

上述法律规定，是集体土地产生的法律依据，也是集体土地所有权的起源。

（四）集体土地所有权确权

根据有关法律规定，在农村土地调查中，下列土地可以确定为集体土地：

（1）土地改革时，分给农民并颁发土地所有证的土地。

（2）根据《农村人民公社工作条例修正草案》（简称《六十条》），确定为集体所有的土地。

（3）由于村的合并、分割，开发、征地、建设等各种原因进行的土地调整，致使集体土地所有权发生变更的，按变更后的现状确定集体土地所有权。

（4）乡（镇）或村在集体土地上修建并管理的道路、水库、渠道、水利设施，乡镇企业，公共设施、公益事业等用地。

（5）能够出示文件、协议、法院裁决书等依法证明属于集体所有的其他类型的土地。

土地所有权的确定非常复杂，以上只是简单列举土地所有权的主要类型。在实际调查中，对出现的其他类型的土地所有权的确权问题，应根据历史的、现实的有关法律、法规、政策、文件等处理。

（五）确认国有土地使用权的法律依据

《中华人民共和国土地管理法》、《中华人民共和国城市房地产管理法》、《中华人民共和国城镇国有土地使用权出让和转让暂行条例》、《确定土地所有权和使用权的若干规定》等法律法规，对城市规划区内的国有土地和其他国有土地使用权的出让、转让、出租、抵押和划拨等都有明确的规定。对土地使用权出让的含义、出让人、受让人、土地使用权的出让方式、年限、批准权限，转让的含义、条件、转让年限，出租的条件、出租后的权利、义务、归属，抵押的含义、登记，划拨土地使用权的权利、义务等都作了详细的规定。这些法律、法规，以及地方制定的有关法规和能够出示证明具有国有土地使用权的法律文件等，都是国有土地使用权确认的依据。

四、土地权属调查方法

农村土地权属调查，必须由国土资源主管部门组织开展，承担具体调查任务的专业技术人员参与配合。对集体土地所有权、国有土地使用权的土地确权，是指对其土地的位置、界址（包括界址点、界址线、界标）、权属性质、权利主体及其身份等的认定。

（一）权属调查基本原则

第二次全国土地调查权属调查的基本原则是充分利用以往确权资料和调查成果。权属调查主要依据下列基本原则实施。

1. 延用性原则

已有的确权资料（登记资料、协议书等），当经过核实未发生变更，且与实地一致时，原资料可继续沿用，不需重新进行土地权属调查。如已签订《土地权属界线协议书》，经核实无误的，可继续延续使用，不须重新确权和签订土地权属界线协议书。

2. 完善性原则

已有的确权、登记资料，手续不完善的，应补办相关手续，不须重新确权。

3. 重新确权原则

已有的确权资料，如登记资料、《土地权属界线协议书》经复核存在错误或实地界线已变化调整的，或将国有荒山划为集体土地，村庄合并等，应重新确权划界，重新签订《土地权属界线协议书》。

第二次全国土地调查中，沿用第一次全国土地调查、土地利用更新调查、土地变更调查的权属调查成果是首选。通过对原有权属调查成果的收集、整理、复核、核实，对没有变化的直接使用，既保证了权属调查准确性，也节省了时间，提高了效率。

（二）确权方式

重新进行土地权属调查的，一般由当地政府授权的国土资源主管部门主持，土地权利人（或授权委托人）、相邻土地权利人（或授权委托人）、土地权属调查人员及其他必要人员必须到场，经过审阅提供的权属资料、实地指界等阶段，依法对土地进行确权。具体确权有以下方式。

1. 权源确认方式

权利人能够出示权源文件的。当通过审查权利人出示的权源文件和充分听取权利人申述后，确认权源文件能被现行法律法规所认可的，按权源文件来确认土地所有权或使用权的归属。这是较规范化的土地权属认定方式。可根据权源文件上记载的土地的位置、界址（包括界址点、界址线、界标）、权属性质、土地用途、权利人、相邻权利人等信息，将土地权属界线直接标绘或到实地经过指界，由调查人员将界线调绘在调查工作底图上，并与相邻权属单位签订《土地权属界线协议书》。确权后的界址点是否设界标和实测坐标、图解坐标由各地根据需要和情况自行确定。权利人出示的权源文件不能够被现行法律法规所认可的，权源文件只能作为参考，用其他方式进行确权。

2. 指界确认方式

指界确认是基于双方共同认定土地边界来确认土地所有权或使用权界线和归属。在确认集体土地所有权界线时，这是一种常用的方法。使用该方式确权的基本程序是：

（1）无权源文件。相邻双方均不能出示被现行法律法规所认可的权源文件。

（2）共同指界。一般采取双方法定代表人（或委托代理人）到实地共同指界，确认权属界线。通过指界，由调查人员跟随指界人，沿界线走向将界线调绘在调查底图上。

（3）签订《土地权属界线协议书》。土地权属界线确定后，双方签订《土地权属界线协议书》。对确权的界址点是否设界标和实测坐标或图解坐标由各地根据需要和情况自行确定。

通过双方指界不能将没有法律依据的国有土地，如森林、山岭、草地、荒地、滩涂、水流等国有土地划为集体土地。在以往调查时，已将国有土地划为集体土地的，必须改正。集体土地与没有明确使用者的国有土地权属界线，由集体土地指界人指界、签字，根据有关法规和实地调查结果予以确认。

违约缺席指界的，如一方违约缺席，以另一方所指界线确定；如双方违约缺席，根据权源材料和实际使用状况确定界线；指界人认定界址后不签字的，按违约处理。调查结果以书面形式送达违约方。违约方在 15 日内未提出异议或未提出重新指界的，按调查结果认定权属界线。

3. 协商确认方式

协商确认方式是基于双方均不能提供权源文件，或相邻权属单位双方对权属边界认识不一致时，本着互谅、互让、团结、相互尊重的原则，通过协商确权，确认土地所有权或使用权界线。

采用这种方式时，可由相邻权属单位双方自行协商确权，也可由上级主管部门人员在场主持协商确权，通过实地指界，将双方共同认定的土地权属界线由调查人员调绘在工作底图上，并由双方签订《土地权属界线协议书》。

使用这种方式的基本原则：一是尊重历史，实事求是；二是相邻权属单位认可，指界签字，防止错误认定；三是不违背现行法律法规和政策。不能将国有土地通过双方协商指界划为集体土地。确定后界址点是否设界标和实测坐标或图解坐标，由各地根据需要和情况自行确定。

4. 仲裁确认方式

对双方权属争议的土地，当双方都能出示不一致的有关文件且双方又互不相让时，上级主管部门可充分听取双方对土地权属的申述，经综合分析，合理地进行裁决确权，确认土地所有权或使用权界线和归属。采用这种方式时，上级主管部门应约定时间、地点、应到场人员，在充分听取各方对土地权属的申述后，依据有关法律、法规和有关政策，对争议界线进行裁决。不服从裁决的，可以向法院申诉，通过法律程序解决。

确权方式中，指界确认方式是土地权属调查中使用较为广泛的方式，少部分权属界线的确定需使用两种以上确权方式才能最终确定土地权属。

指界确认方式是由县级国土资源主管部门向有关权属单位下达指界通知书。权属单位对指界通知书应付回执（图 5-2）；并明确指界的法定代表人或委托人（图 5-3，图 5-4）。

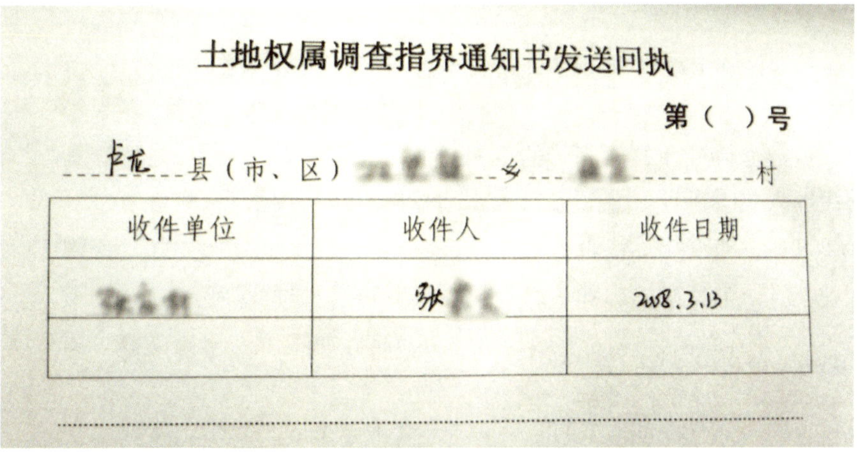

土地权属调查指界通知书发送回执

第（ ）号

卢龙 县（市、区） [illegible] 乡 [illegible] 村

收件单位	收件人	收件日期
[illegible]	张[illegible]	2008.3.13

图 5-2 土地权属调查指界通知书回执

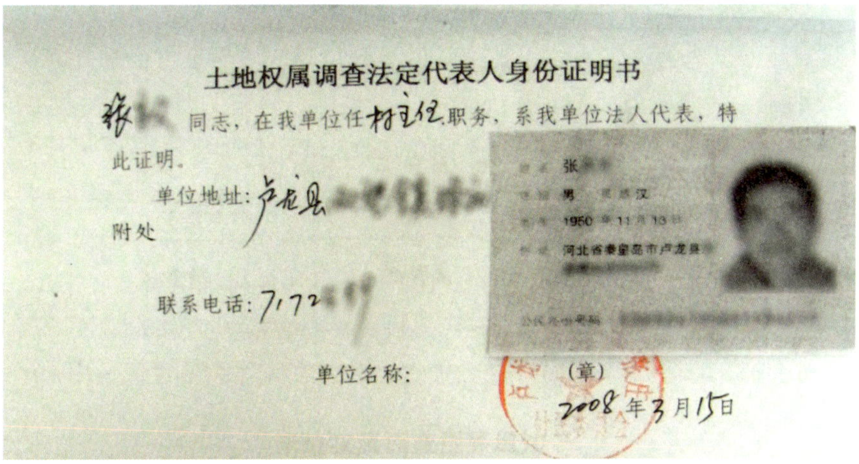

土地权属调查法定代表人身份证明书

张[illegible] 同志，在我单位任村主任职务，系我单位法人代表，特此证明。

单位地址：卢龙县[illegible]

附处

联系电话：7172[illegible]

单位名称：（章）

2008年3月15日

图 5-3 土地权属调查法定代表人身份证明书

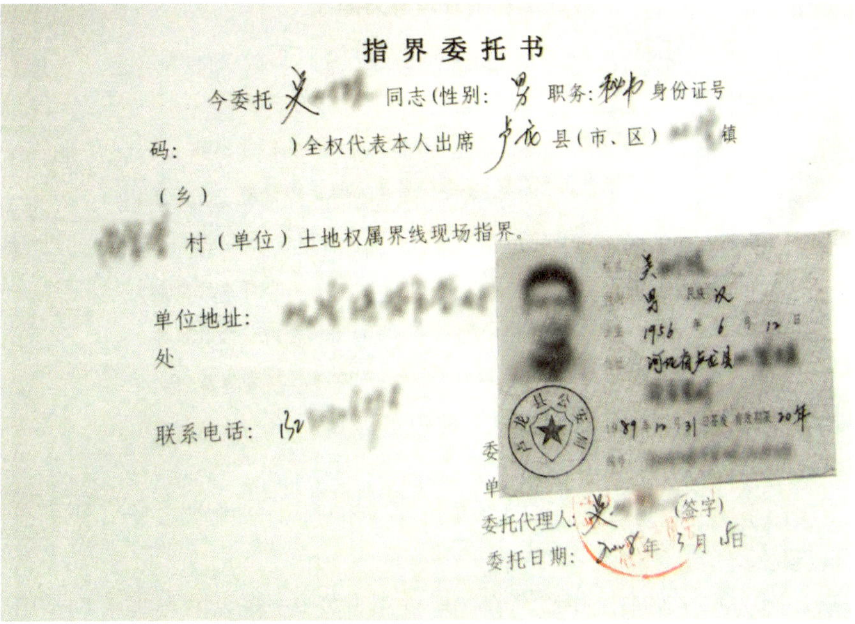

指界委托书

今委托 吴[illegible] 同志(性别：男 职务：秘书 身份证号码：)全权代表本人出席 卢龙 县(市、区) [illegible] 镇（乡）[illegible] 村（单位）土地权属界线现场指界。

单位地址：[illegible]

处

联系电话：13[illegible]

委托代理人：吴[illegible]（签字）

委托日期：2008年3月15日

图 5-4 土地权属调查法定代表人委托书

权属调查基本要求如下：

（1）同一所有者的集体土地被铁路、公路及国有河流、沟渠等线状地物分割的，分别划分宗地。将飞入地划分为独立宗地。

（2）对确权、登记资料、手续不完善的，补办相关手续；经复核存在错误或界线调整的，由各方法定代表人或委托代理人共同指界，重新签订《土地权属界线协议书》。

（3）对未确权的，由各方法定代表人或委托代理人共同实地指界，签订《土地权属界线协议书》。

（4）有争议的界线，依法予以调处，达成协议后签订《土地权属界线协议书》。

（5）对在第一次全国土地调查中，将国有荒山、荒地、荒滩、河流等国有土地等错划为集体土地的，依法进行纠正。

（6）集体土地已被征收为国有土地的，按征收界线确定国有土地使用权界。

（三）土地权属界线表示方法

1. 宗地编号（河北省、云南省）

凡被权属界线封闭的土地为一宗地。宗地编号以县级行政区域为单位，采用乡（镇）、行政村、村民小组、宗地四级编号，为满足省级信息系统建设，宗地编号将省、地（市）、县编号一并考虑，省、地（市）、县按国家标准统一编码，即形成了一宗地的编号 14 位数加支号编写。其中，1 ～ 2 位代表省标号，3 ～ 4 位代表地（市）编号，5 ～ 6 位代表县编号，7 ～ 9 位代表乡（镇）编号（第 7 位为街道、镇、乡、单位等的标识码，“0”表示街道、“1”表示镇、“2、3”表示乡、“4、5”表示镇企合一的单位；8 ～ 9 位为乡、镇、街道、单位等内的顺序号），10 ～ 12 位代表村民委员会（第 10 位为识别码，“1”表示城镇调查；“2”表示农村调查），13 ～ 14 位代表村民小组，支号为总的编号。属乡（镇）农村集体经济组织或村民委员会拥有的地块仍采用 14 位数加支号的方法编写，不足位数用“0”补齐。

2. 界址点的选取、表示和点位说明

在平原地区，土地权属界线一般是沿着沟、渠、路、河流、田坎、耕地等地块边缘、居民点边缘（有的也从居民点中穿过）、企事业单位围墙边缘等明显地物走向；在丘陵山区除沿着明显地物走向外，一般还会沿着山脊、山沟等不明显地物走向。

当土地权属界线与行政区域调查界线（调查界线）重合（一致）时，不表示土地权属界线，用行政区域调查界线代替土地权属界线。

土地权属界线由曲线和折线组成。在权属界线上，界线的转折点、与其他地物的交叉点，是起到控制界线位置和走向的关键点位，这些关键点位就称为界址点（也称为拐点）。界址点一般都依附于明显地物，因此需先将明显地物的位置调绘准确，然后选取界址点。界址点的选取原则，一是实地点位明显，便于找寻；二是便于用文字描述其位置。下列地物点一般可选为界址点：

（1）土地权属界线与沟、渠、路、河流、田坎等线状地物的交叉点。

（2）土地权属界线的转折点。

（3）土地权属界线经过固定的房角、墙角、地角点等。

（4）土地权属界线经过的山顶。

（5）能够至少用两个（最好为三个）不同方向的其他明显固定地物点交会出来的点位。

（6）其他明显点位。

界址点选定后，其点位在调查工作底图相应位置用直径 0.1 毫米的点表示，并用半径为 0.8 毫米的圆圈圈定标注，界址点编号用 Jn 表示，n 为 1，2，3 …，界址点编号可以为空号但不能重号。界址点密度要兼顾能够控制权属界线的位置和走向及图面清晰易读，界址点间距一般以大于图上 10 毫米为宜。当界址点过密时，应适当取舍，保持图面清晰；当界址点过疏时，应适当增加界址点，以控制界线位置和走向。对特殊情况，界址点间距也可小于 10 毫米。

对每个选定的界址点的具体位置都要用文字进行描述说明，描述界址点位置时一定要依据界址点在实地位置进行描述，如 *J*5 号界址点位于 ×× 山顶最高处；*J*3 号界址点位于 ×× 工厂围墙西北角处；*J*8 号界址点位于农村道路与 ×× 公路交叉点中心；*J*10 号界址点位于 ×× 承包田西南角等。对不便于用文字描述其具体位置的界址点，可实测其解析坐标或图解坐标表示其位置，如 *J*9 号界址点位于图解坐标 *X*：××××××.× 米，*Y*：××××××.× 米处。对能够用文字描述其具体位置的界址点，也可辅助其坐标用于说明界址点位置。

界址点具体位置的描述一定要准确，如 ×× 界址点位于 1 号路与 2 号路的交叉处，这样的描述是不准确的，因为交叉处的范围很大，是交叉处的中央还是交叉处某一具体位置必须说清楚，如图 5-5 所示界址点位置，应描述成 *J*3 号界址点位于 1 号路与 2 号路的交叉处的 1 号路的北侧、2 号路的中央处。

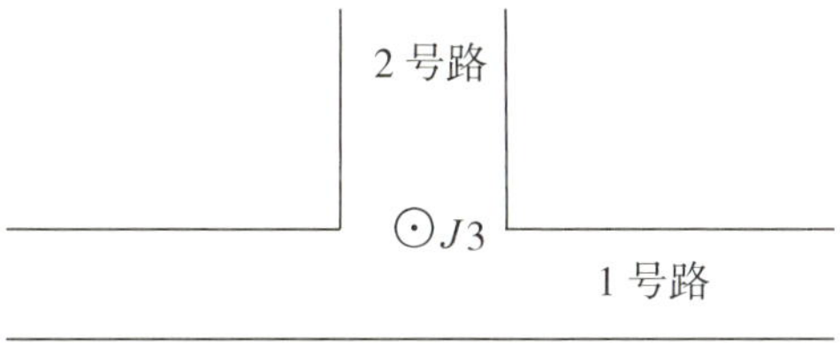

图 5-5　界址点位置

3. 界址线表示和说明

界址线是指相邻两界址点的连线。界址线一般主要有三种形式，一是依附于沟、渠、路、河流、田坎、地块边缘、居民点边缘、单位围墙外边缘等明显地物走向；二是依附于山脊、山沟等不明显地物走向；三是不依附于任何地物走向，如在两界址点间连直线。根据界址线的表现形式，界址线的画法也不同。对第一种形式，首先要将所依附的沟、渠、路、河流、田坎、地块、居民点、单位围墙等明显地物的位置、形状调绘准确，再用图示规定的权属界线符号（界址线），根据界址线与地物的相对位置关系，标绘在这些地物的中心或某一侧（距依附地物边线 0.2 毫米）；对第二种形式，首先要判读山脊线（分水线）、山谷线（合水线）的准确位置，但在有森林等植被覆盖的山体上，判读山脊线或山谷线的准确位置有一定难度，这时可借助立体观察或参照地形图将山脊线或山谷线标绘准确，准确的山脊线或山谷线就是界址线的位置；对第三种形式，只要将界址点位置调查准确，连接两界址点间的直线即为界址线，这种情况，界址点的位置准确尤为重要。调绘时，应保证界址点、界址线与影像对比没有明显位移。

对每条界址线的具体位置都要用文字进行描述说明，如 *J*1—*J*2，由 *J*1 沿 ×× 公路中央走向至 *J*2；*J*4—*J*5，由 *J*4 沿山脊线至 *J*5；*J*9—*J*10，由 *J*9 沿 ×× 学校东侧围墙至 *J*10 等。

（四）土地权属争议处理

土地权属争议，是指土地所有权或使用权归属的争议。土地权属争议，一般由权属界线不清、土地权属紊乱、政策和体制变更，以及其他历史遗留问题所造成。土地权属争议范围很广，在农村土地调查中，土地权属争议主要有 4 种：

（1）国有土地与集体土地争议。国有土地所有者与集体土地所有者之间的争议，主要包括国有荒山、荒地、滩涂等与村集体土地的争议。

（2）集体土地争议。集体土地所有者之间的争议，主要包括村农民集体之间、村民小组之间的土地所有权的争议。

（3）国有土地争议。国有土地争议主要指国有土地使用者之间的争议。

（4）国有土地使用者与集体土地所有者争议。国有土地使用者与集体土地所有者之间的争议，主要包括国有农、林、牧、渔场用地，军事用地，机场用地等国有土地使用者与村集体土地所有者的争议。

由于我国土地权利主体、客体既有国家的，又有集体的，还有个人的，权属性质既有所有权，又有使用权，由此形成土地权属争议主体、客体的多样性；经过国土资源主管部门多年的努力工作，解决和处理了大量的土地权属争议纠纷。目前遗留的土地权属争议大多表现为情况复杂、年代久远、查证较难、政策性强等特点。土地权属争议的处理是一项法律性、政策性很强的工作，而且新的土地权属的争议随着社会发展又会不断地产生。因此，土地权属争议的处理是国土资源主管部门一项长期的、经常性的工作。根据《土地权属争议处理办法》（2003 年 1 月 3 日国土资源部令 17 号公布，自 2003 年 3 月 1 日起施行），在农村土地调查中，土地权属争议按下列原则处理。

a. 协商解决。因权属界线不清、权属不明引起的土地所有权或使用权争议，各方当事人应依据现行的法律法规、规章和有关规范性文件等，本着尊重历史、面对现实、从实际出发、互谅互让、团结友善、有利于社会稳定、有利于国土资源管理的原则，经友好协商解决争议，划定土地权属界线，明确土地权利归属，签订土地权属界线协议书。

双方协商解决，签订的土地权属界线协议要符合现行的法律、法规、部门规章、规范性文件，不得损害包括国家利益在内的第三方利益，否则该协议无效。

b. 行政处理。《中华人民共和国土地管理法》第十六条规定："土地所有权和使用权争议，由当事人协商解决；协商不成的，由人民政府处理。单位之间的争议，由县级以上人民政府处理；个人之间、个人与单位之间的争议，由乡级人民政府或者县级以上人民政府处理。"由于土地所有权和使用权的确定只能由县级以上人民政府行使，所以，处理土地所有权和使用权争议也只能由政府处理，不能直接申请由人民法院来解决土地权利的归属。本条同时规定："当事人对有关人民政府的处理决定不服的，可以自接到处理决定通知之日起三十日内，向人民法院起诉。在土地所有权和使用权争议解决前，任何一方不得改变土地利用现状。"

c. 搁置争议。土地权属争议，有的较容易解决，有的调处是非常复杂的，不可能通过本次土地调查解决所有的土地权属争议。但是，为了不影响整个调查工作的总体安排，对争议的土地权属界线，如果在短时间内难以协商、处理的，可保留搁置争议。但为了保证土地面积量算的不重不漏，须协商或由上一级国土资源主管部门暂时画定一条工作界线代替权属界线。工作界线可以是争议范围界线中的一条界线，也可以是在争议范围内重新画定的一条界线。工作界线画定后，双方签订《土地权属界线争议原由书》。工作界线只作为面积量算的依据，不作为今后确权、划定土地权属界线的依据。

（五）《土地权属界线协议书》

《土地权属界线协议书》是相邻土地权属单位确权的表示形式，是登记发证的重要依据。

1.《土地权属界线协议书》内容

《土地权属界线协议书》主要包括三部分内容：一是标注主要界址点（也称权属界线拐点或拐点）、

界址线（也称权属界线）的土地权属界线图。二是土地权属界线图说明，主要对标注的界址点、界址线进行文字说明。界址点是否设界标和实测坐标或图解坐标由各地根据需要情况自行确定。三是各方权属单位签字盖章。《土地权属界线协议书》一般一式两份，双方各存留一份，也可一式三份，其中一份由上一级主管部门留存。

2.《土地权属界线协议书》形式

在土地调查中，各地根据实际情况都形成了各自的《土地权属界线协议书》形式，为了继承以往的成果，《土地权属界线协议书》和《土地权属界线争议原由书》继续采用各省确定的形式。其中，《土地权属界线协议书》和《土地权属界线争议原由书》中的附图，即土地权属界线图，是《土地权属界线协议书》的重要内容，各地形式不同。《土地权属界线协议书》中的土地权属界线图主要有三种形式（《土地权属界线争议原由书》中的土地权属界线图也如此）。

（1）沿用第一次全国土地调查形式。

附图由手工在实地绘制，界址点用直径 0.1 毫米的点表示，并用直径 0.8 毫米圆圈圈定表示；界址点编号，一般用 1，2 … 表示；界址线，绘清两界址点之间连线的走向，用实线表示；拐点附近略图，绘清界址点与相邻地物的相对位置关系，便于说明拐点的具体位置；相邻权属单位名称（全称）；指北方向等（图 5-6）。

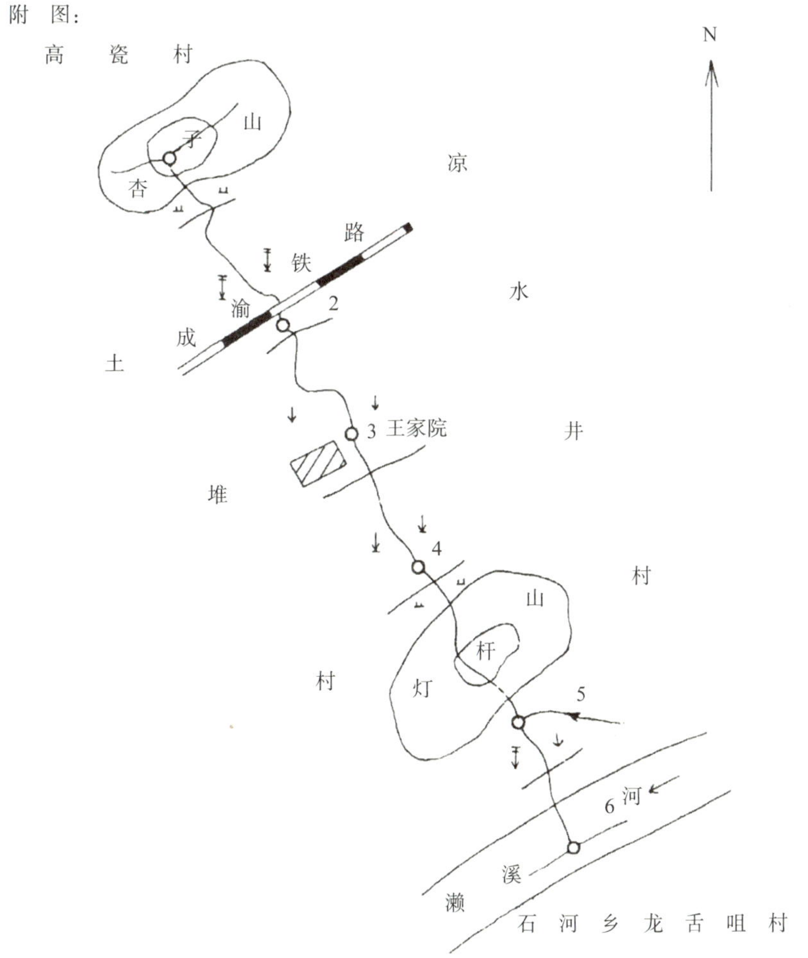

图 5-6　权属界线示意图

土地权属界线图说明如下：

界址点 1：位于杏子山山顶大石处，西为土堆村，东为凉水井村，北为高瓷村。

界址点 2：位于成渝铁路荣广 028 号高压电杆处。

界址点 1—2：由界址点 1 截坡顺小路而下，向南过成渝铁路，永荣矿务局专用线铁路再经王成云大田背坎至观点 2。

界址点 3：位于王家院东北角 5 米处。

界址点 2—3：由界址点 2 沿小路向东南折东经王运才大田田坎折南上小路至界址点 3。

界址点 4：位于朱力全大田南角。

界址点 3—4：由界址点 3 经刘金文包产田田坎、莫太全包产田背坎、刘金友包产田田坎、汤世琼自留地土坎、汤世高包产田田坎、罗大明包产田背坎至界址点 4。

界址点 5：位于灯杆山南坡脚水渠堤坎末端处。

界址点 4—5：由界址点 4 经灯杆山至界址点 5。

界址点 6：位于濑溪河河心主水道，主水道南为石河乡龙舌咀村。

界址点 5—6：由界址点 5 向南经张兴全土角、高显法包产田田坎绕陈清贵 12 挑大水田脚上小路至濑溪河主水道。

（2）在标准分幅地籍图上标绘土地权属界线形式。

该形式的权属界线图是将权属界线直接标绘在标准分幅地籍图上，相邻权属单位直接在地籍图上签字盖章（图 5-7）。

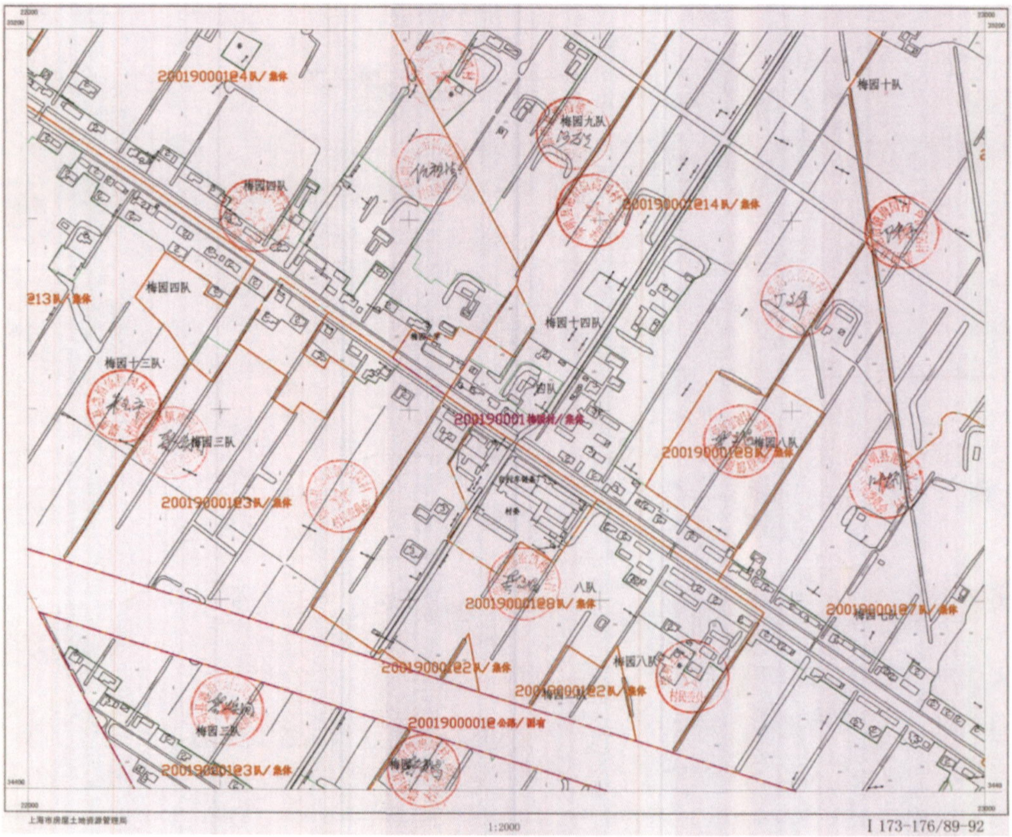

图 5-7 权属界线示意图

（3）在标准分幅影像图上标绘土地权属界线形式。该形式的权属界线图是将权属界线直接标绘在标准分幅影像图上，相邻权属单位直接在影像图上签字盖章（图 5-8）。

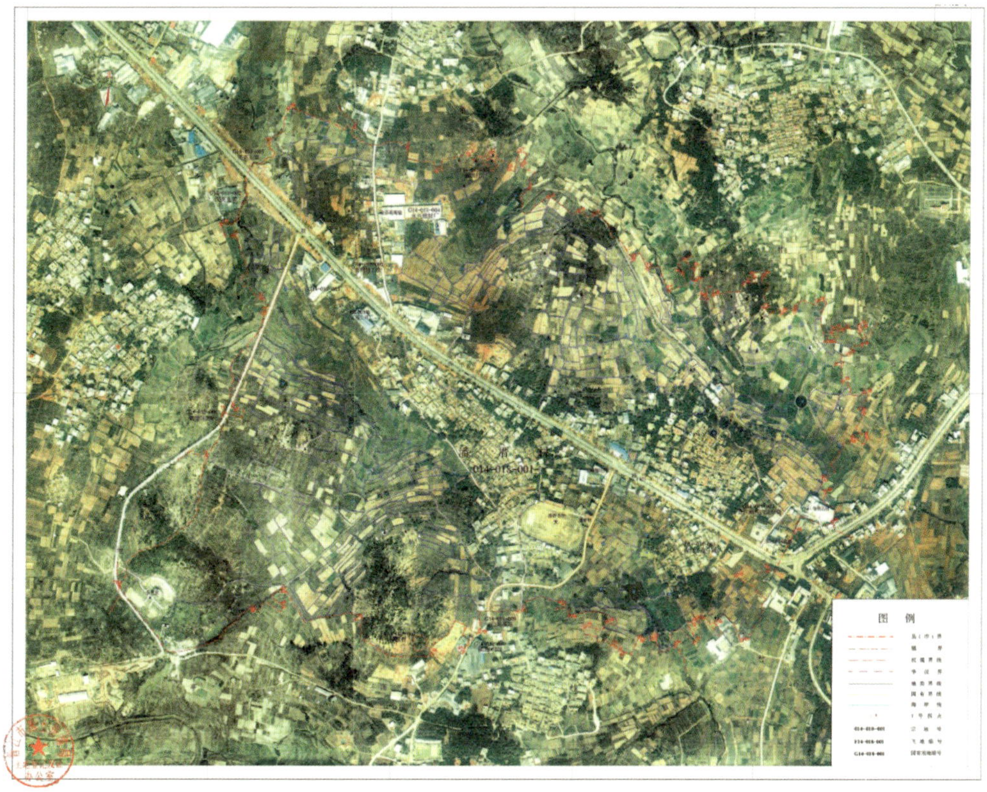

图 5-8　权属界线示意图

第四节　地类调查

第二次全国土地调查地类调查是以航空或航天遥感正射影像图（DOM）为调查底图，充分利用已有的土地调查成果及其他有关资料，按照《土地利用现状分类》（GB/T 21010—2007）标准，将实地的土地利用现状类型和界线用规定的图式图例（线划、符号、注记等）标绘、标注在DOM或调查记录手簿上的过程。地类调查是第二次全国土地调查的主要工作，地类调查主要内容包括线状地物调查、图斑调查、地物补测及其他有关内容和属性的调查。

一、制订农村土地调查分类

农村土地调查分类是开展农村土地调查的依据。由于第二次全国土地调查城乡土地调查的比例尺、调查方法、调查精度、人财物投入、调查周期差异很大，在规定的3年时间内不能同步完成城、镇、村内部的地类调查。所以，为了适应农村土地调查需要，将城、镇、村作为整体进行调查，对其内部地类不进行细化调查，并通过研究制订了农村土地调查分类，用于第二次全国土地调查。具体为对《土地利用现状分类》（GB/T 21010—2007）中的05、06、07、08、09一级类和103、121二级类进行归并，形成了用于农村土地调查的城镇村及工矿用地，详见第二章第三节第二次全国土地调查分类。

二、建立遥感影像解译标志

根据影像特征的差异可以识别和区分不同的地物，这些典型的影像特征称为影像解译标志。解译标志的建立是解译的前提。解译标志分为直接解译标志和间接解译标志。在影像上可直接看到的影像特征称为直接解译标志，包括影像的几何形状、大小、色彩、色调、阴影、反差、位置和相互关系等。它能直接反映判别地物信息的影像特征，解译者利用这些标志在影像上识别地类、地物或现象的性质、类型或状况，有利于解译者对遥感信息做出正确判断和采集，对农村土地调查采用人机交互方式从遥感影像上采集地类、地物等基础信息数据是十分必要的，尤其是在作业区范围很大、作业人员知识背景差异大且外业时间不足的情况下，可以使作业人员迅速适应解译区的地类、地物和解译采集要求。遥感影像解译标志的建立在第二次土地调查工作中，可以提高遥感影像数据采集的效率，使其更准确、更客观、更统一。在直接解译基础上，需要经过分析判别才能识别、推断其性质的影像特征的称为间接解译标志，如解译水系，看其位置、形状、大小等可推断其是河流还是沟渠等。

（一）影像色调与色彩特征

地面物体呈现各种不同的自然颜色，色调就是地面物体颜色反映在黑白影像上的不同的黑度层次、在彩色影像上的不同颜色，如红、绿、蓝、黄等。色彩就是地物在彩色影像上以不同的色相（即各类色彩的称谓，如大红、深蓝、柠檬黄等；色相由原色、间色和复色构成）和色阶（亮度强弱）的表现。色调、色彩是识别地物的主要标志，没有色调、色彩的差别，地物的形态差别就显示不出来。

由影像的色调、色彩所构成的地物的影像特征，是解译常用而又重要的解译标志。不同地类在影像上会呈现深浅不同的色调和色彩，影像的色调和色彩决定于物体的颜色、亮度、含水量等。一般情况下，真彩色影像的颜色大致与地物颜色相同或相似，如水体为深蓝色或黑色，植被为绿色，居民点为灰色或深灰色等；黑白影像中一般地物颜色的深浅与影像的深浅一致，如水面颜色在实地和影像上均较深，山脊两侧的山坡，向阳面颜色淡，背阳面颜色暗。另一方面，不论彩色影像还是黑白影像，地物的亮度愈高影像愈浅，如水泥地面亮度较高，反映在影像上颜色较浅；水面遇到阳光直射时，亮度高，反映在影像上，水的颜色呈白色。含水量愈多影像愈深，如浇水的耕地比未浇水的耕地颜色深；成熟的庄稼比未成熟庄稼颜色浅。由于人眼分辨色彩的能力比分辨黑白影像的能力高得多，所以，采用彩色影像调绘比黑白影像调绘具有易识别地类的优势。

（二）影像形状特征

影像的形状是指地物在调查底图上表现的外部形态、结构和轮廓。一般来说，地物顶部形状与其在调查底图上的影像是相同的或是相似的，从地物的外形就可识别其影像。人工地物通常呈现较规则几何形状，如房屋、平原上的水田、人工修建的渠道等；自然地物多呈不规则形状，如坑塘、山区中的耕地、河流等。借助地物的形状特征就可解译不同的地类。地物的形状特征与影像比例尺、影像分辨率密切相关。比例尺越大、分辨率越高，地物细节显示越清楚，反之则模糊，甚至显现不出来。

地物影像的形状特征可分为点状，如树木、山顶、墙角、地物的交叉点等；线状，如铁路、公路、农村道路、河流、沟渠等；面状，如地块、山坡、湖泊、水库等。复杂地物也是由点、线、面组合而成。掌握了地物在影像上的形状特征，就能充分发挥影像的作用，提高调查效率和质量。

（三）影像大小特征

调查底图上的影像除去形状特征外，还有大小（尺寸）之分。在同一调查底图上，根据地物影像的形状及其大小，可以较准确地识别不同的地类，如厂房和住宅，其影像色调、形状没有明显区别，这时主要从大小来区分，面积较大的为厂房，面积较小的为住宅；农村道路与公路，一般较大的是公路，较小的是农村道路。

依据影像的大小识别地物，除在影像上比较大小识别地类外，还要依据调查底图比例尺，掌握地物大小与影像大小的比例关系。掌握实地地物与影像大小比例关系有助于识别地物。

（四）阴影特征

阴影主要反映在航片上。突出地面的物体都会有阴影，阴影色调一般为黑色，且方向都是一致的。阴影又分为本影和落影（图 5-9）。

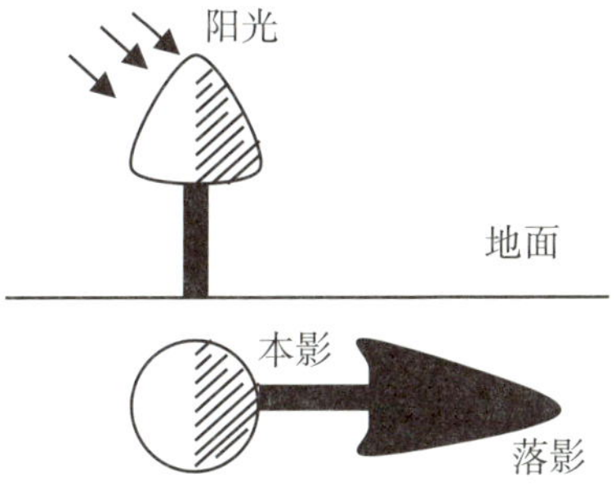

图 5-9　阴影结构

本影，指物体未被阳光直射的部分在航片上的影像，即物体本身的阴影。如山的阴坡、人字屋顶的背阴坡、树冠的背阴面等都是其本影。本影有助于获得物体的立体感。山体的阳坡明亮、阴坡较暗，其明暗分界线为山脊线或山谷线。

落影，指地物投落在地面的影子在航片上的影像，即物体投落的阴影。落影可以识别地物侧面的轮廓（形状）。

阴影对突出地面物体的解译很有帮助。但阴影的存在也产生了对解译不利的遮蔽因素，如高大建筑物有时会遮盖小的地物，山的阴坡可能会被误认为有植被覆盖等。因此，在解译有阴影的地物时，一是要仔细分析解译，二是要到实地确认，以保证调绘的准确度和精度。

（五）相互位置关系特征

地面物体之间是相互联系的，其反映在影像上也就会存在一定的相互关系，这种关系也是解译地类的一个重要标志。根据实地物体之间的相关关系，通过对影像分析判别，解译那些影像不清晰的地物。如根据有农村居民点必有道路通达的关系，可解译影像不清晰的小路；根据单个的厂房面积大宅基地面积小的关系，可解译哪些是工矿企业、哪些是农村居民点等。

对影像具体解译时，要根据不同类型遥感影像的光谱特征加以分析，建立各种地类的解译标志，结合有关资料综合考虑，确定影像所代表的地类。

（六）主要地类解译标志

根据影像的色彩与色调、地物的几何特征、阴影、相互关系等解译特征，就可以建立农村土地调查地类的解译标志。对一些光谱特征差异较大的主要地类建立解译标志，充分利用影像判别地类，有利于提高调查效率。但由于影像存在“同谱异物”和“同物异谱”的情况，且第二次全国土地调查分类各地类之间存在相似性，如水浇地与旱地、园地与林地、草地与耕地等，即使建立了解译标志，在内业根据影像有时也很难认定准确，还必须到实地调查认定。以下依据影像数据的特点，就全国而言说明主要地类的解译标志，供调查时参考。

1. 耕地

平坦的农田有明显的几何形状、面积较大，纹理平滑细腻，地块边界多有路、渠、田间防护林网等。色调随土壤、湿度、农作物种类及生长季节不同而变化。一般湿度大的色调较暗，干燥的较浅；生长着农作物的较暗，农作物成熟的较浅；农田灌溉时较暗，不灌溉时较浅。山区、半山区耕地多为不规则的几何形状，大部分呈窄而长的条状，一般有农村道路与之相连结。梯田呈阶梯状。

（1）水田。水田一般地面平整，格网比较密集，并且比较清晰。周围有明显田坎（埂），影像色调一般较均匀，呈深灰色，比旱地深。水田在平原地区形状多为格网状，在山区形状不规则。

（2）水浇地。水浇地具有灌溉设施和水源保证。水浇地在影像上较为平坦、整齐，可见灌溉渠系，形态类似水田，主要分布在大的居民地周围。地块规则细碎，色彩不均一。

（3）旱地。平原区旱地形状较规则，地块较大，没有灌溉设施。山区半山区由于地形原因常常不规则，种植作物种类较多，色调多样。

水田与水浇地、旱地一般较易区别，水浇地与旱地一般不易区别，但山区耕地大部分为旱地。

2. 园地

种植的果树在影像上一般呈颗粒状，色彩、纹理上都比较均一，一般成行成列、排列整齐、规则分布。大多位于地势较高的丘陵或山脚处。色调较深，一般较易判别，这也是与林地的重要区别。注意果园与人工林的区分，人工林株距更小、植株更密集，颗粒状不如园地明显。

3. 有林地

有林地在影像上一般界线轮廓较明显，色调呈暗色，主要分布在山区，呈不规则的颗粒状图案，色彩较浓，较容易判别。自然状态的林地因树木大小、间距不同而不规则。

4. 灌木林地

灌木林因较低矮，一般没有颗粒感或颗粒感不明显，均为自然状态，处于林地与草地、农用地之间的过渡地带，内部应有部分颗粒状乔木，以及草地，分布极不规则，色彩比林地浅，但比草地深。

5. 草地

草地植被生物量小，颜色较浅，但内部均一度比较高，纹理光滑细腻，形状不规则。

草地较易判别，但天然牧草地、人工牧草地、其他草地之间不易区分，需到实地结合利用状况或其他资料认定。

6. 居民点

居民点在影像上呈由若干小的矩形（屋顶形状）紧密相连在一起的成片图形。由于阴影的存在，居民地更易判别。居民地色调一般呈灰或灰白。

城市、建制镇和村庄是地表自然形态改变最大，最易于识别解译的地类。它们之间没有明显的界线，一般情况下城市居民点一般面积大、街道比较规则，常有林荫大道、公园、广场等；城镇居民点一般分布在公路、铁路沿线，房屋多而密集；农村居民点一般与农田联系在一起，由道路相连。城市、建制镇和村庄单独依靠影像特征不能完全解译准确，还需要辅助其他资料来区分。

7. 交通运输用地

（1）铁路用地。铁路在影像上难以和公路分开，一般来讲，铁路较直，路基较窄，拐弯处弧度较大，且可以通过铁道站点来判定。

（2）公路用地。公路在影像上注意和铁路、沟渠分开。主要通过连接的立交桥、村庄、居民点来判断。河流交叉处的桥梁也能帮助判断其是公路还是水系。公路路面反射率较高，影像发亮，特别是新的水泥路面和裸土路面影像易于判断。

（3）农村道路。农村道路与公路判别类似，农村道路一般较窄。农村道路与公路的区别仅在于权属，因此除根据道路的宽度、路面情况来判断外，还须参考其他相关资料。

（4）机场。机场易于判别，有规则的跑道和附属设施，调度中心航站楼、储运场地等。注意民用机场与军用机场的区分，按不同类别进行归类。

（5）港口码头用地。港口码头位置在海岸或河岸，可见船舶及泊位、货运码头还应有货物储运场地、塔吊、龙门吊等。

8. 水域及水利设施

水体在影像上色调由白到黑，色调的深浅与水的深浅、浑浊程度、光照条件等有关，水深则色调暗、水浅则色调浅；水越浑浊则色调越暗，反之越浅；光照越强则色调越浅，反之越深。有时水面上有水草等浮水植物，呈现植被特征，应注意区分。

（1）河流与沟渠。河流与沟渠在影像上均为线状或带状，河流在影像上一般较宽并呈弯曲带状。不同的是沟渠为人工构筑，形态比较规则，宽度统一，一般水岸平直，岸坡垒土或石砌，人工特征明显。天然河流河道弯曲，河岸为自然河岸，有时可见沙滩、芦苇，宽窄不一。在影像上色调由白到黑。小溪呈弯曲不规则的细线条，色调较暗，常被岸上树木、灌木掩盖。但渠化河流与沟渠具有相同特征，应综合上下游河段辅助判断。沟渠为色调呈暗色的线状影像，灌渠的一端总与水源相连，排水渠的一端总与河流相通。

（2）湖泊、水库和坑塘。湖泊、水库和坑塘在影像上均为面状水体。湖泊为天然形成，水岸线不规则，无堤坝。水库明显可见人工修筑的堤坝，堤坝的特征是平直的亮白色，坝外有河流或河道。如蓄水量小于10万立方米，无论人工还是自然均称为坑塘。湖泊和坑塘的水面色调呈均匀的浅黑色或灰色，且面积大小相差甚大。

（3）滩涂。滩涂为高水位和低水位之间的潮浸地带。除泥滩、沙滩外，通常可生有芦苇等植被。沙滩呈亮白色，泥滩色调略深，呈灰色。

9. 其他土地

（1）设施农用地。设施农用地在影像上为规则的建（构）筑物，易与厂房和大棚混淆，须实地确认。农村的晒场也是一种设施农用地，一般分布在村庄周围，面积不大，色调为亮白色呈现裸土的特征。

（2）盐碱地。盐碱地在影像上的主要特征是土地表层盐碱积聚，影像上呈不规则的白色，间有耐盐碱植物生长，一般为自然植被，植被较为稀疏。

（3）沼泽地。沼泽地在影像上的特征是生长着沼生、湿生植物，地势平坦，一般位于河湖附近，有充分的水源造成土地常年渍水。应注意不易通行沼泽与湖泊、坑塘的区别，易通行沼泽与草地的区别。

（4）沙地。沙地指表层为沙覆盖，基本无植被的土地。影像上可见沙丘，反射率高，色调较亮。

（5）裸地。裸地指表层为土或石、砾覆盖大于70%，基本无植被的土地，反射率低于沙漠，颜色发灰。

三、调查工作底图制作

调查工作底图是指在全国土地调查办下发的调查底图基础上，将已有的调查成果（如土地利用更新调查成果）通过坐标系转换、地类转换、数据格式转换、拓扑关系（逻辑关系）处理等套合到调查底图上，将确定的县界、乡（镇）界叠加到调查底图上，依据影像内业对调查底图进行解译并将解译结果标绘、标注在调查底图上，同时将收集到的有关资料（如收集到的有关部门提供的公路、铁路，河流、湖泊、水库、干渠等图件、文字资料等）标绘在调查底图上，形成用于外业调查核实的调查工作底图。调查工作底图一般由省级土地调查办公室组织，技术队伍具体实施，县级土地调查办公室配合完成。

下面以河北省、云南省为例介绍调查工作底图制作基本过程。

（一）数据格式转换

第二次全国土地调查工作启动后，全国土地调查办通过组织软件测评，向全国推荐了一批建库软件，各地都对建库软件进行了选择。新选择的建库软件可能与原有的土地更新调查数据库建库软件有所不同，需要按新选择的软件要求对原数据库进行格式转换，把原数据库的数据纳入新软件的数据库中。河北省在土地更新调查建库中，采用的是MapGIS、AutoCAD、SuperMap三种软件，而在第二次全国土地调查中全省统一选择采用了MapGIS建库软件，因此，需要将原来采用的AutoCAD、SuperMap软件的数据库统一转换成MapGIS格式，这种转换就是数据格式转换。

数据格式转换是跨平台的转换，转换途径有多种，不同的途径其转换效果也不同，大多会在转换过程中丢失一部分信息。为了在转换过程中不丢失或少丢失信息，需经过反复比对后择优选取一种合适的方法。在必要的时候，还需要自行开发辅助软件来完成转换。转换后应认真检查转换效果，确保数据格式转换的正确性和合理性，并保持转换前后各类面积汇总数据的一致。

河北省的数据格式转换利用了VCT标准格式转换的方法，即用AutoCAD、SuperMap老建库软件输出VCT格式，然后再输入到MapGIS中。由于国家对土地更新调查建库软件没有统一进行测评，

MapGIS、AutoCAD、SuperMap 3 种老建库软件所输出的 VCT 格式在内部结构上存在一定差异，互不兼容，直接转换会出现数据混乱，为此开发了 VCT 数据整理的小软件，将 AutoCAD、SuperMap VCT 数据的内部结构统一整理成 MapGIS 软件所能接收的形式，从而实现数据格式的顺利转换。

（二）坐标系转换

河北省在土地利用更新调查中采用的是 1954 年北京坐标系，按照第二次全国土地调查的规定，需统一转换成 1980 西安坐标系。从 1954 年北京坐标系转换至 1980 西安坐标系，是一种较复杂的坐标系转换，由于全国 1954 年北京坐标系数据精度是不均匀的，而 1980 西安坐标系是相对均匀的，所以，二者的转换参数是随着区域的不同而不同的，对于一个省来说，也没有统一的转换参数。大面积转换难度大，专业性比较强，所以，坐标系转换工作一般由专业的测绘队伍来完成。为此，河北省土地调查办公室委托省国土资源利用规划院开发了数据库坐标系转换软件，转换后保持了全省数据的整体质量，原来经过县际接边、图幅接边的数据，转换后仍然能保持原样不变。转换完成之后，经省土地调查办公室组织质量检验后，下发到各县级单位开展调查工作。

（三）数据预处理

由于土地利用更新调查数据库没有经过质检软件检查，数据的拓扑关系、逻辑关系存在一定问题，需经过数据处理。主要包括以下内容。

（1）首先对数据库质量进行检查，检查内容主要包括：①数学基础检查。坐标值为实地坐标，*Y* 值需附加带号和 500 千米常数。②图形数据拓扑关系检查。多边形是否闭合，是否仅有一个标识码，是否有线段（弧段）自相交、线段（弧段）打折、公共边重复、悬挂点或伪节点、碎片多边形等。③属性数据检查。主要检查属性是否完整正确，主要内容包括字符合法性（与数据字典是否对应）、非空性、频度检查、范围检查等。④面积汇总检查。检查面积汇总数据是否与已备案的数据一致。⑤问题的处理。当检查发现问题时，套合原 DOM 和调查底图对数据库进行修改。

（2）图幅接边的处理。土地利用更新调查数据库采用了 1954 年北京坐标系图廓线分幅管理的形式，而第二次全国土地调查数据库淡化了图幅管理的概念，在图廓线位置的线条和图斑无须打断。因此，需要把被图廓线分割的图斑进行合并，对被打断的线状地物进行连接处理。处理完毕之后，要进行一次拓扑检查、属性检查、面积汇总检查。

（四）地类转换

按照《第二次全国土地调查技术规程》（TD/T 1014 — 2007）中的地类转换关系，把土地利用更新调查数据库中的地类转换成农村土地调查分类（第二次全国土地调查分类）。按照地类转换规则，采用 MapGIS 建库系统中的地类升级功能，将能够直接转换的地类在数据库中进行统一升级，对不能直接转换的，可用影像判读的方法进行地类认定，对内业确实无法判定的地类图斑，做出特殊标记，待实地调查确认后进行人工修改。

（五）套合 DOM、数据库、行政区域调查界线

将全国土地调查办统一下发的 DOM 进行数据格式转换，将 TIF 格式的 DOM 转换成建库软件所需的格式（MapGIS 软件的 MSI 格式），以便被建库软件读取。同时，将河北省土地调查办公室下发的县级行政区域调查界线（县界）经格式转换，调入建库软件中，实现数据库、DOM、行政区域调查界线配准套合。

（六）遥感影像解译

解译（也称为判读、判译、预判、判绘等），是指运用解译标志和实践经验，对影像进行识别，从而获取实地信息的过程。

农村土地调查中，按照第二次全国土地调查分类要求，无论是采用综合调绘法还是全野外调绘法，对遥感影像进行解译，掌握不同影像信息所反映的实地具体地类（地物），对提高调查质量和调查效率是十分重要的环节，也是调查人员应具备的基本技能。特别是采用综合调绘法的，掌握遥感影像解译技能是关键环节。

遥感影像解译技术是随着遥感技术的产生而诞生的。传感器获取的数据必须经过处理和解译才能成为有用的信息。所谓遥感影像解译，就是对遥感影像上的各种特征进行综合分析、比较、推理和判断，最后提取各种地物目标信息的过程。遥感影像解译包括目视解译、人机交互解译、基于知识的遥感影像解译、影像智能解译（即自动解译）等。遥感解译经历了从人工解译到半自动解译，正在向全智能化解译的方向发展。

目视解译是利用影像的特征（色调或色彩，即波谱特征）和空间特征（形状、大小、阴影、纹理、图案、位置和布局），与多种非遥感信息资料相组合，运用生物地学相关规律，进行由此及彼、由表及里、去伪存真的综合分析和逻辑推理的思维过程。

由于目视判读能综合利用地物的色调或色彩、形状、大小、阴影、纹理、图案、位置和布局等影像特征知识，以及有关地物的专家知识，并结合其他非遥感数据资料进行综合分析和逻辑推理，从而能达到较高的专题信息提取的精度。尤其是在提取具有较强纹理结构特征的地物时更是如此，它是目前业务化生产的一门技术，与非遥感的传统方法相比，具有明显的优势。然而，目视解译工作也存在一定的局限性，主要包括以下方面：一是目视解译方法要求解译人员具有各种丰富的知识，要求解译者对解译工作有一定经验；二是费时费力，工作效率较低；三是主观因素作用大，容易产生误判；四是不能完全实现定量描述；五是与数字时代定量化、模型化、系统化的现实情况很难适应。

人机交互解译是利用数字图像处理软件对卫星数字图像进行正射纠正与位置配准，在此基础上，采用人机交互方式从遥感影像中获取有关地学信息。人机交互式解译就是人机交互影像判读，是以遥感数字影像为基本信息源，在相应软、硬件工作环境下，利用计算机高速的数据处理和图像处理软件对图像进行提取和编辑处理的功能，也是帮助解译人员进行遥感影像解译的一种方法。人工交互解译具有以下优点：一是实现了影像、数据和解译结果的对比和合成，并在信息识别和解译结果验证时，可以按解译人员的要求进行各种影像和解译结果的标注叠加，也可以把影像数据和解译数据及图形数据集成在一起输出到 GIS 中，从而实现了数字条件下的影像解译。二是全数字化操作，可以进行一些基本的信息增强处理和图形编辑，在解译过程中可随时对很多影像模糊的区域进行信息增强，有利于解译判读。另外，在解译和验证时可随时对解译图进行修改，克服了目视解译图修改困难的缺点。三是通过分析遥感影像的光谱特性进行影像的监督和非监督分类，实现遥感信息的半自动解译，提高解译效率。

农村土地调查中，由于采用了高和较高分辨率的影像作为调查底图，加之收集的已有调查图件成果、相关部门资料（如交通部门的公路分布，水利部门的河流分布、湖泊分布资料）较为充分，并且 GIS 软件对影像的支持较好，所以，第二次全国土地调查的影像解译基本上均采用人机交互的方法。通过内业影像解译，按照第二次全国土地调查分类要求，首先在内业可以参照以往调查的土地利用图件成果、土地利用数据库、将解译的地类名称、界线、相关属性等信息预先标绘在调查底图上，再到实地通过逐一核实、修改、补充调绘，确认。既保证了调查的准确性和精确性，又提高了调查效率。这也是农村土地调查中各地普遍采用的调查方法。

从事影像解译人员要具备3个条件：一是要具备遥感影像知识；二是要具有一定的实践经验；三是要对不同地区（如南方、北方，东部、西部，平原、丘陵、山区等）的土地利用特点有一定的了解。调查中对影像是否要预先进行解译、解译详细程度，应根据实际情况确定。

按照第二次全国土地调查分类，根据建立的解译标志和影像解译经验，由技术人员对遥感影像进行解译，将解译的地类及范围标绘在调查底图上，作为外业实地核实的基础。

1. 遥感影像解译基本过程

遥感影像解译内容主要是基于解译标志和实践经验，通过人机交互，在制作的遥感正射影像图上识别农村土地调查分类中的各种地类，包括各种地类和范围界线，用于外业调查核实、补充调查的基础。

1）遥感影像的人机交互解译方法

（1）解译的基本流程。影像解译可分为3个过程：

a. 资料收集。解译影像是一门集知识和经验为一体的技能。由于影像受外界环境气候的影响较大，同一种影像在不同地区或气候条件下所获取的纹理和光谱特征不一致。所以，有针对性地开展资料收集非常重要。常规的影像解译需要收集与影像采集有关的技术参数（如获取时间、天气状况等），就第二次全国土地调查而言，还需收集以往的土地调查资料，如第一次全国土地调查、土地利用更新调查、历年的变更调查等图件资料，以及交通、水利等相关部门资料作为参考。

b. 影像处理。在对影像进行解译之前，根据情况和需要可对影像进一步调色处理，主要是提高全色数据的亮度，增强局部反差突出纹理细节，对多光谱数据进行色彩增强，拉大不同地类之间的色彩反差，突出其多光谱彩色信息，保证全色与多光谱影像融合的最佳效果，提高地类解译的准确性。

c. 影像解译。依据第二次全国土地调查分类要求，根据解译标志、影像解译经验、参考资料，在影像图上提取地类信息。

（2）影像解译基本要求。建立好解译标志后，就可以开始解译，在解译时要注意以下方面：

a. 一定要熟悉当地的土地利用特点。对不熟悉土地利用特点的地区，应到实地了解情况或查阅有关资料，做到心中有数。

b. 了解当地的主要农作物、经济作物、特殊作物及其他植被的类型及分布规律。

c. 了解当地的地形地貌及土壤情况，如云南省东部及东北部地区的地貌以喀斯特地貌为主的地区较多等。解译一定要细，只要有颜色或纹理变化的地方就可勾绘地物，以方便实地调查核对。

d. 解译一定要细，一般情况下只要有颜色或纹理变化的地方就可勾绘出来，由外业实地调查、核实和认定地类。

e. 认真做好记录，确定重点核查区域，供外业调查人员参考。

在确定了解译需要注意的事项后，就可开始对影像进行解译。解译时将处理好的影像调入GIS软件，按数据库标准建立要素层后，直接利用GIS的草图工具勾绘图斑，再根据解译标志和其他参考资料预判图斑地类，录入对应的字段。

土地利用与土地覆盖（覆被）不同，遥感影像真实地反映了土地覆盖（覆被），但不能完全提供土地利用的信息。因此，仅凭遥感影像是不能完全判定土地利用类型的，需要其他信息的辅助影像解译并具有综合性的知识和长期的经验积累，内外结合，注意观察，细致总结，把影像与实地建立联系。

第二次全国土地调查影像解译只是预解译的过程，解译结果主要供外业人员核对使用。因此，其重点在于图斑及线状地物的勾绘。

（3）解译的主要内容。

a. 调查界线解译确定。第二次全国土地调查中，调查界线是指国界线、大陆（含海岛）与海洋分界线（零米线）、省界、县界、乡（镇）界等。对地方而言，调查界线主要指县界、乡（镇）界。根据《第二次全国土地调查技术规程》（TD/T 1014—2007）的要求，由于调查界线主要来源于民政部门，无须进行调查。所以，只需将收集的调查界线直接套合于调查底图（DOM）上，替换原有的调查界线即可。

b. 土地权属界线解译。收集第一次全国土地调查的土地权属界线资料（包括权属界线图、《土地权属界线协议书》、《土地权属界线争议原由书》等）、土地变更调查土地权属界线资料、土地利用更新调查土地权属界线资料，以及其他土地确权资料。经核实，对没有变化的且与调查底图（DOM）套合后与影像一致（或在允许范围内）的可直接利用，无须重新进行权属调查；当权属单位增减等造成土地权属界线发生变化、原有权属界线与调查底图（DOM）套合后与影像不一致（或大于允许范围）、原有权属界线错误（如将国有土地划为集体土地等）时，应做好标记和记录，作为重新进行权属调查的依据；当土地权属界线和调查界线套合（叠加）到调查底图后，土地权属界线和调查界线交汇处的权属界线存在出头线时，直接删除出头的多余部分；当交汇处的权属界线与调查界线不相交时，对小于实地100米的，根据调查底图（DOM）的影像和纹理特征顺势直接连接，对实地大于100米的，标注清楚后待权属调查时处理。

c. 地类解译。地类解译是影像解译的重点，也是采用综合调绘法开展第二次全国土地调查的关键环节。地类解译内容主要包括线状地物解译和面状地物解译。地类解译的准确性，不仅关系到外业调查的工作量与工作难度，也关系到调查成果的精度与质量。

（4）线状地物解译。

a. 地类转换。从第一次全国土地调查到现在，土地利用分类标准几经变化，不同时期采用的土地分类标准存在一定的差异（参见第二章土地利用现状分类）。同时，不同时期采用的土地利用分类标准也积累了海量的各种土地调查数据。这些数据为掌握土地利用状况及变化状况，提供了数据支撑。为了充分利用不同时期、不同土地利用分类标准的土地调查成果，提高第二次全国土地调查地类解译的准确性，在地类解译前，首先要进行地类转换，即将不同时期的土地分类及含义，转换到第二次全国土地调查分类上，具体转换方法见第二章第四节不同时期土地调查分类对应关系。

b. 线状地物解译。线状地物是指河流，铁路，公路，固定的农村道路、沟、渠、田坎，管道用地、林带等带状特征的地物。线状地物无论在航空照片上还是在卫星影像图上都是醒目的，按照解译标志或经验一般都较容易解译。至于判定线状地物是具体哪种类型（河流，铁路，公路等），分两种情况：一是线状地物没有发生变化的，依据已往调查资料、收集的有关资料（如公路分布图等）可直接认定；二是已发生变化（如灭失、路面加宽、路面硬化等）、新增的线状地物（包括以往调查遗漏的），可依据解译标志、经验，对比没有变化线状地物的影像特征、纹理、色调等经过综合分析判断进行认定。对难以解译、认定的线状地物，应进行单独标注和标记，在外业实地核实、补充调查时确定。线状地物分为单线线状地物和双线线状地物两种，线状地物宽度小于图上2毫米的称为单线线状地物；线状地物宽度大于、等于2毫米的称为双线线状地物。对单线线状地物，将调查规程规定的相应符号标绘在单线线状地物中心线上；对双线线状地物，将两条边线按照影像准确标绘在线状地物边缘处。

（5）面状地物解译。面状地物解译就是依据解译标志、以往土地调查成果，对单一地类地块进行判定，将单一地类地块的范围界线标绘在调查底图上的过程。面状地物称为图斑，面状地物解译是外业调查核实的基础。面状地物解译分两种情况：一是将以往土地调查数据库、形成的土地利用现状图经过处理直接与第二次全国土地调查的调查底图套合，通过对比、影像解译，认定以往土地调查成果没有变化的，可直接利用以往土地调查；二是套合后，通过对比、影像解译认定以往土地调查成果已变化（与影像不一致）的，应依据解译标志、实践经验、收集的其他参考资料等，对调查底图影像进行重新解译，将解译后的地类和范围标绘在调查底图上。对难以解译、认定的面状地物，应进行单独标注和标记，在外业实地核实、补充调查时确定。

2）遥感影像解译次序

遥感影像解译具体的方式方法、解译内容先后顺序因人而异。但一般情况下，影像解译应从已知到未知、先易后难、先整体后局部、先宏观后微观、先线形后图形的顺序来进行。

从已知到未知是第二次全国土地调查遥感影像解译必须遵循的原则。“已知”就是解译自己最熟悉、掌握最准确的地类，如耕地、林地、居民点用地、道路等直观的地类；所谓“未知”就是影像上所显示的地物，可根据已有的解译标志来判断地类。

先易后难是指易识别的地类先确认，然后根据客观规律和影像特征、权属界线等相关条件，推理、判断不易确认的地类。

先整体后局部、先宏观后微观、先线形后图形等步骤，亦属先易后难的组成部分。主要是指在土地调查过程中，应掌握整个作业区域的基本情况，确定整体的轮廓，根据区域地类组成特点，逐渐深入，逐步细化地类。由于土地利用现状图是由图斑组成的，画分图斑的骨架主要是线状地物，所以，应首先判断线状地物，然后填充由现状地物分割图斑的地类。

例如，在某一调查区域作业时，首先应知道该地域是农区、山区还是半山区，根据地域特点判断此区域的主地类是什么，将认知的地类、地物首先勾绘出来，然后逐渐深入、细化，最后根据分析、推理确定较难解译的影像。

2. 勾绘

在遥感影像解译的过程中，对解译的地类信息，应在调查底图上进行勾绘，并标注相应地类与地类边界的信息。

在计算机上放大，逐图斑进行地类编码与影像特征的一致性判读，对发现地类不一致且影像特征明显的，直接修改数据库；对影像特征不明显或有云、雾、雪遮盖的，用红色表示，以便引起外业调查人员的注意。

检查矢量数据与影像空间位置的一致性，对有明显跑线的，偏差超过图上 0.2 毫米的限差时，将矢量数据进行微调，使之与调查底图影像保持一致。对偏差不超过图上 0.2 毫米的，可不做微调，保持原样。

图斑的勾绘精度，图斑界线相对于调查底图影像上明显同名地物的位移一般不得大于两倍采样间隔。

（七）编辑、输出外业调查工作底图

1. 其他资料的转绘

其他资料主要为公路、铁路，河流、湖泊、水库及干渠等资料。可根据相关部门提供的资料勾绘到影像图上。该部分资料除可提供地物的位置和范围外，还是区分道路及水域权属的重要依据，因此，还需将此类重要信息录入相应的属性。

2. 要素符号化

处理完空间关系及逻辑关系后，将土地利用信息按《第二次全国土地调查技术规程》（TD/T 1014—

2007）规定的图式图例要求，标绘、标注到调查底图上。主要标绘、标注的要素有行政区域调查界线及名称、权属界线及权属单位名称、图斑地类界线、线状地物、零星地物等。对图斑地类，云南省采用了两种标注方法：一种是标注地类符号，另一种是直接标注地类代码。由于此次调查在内业过程中根据影像勾绘的图斑范围一般较准确，所以，标注地类代码的方法因实地调查时方便修改，采用得比较多。

3. 图廓整饬

判读地类并编辑处理结束之后，利用数据库建库软件的自带功能，输出 1 ∶ 1 万标准分幅土地利用现状图，经过颜色编辑、图像配准形成调查工作底图。

4. 输出调查工作底图

调查工作底图的输出采用防水涂料纸，分辨率为 300dpi 以上，彩色输出。图面上包括 DOM 影像、行政区域调查界线［省界、县界、乡（镇）界］、图斑界线、图斑号与地类编码、线状地物地类号与宽度、村庄名称注记、权属界线、内业判读疑问图斑标记等内容。每幅图输出 3 套（或根据需要确定），以便于作业分组、调查与清绘使用。

四、地类调查方法及要求

地类调查是将实地不同的地类，按照规定的图式图例要求，用线划、符号标绘、注记在调查底图上的过程。地类调查包括线状地物、图斑、零星地物和地物补测等内容。地类调查采用调绘法。调绘主要包括 4 个方面的内容：一是当影像上地类界线与实地一致时，将地类界线直接调绘到调查底图上；二是当影像不清晰或实地地物与影像不一致时，采用实地测量方法，将地物补测到调查底图上；三是当有设计图、竣工图等有关资料时，可将新增地物的地类界线直接补测在土地利用现状图上，但必须实地核实确认；四是将地物的坐落、权属性质、权属单位、图斑编号、地类编码、耕地类型、线状地物宽度等属性标注在调查底图或《农村土地调查记录手簿》上。常用的调绘方法有综合调绘法和全野外调绘法。

采用综合调绘法的，是以制作的调查工作底图为基础，对内业解译标绘的地类、界线等内容逐一进行核实、修正或补充调查。将不正确的予以修正，并补测新增加的地物，用规定的线划、符号在调查底图上标绘出来，将地物属性标注在调查底图或填写在《农村土地调查记录手簿》上。最终获得能够反映调查区域内土地利用状况的原始调查图件和资料，以此作为内业数据库建设的依据。

采用全野外调绘法的，无须制作调查工作底图，直接以全国土地调查办下发的调查底图为基础，持调查底图直接到实地，将影像所反映的地类信息与实地状况一一对照、识别，将各种地类的位置、界线用规定的线划、符号在调查底图上标绘出来，将地物属性标注在调查底图或填写在《农村土地调查记录手簿》上，最终获得能够反映调查区域内的土地利用状况的原始调查图件和资料，作为内业数据库建设的依据。

第二次全国土地调查基本采用以综合调绘法为主、全野外调绘法为辅的方法，既保证了调查进度，也保证了调查精度和质量。

地类调查无论单独采用哪种方法或两种方法结合使用，都需要到实地进行调查，但采用的方法不同，调查工作强度也是不同的。

（一）实地调绘基本程序

土地调查中，无论采取综合调绘法还是全野外调绘法，外业实地调查是土地调查不可省略的重要阶段。外业调查方法、程序、步骤因人而异，不尽相同，但选择合理的方法、程序、步骤，对保证调查质量和提高调查效率、减轻劳动强度，将发挥重要作用。下面介绍外业调查的基本程序和要求。

1. 设计调绘路线

在外业实地调查核实前，首先要在室内设计好外业调绘路线。调绘路线以既要少走路又不至于漏掉要调绘的地物为原则，并做到走到、看到、问到、画到（四到）。此处的走到是关键，只有走到才能看到、看清、看准地物的形状特征、地类、范围界线、与其他地物的关系等，才能依据影像将地类界线调绘在影像的准确位置（画准）。对影像不清晰、实地发生变化、地理名称、飞入地、权属性质、隐蔽地区（如林地中有无道路、山沟深处有无耕地等）地类等都要向向导或当地群众一一询问清楚，既不漏掉该调查的内容，又提高了调查精度和效率。

平坦地区通视良好，调绘路线一般沿居民点外围和主要道路调绘。居民点分布零乱的可采用“放射花形”或“梅花瓣形”为调绘路线，如图 5-10 所示，不走重复路。

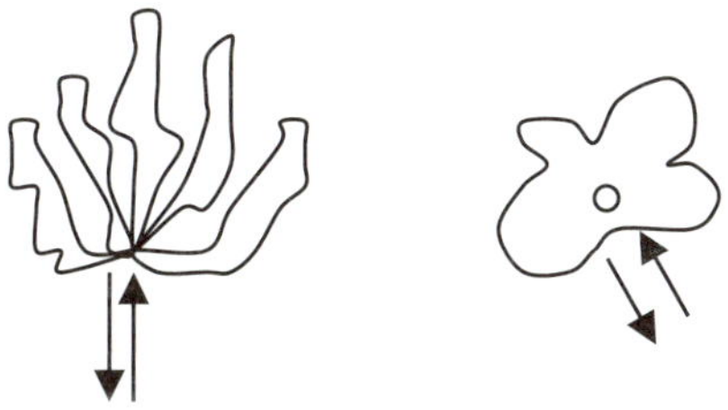

图 5-10 调绘路线的两种类型

丘陵山区可沿连接居民点的道路调绘，或沿山沟调绘，同时对两侧山坡上的地类进行调绘，从山沟进入走到山脊，从山脊再下到另一条山沟形成“之”字形路线。当山坡调绘内容较多时，一般沿半山腰等高线调绘，以便兼顾山脊和山沟的地物。城市、建制镇、村庄、采矿用地、风景名胜及特殊用地无须进入，只需沿其外围调绘其外围界线。河流、铁路、公路等线状地物可沿着线状地物边走边调绘。

2. 确定站立点

为了提高调绘的质量和效率，按计划路线调绘时，要向两侧铺开，尽量扩大调绘范围。

站立点选择非常重要。到达调查区域后，首先要确定站立点在图上的位置，站立点一般选择在易判读的明显地物点上，地势要高、视野要广、看得要全，如路的交叉点、河流转弯处、小的山顶、居民点、明显地块处等。确定站立点后，找出一两个实地、影像能对应的明显地物点进行定向，使调查底图方向和实地方向一致。

3. 核实、调查

站立点确定后，要抓住地物的特点。核实、调查应采取“远看近判”的方法，即远看可以看清物体的总体情况及相互位置关系，近判可以确定具体物体的准确位置，将地类的界线、范围、属性等调查内容调绘准确。通过“远看近判”相结合，将视野范围内的内业解译内容，依据实地现状进行核实。当解译的界线、线状地物、地类名称等与实地一致时，在图上进行标注确认；不一致时，依据实地现状，对解译的界线或线状地物或地类名称等进行修正确认；对未解译的，将视野范围内需调绘的界线、线状地物、地类名称等内容标绘在调查底图的准确位置上。同时，将调查内容的属性标注在调查底图上或填写在《农村土地调查记录手簿》上。

每一站立点只有完成所有的调绘工作后，方可进入下一站立点开展工作。

4. 边走边调绘

根据调查底图比例尺，建立实地地物与影像之间的大小、距离的比例关系，在到达下一站立点途中，可边走、边看、边想、边判、边记、边画，在到达下一站立点后，再进行核实。此处要注意的是，两个站立点之间所调绘的各种界线、线状地物、地类名称、权属性质等调绘内容须衔接，不能发生丢漏。

5. 询问

在调查过程中应向当地群众多询问：一是及时发现隐蔽地类，如林地中被树木遮挡的道路，山顶上的地类，山沟深处有无耕地、居民点等重要地类；二是核实注记地理名称或依据名称寻找实地位置；三是通过询问，确定工矿企业及各种调查内容的国有或集体权属性质。为了保证调查的准确性，要反复对询问的内容进行验证。通过询问，可以发现一些隐蔽的地物和属性的确认或核实，保证调查质量。

以上调查的方法、程序、步骤不能机械地分开，而要在实地工作中视情况灵活掌握，有机结合，综合应用。

（二）界线调绘精度要求

当影像反映的界线与实地一致时，调绘的界线应严格与影像反映界线保持一致（重合），移位不得大于图上 0.3 毫米，否则应重新调绘。当影像反映的界线与实地不一致，如影像界线与调查界线不一致（与线状地物并行的两侧行树、道沟、沟渠、其他地类等是否单独调查或与线状地物调绘在一起等）、影像不清晰、不同地类分界线不明显（如有林地与疏林地界线等）时，必须在实地依据实地情况或综合判读调绘其界线，判读调绘的界线相对于实地确定的界线移位不得大于图上 1.0 毫米。

（三）线状地物调查及要求

线状地物是地类调查的重要内容，是图斑画分的重要依据。线状地物包括河流、铁路、公路、管道用地、农村道路、林带、沟渠和田坎等。

线状地物宽度大于、等于图上 2 毫米的，按图斑调查。线状地物宽度小于图上 2 毫米的，调绘中心线，用单线符号表示，称为单线线状地物（以下未作特殊说明的线状地物均指单线线状地物）。对单线线状地物除调查其地类外，还须实地量测宽度，用于线状地物面积计算。宽度量测方法和要求为，在实地线状地物宽度均匀处（一般不要在路口量测）量测宽度，精确到 0.1 米，并在调查底图的对应实地位置打点标记量测点及其宽度值。当线状地物宽度变化大于 20%，形成不同宽度的线状地物时，须分别量测线状地物宽度，并在实地变化对应调查底图位置垂直线状地物绘一短实线，分隔宽度不同的线状地物；线状地物与土地权属界线、地类界线重合时，线状地物调绘在准确位置上，其他界线只标绘最高级界线。

1. 线状地物认定与要求

1）线状地物认定标准

根据《土地利用现状分类》（GB/T 21010—2007），正确认定河流、铁路、公路、管道用地、农村道路、林带、沟渠和田坎等线状地物。线状地物调查包括地类、界线和权属等 3 个方面，在实际调查中，分为 3 种情况。

（1）已登记发证的，如铁路、公路、管道用地等，须严格按登记资料确定线状地物的范围界线、地类、权属性质，将线状地物标绘在调查底图上或在内业过程中直接标绘在土地利用现状图上。

（2）未登记发证的，首先应对其进行确权，按确权后的线状地物范围界线、地类、权属性质进行调查。

（3）在短期内难以确权的，为了不影响调查的整体进度，可暂时按线状地物用地现状范围进行调查，待确权后，再对调查结果进行调整。

2）狭长地类

在实际调查中，经常会遇到宽度小于图上 2 毫米，类似于线状地物的狭长地类，如狭长的耕地、园地、草地，林带等。按下列原则处理。

（1）狭长地类面积小于最小上图标准面积时，可综合到相邻地类中，不进行单独调查。综合时尽可能不要综合到耕地地类中。

（2）当狭长地类面积大于最小上图面积时，可以按零星地物调查方法（详见后零星地物调查），在狭长地类中心位置，打点注记。实地丈量其面积并记录在《农村土地调查记录手簿》上，内业面积量算时扣除。

对林带，当不影响其他用地（如耕地中的林带）面积时，可综合到毗邻用地中，一般为1行树木的林带。当林带大于、等于2行时，可按林带调查。

2. 线状地物范围的确定、表示与要求

以图斑表示线状地物的面积由图上量算获得；单线线状地物在图上呈单线线性形状，其面积由在实地实量线状地物宽度乘以在图上量算的线状地物长度计算获得。实地线状地物宽窄不一、形状复杂、其两侧地物也不一致，造成调绘在图上的宽度范围、实地量测的宽度值，会有不同的结果。因此，线状地物宽度范围的确定，是影响其面积准确性和精度的主要因素。为了保证线状地物面积的准确性和精度，统一规定线状地物宽度范围的确定方法和要求是十分必要的。线状地物宽度的确定方法和要求如下。

1）按图斑表示的线状地物宽度范围确定和要求

（1）河流水面。

河流的横断面，主要有图5-11、图5-12所示无堤和有堤两种类型。由河流横断面看，河流主要由水面、河滩、河堤构成。图5-13所示为河流两侧与成行的树木、耕地紧邻情形。河流水面调查是指将常水位岸线调绘在调查底图上。一般情况下，大部分河流的常水位岸线与近期影像基本一致，可按影像调绘；特殊情况下，可参照近期地形图、水利部门提供的资料标绘常水位岸线。

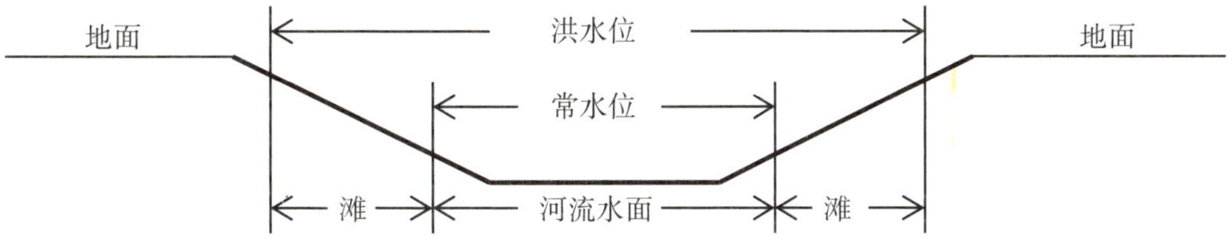

图5-11 无堤河流横断面

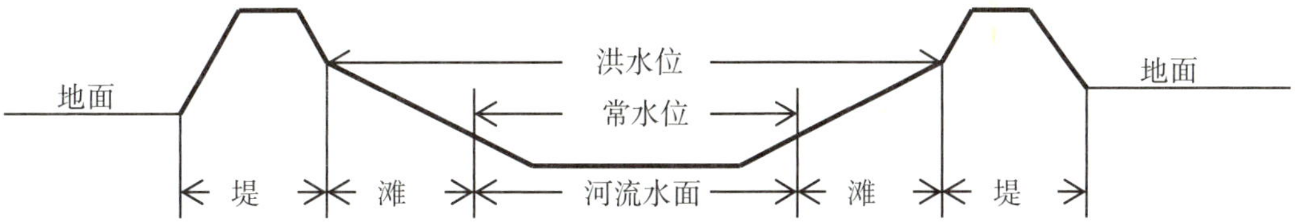

图5-12 有堤河流横断面

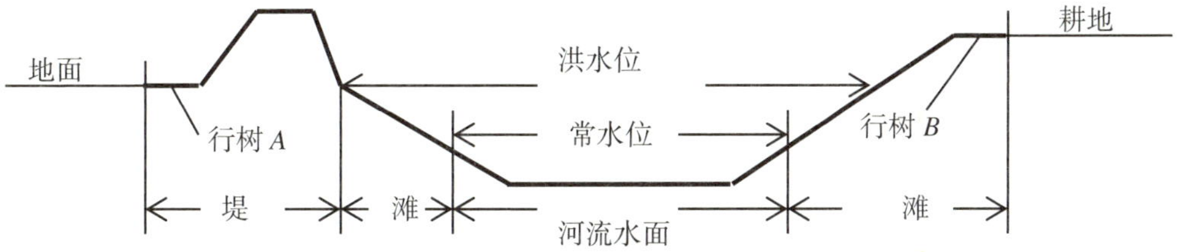

图5-13 流河与两侧地物紧邻情形

河流滩涂（内陆滩涂）指的是河流的常水位岸线与一般年份的洪水位线（不是历史最高洪水位）之间的区域，调查时，可按实地现状或在当地了解情况或向有关部门咨询调绘或标绘。

具体调绘时注意以下问题的处理。①当河滩不能够依比例尺调绘时，可综合到河流水面中。②对人工修建（水泥结构）的主要用于挡水的堤，不能够依比例尺调绘时，可综合到河滩中。③对主要用于交通的堤，按交通用地调绘。④对建在堤上的居民点，按居民点要求调绘。⑤图 5-13 *A* 处所示，用于护堤的零星或成行的树木，可综合到堤中，否则按林带或林地调查。⑥对图 5-13 *B* 处的范围，当不能够依比例尺调绘时，可综合到堤或河滩中。

（2）铁路（公路、农村道路）。

铁路、公路、农村道路类型相似，主要有与地面一致、高于地面和低于地面三种表现形式，从横断面结构看，主要为有无路基、有无道沟（主要用于护路的沟）之分，如图 5-14 所示，以铁路为例进行介绍。

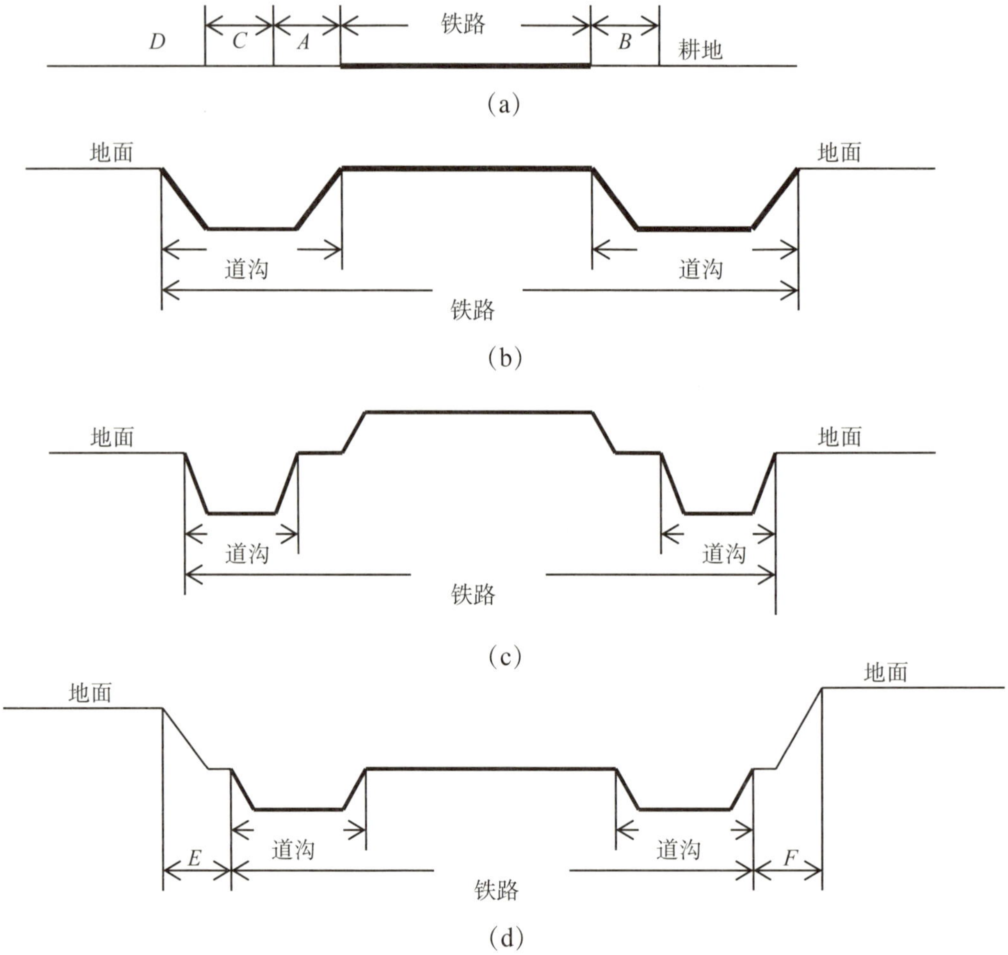

图 5-14　铁路横断面示意

铁路（公路、农村道路）用地包括路基、道沟、紧邻的成行护路树木等。当对铁路用地进行确权调查时，按权属范围进行调查；当不进行确权时，参照影像，在实地按现状，将铁路用地范围调绘在调查底图上。

具体调绘时按现状调绘，需注意几个问题的处理以图 5-14a 为例说明，图（b）、图（c）、图（d）情形类似：①当 *A* 处为防护行树时，可综合到铁路用地中，否则按林带或林地调查。②当 *B* 处范围外毗邻耕地时，且 *B* 处不能够依比例尺调绘时，*B* 可综合到铁路用地中。③当 *D* 处为耕地、园地等农用地时，*C* 处范围当不能够依比例尺调绘时，*C* 可综合到 *A* 中。④当 *C*、*D* 均为非耕地、园地等农用地时，*C* 处范围当不能够依比例尺调绘时，*C* 应综合到 *D* 中。⑤ 当 *E*、*F* 处范围不能依比例尺调绘时，可综合到铁路用地中。

2）单线线状地物宽度范围的确定和要求

为量算单线线状地物面积，需要在实地丈量线状地物宽度，在图上量算线状地物长度，计算线状地物面积。单线线状地物一般在宽度基本一致的地方量取，并在图上相应位置标注量测点和宽度数据。由于线状地物两侧，有时种植成行的树木、紧邻耕地及其他地类，所以，在实地量测线状地物宽度时，要处理好线状地物与行树、耕地、其他地类的关系。调查时，对已确权的线状地物用地，按确权范围量算其宽度；当未进行确权时，参照影像，在实地按现状量算其宽度。此处主要介绍按现状量测线状地物宽度时需注意的几个问题的处理。

（1）河流、沟渠宽度的量测。

河流、沟渠宽度一般量其河（沟、渠）槽的上沿宽度为河流、沟渠宽度，如图 5-15 所示。

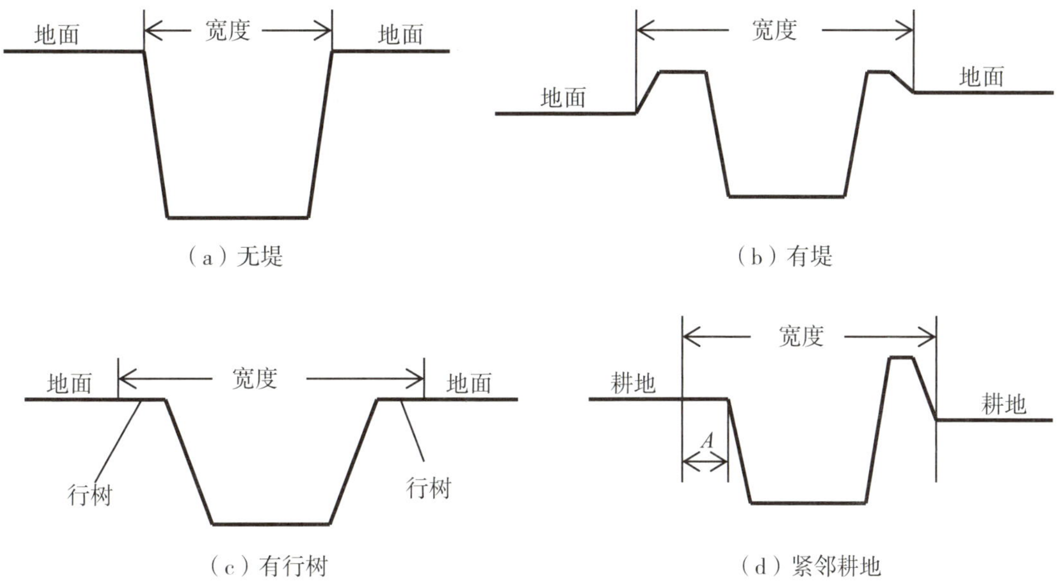

图 5-15　河流、沟渠分情况横断面示意

由图 5-15 可看出，河流、沟渠主要包括无堤的（图 a）、有堤的（图 b）、紧邻行树的（图 c）、紧邻耕地的（图 d）4 种类型。

具体实地量测，以图 5-15 为例说明需注意的几个问题的处理。①河流、沟渠无论是否有水，均量测其上沿宽度，当有堤时量测到堤外侧坡脚处，如图 a 和图 b。②当河流、沟渠紧邻防护行树时，河流、沟渠宽度包括行树，如图 c。③当河流、沟渠紧邻耕地、园地等农用地时，分具体情况处理。一般情况下，宽度量测到耕地边缘处，如图 d 右侧情形。当 *A* 处为非耕地时，且不能够依比例尺调绘时，可视其为河流、沟渠范围，河流、沟渠宽度包括 *A*，当能够依比例尺调绘时，须单独调绘，河流、沟渠宽度不

包括 *A*。④对主要用于交通的堤，按交通用地调绘。⑤对人工修建（如水泥结构）的主要用于挡水的堤，不能够依比例尺调绘时，可视为河流、沟渠宽度的一部分。

（2）铁路（公路、农村道路）等道路宽度的量测。

现以典型结构的道路用地为例说明道路宽度的量测方法和要求，如图 5-16 所示。

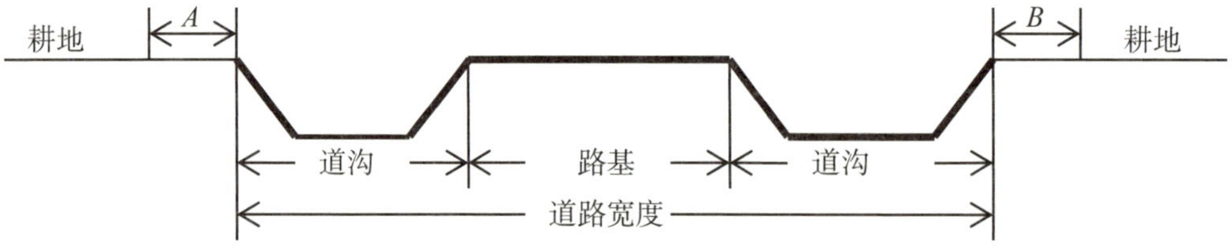

图 5-16　道路横断面

具体实地量测道路宽度是，以图 5-16 为例说明需注意的几个问题的处理。①当道路的每一侧为同一地类时，即 *A*、*B* 不存在时，道路实量宽度如图 5-16 所示。这是最简单的一种情况。实地上，情况复杂得多，即 *A*、*B* 范围内地类都与紧邻的地类不一致，需视不同情况处理。②当 *A* 处为护路树木，道路宽度应包括护路行树，护路行树以外的数目按林带和林地调绘。③当 *B* 处为非耕地，且不能够依比例尺调绘时，道路宽度应包括 *B*。否则不包括 *B*，*B* 处按实地现状地类调绘。

3. 线状地物与权属界线关系的处理

线状地物与土地权属界线重合时，线状地物调绘在准确位置上，其他界线只标绘高一级界线。行政区域界线或土地权属界线符号，视下列不同情况标绘。

1）权属界线位于双线线状地物中心

以双线依比例尺线状地物中心为界的，权属界线符号标绘在其中心线上，如图 5-17 所示。

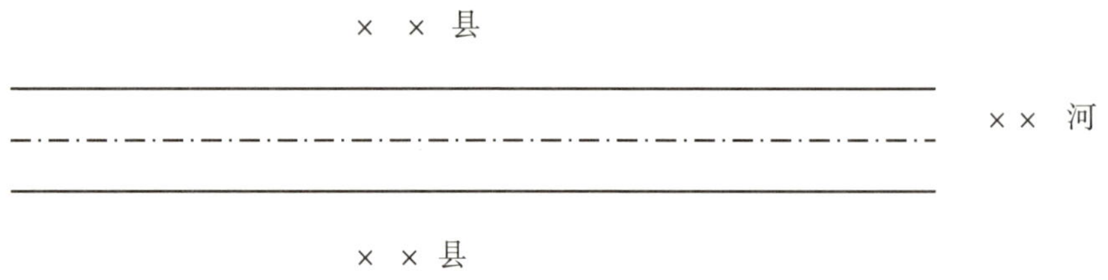

图 5-17　双线线状地物中心处为权属界线

2）权属界线位于双线线状地物一侧

以双线依比例尺线状地物一侧为界的，权属界线符号离该侧边界 0.2 毫米标绘，如图 5-18 所示。

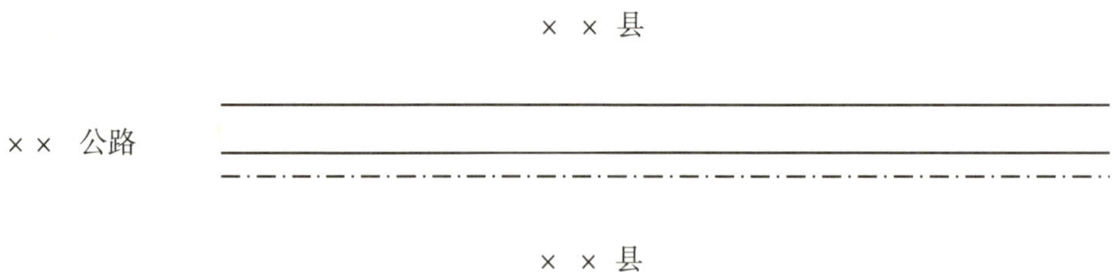

图 5-18　双线线状地物一侧为权属界线

3）权属界线位于单线线状地物中心

以单线线状地物中心为界的，权属界线符号离线状地物 0.2 毫米处，交错标绘在其两侧，如图 5-19 所示。

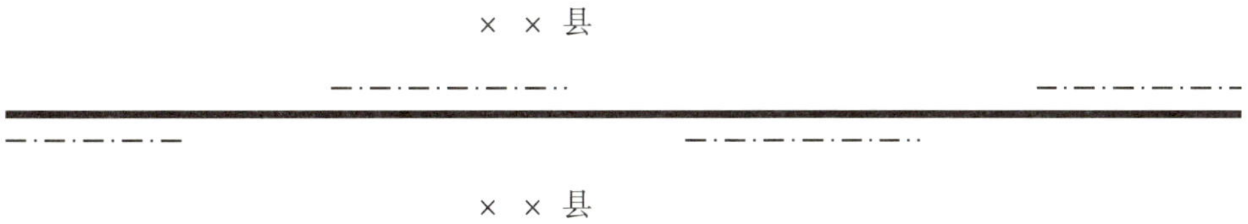

图 5-19 单线线状地物中心处为权属界线

4）权属界线位于单线线状地物一侧

以单线线状地物一侧为界的，权属界线符号离线状地物 0.2 毫米处标绘在该侧，如图 5-20 所示。

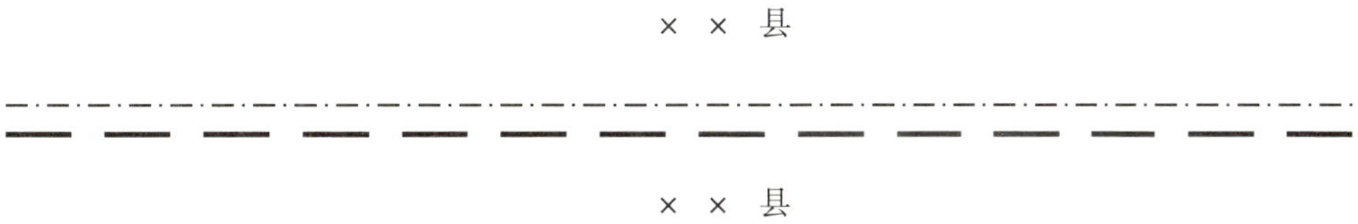

图 5-20 单线线状地物一侧为权属界线

对南方小于 1 米、北方小于 2 米的不调查的线状地物，当作为权属界线时，必须调绘和表示，但不参与面积计算，并参照单线线状地物的处理方法，处理好线状地物与权属界线的位置关系。

4. 线状地物之间关系的处理

线状地物在图上的表现形式有两种，一种为线状地物宽度大于或等于图上 2 毫米的，用双线依比例尺按图斑调绘和表示；另一种为线状地物宽度小于图上 2 毫米的，用单线符号半依比例尺调绘和表示。为了使图面清晰、表示合理及面积量算的方便等，应合理处理线状地物之间的关系，主要是不同线状地物并行时，宽度范围的确定。

1）不同线状地物并行时宽度范围确定和要求

在实地，单一线状地物是较少的，而各种不同线状地物并行情形比比皆是。合理确定线状地物并行时各线状地物宽度范围，是线状地物调查时的重要内容。其核心问题是如何处理并行线状地物之间的地类，即是综合到相邻地类还是作为独立地类。现以河流、道路、沟渠并行时为例，说明线状地物并行时的主要处理方法和要求。图 5-21 所示为河流、道路、沟渠并行时的横断面。处理的基本原则是，一般不进行取舍，而是根据不同情况采取不同的处理方式。

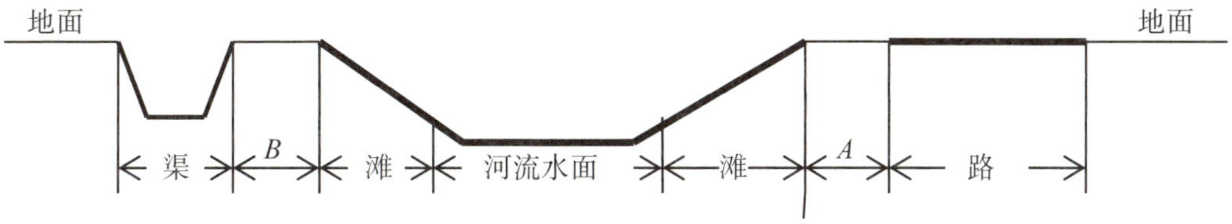

图 5-21 线状地物并行横断面

（1）河流、道路、沟渠均为双线依比例尺线状地物。当河流、道路、沟渠均为双线依比例尺线状地物时，均要调绘在调查底图的准确位置上。线状地物之间的 *A* 或 *B* 处的各种地类视影像分辨地类清晰程度处理，原则是：①按实地现状进行调绘。②当 *A* 或 *B* 不存在，即并行线状地物基本连为一体时，路或渠的一条边线（一般为人工修建的）可代替滩的一条边线。③可按主要地类进行综合。如主要为生长的杂草，掺杂一些耕地（小于最小上图标准的）等其他零星地类，则可综合为“其他草地”地类。④当 *A* 或 *B* 处为紧邻线状地物的防护行树，各 1/2 综合到线状地物中。⑤当 *A* 或 *B* 处地类为大于最小上图标准的耕地、园地，且为狭长形状时，图上难以表示清楚的，可实测面积记录在调查手簿上，内业面积量算时扣除。

（2）双线线状地物与单线线状地物并行。

当双线线状地物与单线线状地物并行时，如河流为双线、渠为单线时，双线线状地物调绘在调查底图准确位置上。单线线状地物视与双线线状地物的相对位置关系不同，采取不同的处理方法。处理原则是，按准确位置调绘或离双线线状地物边界 0.2 毫米处标绘，以双线线状地物为图斑界线。①当单线线状地物标绘在准确位置。*A* 处的地类按上述方法处理。②当 *B* 不存在，即并行线状地物基本连为一体时，单线线状地物离双线线状地物边线 0.2 毫米处标绘，并以边线准确的双线线状地物边线为图斑界线。

（3）均为单线线状地物并行。

当均为单线线状地物并行时，依河流、铁路、高速公路、国道、干渠、县（含）以上公路、农村道路、沟渠、林带、管道等为主次顺序，主要线状地物调绘在工作底图准确位置，并为图斑界线，次要线状地物按准确位置调绘或离主要线状地物 0.2 毫米处标绘。

2）线状地物交叉时的处理

线状地物交叉时，从上向下俯视，上部的线状地物连续表示，下压的线状地物断在交叉处，如图 5-22 所示。面积计算时，只计算上面线状地物的面积。

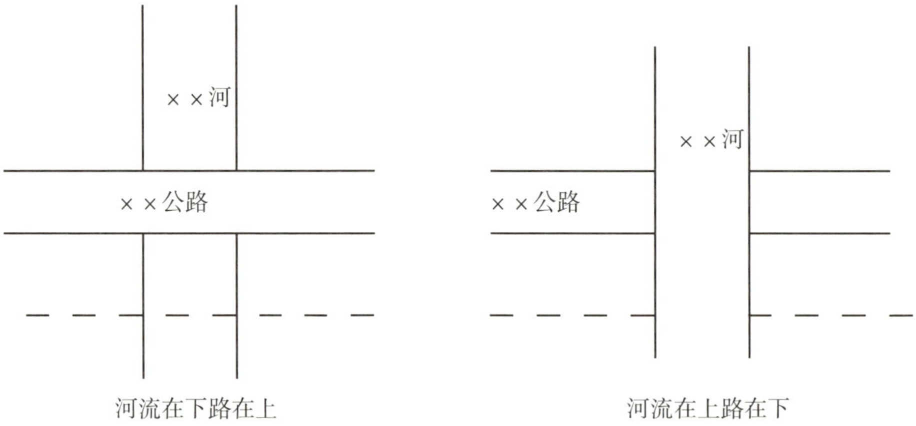

图 5-22　线状地物交叉的表示方法

5. 线状地物与其他地物关系处理

线状地物的表现形式有两种，一种为线状地物宽度大于或等于图上 2 毫米时，用双线依比例尺按图斑调绘和表示；另一种为线状地物宽度小于图上 2 毫米的，用单线符号半依比例尺调绘和表示。因此，为了使图面清晰、表示合理及面积量算的方便等，应合理处理线状地物与其他地物之间的关系。

1）线状地物与居民点关系处理

（1）线状地物穿过城市。当线状地物穿过城市时，线状地物一般断在城市外围界线处，如图 5-23 所示。

图 5-23 线状地物穿过城市情况

（2）河流、铁路、高速公路、国道、干渠、县（含）以上公路等线状地物穿过农村居民点。当河流、铁路、高速公路、国道、干渠、县（含）以上公路等线状地物穿过农村居民点时，线状地物应连续调绘并计算其面积，如图 5-24 所示。

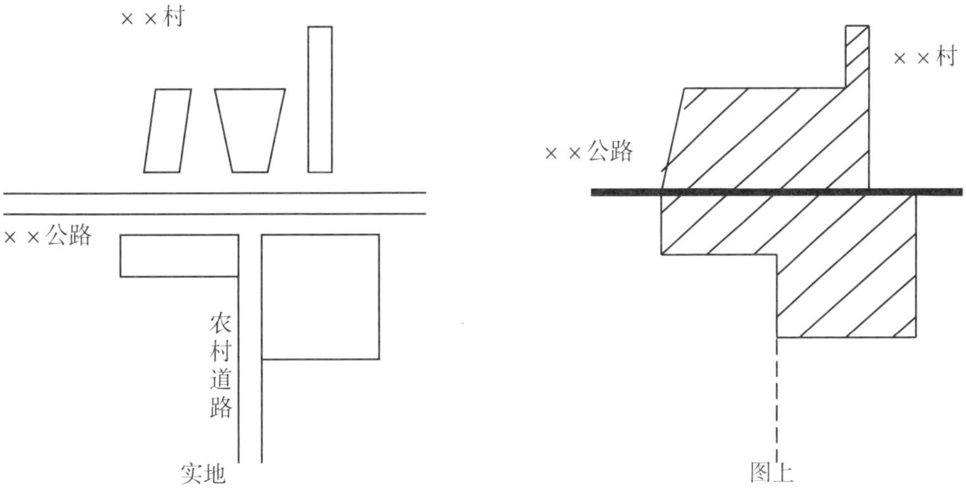

图 5-24 线状地物穿过农村居民点情况

（3）农村道路、沟渠等线状地物穿过农村居民点。当农村道路、沟渠等线状地物穿过农村居民点时，线状地物可断在居民点外围界线处，如图 5-23 所示。

（4）双线依比例尺线状地物与居民点并行。

①当间距大于等于图上 2 毫米时，双线线状地物、居民点边线均应调绘在调查底图准确位置上，其间的地类按现状调查，如图 5-25 所示。

②当间距小于图上 2 毫米时，双线线状地物调绘在调查底图准确位置，其某一边线可作为居民点界线，如图 5-26 所示。

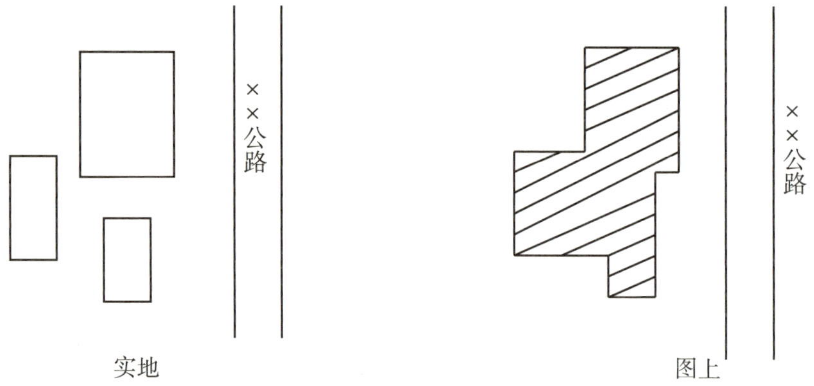

图 5-25 双线依比例尺线状地物与居民点并行情况一

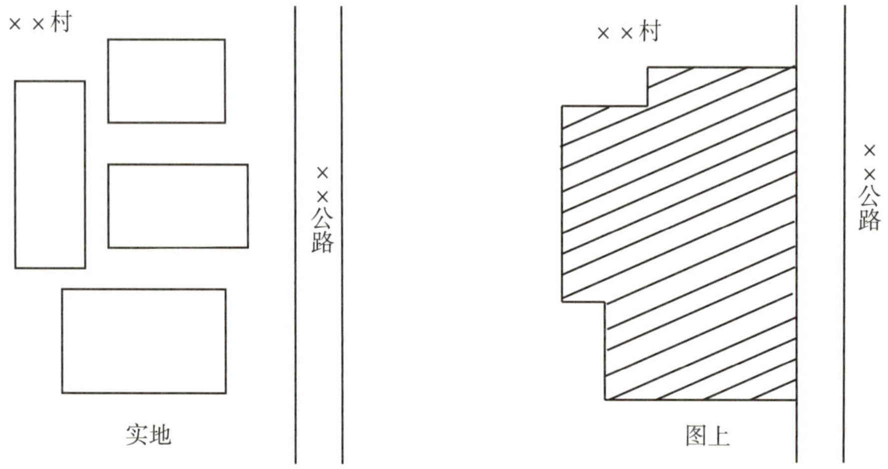

图 5-26 双线依比例尺线状地物与居民点并行情况二

（5）单线半依比例尺线状地物与居民点并行。

①当间距大于等于图上 2 毫米时，线状地物、居民点边线均应调绘在调查底图准确位置上，其之间的地类按实地现状调查，如图 5-27 所示。

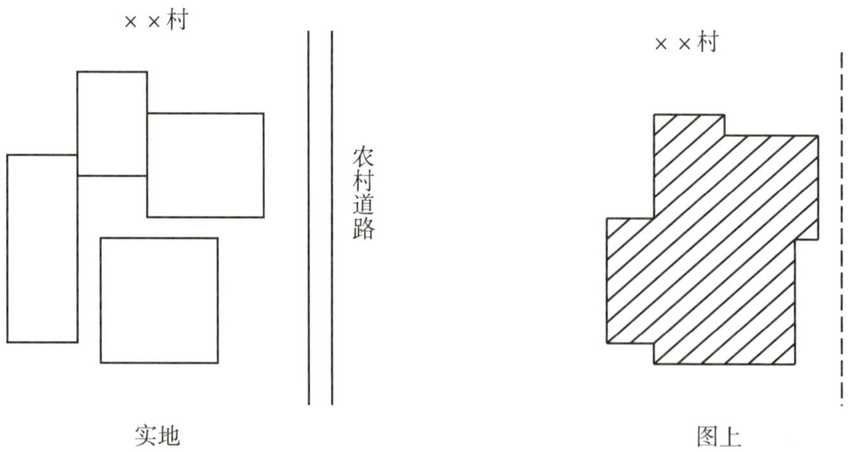

图 5-27 单线半依比例尺线状地物与居民点并行情况一

②当间距小于图上 2 毫米时，单线半依比例尺线状地物调绘在调查底图准确位置上，并可作为居民点界线。面积量算时，居民点图斑面积应扣除作为图斑界线线状地物面积的一半，如图 5-28 所示。

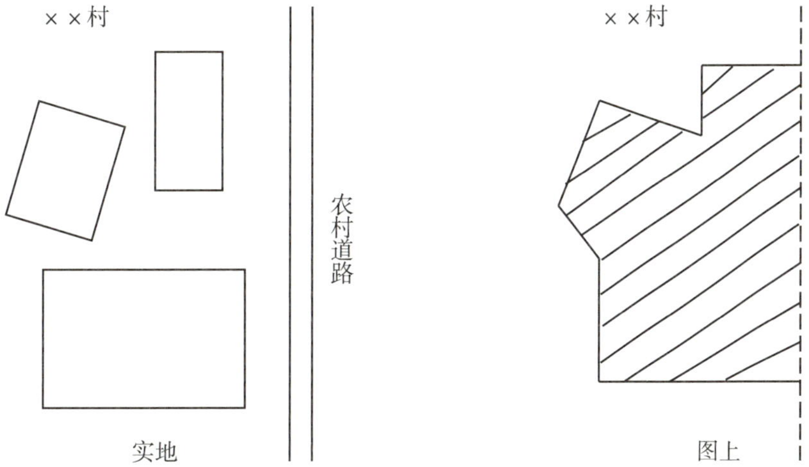

图 5-28　单线半依比例尺线状地物与居民点并行情况二

2）线状地物穿过隧道时的处理

线状地物穿过隧道时，线状地物断在隧道两端，隧道内线状地物可用虚线表示。如图 5-29 所示。面积计算时，隧道内线状地物面积不计算。

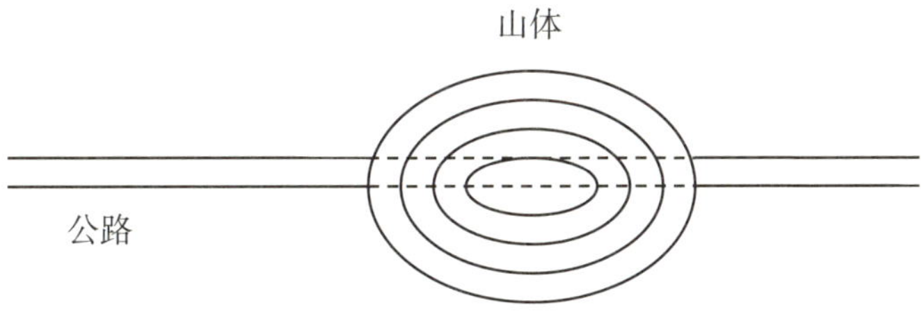

图 5-29　线状地物穿过隧道后情况

6. 线状地物编码注记与要求

线状地物属性主要包括线状地物的坐落、权属单位、权属性质、类型、面积等，这些属性注记在数据库中。为了读图、用图、面积计算的方便，在图上只对部分属性进行编码注记。线状地物以村为单位按从左到右、自上而下由“1”顺序编号。现状地物编码注记采用 *ab*/*c* 形式，*a* 为地类编号，*b* 为权属性质，国有为 G、集体为 J 或不注，*c* 为单线线状地物宽度。编码标注方法为在宽度量测点上平行线状地物标注，字头朝北（东北）或西（西北）；在非宽度量测点上只标注其宽度（主要方便面积计算）。

单线线状地物在实地宽度均匀处量测其宽度到 0.1 米，并在调查底图对应实地位置打点标记量测点和其宽度值；当线状地物宽度变化大于 20% 时，分别量测线状地物宽度，并在实地变化对应调查底图位置垂直线状地物绘一短实线，分隔宽度不同的线状地物。当线状地物较长时，为了用图方便，相隔一定距离注记其宽度，但不需打点以示区别。具体注记方式如图 5-30 所示。

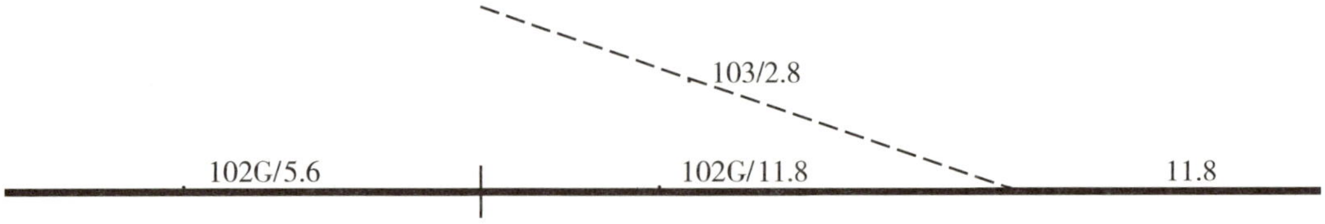

图 5-30　线状地物编码与注记示意

（四）图斑调查及要求

用内业解译后制作的调查底图，对图上标注的图斑逐个进行实地核实。为了比较准确地反映土地分类、分布情况，外业调查人员在调查时主要依据已有的资料，结合实际情况，在实地选择视野开阔的站立点，在图上找准相应的位置，来确定地类及图斑边界；针对图上影像无法判读的地方，则辅以手持GPS 到实地进行地类核实。其核实内容主要包括：一是图斑画分是否正确；二是图斑范围是否正确；三是地类编码是否正确；四是图斑的综合取舍是否合理；五是记录图斑属性在调查工作底图或《农村土地调查记录手簿》上。通过核实形成了原始调查图件和资料。

由于用于外业调查的图件经折叠或风吹日晒，会有所变形，且字迹也往往是很潦草的，所以，在一天的外业完成之后，应对调查情况进行整理，可清绘到另一张调查工作底图上。有条件的，可在计算机上直接修改矢量数据。

图斑调查包括 3 方面内容，一是图斑画分；二是图斑地类认定；三是属性确定。实际调查中，由于对图斑的理解不完全一致，对图斑的画分结果也不一样。为保证调查成果的统一性，便于成果的使用、变更及管理，根据图斑的定义，统一图斑画分的基本标准和基本要求。

1. 图斑定义

将单一地类的地块，以及被调查界线、土地权属界线、线状地物分割的单一地类的地块称为图斑。

2. 图斑画分要求

图斑的画分，主要有如下情况。

（1）按第二次全国土地调查分类（农村土地调查分类）二级地类画分图斑，其中，城市用地、建制镇用地、村庄用地、采矿用地、风景名胜及特殊用地外围闭合界线形成的地块为图斑。

（2）图上宽度大于 2 毫米的线状地物画分为图斑。

（3）调查界线、土地权属界线、单线线状地物、地类界线分割的地块形成图斑。

（4）梯田、坡耕地单独画分图斑。

（5）不同坡度分级耕地单独画分图斑。

当各种界线重合时，依调查界线、土地权属界线、地类界线的高低顺序，只表示高一级界线。调查界线、土地权属界线作为符号使用时不视为图斑界线；作为非符号使用时视为图斑界线。

3. 图斑边界精度要求

图斑范围界线为明显界线时，标绘的界线与调查底图（DOM）上同名地物的移位不大于图上 0.3 毫米，为不明显界线时不大于图上 1.0 毫米。

4. 图斑最小上图面积标准

不同地类图斑最小上图面积规定，以及图上面积与实地面积对应关系如表 5-1 所示，由于第二次全国土地调查的调查比例尺主要为 1 ∶ 1 万、1 ∶ 2.5 万，个别为 1 ∶ 5000，表中只列出了这 3 种比例尺的对应关系。

表 5-1 不同地类图斑最小上图面积标准

调查比例尺	城镇村及工矿用地		耕地、园地、坑塘等		林地、草地等其他地类	
	图上面积	实地面积	图上面积	实地面积	图上面积	实地面积
1 ： 2.5 万	4 平方毫米	3.7 亩	6 平方毫米	5.6 亩	15 平方毫米	14.1 亩
1 ： 1 万	4 平方毫米	0.6 亩	6 平方毫米	0.9 亩	15 平方毫米	2.3 亩
1 ： 5000	4 平方毫米	100 平方米（0.15 亩）	6 平方毫米	150 平方米（0.23 亩）	15 平方毫米	375 平方米（0.6 亩）

对于小于最小上图面积标准图斑的调查，详见七零星地物调查。

5. 城镇村及工矿用地图斑画分

第二次全国土地调查分类（即农村土地调查分类）（见第二章第二节），是对《土地利用现状分类》（GB/T 21010 — 2007）国家标准中的部分一级类和二级类进行了适当归并，具体为对《土地利用现状分类》（GB/T 21010 — 2007）国家标准中的 05、06、07、08、09 一级类和 103、121 二级类进行归并，形成了用于农村土地调查的城镇村及工矿用地，如表 2-7 所示。根据第二次全国土地调查分类要求，城镇村及工矿用地图斑画分如下。

（1）城市用地图斑画分。

城市用地是指经国家批准设市建制的以非农产业和非农业人口聚集为主要特征的用地。城市用地按级别分为直辖市、计划单列市、地级市、县级市。城市用地属于国有土地。目前，对城市用地范围的界定还没有一个统一的画分标准。第二次全国土地调查中，将城市建成区（集中连片）范围内的土地认定、画分为城市用地。

第二次全国土地调查中，下列用地认定为城市用地。①国家行政建制设立市的建成区（一个或多个）的土地，包括城市居民点及与其连片的商服、住宅、工业、仓储、机关、学校等单位的用地。②建成区内称为“城中村”的集体土地（指集体土地中的建设用地），不包括“城中村”中的耕地、园地等农用地。第二次全国土地调查中，有些地区对“城中村”也进行了单独调查。③区政府、县级市政府所在地镇级辖区内的商服、住宅、工业、仓储、机关、学校等单位的用地。通过调查，认定为城市用地范围界线形成的地块，为城市用地图斑。

（2）建制镇用地图斑画分。

建制镇用地是指经国家批准设镇建制的以非农产业和非农业人口聚集为主要特征的用地。镇是建制镇的简称。我国的建制镇包括县人民政府所在地的建制镇（不含县城关镇）和县以下的建制镇。建制镇是城市的范畴，建制镇土地属于国有土地。第二次全国土地调查中，将建制镇建成区（集中连片）范围内的土地认定、画分为建制镇用地。

第二次全国土地调查中，下列用地认定为建制镇用地。①国家行政建制设立建制镇的建成区（一个或多个）的土地，包括建制镇居民点及与其连片的商服、住宅、工业、仓储、机关、学校等企事业单位的用地。②建制镇建成区内“城中村”的集体土地（指集体土地中的建设用地），不包括“城中村”中的耕地、园地等农用地。第二次全国土地调查中，有些地区对“城中村”也进行了单独调查。③建制镇辖区内，属于村庄所属用地（建设用地）以外的商服、住宅、工业、仓储、机关、学校等企事业单位的用地。通过调查，认定为建制镇用地范围界线形成的地块，为建制镇用地图斑。

（3）村庄用地图斑画分。

村庄用地是指城市、建制镇用地以外以农业人口聚集为主要特征的用地，包括农村居民点及与其连片的商服、工业、住宅、学校等的用地。

第二次全国土地调查中，下列用地认定为村庄用地。①农村居民点及与其连片的商服、工业、住宅、学校等的用地。不包括农村居民点内的耕地、园地等农用地。②农村居民点内的国有土地。有些地区对农村居民点内国有土地进行了单独调查。③村庄所属的商服、住宅、工业、仓储、机关、学校等的用地。通过调查，认定为村庄用地范围界线形成的地块，为村庄用地图斑。

（4）采矿用地图斑画分。

采矿用地包括金属矿（如铁矿、锰矿等），非金属矿［如煤（含瓦斯气）、石灰石、食用和非食用盐、砂（沙）等］，石油、天然气开采，地热资源（如地热水和地热蒸汽）开采，饮用矿泉水开采，砖瓦窑等地面生产的用地及其他辅助生产用地。采矿分为地下矿、洞矿、露天矿类型。土地调查中只对地表的采矿用地进行调查。

第二次全国土地调查中，下列用地认定为采矿用地。①地面生产用地。指直接用于采矿的地面上的生产用地。如地下矿、洞矿开采井口（洞口）及设施（如升降设备、井口车场等）的用地；露天矿（如露天煤矿）开采采场的用地；盐田（如储水池、蒸发池、结晶池等）的用地；采砂（沙）场的用地；用于生产建筑用砖、瓦、陶瓷等的用地；开采物存放地等。②尾矿库、排土场用地。③辅助生产用地。指用于采矿必需的非生产用地。如管理用房、倒班宿舍、食堂、生活服务设施、仓储设施、道路系统、消防设施等的用地。通过调查，认定为采矿用地范围界线形成的地块，为采矿用地图斑。

（5）风景名胜及特殊用地图斑画分。

风景名胜及特殊用地指城市、建制镇、村庄、采矿用地以外的军事设施用地；风景名胜（如名胜古迹、旅游景点、革命遗址、自然保护区、森林公园、地质公园、湿地公园、旅游度假区等）景点，以及管理机构的用地；涉外、宗教、监教、殡葬等的用地。通过调查，认定为风景名胜及特殊用地范围界线形成的地块，为风景名胜及特殊用地图斑。

6. 图斑编码注记与要求

为了面积计算、数据统计汇总、读图、用图等的方便，应以村或村民小组（宗地）为单位，从上到下、从左到右对每一个图斑都要标注一个不重复的编码（可为空号）。图斑属性一般包括图斑的坐落、权属单位、权属性质、地类编号、顺序编号、图斑面积等。当图斑为耕地时，还包括基本农田、耕地坡度分级、梯田、坡耕地、田坎系数等。在这些属性中，至少应对图斑顺序编号、地类编码、图斑的权属性质进行标注。图斑编码采用 *ab*/*c* 形式，其中 *a* 表示图斑顺序编号（不能重复）；*b* 表示图斑权属性质（国有土地标注“G”、集体土地标注“J”也可不标注）；*c* 表示图斑地类编号（二级类）。当图斑较小时，编码用引线引出，标注在图斑外。

五、梯田、坡耕地调绘

对耕地，不但要将位置、范围、权属性质等调绘在调查底图上，还要将耕地画分为梯田和坡耕地两种类型，单独成为图斑。

（一）梯田类型

梯田指在坡地上沿等高线由人工修筑的比较规整的台阶式农田，如图 5-31 所示。梯田可拦蓄雨水、防止水土流失，对农田的高产、稳产起很大作用。

梯田边缘一般用土或石料垒成地坎。调查时，对认定的耕地地类图斑，当影像、地类分界清晰时，可直接在调查底图上，依据影像直接标绘梯田的范围界线；当影像、地类分界不清晰时，应到实地调查确认，在实地将梯田的范围界线调绘在调查底图上。

图 5-31 梯田

（二）坡耕地类型

坡耕地指坡地上基本没有或有少量（与梯田比）田坎（自然形成或人工修建）的农田，如图 5-32 所示。坡耕地水土易流失，对农业生产有一定影响。调查时，首先将梯田的位置、范围调绘准确。梯田以外的耕地均认定为坡耕地。

对梯田、坡耕地混在一起的，当两者都大于最小上图标准时，须分别调绘，单独画分图斑；当其中之一小于最小上图标准时，可综合到另一类型中。

图 5-32 坡耕地

六、耕地坡度分级确定

耕地坡度分级是反映耕地地表形态、耕地质量、生产条件、水土流失的重要指标之一。耕地坡度是土地调查的重要内容。根据《第二次全国土地调查技术规程》（TD/T 1014 — 2007），按照耕地所在地面坡度，耕地分为 5 个坡度级，即小于等于 2° 的为 Ⅰ 级、大于 2° 小于等于 6° 的为Ⅱ级、大于 6° 小于等于 15° 的为 III 级、大于 15° 小于等于 25° 的为Ⅳ级、大于 25° 的为Ⅴ级，其中 Ⅰ 级视为平川，除 Ⅰ 级外，每个坡度级耕地又分为梯田和坡耕地两种类型。第一次全国土地调查时，将耕地图斑转绘在地形图上或套合地形图，利用坡度尺和耕地图斑内等高线疏密程度，通过人工逐图斑量算，确定耕地的坡度并进行分级。

第二次全国土地调查中，通过利用 1 ∶ 5 万（少量为 1 ∶ 1 万）数字高程模型（DEM），以省为单位，由省级土地调查办公室组织，由技术队伍统一制作分县的坡度分级图。将坡度分级图与土地利用现状图套合，耕地图斑落在哪个坡度分级内，该耕地就被确定为哪个坡度级。当同一耕地图斑含有不同的坡度级时，以主要的坡度级确定该图斑坡度级；当某一耕地图斑，跨两个（或两个以上）坡度级，面积比例相当，并且之间的界线明显时，应将该耕地图斑画分为两个（或两个以上）不同坡度级的耕地图斑，但尽可能不要分得过细，使图斑破碎。坡度图制作及耕地坡度分级确定，具体见第七章利用 DEM（数字高程模型）确定耕地坡度分级。

七、零星地物调查

在总结了第一次全国土地调查对零星地物调查要求的基础上，第二次全国土地调查对零星地物进行了重新界定，《第二次全国土地调查技术规程》（TD/T 1014 — 2007）规定零星地物是指耕地中小于最小上图图斑面积的非耕地或非耕地中小于最小上图图斑面积的耕地。对零星地物的界定主要是考虑确保耕地面积的准确。对除此以外的其他零星地物不进行调查。

第二次全国土地调查中，对零星地物原则上可不调查。但对耕地图斑破碎、零星地物较多，不调查零星地物直接影响耕地面积和分布的地区，也可进行零星地物调查。具体是否需要进行零星地物调查及调查方法，由省级土地调查办公室根据本省情况进行规定。从结果看，部分省份进行了零星地物调查。

零星地物调查应符合以下基本要求。

（1）零星地物调查的内容。零星地物调查的主要内容包括地类、面积、权属、权属性质、所属图斑及其在图斑中的位置等。这些属性标注在调查底图或《农村土地调查记录手簿》上作为数据库建设的依据。

（2）零星地物表示与编码。对确定调查的零星地物，应在调查底图准确位置上，用直径 0.2 毫米的圆点表示，标注零星地物位置。零星地物编码采用 $(a)b/c$ 形式，a 表示零星地物顺序编号，编号以图斑为单位，按其在图斑内的位置，按从左到右、自上而下的原则，用阿拉伯数字依次不重复编号（可为空号）；b 表示权属性质（国有土地标注“G”、集体土地标注“J”也可不标注）；c 表示地类编号（二级类）。

（3）零星地物面积应实地量测。零星地物应在实地根据其几何形状，按照相应几何面积计算公式要求进行丈量和面积计算。对不规则的几何形状，可将其画分为若干几何图形分别量算其面积然后进行合计得到，以保证零星地物面积的准确。零星地物面积可记录在调查底图相应位置，或记录在《农村土地调查记录手簿》上，作为数据库建设和零星地物面积扣除的依据。

对小于 100 平方米的零星地物一般不调查，综合到相应图斑中。

八、破碎耕地调查

耕地除了上述的梯田、坡耕地类型外，还有一种很破碎并与裸岩、石砾混在一起的耕地类型，比较典型的是我国西南石漠化地区的耕地，如图 5-33 所示，也称为时缝地。其特点是耕地破碎，与裸岩、石砾混在一起，每一小块耕地都不够最小上图面积标准。

此类型的耕地，每一小块耕地都不够上图标准，若不调查，当地就没有耕地或耕地减少很多；但若每一小块都开展调查，工作量非常巨大，也不便于操作。由于破碎耕地分布没有规律，不能采用测算非耕地（或耕地）系数的方法获得耕地面积。因此，对此类耕地的调查可采用逐图斑在实地目视估算的方法获得耕地面积。具体步骤为：一是认定图斑地类。即在实地通过目视估算，当认为耕地比例大于50%时（一半以上为耕地时），将混在一起的耕地和裸岩石砾作为一个图斑进行调查和表示，将地类认定为耕地地类。反之，将地类认定为裸地地类。二是目视耕地、非耕地系数。对耕地图斑中的裸岩石砾等非耕地，在实地（一般选择站在高处）通过目视估算其所占比例，一般由两人目视估算取其平均值作为该图斑的非耕地系数，并记录在调查底图上或调查手簿上。反之，目视估算该图斑的耕地系数。三是耕地、非耕地面积计算。内业面积计算时，根据外业目视估算的非耕地系数（或耕地系数），逐图斑计算（图斑面积乘以非耕地系数或耕地系数）非耕地面积（或耕地面积）。四是耕地、非耕地面积扣除。对认定的耕地图斑扣除非耕地面积；对认定的非耕地图斑扣除耕地面积。

图 5-33　破碎耕地

此处要强调的是：一是目视估算非耕地、耕地系数必须在实地（外业）进行，不允许根据影像在室内（内业）进行；二是目视估算非耕地、耕地系数必须逐图斑进行，不允许用一个系数扣除若干图斑中的非耕地或耕地面积。

九、海岛调查

海岛，指四面环水大潮平均高潮线以上露出水面的陆地。我国海岛众多，分布在广阔的海域，有的离海岸较近、有的离海岸很远，有的甚至没有名称，有的缺乏图件资料等。因此，将每一个海岛都调查是不可能的，但海岛又是构成全国土地调查总面积的重要组成部分，因此，第二次全国土地调查只对面积大于等于 500 平方米、不与大陆相连的海岛进行调查与统计。

海岛调查包括两部分内容：一是海岛调查；二是独立滩调查。为了确保海岛调查的数量、面积的准确性，全国土地调查办向海洋测绘的主管部门——中国人民解放军海军司令部航海保证部（简称航保部）收集了海岛资料（含独立滩资料，下同），以省为单位下发各地使用，见第三章全国与省级调查界线和控制面积的确定有关内容。

各地根据全国土地调查办分发的海岛资料，开展海岛调查，主要海岛数量核实；海岛地类调查等内容。

（一）海岛数量核实

对全国土地调查办分发的海岛，如下内容的以省为单位，由省级土地调查办公室组织地（市）级、县级土地调查办公室，逐个海岛进行核实：一是海岛是否存在；二是海岛是否已变化，如海岛已与大陆相连、两个海岛已合并为一个海岛等；三是海岛是否有遗漏；四是海岛位置、范围错误等，对发现的海岛问题，地方不能处理的，应将问题的具体内容和依据上报反馈给全国土地调查办。全国土地调查办对各地反馈的海岛问题进行再核实，并将核实结果以正式文件形式下发相应省份，作为海岛调查的依据。

（二）海岛地类调查

1. 有人居住海岛地类调查

对有固定人口长期居住的海岛，必须登岛到实地开展地类调查，调查方法和要求与在大陆调查相同。

2. 无人居住海岛地类调查

对无人居住的海岛原则上可不上岛实地调查，可根据遥感影像、地类解译标志、有关资料（如地形图等）进行地类解译确定地类。

十、地物补测

地物补测是土地调查的重要内容之一。调绘除了将调查底图上影像显示的信息标绘出来外，对影像没有显示或影像不够清晰，而又需要表示的地物，需要按其位置、形状、范围补测到调查底图上。将需要补测的实地地物按调查底图比例尺缩小标绘在调查底图相应位置上的过程，称为地物补测。需要补测的内容包括成像时间到调绘期间出现的新增地物，或是由于比例尺较小无法直接解译、调绘的较小地物，以及被阴影、云影所遮盖而未成像的地物。

（一）地物补测的内容和要求

1. 地物补测内容

常见的地物补测内容主要有公路、铁路、沟渠、水利工程、设施农业、城镇工矿及农村居民点等。

补测实地相对调查底图上没有，影像显示不清晰、难以确定位置和范围的部分，确定其位置，测量其形状，调查其属性，并将补测地物标绘在调查底图上。

2. 补测精度要求

（1）量距丈量精度要求。用皮尺或钢尺丈量距离时，单位为米，保留1位小数。往返或单程两次丈量的相对误差不大于1/200。

（2）平面位置精度要求。补测的地物点相对邻近明显地物点距离中误差，平地、丘陵地不得大于图上0.5毫米，山地不得大于图上1.0毫米。

3. 补测图斑表示

在调查底图上应注明该图斑为补测图斑，即补测图斑编码要在调查编号前加“B”表示补测图斑。

（二）补测方法选择

根据被补测地物大小、形状、难易、被补测地物四周已知明显地物点状况等，采用不同的补测方法。常用的补测方法主要有简易补测法和仪器补测法。简易补测法是指使用钢尺或皮尺、圆规、笔、三角尺等简单测量工具，将地物补测到调查底图上的方法；仪器补测法是指使用平板仪、全站仪、GPS等仪器设备，进行地物补测的方法，特别是GPS等定位技术和装备得到发展，已被广泛应用到土地调查中。两种补测方法各有优劣和适用范围。简易补测法设备简单、易于操作、精度高、速度快、在实地补测标绘一次完成、成本低，但只限于补测点位四周有较多的实地与影像对应的明显地物点作为控制的地区，具有一定的局限性；仪器补测法设备复杂、需要掌握操作技能、精度高、成本高，适用于任何情况下的地物补测，没有局限性。特别是在补测铁路、公路等大型线状地物，工矿企业，具有比简易补测法无法比拟的优势。因此，根据实际情况选择不同的补测方法，对提高土地调查精度和效率具有意义。

1. 简易补测法

简易补测法又分为简易直接补测法、简易间接补测法两种。

1）简易直接补测法

该方法是地物补测的常用方法。一般使用钢尺或皮尺、圆规、笔、三角尺等简单测量工具，将地物补测到调查底图上的方法。有比较法、截距法、距离交会法、直角坐标法、延长线截距法等。该方法适用于补测地物较小或较规整，而且四周有较多的实地与影像对应的明显地物点作为控制的地区。

（1）截距法。截距法是指能够确定已知点，量取已知点到补测地物点距离，确定补测地物点在图上位置和范围的方法。如图5-34所示，已知条件为图斑 P 中，有一新增地物 X，P 北边为一公路、西边为一农村道路，DA、CB 垂直于公路。根据已知条件，只需补测 A、B 点位置就可将新增地物 X 补测到图上。

补测方法步骤为：①确定已知点。在实地确定未变化公路和农村道路的交叉点 O 在图上的位置 o。②在实地量取距离 O 点到 A 点的距离 H，并根据调查底图比例尺将 H 换算为图上距离 h。③在图上由 o 点起用比例尺或直尺沿公路向东量取距离 h 就确定了 A 点在图上的点位 a，同样图上 b 点也可以确定。④在实地量取 AD、BC 距离，并换算为图上距离 ad、bc。⑤以图上 a 点、b 点为起点，画垂直于公路的直线并等于 ad、bc。⑥连接 d、c 两点，至此得到了需要补测的新增地物 X 在图上 x 的位置和范围。

（2）距离交会法。距离交会法是指至少能确定位于需补测新地物点不同方向的两个明显地物点，量取明显地物点至需补测地物点距离，交会需补测地物点的方法，如图5-35所示。

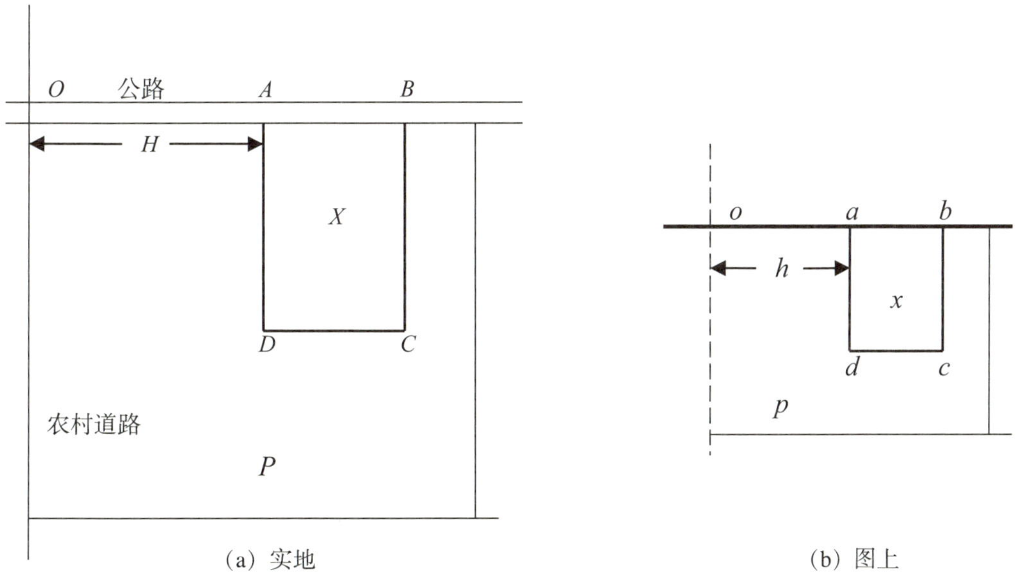

(a) 实地　　(b) 图上

图 5-34 截距法确定补测地物点示意

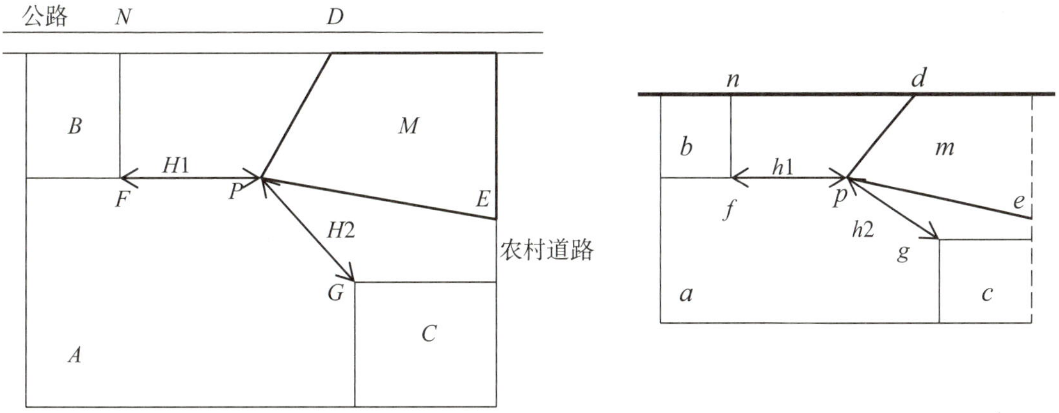

(a) 实地　　(b) 图上

图 5-35 距离交会法补测地物点示意

已知条件为，图斑 *A* 中有一不规则新增地物 *M*，图斑 *B*、*C* 为已知图斑。由图看出，只要将 *D*、*P*、*E* 三点的位置补测到调查底图上，新增地物图斑 *M* 就可补测到调查底图上。实际上 *D* 和 *E* 两点由截距法便可补测到调查底图上，这里只介绍 *P* 点的具体补测方法和要求。①确定实地未变化 *F* 点、*G* 点在图上的位置 *f*、*g*。②在实地量测 *F* 点、*G* 点到 *P* 点的距离 *H*1、*H*2，并根据调查底图比例尺换算为图上距离 *h*1、*h*2。③以 *f* 点、*g* 点为圆心，以 *h*1、*h*2 为半径画弧交于一点，该点即为所需补测的 *P* 点。

为了保障补测精度，一般应再以第三个已知点如 *N* 点进行检核。当无误后方可确定所需补测点 *P* 的位置。

（3）直角坐标法。直角坐标法也称截距法，是截距法的特殊情况。是指由一个已知点，通过量取补测点的直角坐标，确定补测点位置的方法，如图 5-36 所示。

已知条件是实地图斑 *K* 和对应图上图斑 *k*。

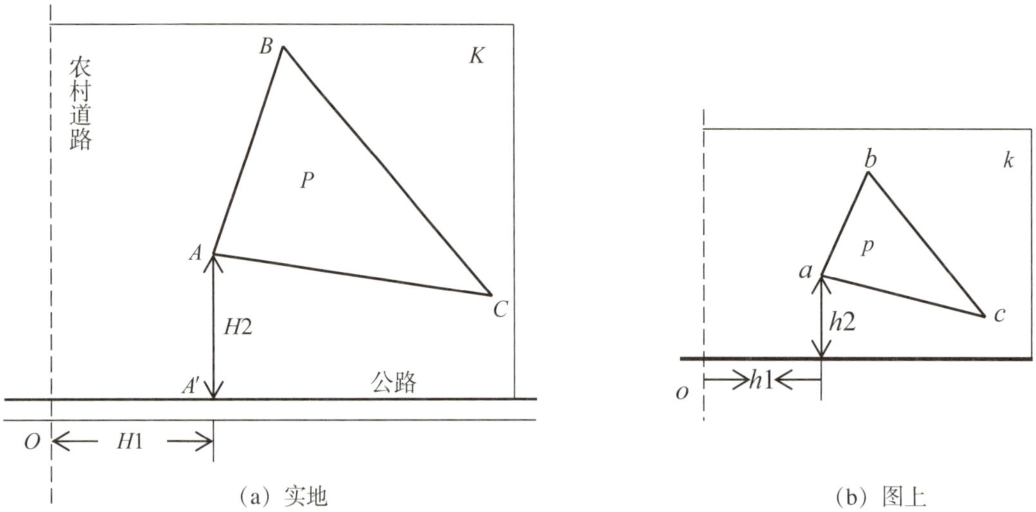

(a) 实地　　(b) 图上

图 5-36　直角坐标法补测地物点示意

实地和图上经核实均有相一致的公路和农村道路且垂直相交于 *O* 和 *o*。*P* 为一新增地物，由图看出，只要将 *A*、*B*、*C* 三点的位置补测到调查底图上，新增地物图斑 *P* 就可补测到调查底图上。以 *A* 点为例说明补测方法。①由 *A* 点丈量到公路中心线的垂直距离 *H*2 交于公路上 *A*′ 点。②由 *O* 点量测到 *A*′ 的距离 *H*1。③根据调查底图比例尺，将 *H*1、*H*2 换算成图上距离 *h*1、*h*2。④由对应实地 *O* 点的图上已知点 *o* 为起点，借助三角尺，量取图上 *h*1 和垂直于公路的 *h*2，则点 *a* 即为所需补测点 *A* 在图上的位置。

同理，可将 *B*、*C* 两点也补测到调查底图上，参照实地界线走向，连接 *a*、*b*、*c* 三点，则 *p* 为需补测的新增地物。

（4）延长线截距法。延长线截距法是指连接已知点与补测点并将连线延长交于另一已知直线，分别丈量交点至有关点的距离，并换算为图上长度，将需补测地物补测到调查底图上的方法。如图 5-37 所示，已知条件是实地和图上经核实均一致图斑 *F*、*f* 中，有一新增地物 *P*，*M*、*m* 为已知农村道路拐点，*E*、

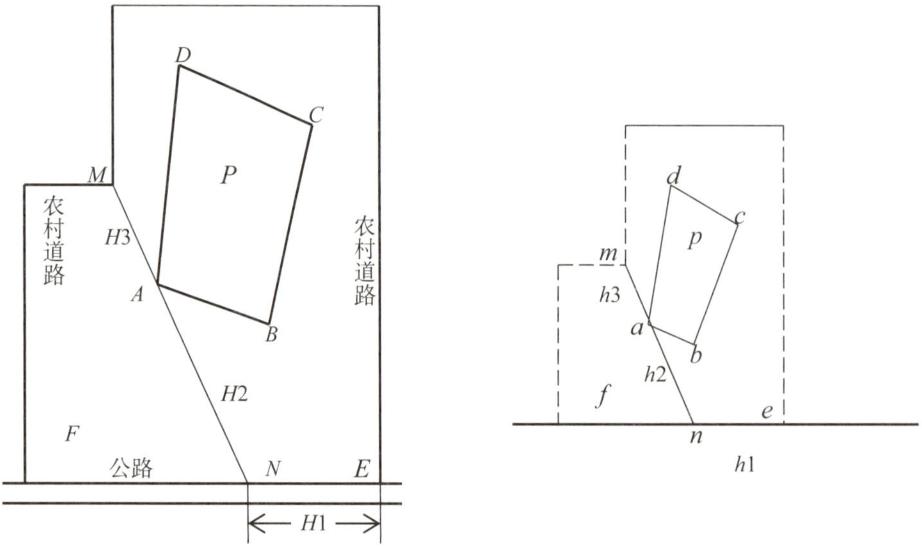

(a) 实地　　(b) 图上

图 5-37　延长线截距法补测地物点示意

e 为农村道路与公路交点。由图 5-37 看出，只要将实地的 A、B、C、D 4 个地物点，根据四周的已知地物补测到图上即可。

现以 A 点为例说明补测方法。①首先在公路上选择一点 N，并使 M、A、N 三点成一直线。②实地量测公路与农村道路交点 E 至 N 的距离 $H1$，及 $H2$、$H3$。③将 $H1$、$H2$、$H3$ 依据调查底图比例尺换算为图上长度 $h1$、$h2$、$h3$。④在图上，由对应实地 E 点的图上 e 点，量取图上 $h1$ 确定 n，在 nm 直线上量取 $h2$、$h3$ 确定的 a 点即为实地的 A 点。到此 A 点补测完毕。

同理，将 B、C、D 也补测到图上，参照实地界线走向，连接 A、B、C、D 四点，则 p 为实地需补测地物 P 在图上的位置和范围。

2）简易间接补测法

简易间接补测法是指利用收集的与需要补测地物有关的图件资料，如设计图、竣工图等，将图件资料上的有关调查内容，采用透绘法、转绘法等方法，标绘在调查底图上的方法。主要适用于已有相关资料的地区。

（1）方法。

透绘法。当收集的图件资料比例尺与调查底图比例尺一致时，两图可直接套合，将补测地物的范围直接标绘在调查底图上。或在计算机上将两图套合，将补测地物的范围标绘在土地利用现状图上。

转绘法。当收集的图件资料比例尺与调查底图比例尺不一致时，两图无法直接套合，可依据图件资料比例尺采用图解坐标方法，将补测地物的主要界址点（拐点），标绘在工作底图上。或将图件资料扫描，通过缩放将两图套合，将补测地物的范围标绘在调查底图上。

（2）要求。

实地核实。标绘后必须对其标绘内容进行实地核实确认，当与实地的位置、范围界线一致时，予以确认；不一致时，按实地现状进行修改后确认。

精度要求。透绘法：两图套合，界线应目视重合，不大于图上 0.3 毫米；转绘法：误差不大于图上 1.0 毫米。

2. 仪器补测法

仪器补测法指利用平板仪、全站仪、GPS 等仪器设备，进行地物补测的方法。该方法适用于补测地物范围大、不规整及用简易补测法无法补测情况。对大型新增线状地物，如高速公路、铁路、工矿企业等，一般应采用仪器补测法。

1）平板仪补测法及要求

当补测地物四周有与影像对应的明显地物点作为控制时，将平板仪直接安置于明显地物点进行补测；当新增地物四周没有与影像对应的明显地物点作为控制时，应首先在新增地物四周，采用测量技术，均匀布设能够满足补测需要的若干控制点，再将平板仪安置于控制点上进行补测。

平板仪补测法与平板仪测图原理基本一致，是一种传统的、简便易行的补测方法。新增地物补测主要利用平板仪进行定向，控制点到补测地物点的距离由视距、测距或直接丈量得到。用平板仪补测地物的方法主要有极坐标法和前方交会法。

（1）极坐标法。

极坐标法是用方向（角度）和距离来确定需补测点平面位置的方法。如图 5-38 所示，已知实地有 A、B、C 3 个明显地物点（作为控制点）对应于平板图面上为 a、b、c 3 点，要测定一块新开发耕地的位置和范围。

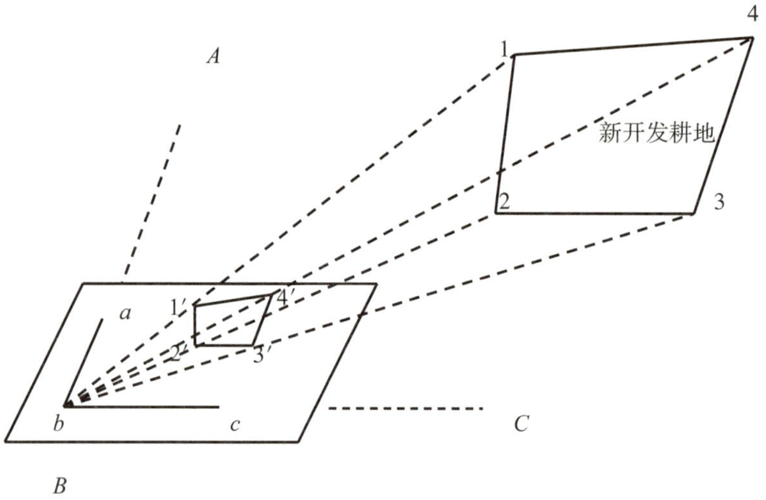

图 5-38　极坐标法示意图

操作步骤如下：①首先将平板仪安置在地面已知点*B*上，进行平板仪的对中、整平，用*ba*方向定向、*bc*方向校核，当符合要求（0.5 毫米）时固定平板。②将照准仪的直尺边贴靠*b*点瞄准 1 点，用皮尺（小平板仪）或视距法（大平板仪）测量*B*点到 1 点的水平距离，根据调查底图比例尺换算成图上长度得到 1′ 点，用同样方法得到 2′、3′、4′ 点。③根据实地界线走向，连接 1′ 2′、2′ 3′、3′ 4′、4′ 1′，得到新开发耕地在图上的位置和范围。

（2）方向交会法。

方向交会法是以地面两已知点，分别测定已知点至待定点的方向，由两方向的交点定位待定点的方法。如图 5-39 所示，*A*、*B*、*C* 为实地三明显地物点（作为控制点），图上为 *a*、*b*、*c*，1、2、3、4 为实地新开发耕地的 4 个主要拐点。①在*B*安置平板仪对中、整平、定向后，测定*B*到 1、2、3、4 的方向并在图上分别绘出方向线。②再移动平板仪在*C*安置平板仪，重复上述操作，测定*C*到 1、2、3、4 的

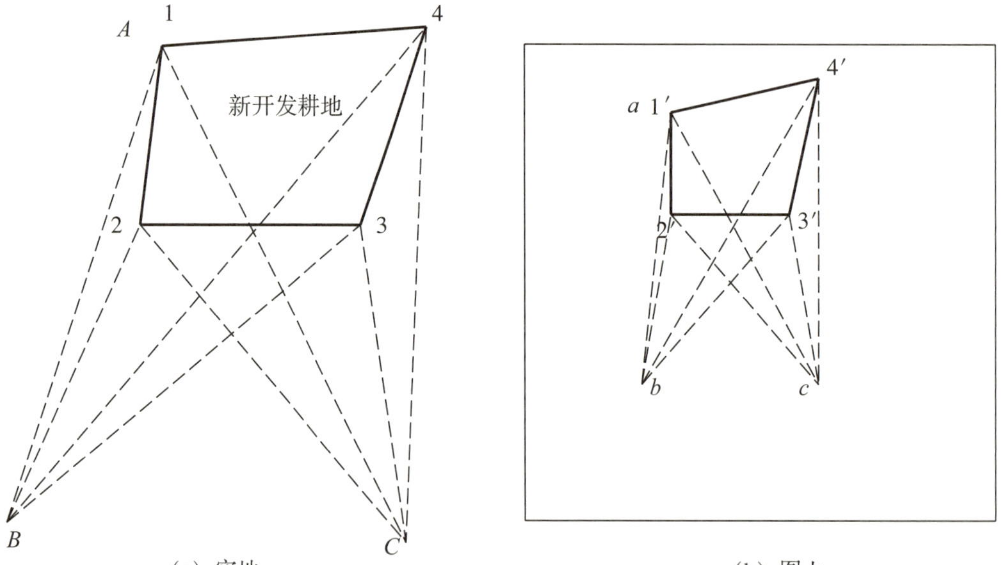

图 5-39　方向交会法示意图

方向并在图上分别绘出方向线。③其中 *B*1、*C*1 相交于 1′、*B*2、*C*2 相交于 2′、*B*3、*C*3 相交于 3′、*B*4、*C*4 相交于 4′，根据界线走向，连接 1′2′、2′3′、3′4′、4′1′，得到新开发耕地在图上的位置和范围。

（3）要求。①新增地物附近至少有 2 个（最好有 3 个）实地和图上一致的已知地物点作为控制点。②仪器对中偏差不大于图上 0.5 毫米。③以较远一控制点定向，至少用一个其他控制点进行检核，定向检查小于图上 1 毫米时，依据控制点补测需补测的地物。④图 5-39（a）中 1、2、3、4 点，视距最大长度对于 1 ∶ 1 万比例尺图不大于 200 米。

2）GPS 补测法

（1）方法。GPS 补测法是指采用 GPS 技术直接获得补测地物主要补测点（拐点）的坐标，将坐标标绘在调查底图上或直接输入数据库标绘在土地利用现状图上，按实地界线走向连接拐点，得到需补测地物的位置和范围；获取控制点，用于其他补测法的控制的方法。该方法补测精度高并适用于任何情况的补测。

（2）要求。GPS 实地定位精度，1 ∶ 5000 比例尺图不大于实地 1.0 米；1 ∶ 1 万调查比例尺不大于实地 2.0 米；1 ∶ 5 万调查比例尺不大于实地 10.0 米。

在实际土地调查地物补测中，对以上各种地物补测方法，应根据实际情况综合使用，才能够达到既经济又能保证补测地物的精度和提高补测效率。

十一、可调整地类的调查

可调整地类是指按照《关于搞好农用地管理促进农业生产结构调整工作的通知》（国土资发〔1999〕511 号）精神，自 1999 年以后，除生态退耕以外，因农业结构调整，将耕地改为园地、林地、草地和坑塘水面，且耕作层未被破坏的土地。可调整地类包括可调整果园、可调整茶园、可调整其他园地、可调整有林地、可调整其他林地（耕地改为未成林地、苗圃）、可调整人工牧草地和可调整坑塘水面。

（一）可调整地类调查认定方法

根据可调整地类含义，可调整地类调查认定主要有两种方法。

1. 外业实地调查方法

根据可调整地类含义，在进行外业地类调绘的同时，在当地熟悉地类变化人员配合下，参照以往土地变更调查成果资料，对耕地变为非耕地的实地调查耕作层破坏情况，对符合可调整地类条件的，认定为可调整地类，并将可调整地类标注在调查底图上、记录在外业调查表中。

2. 内业认定方法

以完成的土地利用现状图为基础，由县级土地调查办公室组织县、乡（镇）等熟悉情况的管理人员、技术人员，按照可调整地类调查含义，参照土地变更调查资料，内业时在土地利用现状图上直接认定并标注或在土地调查数据库中直接认定；当在内业难以认定或对认定的有争议时，应到实地进行核实认定。

（二）可调整地类表示

对认定的可调整地类，在数据库该图斑属性的“地类备注”中作记录，代码为“k”。

十二、“批而未用”土地调查

根据《第二次全国土地调查实施方案》，“批而未用”土地调查是第二次全国土地调查内容之一。“批而未用”土地是指已具有完整、合法用地手续，而没有实质性建设（以施工人员进入、工棚已修建、塔吊等建筑设备已到位、地基已开挖等为标志）的土地。

第二次全国土调查中，“批而未用”土地按建设用地调查。调查时，按提供的合法有效的批地文件和勘测定界等有关资料确定其位置、范围和地类。对认定的“批而未用”土地，在数据库中单独表示，并在数据库中该图斑属性的“地类备注”中作记录，代码为“P”。

对“批而未用”土地，通过县级“批而未用”土地面积、地类统计，逐级汇总获得全国及省级、地（市）级、县级等各级“批而未用”土地和地类面积。

十三、飞地调查

飞地是指隶属于某个行政区域或权属单位（如村）管辖，但不与本行政区域或权属单位毗连的土地。由于历史原因，我国存在许多飞地。飞地是一种特殊的用地形式。目前存在的飞地主要有三种表现形式：一是完整的行政区域飞地；二是完整的权属单位飞地；三是地块飞地。由于飞地调查涉及权属错综复杂、需要投入大量的人力和财力，并且在管理上没有明确的需求，所以，第二次全国土地调查对飞地调查没有统一规定。但有的省份对飞地进行了调查，主要是对第一种情况、第二种情况进行了调查。对飞地在调查底图上进行了标注，同时将飞地归属等有关信息记录在调查手簿上，用于数据库建设。

十四、江河入海口陆海分界线画法

江河入海口陆海分界线一般是指入海口处两岸突出岬角的连线。但在具体操作时，江河入海口陆海分界线画法很多。第二次全国土地调查江河入海口陆海分界线画法如下。

（一）大江、大河入海口陆海分界线画法

对长江口、杭州湾、珠江口、闽江口等大江、大河，全国土地调查办统一采用航保部提供的画法，确定其陆海分界线，并将确定的界线分发给相应省份，作为调查的控制界线，不得改动。

（二）黄河入海口陆海分界线画法

由于泥沙沉淀，黄河入海口滩涂总处于变化之中。所以，黄河入海口陆海分界线是以调查时的两岸突出岬角连线作为陆海分界线。

（三）其他小的江河入海口陆海分界线画法

对其他小的江河入海口陆海分界线画法，由各地根据实际情况，以调查时两岸突出岬角连线作为陆海分界线。

对全国土地调查办分发的江河入海口陆海分界线画法，地方发现有疑义的，不能处理的，应将问题的具体内容和依据上报反馈给全国土地调查办。全国土地调查办对各地反馈的信息进行核实，并将核实结果以正式文件形式下发相应省份，作为调查的依据。

十五、农村土地调查记录手簿填写

《农村土地调查记录手簿》应记载图斑地类、权属，以及有关线状地物权属、宽度等信息。地物补测应绘制草图，并在备注栏予以说明。第二次全国土地调查《农村土地调查记录手簿》分为图斑和线状地物两张表，只填写调查底图无法完整表示内容的图斑和线状地物，以及补测地物，其他能在调查底图上表示清楚的图斑和线状地物，视情况填写。

（一）农村土地调查表（图斑）填写方法

农村土调查记录表（图斑）表式如表 5-2 所示。

表 5-2　农村土地调查记录表（图斑）

行政村名称：　　　　　　　　　　　　　　　　　　　　　　第　页共　页

序号	图幅号	图斑预编号	图斑编号	地类编码	权属单位	权属性质	耕地类型	备注
1	2	3	4	5	6	7	8	9
草图								

调查人：　　　　调查日期：　　　　检查人：　　　　调查日期：

农村土地调查记录表（图斑）共有 9 栏，具体填写内容和要求如下：

第一栏“序号”，填写顺序号。

第二栏“图幅号”，填写图斑所在图幅编号。

第三栏“图斑预编号”，填写外业调查时图斑的临时编号。

第四栏“图斑编号”，填写数据库建成后图斑编号，可能与图斑预编号不一致。编号统一以行政村为单位，对地类图斑按从左到右、自上而下由“1”顺序编号。补测地物的编号在顺序号前加“B”。

第五栏“地类编码”，填写图斑地类编码。

第六栏“权属单位”，填写图斑所属的权属单位名称。

第七栏“权属性质”，填写 G（国有）或 J（集体）。一般集体可不填。

第八栏“耕地类型”，仅填写梯田耕地，用 T 表示；耕地为坡地的不用填写。

第九栏“备注”，填写需要备注的内容。补测地物须在备注栏说明。

草图栏，当图斑为补测地物时，必须绘图斑草图。

（二）农村土地调查表（线状地物）填写方法

农村土地调查记录表（线状地物）表式如表 5-3 所示。

农村土地调查表（线状地物）共有 10 栏，按整条线状地物填写，被权属单位分割时，应分别填写。

农村土调查记录表（线状地物）具体填写内容和要求如下：

第一栏“序号”，填写线状地物顺序号。

表 5-3　农村土地调查记录表（线状地物）

行政村名称：　　　　　　　　　　　　　　　　　　　　单位：米（0.0）　第　页共　页

序号	图幅号	预编号	编号	地类编码	权属单位	权属性质	宽度	比例	备注
1	2	3	4	5	6	7	8	9	10
草图									

调查人：　　　　调查日期：　　　　　　检查人：　　　　调查日期：

第二栏“图幅号”，填写线状地物所在图幅编号。

第三栏“预编号”，填写外业调查时线状地物的临时编号。

第四栏“编号”，填写数据库建成后线状地物编号，可能与预编号不一致。编号统一以行政村或宗地为单位，对线状地物按从左到右、自上而下由“1”顺序编号。补测线状地物的编号在顺序号前加“B”。

第五栏“地类编码”，填写线状地物地类编码。

第六栏“权属单位”，填写图斑所属的权属单位名称。

第七栏“权属性质”，填写 G（国有）或 J（集体）。一般集体可不填。

第八栏“宽度”，填写线状地物实地量测的完整宽度。

第九栏“比例”，当线状地物与权属界线重合时，填写在本权属单位内的线状地物宽度占完整宽度比例。

第十栏“备注”，填写需要备注的内容。补测的线状地物须在备注栏说明。

草图栏，补测的线状地物必须绘草图。其他可视情况绘制。

十六、标准时点统一更新

第二次全国土地调查自 2007 年 7 月 1 日全面开展，到 2009 年 12 月 31 日全面完成。由于各地完成的时间不一致，因此，将不同时期完成的调查需要统一到标准时点，即以 2009 年 12 月 31 日为数据汇总的标准时点。

（一）基本要求

针对各地完成调查时点的不同，统一规定：2008 年底以前完成调查的，2009 年全国土地调查办统一购置遥感影像进行更新；2009 年完成调查的，不再进行更新；从完成调查之日到 2009 年 10 月 31 日有变化的，对变化的部分进行变更。更新和变更后的数据经逐级汇总，形成统一时点数据。

（二）统一更新主要内容

统一更新主要内容包括：一是调查完成至标准时点期间，经国务院和省级人民政府批准，有行政区域界线调整的，应调整相应的调查界线及控制面积；二是调查完成至标准时点期间，土地权属、地类等信息有变化的，更新到标准时点；三是调查完成至标准统一时点期间，经依法依规调整、补划的基本农田，更新到标准时点。

对各地上报的标准时点统一更新成果，全国土地调查办将组织进行国家核查（详见第十章县级调查成果国家级核查）。

（三）数据库更新

将上述更新的信息，更新到已建设的数据库中。按照数据库建设的标准，对更新调查数据库进行改造和升级完善。

十七、地方特色调查（坝子核定）

在完成上述规定的农村土地调查内容基础上，有些省份根据自身需要又开展了有关调查，如云南省开展了坝子核定。现介绍云南省开展坝子核定的技术路线和方法。

（一）坝子的定义

坝子是指坡度≤ 8° 、连片面积≥ 1 平方千米的山间盆地、谷地和其他平地。对坝子范围内局部坡度＞ 8° 、面积≥ 0.25 平方千米的地块从坝子范围内扣除；而对坝子范围内局部坡度＞ 8° 、面积＜ 0.25 平方千米的地块，则纳入坝子范围内一并统计。

（二）技术路线与方法

为开展坝子核定，云南省土地调查办公室组织制定了坝子核定技术方案。根据技术方案的要求，坝子范围界线核定和地类面积核实工作按“一下（内业提取坝子范围）→一上（外业核实坝子范围界线）→二下（省级审定）→二上（地方政府确认）→建立坝区土地利用数据库及管理系统”的技术路线来开展。

坝子核定工作采取“两下两上”的工作方式，由云南省土地调查办公室和云南省国土资源厅（以下称省级国土资源主管部门）与地方各级政府共同确认坝子界线。云南省国土资源主管部门组织技术队伍，将内业划定的坝子范围界线下发给地方各级政府，地方各级政府组织有关人员与技术队伍共同对下发的坝子界线进行实地核实和调整并确认，地方将核实确认的坝子界线提交省国土资源主管部门审核，省国土资源主管部门将审核后的坝子界线再次下发给地方政府核实并确认，地方政府将最终核实确认的坝子界线上交省国土资源主管部门，完成“两下两上”工作。根据最终确定的坝子界线，以 2009 年标准时点统一更新数据库为基础，量算坝子界线范围内的土地利用现状面积及基本农田面积，形成坝区土地利用数据库。同时根据坝区管理的需要，以坝区土地利用数据库、核实确认形成的坝子界线图、坝子核定文件、卫星正射影像为基础建设坝区管理信息系统，完成坝子范围界线核定和地类面积核实工作。

（三）内业划定坝子范围界线

1. 确定坝子边界的原则

（1）坝子边界是坡度小于 8° 的闭合曲线。如果坝子边界附近有明显的道路，河流等地形地物，将道路、河流作为坝子边界。

（2）对沿河流分布的狭长坝子，实地宽度小于 100 米的山谷不划入坝子。

（3）在影像上明显可判定山脚，但 DEM 分析的坝子边界与之有矛盾的，调整坝子界线以影像上的走向为准。

（4）将在坝子中面积小于 0.25 平方千米的孤丘、分割阶地、水域等地形地物，纳入坝子范围一并统计。

（5）县级或县级以上行政区域调查界线可以分割坝子，作为坝子边界；县级以下行政区域调查界线、权属界不能分割坝子。

2. 内业提取坝子边界的方法

（1）建立数字高程模型，提取坝子界线。坝子界线内业提取以第二次全国土地调查数据库中的 20 米等高距等高线为基础，在 ArcGIS 中根据各县等高线生成不规则三角网（TIN），再由 TIN 按 8×8 的像元大小转为数字高程模型（DEM），对 DEM 进行坡度分析，生成全县坡度图，然后按 8° 以下和 8° 以上两个坡度级对坡度图进行重分级，提取坡度在 8° 以下、面积大于 1 平方千米的区域，作为实地核实坝子界线的基础。

（2）在 ArcGIS 中将 DEM 数据与 2009 年度 5 米分辨率卫星正射影像叠加，生成三维地面模型，结合等高线、第二次全国土地调查坝子层、地类图斑层，修正坝子边界线。主要修正的地方有：①通过手动重新勾绘，消除软件自动提取界线上的尖锐、生硬的折角或锯齿状的转角。②结合等高线判定坝子边界的正确位置。特别是在地形较缓的地方，软件自动提取的边界往往不准确，需结合等高线，正确判断山顶、山坡、山谷和山脊走向，调整坝子边界使之与地形相协调。③有些影像上可以明显判定山脚位置，或者在坝子边界附近有道路、河流等明显地物，这时需按影像的实际位置调整坝子边界的走向使之与影像相吻合。

3. 坝子编号

坝子编号按 9 位编码原则，前 6 位为县级行政区域代码，第 7 位为面积标识码（大于 100 平方千米的为 A，50 ~ 100 平方千米为 B，10 ~ 50 平方千米的为 C，1 ~ 10 平方千米的为 D），后两位为坝子流水号。

4. 坝子命名

坝子名称一般以坝子中面积最大、人口最多的居民地名称或该坝子主要部分所属的行政区域名称作为坝子名，如昆明坝，即以坝中最大居民地昆明市的名称命名；也可以用几个居民地或较大的自然地物命名，如新田村、清海村坝子。

5. 坝子拐点编号

坝子拐点是坝子边界上的主要转折点，拐点编号按 13 位编码，前 9 位为坝子编号，第 10 位为“G”，后三位为流水号。

6. 建立坝子要素层及属性录入

对调整好的坝子界线按技术方案的要求建立坝子范围、坝子界线、坝子界线拐点层并建立属性结构，同时录入属性。根据坝子土地利用管理系统的要求，建立县级坝子数据库，将坝子范围、坝子界线、坝子界线拐点、注记要素层、接合图表要素层导入数据库，初步建立坝子数据库。

7. 内业划定成果资料整理、输出

内业划定坝子范围界线完成后，提交以下成果资料供外业核实使用：坝子要素层（包括坝子范围面、坝子范围线、坝子界线拐点）、坝子外业核实工作底图（电子数据）、县级坝子分布图（电子数据）、坝子范围界线内业划定表、各县坝子汇总表。

（1）县级坝子分布图。概略表示各县的坝子分布情况。以2009年标准时点统一更新采用的卫星正射影像为底图，叠加内业划定的坝子界线、坝子注记（编号、名称、面积）、乡（镇）界线、乡（镇）名称注记。图幅尺寸控制在1.5米以内，比例尺根据各县范围大小结合图幅尺寸确定。

（2）坝子外业核实工作底图。坝子外业核实工作底图采用比例尺为1∶1万标准分幅图，将内业提取坝子范围界线外扩500米，按扩大后的范围裁剪2009年卫星正射影像，在其上叠加1∶1万比例尺土地利用现状要素，形成最终的外业核实工作底图。外业核实工作底图上坝子范围界线按图上0.5毫米的宽度表示，颜色为红色。图上标注坝子编号、坝子名称、坝子面积、主要拐点及编号注记和地理名称注记。

（四）外业核实坝子范围界线

1. 外业核实的基本原则

（1）实事求是原则。坝子范围界线核实认定是一项严肃的工作，外业技术和工作人员必须严格保持实事求是的原则，对照内业提取的坝子范围界线到实地进行认真核实。

（2）实地核实原则。各相关技术和工作人员按照“走到、看到、调到”的工作方法，深入实地核实坝子范围界线的位置，调查坝子基本信息，保障核实成果的真实性及准确性。

（3）书面认定原则。实地核实坝子范围界线后，各县级国土资源部门在统一要求制作的1∶1万比例尺标准分幅坝子范围界线图上签章确认。

2. 外业核实的方法

由于此次核实工作基础资料较为充分，有内业判绘的坝子界线、20米等高距的等高线数据，还有2009年度标准时点统一更新采用的5米分辨率卫星正射影像图，所以，可在室内计算机上先与当地相关人员进行界线确认，并将有争议的地方列为外业重点核实地段，这样可增加外业核实的针对性。对地方有异议、需要重点核实的地段由县级国土资源主管部门工作人员和外业核实小组到实地对照现场的地形地物，核对内业划定坝子界线的位置及走向，填写相关记录。在实地核实过程中，若内业提取的界线位置与实地不符，根据实地情况对界线提出修正意见，并填写界线核实调整说明表。

（五）坝子范围界线审核

省级国土资源主管部门组织有关部门和有关专家，按照核定坝子的原则，对各地方政府上报的外业核实成果逐个坝子进行审核，各级地方人民政府、国土资源主管部门在最终成果上签章确认。

（六）建立坝子数据库

1. 坝子数据库标准的制定

为保证坝子数据的统一，满足坝子土地利用数据管理系统的要求，坝子数据库按省级技术方案的坝子范围（BQFW）数据结构和坝子界线（BQJX）数据结构来建立。

2. 坝子数据入库准备

（1）图形数据处理。为保证数据质量，坝子范围（BQFW）、坝子界线（BQJX）、坝子界线拐点（BQJXGD）按要求进行拓扑检查、修改。

（2）属性填写、检查。对坝子数据库内的各层进行属性填写，必填项不能为空，同时检查属性填写是否正确、完整。对坝子边界调整后的坝子重新计算椭球面积，保证图和属性一致。

（3）面积量算。在坝子范围界线最终确定后即可进行坝子范围内土地利用现状分类及基本农田面积的量算。①将每个县的BQFW（坝子范围）按500米缓冲分析得到新的范围，然后用缓冲后得到的面裁切2009年标准时点统一更新数据库中DLTB（地类图斑）、XZDW（线状地物）、LXDW（零星地物）、

DLJX（地类界线）、JBNTBHTB（基本农田图斑）。②将裁切得到的以上文件重新用BQFW（坝子范围）进行图斑分割和线状地物打断，用坝子的椭球面积作为控制面积平差地类图斑；重算图斑中的线状地物面积，零星地物面积，扣除地类面积、地类图斑净面积、基本农田面积。③按县级、地（市）级、省级汇总统计坝子内的土地利用现状面积及基本农田面积。

3. 坝子数据入库

将准备好的坝子数据层、卫星正射影像、坝子界线核定文件（扫描件PDF格式）导入坝子土地利用数据库管理系统，实现坝子及坝子土地利用现状的管理。

（七）建设坝子土地利用数据库管理系统

1. 系统建设目标

省级坝子土地利用数据库管理系统建设是坝子范围界线核定和地类面积核实工作的重要组成部分。系统建设要求如下：

（1）明确反映全省坝子范围内土地利用的变化情况。

（2）满足规划、审批、监管的需要，实现“一张图管理”。

（3）为各级政府和有关部门提供坝子基础数据。

2. 系统总体技术架构

根据坝子土地利用管理的需要，设计大于1平方千米坝子土地利用管理系统，系统总体架构包括用户层、应用层、支撑层、数据层和网络硬件层。用户层分为省级国土资源相关部门、其他部门用户；应用层为省级大于1平方千米坝子土地利用数据库管理系统；数据层包括矢量数据库、文档库和影像库。

系统数据库平台省级用Oracle，地（市）级、县级用SQL SERVER 2005。系统层次结构采用*N*层结构模型，分为数据层、业务逻辑层和表现层。

3. 系统功能

省级大于1平方千米坝子土地利用管理系统是一个基于ArcGIS平台的管理系统，具体功能包括：

（1）统计分析功能。系统通过行政区域选择，实现省级、地（市）级、县级各种统计报表的生成；提供单位、平均海拔、面积的过滤，使统计结果更具实用性。

（2）用地审批分析功能。系统可以导入勘测定界坐标，或者在图上画出一个范围，分析该范围包含的各种地类面积，生成该范围内的土地利用情况统计表，二级分类面积统计表，一级分类面积按权属性质统计表，基本农田情况统计表。

（3）制图输出。系统提供自动符号渲染、图式自动整饰、自动进行制图综合，提供界面让用户输入必要信息，最后根据国家标准制图。系统提供的图式有1：10000标准图幅、1：25000标准图幅、1：50000标准图幅、任意区域制图、基本农田图、耕地坡度分级图、行政区域挂图。可对各种图式对应的图框、标题、图例、图层等进行设置。

（4）数据检查。数据检查主要检查数据的拓扑是否正确，用户可以根据实际的需要添加或删除拓扑规则。

（5）图形符号化。系统提供坝区数据的各种专题显示。包括专题图显示，动态加载图层，标注大小随比例尺自动调整。为应对土地利用数据不同的专题浏览需求，在进行数据展示时，系统针对不同的专题，配置不同的数据显示方案，例如土地利用专题图，基本农田图等。

（6）GIS辅助功能。①支持任何专题数据的转换。②合理设置转换图层的对应关系。③转换效率高，转换图形、属性、数学基础正确。

（7）图层管理。图层管理可以导入外部数据和本库图层。外部数据类型包括 SHP 文件、MDB 数据库、栅格数据和 ArcGIS 图层数据。并可对图层的可见比例尺自行定义。

（8）查询与检索。主要是对坝区数据进行空间查询、属性查询、行政区概况查询、图幅索引定位查询等功能。

（9）权限管理。管理员可以对角色进行增、删、改操作，并可以对角色的授权进行管理，即给予或去除角色浏览业务库、加载业务库及对特定行政区域资源进行特定操作等权限。根据权限模型获取用户权限范围内能使用的操作，并表现在对应菜单的可用状态上。若没有某操作的权限则对应的菜单项或工具栏按钮变灰。系统默认的一个用户名为 admin，拥有所有的权限。通过 admin 用户进入系统，可以创建角色、分配权限、增删用户等。

第五节　基本农田调查上图

将基本农田标绘在土地利用现状图上（简称基本农田调查上图）是第二次全国土地调查的重要内容之一。通过基本农田调查上图，掌握全国及各级基本农田的数量、分布和地类，为加强基本农田保护和管理，为实施最严格的耕地保护制度提供基础值资料。

一、基本农田调查上图任务与原则

（一）任务

在完成土地利用现状调查基础上，以县级调查区域为单位，依据本地区规划部门提供的与基本农田相关的土地利用总体规划成果及涉及基本农田调整的规划修改成果和审批资料，耕地保护部门提供的基本农田划定和依法依规补划的基本农田资料，由县级土地调查办公室组织，规划、耕地保护等相关部门密切配合，依据《第二次全国土地调查基本农田调查技术规程》（TD/T 1017—2008），将基本农田标绘在第二次土地调查形成的土地利用现状图上，通过县级统计，地（市）级、省级、全国逐级汇总，查清各级基本农田现状的位置、范围、分布、地类等状况。

（二）原则

（1）客观性与统一性原则。坚持实事求是的调查上图原则，确保基本农田地块与所提供的基本农田划定、调整和补划资料相一致。

（2）合法性与继承性原则。全面收集资料，基本农田划定与调整等资料应具有法律效应，基本农田划定与调整等资料应经基本农田划定部门的审核确认后方可采用。

（3）规范性与准确性原则。基本农田上图应规范，符合相应的上图程序要求。图上标绘的基本农田应准确，保证图件、数据和实地三者一致。

二、基本农田调查上图流程

基本农田调查上图流程主要包括收集资料及审核、基本农田调查上图、基本农田补划、检查验收等环节，如图 5-40 所示。

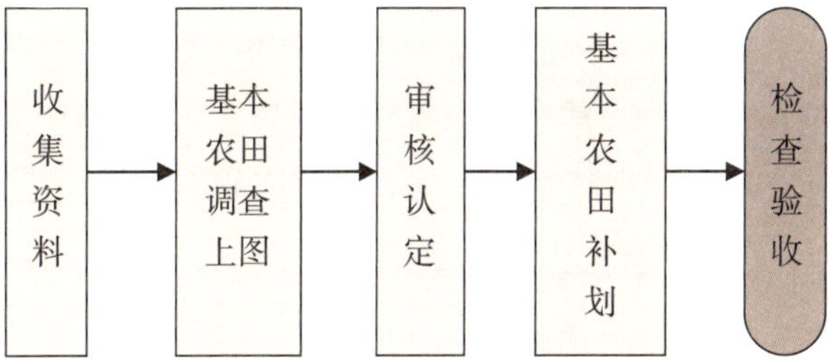

图 5-40　基本农田调查上图流程

（一）收集资料

县级土地调查办公室组织收集规划部门、耕地保护部门有关基本农田资料。

（1）土地利用总体规划资料。主要包括县级、乡（镇）级土地利用总体规划图和土地利用总体规划文本及说明。

（2）基本农田划定资料。①图件资料。主要包括县级、乡（镇）级基本农田划定的相关图件等。②表格资料。主要包括基本农田面积汇总表、基本农田保护片（块）登记表等。③文字资料。主要包括基本农田划定的相关文字资料等。④基本农田补划、调整和涉及占用基本农田的建设用地资料。主要包括有批准权限的批准机关，依据相关法律法规所批准的文件及相关图件等资料。

（3）其他资料。主要包括与基本农田有关的生态退耕及灾毁资料；涉及基本农田保护区的土地利用统计台账及其年度变更资料；历次基本农田保护工作检查形成的相关文字、图件资料等。

对收集的基本农田资料进行完整性、规范性审核，审核其是否能够满足基本农田调查上图的要求。

（二）基本农田调查上图

1. 调查上图方法

（1）扫描矢量化套合法。当只有纸质图件资料而且基本农田规划图件质量较好、与基本农田有关的地块变化不大、作业队伍熟悉土地管理相关业务，则采用扫描矢量化套合法。先将纸质的基本农田划定、补划、调整图件扫描矢量化后，与数据库中的土地利用地类图斑层套合，将基本农田保护片（块）界线落实到土地利用现状图上，确定基本农田位置、范围及地类，建立基本农田数据库。

（2）判读转绘法。当地方土地管理部门有关人员熟悉本地区基本农田分布状况，但作业队伍不熟悉基本农田及相关业务的，则采用判读转绘法。先由作业单位输出 1 ∶ 1 万土地利用现状图纸质图件作为基本农田调查上图的工作底图，由地方土地管理部门有关人员将基本农田划定、补划、调整资料上的保护片（块）界线，目视转绘到工作底图上，再由作业单位将其转入数据库中，建立基本农田数据库。

（3）数据转换套合法。当具备基本农田规划矢量化电子图件与基本农田有关的地块变化不大、作业队伍熟悉土地管理相关业务时，则采用数据转换套合法。先将矢量化格式的基本农田划定、补划、调整资料通过数据转换与数据库中地类图斑层套合，进而将基本农田保护片（块）界线落实到数据库中的土地利用现状图上，确定基本农田位置、范围及地类，建立基本农田数据库。

2. 调查上图方法选择

根据收集的基本农田资料状况，可选择上述方法中的一种，也可以几种方法结合使用，将基本农田标绘在第二次土地调查形成的土地利用现状图上。但大部分采用的是判读转绘法，作为进行基本农田调查上图的首选方法。

（三）复核认定

对调查上图的基本农田，县级土地调查办公室组织规划、耕地保护、地籍管理等部门的人员，对调查上图后的基本农田现状的位置、范围、分布、地类进行复核认定。将认定后的基本农田图斑标绘在土地利用现状图上。在土地利用数据库中，将认定的基本农田面积和地类进行统计和汇总。

（四）基本农田补划

1. 面积对比分析

在数据库中，计算基本农田面积，并按不同地类填写相应表格。将依法批准的土地利用总体规划确定的基本农田面积作为控制指标，对比现状的基本农田面积，当现状的基本农田面积小于依法批准的规划确定的指标或基本农田地类不符合要求时，将基本农田面积数据、地类报基本农田划定部门审核，分析基本农田面积数量减少、地类变化等原因。

2. 制订补划方案

以土地利用规划确定的基本农田面积指标作为控制指标，对减少的基本农田及不符合要求的基本农田地类，制订基本农田补划方案。

3. 补划上图

县级土地调查办公室依据基本农田补划方案确定的基本农田，组织将补划的基本农田标绘在土地利用现状图上。在土地调查数据库中，对补划的基本农田图斑面积和地类进行统计和汇总。

认定现状的基本农田面积和补划的基本农田面积之和，应不小于土地利用规划确定的基本农田保护指标。

（五）检查验收

对最终确认的基本农田面积、分布、地类，以及基本农田数据库等成果组织规划、耕地保护、地籍管理等部门及有关专家进行检查验收。

第六节　接边

接边是指无论是否同期开展调查，在规定的调查比例尺分幅图上，毗邻省级、县级、乡（镇）级等行政区域之间调查界线，毗邻权属单位之间界线（权属界线）空间位置的一致，即界线的坐标串一致；同一分幅图上各行政调查区域控制面积之和与其图幅的理论面积相等；界线两侧线状地物、地类界线、地类、权属性质（国有、集体权属性质）、名称注记等调查内容的衔接和一致。第二次全国土地调查，由于省界、县界、乡（镇）界，省级、县级、乡（镇）级控制面积由全国土地调查办，省级、县级土地调查办公室统一组织确定（详见第三章全国与省级调查界线和控制面积的确定，本章第二节县级、乡（镇）级土地调查界线和控制面积的确定有关内容），不存在接边问题。因此，第二次全国土地调查接边仅指在规定的调查比例尺分幅图上，毗邻权属单位之间界线（权属界线）空间位置的一致，即界线的坐标串一致；省界、县界、乡（镇）界，权属界线两侧线状地物、地类界线、地类、权属性质（国有、集体权属性质）、名称注记等调查内容的衔接和一致。同时，不同图幅之间、不同作业单位之间、同一作业单位不同作业组之间等的接边也均属于接边范畴。

土地调查，虽然以县为单位开展，具体由技术队伍承担，但为了确保土地调查形成全国统一的整体，接边工作必不可少。通过接边能够确保毗邻不同权属单位之间调查范围的不重不漏，以及各级行政区域调查界线、权属界线两侧调查内容的衔接和一致，从而保证了全国土地调查面积、地类面积统计和汇总的正确性。因此，接边是第二次全国土地调查的重要环节之一。

一、接边方式

（一）调查过程中接边

主要是在调查过程中，边调查边接边，及时解决和处理调查中不接边（不一致）的问题，作为数据库建设的基础；对不能自行解决和处理的重大接边问题做好记录逐级报告和处理。

（二）调查结果接边

主要是在完成土地调查数据库建设基础上，对土地利用现状图的接边，接边后再对数据库进行修改。

两种接边方式各有优缺点，在实际调查中，根据本地区具体情况选用，或两种方式结合使用。

二、接边组织

由于接边需要毗邻双方参加，所以，接边不仅是技术工作，也涉及接边的组织工作，而且组织接边工作往往是非常重要的，要根据不同内容采取不同的组织方式。

（一）同一作业单位内部接边

对同一作业单位作业范围内，不同图幅、不同作业组之间的接边，一般应由作业单位自行组织开展，或作为日常调查事务处理。

（二）不同作业单位之间接边

对不同作业单位之间的接边，有两种方式：一是双方通过协商组织接边；二是当双方难以协商组织接边时，由上一级土地调查办公室、国土资源主管部门组织接边。

根据需要可采取不同的接边形式：

（1）边调查边接边。主要适用于单位内部的接边、不同作业单位之间能够协商接边，没有重大接边问题或有接边问题但能够协商解决等情况，对接边的时间、地点、内容等自行协商确定。参与接边人员主要由双方技术人员构成。

（2）会议接边。主要适用于不同期作业、有重大接边问题且不能协商解决、不同作业单位之间难以协商接边等情况，应举行接边会议，确定时间、地点、内容、会务安排、会议主持、出席会议领导、参会其他有关人员等。

会议接边可由毗邻双方协商举办；也可由上级土地调查办公室、国土资源部举办，统一组织行政区域调查范围内的接边。

用于接边的资料主要包括调绘完整的调查底图或数据库输出（或电子）的土地利用现状分幅图，重大接边问题原由、处理意见或建议等。举行接边会议准备的资料、依据越充分，接边结果和效率就越好。

在第二次全国土地调查中，作业单位内部在作业过程进行了接边；省级、地（市）级、县级根据本地区情况，组织了形式多样的本行政区域调查范围内的接边或核实。

三、接边方法和要求

（一）权属界线接边

1. 无争议权属界线接边

对权属界线毗邻双方无争议的，在调查底图上已标绘成一条界线的，在数据库中界线的坐标串一致。

对权属界线毗邻双方无争议，只是双方标绘有误造成不一致的，接边时对界线应进行调整或双方共同到实地进一步核实确认，在调查底图上标绘成一条界线，在数据库中形成一致的界线坐标串。

2. 有争议权属界线接边

对有争议权属界线应按本章第三节土地权属调查，暂时画定一条工作界线代替权属界线。将工作界线标绘在调查底图或土地利用现状图上，在数据库中形成一致的界线坐标串。

（二）调查内容接边

1. 空间位置接边

空间位置接边主要是指图斑界线（划分不同地类的分界线），河流、铁路、公路、农村道路、沟渠、田坎、管道、林带等线状地物空间位置的接边。当各级行政调查区域界线、权属界线两侧，图斑界线、线状地物沿着明显地物走向，且接边误差小于图上 0.6 毫米时；图斑界线、线状地物沿着不明显地物走向，且接边误差小于图上 2.0 毫米时，采取双方各改一半的技术处理方式进行接边，使两侧图斑界线、线状地物严密一致。当接边误差大于上述指标时，接边双方应协商或到实地进行核实接边，确保图斑界线、线状地物严密一致。

明显地物是指遥感影像上所反映的地物、地类边界清晰、一目了然；不明显地物是指影像分辨率较低，地物被云、树木遮挡等，造成影像上所反映的地物、地类边界模糊、不清晰，单独依据影像难以确定地物、地类的边界。

2. 属性接边

（1）图斑属性接边。图斑属性主要包括地类编码、权属性质（国有、集体），当地类为耕地时包括耕地类型（梯田、坡地）、坡度分级、田坎系数等。各级行政区域调查界线、权属界线两侧的图斑属性一般情况下应一致；当不一致时，应认真核实分析确认其合理性和正确性，当室内难以确认时应到实地核实确认。

（2）线状地物属性接边。线状地物属性主要包括地类、标注的宽度等。各级行政区域调查界线、权属界线两侧的线状地物属性应一致（极个别情况下有可能不一致，如以行政区域调查界线为界，一侧公路进行了拓宽，另一侧未变；一侧新修了公路，另一侧未修）。对单线线状地物，当界线两侧标注的线状地物宽度不一致时，毗邻双方可协商技术处理，如采用一方的宽度值、取其平均值作为线状地物宽度值等；当双方分歧较大时，应到实地进行核实、重新丈量线状地物宽度。

第七节　质量控制

调查质量是土地调查的生命，调查质量控制是关系到土地调查成败的关键环节，调查质量控制贯穿整个调查中。第二次全国土地调查的质量控制主要包括县级自检、地（市）级检查（或配合省级检查）、省级检查、国家级核查；检查内容主要包括外业调查成果检查和土地调查数据库成果检查。本节主要介绍县级自检和省级检查。国家级核查具体见第十章县级调查成果国家级核查。

一、外业成果质量检查

（一）县级自检

按照全国土地调查办和省级土地调查办公室有关要求，对作业单位提交的外业调查成果，县级土地调查办公室组织开展自检。

1. 自检比例

在内业检查的基础上，抽取不少于 20% 的内业地类进行一致性检查，对不一致图斑和线状地物、全部补测地物，以及不少于 5 个行政村的权属界线进行外业自检。

2. 自检内容和方法

携带原始调查图件、《农村土地调查记录手簿》、对应的标准分幅土地利用现状图、土地权属有关资料、土地调查成果检查表、必要的测量工具等到实地，进行如下检查。在自检过程中，作业单位应积极配合和参与，便于对成果进行整改。

（1）地类核实。以实地土地利用现状为依据，对照检查原始调查图件（或标准分幅土地利用现状图）上标绘内容与实地是否一致，检查的主要内容包括图斑的形状、范围、地类，线状地物的走向、地类和宽度，零星地物的位置、地类及面积等是否与实地一致。

（2）权属界线核实。检查权属界线位置、走向是否与实地一致。

（3）补测地物核实。实地检查补测地物的位置、范围、精度是否满足要求，地类认定是否正确。

将自检结果记录在土地调查成果检查表上。

对外业自检中发现的问题进行梳理、分类，形成自检报告。作业单位依据自检报告组织对成果进行举一反三的全面整改，不但要对实地检查到的问题进行整改，对其他未实地检查的类似问题也应一并整改。针对重大问题，县级土地调查办公室还要复查作业单位整改情况。

（二）省级检查

县级农村土地调查外业工作结束后，为保证调查成果质量，由县级土地调查办公室在完成外业成果自检后的基础上提出申请，地（市）级、省级土地调查办公室及相关部门组成联合外业检查组对外业成果进行检查。

外业成果检查采取抽查的方法进行。检查时根据调查区域地物复杂程度等实际情况，抽查图幅数一般不低于总图幅数的10%，最少不少于10幅，每幅图检查面积不少于1/4。外业检查以实地现状为准，对照检查遥感卫星像片（原始调查图件）上调绘的地类图斑与实地位置、形状、范围、地类是否一致，线状地物的走向、宽度量取是否正确，补测新增地物的位置、地类及范围是否能满足补测精度要求等。

1. 地类图斑检查

实地检查图上标绘图斑的位置、范围、地类、属性是否与实地一致，调查精度是否符合要求。特别要将建设用地（包括“批而未用”土地）、耕地等重要地类作为检查核实的重点。

2. 线状地物检查

检查线状地物位置、类型是否与实地一致，调查有无遗漏，宽度标注是否正确，综合取舍是否合理。

3. 零星地物检查

对开展零星地物调查的地区，检查零星地物位置是否与实地一致，有无遗漏，地类认定是否正确。

4. 补测地物检查

检查新增地物补测的位置、范围精度是否满足要求，地类定性是否正确。

5. 权属调查成果检查

检查国有土地范围、权属界线是否与实地一致，行政村权属界线是否与实地走向一致，权属地物名称、标注是否正确。

6. 注记检查

检查各种地理名称、行政区划名称、权属单位名称注记位置是否正确。

二、数据库成果检查

数据库成果质量检查直接采用全国土地调查办公室下发的数据成果质量检查软件进行，可与国家级核查一并进行。

（一）检查工作情况

县级农村土地调查数据分4个阶段进行检查。

1. 第一阶段

从各地（市）作业单位抽取相关技术人员协助数据库检查工作，对各作业单位上交的县级土地调查数据库进行第一阶段的质量检查。

2. 第二阶段

在国家下发地方复核数据的基础上，对作业单位上交的县级数据进行第二阶段检查。

3. 第三阶段

将第二阶段检查的共性问题整理归纳统一修改完善，并进行地类汇总面积分析；针对“批而未用”问题提出修改意见。

4. 第四阶段

统一更新数据库上报，以2009年12月31日为标准时点，如实调查2009年度土地利用变化情况，更新土地调查成果。对新增建设用地、土地开发复垦整理、新增耕地灾毁耕地和农业结构调整情况进行调查。

（二）技术流程

土地调查数据库检查技术流程如图5-41所示。

（三）检查内容

1. 扫描影像数据检查

影像数据清晰度能够区分图内各要素；影像纠正后的同名控制点最大误差不超过图上0.2毫米。

2. 成果完整性检查

3. 元数据属性检查

元数据属性按《国土资源信息核心元数据标准》（TD/T 1016—2003）进行。

4. 分幅矢量数据检查

（1）要素采集无错漏现象，与矢量化底图相吻合，线划（点位）整体或部分偏移的距离不超过图上0.2毫米。

（2）拓扑结构不存在拓扑错误。

（3）所有数据层的层名及点、线（弧段）、面的属性结构与《土地利用数据标准》（TD/T 1016—2007）一致，必选图层不能有丢漏；图层（如地类图斑与线状地物、地类图斑与权属界线等）的空间关系必须正确。

（4）数据值输入正确，必填属性数据项不能为空值。

5. 矢量数据基本检查

图层必须按《土地利用数据库标准》（TD/T 1016—2007）规定的必选图层（栅格数据除外）“数据上报要求”的规定提供。

6. 矢量数据属性检查

（1）结构符合性。所有图层的字段数目、字段名、别名（标准中的中文部分）、字段类型、字段长度等必须按《土地利用数据库标准》（TD/T 1016—2007）“第二次全国土地调查县级土地调查数据库建

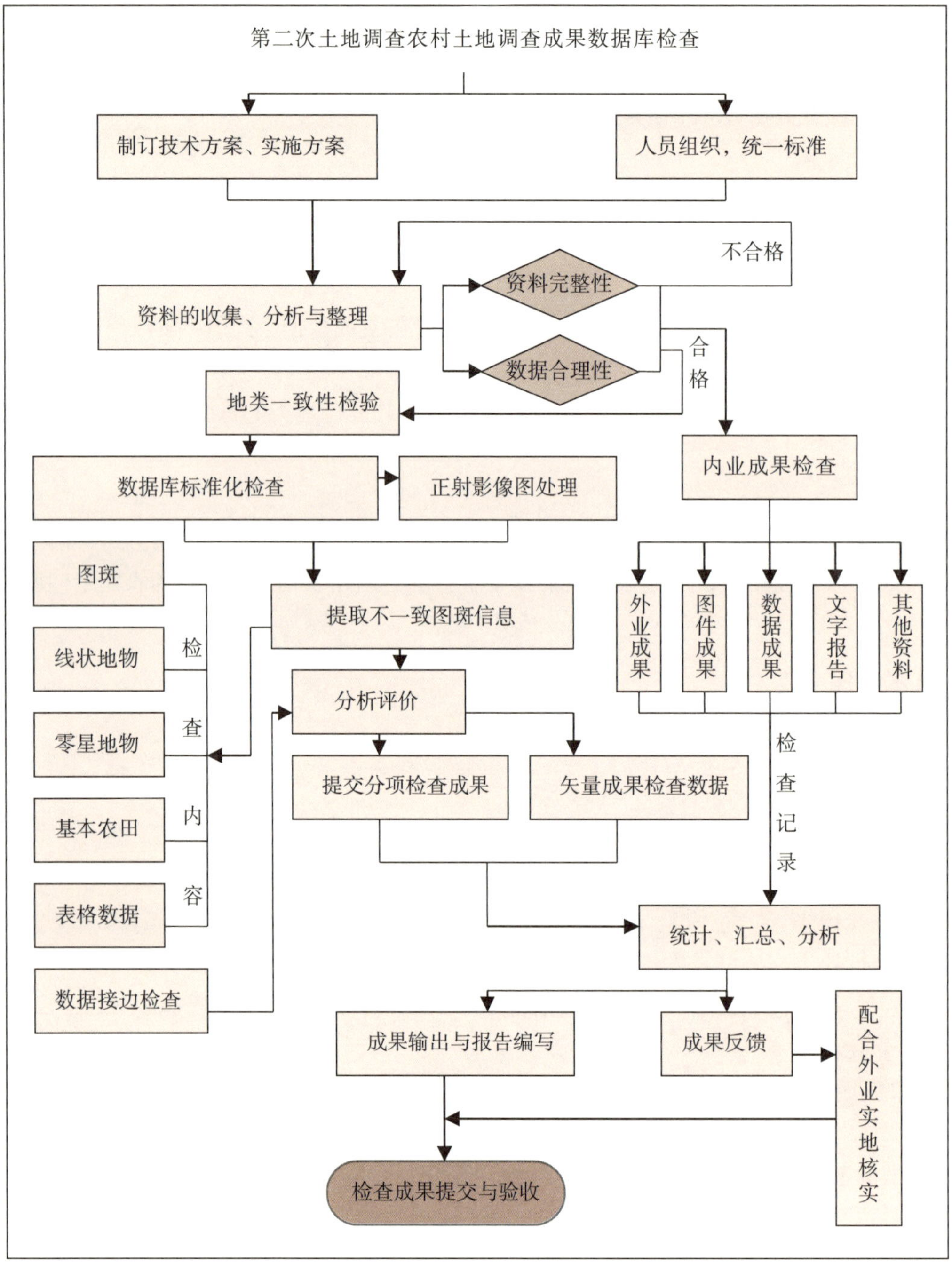

图 5-41 土地调查数据库检查技术流程

设标准补充规定”的相关内容设定。

（2）值符合性。所有图层内所有字段的值必须在相对应字段的取值范围内。图斑中的三级地类及05、06、07、08、09一级类和103、121二级类按细则进行归并。

（3）属性值正确性检查。抽样检查数据库属性表字段值内容是否正确。

（4）椭球面积计算正确性。建库采用的软件工具所计算的椭球面积与质检软件计算的椭球面积需一致。

7. 矢量数据图形检查

（1）拓扑检查。检查图层内及图层间的拓扑关系是否正确（容差值实地 0.0001 米）。

（2）要素丢漏检查。检查矢量图层（行政区、地类图斑、宗地、坡度图）中要素是否存在丢失和遗漏。

（3）碎线检查。检查线层要素长度是否小于图上长度 0.02 毫米。

（4）碎片多边形检查。满足一定条件下，面层要素图上面积是否小于 4.0 平方毫米。

8. 逻辑一致性检查

（1）图属一致性检查。检查地类图斑层坐落单位代码（ZLDWDM）字段值是否与图形上图斑坐落的单位代码一致。

（2）图层内属性一致性检查。检查地类图斑层权属单位编码字段值和权属单位名称字段值是否匹配。

（3）图层间属性一致性检查。检查图层间的属性逻辑是否一致（如图斑层内的零星地物面积之和要等于零星地物图层内零星地物面积之和）；检查各图层标识码的唯一性。

9. 分类面积汇总表及有关资料统计表检查内容

（1）县级行政区域调查面积和下发行政区域控制面积的一致性。

（2）村级地类各图斑层图斑计算面积（TBMJ）字段汇总值和行政村计算面积字段值的一致性。

（3）地类图斑层内线状地物面积（XZDWMJ）字段值和该图斑扣除线状地物扣除面积（XZDWMJ）字段值的一致性。

（4）地类图斑层零星地物面积（LXDWMJ）字段值和零星地物层面积 (MJ) 字段值的一致性。

（5）县级行政区域调查面积和村级行政区域汇总面积的一致性。

10. 检查数量、格式、内容是否齐全、正确

（1）表内数据逻辑一致性检查。检查所提供的汇总表格内及各汇总表格间数据的一致性。

（2）表格汇总面积和数据库汇总面积一致性。检查农村土地利用现状一级分类面积汇总、二级分类面积汇总表县级各汇总面积项是否和数据库计算结果一致；面积权属性质汇总表、耕地坡度分级面积汇总表汇总面积、县级各汇总面积项是否和数据库计算结果一致。

11. 手工检查

矢量化精度检查：检查正射影像图与数据库中的相关图层所表示地类的一致性，以影像为依据，检查土地利用现状图上图斑的地类与影像图上判读的地类是否一致。

12. 数据库检查

图层名称与标准是否保持一致；有严格的拓扑结构，不存在拓扑错误；地类图斑与线状地物、权属界线的空间关系正确无误；图幅同弧段或线的接边误差不超过图上 0.1 毫米；图斑数据中无碎片多边形（面积小于 400 平方米且地类代码、图斑号为空值）；数据输入正确。

第八节　土地调查展望

土地调查是一项基础性、公益性事业，主要是指对土地资源的调查，满足国家对国土资源管理的需要。通过土地调查全面查清城乡土地利用现状和变化状况、权属现状和变化状况等土地信息，是合理利用、开发、保护土地资源，保护耕地和农用地，城乡土地利用总体规划编制，环境保护等国土资源管理的重要依据和不可或缺的基础。到目前为止，已经开展过两次全国土地调查，为国土资源管理提供了土地信息。依法依规开展土地调查取得真实、准确的土地信息，是土地调查的宗旨和根本，其最终

目的是满足管理和各方面对土地基础信息的需要。总结两次土地调查的目标、任务、内容、技术方法、技术流程等环节，结合管理需要，在研究基础上从三方面展望土地调查，使土地调查成果更好地为国土资源管理服务。

一、土地调查学科建设及研究

土地是人类赖以生存和发展的物质基础，是社会生产的劳动资料，是农业生产的基本生产资料，是一切生产和一切存在的源泉。及时掌握真实、准确的土地基本状况信息是社会经济发展，科学规划、合理利用、有效保护土地资源，实施最严格的耕地保护制度、保障粮食安全，加强和改善宏观调控，保障经济社会全面协调可持续发展的基础。实施土地调查，是目前获取土地基本状况信息的主要手段。根据《土地调查条例》的规定，土地调查包括土地利用现状及变化情况调查、土地权属及变化情况调查、土地条件调查。到目前，在全国范围内已开展了土地利用现状及变化情况调查、土地权属及变化情况调查，以及每年一次的土地变更调查（年度土地变更调查），为各级政府、有关部门和国土资源管理工作等提供了翔实的土地利用等基本信息。

土地调查成果已为各级政府、国土资源行政主管部门、国家其他相关部门提供了各类土地的数据、图件等基础资料和信息，充分发挥了土地调查的基础性作用。第一，国家高度重视发挥土地供需调控的作用，以国土资源管理及土地调查为重要基础，2006 年 8 月 31 日，国务院出台了《国务院关于加强土地调控有关问题的通知》（国发〔2006〕31 号），这是继 2004 年《国务院关于深化改革严格土地管理的决定》（国发〔2004〕28 号）出台后，国家在土地管理和调控政策上的又一次重大决策，为政府国民经济宏观调控和用地政策的制定提供了依据；第二，在国土资源管理方面，为土地利用总体规划制定和规划修编、海岸带规划制定，土地管理的“批、供、用、补、查”、“一张图”综合监管平台构建，从“以数管地”到“以图管地”的转变服务土地执法、维护土地秩序，土地确权和登记颁证，农用地分等定级，土地资源的节约集约评价和挖潜，土地承载力和利用结构研究，促进耕地保护和永久基本农田划定，基准地价确定，土地整治规划制定，耕地后备资源调查和补充耕地，大型工程的选址规划设计，自然灾害灾情和损毁分析，建设用地增减挂钩，土地利用空间战略制定和用地结构优化，区域用地和统筹城乡用地协调、不动产统一登记等提供了基础依据和支撑；第三，在相关部门和行业方面，为行政区域勘界、经济普查、人口普查、水利普查、文物普查、农业普查、水务普查、地理国情普查、地名普查、体育场地普查、“以地控税、以税节地”、生态退耕（退耕还林还湖还草）、生态保护、湿地保护、数字城市系统建设等提供了土地基础资料和信息。

随着我国社会经济的快速发展，土地作为载体所能承载的人类各种活动的规模和强度（即承载力，包括土地承载的人口、建筑规模、生态、经济等）越来越引起各级政府和有关部门的高度重视。及时提供真实、准确的土地利用基础资料（数据、图件等），是开展土地承载力研究、分析和评价，进行土地利用规划，合理利用土地资源，保持社会经济可持续发展的重要基础、支撑和依据。因此，开展土地调查学科建设，并进一步开展土地调查研究至关重要。

1. 土地分类研究

土地分类是土地调查科学研究的基本任务和重要内容之一。土地分类是土地类型的划分，其理论建立在类型学基础上。主要是从具体土地的相似属性中归纳出来的，具有抽象性和概括性。土地分类一是研究土地分类的理论基础；二是研究现有的国内外分类系统和方法；三是研究适合我国国情的土地分类系统。

2. 土地调查技术研究

土地调查主要是以现代高新技术为支撑，研究土地信息的获取和处理，以及对相关土地要素进行统计的理论与技术，是遥感（图像处理、图像解译等）、空间定位、电子、光学、精密机械、计算机、数据库技术及数据管理、土地制图、信息与统计技术、数据分析等多学科互相渗透而形成的一门高新技术密集型综合学科。土地调查可广泛应用在土地利用动态监测、土地资源调查、建设用地勘测、土地产权产籍测量、土地空间定位、土地退化防控、土地利用预警预报、土地质量和土地生态监控等领域。

3. 土地确权研究

权属调查是土地调查的重要内容之一。土地权属是土地资源管理的重要内容和基础。土地产权制度是国家的根本制度之一，是土地所有者和使用者最基本、最重要的财产。明晰的土地权属是依法实施土地登记、颁证的前提。由于历史原因，我国的权属状况复杂、大量历史遗留的土地权属纠纷案件亟待处理。所以，土地确权一是研究土地权属的历史和背景；二是研究土地权属变化的历史沿革；三是研究不同时期国家制定的一系列涉及土地权属方面的法律、法规、规章、规定等。通过土地确权研究，掌握确定土地权属的一般理论和方法，以及土地权属争议处理的程序等。

4. 土地与自然条件、社会经济条件关系研究

土地调查成果是政府、国土资源行政主管部门、国家其他相关部门工作需要的重要依据之一。因此，研究、掌握土地与自然条件关系、土地与社会经济条件关系，是确定土地调查内容、产生土地调查成果的重要组成。

5. 土地与国家宏观管理研究

“土地是一切生产和一切存在的源泉”、“土地是人类不能出让的生存条件和再生产条件”、“土地是财富之母”等名言高度概括了土地对社会经济发展的基础性作用和极端重要性。

人多地少是我国的基本国情，土地资源相对不足将是长期制约我国发展的重大矛盾。土地不仅是重要的稀缺资源和不可再生资源，对经济发展起着保障作用，而且作为重要资产，其具有保值和增值功能。根据当前我国的土地制度和政策、社会经济发展需要、基本国策、国情、民生等因素，合理、节约集约配置不同的土地资源，发挥土地资源的最大效益，满足生产、生活、建设等需要是国家宏观调控的重要内容。因此，根据国家宏观调控需要，研究确定土地调查内容、指标设定，是土地调查的重要内容。

二、建立基于土地利用监管“一张图”的土地调查体系

《国土资源部关于加强建设用地动态监督管理的通知》（国土资发〔2008〕192号）（以下简称《通知》）首次提出了加快建立全国土地利用监管“一张图”的构想。近十年，从国土资源部到地方各级国土资源管理部门，根据《通知》精神，按业务需要，建设了“一张图”。从各地看，“一张图”内容各有差异，但总体上包括了遥感影像信息、土地利用现状及变化信息等土地基础信息和建设用地的审批、供应、利用和补充耕地、违法用地查处（以下简称“批、供、用、补、查”）等有关管理信息。根据需要，有的地方又将不动产登记、自然资源登记等纳入“一张图”。随着时间的推移和管理的需求，“一张图”内容将会不断得到充实。其中，通过实践看，通过土地调查获取的土地利用现状及变化信息是“一张图”的基本信息和基础，也是实现“以图管地”的管理模式的基础。但是，目前土地调查的基础作用还有待进一步提升，应在现有基础上进一步研究和实践提升土地调查的基础性作用；同时，应进一步研究和实践应用管理信息及时更新土地调查基础信息，即建立基于土地利用监管“一张图”的土地调查体系。

（一）研究制定基于“一张图”的土地调查技术标准

“一张图”涉及的业务内容很多，要求也有差异。为了满足不同业务需要，各业务部门都在不同程度利用土地调查成果的基础上建立了业务系统，以满足自身管理需要。为了统一管理尺度，应研究制定满足各业务部门管理基本需要的土地调查技术标准，主要包括调查内容、调查分类、调查比例尺、调查底图、调查精度、调查方法、调查流程、数据格式、调查成果等。通过制定统一的技术标准，使土地调查成果更能够满足各业务管理部门的基本需要，更好地发挥土地调查提供土地基础资料和信息的作用，更好地支撑“一张图”建设，真正做到“一查多用”。

（二）信息共享，减少土地调查工作量

土地调查是对土地利用状况的全面调查，也可以说是以土地利用为对象的全面普查。由于土地调查涉及内容多、面向全国、各地情况不同等客观情况，周期较长。第一次全国土地调查从1984年开始到1996年完成，若再加上前期准备和试点研究及后期国家级成果制作，用时十几年；第二次全国土地调查从2007年7月1日开始到2009年12月31日完成，若再加上前期准备、调研、试点和后期国家级成果制作，用时也近十年。因此，缩短调查周期和时间，快速或实时提供真实、准确、现状的土地调查成果（数据、图件等），及时满足管理需要是土地调查需要研究的问题。缩短调查周期的方法除了进一步信息化外，主要是实现业务管理各环节形成的成果（结果）的共享，即“批、供、用、补、查”成果的共享。成果共享将能够减少年度变更调查工作量，节约工作成本，提高工作效率。

一是“批、供、用、补、查”等管理部门，均应在基于统一技术标准下形成的土地利用现状图上开展工作，形成符合各自管理需要的业务工作信息成果，作为更新土地利用现状图的数据源。

二是从管理制度上建立信息共享机制，使土地调查部门能够及时获取“批、供、用、补、查”等管理部门的管理信息，在此基础上实时更新土地利用现状图。同时，更新后土地利用现状图又可实时提供“批、供、用、补、查”等管理部门使用。使土地调查与管理部门之间建立起友好的工作循环。

三是对其他变化，例如农业结构调整等部分内容，可通过年度变更调查、十年一次的全国土地调查进行更新。从而可大大减少土地调查工作量和调查周期。

三、国家直接组织实施土地调查

《土地调查条例》规定，全国土地调查工作按照全国统一领导、部门分工协作、地方分级负责、各方共同参与的原则组织实施。第二次全国土地调查工作的组织形式是：由国务院第二次全国土地调查领导小组办公室（简称全国土地调查办）统一领导和组织，省级第二次全国土地调查领导小组办公室（简称省级土地调查办公室）组织本省份调查工作，县级第二次全国土地调查领导小组办公室（简称县级土地调查办公室）按照全国土地调查办、省级土地调查办公室要求并结合本地实际具体组织开展调查，即县级行政区域为土地调查的基本单位(简称县级调查)。乡(镇)及村等基层单位主要是配合县级调查工作。这种组织模式中的土地调查任务是自上而下部署的，由地方组织进行具体实施，再自下而上汇总调查成果。优点是任务明确、分工明确、组织严密、上下协同、密切配合、发挥各自优势；不足是地方为了自身利益会干预土地调查和调查成果（主要是调查数据）满足地方需要，直接影响国家获取土地基础数据的准确性，失去土地调查获得真实国情国力调查的目的。为了获取真实、准确的土地调查数据，国家也采取了一些技术手段和行政措施，例如，国家加大了对地方调查成果的核查力度，对发现的弄虚作假行为进行处理追究责任等，这些手段和措施对获取真实、准确的土地调查数据起到了很大作用。但是，

目前这种组织模式要杜绝弄虚作假行为还难以做到。因此，探索新的组织模式是土地调查的需要，其中，由国家直接组织实施的土地调查工作模式是国家获取真实、准确的土地调查数据的重要途径之一。

（一）国家直接组织实施土地调查的技术可行性

1. 科技进步支撑

随着航空、航天遥感技术、图像处理技术、图像自动解译技术、空间定位技术、信息技术等的高速发展，实现了及时获取土地调查需要的高、中、低分辨率及不同时相的地面的土地利用现状遥感影像（数据）的信息获取，快速遥感影像（数据）的处理，遥感影像自动解译能力进一步提高，地物高精度的定位，数据库及管理系统的发展等，为土地调查工作提供了坚实的技术支撑。

2. 国土资源管理信息丰富

随着土地利用监管“一张图”的建立，土地利用的“批、供、用、补、查”等管理信息为土地调查工作提供了丰富的数据基础（变化信息）。“一张图”是国家直接组织实施土地调查的重要依据。

3. 土地调查内业为主、外业为辅逐步成为可能

按照建立的解译标志及人工解译的实践经验，在制作的数字正射影像图上通过对不同时相高分辨率遥感影像（数据）的解译（采用计算机自动解译、人机交互解译、人工解译等），并结合国土资源管理信息，在室内大部分用地类型能够得到解译和确定，并直接生成数字土地利用现状图和建设土地调查数据库。剩余的由于遥感影像问题及室内无法解译或对解译有疑问的内容需要再到实地进行补充调查和确认，从而大大减轻了土地调查工作量而又能获得真实、准确的调查结果。

4. 人力资源（技术队伍）丰富

随着高等教育、职业教育的发展，掌握高科技的人才济济，为国家直接组织实施土地调查奠定了人力资源基础，能够在短时间内组织需要的专业技术队伍和技术人员，通过短期技术培训，按照国家统一的技术标准实施土地调查工作。由于专业技术队伍和技术人员与地方没有利益关系，获得的结果客观性、真实度大大提高。

（二）组织实施

1. 成立专门机构

从国家到地方均成立专门机构，专门负责土地调查工作。

2. 统一部署、分工协作

国家负责土地调查的统一部署、总体设计、调查标准制定、组织实施、指导检查地方土地调查等工作；地方根据国家需要以做好配合工作为主，同时负责地方土地调查工作。

3. 调查成果统一汇总

国家统筹组织土地调查成果全国汇总工作，包括对汇总成果的分析，汇总成果国家和地方共享，同时，地方可根据需要细化汇总内容。

第六章　土地权属确定与土地权属争议调处

土地权属确定（以下简称土地确权）和土地权属争议调处是与第二次全国土地调查密切相关的一项十分重要的工作，不但政策性、法律性和技术性强，而且处理结果涉及群众重大民事权益，直接影响社会的和谐与稳定。因此，第二次全国土地调查中高度重视土地确权和土地权属争议调处工作。

本章主要介绍我国土地确权的制度、原则、依据、政策、程序及土地权属争议调处等内容。

第一节　我国土地确权及土地权属争议调处制度

一、土地确权

（一）土地确权的概念

土地确权可从广义和狭义两个方面来理解：狭义的土地确权，仅指依法确定土地权利的归属，即确定土地所有权、建设用地使用权、宅基地使用权等土地权利归谁享有；广义的土地确权，不仅包含依法确定土地所有权、建设用地使用权、宅基地使用权等土地权利的主体，而且包含确定土地权利的客体和内容。由于具体的土地权利总是主体、客体和内容三者的统一。实践中多从狭义上来理解，即土地确权是按照法定程序，依据法律和政策确认土地所有权、使用权及他项权利归属的行政行为。土地权利是不动产物权的重要内容，是最重要的财产权利。《中华人民共和国物权法》（以下简称《物权法》）明确，物权是指权利人依法对特定的物享有直接支配和排他的权利，包括所有权、用益物权和担保物权。依法确定不动产物权，即土地所有权、建设用地使用权、宅基地使用权等土地权利归属，既是法律赋予县级以上人民政府和国土资源主管部门的职责，也是保护土地权利人合法权益的前提和基础。土地确权是一项政府行为，是从实体上解决土地权利归属问题，土地确权结果具有法定性和权威性。《土地管理法》第十一条及《土地管理法实施条例》第四、第五条都对土地确权登记做了相应规定。

（二）土地确权的特点

1. 土地确权是一项政府行为

《土地管理法》第十一条规定："农民集体所有的土地，由县级人民政府登记造册，核发证书，确认所有权。农民集体所有的土地依法用于非农业建设的，由县级人民政府登记造册，核发证书，确认建设用地使用权。单位和个人依法使用的国有土地，由县级以上人民政府登记造册，核发证书，确认使用权；其中，中央国家机关使用的国有土地的具体登记发证机关，由国务院确定。"因此，土地确权的主体为县级以上人民政府。

2. 土地权利必须依法确定

这里的"法"是指我国现行的关于土地权利的一系列法律、法规体系，包括宪法、法律、行政法规、规章及有关政策性文件。

3. 土地确权结果具有法定性和权威性

人民政府的土地确权决定一经做出，便具有法律效力，非经法定程序不得改变。生效的土地确权决定，是不动产登记的直接依据。依法确定的土地权利是保证不动产登记公信力、保护土地权利人合法权益的基础，土地权利一经确定即受到法律的保护，可以对抗一切不法侵害。任何单位和个人均不得妨碍该权利的依法行使。否则，土地权利人可以申请国家机关以强制力排除妨碍，消除侵害。造成损害的，还可以请求损害赔偿。

二、土地权属争议调处

（一）土地权属争议调处的概念

土地权属争议调处是指因土地所有权、使用权等权利归属发生争议的，依法进行调解和处理的行政行为。1986 年制定《土地管理法》时，将土地权属争议调处作为一项制度写入法律。进入 20 世纪 90 年代，土地使用制度改革进入新阶段，为适应加强土地权属管理需要，1995 年，国家土地管理局出台了《土地权属争议处理暂行办法》。1998 年《土地管理法》第十六条规定："土地所有权和使用权争议，由当事人协商解决；协商不成的，由人民政府处理。"2003 年，国土资源部出台《土地权属争议调查处理办法》，进一步完善了争议调处工作程序，完善了调处制度。土地权属争议调处是土地管理制度的重要组成部分，是解决土地争议的重要途径，是土地权利救济的重要渠道，调处土地权属争议是国土资源主管部门的重要职责之一。土地权属争议调处在化解社会矛盾、保护土地权利人合法权益、促进社会和谐等方面发挥了重要作用。

（二）土地权属争议调处的特点

1. 争议调处是一项政府行为

从法律性上看它属于行政裁决。根据法律规定，争议调处的主体为人民政府。

2. 范围特定

仅包括土地所有权争议（国有与集体、集体之间）和使用权争议（集体、国有），土地承包经营纠纷、土地行政边界纠纷和土地侵权等通过其他途径解决。

3. 便民、高效、低廉

相对于程序复杂、时间漫长的司法诉讼来说，这一制度程序简单，处理快捷；调处不向当事人收取任何费用。

4. 是案件进行司法诉讼的前置程序

争议须先经人民政府调处，对调查结果不服的可以向人民法院起诉；未经调处而直接向人民法院起诉的，人民法院不予受理。

5. 重视调解方式

调解是必经程序，大部分争议案件通过调解方式解决。

6. 调处结果具有法定性和权威性

生效处理决定具有法律效力，非经法定程序不得改变；生效的处理决定，是土地登记的直接依据。

三、第二次全国土地调查中的土地确权和争议调处工作概况

2006 年国务院下发的《关于开展第二次全国土地调查的通知》（国发〔2006〕38 号）和 2007 年全国土地调查办下发的《第二次全国土地调查实施方案》（国土调查办发〔2007〕7 号）要求，查清农村集体

土地所有权、农村集体土地建设用地使用权和国有建设用地使用权权属状况，及时调处各类土地权属争议。为全面指导第二次全国土地调查中土地权属争议调处工作，根据《国务院关于开展第二次全国土地调查的通知》(国发〔2006〕38号)等文件规定和工作需要，国务院第二次全国土地调查办公室成立了土地权属纠纷调处指导组（简称权属组），2008年5月，全国土地调查办下发《关于在第二次全国土地调查中查清土地权属争议基本情况的通知》(国土调查办发〔2008〕46号)，要求各地重视土地权属争议调处工作，在第二次全国土地调查工作中全面掌握土地权属争议及调处基本情况。2010年2月初，全国土地调查办下发了《关于进一步核实第二次全国土地调查中土地权属争议基本情况的通知》(国土调查办发〔2010〕5号)，对经初审上报成果不符合要求，数据不全或质量不合格，以及数据存在疑问的省（自治区、直辖市)，要求其限期核实、补充和更正。2010年2月底到3月中旬，权属组集中专业技术人员对地方上报的土地权属争议数据、典型案例，以及调处工作报告，进行了分类汇总和整理分析。在对全国各地土地权属争议基本数据和权属争议调处工作报告进行汇总、分析的基础上，形成了全国土地权属争议调处情况分析报告。根据汇总统计，自第二次全国土地调查工作开展以来，31个省（自治区、直辖市)和新疆生产建设兵团共清查土地权属争议案件8.2万件，其中，集体土地权属争议5.1万件，占总数的62%，已处理2.1万件，处理率为42%；国有土地权属争议1.4万件，占总数的17%，已处理0.7万件，处理率为50%；国有土地与集体土地之间权属争议1.7万件，占总数的21%，已处理件0.6万件，处理率为35%。

第二节　我国土地权属确定原则、依据及有关政策

一、土地确权的原则

土地确权是一项法律性、政策性很强的工作，我国现行的法律对此规定并不具体。因此，在实际工作中需要确立一些基本的原则来指导土地确权工作。土地确权应遵循以下基本原则:

（一）合法性原则

合法性原则是指在土地确权过程中，确权机关必须遵守宪法、法律、行政法规、地方性法规及自治条例、单行条例有关土地确权的规定。法律、法规、规章和有关政策文件有明确规定的，一定要依照有关条款确定土地权属。

（二）合理性原则

合理性原则是指土地确权要客观、公正、公平。合理性原则的内涵在于：土地确权行为的动因应符合行政目的，应建立在正当考虑的基础上，内容应合乎情理。坚持合理性原则既有利于保障行政权力合法行使，也有利于维护公民、个人、组织的合法权益。

（三）尊重历史，面对现实原则

中华人民共和国成立以来，我国土地所有权制度经历了几次大的调整，加之我国地域辽阔，各地的情况千差万别，土地权属状况十分复杂，致使土地权属纠纷不断，使土地确权工作面临相当大难度。因此，在确权工作中，必须坚持尊重历史和现实、分阶段处理的原则，既要根据当时的历史条件和政策，又要充分考虑当前土地使用的实际状况，正确处理国家与集体、集体与集体、单位与个人之间的关系。

（四）有利于生产生活和社会稳定原则

各级人民政府在土地确权工作中，要本着促进争议各方搞好团结、保持社会稳定的原则，尽可能地全面考虑各方面的利益，坚持有利于社会团结、有利于土地的合理利用，化解矛盾、解决纠纷。

二、土地确权的依据

土地确权依据，是指确定土地所有权或者土地使用权过程中所依据的法律法规政策和事实根据。

（一）法律依据

土地确权的法律依据散见于法律、行政法规、司法解释、相关政策中。

1. 法律

法律主要有《中华人民共和国宪法》、《中华人民共和国民法通则》、《物权法》、《中华人民共和国担保法》、《中华人民共和国行政诉讼法》、《中华人民共和国行政复议法》、《土地管理法》、《中华人民共和国房地产管理法》、《中华人民共和国城市规划法》、《中华人民共和国森林法》、《中华人民共和国草原法》、《中华人民共和国农业法》、《中华人民共和国渔业法》、《中华人民共和国农村土地承包法》、《中华人民共和国文物保护法》等。

2. 行政法规及国务院文件

行政法规及国务院文件主要有《土地管理法实施条例》、《城镇国有土地使用权出让和转让暂行条例》、《农村人民公社工作条例修正草案》、《村镇建房用地管理条例》、《大中型水利水电工程建设征地补偿和移民安置条例》、《河道管理条例》、《铁路留用土地办法》、《国务院关于深化改革严格土地管理的决定》、《国务院关于加强土地调控有关问题的通知》、《国务院关于节约集约用地的通知》等。

3. 最高人民法院的司法解释

最高人民法院的司法解释具体包括《最高人民法院关于人民法院民事执行中查封、扣押、冻结财产的规定》、《关于审理涉及国有土地使用权合同纠纷案件适用法律问题的解释》、《关于人民法院执行设定抵押的房屋的规定》、《关于同一土地登记在两个土地证上应如何确认权属的批复》、《关于能否将国有土地使用权折价抵偿给抵押权人问题的批复》、《关于适用〈中华人民共和国担保法〉若干问题的解释》、《关于审理与企业改制相关的民事纠纷案件若干问题的规定》、《关于适用〈行政复议法〉第三十条第一款有关问题的批复》、《关于破产企业国有划拨土地使用权应否列入破产财产等问题的批复》、《关于房地产管理机关能否撤销错误的注销抵押登记行为问题的批复》、《关于审理国有土地使用权转让合同及相关纠纷案件适用法律若干问题的解释》等。

4. 部门规章、规范性文件及函复

部门规章、规范性文件及函复主要有：《不动产登记暂行条例》、《确定土地所有权与使用权的若干规定》、《国务院办公厅转发国土资源部、农业部〈关于依法保护国有农场土地合法权益意见〉的通知》、《最高人民法院、国土资源部、建设部〈关于依法规范人民法院执行和国土资源房地产管理部门协助执行若干问题〉的通知》、《国土资源部、国家发展和改革委员会关于发布实施〈限制用地项目目录（2012 年本）〉和〈禁止用地项目目录（2012 年本）〉的通知》等。

除上述法规和政策性文件之外，近几年来，全国各地根据宪法赋予的职责，根据各地在土地利用、开发、保护和经营方面的实际情况，纷纷制定了有关的地方性法规和政府规章。这些法律、法规和规章的制订与实施，对合理利用土地、切实保护土地资源、保护土地利用和经营各方当事人的合法权益，促进国民经济的发展，发挥了积极的作用，是土地确权的重要依据。

（二）事实依据

事实依据是土地确权工作中不可或缺的重要依据，主要包括下列内容：①当事人依法达成的协议；②县级以上人民政府的批准文件、处理决定；③县级以上国土资源主管部门的调解书；④人民法院、仲裁委员会的生效法律文书；⑤生效的遗嘱；⑥土地出让合同、人民政府颁发的有关不动产权属证明；⑦土地调查形成的土地权属界线协议书、认定书；⑧土地利用现状调查资料、城镇地籍调查资料；⑨中华人民共和国成立之后双方签订的土地、山林等权属或界线协议等；⑩法律、法规规定的其他证据。

三、土地确权的政策把握

土地确权的对象是土地权利。土地权利是指权利人按照法律规定，直接支配土地、享受其利益，并排除他人干涉的权利。土地权利是一种财产权，土地权利在物权法上就是土地物权。2007 年 3 月颁布的《物权法》，以基本法的形式对我国土地权利体系进行了明确，将土地权利分别在所有权、用益物权和担保物权中作了规定。其中，所有权中规定了国家土地所有权和集体土地所有权；用益物权中规定了土地承包经营权、建设用地使用权、宅基地使用权和地役权；担保物权中规定了土地抵押权。

（一）国家土地所有权的确定

国家土地所有权是指国家作为土地所有权的权利主体，依法对国家所有的土地享有的占有、使用、收益和处分的权利。国家土地所有权是我国土地所有权制度的重要内容，是确定社会主义全民所有制经济占主导地位的经济制度的基础。国有土地的所有权只能由国家统一行使，国家以外的任何社会团体和个人都不得作为国有土地的所有权人。《物权法》第四十五条第二款规定：国有财产由国务院代表国家行使所有权，法律另有规定的，依照其规定。我国国有土地属于全民所有。《土地管理法》第二条第二款规定：全民所有，即国家所有土地的所有权由国务院代表国家行使。国务院代表国家依法行使对国有土地的占有、使用、收益和处分的权利。法律规定国务院是国家土地所有权的代表，一是明确地方各级人民政府不是国有土地所有权代表，无权擅自处置国有土地，只能依法根据国务院的授权处置国有土地；二是赋予中央人民政府行使国有土地资产经营管理的职能；三是明确国有土地的收益权归中央人民政府，国务院有权决定国有土地收益的分配办法。

（1）根据我国《宪法》、《物权法》、《土地管理法》等法律的规定，下列土地应当确定为国家所有：①城市市区的土地；②农村和城市郊区中已经依法没收、征收、征购（用）为国有的土地；③国家依法没收、征收的土地；④依法属于国家所有的荒地、山岭、滩涂、林地和森林、草原、水面所覆盖的土地，即国家未确定给集体所有的荒地、山岭、滩涂、林地和森林、草原、水面所覆盖的土地；⑤依法属于国家所有的名胜古迹、寺庙、教堂、自然保护区的土地；⑥国有公路、铁路、学校或其他公用事业占用的土地；⑦河道内土地，除已分配给农民，国家未征收且迄今仍归农民集体使用的以外的土地；⑧其他不属于集体所有的土地。

（2）根据 1995 年国家土地管理局发布的《确定土地所有权和使用权的若干规定》等文件，下列土地可以确定为国家所有：①依据 1950 年《中华人民共和国土地改革法》及有关规定，当时没有将土地所有权分配给农民集体的土地；②实施 1962 年《农村人民公社工作条例修正草案》时未划入农民集体范围内的土地；③《农村人民公社工作条例修正草案》公布以前，全民所有制单位、城市集体所有制单位和集体所有制的华侨农场使用的原农民集体所有的土地，包括合作化之前的个人土地，迄今没有退给农民集体的；④围海、围湖造地或者因自然力量形成的土地；⑤水利部门直接管理的水库、渠道等水利工程用地；⑥因国家建设需要、自然灾害等原因，进行移民安置并调剂土地后，迁移农民原有的土地；⑦土地所有权有争议，不能依法证明属于农民集体所有的争议土地。

（二）农民集体土地所有权的确定

集体土地所有权，是指农民集体对其所有的土地行使占有、使用、收益和处分的权利。农民集体土地所有权是除国家土地所有权外的另一种土地所有权。

（1）根据我国《宪法》、《民法通则》、《物权法》、《土地管理法》等法律规定，农民集体所有的土地包括：①除由法律规定属于国家所有以外的农村和城市郊区的土地。也就是说，农村和城市郊区的土地原则上属于集体所有。如果法律规定属于国家所有的，则属于国家所有。这里所讲的“法律”应是全国人大及其常委会通过的具有法律约束力的规范性文件，包括宪法和其他法律。②宅基地和自留地、自留山。农民集体所有的宅基地，主要是指农民用于建造住房及其附属设施的一定范围内的土地；自留地是指我国农业合作化以后农民集体经济组织分配给本集体经济组织成员（村民）长期使用的土地；自留山是指农民集体经济组织分配给其成员长期使用的荒山和荒坡。

（2）根据1995年国家土地管理局发布的《确定土地所有权和使用权的若干规定》等文件，除法律另有规定的外，下列土地可以确定为农民集体所有：①土地改革时分给农民并颁发了土地所有证的土地；②实施《六十条》时确定为农民集体所有的土地；③原属于国有或者农民集体所有的土地，经带地入社和实施《六十条》时固定为生产队范围内的土地。

（3）集体土地所有权主体确定。

在我国法律中，集体土地所有权的主体只能是农民集体，根据农民集体形式的不同，可以将集体土地所有权划分为不同类型。在农村土地确权登记实践中，依法确定集体土地所有权主体是一项基础工作。根据《物权法》等法律和有关政策文件规定，农民集体土地所有权主体有三种形式：①村农民集体所有，即原来实行人民公社时期以生产大队为核算单位的农民集体所有。②村内两个以上农民集体所有。主要是指原来实行人民公社时期以生产队为核算单位的农民集体所有。实践中，主要体现为村民小组一级农民集体。③乡（镇）农民集体所有，即原来实行人民公社时期以人民公社为基本核算单位的农民集体所有。实践中，这一级农民集体虚化，大部分地区找不到相应的组织。

上述形式的农村集体土地所有权主体在法律地位上是平等的，不存在隶属关系，在农村集体土地确权登记发证中要按照三类所有权主体的真实情况，将农村集体土地所有权确认到每一个具有所有权的农民集体。实践中，相当部分人将农民集体土地所有权的主体误认为“村委会”、“集体经济组织”和“村民小组”等，各地在登记发证中填写也不规范。针对这一问题，2011年，国土资源部、中央农村工作领导小组办公室、财政部、农业部联合下发的《关于农村集体土地确权登记发证的若干意见》（国土资发〔2011〕178号）明确规定，在土地登记簿的“权利人”和土地证书的“土地所有权人”一栏，集体土地所有权主体按“××组（村、乡）农民集体”填写，而不是“××组（村、乡）”或“××组（村、乡）集体经济组织”。进一步规范了集体土地所有权主体的内涵和形式，纠正了实践中的不规范做法。

（4）农民集体土地所有权的界线确定。根据有关政策文件，农民集体土地的所有权界线确定，按以下原则进行。①农民集体所有的土地，按目前该农民集体实际使用的本集体土地所有权界线确定所有权。农民集体之间发生的土地权属争议，不能依法证明土地归属的，按照土地使用现状确认所有权主体。由于地理、历史、风俗习惯等原因，集体之间的土地相互交叉，“你中有我，我中有你”，有的虽然相互之间的界线清楚，但一个集体的土地很难形成一个由土地权属界址线所封闭的地块，很难按照一宗土地登记发证。另外，集体之间不仅存在插花地，而且存在飞地，对飞地应当单独立宗，单独登记发证。对有争议的土地，应当依法调解、处理、确权后，再进行登记发证。②按二十年的时效取得期间确定。农民集体连续使用其他农民集体所有的土地已满二十年的，确定为现使用者所有（虽满二十年，但在二十年期满之前所有者曾向现使用者或有关部门提出归还的除外）。在我国法律中虽然没有明确规定时效取得制度，但是在集体土地所有权的确权实践中，集体土地所有权时效取得制度得到了司法部门的认可。实践中要掌握三点：一是主体是农民集体；二是时间上具有连续性；三是不存在明确的租用和借用关系。③将土地承包经营权发包时是否打破村民小组的权属界限作为确定村与村民小组间土地所有权的标准。《国土资源部关于依法加快集体土地所有权登记发证工作的通知》（国土资发〔2017〕359号）规定，凡是土地家庭联产承包中未打破村民小组（原生产队）界线，不论是以村的名义还是以组的名义与农户签订承包合同，土地应确认给村民小组农民集体所有。…… 对于已经打破了村民小组农民集体土地界线的地区，应本着尊重历史，承认现实的原则，对这部分土地承认现状，明确由村农民集体所有。④乡（镇）农民集体与村农民集体发生土地所有权争议，不能依法证明争议土地属于乡（镇）农民集体所有的，确定为村农民集体所有；村农民集体与村民小组农民集体发生土地所有权争议，不能依法证明属于村农民集体所有的，确定为村民小组所有。这一原则，主要是考虑到历史上和现实中集体土地主要为村民小组农民集体所有，村或乡镇农民集体所有的是少数而且基本上能说清来源。⑤法律另有规定的除外，下列土地可以确定为农民集体所有：一是土地改革时分给农民并颁发了土地所有证的土地；二是实施《六十条》时确定为农民集体所有的土地；三是原属于国有或者农民集体所有的土地，经带地入社和实施《六十条》时固定为生产队范围内的土地。

（三）建设用地使用权的确定

在《物权法》颁布前，建设用地使用权是按土地用途划分的一个土地使用权类型，包括国有建设用地使用权和集体建设用地使用权。《物权法》主要规定了国有建设用地使用权，《物权法》第一百三十五条规定，建设用地使用权人依法对国家所有的土地享有占有、使用和收益的权利，有权利用该土地建造建筑物、构筑物及其附属设施。国有建设用地使用权和集体建设用地使用权两者由于主体和范围不同，在确定方法上也有所区别。

1. 国有建设用地使用权确定

（1）依法通过出让、划拨等方式取得国有建设用地从事生产建设、房地产开发等非农业生产活动的，确定国有建设用地使用权。

（2）土地公有制之前，通过购买房屋或者土地及租赁土地方式使用的私有土地，土地国有化后迄今仍继续使用的，国有建设用地使用权可以确定给现使用者。1982年《国家建设征用土地条例》公布前，以国有建设用地使用权为条件与其他单位或者个人合建房屋的，根据批准文件、合建协议或者投资数额确定建设用地使用权；1982年《国家建设征用土地条例》公布后，依照有关规定批准合建的，根据批准文件，确定建设用地使用权。

（3）地下商场、铁路、人防工程等地下独立建筑物使用的土地空间范围，可确定建设用地使用权。

2. 集体建设用地使用权确定

依法使用宅基地以外的集体土地从事非农业建设的，确定为集体建设用地使用权。有下列情形之一的，确定其集体建设用地使用权。

（1）乡镇企业、乡镇村公共设施公益事业使用的集体土地。

（2）农村集体经济组织与其他单位个人以土地使用权入股联营等形式共同举办的企业使用的集体土地。

（3）单位和个人通过兼并乡镇企业或接受破产乡镇企业取得的集体土地。

（四）宅基地使用权的确定

宅基地使用权作为一项独立的土地权利类型，是《物权法》中的新规定。根据《物权法》、《土地管理法》等法律规定，宅基地使用权是经依法审批由农村集体经济组织分配给其成员用于建造住宅的、没有使用期限限制的一种土地权利。农民集体经济组织成员依法取得集体土地并进行建造住宅及其附属设施的，确定宅基地使用权。

（1）1982 年 2 月国务院发布《村镇建房用地管理条例》之前农村居民建房占用的宅基地，超过当地政府规定的面积，在《村镇建房用地管理条例》施行后未经拆迁、改建、翻建的，可以暂按现有实际使用面积确定宅基地使用权。

（2）1982 年 2 月《村镇建房用地管理条例》发布时起至 1987 年 1 月《土地管理法》开始施行时止，农村居民建房占用的宅基地，其面积超过当地政府规定标准的，超过部分按 1986 年 3 月中共中央、国务院《关于加强土地管理、制止乱占耕地的通知》及地方人民政府的有关规定处理后，按处理后实际使用面积确定宅基地使用权。

（3）1987 年《土地管理法》实施后，宅基地超过规定面积标准的，按照实际批准面积登记；超过规定标准部分，在土地登记簿和土地权利证书记事栏内注明超过标准的面积，待以后分户建房或现有房屋拆迁、改建、翻建、政府依法实施规划重新建设时，按有关规定作出处理，并按照各地规定的面积标准重新登记。

（4）符合当地政府分户建房规定而尚未分户的农村居民，其现有的宅基地没有超过分户建房用地合计面积标准的，可按现有宅基地面积确定宅基地使用权。

（5）非农业户口居民（含华侨）原在农村的宅基地，房屋产权没有变化的，可依法确定其集体建设用地使用权。房屋拆除后没有批准重建的，土地使用权由集体收回。

（6）接受转让、购买房屋取得的宅基地，与原有宅基地合计面积超过当地政府规定标准，按照有关规定处理后允许继续使用的，可暂时确定其宅基地使用权。继承房屋取得的宅基地，可确定宅基地使用权。

（7）农村专业户宅基地以外的非农业建设用地与宅基地分别确定集体建设用地使用权和宅基地使用权。

（8）按照上述（1）、（6）的规定确定宅基地使用权时，其面积超过当地政府规定标准的，可在土地登记卡和土地证书内注明超过标准面积的数量。以后分户建房或现有房屋拆迁、改建、翻建或政府依法实施规划重新建设时，按当地政府规定的面积标准重新确定使用权，其超过部分退还集体。

（五）地役权的确定

地役权是指土地权利人按照合同约定，利用他人的不动产，以提高自己的不动产的效益的权利。地役权是一种用益物权，是在土地所有权、使用权、承包经营权基础上设立的从属的物权。在地役权关系中，有权利用他人不动产而使自己土地的利益和价值得到提高的一方为地役权人，其土地为需役地；允许他人利用其不动产而获得一定补偿的一方为供役地权利人，其不动产为供役地。《物权法》将地役权作为一项重要土地权利写入了我国法律中，并对其形式和内容进行了具体规范。

（1）国有电力、通信设施用地属于国家所有。但国有电力通信杆塔占用农民集体所有的土地，未办理征用手续的，土地仍属于农民集体所有，对电力通信经营单位可确定为地役权。

（2）地面与空中、地面与地下立体交叉使用土地的（楼房除外），土地使用权确定给地面使用者，空中和地下可确定为地役权。平面交叉使用土地的，可以确定为共有土地使用权；也可以将土地使用权确定给主要用途或优先使用单位，次要和服从使用单位可确定为地役权。上述两款中的交叉用地，如果属于合法批准征用、划拨的，可按批准文件确定使用权，其他用地单位确定为地役权。

（3）地役权依照法律或当事人约定设定。

四、土地确权中有关特殊问题的处理

（一）重复征收问题

由于历史原因，一定范围内的土地被几个单位重复征收或先后划拨给几个单位使用，引起土地争议，此类情况下的土地按实际使用的原则确定给后来的单位使用。如果先前土地使用者是被撤销或迁移，后又恢复或迁回，原土地已被划给其他单位使用的，则应按政策要求和土地利用现状确定是否返还土地使用权。

（二）界线与面积不吻合的问题

土地所有权或者使用权证明文件上的四至界线与实地一致，但实地面积与批准面积不一致的，按实地四至界线计算土地面积，确定土地所有权或者使用权。因为面积的准确性取决于测量方法、精度要求及测绘人的素质等因素，而界线则是较为稳定的。

第三节　土地权属争议调处原则、管辖及程序

一、土地权属争议调处的基本原则

（一）调解在先、处理在后原则

国土资源主管部门在查清事实的基础上，通过行政调解来解决纠纷，调解不成的，报本级人民政府下达处理决定。

（二）行政调处在先、诉讼在后原则

土地权属争议应先由县级以上人民政府处理（国土资源主管部门具体承办），当事人对政府处理决定不服的，再向人民法院起诉。

二、土地权属争议调处的受案范围及管辖

（一）权属争议调处范围

土地权属争议是指土地所有权或者使用权归属发生争议。已依法登记发证的土地，因已经明确权属，再发生纠纷的，不作为土地权属争议案件受理。根据《土地权属争议调查处理办法》第十四条规定，土地侵权案件、行政区域边界争议、土地违法案件、土地承包经营权争议等不属于土地权属争议，国土资源行政主管部门不受理这些案件。

（二）土地权属争议调处的管辖分工

1. 各级人民政府间土地权属争议的管辖权分工

土地权属争议由土地所在地人民政府处理；单位之间的争议，由县级以上人民政府处理；个人之间、个人与单位之间的争议，由乡级人民政府或者县级以上人民政府处理。

2. 各级国土资源主管部门间土地权属争议的管辖权分工

个人之间、个人与单位之间、单位与单位之间发生的争议案件，由争议土地所在地的县级国土资源主管部门调查处理。其中，个人之间、个人与单位之间发生的争议案件，可以根据当事人的申请，由乡级人民政府受理和处理；设区的市、自治州国土资源主管部门调查处理跨县级行政区域的，同级人民政府、上级国土资源主管部门交办或者有关部门转送的争议案件；省、自治区、直辖市国土资源行政主管部门调查处理跨设区的市、自治州行政区域的，争议一方为中央国家机关直属单位且涉及土地面积较大的，争议一方为军队且涉及土地面积较大的，在本行政区域内有较大影响的，同级人民政府、国土资源部交办或者有关部门转送的争议案件；国土资源部调查处理国务院交办的、在全国范围内有重大影响的争议案件。

三、土地权属争议调处依据

土地权属争议调处依据，是指在土地权属争议调处过程中所依据的法律法规政策和事实根据。

（一）法律政策依据

土地确权的法律依据散见于法律、行政法规、司法解释、相关政策中。

1. 法律

法律主要有《中华人民共和国行政诉讼法》、《中华人民共和国行政复议法》、《土地管理法》、《中华人民共和国房地产管理法》、《中华人民共和国城市规划法》。

2. 行政法规及国务院文件

行政法规及国务院文件主要有《土地管理法实施条例》、《城镇国有土地使用权出让和转让暂行条例》、《不动产登记暂行条例》、《大中型水利水电工程建设征地补偿和移民安置条例》、《河道管理条例》等。

3. 最高人民法院的司法解释

最高人民法院的司法解释具体包括《关于审理涉及国有土地使用权合同纠纷案件适用法律问题的解释》、《关于人民法院执行设定抵押的房屋的规定》、《关于同一土地登记在两个土地证上应如何确认权属的批复》、《关于审理国有土地使用权转让合同及相关纠纷案件适用法律若干问题的解释》、《关于审理涉及农村集体土地行政案件若干问题的规定》、《最高人民法院关于国有土地开荒后用于农耕的土地使用权转让合同纠纷案件如何适用法律问题的批复》等。

4. 部门规章、规范性文件及函复

部门规章、规范性文件及函复包括《土地登记办法》、《土地权属争议调查处理办法》、《闲置土地处置办法》、《国土资源行政处罚办法》、《确定土地所有权与使用权的若干规定》、《国务院办公厅转发国土资源部、农业部〈关于依法保护国有农场土地合法权益意见〉的通知》、《国土资源部关于规范土地登记的意见》等。

除上述法规和政策性文件之外，还有一些地方性法规和政府规章，也是土地权属争议调处的重要依据。

（二）事实依据

事实依据主要包括：①人民政府颁发的确定土地权属的凭证；②人民政府或者国土资源主管部门批准征用、划拨、出让土地或者以其他方式批准使用土地的文件；③争议双方当事人依法达成的书面协议；④人民政府或者司法机关处理争议的文件或者附图；⑤其他有关证明文件。

四、土地权属争议处理程序

土地权属争议处理的程序包括申请、受理、调查、调解和处理5个。

（一）土地权属争议的申请

土地权属争议调处申请由当事人向国土资源主管部门提出，提交书面申请书。申请是国土资源主管部门处理土地权属争议的先决条件，但人民政府交办的土地权属争议案件，国土资源主管部门应直接承办，可不须当事人申请。

申请人应当具备的条件：一是土地权属争议申请人应与争议的土地有直接的利害关系，有明确的请求处理对象、具体的处理请求和事实根据；二是申请人申请处理土地权属争议，应当提交书面申请书和有关证据材料，即申请人负有举证的责任。

（二）受理

国土资源主管部门接到当事人的处理申请后，对所申请的事项理由、证据材料进行审查，在7日内决定是否受理，决定不受理的及时拟定不予受理建议书，报同级政府作出不予受理决定。决定受理的，在受理之日起5日内通知对方当事人。认为不应当受理的，应当及时拟定不予受理建议书，报同级人民政府作出不予受理决定。当事人对不予受理决定不服的，可以依法申请行政复议或者提起行政诉讼。

（三）调查

受理后，由国土资源主管部门指派承办人员对争议的事实进行调查；有必要的，可以进行实地调查。在调查过程中，证据的取得方式主要有两种：一是由当事人提供；二是由承办人调查取得。在实地调查时，应当通知当事人及有关人员到现场。必要时，可以邀请有关部门派人协助调查。国土资源主管部门对证据要进行核实，对当事人提供的证据必须经过查证属实，方可作为认定事实的根据。

（四）调解

对查清事实、分清权属关系的土地权属争议案件，由国土资源主管部门先行调解。调解应遵循以下原则：

（1）调解应当符合自愿、合法原则，不得强迫。

（2）国土资源主管部门对受理的土地权属争议案件，应当在查清事实、分清责任的基础上进行调解。

（3）调解达成协议的，应当制作调解书。调解书经双方当事人签名或者盖章，由承办人署名并加盖国土资源局的印章后生效。生效的调解书具有法律效力，是土地登记的依据。

（4）对经过调解不能达成协议的，或者调解书送达前一方或双方反悔的，国土资源主管部门应当及时提出处理意见，报人民政府作出处理决定。

（五）处理

处理是指国土资源主管部门对受理的土地权属争议，在查清事实的基础上，提出自己的处理意见报人民政府作出处理决定。国土资源主管部门应当自受理土地权属争议之日起6个月内提出调查处理意见。因情况复杂，在规定时间内不能提出调查处理意见的，经该国土资源主管部门的主要负责人批准，可以适当延长。国土资源主管部门提出调查处理意见后，应当在5个工作日内报送同级人民政府，由人民政府下达处理决定。国土资源主管部门的调查处理意见在报同级人民政府的同时，抄报上一级国土资源主管部门。当事人对人民政府处理决定不服的，可以依法申请行政复议或者提起行政诉讼。如果在规定的时间内，当事人既不申请行政复议，也不提起行政诉讼，处理决定即发生法律效力。生效的处理决定是土地登记的依据。

第七章　利用数字高程模型（DEM）确定耕地坡度分级

耕地所处地势的坡面坡度是影响耕地利用、评价耕地质量、耕地整治的重要指标之一，也是耕地田坎系数测算的依据之一。耕地坡度分级是根据耕地所处地势的坡面坡度大小，按对耕地利用的影响程度人为划分的级别。确定耕地坡度分级是第二次全国土地调查的重要内容之一。为了准确合理确定耕地坡度分级，在总结了第一次全国土地调查主要在地形图上依靠人工量算耕地坡度方法存在的问题和不足的基础上，结合当前技术的发展，通过前期研究试验并经专家论证，确定了第二次全国土地调查利用DEM确定耕地坡度分级的技术方法。在全国范围内，全面利用DEM确定耕地坡度分级也是一次技术创新。为了统一利用DEM确定耕地坡度分级技术标准，全国土地调查办组织有一定基础的福建省、广东省、河北省土地调查办公室在开展研究试点示范基础上，共同总结制定了《利用DEM确定耕地坡度分级技术规定（试行）》，并以全国土地调查办文件（国土调查办发〔2008〕50号）印发各地执行。由于全国统一组织利用DEM确定耕地坡度分级，在当时不具备条件，采用了由省级土地调查办公室组织利用DEM统一制作本省份以县为单位的坡度图和坡度分级图，由县依据坡度分级图确定耕地坡度分级的技术路线。这意味着确定耕地坡度分级已由过去（第一次全国土地调查）的在地形图上通过人工量算或实地测量确定，转变为由统一制作的坡度图确定，使耕地坡度分级的确定不仅减少了人为因素的影响，而且在保证精度可靠的同时提高了效率。

本章将主要介绍利用DEM制作坡度图、坡度分级图的方法、要求等内容。

第一节　概述

一、基本概念

（一）耕地坡度及分级

耕地坡度是指地表上耕地图斑平均陡缓的程度。耕地坡度常用百分比和度数表示，如图7-1所示。

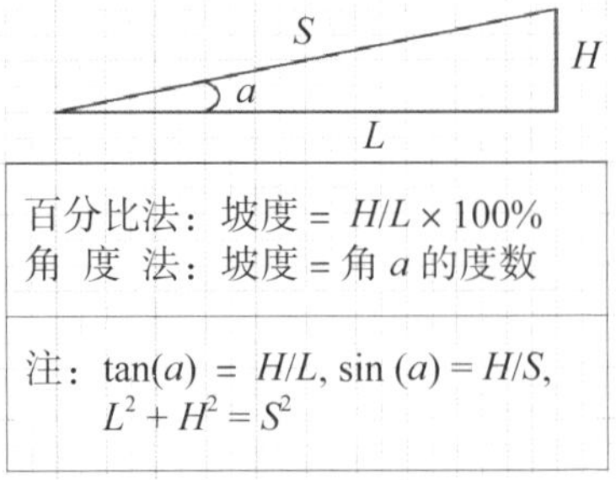

图7-1　坡度示意图

百分比坡度指两点的高程差与其水平距离的百分比，即百分比坡度=（高程差 H/ 水平距离 L）×100%。如坡度为10%是指水平距离每变动100米，垂直方向上升（或下降）10米；坡度为40%是指水平距离每变动100米，垂直方向上升（或下降）40米，以此类推。度数坡度是利用反三角函数计算而得，其公式为：$\tan\alpha = H/L$，所以 $\alpha = \arctan(H/L)$，如坡度为2º时是指 $\alpha = 2^{\circ}$，坡度为25º时是指 $\alpha = 25^{\circ}$，以此类推。

耕地坡度分级是指根据耕地所处地势的坡面坡度大小，按对耕地利用的影响限制程度而人为划分的不同级别。《第二次全国土地调查技术规程》（TD/T 1014—2007）规定，耕地分为5个坡度级（上含下不含），其中当耕地坡度 $\alpha \leqslant 2^{\circ}$ 时视为平地，耕地坡度分级及代码如表7-1所示。

表7-1 耕地坡度分级及代码

坡度分级范围	≤2°	2°~6°	6°~15°	15°~25°	>25°
坡度级代码	Ⅰ	Ⅱ	Ⅲ	Ⅳ	Ⅴ

（二）DEM（数字高程模型）

数字高程模型是定义在 X、Y 域（或经纬度域）离散点（矩阵或三角形）上以高程表达地面起伏形态的数据集。DEM表示方法有多种，如等高线模型、不规则三角网模型和规则格网模型等。目前所使用的DEM，是规则格网模型数字高程模型。规则格网将区域空间切分为规则的格网单元，每个格网单元对应一个数值。数学上可以表示为一个矩阵，在计算机实现中则是一个二维数组。每个格网单元或数组的一个元素，对应一个高程值，如图7-2所示。

91	78	63	50	53	63	44	55	43	25
94	81	64	51	57	62	50	60	50	35
100	84	66	55	64	66	54	65	57	42
103	84	66	56	72	71	58	74	65	47
96	82	66	63	80	78	60	84	72	49
91	79	66	66	80	80	62	86	77	56
86	78	68	69	74	75	70	93	82	57
80	75	73	72	68	75	86	100	81	56
74	67	69	74	62	66	83	88	73	53
70	56	62	74	57	58	71	74	63	45

图7-2 格网DEM

注：其中数字表示高程值

规则格网模型数字高程模型不仅数据排列规则，且结构简单，用其计算分析每一点的高程值具有较好的实时性，便于计算坡度、坡向、阴影和轮廓等。由于规则格网DEM在计算、分析等方面的优点，获得最为广泛的应用。

DEM分辨率和比例尺是代表DEM精度的重要指标。DEM的分辨率是指组成DEM的最小格网单元的长度，该数值越小，分辨率就越高，表示的地形地貌就越精确，数据量也呈几何级数增长。DEM比例尺代表了其来源于何种比例尺地形图或数据，内在含义是代表了高程精度的概念，比例尺越大则高程精度越高。

（三）坡度图、坡度分级图

坡度图，是表示地面倾斜率的地图。主要用晕线或颜色在图上直接表示坡度的大小或陡缓。

坡度分级图，是表示地面坡度按指定分级标准分级后的分布情况的地图。根据地面的坡度进行分级，由同一坡度级界线构成的封闭单元作为坡度分级图斑，形成覆盖完整制图区域的坡度分级图。这里的坡度分级是指按照《第二次全国土地调查技术规程》（TD/T 1014 — 2007）中规定的耕地坡度分级要求进行，如表 7-1 耕地坡度分级及代码所示。

二、技术路线和流程

利用 DEM 确定耕地坡度分级是根据调查区域地形地貌特点、现有基础资料情况及土地调查的要求，综合考虑选择合适的数字地面高程模型（DEM）数据，按照相关技术规范要求，通过特定的计算模型计算坡度，进行坡度分级和相关数据处理，制作覆盖调查区域的坡度分级图，将耕地图斑与坡度分级图叠加套合，确定耕地图斑的坡度级。利用 DEM 确定耕地坡度分级的技术流程如图 7-3 所示。

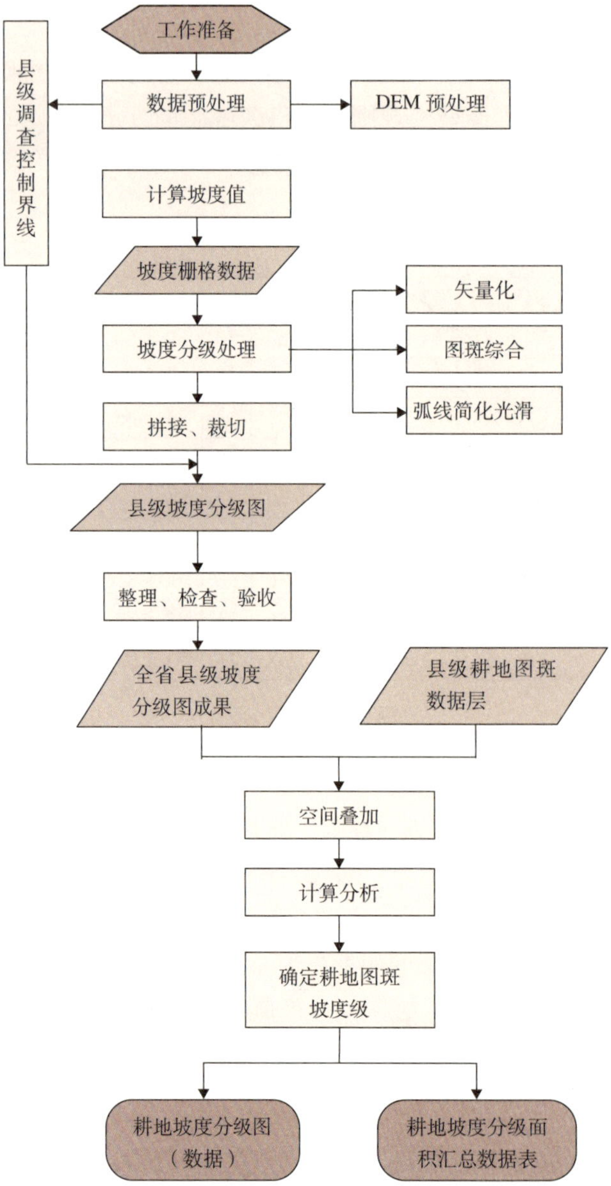

图 7-3　技术流程图

第二节 县级坡度分级图的制作

一、基本要求

（一）DEM 选择

采用最新的 1 ∶ 1 万或 1 ∶ 5 万比例尺 DEM。选用的 DEM 应能够反映本地区的地貌特征，地形地貌复杂破碎地区宜选用 1 ∶ 1 万 DEM。采用的 DEM 应通过省级以上测绘产品质检部门的验收。

（二）比例尺

耕地坡度分级图比例尺应与当地的第二次全国土地调查采用的调查比例尺一致。

（三）数学基础

数学基础应与第二次全国土地调查采用的数学基础保持一致。

（四）数据分幅裁切

按县级行政调查区域界线（县级调查界线）裁切坡度分级成果数据。

二、资料收集

收集覆盖全省的 DEM 数据、地形数据、县级调查界线数据等和相应纸质材料。

（一）DEM 数据

收集最新的 1 ∶ 1 万比例尺或 1 ∶ 5 万比例尺的 DEM。选择的比例尺既取决于调查区域的地形地貌和土地利用类型特征，也受现有 DEM 资料的限制。在以缓坡、平川为主的地区，采用 1 ∶ 1 万比例尺 DEM 或 1 ∶ 5 万比例尺 DEM，对坡度分级数据影响不大。但在山顶、河沟地貌特征区域，对应耕地类型主要为小山包坡地梯田、平川河谷滩地，当采用小比例尺 DEM 时，将无法客观表示以上地貌，此处的平坦区域的坡度值会被提高，据此确定耕地图斑的坡度级也将被提高。所以，选用的 DEM 应能够反映本地区的地貌特征。在地形地貌复杂破碎地区宜选用 1 ∶ 1 万比例尺 DEM。对没有满足要求的 DEM 覆盖的地区，可以经过评估后采用比例尺小一级的 DEM 进行补充完善，也可组织用相同比例尺的地形图生产符合要求的 DEM。收集的 DEM 应通过省级以上测绘产品质检部门的验收。

（二）县级土地调查界线

收集第二次全国土地调查确定的县级土地调查界线，用于确定坡度分级数据生产范围和数据裁切。

（三）其他资料

收集调查区域的有关其他资料，如自然地理资料、正射影像图、土地利用现状数据资料等。

三、数据预处理

（一）DEM 预处理

1. 数据检查

检查 DEM 数据格式、投影、格网大小等是否符合要求，通过 GIS 软件对 DEM 数据进行可视化图

图 7-4 DEM 的灰度、立体显示

像显示，对 DEM 的质量、完整性等进行检查。DEM 数据的可视化，可用灰度、彩色和立体显示图像来显示，如图 7-4 所示。

2. 数据转换

根据采用的 GIS 生产软件要求，对 DEM 数据格式、坐标系统、投影带等进行转换。

3. 拼接合并

将标准分幅 DEM 拼接成覆盖完整省级调查区域的 DEM 数据，如省辖区地域过大，为了方便数据处理可以按特定区域或县级调查区域分别制作，然后进行拼接合并。如果辖区有不同比例尺的 DEM，应确定统一的格网大小，在拼接前将其他比例尺的 DEM（不同格网大小）重采样为相同的格网大小。在预处理的过程中不能降低 DEM 的精度，DEM 的高程值不能取整，采用浮点型计算。

（二）县级数据生产范围确定

收集县级土地调查界线，并对收集到的县级土地调查界线进行处理，生成用于确定各县级数据生产范围和裁切的数据。

四、坡度数据生成

（一）坡度的计算公式

用规则格网 DEM 计算坡度一般采用拟合曲面法。拟合曲面一般采用二次曲面，即 3×3 的窗口，如图 7-5 所示。

图中每个窗口的中心为一个高程点，G 表示格网尺寸，ei（i=1，2，…，8）分别表示中心点 e 周围格网点的高程。

图中的中心点 e 的坡度计算公式如下：

$$tg(P)=\sqrt{(\frac{\partial z}{\partial x})^2+(\frac{\partial z}{\partial y})^2} \tag{7-1}$$

式中：

$\frac{\partial z}{\partial x}$——$x$ 方向的偏导数；

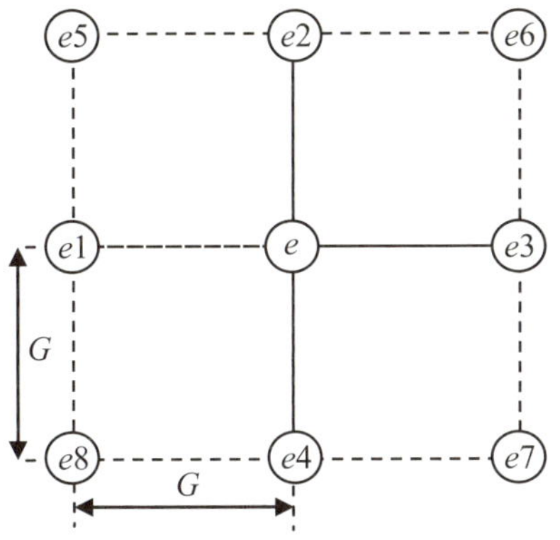

图 7-5 DEM 3×3 局部移动窗口

$\frac{\partial z}{\partial y}$——$y$ 方向的偏导数；

P——坡度。

坡度的计算使用 3×3 移动窗口，在规则格网 DEM 中连续移动计算后，完成所有格网的计算。

（二）坡度的计算模型精度分析和选择

对坡度计算公式中 x，y 方向的偏导数，有不同的算法（模型）。每个算法中对采用 3×3 移动窗口计算中心点单元的坡度值的 8 个邻接单元的权重值取值不同。

1. 坡度计算精度的影响因素

根据相关坡度精度的研究，坡度的精度主要与两方面相关，一是坡度计算数学模型误差，主要由 DEM 对地形曲面离散化表示和公式截断引起；二是 DEM 的数据精度和格网分辨率，坡度测算的可靠性与数字高程模型采样间距之间呈显著逆相关，即采样间距越小，可靠性越高。局部地形也会影响坡度的测算，在陡坡地区坡度的计算误差较大。

2. 采用的模型对计算坡度的精度影响

尽管坡度的理论定义是明确的，然而 DEM 是地形曲面的微分模拟，算法设计必然存在各种各样的假设，不同假设和前提导致不同的坡度坡向计算模型和结果。迄今为止，在 DEM 上已提出和发展了多种坡度计算数学模型，如表 7-2 所示。

表 7-2 坡度计算模型

算法	$\partial z/\partial x$	$\partial z/\partial y$
二阶差分	$(e1-e3)/2G$	$(e4-e2)/2G$
三阶不带权差分 (Sharpnack 算法)	$(e8-e7+e1-e3+e5-e6)/6G$	$(e7-e6+e4-e2+e8-e5)/6G$
三阶反距离平方权差分（Horn 算法）	$[e8-e7+2(e1-e3)+e5-e6]/8G$	$[e7-e6+2(e4-e2)+e8-e5]/8G$
三阶反距离权差分	$[e8-e7+2(e1-e3)+e5-e6]/[(4+2\sqrt{2})G]$	$[e8-e7+2(e1-e3)+e5-e6]/[(4+2\sqrt{2})G]$
Frame 差分	$(e8-e7+e5-e6)/4G$	$(e7-e6+e8-e5)/4G$
简单差分	$(e8-e4)/G$	$(e8-e1)/G$

相关的研究表明，当DEM数据比较准确时，坡度坡向误差主要来源于DEM对曲面的离散化误差和偏导数估计的截断误差，这时二阶差分给出精度较高的坡度计算结果，而三阶不带权差分则较差。算法的精度序列为二阶差分、三阶反距离平方权差分、三阶反距离权差分、三阶不带权差分、Frame差分和简单差分。

当只考虑DEM误差时，不同的坡度算法有着不同的数据误差系数，三阶不带权差分坡度精度最高，其次为三阶反距离权差分，然后依次为三阶反距离平方权差分、Frame差分、二阶差分、简单差分。这与计算模型误差占主导地位时的结论基本相反。计算模型误差、DEM误差对坡度的影响规律不同。

实际上，不管为何种三阶差分形式，在局部窗口中对DEM数据都有过滤和平滑作用，避免各种极端数据的出现，因此能够提高DEM地形表示精度和地形参数计算精度，而对地形结构自相关的认识和模拟方法的不同产生不同精度的三阶差分形式。二阶差分、简单差分只使用了局部窗口的部分格网点，它们对原始数据误差比较敏感，故而精度较低。

3. 坡度计算模型的选择

在实际生产中，由于数据采集方法、设备、内插算法等因素，DEM误差不可避免而且往往比较大，此时DEM误差占主导因素，三阶差分系列的坡度坡向算法对此类误差具有过滤和平滑作用；如果DEM数据比较准确时，二阶差分的坡度计算精度较高；所以应该根据调查区域的地形地貌特征，选取符合本调查区域的坡度计算模型。

全国土地调查办组织制定的《利用DEM确定耕地坡度分级技术规定（试行）》确定了三个模型，如表7-3所示，可以根据调查区域的地形地貌特征，选取符合本调查区域的坡度计算模型。

表7-3　坡度计算模型

算法	$\partial z/\partial y$	$\partial z/\partial x$
二阶差分	$(e1-e3)/2G$	$(e4-e2)/2G$
三阶不带权差分(Sharpnack算法)	$(e8-e7+e1-e3+e5-e6)/8G$	$(e7-e6+e4-e2+e8-e5)/8G$
三阶反距离平方权差分(Horn算法)	$[e8-e7+2(e1-e3)+e5-e6]/8G$	$[e7-e6+2(e4-e2)+e8-e5]/8G$

（三）坡度数据的生成

在经过数据预处理，准备好包含需要生成坡度数据的调查区域范围内的DEM数据后，按照《利用DEM确定耕地坡度分级技术规定（试行）》中规定的计算方法和模型，通过专业GIS软件，采用3×3移动窗口，根据DEM中每个格网的高程值，逐格网计算坡度值，生成调查区域的坡度数据（坡度栅格数据）。该数据在格式、格网大小、投影等方面和采用的DEM相同，只是格网数据值为该格网的坡度值，坡度值为0～90的浮点型数值。

五、坡度分级栅格数据生成

按照《第二次全国土地调查技术规程》（TD/T 1014—2007）的规定，对坡度栅格数据进行重新分类，即将每个格网的坡度值和其坡度级对应，生成坡度级别为1、2、3、4、5的坡度分级栅格数据，此栅格数据格网值为整型，坡度分级及代码如表7-1所示。

六、坡度分级矢量数据生成

将坡度分级栅格数据进行栅格转矢量化，形成坡度分级矢量数据，经过图斑综合、弧线简化光滑、拓扑重建、接边等处理，生成最终的坡度分级数据成果。

（一）栅格数据矢量化

由于坡度分级数据是用于土地调查后期和耕地图斑层叠加确定耕地坡度分级，为了方便、有效地使用，需要将坡度分级栅格数据进行矢量化，转换为面状矢量数据。矢量化的过程中，为了避免数据变形或影响后面数据处理，严格保持图斑界线和原栅格数据的格网一致，在转换时不进行任何综合简化处理，即将栅格转换为矢量时生成多边形界线的坐标点之间的容差或限差设置为零。栅格坡度分级数据转矢量化，坡度分级图斑属性和原栅格数据一致。

（二）坡度分级图斑综合

由栅格数据矢量化得到的坡度分级图斑数据，包含了很多面积小于调查规程规定上图的小图斑、狭长图斑、破碎图斑，需要进行图斑的综合取舍，以便科学合理地综合反映地形地貌总体趋势，以及地貌类型的空间分布规律、各坡度级面积大小和内部结构。

1. 图斑综合的原则

（1）定性、定位、定量准确。对各坡度级图斑的综合取舍结果要求定性、定位、定量准确。

（2）制图综合取舍后坡度级分布基本规律不变。坡度级图斑综合取舍后，各坡度级分布规律、空间结构基本不变，不改变原有的地貌形态。

（3）因地制宜。根据《利用 DEM 确定耕地坡度分级技术规定（试行）》的要求，进行各坡度级图斑的制图综合，不同的地貌区域应准确制定合理的各坡度级图斑的取舍指标，以适应相应的地貌形态。

2. 图斑综合的主要内容

对图上面积小于 30 平方毫米或宽度小于等于 1 个格网的线状坡度级图斑进行综合取舍。小图斑按坡度级就低不就高原则并入邻近图斑。地貌复杂地区（如喀斯特地貌、山地丘陵区、黄土地貌等），最小上图面积可适当降低，以反映其特殊地貌特征和分布规律。

对不同地貌的不同坡度级，可以采取不同的最小上图面积。如在平原区，可将 2、3、4、5 级坡度图斑最小上图面积调整为 20 平方毫米或合适面积；如在地貌复杂地区，可将 1、2 级坡度图斑最小上图面积调整为 20 平方毫米或合适面积；其他图斑的综合取舍也应根据地貌分区的特点制定制图综合标准。

3. 图斑综合的处理方法

（1）小图斑自动综合归并。从栅格数据转换来的矢量坡度分级数据保留了很多小面积的图斑，需要按照《利用 DEM 确定耕地坡度分级技术规定（试行）》的规则进行综合处理，即将图上面积小于 30 平方毫米的坡度分级图斑按坡度级就低不就高原则并入邻近图斑。

（2）软件辅助人工综合。如果仅通过以上手段还不足够，仍需要进一步综合取舍的图斑，需要在 GIS 软件的辅助下，采用人工综合的方法，进行综合取舍。

（三）弧线简化和光滑

由于栅格数据转换而来的坡度分级数据图斑边界保持了格网的锯齿状，在进行小图斑综合取舍处理后，需要对图斑边界进行简化和平滑处理。

1. 弧线简化圆滑

由于栅格数据矢量化得到的多边形图斑弧线保留着格网的特征，弧线上每隔一个网格单元大小就有一个节点，呈格网锯齿状，所以，要简化弧线上的点，消除锯齿状和一些小的弯曲并使之平滑。弧线简化采用的算法既要考虑冗余节点和小弯曲的删除效果，还要防止引起较大的变形，出现弧线相互交叉叠盖的情况。一般简化算法由简化步长(阈值参数)来控制综合程度，需要通过反复测试选择合适的阈值，保证弧线简化的效果和质量。常用的算法有道格拉斯－普克算法、BENDSIMPLIFY 算法。

（1）道格拉斯－普克算法（Douglas-Peucker），即点去除法。应用该算法进行综合简化，优点是能较好地保留特征点，在只发生微小变形的情况下大量删除冗余的节点；缺点是在增大简化步长阈值以删除合并小弯曲时，会使曲线折线化，并引起较大的变形，出现与其他弧线质检互相交叉叠盖的现象。

（2）BENDSIMPLIFY 算法，即曲线简化法，既可以消除冗余的节点，还可以对曲线进行一定圆滑。该算法的优点是在变形不大的前提下能较好地化简删除小弯曲，偶尔才会出现交叉叠盖现象。所以采用 BENDSIMPLIFY 算法，再选择合适的简化步长阈值，可以取得较好的弧线简化效果。

如果经过简化处理后，弧线还是存在折线情况，可以采用三次样条曲线平滑处理。由此产生的节点冗余，可以再用 BENDSIMPLIFY 算法和较小的简化步长阈值进行简化。

2. 拓扑重建

经过弧线的简化圆滑处理，已破坏了坡度分级数据原来的拓扑关系，需要重新建立其图形拓扑关系。在重建拓扑关系时，要保证图斑处理前后的坡度级属性值的一致性。如果处理后的图斑还有小于最小上图面积的，还需要继续用以上图斑综合法进行综合处理。

（四）数据拼接裁切

依据县级土地调查界线范围，对坡度分级数据进行拼接和裁切。当生成的坡度分级成果数据覆盖完整的县级行政调查区域（有一定外扩）时，则直接使用县级调查界线范围进行裁切，生成最终的县级坡度分级成果（图）。如果一个县级行政调查区域是分区进行坡度分级数据生成的，需要拼接后再裁切或分别裁切后再拼接。在拼接坡度分级成果数据时，因为生成的数据受算法和数据等限制，成果数据在外围边缘处不准确，不能直接拼接，需要将边缘裁切掉再进行接边拼接。

（五）规范坡度分级矢量数据的属性结构

按照《利用 DEM 确定耕地坡度分级技术规定（试行）》的要求定义县级坡度分级矢量成果的数据属性结构，包括标识码、要素代码、坡度级别等，属性结构具体如表 7-4 所示。其中，标识码为坡度级图斑顺序编号，用记录号来表示；要素代码统一为“1000780000”；坡度级取值“1”、“2”、“3”、“4”、“5”，是字符字段。

表 7-4　坡度分级图斑属性结构描述表（属性表名：PDT）

序号	字段名称	字段代码	字段类型	字段长度	小数位数	值域	约束条件	备注
1	标识码	BSM	Int	10		> 0	M	
2	要素代码	YSDM	Char	10		1000780000	M	
3	坡度级别	PDJB	Char	2		1 ~ 5	M	见《土地利用数据库标准》表 35

（六）数据处理的基本要求

从栅格数据转换为矢量数据，在数据处理过程中，要保持最终成果和原栅格数据的一致性。

（1）坡度分级矢量数据的图斑界线与坡度分级栅格数据空间位置偏移不超过 1 个格网，最大偏移量不得超过 2 个格网。

（2）分县、分区处理的坡度分级矢量数据，须进行接边处理，接边限差不得超过 2 个格网。

七、地面坡度分级数据制作中的几个关键环节

（一）接边问题

在数据生成过程中，如果是分区域或分县（市、区）甚至分幅进行生成时，需要注意成果数据的接边问题，即相邻图斑界线和坡度级的接边一致性。既要保证一个县（市、区）内部坡度分级图斑接边，还要保证相邻县（市、区）之间图斑的接边。

可以通过以下方式处理或避免接边问题：

（1）如果省辖区范围不大，在所用 GIS 软件数据格式允许的情况下，全省辖区的 DEM 拼接为一个整体进行数据生成，可避免接边问题。

（2）如果分区块生成时，使所生成数据的县（市、区）完整落在一个分区块内。

（3）以县（市、区）为单位，进行 DEM 的拼接和坡度分级数据的生成。

（4）在分区块生成时，各区块要有一定的重叠区域，便于在拼接时的裁切和接边；数据生成范围要超出待裁切的行政区一定范围。

（二）辅助工具的开发

由于现有的1：1万、1：5万DEM数据一般为国家基础地理数据，采用1：1万、1：5万标准分幅，数据规格统一，以县级行政区为单元进行数据生产，数据格式转换、投影定义、投影转换、数据拼接、数据生成和矢量化、图斑综合、界线简化光滑、拓扑关系的重建等大量处理工作具有重复性，由人工分步操作不但费时费力，还容易导致人为错误。可以借助专业 GIS 软件提供的辅助工具开发自动批处理功能，提高坡度分级数据生产的效率。

八、成果检查与整理

（一）成果检查

1. 内容

（1）成果的完整性和规范性。

（2）采用的 DEM 是否符合规定。

（3）作业流程是否符合要求。

（4）坡度分级是否正确。

（5）坡度分级图斑综合取舍是否符合要求。

（6）坡度分级图斑界线与坡度栅格数据图套合误差是否在限差范围以内。

（7）坡度分级图矢量数据是否按要求进行接边。

（8）文字报告内容是否齐全，表述是否清楚。

2. 要求

生产单位对各个生产环节中间成果及最终成果进行 100% 自查。省（自治区、直辖市）第二次土地调查领导小组办公室组织抽查和验收，抽查比例不小于 10%。国务院第二次全国土地调查领导小组办公室在省级验收合格基础上进行抽查确认，具体抽查确认视情况单独进行或与农村土地调查成果检查验收同时进行。

（二）成果整理

县级坡度分级数据生成主要有以下成果：

（1）县级坡度栅格数据图，坡度分级栅格数据图作为中间成果应单独整理保存，用于检查验收使用。

（2）县级坡度分级数据库（矢量数据）。

（3）县级坡度分级元数据文件，依据生成情况，制作坡度分级矢量数据元数据文件。

（4）技术总结报告。

第三节　耕地坡度分级确定

一、基本要求和原则

（1）原则上不能打破调查的耕地图斑界线，每个耕地图斑确定一个坡度级。

（2）当调查的耕地图斑涉及两个以上坡度级时，面积最大的坡度级为该耕地图斑的坡度级。

（3）当耕地图斑面积较大、含两个以上坡度级（如从山顶到山底为一个图斑），且各坡度级耕地面积相当时，可参照坡度分级界线，依据调查底图（DOM）上明显地物界线，将该耕地图斑划分为两个以上不同坡度级的图斑。

（4）对破碎耕地，整体视为一个图斑，按上述要求确定坡度分级。

（5）当DEM存在缺陷造成坡度分级图与实地有较大差异的，应通过其他手段补充、完善，确定耕地图斑坡度级。

二、技术方法

以GIS专业软件为操作平台，将坡度分级图与第二次全国土地调查形成的耕地图斑数据进行叠加计算分析，依据《利用DEM确定耕地坡度分级技术规定（试行）》，综合取舍确定耕地图斑坡度分级，形成耕地图斑的坡度分级属性字段。

（一）数据准备

检查县级坡度分级数据，确保其坐标系统和调查区域采用的坐标系统一致，数据范围覆盖完整的调查区域；确保坡度分级数据属性结构中坡度级别属性定义符合要求。

（二）提取耕地图斑

提取耕地图斑数据层，对所有耕地图斑进行唯一编号，用于与坡度分级数据层叠加分析。

（三）空间叠加分析

将耕地图斑数据层和县级坡度分级数据层进行空间叠加分析，使用GIS空间叠加分析中的相交（Intersect）算法，进行两个多边形数据层的叠加，输出层为保留原来两个输入图层的共同多边形。在叠加处理后的输出数据层中，耕地图斑数据层中所有的耕地图斑将被坡度分级数据中的坡度级图斑分割，坡度分级数据中的坡度级属性将赋给耕地图斑数据层在该区域的被分割后的耕地图斑。如果一个耕地图斑和多个坡度分级图斑重叠，则此耕地图斑被多个坡度分级图斑分割成多个部分（被分割的多个耕地图斑保留原图斑编号），并分别赋给对应的坡度级。

（四）确定耕地图斑坡度级

以原耕地图斑编号为单位，汇总每个耕地图斑中各坡度级的面积，选择面积最大的坡度级赋值给本耕地图斑（被坡度分级数据分割之前的原耕地图斑），具体字段属性如表 7-5 所示。

表 7-5　地类图斑属性结构描述表（属性表名：DLTB）

序号	字段名称	字段代码	字段类型	字段长度	小数位数	值域	约束条件	备注
1	标识码	BSM	Int	10		＞0	M	
2	要素代码	YSDM	Char	10		见《土地利用数据库标准》表 1	M	
3	图斑预编号	TBYBH	Char	8		非空	O	
4	图斑编号	TBBH	Char	8		非空	M	
5	地类编码	DLBM	Char	4		见本表注 1	M	
6	地类名称	DLMC	Char	60		见本表注 1	M	
7	权属性质	QSXZ	Char	3		见《土地利用数据库标准》表 34	M	
8	权属单位代码	QSDWDM	Char	19		见本表注 3	M	
9	权属单位名称	QSDWMC	Char	60		非空	M	
10	坐落单位代码	ZLDWDM	Char	19		见本表注 3	M	
11	坐落单位名称	ZLDWMC	Char	60		非空	M	
12	耕地类型	GDLX	Char	2		见本表注 7	O	
13	扣除类型	KCLX	Char	2		见本表注 8	O	
14	耕地坡度级	GDPDJ	Char	2		见《土地利用数据库标准》表 35	O	耕地必选
15	扣除地类编码	KCDLBM	Char	4		见本表注 1	O	
16	扣除地类系数	TKXS	Float	5	2	＞0	O	
17	图斑面积	TBMJ	Float	15	2	＞0	M	单位：平方米
18	线状地物面积	XZDWMJ	Float	15	2	≥0	O	单位：平方米
19	零星地物面积	LXDWMJ	Float	15	2	≥0	O	单位：平方米
20	扣除地类面积	TKMJ	Float	15	2	≥0	O	单位：平方米
21	图斑地类面积	TBDLMJ	Float	15	2	≥0	M	单位：平方米
22	批准文号	PZWH	Char	50		非空	O	见本表注 11
23	变更记录号	BGJLH	Char	20		非空	O	
24	变更日期	BGRQ	Date	8		YYYYMMDD	O	

注 1：地类编码和名称按《土地利用现状分类》（GB/T 21010—2007）执行。

注 2：图斑以村为单位统一顺序编号。变更图斑号在本村最大图斑号后续编。

注 3：权属单位代码和坐落单位代码到村民小组级，权属单位代码和坐落单位代码按照地籍号的编码规则（见《土地利用数据库标准》表 14 注 1）编码，其中：行政村相当于街坊，村民小组（或其他农民集体经济组织）相当于宗地，村民小组级编码由“基本编码（4 位数字顺序码）+ 支号（3 位数字顺序码）”组成；使用村民小组级基本编码最大号递增编码的，数据库中的支号（后 3 位码）仍然要补齐“000”。

注 4：坐落单位代码指该地类图斑实际坐落单位的代码，当该地类图斑为飞入地时，实际坐落单位的代码不同于权属单位的代码。

注 5：图斑面积指用经过核定的地类图斑多边形边界内部所有地类（如地类图斑含岛、孔，则扣除岛、孔的面积）。

注 6：线状地物面积指该图斑内所有线状地物的面积总和。

注 7：当地类为梯田耕地时，耕地类型填写“T”。

注 8：扣除类型指按田坎系数（TK）、按比例扣除的散列式其他非耕地系数（FG）或耕地系数（GD）。

注 9：扣除地类面积：当扣除类型为“TK”时，扣除地类面积表示扣除的田坎面积；当扣除类型不为“TK”时，扣除地类面积表示按比例扣除的散列式其他地类面积。

注 10：图斑地类面积 = 图斑面积 – 扣除地类面积 – 线状地物面积 – 零星地物面积。

注 11：批准文号是指一块图斑已被批准为建设用地但现状仍为其他地类时的批准书文件号。

（五）复核完善

对耕地图斑面积比较大且被分割后有多个面积较大的坡度级面积，对照调查底图（DOM）、地形图等资料进行复核，根据实际情况在明显地物界线处，将耕地图斑划分为两个或两个以上不同坡度级的图斑并赋给相应的坡度级。

三、成果检查与整理

（一）成果检查

1. 内容

（1）耕地坡度分级方法是否正确。

（2）耕地坡度分级属性结构、属性值是否正确。

（3）数据拓扑结构是否正确。

2. 要求

耕地坡度分级数据成果的检查验收按照土地调查要求，与土地调查成果检查验收同时进行。

（二）成果整理

县级耕地坡度分级数据成果，在县级土地调查数据库中的 DLTB（地类图斑层）中的耕地坡度分级属性中保存。

四、与传统方法的比较

（一）传统耕地坡度级量测方法

传统或常规的方法利用地形图或坡度仪等仪器，人工逐个地块量算耕地图斑坡度，确认耕地地块图斑坡度分级。

1. 利用地形图测量确定耕地坡度级

可以应用地形图上提供的坡度尺，量测相应耕地图斑范围内的坡度，确定耕地图斑坡度级。即通过量测相邻两条等高线或相邻六条等高线的平距，确定相应的地面坡度，也可以通过直接量测地形图上两点的高程差和平面距离，通过坡度计算公式计算求取坡度，从而确定耕地图斑的坡度级。

2. 用坡度仪实地测量确定耕地坡度级

坡度仪的工作原理是：仪器本身有一个角度刻度盘，该刻度盘与一个水平气泡固定安装；刻度盘中心与一个直面连接。使用坡度仪时，将直面和耕地地块所在的地形斜坡平行，然后旋转刻度盘，直到水平气泡调到水平位置，这时刻度盘上的刻度值就是该斜坡的坡度，从而确定耕地地块的耕地坡度级。

3. 用罗盘仪实地测量确定坡度级

罗盘仪的工作原理是：仪器本身有一个角度刻度盘，该刻度盘与一个水平气泡固定安装；刻度盘中心与一个直面连接。使用罗盘仪时，使反光镜与刻度盘座略成 45°，侧持仪器，沿照准、准星向斜面边瞄准，并使瞄准线与斜面平行、让测角器自由摆动，从反光镜中视测角器中央刻线所指示俯仰角度表上的刻度分划，即为所求的俯仰角度（地表斜面的坡度），从而确定耕地地块的耕地坡度级。

4. 用其他测量仪器实地测量坡度

通过测量仪器实地测量一个斜面上的两个点的距离和高差，通过坡度计算公式得到此斜面的坡度，确定耕地地块的坡度级。

（二）利用 DEM 确定耕地坡度级与传统方法的差异

传统方法与目前所采用的利用 DEM 生成坡度分级数据的方法有明显的差异性。

1. 范围、过程和成果

传统方法无论是图解和实地测量的工作过程，还是针对图斑和地块开展的局部坡度计算、求算过程，所形成的成果是局部的，不连续的图斑或地块的坡度数据值，非全覆盖。利用 DEM 生成坡度分级数据的方法，是通过求算地面坡度和划分坡度等级，形成调查区域整体全覆盖连续的地面坡度分级数据，依耕地图斑的空间位置所在的地面坡度级，确定耕地图斑的平均坡度等级。前者只适用于局部所针对的图斑，后者反映了调查区域的地面坡度分级。前者形成的坡度级数据成果仅依赖于图斑存在，后者形成的坡度级数据是独立的数据成果。

2. 效率

两种方法由于工作内容和范围上的差异，工作量不具备可比性，但在工作效率上，传统方法中无论是图上解算还是实地求算，其工作效率远低于利用 DEM 确定耕地图斑或地块坡度级的现代方法。

3. 精度

传统方法是逐图斑图解或实地测量求取图斑或地块的坡度值。人为因素的影响较大，精度分布不均匀，从理论图解法获取的图斑坡度值精度低于所使用的图件的图面精度，实地测量所获取的地块坡度值因实地坡向判别和仪器操作等因素的综合影响，所得到的数值差异较大。

利用 DEM 生成的地面坡度分级的方法，基于整体控制基本思路，能较好地反映地面的坡度，从理论上讲，整体精度与所使用的 DEM 数据相同。通过空间叠加生成的耕地图斑平均坡度级数据精度是在总体地面坡度分级数据控制下形成的，精度均匀。

（三）利用 DEM 确定耕地图斑坡度级的合理性与局限性

1. 合理性

一是坡度分级数据库是地面的坡度分级，与耕地图斑的坡度分级一般是一致的；二是赋给耕地图斑的坡度级是该图斑的主要坡度级，当一个耕地图斑内包含多个坡度级时，在不分割图斑的情况下将主要

（面积占比最大）的坡度级确定为该耕地图斑的坡度级是合理的。

2. 局限性

主要取决于制作地面坡度数据库中所采用的DEM数据的精度和在制作过程中的综合取舍的合理性。

（1）受DEM数据的精度影响。原则上制作地面坡度数据库所采用的DEM数据精度应不低于土地调查成果的精度，否则会造成地面坡度分级数据库中的分级界线与土地调查中的耕地界线精度不匹配，影响耕地图斑坡度分级成果的质量。

（2）在地形复杂、破碎地区和实地存在差异。在制作地面坡度分级数据过程中，分级界线数据的圆滑处理和细部的综合取舍中不可避免地丢失细部数据，特别是在地形发生特殊变化时会产生孤立数据。在地形地貌较破碎的丘陵地区，会造成部分土地调查中零星分布的小图斑实际坡度级与地面坡度级计算值产生差异，一般情况下是实际坡度级低于计算值。

第八章　田坎系数测算与田坎面积扣除

耕地中的田坎是指经人为修筑的主要用于分界和拦蓄水、增加土壤水分、防止水土流失等，从而改善农业生产条件，促进粮食生产的田埂、地坎、土坎等。田坎有土质的、石质的、混凝土质的。田坎是耕地的重要组成部分，两者密不可分，有耕地就有田坎存在。由于不同地区、不同位置的耕地，其耕地中田坎的多少、田坎的宽窄差异很大，造成耕地地块中田坎面积的比例有的是百分之几、百分之十几，个别局部地区甚至可达到40%。所以，耕地中不扣除田坎面积，将使调查得到的耕地面积与实际耕种的面积不相符、个别地区会差异很大，在评估农业生产水平、确保有效种植、耕地保有量、保障粮食安全等方面，得出不符合客观实际的结论。所以，扣除耕地中的田坎面积、如何扣除、确定扣除标准和方法，是土地调查中确保有效耕种耕地面积准确的一项重要内容和任务。

对耕地中田坎的调查与扣除，目前国家的要求是:《土地利用现状分类》(GB/T 21010—2007)规定，耕地中包括南方宽度< 1.0 米、北方宽度< 2.0 米固定的沟、渠、路和地坎（埂）。换句话说，耕地中南方宽度≥ 1.0 米、北方宽度≥ 2.0 米的田坎不属于耕地范畴，其面积应进行扣除；同时，《第二次全国土地调查技术规程》(TD/T 1014 — 2007)规定，当耕地地块（图斑）坡度> 2° 时，耕地中南方宽度≥ 1.0 米、北方宽度≥ 2.0 米的田坎可采用测算耕地中田坎系数的方法，用田坎系数扣除田坎面积。换句话说，当耕地坡度≤ 2° 时，耕地中的田坎，不允许测算田坎系数，用田坎系数扣除田坎面积，应在外业实地将田坎逐条调绘在调查底图上，内业面积量算时逐条扣除。

延续第一次全国土地调查采用测算田坎系数，用田坎系数扣除田坎面积的方法是第二次全国土地调查扣除耕地中田坎面积的主要做法。因此，如何能使耕地中符合要求的田坎扣除出去，田坎系数的测算是关键。为此，《第二次全国土地调查技术规程》(TD/T 1014 — 2007)对田坎系数的测算进行了规定：一是规定了基本方法；二是为了在总体上保证田坎系数测算结果的准确性和合理性，将第一次全国土地调查由县级部门组织测算本县田坎系数的做法改变为由省级土地调查办公室组织测算本省田坎系数，其结果发给县直接使用。

田坎系数测算应是在完成县级农村土地调查、确定了耕地坡度分级和耕地类型（梯田、坡地）之后开展的工作；用田坎系数扣除田坎面积应是在完成县级土地调查数据库建设后实施。

第二次全国土地调查中，扣除耕地中田坎面积的方法有两种：一种是系数法，即测算耕地中规定扣除田坎的田坎系数，用田坎系数扣除田坎面积，这也是大部分省份采用的方法；另一种是实测法，即外业将规定扣除的田坎逐条直接调绘到调查底图上，内业逐条扣除。本章主要介绍田坎系数测算的技术方法和技术要求、田坎面积的扣除方法及要求等内容。

第一节　田坎系数概念与田坎系数测算方法

一、田坎系数的概念

田坎系数是指耕地图斑面积中，南方宽度≥1.0米、北方宽度≥2.0米的田坎面积占扣除图斑内实测的线状地物面积和其他应扣除面积后的面积的比例（%）。耕地图斑范围由土地调查时确定，面积由土地调查数据库计算得到。

二、影响田坎系数大小的因素

影响耕地田坎系数大小的有自然因素和人为因素两方面。自然因素主要包括地貌类型、地面坡度，以及气候、降水、土壤等；人为因素主要包括耕作水平、耕地类型、田坎系数、测算方法等。这些因素对耕地田坎系数的大小均会产生直接或间接的影响，但影响田坎系数大小的主要因素包括以下方面，且在当时具有一定的规律性。

（一）地貌类型因素

耕地所处的地貌类型不同对田坎系数大小的影响很大，一般情况下，丘陵比平原田坎多、田坎系数大；山地比丘陵田坎多、田坎系数大。

（二）耕地坡度因素

《第二次全国土地调查技术规程》（TD/T 1014—2007）规定，耕地分为5个坡度级（表7-1）。耕地坡度分级是衡量耕地坡度陡缓程度的指标。耕地坡度的陡缓不仅直接制约着水土流失的程度，也影响着农业机械化和农田基本建设的难易。一般情况下，坡度≤2°的耕地，耕地田块较大、田坎较少；反之，随着耕地坡度级的增大，耕地田块逐渐变小、田坎逐渐变多，田坎系数随着耕地坡度的增大，也逐渐增大。

（三）耕地类型因素

耕地类型主要包括梯田和坡地（坡耕地）两种。一般情况下，由于梯田田坎多，坡地田坎少，梯田的田坎系数大于坡地的田坎系数。

（四）耕作水平因素

由于地理位置不同及经济发展的不平衡，各地耕作水平有明显差异。耕作水平高低，对田坎系数的影响也不尽相同。经济较为发达，农业机械化、集约化生产水平高的地区，耕地中田坎较少，田坎系数较小；反之，经济欠发达，农业机械化、集约化生产水平低的地区，耕地中田坎较多，田坎系数较大。

（五）耕地整治因素

目前珍惜耕地的意识已越来越引起人们的高度重视。通过有组织的和自发的耕地整治活动，提高了耕地质量、改善了农业生产条件、增加了有效耕作面积。通过耕地整治前后的对比，整治后的耕地田坎减少了、耕地系数变小了。

在以上影响田坎系数大小的因素中，经调研和研究发现，田坎系数与地貌类型因素、耕地坡度因素、耕地类型因素的相关关系比较显著也比较直观。因此，第二次全国土调查确定了以直观的地貌类型因素、耕地坡度因素、耕地类型因素作为参数，测算耕地的田坎系数的技术路线和方法。

三、田坎系数测算方法

第二次全国土地调查中，田坎系数测算的基本方法是：在需要扣除田坎面积的区域（指省级调查区域，称为总体）内，将耕地分为若干类型区，即每个类型区内耕地状况大致一样，如耕地坡度、地貌类型、耕地类型等大致一样。在每个类型区中，抽取一定量的耕地图斑作为样方，实测每个样方的田坎系数，并取其算术平均值作为该类型区的田坎系数。用田坎系数扣除田坎面积，得到总体内扣除田坎面积的耕地图斑地类面积。

田坎系数测算是一项技术性强的系统工程，关系到耕地面积的准确性。因此，全国土地调查办要求各省级土地调查办公室严格按照全国土地调查办的有关要求并结合本省实际情况认真组织实施本省份的田坎系数测算工作。田坎系数测算环节很多，具体测算方法各省也不尽相同，但按照全国土地调查办的要求，主要环节是基本一致的。田坎系数测算主要流程如图 8-1 所示。

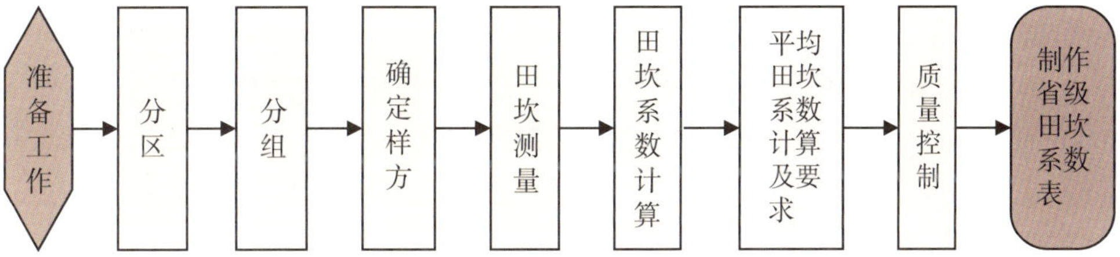

图 8-1 田坎系数测算流程

（一）准备工作

1. 编制省级田坎系数测算实施方案

各省级土地调查办公室应按照《第二次全国土地调查技术规程》（TD/T 1014 — 2007）的有关要求，并结合本省实际情况，编制本省田坎系数测算实施方案，并报全国土地调查办备案。

2. 收集资料

（1）《土地利用数据库标准》（TD / T 1016 — 2007）。

（2）覆盖全省的坡度分级数据库。

（3）第一次全国土地调查田坎系数资料。

（4）省级土地利用分区图。

（5）全国土地调查办公室统一制作并下发的调查底图。

（6）其他有关资料。

3. 确定技术队伍并进行技术培训

田坎系数测算是一项技术性强的工作，一般通过“招投标”、直接委托等方式确定技术队伍。经省级土地调查办公室对确定的技术队伍进行专业技术培训后，由技术队伍按照田坎系数实施方案要求开展田坎系数测算。在技术队伍开展田坎系数测算过程中，省级土地调查办公室应对田坎系数测算进行技术指导、抽查、检查等质量控制工作，并及时答复技术队伍提出的有关问题。

（二）分区

分区是指按地貌类型划分区域。分区的基本原则是，以确定的 31 个省（自治区、直辖市）调查区域为单位，按地貌类型划分为丘陵、山区、高山区不同的地貌类型区域。分区时尽可能不打破完整县或完整乡（镇）。对特殊地区，可进一步细分地貌类型区域。分区的区号用 1，2，3，… 表示。将地貌类型划分为丘陵、山区和高山区的具体划分指标参见表 8-1。

表 8-1　丘陵、山区和高山区具体划分参考指标

名称	绝对高度 / 米	相对高度 / 米	地貌特征
丘陵	—	＜ 200	没有山脉形体，低岭宽谷
山区	＜ 3500	＜ 1000	有山脉形体，但分割破碎
高山区	＞ 3500	＞ 1000	峰尖、坡陡、谷深、山高

资料来源：张根寿 .2005. 现代地貌学 . 北京：科学出版社。

由于全国各地的地貌类型复杂，有些省份对地貌类型只划分了丘陵、山区和高山区三种，不能完全满足需要，而根据本省具体情况，体现本省地貌特征，对地貌类型区域又做了进一步的细分和命名。如云南省，为了体现云南省的地貌特征，云南省将全省划分为滇东北中山山原区、滇中中山湖盆高原区、滇东南中低山岩溶山原区、滇西北高山高原峡谷区和滇西南中低山盆谷区 5 个区域；河北省为了体现其地貌特征，将全省划分为坝上高原区、冀西北山间盆地区、燕山高山区、燕山低山丘陵区和太行山山地丘陵区 5 个区域，如图 8-2 所示。

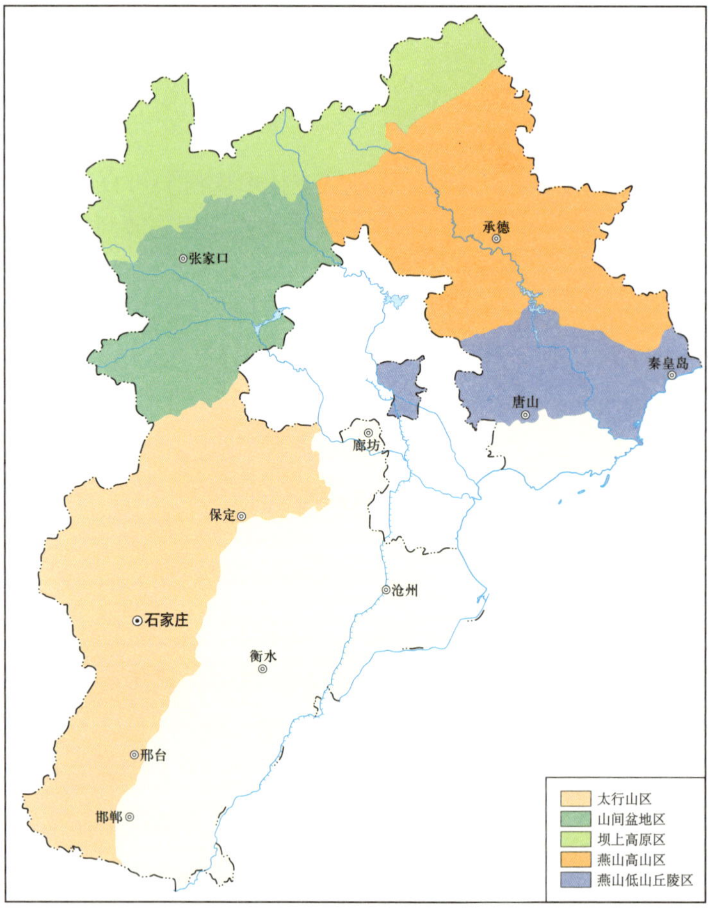

图 8-2　河北省田坎系数测算分区

（三）分组

由于田坎系数与耕地的坡度级、耕地的类型相关关系显著，所以，在每个分区内，根据不同的坡度级和耕地的梯田、坡地类型组合进行分组，组号用（1），（2），（3），… 表示。田坎系数测算分组表如表 8-2 所示。

表 8-2　田坎系数测算分组表

地貌类型	大于 2° 小于等于 6°		大于 6° 小于等于 15°		大于 15° 小于等于 25°		大于 25°	
	梯田	坡地	梯田	坡地	梯田	坡地	梯田	坡地
丘陵	1（1）组	1（2）组	1（3）组	1（4）组	1（5）组	1（6）组	1（7）组	1（8）组
山区	2（1）组	2（2）组	2（3）组	3（4）组	2（5）组	2（6）组	2（7）组	2（8）组
高山区	3（1）组	3（2）组	3（3）组	3（4）组	3（5）组	3（6）组	3（7）组	3（8）组

由表 8-2 可看出，根据地貌类型、耕地坡度分级、耕地类型，一般情况组合可分为 24 个组。表 8-2 只是一般情况下的分组情况，各地可根据本省具体情况进行分组和排列组合。

（四）确定样方

样方是指实测田坎系数的耕地图斑，确定样方是田坎系数测算最关键的环节。田坎系数准确性与样方数量和样方面积成正比，即样方数量越多、样方面积越大，得到的田坎系数越准确和合理，但工作量也随之增大。为此，《第二次全国土地调查技术规程》（TD/T 1014 — 2007）对确定样方数量和样方面积进行了最低限度的规定：即每一个分组内确定的样方不得少于 30 个，每个样方面积不得小于 0.4 公顷（6.0 亩）。

确定样方的基本原则：一是样方尽可能是完整的耕地图斑，即所选样方与县级调查时确定的耕地图斑一致，以方便田坎系数的计算。当确需分割耕地图斑时，应准确计算分割后的耕地图斑面积；二是样方应具有代表性，即所选样方基本能够反映本组内耕地的状况，当规定的样方数量不能完全反映本组内耕地状况时，应适当增加样方数量；三是样方应分布均匀，即所选样方应尽可能在本组内均匀分布；四是样方应处于交通方便的位置，便于测量。

样方应由省级土地调查办公室组织专家和有关人员选取确定。将确定的样方标注在调查底图上，编号并保存。

（五）样方田坎系数计算

样方田坎系数计算包括样方内田坎面积测量、样方内其他线状地物面积测量、样方田坎系数计算等。

1. 样方内田坎面积测量

样方内田坎面积测量方法很多，归纳起来主要有两种：

一种是在实地测绘大比例尺样方图，将南方宽度≥ 1.0 米或北方宽度≥ 2.0 米的每一条田坎测绘在样方图上并编号，通过面积量算和统计汇总得到样方内田坎总面积。

另一种是在实地对照样方绘制样方草图，将南方宽度≥ 1.0 米或北方宽度≥ 2.0 米的每一条田坎的相对位置标绘在样方草图上，并编号、丈量、记录每一田坎的长度和宽度，按长乘以宽计算每一条田坎的面积，通过统计汇总得到样方内田坎总面积。若影像清晰，田坎长度也可在调查底图上量取。当田坎的宽度不均匀时，须分段丈量宽度，计算其平均宽度。

2. 样方内其他线状地物面积测量

当样方内含有其他线状地物时，如南方宽度≥ 1.0 米、北方宽度≥ 2.0 米的固定渠道、农村道路等线状地物，应统计其面积。

需要注意的是，对要求调查零星地物的省份，应实测统计其面积；对没有要求调查零星地物的省份，不实测其面积。

将样方内测量的田坎面积、其他线状地物面积填写在《第二次全国土地调查技术规程》（TD/T 1014 — 2007）规定的“样方田坎系数测算表”上，如表 8-3 所示。其中，田坎栏填写田坎面积或长度、宽度及面积；其他线状地物栏填写其他线状地物面积或长度、宽度及面积。零星地物面积也填写在其他线状地物栏。

表 8-3　样方田坎系数测算表

区：　　　组：　　　样方编号：　　　县：　　　乡：　　　村：　　　图幅号：

耕地类型：　　　坡度级：　　　单位：平方米（0.0）、米 (0.0)

田坎				其他线状地物			
编号	长	宽	面积	编号	长	宽	面积
1	2	3	4	5	6	7	8
合计				合计			
样方面积：		田坎系数：					
草图：				备注：			

量测人：　　　日期：　　　检查人：　　　日期：　　　第　页共　页

填表说明：

1. 本表以样方为单位填写，一个样方填写一张表格并编号。
2. 耕地类型，填写梯田或坡地。
3. 样方田坎系数计算公式：样方田坎系数 = 田坎面积合计 /（样方面积 – 其他线状地物面积合计）× 100%。
4. 草图栏，实地绘制样方及样方内的田坎和其他线状地物位置、编号等。
5. 备注栏，填写需要备注的有关内容。

3. 样方田坎系数计算

样方面积采用土地调查数据库中的耕地图斑面积或分割后的耕地图斑面积。依据表 8-3，计算得到每一个样方的田坎系数。

（六）平均田坎系数计算及要求

为了保证样方田坎系数的准确性和代表性，当同一组内的各个样方田坎系数的最大值不大于最小值的 30% 时，同一组样方系数的算术平均值，即为该组耕地的田坎系数；当不符合要求时，需查找原因或重新选择样方。平均田坎系数计算后填写在《第二次全国土地调查技术规程》（TD/T 1014 — 2007）规定的“田坎系数”表上，如表 8-4 所示。

表 8-4 田坎系数

省： 区：

坡度级	样方类型	样方田坎系数总和	样方数	田坎系数	坡度级	样方类型	样方田坎系数总和	样方数	田坎系数
大于 2° 小于等于 6°	梯田				大于 6° 小于等于 15°	梯田			
	坡地					坡地			
大于 15° 小于等于 25°	梯田				大于 25 °	梯田			
	坡地					坡地			
备注：									

计算人： 日期： 检查人： 日期：

填表说明：

1. 依据表 8-3 计算不同区、坡度、耕地类型田坎系数。
2. 田坎系数 = 样方田坎系数总和 / 样方数。
3. 备注栏，填写需要备注的有关内容。

（七）质量控制

1. 省级土地调查办公室

省级土地调查办公室负责编写本省份田坎系数测算实施方案，确定有技术实力的技术队伍，开展技术培训、日常技术指导和检查抽查，并解决技术队伍提出的技术问题，对技术单位提交的田坎系数测算成果依据全国土地调查办有关规定和省级编制的实施方案进行检查验收。

检查验收包括内业全面检查和外业抽查。内业全面检查包括成果是否齐全、样方的地貌类型和耕地坡度级划分是否正确、样方是否有代表性、样方数量和每一个样方面积是否符合《第二次全国土地调查技术规程》（TD/T 1014 — 2007）的要求、田坎系数计算是否正确等；在内业全面检查基础上，抽取 20% 的样方进行外业核实，主要内容包括样方范围是否正确、扣除田坎的宽度是否符合要求、田坎丈量是否正确等。

2. 技术队伍

技术队伍需要设立总负责人、技术负责人、质量负责人，负责组织管理、技术实施、质量保障等工作。对每一环节设立检查员，没有通过检查的不能进入下一环节。

（八）省级田坎系数汇总表

省级土地调查办公室对技术单位提交的各分区田坎系数测算成果进行检查验收后，对各分区的田坎系数测算结果进行汇总，得到省级田坎系数汇总表。由于各省份测算田坎系数的方法不完全一致，省级田坎系数汇总表格式也不尽相同。如河北省田坎系数汇总表形式如表 8-5 所示。

表 8-5　河北省田坎系数汇总表

分区	县级调查单位	坡地				梯田			
		2°～6°	6°～15°	15°～25°	>25°	2°～6°	6°～15°	15°～25°	>25°
		P2	P3	P4	P5	T2	T3	T4	T5
坝上高原区				*				*	*
西北山间盆地区				*				*	*
燕山高山区									*
燕山低山丘陵区					*				*
太行山山地丘陵区				*				*	*

第二节　田坎面积扣除与展望

一、采用田坎系数扣除田坎面积要求及方法（系数法）

（一）要求

（1）县级土地调查办公室根据省级土地调查办公室下发的省级田坎系数汇总表组织田坎面积扣除。

（2）田坎面积扣除应在县级土地调查数据库中完成。

（3）以耕地图斑为单位逐一扣除田坎面积，不允许以村、乡（镇）、县为单位整体扣除田坎面积。

（二）方法

1. 计算田坎面积

耕地图斑中田坎面积 =（耕地图斑面积 – 图斑内其他线状地物面积）× 田坎系数。

2. 田坎面积扣除

将计算的某一图斑田坎面积，直接在该图斑面积中扣除。

3. 耕地图斑地类面积计算

耕地图斑地类面积 = 耕地图斑面积 – 按系数扣除的田坎面积 – 其他线状地物面积（实测线状地物面积）– 其他应扣除的面积。对耕地而言，耕地图斑地类面积是最终的耕地面积结果，是县级、地（市）级、省级、全国耕地面积统计汇总的基础；耕地中扣除的其他面积，按其地类分别统计汇总到相应地类中。

按田坎面积扣除要求及方法，田坎面积扣除已编制在土地调查数据库建库软件中自动完成。具体操作中，土地调查数据库提供了相应对话窗，只需根据省级田坎系数汇总表，根据对话窗提示输入相应田坎系数即可。

第二次全国土地调查采用系数法扣除田坎面积的有 23 个省（自治区、直辖市），包括北京、河北、山西、内蒙古、浙江、安徽、福建、江西、山东、河南、湖北、湖南、广东、广西、重庆、四川、贵州、云南、西藏、陕西、甘肃、青海、宁夏。其中，贵州省采用的是第一次全国土地调查时测算的田坎系数；福建省采用的是土地利用更新调查时测算的田坎系数。

二、采用实测方法扣除田坎面积要求及方法（实测法）

实测法是指在外业，将规定扣除的田坎全部调绘在调查底图上，内业用长 × 宽计算田坎面积直接扣除的方法。在调查底图上，田坎一般用单线表示，田坎宽度用皮尺或钢尺在实地丈量并将宽度值（米，保留一位小数）标注在相应位置，当田坎宽度有变化时取其平均值；田坎长度在实地丈量并标注在图上或当田坎在调查底图上较清晰时也可内业在调查底图上量算获得。第二次全国土地调查采用实测法扣除田坎面积的有 8 个省（自治区、直辖市），包括天津、辽宁、吉林、黑龙江、上海、江苏、海南、新疆。

三、田坎面积扣除展望

第二次全国土地调查采用系数法或实测法扣除田坎面积，各有优势和不足。前者工作量较小，但受样方选取是否有代表性、样方大小和数量等人为因素影响较大；后者精度高，但工作量大。

通过对 23 个省测算的田坎系数进行分析，从总体上看，第二次全国土地调查时的田坎系数与地貌类型因素、耕地坡度因素、耕地类型因素影响的相关关系在大部分地区还比较显著，测算的田坎系数从总体上看是相对准确和合理的。但是，随着社会经济和技术的发展，田坎系数与地貌类型因素、耕地坡度因素、耕地类型因素影响的相关关系正在逐渐变得不显著，如保护、整治耕地越来越引起人们的高度重视，其中将耕地中的田坎加固，使田坎宽度变窄，是最直观的感觉。从各省反馈的信息看，一方面，南方宽度≥ 1.0 米或北方宽度≥ 2.0 米的田坎，相对于第一次全国土地调查时已经少了很多，局部地区已基本没有应扣除的田坎，并且还有减少的趋势；另一方面，石质、混凝土质的田坎正在增加，此类田坎一般修建的较窄，即大部分修建的石质、混凝土质的田坎南方宽度＜ 1.0 米、北方宽度＜ 2.0，且不受地貌类型因素、耕地坡度因素影响，致使达到应扣除标准的田坎越来越少。

因此，如何认识田坎和扣除田坎面积，为今后的土地调查提出了新的课题。

一是由于田坎系数与地貌类型因素、耕地坡度因素、耕地类型因素影响的相关关系正在逐渐变得不显著，在保持现行应扣除田坎标准不变的基础上，对如何测算田坎系数，应进行研究并提出相应方法。如开展不分耕地坡度级或耕地坡度级适当归并测算田坎系数的研究和实验等。

二是田坎系数的准确性将直接影响耕地面积的准确性，因此，测算准确的田坎系数是关键。由于利益的驱动，在由地方组织测算田坎系数时，为了减少或增加耕地面积，或多或少会有人为增大或减小田坎系数的可能。随着遥感技术的快速发展，各种航空、航天高分辨率遥感影像，无人机航摄影像已广泛应用到土地调查中，由国家组织统一测算田坎系数已具备了技术条件。由国家统一组织将全国分成不同区域，分别测算田坎系数，将会使田坎系数更加符合实际情况。将田坎系数交由相应地方直接使用，用系数扣除田坎面积，将得到更加准确的耕地面积。

三是考虑到连续性及高分辨率遥感影像的广泛使用，应扣除的田坎宽度标准不变，但采取直接调绘田坎的方法（实测法）对田坎面积直接进行扣除，即将符合扣除标准的田坎直接调绘在调查底图上，在数据库中直接扣除田坎面积，不允许用系数扣除田坎面积。但对在全国范围内大面积采取实测法扣除田坎面积，还应进行可行性试验，若可行应制定相应的技术标准和要求。

四是开展提高应扣除田坎宽度标准的研究，目前标准是对南方宽度≥ 1.0 米、北方宽度≥ 2.0 米的田坎应扣除。由于耕地整治的大面积开展，田坎宽度必将变窄，满足目前标准的田坎会越来越少。所以，为了使耕地面积更加精准，满足对耕地精细化管理需要，应在标准上探讨将目前标准调整为南方宽度≥ 0.5 米或北方宽度≥ 1.0 米田坎应进行扣除的必要性和可行性。

第九章　土地调查数据库建设与数据汇总

第二次全国土地调查数据库（简称土地调查数据库、数据库、农村土地调查数据库）是指按照数据类型和规定的数据结构组织、覆盖调查区域、存储在计算机内可共享的农村土地调查数据的集合。土地调查数据库建设是第二次全国土地调查的关键环节。土地调查数据库包括县级、地（市）级、省级、国家级土地调查数据库，其中，县级土地调查数据库是基础，地（市）级、省级、国家级土地调查数据库在县级土地调查数据库基础上建设。第二次全国土地调查首次全面建设了县级、地（市）级、省级、国家级四级土地调查数据库，构建了自下而上的数据库建设与汇交机制，以县级数据库为基础，层层检查汇交至国家，实现了国家对全国每块土地位置、权属、地类、面积等土地信息的准确掌握，确保了第二次全国土地调查汇总数据的真实、准确。

2008 年 12 月，全国土地调查办下发了《关于加强第二次全国土地调查数据库建设工作的通知》（国土调查办〔2008〕91 号），明确指出了县级土地调查数据库是第二次全国土地调查的一项十分重要的成果，要求各地要加强人员培训与技术指导，确定建库软件，通过技术培训，统一技术标准和要求，提高数据库建设作业单位的技术水平。各省（自治区、直辖市）按照通知要求，分别开展了省内数据库建设软件测评和数据库建设工作，多数省份形成了省内数据库建设技术要求与规范。2009 年 5 月，全国县级土地调查数据库建设基本完成，并实现了第一轮全面预检。经过三轮的质量检查，到 2009 年底，全国 2859 个县级土地调查数据库全部建设完成，实现了全国调查成果的汇交。土地调查数据库成为第二次全国土地调查工作的核心基础成果，也是土地调查统计汇总数据的核心数据来源。

第二次全国土地调查建设完成的国家级土地调查数据库包含了覆盖全国的航空、航天遥感影像，全国每一块土地的利用信息，每一块基本农田信息，全国所有的村级界线，集体土地所有权和国有农、林、牧、渔场权属界线等信息的数据库，首次实现了对全国土地调查区域上每一块土地利用情况的全面掌控。国家级土地调查数据库总数据量达 75TB，包含全国约 1.5 亿个地块（图斑），1 亿条道路，74 万个村庄。根据查新结果，目前土地调查矢量数据库是全球最大的空间数据库。国家级数据库主要包含了影像数据、调查数据和统计汇总数据三大类内容。影像数据包含了航空遥感数据、国外航天遥感数据和国产航天遥感数据。其中，航空遥感摄影分辨率为 0.3 ～ 0.5 米，覆盖面积 140 万平方千米；国外航天遥感数据影像分辨率为 0.6 ～ 2.5 米，覆盖面积 640 万平方千米；国产航天遥感影像分辨率为 2 ～ 4 米，覆盖面积 180 万平方千米；调查数据包含了覆盖全国的县、地（市）、省、国家四级调查数据，既包括全国土地利用现状信息、基本农田信息，又包括所有的村级界线、集体土地所有权、国有土地使用权权属界线等信息；统计汇总数据包含了我国村、县、地（市）、省、国家五级的土地利用面积数据。

第二次全国土地调查获取的数据库成果，满足了国土资源“一张图”建设和“批、供、用、补、查”日常监管的需要，同时，为国土资源管理及经济社会发展提供了大量基础资料。

本章主要介绍县级土地调查数据库、国家级土地调查数据库建设及更新的内容、方法等。

第一节　土地调查数据库建设机制

为实现土地调查数据库建设的顺利实施，保证最终国家级土地调查数据库的建设，全国土地调查办公室从统一标准、建立制度、国家级数据库建设、成果更新机制设计等4个方面开展了大量工作，形成了完善的数据库建设与汇交机制。

一、技术标准研发

在技术标准研制方面，通过制定统一的技术标准，使各级形成了统一的数据库成果。第二次全国土地调查初期，全国土地调查办围绕数据格式标准、数据库标准、建库软件研发标准及数据质量标准等方面开展了一系列工作，为全国2800余县的土地调查数据内业生成及生成成果的标准化与规范化提供了技术保障。2005年，国土资源部启动《土地利用数据库标准》的编制修订工作，2007年正式颁布了《土地利用数据库标准》（TD/T 1016—2007），规定了土地调查数据库的内容、结构及数据关系等内容，成为第二次全国土地调查数据库建设的核心技术依据。2007年12月，全国土地调查办颁布了《第二次全国土地调查数据库建设技术规范》（国土调查办发〔2007〕54号），规定了县级土地调查数据库建设的流程、方法及各环节技术要求，统一了县级土地调查数据库在数据采集层面的技术方法。2008年，全国土地调查办根据第二次全国土地调查的实际需求，组织专家完善了我国自主空间数据格式（VCT格式），并作为各地土地调查数据库汇交的标准格式，成功解决了空间数据受不同软件平台制约，难于统一的难题，实现了土地调查数据库成果格式的全国统一，为国家级数据库建设奠定了基础。

为了确保各项技术标准能够切实在第二次全国土地调查工作中发挥作用，全国土地调查办公室组织开展了数据库建库软件测评、格式检测软件研发工作，从操作层面规范了第二次全国土地调查数据库的建设要求。2008年2月，全国土地调查办组织研发了土地利用和城镇地籍标准数据交换格式检测软件，下发各地用于统一数据格式。2008年3月，国土资源部信息中心、中国土地勘测规划院在北京市组织专家，开展了第二次全国土地调查数据库管理系统软件测评和复测，通过测评共向社会推荐了46个建库管理系统软件，其中，用于农村土地调查的有24个，用于城镇土地调查的有22个（表9-1，表9-2）。

推荐各地将土地调查数据库管理系统软件用于第二次土地调查县级数据库建设和成果管理工作。

表9-1　农村土地调查数据库管理系统软件推荐名单（共24个）

软件名称	软件平台	开发单位
MapGIS县级农村土地调查数据库管理系统	MapGIS	武汉中地数码科技有限公司
国源农村土地调查数据库管理系统	ArcGIS	北京世纪国源科技发展有限公司
数慧土地调查数据库管理系统	ArcGIS	上海数慧系统技术有限公司
国图农村土地调查数据库管理信息系统	ArcGIS	南京国图信息工程有限责任公司
中天农村土地调查数据库管理系统	SuperMap	北京中天博地科技有限公司/北京超图地理信息技术有限公司
苍穹土地利用现状管理系统	KANQGIS	北京苍穹数码测绘有限公司
弘图农村地籍管理系统	ArcGIS	武汉弘图数码科技有限公司/江苏省资源环境信息工程重点实验室

续表

软件名称	软件平台	开发单位
吉威县市级土地调查数据库管理系统	ArcGIS	北京吉威数源信息技术有限公司
LISS 农村土地调查数据库管理系统	ArcGIS	北京四维空间数码科技有限公司
海维土地调查数据建库与管理系统	ArcGIS	广州海维空间信息系统技术有限公司
金地农村地籍（土地调查）管理信息系统	ArcGIS	昆明云金地科技有限公司
土地现状管理系统（LMS）	ArcGIS	广东南方数码科技有限公司
杰思科土地利用现状管理信息系统	ArcGIS	杭州网新超图地理信息技术有限公司
吉奥国土资源综合信息管理平台——农村土地利用	ArcGIS	武汉武大吉奥信息工程技术有限公司
吉奥国土资源综合信息管理平台——农村土地利用	GeoStar	武汉武大吉奥信息工程技术有限公司
凯图农村土地调查数据库管理系统	ArcGIS	南京凯图科技有限责任公司
农村土地管理之星（RlandStar）	ArcGIS	中国测绘科学研究院重点实验室
地星土地变更调查信息系统软件（管理版）	ArcGIS	北京地星伟业数码科技有限公司
金图农村土地调查数据库管理系统	ArcGIS	江苏金图科技有限责任公司
苍穹土地利用现状管理系统	ArcGIS	北京苍穹数码测绘有限公司
安图科地农村土地调查数据库管理系统	ArcGIS	北京世纪安图数码科技发展有限责任公司 / 成都安图科地技术信息有限公司
普旭第二次土地调查建库软件	ArcGIS	南京普旭科技发展有限公司
MDC2008 农村土地数据库管理系统	无	北京大东远星公司
Walklandu 数维土地利用系统	WalkGIS	杭州浙大数维信息系统工程有限公司

表 9-2 城镇土地调查数据库管理系统软件推荐名单（共 22 个）

软件名称	软件平台	开发单位
国图城镇地籍管理信息系统	ArcGIS	南京国图信息工程有限责任公司
瑞得城镇土地调查数据库管理系统	ArcGIS	武汉瑞得信息工程有限责任公司
弘图城镇地籍管理系统	ArcGIS	武汉弘图数码科技有限公司 / 江苏省资源环境信息工程重点实验室
金图城镇地籍管理系统	ArcGIS	江苏金图科技有限责任公司
北京超图城镇土地调查数据库管理系统	SuperMap	北京超图地理信息技术有限公司 / 北京中天博地科技有限公司
安图城镇地籍管理信息系统	ArcGIS	北京世纪安图数码科技发展有限责任公司
苍穹城镇地籍管理信息系统	ArcGIS	北京苍穹数码测绘有限公司
杰思科地籍管理信息系统	ArcGIS	杭州网新超图地理信息技术有限公司
国源城镇土地调查数据库管理系统	ArcGIS	北京世纪国源科技发展有限公司
城镇土地产权产籍管理 ReGIS	ArcGIS	浙江大学地理信息科学研究所
WalkGIS 城市空间数据库管理系统	WalkGIS	杭州浙大数维信息系统工程有限公司
南方数码太籍软件	ArcGIS	广东南方数码科技有限公司
凯图城镇地籍管理系统	ArcGIS	南京凯图科技有限责任公司

续表

软件名称	软件平台	开发单位
苍穹城镇地籍管理信息系统	KANQGIS	北京苍穹数码测绘有限公司
MAPGIS 城镇土地调查数据库管理系统	MapGIS	武汉中地数码科技有限公司
城镇地籍信息管理系统	ArcGIS	北京地星伟业数码科技有限公司
全图城镇土地调查数据库管理信息系统	SuperMap	南京国图测绘新技术有限责任公司
金地城镇地籍管理信息系统	ArcGIS	昆明云金地科技有限公司
城镇地籍管理信息系统	ArcGIS	福州特力惠电子有限公司
普旭城镇土地调查（城镇地籍）管理系统	ArcGIS	南京普旭科技发展有限公司
华夏城乡城镇地籍管理信息系统（城镇土地调查部分）	ArcGIS	华夏合众土地科学技术有限公司
国土资源空间数据管理平台（城镇部分）	ArcGIS	南京地正信息技术有限公司

同时，全国土地调查办公室下发了《关于统一图幅理论面积与图斑椭球面积计算要求的通知》（国土调查办发〔2008〕32 号），统一了数据库中计算面积的方法和要求。2008 年 7 月，全国土地调查办组织通过软件测评的单位，完成了县级土地调查数据库管理系统椭球面积计算及大数据量 VCT 数据交换功能的测试工作。2008 年 11 月，全国土地调查办举办了第二次全国土地调查成果质量检查技术培训班，指导地方技术人员熟悉与掌握土地调查数据库质量检查的要求、流程与方法。2008 年 11 月底，全国土地调查办进一步下发《关于加强第二次全国土地调查数据库建设工作的通知》（国土调查办发〔2008〕91 号），强调各地要高度重视数据库建设工作，加强人员培训，没有通过培训及考核不合格的建库作业单位，不得承担建库任务；各地要加强对数据建库质量的跟踪和检查，定期开展数据建库质量考核，对存在重大质量和管理问题的作业队伍，要进行公开曝光及清退处理。上述工作的开展，明确了数据库建设的技术细节，规范了数据库建设流程，有力保障了土地调查数据库的建设工作。

二、成果汇交制度建设

在数据库建设与汇交制度方面，构建了全国自下而上的数据成果汇交制度。为了保证数据成果的及时正确上交，第二次全国土地调查构建了县、地（市）、省、国家四级层层控制，逐级数据检查汇交制度。2007 年 11 月，全国土地调查办公室下发了省级控制界线，实现了调查数据库成果的省级控制。2007 年 12 月，全国土地调查办公室制定下发了《第二次全国土地调查成果检查验收办法》（国土调查办发〔2007〕48 号），明确了各级调查数据库成果要求及检查验收要求。2008 年初，全国土地调查办公室制定了第二次全国土地调查成果汇交办法，规定了第二次全国土地调查数据成果组织形式、汇交流程及各级数据成果接收要求，形成了数据汇交制度框架。2008 年 7 月，全国土地调查办公室下发了第二次全国土地调查数据库质量检查细则，规定了县级数据库报送过程中的质量要求。2008 年 8 月，调查办下发了《关于报送第二次全国土地调查县级调查成果的通知》，明确要求实行自下而上的土地调查数据库成果汇交制度。同时，为保证第二次全国土地调查县级数据库成果质量，确保国家级数据库建设工作顺利完成，全国土地调查办组织开发了第二次全国土地调查数据库质量检查软件，下发各地用于数据成果上交，实现了调查数据库的自动化上交与检查。经过两年的建设，基本形成了土地调查数据库自县向国家的汇交制度，为国家级土地调查数据库建设提供了制度保障。

三、国家级数据库建设

国家级土地调查数据库建设，是我国第一次建设覆盖全国的海量空间数据库，基本没有可借鉴的经验。为了确保国家级数据库建设万无一失，全国土地调查办组织各方力量，开展了全方位的数据库建设研究。2007年8月，全国土地调查办邀请了十家技术实力雄厚的单位，开展了国家级数据库建设预研究，分别编写了国家级数据库建设方案，形成了国家级数据库初步建设思路。2007年10月，全国土地调查办召开了第二次全国土地调查国家级成果管理系统建设研讨会，集合各方面专家进行了深入讨论，进一步明确了国家级数据库的建设方向。2008年5月，全国土地调查办组织专家对水利部、国家林业局、国家气象局、国家基础地理信息中心等15家单位的数据库建设情况进行调研，形成了调研报告，吸取了大量有价值的国家级数据库建设经验。

经过近一年的努力，全国土地调查办组织中国土地勘测规划院编制完成了《第二次全国土地调查国家级数据库建设总体方案》和《第二次全国土地调查国家级数据库建设技术方案》。2008年9月，《第二次全国土地调查国家级数据库建设技术方案》通过了全国土地调查办组织的专家论证，国家级数据库建设的主体技术思路基本成型。2008年12月，国家级土地数据库建设正式启动。2009年3月，国家级数据库建设总体方案下发全国，成为土地调查数据库建设的总体框架。经过反复试验，先后攻克了海量影像数据三维浏览、矢量数据全国集成管理等多个技术难关，逐步形成了符合土地调查特点的国家级土地调查数据库主体技术路线。2009年4月，覆盖全国的遥感影像全部入库，数据量达50TB，首次实现了高清遥感影像的全国无缝覆盖。2009年12月，2889个县级土地调查数据库全部入库，建立了集遥感影像、土地利用现状、土地权属和基本农田为一体的国家级土地调查数据库。2010年3月，国家级土地调查数据库与国土资源部“一张图”监管平台联调成功，打通了土地调查数据成果直接服务于国土资源管理的瓶颈。2010年12月，国家级土地调查数据库通过了第三方技术测试，标志着国家级土地调查数据库正式建设完成。建成后的国家级土地调查数据库，存储了覆盖全国的遥感影像、调查数据和基本农田数据，全国近75万个村、1亿多块土地的信息都存储在数据库里，数据量达到了75TB，是全球最大的矢量数据库。国家级土地调查数据库自建成以来，李克强总理、张高丽副总理等党和中央国家领导人先后视察了数据库建设成果，对第二次全国土地调查国家级数据库给予高度肯定和评价。

四、数据库更新机制建设

为了确保国家级数据库成果的现势性，在国家级土地调查数据库建设初期，全国土地调查办就启动了数据库更新机制研究工作。2009年3月，全国土地调查办组织专家编制了《土地调查数据库更新标准》，规定了土地调查数据库更新的内容、数据结构，为土地调查数据库更新提供了技术依据。2009年5月，全国土地调查办组织相关技术力量，研发了土地调查县级数据库增量更新技术，编制了土地调查数据库更新技术要求、土地调查数据库更新面积汇总要求等技术文档，形成了土地调查数据库更新技术框架。2009年7月，调查办组织山东、浙江等8个省开展了数据库增量更新试点工作，进一步明确了增量更新技术在县级层面上实施的问题。2009年12月至2010年5月，全国土地调查办组织专家开展了土地调查数据库建库软件更新功能专项测评和复测，确保了县级土地调查建库软件数据更新技术和功能的统一，为县级土地调查数据库更新奠定了基础。

通过测评向社会推荐了16个软件，如表9-3所示。

表 9-3　通过建库软件更新功能专项测评测试推荐的软件单位名单

序号	开发单位	软件平台
1	南京国图信息工程有限责任公司	ArcGIS
2	北京吉威数源信息技术有限公司	ArcGIS
3	杭州网新超图地理信息技术有限公司	ArcGIS、SuperMap
4	广州海维空间信息系统技术有限公司	ArcGIS
5	福州特力惠电子有限公司	ArcGIS
6	江苏金图科技有限责任公司	ArcGIS
7	北京世纪国源科技发展有限公司	ArcGIS
8	北京苍穹数码测绘有限公司	ArcGIS、KqGIS
9	广东南方数码科技有限公司	ArcGIS
10	北京中天博地科技有限公司 / 北京超图地理信息技术有限公司	SuperMap
11	浙江大学地理信息科学研究所	ArcGIS
12	武汉中地数码科技有限公司	MapGIS
13	北京世纪安图数码科技发展有限责任公司 / 成都安图科地技术信息有限公司	ArcGIS
14	武汉弘图数码科技有限公司 / 江苏省资源环境信息工程重点实验室	ArcGIS
15	南京普旭科技发展有限公司	ArcGIS
16	南京地正信息技术有限公司	ArcGIS

2010 年 12 月，全国土地调查办组织研发了更新数据上报软件下发地方，用于规范与检查各地上报的数据库更新成果。利用增量更新技术，实现了国家级土地调查数据库的年度更新，并形成了稳定的年度增量更新机制，有效地维护了土地调查数据成果的现势性。

第二节　土地调查数据内容及县级数据库建设

土地调查摸清了土地资源数量及利用状况，掌握了真实准确的土地调查基础数据，为科学规划、合理利用、有效保护土地资源，实施最严格的耕地保护制度，加强和改善宏观调控提供了依据，促进了经济社会全面协调可持续发展。土地调查数据库不同于一般的空间地理数据库，土地调查数据库在内容上、质量上具有更加鲜明的特点和要求。在建立土地调查数据库时，必须从数据采集阶段开始制订严格的质量保障措施，根据相应的数据库标准制订质量检查方案，保障土地调查数据成果质量。

一、土地调查数据特点

土地调查数据是国土资源管理的基础，也是经济宏观决策、其他行业管理的依据；土地调查数据的质量直接关系到领导决策、精细化管理。土地调查数据在范围上、精度上、应用上具有自己独特的特点。

（一）数据成果调查区域无缝全覆盖

土地调查是某一时期对某一个区域土地资源质量和数量所作的分析研究和清查登记。土地调查内容包括：土地利用现状及变化情况，包括地类、位置、面积、分布等状况；土地权属及变化情况，包括土地的所有权和使用权状况；土地条件，包括土地的自然条件、社会经济条件等状况。土地调查成果应覆盖全部的调查区域，形成区域内无缝调查数据成果。

（二）空间数据与属性数据有机结合

土地调查空间数据成果表现了地理空间实体（土地图斑）的位置、大小、形状、方向及几何拓扑关系；其属性数据表现了空间实体的空间属性以外的其他属性特征，属性数据是对空间数据的补充说明。土地调查具有严格的调查技术规程，同时，调查成果有相应的数据质量技术规范；土地调查成果必须严格按照相应的质量要求进行数据组织、数据分层、属性赋值等。土地调查数据通过空间数据和属性数据的有机结合详细记录了土地的坐落、权属、地类、面积等信息，丰富了土地调查成果内容，为土地调查成果应用奠定了坚实基础。

（三）空间拓扑关系严格

空间拓扑关系描述的是基本的空间目标点、线、面之间的邻接、关联和包含关系。土地调查数据作为空间数据的一种，有着更加严格的空间拓扑关系。例如，行政区域调查界线、地类界线、界址线要素不允许相交；地类图斑和行政区域外边界必须一致；宗地和行政区域外边界必须一致；作为地类图斑边界的线状地物要和图斑边界重合；界址线和地类界线重叠；行政区域调查界线和地类界线重叠；等等。

（四）数据成果格式丰富多样

土地调查数据成果不仅仅包含调查形成的土地矢量数据成果，还包括纠正、处理后的栅格影像数据成果，统计报表成果，文字报告等。

（五）时间特征显著

严格来说，空间数据总是在某一特定时间或时间段内采集得到或计算得到的。土地调查也是某一特定时期（统一时点）对地表土地利用状态的一种调查，调查成果具有一定的时间特征；伴随时间推移土地利用状况发生变化，土地调查数据也失去了相应的时效性。为保证土地调查数据及时有效性，每年可进行相应的变更调查，补充、变更土地变化信息，更新土地调查成果。各年的土地调查成果整合构成土地调查时态数据成果，对研究土地利用变化、耕地流向、土地综合整治等方面具有极大的利用价值。

（六）数据成果应用广泛

土地调查为国土资源管理、经济发展决策等方面提供了第一手基础数据，在城市规模扩张，人地矛盾扩大的新形势下，土地调查数据成果应用更加广泛、深入。

1. 在经济社会发展方面的应用

（1）国民经济宏观调控。当前，土地管理成为参与宏观调控的重要手段之一。掌握土地利用状况，是严格土地管理、加强土地调控的现实需要。通过土地调查，全面掌握建设用地、农用地特别是耕地、未利用地的数量和分布，掌握城镇、村庄及独立工矿区内部工业用地、基础设施用地、商业用地、住宅用地及农村宅基地等各行业用地的结构、数量和分布，是政府科学决策，贯彻落实国家宏观调控政策，及时调整供地方向和规模、确保国民经济持续、协调发展的前提条件，也是挖掘土地利用潜力、实现城乡统筹、大力推进节约集约用地的基本前提。

（2）信息共享及社会化服务。借助现有的国土资源信息网络框架，实现各级互联、内外交换的信息服务与数据交换，为日常管理、信息发布和社会化服务提供统一的土地资源信息共享平台，实现土地信息传输、交换、共享及社会化、服务一体化。为土地管理、政府决策和各类社会经济活动提供准确快捷的信息服务。

（3）完善土地市场及土地物权体系。土地调查查清了各类土地的使用情况，全面查明了农村集体土地所有权、农村集体土地建设用地使用权和国有土地使用权权属状况，获取了最新的、明确完整的权属及行政资料，为改进和完善土地市场，合理调节市场供求关系，进一步发挥市场在土地资源配置中的基础性作用，完善土地物权体系，保障土地使用权人利益，切实保护农民的土地财产权奠定了坚实基础。

（4）应急指挥决策。土地调查内容翔实、精度较高。土地调查成果可以直接为公安、消防、防汛、防疫、自然灾害救援、卫生急救指挥决策服务。

2. 在国土资源管理方面的应用

（1）全国“一张图”工程。充分利用土地调查、土地利用动态遥感监测和年度土地变更调查等成果的基础上，结合国土资源管理应用需求，开展全国土地调查与监测，实现国家掌握真实准确土地数据、加强国土资源监管和土地宏观调控、坚守18亿亩耕地红线的必要举措。全国全覆盖“一张图”工程，与国土资源的计划、审批、供应、补充、开发、执法等行政监管系统叠加，共同构建统一的综合监管平台，实现资源开发利用的“天上看、网上管、地上查”，从而实现资源动态监管的目标；实现从“以数管地”到“以图管地”的转变；完善国土资源监管系统。

（2）耕地保护。根据土地调查成果，结合耕地保护、基本农田划定等相关资料，对耕地、基本农田各地类的数量、分布、利用结构及变化状况进行综合分析，可以评判各地耕地保护及土地利用集约程度，为科学补划基本农田，保护基本农田，保障经济发展起到了重要作用。

（3）土地利用总体规划编制。要保证土地利用总体规划编制的科学性、可操作性，做到规划管根本、管长远，就必须准确掌握该地区的土地利用状况、结构，需要翔实的土地利用数据、图件作为保障。各级土地利用总体规划中，土地利用结构调整和耕地占补平衡也是重要内容之一，补充耕地土地的数据来源、指标、位置、开发整理后的各项效益及上一级规划指标落实情况等都与土地资源的数量与质量有关。土地调查数据提供了时效性最强、最准确可靠的各类土地的分布、面积，以及各类土地的自然、利用、经济等属性，编制了不同比例尺的分幅土地利用现状图、权属界线图等各类图件。

（4）土地复垦整理开发。土地复垦整理开发是实现耕地总量动态平衡和占补平衡、守住18亿亩耕地红线的重要手段，是保障国家粮食安全的重要抓手，是保障建设用地需求，促进经济社会可持续发展的重要抓手。利用土地调查成果形成的后备资源数据库作为土地整理复垦开发立项的科学依据，为确保耕地占补平衡奠定坚实基础。

（5）建设用地报批、执法监察。利用土地调查现状数据库、遥感影像数据库与最新遥感影像叠加，提取新增建设用地图斑，开展土地调查与监测，通过土地执法监察，及时有效地控制和纠正了违法批地和非法占地行为。

二、土地调查数据库内容

（一）土地调查数据库体系

土地调查数据库涵盖国家、省、地（市）、县四级土地调查数据库，其中，县级土地调查数据库是土地调查数据库体系的基础。县级土地调查数据库通过外业调查、数据库建设而成。地（市）、省、国家级土地调查数据库是以县级数据库为基础逐级集成整合而成。土地调查数据库体系结构如图 9-1 所示。

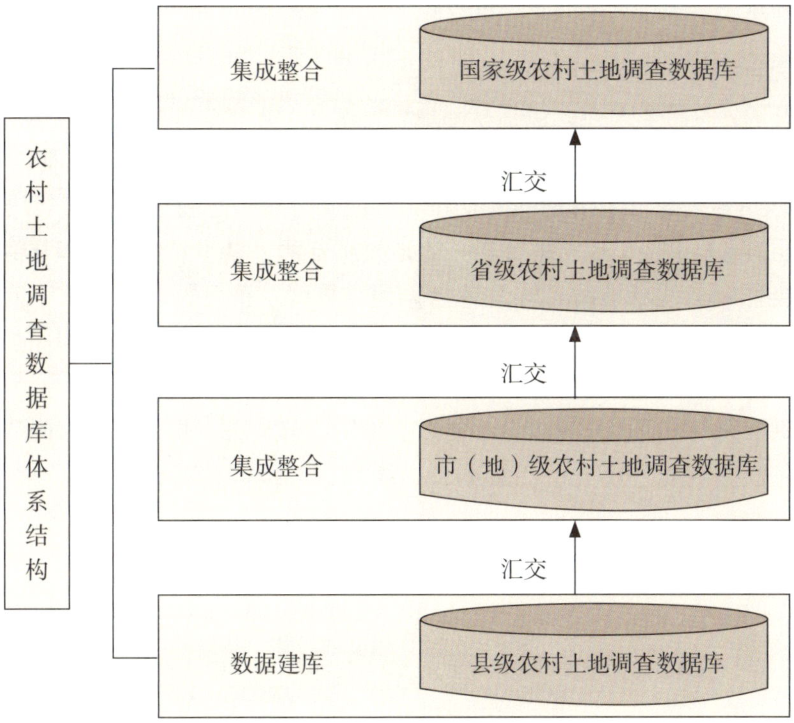

图 9-1　土地调查数据库体系结构图

县级土地调查数据库包括以下数据内容：

（1）基础地理信息，包括定位基础、境界与政区、地貌（含坡度图）等，为矢量数据对数据进行分层。

（2）土地利用数据，包括地类图斑、线状地物、零星地物（可选）、地类界线等，为矢量数据对数据进行分层。

（3）土地权属数据，包括宗地、界址线、界址点等，为矢量数据对数据进行分层。

（4）基本农田数据，包括基本农田分布数据（含基本农田保护片块、图斑等），为矢量数据对数据进行分层。

（5）数字高程模型（DEM）数据，用于 DOM 数据纠正和坡度图制作的 DEM 数据，为栅格数据。

（6）DOM 数据，包括 1 ： 5000、1 ： 10000 和 1 ： 50000 DOM 数据，为栅格数据。

（7）扫描影像图数据，包括含补测地物的调查底图扫描数据和基本农田保护图件扫描数据，为栅格数据。

（8）土地专项调查统计数据，包括工业、基础设施、金融商业服务、开发园区、房地产用地等数据，存入关系型数据库。

（9）专题图数据，具有地图的符号化数据特征，并能实现快速显示的专题图数据，包括标准分幅土地利用图、经过缩编的县级土地利用图等，为矢量数据。

（10）元数据，是各种数据自身的描述数据，包括土地调查数据库元数据、DEM 元数据、DOM 元数据等，为文本数据。

各级土地调查数据库建设可以以《土地利用数据库标准》（TD/T 1016—2007）为基础进行数据库结构扩展设计，对属性数据结构表等内容可进行扩充，但是必须满足标准的要求。

（二）要素分类与编码

土地调查数据要素分为两个大类，包括基础地理要素和土地信息要素。基础地理要素直接引用《基础地理信息要素分类与代码》（GB/T 13923－2006），数字正射影像图纠正控制点、行政区域、行政区域调查界线、行政区域注记和坡度图等要素作为《基础地理信息要素分类与代码》（GB/T 13923—2006）的扩展。土地信息要素由土地利用要素、土地权属要素、基本农田要素和其他要素组成，其中土地利用要素包括地类图斑、线状地物、零星地物、地类界线及正射影像图、数字地面高程模型等栅格要素；土地权属要素包括宗地、界址线和界址点；基本农田要素包括基本农田的保护区、保护块和保护图斑；其他要素包括各类开发园区等信息。

土地调查数据要素大类采用面分类法，小类以下采用线分类法。根据分类编码通用原则，将土地利用数据库更新要素依次按大类、小类、一级类、二级类、三级类和四级类划分，要素代码采用十位数字层次码组成，其结构如下：

XX	XX	XX	XX	X	X
|	|	|	|	|	|
大类码	小类码	一级类要素码	二级类要素码	三级类要素码	四级类要素码

（1）大类码为专业代码，设定为两位数字码，其中基础地理专业码为 10，土地专业码为 20；小类码为业务代码，设定为两位数字码，空位以 0 补齐。土地利用的业务代码为 01，土地利用遥感监测的业务代码为 02，土地权属的业务代码为 06；一至四级类码为要素分类代码，其中一级类码为两位数字码、二级类码为两位数字码、三级类码为一位数字码、四级类码为一位数字码，空位以 0 补齐。

（2）基础地理要素的一级类码、二级类码、三级类码和四级类码引用《基础地理信息要素分类与代码》（GB/T 13923－2006）中的基础地理要素代码结构与代码。

（3）各要素类中如含有“其他”类，则该类代码直接设为“9”或“99”。

土地调查数据库各类要素的代码与名称描述如表 9-4 所示。

表 9-4 要素代码与名称描述表

要素代码	要素名称	说明
1000000000	基础地理信息要素	
1000100000	定位基础	
1000110000	测量控制点	
1000110408	数字正射影像图纠正控制点	《基础地理信息要素分类与代码》(GB/T 13923—2006)的扩展
1000119000	测量控制点注记	
1000600000	境界与政区	
1000600100	行政区域	《基础地理信息要素分类与代码》(GB/T 13923—2006)的扩展
1000600200	行政区域调查界线	《基础地理信息要素分类与代码》(GB/T 13923—2006)的扩展
1000609000	行政区域注记	《基础地理信息要素分类与代码》(GB/T 13923—2006)的扩展
1000700000	地貌	
1000710000	等高线	
1000720000	高程注记点	
1000780000	坡度图	《基础地理信息要素分类与代码》(GB/T 13923—2006)的扩展
2000000000	土地信息要素	
2001000000	土地利用要素	
2001010000	地类图斑要素	
2001010100	地类图斑	
2001010200	地类图斑注记	
2001020000	线状地物要素	
2001020100	线状地物	
2001020200	线状地物注记	
2001030000	零星地物要素	
2001030100	零星地物	
2001030200	零星地物注记	
2001040000	地类界线	
2002030000	栅格要素	
2002030100	数字航空摄影影像	
2002030101	数字航空正射影像图	
2002030200	数字航天遥感影像	
2002030201	数字航天正射影像图	
2002030300	数字栅格地图	
2002030400	数字高程模型	
2002039900	其他栅格数据	

续表

要素代码	要素名称	说明
2005000000	基本农田要素	
2005010000	基本农田保护区域	
2005010100	基本农田保护区	
2005010300	基本农田保护片块	
2005010400	基本农田保护图斑	
2006000000	土地权属要素	
2006010000	宗地要素	
2006010100	宗地	
2006010200	宗地注记	
2006020000	界址线要素	
2006020100	界址线	
2006020200	界址线注记	
2006030000	界址点要素	
2006030100	界址点	
2006030200	界址点注记	
2099000000	其他要素	
2099010000	开发园区	
2099020000	开发园区注记	

注 1：本表的基础地理信息要素第 5 位至第 10 位代码参考《基础地理信息要素分类与代码》（GB/T 13923—2006）。
注 2：行政区域、行政区域调查界线与行政区域注记要素参考《基础地理信息要素分类与代码》（GB/T 13923—2006）的结构进行扩充，各级行政区域的信息使用行政区域与行政区域调查界线属性表描述。

（三）土地调查数据库结构

土地调查空间要素采用逻辑分层的方法进行组织管理。具有相同几何特征、属性数据库结构的要素逻辑上为同一层要素。根据层要素之间的关联特征和关系，归纳逻辑层次。为了便于空间数据的逻辑组织管理，同一逻辑层，原则上设定一个注记层要素。

土地调查空间要素划分的逻辑有定位基础、行政区划、地貌、土地利用、土地权属、基本农田、栅格数据和其他等 8 个层次，29 个层要素。

按照上述结构特点，逻辑上农村土地调查数据库由专题数据库和元数据组成。专题数据库由空间数据库、非空间数据库组成，元数据由矢量数据元数据、数字正射影像（DOM）元数据和数字高程模型（DEM）元数据等组成。农村土地调查数据库逻辑结构如图 9-2 所示。

土地调查空间数据库结构由序号、层名、层要素、几何特征、属性表名、约束条件和说明所组成。其中，几何特征分类具有点（Point）、线（Line）、面（Polygon）和注记（Annotation）等四种类型；属性表名表示空间要素属性数据库结构表的名称；约束条件划分为 M（必选）、O（可选）和 C（条件可选）三种类型。各层名称及各层要素如表 9-5 所示。

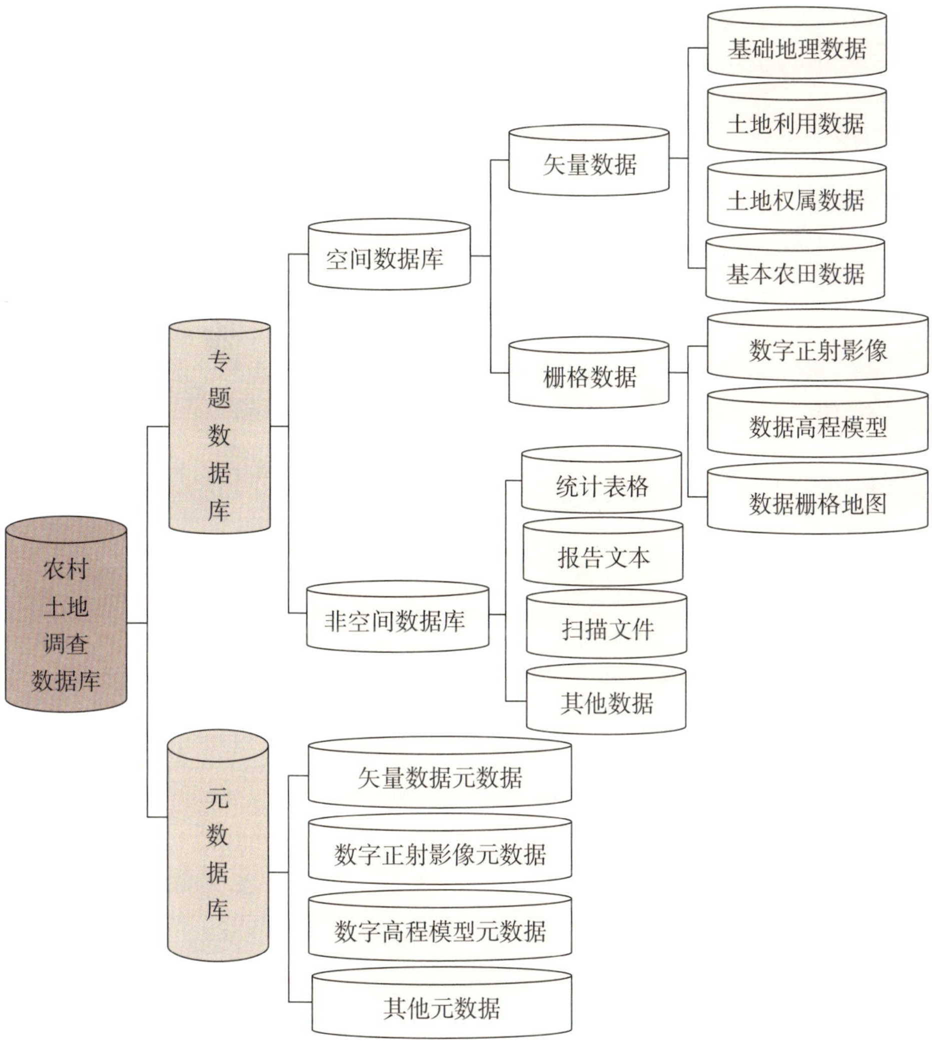

图 9-2　土地调查数据库逻辑结构

表 9-5　层名称及各层要素

序号	层名	层要素	几何特征	属性表名	约束条件	说明
1	定位基础	测量控制点	Point	CLKZD	O	
		数字正射影像图纠正控制点	Point	JZKZD	O	
		控制点注记	Annotation	ZJ	O	
2	行政区划	行政区域	Polygon	XZQ	M	
		行政区域调查界线	Line	XZQJX	M	
		行政要素注记	Annotation	ZJ	O	
3	地貌	等高线	Line	DGX	O	
		高程注记点	Point	GCZJD	O	
		坡度图	Polygon	PDT	M	

续表

序号	层名	层要素	几何特征	属性表名	约束条件	说明
4	土地利用	地类图斑	Polygon	DLTB	M	
		线状地物	Line	XZDW	M	
		零星地物	Point	LXDW	O	
		地类界线	Line	DLJX	M	
		土地利用要素注记	Annotation	ZJ	O	
5	土地权属	宗地	Polygon	ZD	M	
		宗地注记	Annotation	ZJ	O	
		界址线	Line	JZX	M	
		界址线注记	Annotation	ZJ	O	
		界址点	Point	JZD	M	
		界址点注记	Annotation	ZJ	O	
6	基本农田	基本农田保护区	Polygon	JBNTBHQ	M	
		基本农田保护片	Polygon	JBNTBHP	O	
		基本农田保护块	Polygon	JBNTBHK	M	
		基本农田注记	Annotation	ZJ	O	
7	栅格数据	数字正射影像图	Image	SGSJ	M	
		数字栅格地图	Image	SGSJ	O	
		数字高程模型	Image /Tin	SGSJ	M	
		其他栅格数据	Image	SGSJ	O	
8	其他	开发园区	Polygon	KFYQ	O	

注：约束条件取值：M（必选）、O（可选）。

根据土地利用数据特征，采用关系型数据库描述土地利用数据库结构，数据库结构原则上满足第三范式的要求。为描述复杂层要素的信息，数据库采用“主属性表＋扩展属性表”的结构进行表达，主属性表和扩展属性表通过关键字建立联系，具体内容可参照《土地利用数据库标准》（TD/T 1016—2007）。

三、县级土地调查数据库建设

（一）县级土地调查数据库主要技术指标

1. 县级土地调查数据库数学基础

（1）坐标系：1980 年西安坐标系。

（2）高程基准：1985 国家高程基准。

（3）地图投影：高斯—克吕格投影。

（4）分带方式：1 ∶ 2000 比例尺标准分幅图按 1.5° 分带（可任意选择中央子午线）；1 ∶ 5000 比例尺、1 ∶ 1 万比例尺标准分幅图按 3° 分带；1 ∶ 5 万比例尺标准分幅图按 6° 分带。

2. 分幅和编号

采用国家基本比例尺地形图的分幅和编号，具体参见《国家基本比例尺地形图分幅和编号》（GB/T 13989 — 2012）。

3. 土地利用分类

土地利用分类采用《土地利用现状分类》（GB/T 21010 — 2007），按《第二次全国土地调查技术规程》（TD/T 1014 — 2007）中的规定对《土地利用现状分类》（GB/T 21010 — 2007）中 05、06、07、08、09 一级类和 103、121 二级类进行归并。

4. 数据交换格式

数据库交换格式采用《土地利用数据库标准》（TD/T 1016 — 2007）规定的数据格式。在第二次全国土地调查中，县级土地调查数据库以 VCT 格式为全国通用交换格式，各地数据成果均以 VCT 格式汇交。同时，根据各地实际情况，在地方层面，还存在 MapGIS、ArcGIS、SuperMap、KQGIS 等多种数据格式。

5. 数据组织

县级土地调查数据库在平面方向上，数据是无缝的整体；在垂直方向上，各种数据图层通过一致的空间坐标定位，要相互叠加和套合。在物理存储上可以把连续的实体分离到不同的存储空间和存储单元中分离存储。

（二）县级土地调查数据库建设流程

1. 土地调查数据库建设数据源

1）数据源内容

（1）土地利用要素数据源。①标准分幅外业调查底图；②农村土地调查记录手簿；③图幅理论面积与控制面积接合图表；④田坎系数测算表；⑤原有县级土地利用调查数据库及相关资料。

（2）土地权属要素数据源。①原有权属资料；②权属单位代码表；③土地权属界线协议书；④土地权属争议原由书；⑤其他数字形式的数据，包括界址点数据等。

（3）基本农田要素数据源。①县级行政区内基本农田划定和调整图件资料；②基本农田保护区图件资料；③基本农田保护片图件资料；④基本农田保护块图件资料；⑤基本农田保护图斑图件资料。

（4）基础地理要素数据源。①定位基础、境界与政区、地貌等信息；②测量控制点及注记；③国家及省级土地调查办下发的行政区域、行政区域调查界线及注记数据；④测绘部门经过验收合格的地形图或等高线数据。

（5）栅格要素数据源。①数字正射影像图；②数字栅格地图；③数字高程模型数据；④其他栅格图。

（6）其他数据源。除以上数据源外的其他相关数据及资料。包括建设用地审批、农转用审批、开发园区等数据文件资料。

2）数据源要求

（1）合法性要求。①数据源要求是经过验收（或审查）合格的资料（或数据）；②土地权属、基本农田等的有关资料须保证其合法性；③对其他数据源的来源须作说明，并提交相应证明文件；④填写数据库建设数据源说明表，当数据源为数字形式数据时，还要填写数字形式数据源数据说明表。

（2）质量要求。①调查底图等建库需要的标准分幅图件：要求国际标准分幅；数学基础控制信息完整；图廓边长实际尺寸与理论尺寸之差不得大于 ±0.2 毫米、对角线实际尺寸与理论尺寸之差不得大于 ±0.3 毫米、公里网连线实际尺寸与理论尺寸之差不得大于 ±0.1 毫米。当最大误差超过规定值 2 倍时不能使用该图件作为矢量化底图；相邻图幅自然接边，图斑界线闭合，各种注记标注清楚。土地利用、土地权属要素图形信息完整，线状地物宽度、地类号、图斑号、行政及权属注记等要素齐全，其属性信息在图上标注或通过标识码与外业调查记录表关联。②外业调查记录表：要求调查记录表内容须符合填表要求；各记录表面积汇总数据的逻辑一致性检查正确；其记录项能与对应图形要素信息正确关联。③土地权属界线协议书和争议原由书：要求资料完整，且具有法律效应。④基础地理信息及栅格信息：要求数学基础符合要求。⑤各栅格数据、矢量数据资料齐全，并符合规程要求；数据精度满足规范数据成果的精度要求。⑥其他数据源：其他数据源资料格式符合《土地利用数据库标准》（TD/T 1016—2007）要求，且能够正确转换到当前数据库系统；数据源资料来源合法；数学基础符合要求，数据精度符合规范数据成果的精度要求。

2. 数据库建设方法

1）图形数据采集

图形数据采集分为 DOM 矢量化、扫描矢量化、矢量数据转换和 GPS 数据采集四种方法。

（1）DOM 矢量化：当图形数据采集的来源和依据是现势性较强的 DOM 数据时，可直接进行矢量化。采集时参考第一次全国土地调查、土地变更调查、土地利用更新调查的图件，在放大的影像数据的基础上进行内业判读。

（2）扫描矢量化：当图形数据采集的来源和依据是聚酯薄膜（或纸介质）的图件时，采用扫描矢量化的方法。先将图件扫描生成数字栅格图（扫描影像图），然后使用矢量化软件对扫描影像图数据进行屏幕矢量化。

（3）矢量数据转换：当数据源为矢量数据时，应先进行数据格式、数学基础和数据精度的检查，然后进行数据转换和相应处理。

（4）GPS 数据采集：当图形数据采集的来源和依据是 GPS 控制点时，可直接导入点位坐标数据，并按照手簿记录内容以影像为基础采集图形数据。

2）属性数据及其他数据采集

对土地调查属性数据，主要根据外业调查成果进行采集录入。数据采集的方法有逐个图形直接录入属性数据；编制软件集中录入属性数据；利用原有数据库的属性数据及相关资料，直接导入录入数字形式属性数据等多种方式。

对需要保存的审批文件、合同，以及权属调查中相关的确权登记等资料，直接用扫描仪、数码相机等设备形成影像文件存档。

对基础地理信息及栅格信息数据采集，主要遵循以下方式。

（1）栅格数据来源于统一提供的正射影像图、DEM 等。

（2）定位基础数据来自实测控制点等。

（3）省级行政区划数据来自国家统一下发的民政勘界成果。县级行政区划成果由省级国土资源管理部门会同省级民政部门，在国家下发省级行政界线基础上制定，并上报国家备案。

（4）地貌数据来源于测绘部门提供的高程数据、等高线等，或自行采集的地貌数据。

3. 县级土地调查数据库建设流程

本部分主要列出了县级土地调查数据库建库的关键环节，在具体工作中，可根据实际情况，对各环节的先后次序进行删减或调整。对县级土地调查数据建库的技术流程不做具体规定，在满足数据建库各项工作内容和质量要求的前提下，可由建库单位自行设计。县级农村土地调查数据库建设步骤如图 9-3 所示。

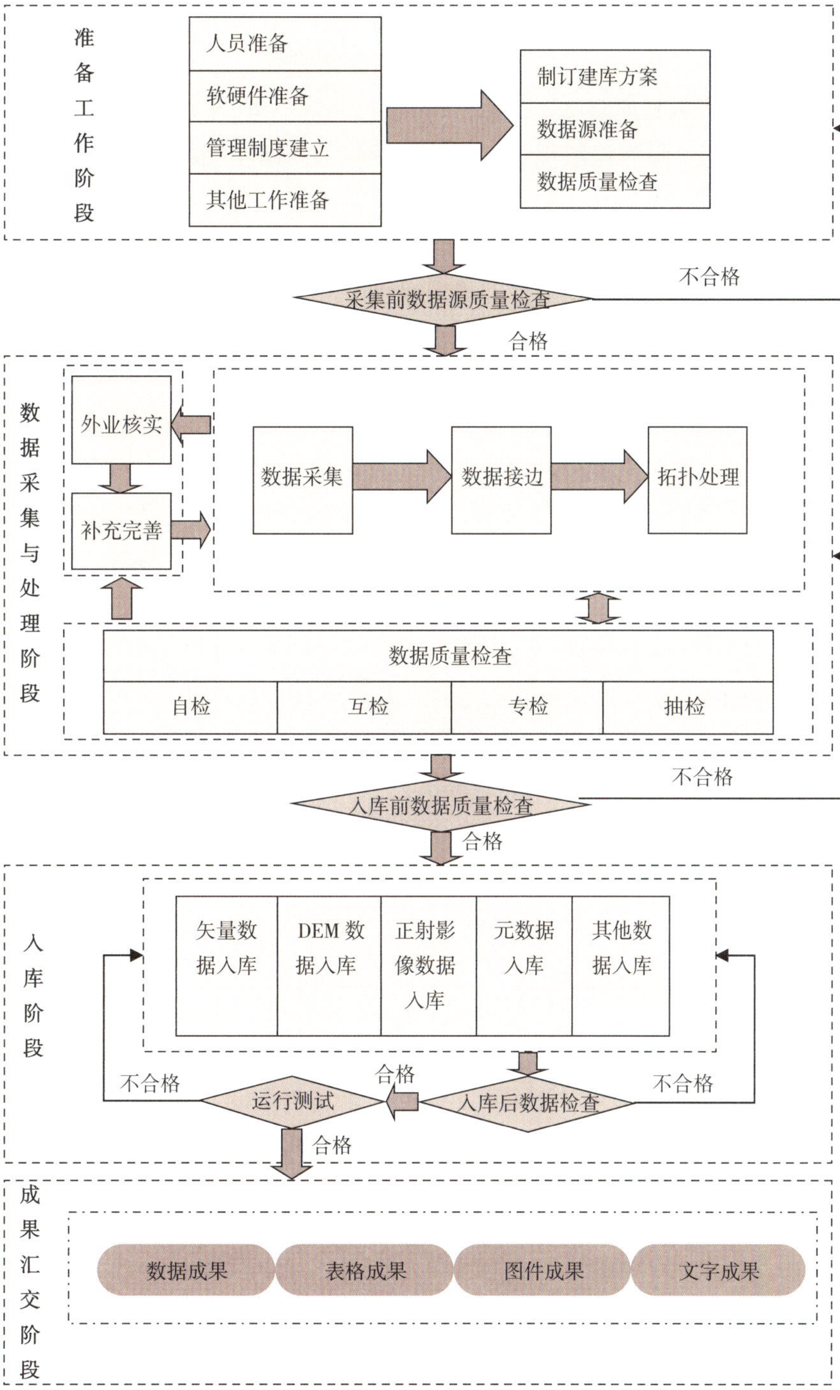

图 9-3 县级农村土地调查数据库建设步骤

1)数据库建设准备

(1)人员准备。

参加数据库建设的人员应有明确的职责分工，涉及人员包括项目负责人、技术负责人、专业质量检查员和作业员，人员要求如下。

项目负责人：项目负责人是指由建库单位法定代表人授权，负责数据库建设项目管理的责任人，其主要职责是负责数据库建设项目组织管理工作；检查项目进度和与相关单位协调，研究解决存在的问题；审核数据库最终成果，并按规定签发最终成果文件和相关成果文件。

技术负责人：负责数据库建设项目技术管理工作；组织编制项目实施方案，对数据库建设的各个技术环节进行管理，监督执行质量管理制度；组织协调作业员和专业质量检查员开展数据库建设工作；组织成果自检，对数据库建设最终成果质量负责；熟悉土地利用数据库建设的技术方法和标准要求，掌握测绘学和制图学知识，了解 GIS 技术和土地管理等相关专业知识。

专业质量检查员：专业质量检查员参与制定数据库建设实施方案和质量管理制度，负责实施质量管理制度，对审核内容的质量负责；熟悉土地利用数据库建设的技术方法、标准要求和质量管理要求，掌握专业检查技术知识。

作业员：作业员在技术负责人组织下完成工作，熟练掌握数据库建设各关键环节作业要求。

(2)软件准备。

数据采集和处理软件：对数据采集和处理软件不做统一规定，各地可以根据实际情况选用合适的软件。但是要求数据采集和处理软件能够满足《第二次全国土地调查技术规程》(TD/T 1014—2007)所规定的基本要求，包括精度要求和功能要求，能够支持《土地利用数据库标准》(TD/T 1016—2007)中规定交换格式标准的数据交换。数据库管理系统：对数据库管理系统不做统一规定，各地可以根据实际情况选用合适的软件。但是要求系统具有以下基本功能：支持《土地利用数据库标准》(TD/T 1016—2007)中规定交换格式标准的数据交换；能对土地调查数据进行检查并具有增、删、改等编辑功能；满足地方日常土地管理业务对土地调查数据的管理需求；数学基础、面积量算方法、数据统计表模板和图件输出格式等符合《第二次全国土地调查技术规程》(TD/T 1014—2007)要求；能够进行土地调查影像数据的管理；支持多种数据源的土地调查数据更新；支持土地调查数据网络互联互通，满足调查统计、及时监测与快速更新的要求。

(3)硬件准备。

用于农村土地调查数据库建设的硬件设备必须经过检查，保证其性能良好，运转正常，精度满足数据库建设工作的要求，方可使用，同时，将其型号及主要参数记录备案。主要硬件设备要求如下。①服务器：一般应提供网络管理功能、数据库服务、文件服务和输出服务等，应满足速度、内存容量、磁盘容量及输入/输出能力和可靠性等。②图形工作站：配备高分辨率图形显示器、高速 CPU 和硬件图形加速器等，满足复杂数据处理的要求。③微机：配备一般微机，满足数据采集和文字处理等工作任务的要求。④大幅面扫描仪：幅面 A1 以上，分辨率不小于 400dpi,256 级灰度或 RGB 彩色扫描模式。⑤彩色喷墨绘图仪：输出尺寸 A1 以上，分辨率不小于 600dpi。

(4)管理制度。

数据库建设单位应当根据以下要求建立有效的管理制度，以保证数据库建设成果的质量。①建立培训制度：建库单位对相关人员进行必要的培训，针对每一个具体项目，技术负责人就技术流程、关键环节质量要求、操作要点及注意事项等向作业员和专业质量检查员进行交代，组织学习，明确建库流程和质量要求。②建立作业记录制度：要求作业员严格执行作业记录制度，数据作业记录应当完整。③建立作业问题报告制度：要求作业员对作业过程中的重要问题实行报告制度，作业员及时向技术负责人报告作业中的问题，讨论解决的原则和方法。④建立重大问题协商解决制度：要求建库单位对数据源处理方案和数据库建设方案修改等重大问题，应及时与当地土地管理部门协商形成解决方案。⑤建立可靠的数据安全制度：数据库建设过程中重要的过程数据和质量控制记录必须保存，以保证数据质量的可追查性，确保数据安全。⑥建立质量控制制度：对土地利用数据库建设进行全过程质量控制，包括数据库建设方案质量控制、基础数据源质量控制、环节质量控制、交接检查、数据自检、数据库建设成果质量检查和验收。

（5）数据库建设方案。

数据库建设单位根据《土地利用数据库标准》（TD/T 1016—2007）和《第二次全国土地调查技术规程》（TD/T 1014—2007），并结合地方实际情况编制农村土地调查数据库建设方案，方案中有关技术细节及要求可以在《土地利用数据库标准》（TD/T 1016—2007）和规程的基础上进行扩充和调整，扩充和调整的内容应进行详细说明。数据库建设方案应报上级工作主管部门审查批准后执行，上级工作主管部门对方案进行质量审查，确保其符合《土地利用数据库标准》（TD/T 1016—2007）的要求，工作计划能够满足实际需要，数据库建设人员、计算机软硬件和管理制度满足作业要求。

2）数据采集与处理

（1）数据采集与处理的原则。土地调查数据采集与处理须遵循以下原则。① DOM 数据是外业调查和内业处理的基础依据，一般地物数据采集的原则是外业调查成果确定相对位置和地类等属性信息，内业放大 DOM 根据影像特征确定准确地物边界。②外业调查前，可先依据 DOM 数据的影像特征对各要素进行矢量化，该矢量化成果经外业调查，标绘调查信息后，可以直接进行编辑处理。③外业调查前，可以 DOM 为基础，叠加矢量或栅格形式的原有土地利用图，产生的复合数字地图产品称为数字影像专题图。数字影像专题图可以辅助外业调查，但内业数据采集仍应以 DOM 影像特征为依据进行，原有土地利用图上的地物边界一般仅作为参考。④原有土地利用图上的权属界线经外业核实后，应根据界线协议书和界线描述等资料，结合 DOM 进行调整，确保权属界线与相应地物的逻辑一致性。⑤行政区域、海岛、滩涂和江河湖泊常水位等界线要素的采集，应以上级调查主管部门下发的资料和数据为依据。⑥补测地物和基本农田要素矢量化采集，应以分幅外业调查底图、基本农田保护图件等扫描影像图数据为基础，或直接输入 GPS 等数字化设备采集的补测信息。⑦当同一要素有不同来源，并发生矛盾时，应核对有关资料，讨论确定要素矛盾处理方案。

（2）图件扫描。①根据图件介质和图内要素的不同情况确定合适的扫描方式和扫描参数；②为避免扫描影像的歪斜失真，扫描时应注意保持扫描送纸的水平；③扫描影像图应清晰，能正确辨别图内要素，分辨率不低于 300dpi；④扫描影像图数据应存储为国际工业标准无压缩的 tiff 格式文件；⑤检查影像清晰度、扫描参数、影像数据格式和信息文件的正确性，并记录检查结果，不合格影像应视情况重新扫描。

（3）几何纠正。采集已知控制点（内图廓点和 5 个以上均匀分布的公里格网点）的栅格坐标，根据原图与扫描变形的大小与特征采用不同的几何纠正方法，使用软件功能将栅格坐标转换为高斯平面直角坐标。①采集已知控制点时，应在放大状态使光标对准栅格影像的点位中心；②纠正后的扫描影像图，其图廓点和公里格网交点坐标与理论值的偏差不大于 0.15 毫米（图面值）；③将图廓点、公里格网点按检索条件在屏幕上显示，与理论值套合检查纠正精度，记录检查结果，不合格影像应重新纠正；④影像文件采用 GEOTIFF（带 TFW 头文件）格式存储，文件命名采用《土地利用数据库标准》（TD 1016—2007）要求。

（4）分层矢量化。根据矢量化底图影像（DOM 和扫描影像图数据），参照农村土地调查记录手簿，进行人机交互矢量化，分层采集权属界线、地类图斑界线和线状地物等，具体要求如下。①确定不同要素的分层编码、线型、颜色和代码等。②点状要素的矢量化应采集影像的几何中心，线状要素的矢量化应采集影像中心线。③公共边线或具有多重属性线状要素（如某线状要素既是公路又是行政界线）只能矢量化一次，拷贝到相应数据层中。④图内各要素与影像套合，明显界线与 DOM 或扫描影像图上同名地物的移位不得大于图上 0.2 毫米。⑤对数据源质量问题，例如相邻的多边形未封闭、界线不清等，要求作业员做好工作记录，汇总后报告技术负责人，并与相应土地管理部门协商提出解决问题的方案。⑥在屏幕上将检测要素逐一显示或绘出全要素图（或分要素图）与地理要素分类代码表和矢量化底图对照，目视抽样检查各要素分层是否正确或遗漏、位置精度是否符合要求、多边形是否闭合，目视全面检查行政区划（权属）要素是否正确，形成检查记录。⑦将全要素数字线划图与 DOM 或扫描影像图打印输出作为检查图，并由质量检查员检查，将检查到的错误标注在检查图上，及时交还作业员修改。在检查图上应有作业员和检查员的签名。检查中发现严重错误或检查结果错误率超过 30% 的图幅，应要求作业员返工。

（5）分幅数据接边。对分幅采集的矢量数据进行接边处理。①图形数据接边的同时要注意保持与属性数据的一致性，线划和与它同位置的多边形边界的接边要保持一致性。②当相邻图幅图廓线两侧明显对应要素间距离小于图上 0.6 毫米、不明显对应要素间距离小于图上 2.0 毫米时，可直接按照影像接边，否则应实地核实后接边。接边后图廓线两侧相同要素的图形、属性数据保持一致。③不同比例尺数据接边以高精度的图形和属性要素为接边依据。④在进行数据接边处理环节前，应由专业质量检查员对分幅数据进行检查确认，未经检查确认的数据不得进行接边处理。

（6）数据拓扑处理。检查点、线、面之间的相互关系，对接边处理后的分幅矢量数据进行拓扑处理，建立拓扑结构。

（7）属性数据采集。根据数据库建设方案设计的属性数据采集方法进行属性数据的采集。①数据结构和编码方法应符合《土地利用数据库标准》（TD/T 1016—2007）的要求；②属性数据采集应保证与图形数据属性数据采集均以数据源为依据进行，《土地利用数据库标准》（TD/T 1016—2007）规定的非空项不允许为空；③属性数据应保证与图形数据的逻辑一致性；④利用软件集中录入属性数据和直接录入数字形式属性数据，应对数据进行逻辑一致性检查和汇总检查，并结合图形数据检查标识码的有效性；⑤通过属性值特征检查属性值的正确性，主要内容包括字符合法性检查、非空性检查、频度检查、范围检查等；⑥采用输出检查图的方式将主标识码和地类面积等重要的属性数据标注在图上，由专业质量检查员检查属性值的正确性；⑦专业质量检查员检查分幅、行政区、权属区的面积汇总数据的正确性，对误差超限的数据应责成作业员自查。

（8）相关文件扫描。对纸质申请书、调查表、审批表、土地证，以及权属来源证明文件等重要的法律文件进行扫描，并以 tiff 格式保存。

3）数据检查与入库

数据入库前，建库单位应根据《土地利用数据库标准》（TD/T 1016—2007）、《第二次全国土地调查技术规程》（TD/T 1014—2007）和数据库建设方案对数据成果质量要求进行全面检查，并记录检查结果，对质量检查不合格的数据应予以返工，质量检查合格的数据方可入库。数据入库包括以下环节：

（1）根据《土地利用数据库标准》（TD/T 1016—2007）要求，建立元数据库、数据字典和数据索引。

（2）将经过质量检查合格的图形和属性数据转入专题数据库，生成土地利用、土地权属要素；将影像、测量控制点、DEM 及行政界线等基础地理信息、栅格信息数据导入应用数据库，生成基础地理信息要素。

（3）将基本农田保护区片块矢量数据与土地利用要素相结合，生成基本农田保护图斑要素。

（4）数据库管理系统和数据库的融合与集成。

（5）数据库系统试运行测试，编写数据库试运行情况报告，技术负责人签字认可。

4）数据成果汇交

县级土地调查数据库建设完成后，由县级国土资源主管部门组织开展数据库成果自检，检查通过后，按照市、省、国家的顺序层层检查上报。土地调查数据库建库成果上报的内容包括矢量数据、影像数据、元数据、表格数据、文档数据等成果，按照二次调查要求组成标准汇交文件夹逐级上报，成果文件命名方法如表 9-6 所示。

表 9-6　土地调查成果命名规则

<table>
<tr><th colspan="3">命名对象</th><th>命名规则</th><th>备注</th></tr>
<tr><td rowspan="3">数据成果</td><td rowspan="2">矢量数据</td><td>原数据格式</td><td>“专业代码”+“业务代码”+“比例尺代码”+“年代代码”+“行政区划代码”+“图层名称”+“后缀名”</td><td>专业代码为 20，下同；
业务代码为 01；
比例尺代码按使用的比例尺填写，下同；
年代代码采用四位数字码，下同；
行政区划代码采用六位数字码，市（地）、省行政区划代码参照《中华人民共和国行政区划代码》（GB/T 2260）最新版，下同；
图层名称采用《土地利用数据库标准》（TD/T 1016—2007）中属性表名，下同；
后缀名采用建库软件默认后缀</td></tr>
<tr><td>交换格式</td><td>“专业代码”+“业务代码”+“比例尺代码”+“年代代码”+“行政区划代码”+“后缀名”</td><td>业务代码为 01；
后缀名为 VCT</td></tr>
<tr><td colspan="2">栅格数据</td><td>“专业代码”+“业务代码”+“比例尺代码”+“年代代码”+“图幅号”+“后缀名”</td><td>业务代码为 02；
后缀名：数字正射影像为 IMG，数字栅格地图为 RAS，数字高程模型为 DEM</td></tr>
<tr><td colspan="3">元数据</td><td>“原文件名”+“后缀名”</td><td>后缀名为 xml</td></tr>
<tr><td colspan="3">表格成果</td><td>“年代代码”+“行政区划代码”+“行政区划名称”+“表格名称”+“后缀名”</td><td>后缀名为 Office Excel 软件默认后缀，允许不同版本的后缀差异</td></tr>
<tr><td colspan="3">文字成果</td><td>“年代代码”+“行政区划代码”+“行政区划名称”+“文档名称”+“后缀名”</td><td>后缀名为 Office Word 软件默认后缀，允许不同版本的后缀差异</td></tr>
<tr><td colspan="3">图件成果</td><td>标准分幅：“专业代码”+“业务代码”+“比例尺代码”+“年代代码”+“图幅号”+“后缀名”
行政区划：“专业代码”+“业务代码”+“比例尺代码”+“年代代码”+“行政区划代码”+“行政区划名称”+“图件名称”+“后缀名”</td><td>业务代码为 01；
后缀名为 tiff</td></tr>
</table>

四、县级土地调查数据汇总要求

自第二次全国土地调查开始，县级土地调查数据库的汇总全部采用数据库汇总的方式，实现了统计表格与数据库的一致。按照《第二次全国土地调查技术规程》（TD 1014—2007）的要求，县级农村土地调查数据库进行成果汇总统计上表之前，应对数据库成果进行检查，数据满足如下要求。

（一）数据库图形面积计算要求

数据库中图形的面积计算应严格按照《图幅理论面积与图斑椭球面积计算公式及要求》（国土调查办发〔2008〕32号）的要求进行，经过控制修正的图斑面积应满足第二次全国土地调查成果数据质量检查软件椭球面积检查规则的要求。

县级行政调查区域控制面积计算应严格按照《第二次全国土地调查技术规程》（TD/T 1014—2007）的要求，进行图幅面积控制和分幅累加计算，并制作图幅理论面积与控制面积接合图表。

（二）各级面积统计逻辑基本要求

（1）县级行政调查区域控制面积应等于村级单位控制面积之和，等于全县所有图斑面积之和（地类图斑层的图斑面积字段汇总值）。

（2）村级单位控制面积应等于本村所有图斑面积之和（地类图斑层的图斑面积字段汇总值）。

（3）乡（镇）级行政调查区域控制面积应等于各村级单位控制面积汇总值。

五、县级数据库汇总步骤

（一）汇总步骤

（1）建立数据库面积汇总基础计算表，从数据库中各图层生成数据库面积汇总基础计算表，检查基础计算表的正确性和逻辑一致性。

（2）将数据库面积汇总基础计算表的单位转换为公顷，强制调平小数位取舍造成的误差，形成基础统计表，检查确保基础统计表的正确性和逻辑一致性。

（3）基础统计表是数据库面积汇总统计的基础，在基础数据未发生变化的情况下，各类面积统计报表均由该基础统计表生成。

（二）基础计算表结构

基础计算表以村级单位为单元，分组统计排列。基础计算表的单位为平方米，参考表结构如表9-7所示。

表9-7 参考表结构

序号	字段名称	字段代码	字段类型	字段长度	小数位数	值域	约束条件	备注
1	坐落单位名称	ZLDWMC	Char	60			M	
2	坐落单位代码	ZLDWDM	Char	19			M	
3	权属单位名称	QSDWMC	Char	60			M	
4	权属单位代码	QSDWDM	Char	19			M	
5	权属性质	QSXZ	Char	2			M	

续表

序号	字段名称	字段代码	字段类型	字段长度	小数位数	值域	约束条件	备注
6	耕地类型	GDLX	Char	2			M	
7	耕地坡度级	GDPDJ	Char	2			O	
8	土地总面积	TDZMJ	Double	15	2	＞0	M	
9	一二级地类面积		Double	15	2	＞0	O	

（三）基础统计表调平方法

1. 基础计算表正确性检查

将基础计算表中的土地总面积（平方米）进行汇总，与县级行政辖区控制面积（平方米）进行比较，如果不一致，应检查核对重新计算汇总。

2. 基础统计表控制

将县级行政辖区的控制面积单位换算为公顷，保留 2 位小数，作为下一步面积调平的控制数 a。将基础计算表经面积单位换算得到基础统计表，汇总基础统计表的土地总面积字段，得到汇总值 b。

3. 基础统计表调平

（1）计算调平控制数 a 与汇总值 b 的差值，得到调平数 c。

（2）调平数 $c/0.01$ 就是要调平的数目 d，将数目 d 除以村个数，得到商 e 及余数 f。

（3）按照各村的面积从大到小找出前 f 个村，这些村的调平面积为（$e+1$）$\times 0.01$，其余的村调平面积为 $e \times 0.01$。

（4）本村内记录数的调平方法与上述方法相同。

（5）各记录的土地总面积 = 原土地总面积 + 调平面积，调平后的各记录的土地总面积字段的数值作为该记录中横向各地类面积值调平控制面积 g。

（6）计算调平控制面积 g 与村级单位的各二级地类汇总值 h 的差值，得到调平数 j。

（7）按照地类编码倒序的优先原则对记录的二级地类面积进行面积调平，当地类面积中有 1 公顷以上数据时，在 1 公顷以下的地类数据不参与调平。

上述调平方法是解决因数据库由字段向汇总表汇总时，由于四舍五入造成的尾数差异，仅对表内数据进行处理，不涉及空间数据的面积字段的修改。基础统计表是各类统计报表汇总的基础，如果数据库中的数据发生变化（如地类变更或数据编辑等），应该重新汇总生成基础计算表，并强制调平生成基础统计表。基础统计表数据经尾数强制调平，能够保证表内和由此生成的各类统计表的逻辑正确，但通过数据空间查询实时统计生成的报表与该表数据有尾数差异，属于允许误差。

第三节　土地调查数据库质量要求

合格的土地调查数据库成果，是土地调查数据汇总统计的基础，也是国土资源管理工作的重要依据。为了确保调查成果真实准确，必须对调查数据库进行质量检查，满足质量要求的土地调查数据库方可用于相关数据库应用工作。为了帮助读者充分理解调查数据库质量要求，结合二次调查相关标准、规程的要求，本节对土地调查数据库各要素间的逻辑关系、数据质量进行描述。

一、土地调查数据要素关系

按照土地调查数据库建设要求，土地调查工作应形成的成果资料包括土地调查数据库、数字正射影像图（DOM）、元数据、权属单位代码表、省级下发的县级行政辖区、扫描资料、文字报告、汇总表格及其他资料。

各类成果内部及其相互间的关系是数据质检规则制定的依据，也是调查、建库、开发、使用等各环节相关人员理解质检细则、分析成果问题、评价成果质量的关键。

（一）成果资料相互关系

成果资料相互关系如图 9-4 所示。

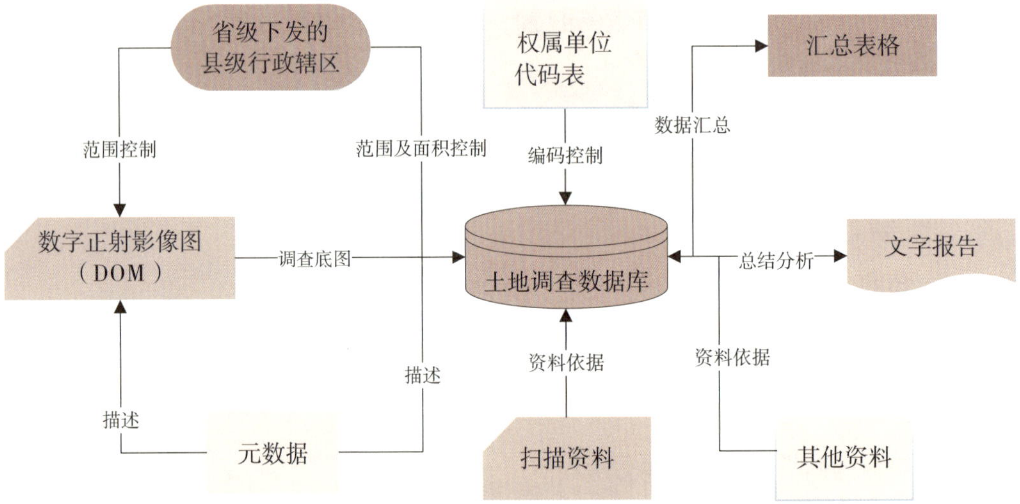

图 9-4　成果资料间关系

土地调查工作以县为单位进行，各县级土地管理部门在开展调查及建库工作时，以省级下发的县级行政辖区数据作为范围及面积控制的依据，该行政辖区数据经过严格的接边处理，相邻县级行政辖区无缝对接，不存在重叠、缝隙等问题。

数字正射影像图（DOM）是土地调查的基础底图，一般为国土资源部统一提供的数据，部分地区在经过全国土地调查办同意后使用本地已有影像数据。影像数据覆盖整个辖区，完整、无丢漏。

权属单位代码表包括乡（镇）行政区名称及编码、村级行政区名称及编码、权属单位名称及代码，是土地调查数据库建设的权属信息编码依据。

扫描资料及其他资料是土地调查工作的重要信息来源，使数据库成果在符合调查现状的基础上丰富了业务信息。

元数据是从名称、范围、分类、空间参考、质量评价、内容、负责单位等方面对数据正射影像图及土地调查数据库进行详细描述的数据，应符合《国土资源信息核心元数据标准》（TD/T 1016—2003）、《基础地理信息数字产品元数据》（CH/T 1007—2001）等标准的要求。

汇总表格、文字报告是土地调查工作的重要成果，汇总表格是按照计算规则对土地调查矢量数据进行面积汇总得到的表格成果，文字报告是在土地调查、数据库建设、数据汇总的基础上对土地调查工作全过程及其成果进行总结分析的成果。

（二）成果资料内部关系

土地调查包括权属调查、地类调查、基本农田调查，相应形成了土地权属、土地利用、基本农田等三类主要数据。土地调查流程及各环节调查产生的矢量数据库要素间的对应关系如图 9-5 所示。

图 9-5 土地调查各项工作对应的成果

在土地调查中，为满足测区控制、田坎系数测算等工作需求还进行了底图制作、田坎测算、开发园区调查等工作，产生了定位基础、地貌、栅格数据、开发园区等四类数据。

由此土地调查矢量数据库共形成了八大类要素，见图 9-6 所示。

图 9-6 土地调查数据库内容

成果资料内部关系主要体现在土地调查矢量数据库要素逻辑关系、汇总表格分级分类面积关系两个方面。

1. 汇总表格数据关系

汇总表格是土地调查矢量数据库面积汇总成果，包括土地利用现状一级分类面积汇总表、土地利用现状二级分类面积汇总表、按权属性质汇总表、耕地坡度分级面积汇总表、基本农田情况统计表、飞入地一级分类面积汇总表、飞入地二级分类面积汇总表等十五类汇总表，各表按村、乡（镇）、县、市、省逐级汇总，各级汇总本级及其下两级面积，二级分类汇总表同时要合计对应一级类面积。其关系表现为一级地类面积等于相应二级地类面积之和；本级区域面积等于其下级区域面积之和；汇总表格与数据库面积一致。

2. 矢量数据相互关系

土地调查矢量数据库是土地调查工作的重要成果，核心内容为行政区划、土地权属、土地利用、基本农田，各类要素的作用及来源决定数据逻辑关系，是质检细则制定的主要依据。

1）行政区划

行政区划是土地调查的控制数据，包括行政区域、行政区域调查界线、行政区域要素注记。行政区域调查界线包括大陆沿海（含海岛沿海）陆海分界线、国界线及省界、县界、乡（镇）界等各级行政区域调查界线。数据采用自上而下逐级提供相应界线的方式，国家负责提供国界线、大陆沿海（含海岛沿海）陆海分界线、省界，作为省级调查范围的控制界线；各省级土地调查办公室负责提供本省份内县级行政区域调查界线，作为县级调查范围的控制界线；各县级土地调查办公室负责提供本县内乡（镇）行政区域调查界线。行政区域调查界线在数据库中表示时遵照以下规则：当行政区域调查界线同时为多个级别行政区域调查分界线时，只表示高级别的，例如，某界线是相邻两个村级权属的分界线，同时为相邻两个乡级行政区域调查的分界线，则只表示为乡（镇）界。

行政区域是行政区域调查界线封闭形成的区域，根据其界线坐标计算的椭球面积进行面积控制。根据行政区域调查界线提供方式，各调查单位行政区域调查界线数据来源有省级下发的县级行政区域调查界线，各县级最新确定的乡（镇）级行政区域调查界线。

根据以上要素定义及来源特点，可以看出行政区划要素具有以下逻辑关系。

（1）行政区域与省级下发的县级行政区域一致，不能超出省级下发行政区域的范围，与省级下发本县控制面积相同。

（2）行政区域是覆盖整个县域的数据，不存在缝隙及重叠。

（3）行政区域调查界线是行政区域的边界，行政区域调查界线与行政区域边界严格相互重合。

（4）行政区划代码是行政区域名称的编码表现形式，必须与名称一一匹配，乡级及其以上行政区划代码应符合《中华人民共和国行政区划代码》（GB/T 2260 — 2007）标准的要求。

2）土地权属

土地权属要素是以宗地为单元的权属调查成果，用于确定土地所有权及使用权的归属问题，包括宗地及其注记、界址线及其注记、界址点及其注记。

土地权属的本质内容为土地权属界线，当土地权属界线与行政区域调查界线重合（一致）时，不表示土地权属界线，用行政区域调查界线代替土地权属界线，如图 9-7 所示。

界址点是权属界线的转折点，是标定宗地权属界线的重要标志，用于控制界线位置和走向，由相邻各指界人在现场共同认定。确认的界址点要设置界标、编号，并精确测定其位置。

界址线是相邻两界址点连线构成的折线或曲线，由相邻宗地两方指界人现场共同指认，并签署权属界线协议书，如果有争议则需要签署权属争议原由书。沿明显地物（如围墙、篱笆等）的界址线，应标明其类别及位置，如沿围墙、栅栏、铁丝网等地物的中心、外侧或内侧。

宗地是权属界址线封闭形成的地块，根据确权登记资料、调查资料填写权属、坐落、用途、登记情况等信息。

根据以上权属要素的定义、来源，可以看出土地权属要素具有以下逻辑关系：①宗地不能超出行政区域范围，与行政区域控制面积相同。②宗地的坐落信息与其所在行政区域信息相同。③宗地是覆盖整个县级调查区域的数据，不存在缝隙及重叠。④界址线是宗地的边界，与宗地边界两者之间严格相互重叠。⑤界址点是界址线的端点，与界址线端点两者之间严格相互重叠。

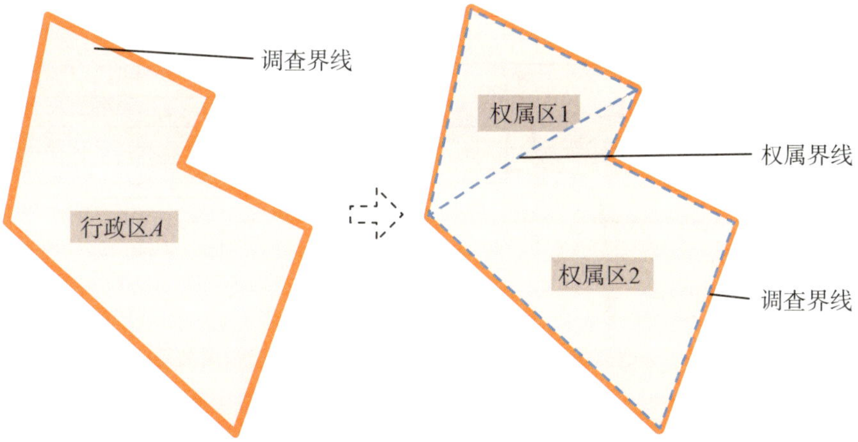

图 9-7　行政区域调查界线与权属界线的关系

3）土地利用

土地利用要素是地类调查的成果，用于记录每块土地的地类、位置、范围等分布和利用状况，包括地类图斑、线状地物、零星地物、地类界线、土地利用要素注记。

零星地物是耕地中小于最小上图图斑面积的非耕地或非耕地中小于最小上图图斑面积的耕地。按照规程、标准要求，对零星地物除记录地类、权属情况，还要记录所在图斑及其坐落信息，用于面积汇总统计。

线状地物包括河流、铁路、公路、管道用地、农村道路、林带、沟渠和田坎等，有两种表现形式：一种为线状地物宽度大于或等于图上 2 毫米时，用双线依比例尺按图斑调绘和表示；另一种为线状地物宽度小于图上 2 毫米的，用单线符号半依比例尺调绘和表示，即《土地利用数据库标准》（TD/T 1016 — 2007）中对应的线状地物要素。部分地区田坎以系数的方式进行扣除，田坎不做调绘。与零星地物类似，线状地物除记录地类、权属情况，还要记录其左右图斑编号、单位代码等坐落信息，用于面积汇总统计。

单一地类地块被行政界线、土地权属界线或线状地物分割的单一地类地块为图斑。即地类图斑的分割依据为地类、行政界线、权属、线状地物，另外，耕地坡度也是图斑的划分依据之一，坡度级别不同的地块必须分割。

地类界线是地类图斑的边界，根据图斑划分依据的不同，地类界线有线状地物、行政界线、权属界线、水域边界线等类型。

（1）地类图斑、地类界线、行政区域、土地权属关系。①行政区域调查界线是划分图斑的重要依据，地类图斑与行政区域重叠，无缺漏和多余；行政区域界线与地类界线重叠，无缺漏。②地类图斑不能超出行政区域范围，图斑地类总面积与行政区域控制面积应相等。③地类图斑的坐落信息与其所在行政区域信息应一致。④权属界线是划分图斑的重要依据，地类图斑与宗地重叠，无缺漏和多余；界址线与地类界线重叠，无缺漏。⑤地类图斑权属信息与其所在宗地应一致。⑥地类图斑是覆盖整个县级调查区域的数据，不存在缝隙及重叠。⑦地类界线是地类图斑的边界，与地类图斑边界两者之间严格相互重叠。⑧图斑划分依据有行政区域调查界线、权属界线、线状地物及地类界线，相应的地类界线在与行政区域调查界线、权属界线、线状地物重叠时，地类界线类型特性应该正确。

地类图斑、地类界线、行政区划、土地权属关系如图 9-8 所示。

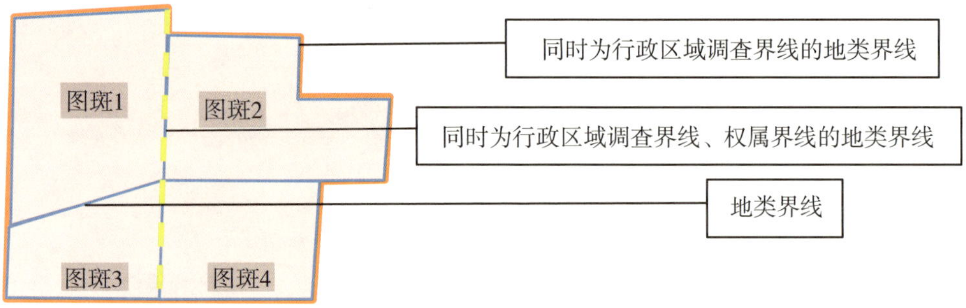

图 9-8　地类图斑、地类界线、行政区划、土地权属关系

（2）线状地物、零星地物与地类图斑、地类界线的关系。①线状地物坐落信息与其左右图斑的坐落信息应相同。②零星地物坐落信息与其所在图斑的坐落信息应相同。

线状地物、零星地物与地类图斑、地类界线的关系如图 9-9 所示。

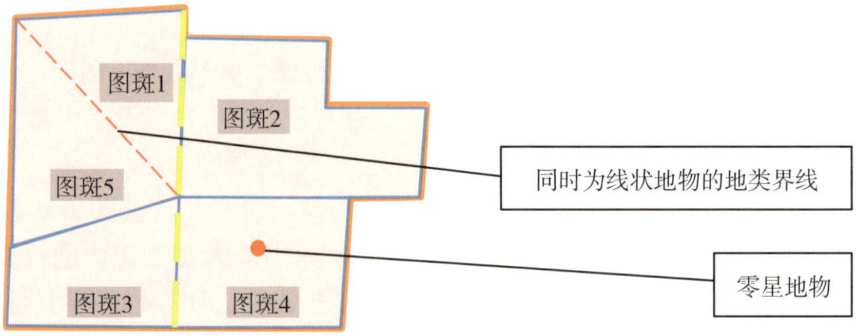

图 9-9　线状地物、零星地物与地类图斑、地类界线的关系

（3）土地利用相关要素面积关系。

土地利用相关要素面积存在以下关系。①图斑面积 = 图斑椭球面积。②图斑地类面积要扣除该图斑内的线状地物、零星地物、田坎面积及其他应扣除的面积，即图斑地类面积 = 图斑面积 – 线状地物面积 – 零星地物面积 – 扣除地类面积。③图斑扣除地类面积 =（图斑面积 – 线状地物面积 – 零星地物面积）× 扣除系数。

4）基本农田

基本农田要素是基本农田调查的成果，包括基本农田保护片（块）、基本农田图斑、基本农田注记。用于记录基本农田范围内的地类、位置、面积和分布等状况。

基本农田图斑与基本农田保护片（块）、地类图斑的关系如图 9-10 所示。

二、土地调查数据库质量要求

土地调查数据库的质量要求主要包括数据完整性、逻辑一致性、空间定位准确度、属性数据准确性、数据成果现势性等 5 个方面。

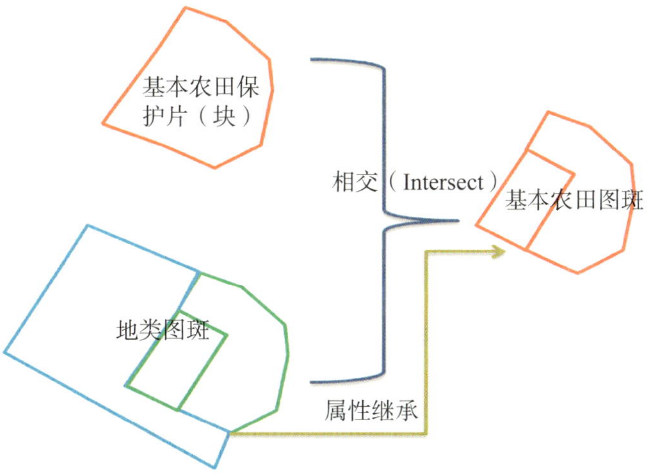

图 9-10　基本农田图斑与基本农田保护片（块）、地类图斑的关系

（一）数据完整性质量要求

数据完整性指数据覆盖范围、图层、数据表、空间实体、记录、注记与文档等不能存在多余、遗漏内容；同时，数据完整性包含数据的有效性，数据能否正常打开、浏览等，数据完整性质量要求如表 9-8 所示。

表 9-8　数据完整性质量要求

质量元素	质量对象	质量要求
多余	数据覆盖范围、图层、数据表、空间实体、记录、注记与文档等	提交的资料中必须包含矢量数据、元数据、权属单位代码表、汇总表格等必要数据文件 提交的各类文件应能正常打开、能导入配发的数据质量检查软件
遗漏	数据覆盖范围、图层、数据表、空间实体、记录、注记与文档等	矢量数据中应全部包含《土地利用数据库标准》（TD/T 1016—2007）中的必选图层，即行政区、行政区界线、坡度图、地类图斑、线状地物、地类界线、宗地、界址线、界址点、基本农田保护片块、基本农田保护图斑
有效性	数据文件	汇总表格中应包含以下必要表格文件：①农村土地利用现状一级、二级分类面积统计表；②农村土地利用现状一级分类面积按权属性质统计；③耕地坡度分级面积统计；④基本农田情况统计

（二）逻辑一致性质量要求

逻辑一致性指数据结构、属性及关系达到逻辑规则一致；其中包括概念一致性、值域一致性、格式一致性、拓扑一致性等，逻辑一致性质量要求如表 9-9 所示。

表 9-9　逻辑一致性质量要求

质量元素	质量对象	质量要求
概念一致性	分层、表、表间关系，数据项的名称、类型、长度和约束条件	空间数据的要素分层（要素层名称和几何类型）、属性（表格）数据结构（如属性表名、字段长度、字段类型和约束条件等）与《土地利用数据库标准》（TD/T 1016—2007）保持一致； 表与表、表与层等逻辑关系符合标准要求

续表

质量元素	质量对象	质量要求
值域一致性	数据项的值及值间逻辑关系	数据项的值应符合《土地利用数据库标准》（TD/T 1016—2007）中值域范围的要求； 必填、非空字段不应为空； 唯一值字段不应存在值重复； 数值型字段属性值应在规定的数字范围内，如 BSM、长度、面积不应小于 0，扣除系数在 1 和 1 之间； 文本型编码值应在规定的属性值代码要求范围内，如要素代码、地类代码、界线类型等； 编号值符合编号规则，如地籍号、图斑编号、基本农田保护片（块）编号、基本农田图斑编号； 数据项的值之间应符合规定的逻辑关系，包括图层或表内数据项值一致、图层或表间数据项值一致、图形与数据项值一致等（具体见表：数据项逻辑一致性要求）
格式一致性	图层名、数据文件名及文档文件名等； 空间数据格式和属性数据格式等	提交的成果目录命名应符合要求； 提交的各类文件命名应符合要求； 提交的各类文件格式应符合要求（具体参见表：土地调查成果命名规则）
拓扑一致性	点、线、面拓扑的关系	是否按规定建立拓扑关系，建立的拓扑关系是否正确，如行政区不能相互重叠、地类图斑不能相互重叠、宗地不能相互重叠、地类界线应与地类图斑边界重合等

在上述逻辑一致性要求的基础上，土地调查数据库的各个数据项也应符合逻辑一致性的相关要求，具体如表 9-10 所示。

表 9-10　数据项逻辑一致性要求

质量元素	质量对象	一致性要求
图层内属性关系	行政区	行政区代码与行政区名称应匹配
	地类图斑、线状地物、零星地物	地类代码与地类名称应匹配
		权属单位代码与权属单位名称应匹配
		坐落单位代码与坐落单位名称应匹配
	地类图斑	扣除类型与扣除地类编码应一致
		编号在坐落村内应唯一
图层内面积计算关系	地类图斑	图斑地类面积 = 图斑面积 – 扣除地类面积 – 线状地物面积 – 零星地物面积
		扣除地类面积 =（图斑面积 – 线状地物面积 – 零星地物面积）× 扣除地类系数
	线状地物	线状地物面积 = 长度 × 宽度
表内面积汇总	农村土地利用现状一级分类面积汇总表	村级行政区域总面积必须等于各一级分类面积之和
		乡级行政区域总面积必须等于村级行政区域总面积之和
		县级行政区域总面积必须等于乡级行政区域总面积之和
		县级行政区域总面积必须等于县级各一级分类面积之和
	农村土地利用现状二级分类面积汇总表	村级各一级分类面积必须等于其二级分类面积之和
		乡级一级分类面积必须等于一级分类面积之和

续表

质量元素	质量对象	一致性要求
表内面积汇总	农村土地利用现状二级分类面积汇总表	乡级各一级分类面积必须等于其二级分类面积之和
		县级一级分类面积必须等于乡级一级分类面积之和
		县级一级分类面积必须等于县级二级分类面积之和
	农村土地利用分类面积权属性质汇总表	村级各一级分类小计（面积）必须等于村级国家所有（面积）和集体所有（面积）之和
		村级国家所有（面积）必须等于村级一级分类国家所有（面积）之和
		村级集体所有（面积）必须等于村级一级分类集体所有（面积）之和
		村级国家所有合计（面积）必须等于村级一级分类国家所有（面积）和集体所有（面积）之和
		合计（面积）必须等于国家所有（面积）和集体所有（面积）之和
		乡级合计（面积）必须等于村级行政区域总面积之和
		县级合计（面积）必须等于乡级行政区域总面积之和
		县级合计（面积）必须等于县级国家所有（面积）和集体所有（面积）之和
		县级国家所有（面积）必须等于县级一级分类国家所有（面积）之和
		县级各一级分类小计（面积）必须等于县级国家所有（面积）和集体所有（面积）之和
		县级集体所有（面积）必须等于县级一级分类集体所有（面积）之和
	基本农田情况统计表	村级耕地小计（面积）必须等于村级水田、水浇地、旱地（面积）之和
		村级其他地类小计（面积）必须等于村级园地、林地、草地、城镇村及工矿用地、交通运输用地、水域及水利设施用地、其他土地（面积）之和
		村级合计（面积）必须等于耕地小计和其他地类小计之和
		乡级合计（面积）必须等于村级合计（面积）之和
		县级其他地类小计（面积）必须等于县级其他地类二级类（面积）之和
		县级合计（面积）必须等于县级耕地小计（面积）与县级其他地类小计（面积）之和
		县级耕地小计（面积）必须等于县级耕地二级类（面积）之和
		县级合计（面积）必须等于乡级合计（面积）之和
	耕地坡度分级面积汇总表	村级各坡度等级梯田及坡地面积合计必须等于梯田和坡地面积之和
		村级耕地面积必须等于平地面积和梯田及坡地面积之和
		乡级耕地面积必须等于村级耕地面积之和
		县级耕地面积必须等于县级平地面积和梯田及坡地面积之和
		县级耕地面积必须等于乡级耕地面积之和
	基本农田补划面积汇总表	村级小计面积必须等于村级二级地类面积之和
		乡级耕地面积必须等于村级耕地面积之和
		县级耕地面积必须等于乡级耕地面积之和
		县级小计面积必须等于县级二级地类面积之和
	可调整面积汇总表	各地类面积必须等于各合计面积
		年初总面积必须等于年末总面积

续表

质量元素	质量对象	一致性要求
图层间面积计算关系	地类图斑、行政区	地类图斑层图斑面积（TBMJ）字段汇总值和村级行政区汇总面积应一致
		地类图斑层图斑地类面积（TBDLMJ）字段汇总值、地类图斑层扣除地类面积（TKMJ）字段汇总值、线状地物层线状地物面积（XZDWMJ）字段汇总值、零星地物层面积（MJ）字段汇总值和村级行政区汇总面积应一致
	地类图斑、线状地物	地类图斑层线状地物面积（XZDWMJ）字段汇总值和线状地物层线状地物面积（XZDWMJ）字段汇总值应一致
	地类图斑、零星地物	地类图斑层零星地物面积（LXDWMJ）字段汇总值和零星地物层面积（MJ）字段汇总值应一致
图层间属性继承关系	线状地物、地类图斑	线状地物层坐落图斑编号（ZLTBBH）字段值应等于包含该线状地物的地类图斑的图斑编号（TBBH）字段值
	零星地物、地类图斑	零星地物层坐落图斑编号（ZLTBBH）字段值应等于包含该零星地物的地类图斑的图斑编号（TBBH）字段值
	地类图斑、基本农田图斑	基本农田图斑层中图斑编号、地类编码、地类名称、权属性质、权属单位代码、权属单位名称、坐落单位代码、坐落单位名称与所在图斑的相应字段的字段值是否一致
	地类图斑、行政区	地类图斑层坐落单位代码（ZLDWDM）字段前 12 位应与所在行政区图层的行政区代码一致
表格汇总面积和数据库总面积一致性	农村土地利用现状一级分类面积汇总表	县级各汇总面积字段必须和数据库计算结果一致
	农村土地利用现状二级分类面积汇总表	县级各汇总面积字段必须和数据库计算结果一致
	农村土地利用分类面积权属性质汇总表	县级各汇总面积字段必须和数据库计算结果一致
	基本农田补划面积汇总表	县级各汇总面积必须和数据库计算结果一致
	可调整面积汇总表	年末面积必须和数据库计算结果一致
	基本农田情况统计表	县级各汇总面积字段必须和数据库计算结果一致
表间数据逻辑一致性	农村土地利用现状一级分类面积汇总表	县级汇总面积必须等于农村土地利用现状二级分类面积汇总表中一级分类面积之和
	耕地坡度分级面积汇总表	县级耕地汇总面积必须等于农村土地利用现状一级分类面积汇总表中耕地面积
	农村土地利用现状一级分类面积权属性质汇总表	县级合计面积必须等于农村土地利用现状一级分类面积汇总表中县级汇总面积
	农村土地利用分类面积权属性质汇总表	县级合计面积必须等于农村土地利用现状二级分类面积汇总表中县级汇总面积

（三）空间定位准确度质量要求

空间定位准确度指空间实体位置的准确度，主要包括数学基础精度，如表 9-11 所示。

表 9-11 空间定位准确度质量要求

质量元素	质量对象	质量要求
数学基础精度	坐标系、投影方式及其参数设置	空间数据坐标系要符合相关标准要求； 投影方式的选择及参数的设置要正确

（四）属性数据准确性质量要求

土地调查数据属性数据应严格按照《土地利用数据库标准》（TD/T 1016—2007）的技术标准进行，主要涉及 3 个方面：分类正确性、定性属性正确性和定量属性正确性，如表 9-12 所示。

表 9-12 属性数据准确度质量要求

质量元素	质量对象	质量要求
分类的正确性	实体及其属性分类	实体及其属性分类与真值或参考数据集的符合程度，如地类代码正确性
定性属性正确性	定性属性	定性属性的描述要正确，如矿区描述
定量属性准确度	定量属性	定量属性的属性值、计量单位正确，如线状地物、零星地物的面积数值和单位正确

（五）数据成果现势性质量要求

土地调查数据具有相应的时效性，数据成果的现势性直接决定成果是否具有相应的利用价值。土地调查应以最新土地利用现状为调查基础，采用较新的数据源，如表 9-13 所示。

表 9-13 数据成果现势性质量要求

质量元素	质量对象	质量要求
数据源现势性	数据源完成的时间	数据源完成的时间、介质、质量是否满足规定要求； 数据是进行局部更新还是全面更新，数据更新的周期和最后时间（如土地利用空间数据库的数据源完成时间为 2005 年 10 月 31 日，数据库完成 2006 年 5 月 30 日）
数据现势性	数据完成时间、数据更新程度、更新频度和最后更新时间	

三、土地调查成果数据质量评价

土地调查成果数据质量评价是按照一定的规则与方法，对数据质量检查的结果进行评价并得出结论的过程。

（一）质量评价方法

土地调查成果质量评价主要对经过软件自动检查的内容进行评价，采用百分制表示数据的质量水平，采用缺陷扣分法计算数据得分。

1. 缺陷定义

缺陷指个体的质量特性不符合规定的要求。土地调查数据的质量缺陷分为三级，即严重缺陷、重缺陷、轻缺陷。按照影响面积统计一致性的严重程度进行缺陷分级，即图数计算值不一致的错误为严重缺陷。

2. 缺陷扣分标准

严重缺陷出现一个，即视为数据不合格，分数记为 0；每个重缺陷扣 2 分，直到扣至 0 分；如果重缺陷扣分没有扣至 0 分，剩余的分数接着按照轻缺陷的数目进行扣除，每个轻缺陷扣 0.5 分，直到扣至 0 分。

3. 质量评分公式

数据库质量总分 = 100–（严重缺陷扣分 + 重缺陷扣分 + 轻缺陷扣分）

严重缺陷扣分 =100，重缺陷扣分 =2 × 重缺陷数，轻缺陷扣分 = 0.5 × 轻缺陷数。如果严重缺陷扣分 + 重缺陷扣分 + 轻缺陷扣分 >100，则数据库质量总分 =0。

（二）数据缺陷分级

土地调查数据缺陷分级如表 9-14 所示。

表 9-14　土地调查数据缺陷分级

<table>
<tr><th colspan="2">检查内容（编码）</th><th>质量元素（编码）</th><th>检查项（编码）</th><th>严重缺陷</th><th>重缺陷</th><th>轻缺陷</th></tr>
<tr><td colspan="2" rowspan="5">成果完整性检查（1）</td><td rowspan="2">目录及文件规范性（11）</td><td>检查提交成果数据是否满足“XX 县(XXXXXX)2011 年度土地变更调查成果”文件命名要求和目录要求；
基本农田成果数据是否满足“XX 县(XXXXXX)2012 年度土地变更调查基本农田成果”文件命名要求和目录要求（1101）</td><td></td><td></td><td>√</td></tr>
<tr><td>检查提交成果数据是否存在丢漏（影像数据除外）（1102）</td><td>√</td><td></td><td></td></tr>
<tr><td>数据有效性（12）</td><td>检查提交成果数据是否能正常打开，是否能导入配发的第二次全国土地调查成果数据质量检查软件（1201）</td><td>√</td><td></td><td></td></tr>
<tr><td>影像数据完整性（13）</td><td>检查分幅影像数据是否丢漏（1301）</td><td></td><td>√</td><td></td></tr>
<tr><td>VCT 格式数据正确性检查（14）</td><td>检查 VCT 格式数据中图层要素代码是否为标准图层要素代码（1401）</td><td></td><td>√</td><td></td></tr>
<tr><td colspan="2" rowspan="2">元数据属性检查（2）</td><td rowspan="2">内容正确性（21）</td><td>检查矢量数据元数据内容是否符合《国土资源信息核心元数据标准》（TD/T 1016—2003）要求（2101）</td><td></td><td></td><td>√</td></tr>
<tr><td>检查栅格数据元数据内容是否符合《基础地理信息数字产品元数据》（CH/T 1007—2001）要求（2102）</td><td></td><td>√</td><td></td></tr>
<tr><td rowspan="3">矢量数据</td><td rowspan="2">基本检查（3）</td><td>图层完整性（31）</td><td>检查矢量必选数据是否完整（3101）</td><td>√</td><td></td><td></td></tr>
<tr><td>数学基础（32）</td><td>检查平面坐标系统是否采用“1980 西安坐标系”，检查高程系统是否采用“1985 国家高程基准”，检查投影方式是否采用高斯—克吕格投影（3201）</td><td>√</td><td></td><td></td></tr>
<tr><td>属性检查（4）</td><td>结构符合性（41）</td><td>检查图层名称、图层中属性字段数量和属性字段名称、类型、长度、小数位数是否符合《土地利用数据库标准》（TD/T 1016—2007）（4101）</td><td>√</td><td></td><td></td></tr>
</table>

续表

检查内容（编码）		质量元素（编码）	检查项（编码）		严重缺陷	重缺陷	轻缺陷
矢量数据	属性检查（4）	值符合性（42）	检查属性字段的值是否符合《土地利用数据库标准》（TD/T 1016—2007）标准规定的值域范围（4201）				√
		属性正确性（43）	核对相关资料，检查属性值是否正确（4301）				√
		椭球面积正确性（44）	检查椭球面积是否正确（4401）		√		
		面积汇总（45）	检查控制面积与汇总面积的一致性（4501）		√		
	图形检查（5）	拓扑关系（51）	单图层	层内要素是否重叠（5101）		√	
				线图层内要素是否自相交（5102）		√	
				线图层内要素是否存在伪节点 (5103)			√
				线图层内要素是否存在悬挂线 (5104)			√
				面层内要素是否自相交 (5105)			√
				面层内要素间是否有缝隙 (5106)			√
				面层要素弧段是否相互重叠、是否自相交、是否有悬挂线、是否有伪节点、是否相交（5107）		√	
				线图层内要素是否相交（5108）		√	
				面层要素必须闭合（5109）			
			多图层	面层要素弧段和线层要素是否重叠 (5110)		√	
				面层和面层是否重叠 (5111)		√	
				面层要素弧段上的线层要素是否完全属于这两个面要素 (5112)		√	
				线层和线层是否重叠 (5113)		√	
				线层要素端点是否是点层要素 (5114)		√	
				点层要素是否在线层要素上 (5115)		√	
		要素丢漏（52）	检查图层要素是否存在丢漏 (5201)			√	
		碎片多边形（53）	检查面层是否存在不符合调查要求的碎片多边形 (5301)				√

续表

检查内容（编码）		质量元素（编码）	检查项（编码）	严重缺陷	重缺陷	轻缺陷
矢量数据	逻辑一致性检查（6）	碎线 (54)	检查线层是否存在不符合调查要求的碎线 (5401)			√
		前后数据库地类一致性（55）	检查前后提交整库的地类图斑、现状地物、行政区图层的图形空间位置和属性是否一致 (5801)	√		
		辖区边界检查（56）	检查相邻县辖区边界图形要素是否存在缝隙和重叠，相邻区域要素属性是否逻辑一致 (5501)	√		
		图属一致性（61）	检查图形数据与属性数据的一致性 (6101)			√
		图层内属性一致性（62）	检查图层内属性字段间逻辑的一致性 (6201)			√
		图层间属性一致性（63）	检查图层间属性的一致性 (6301)			√
权属单位代码表内容检查（7）		内容正确性检查（71）	检查权属单位代码表内容是否符合《关于报送第二次全国土地调查县级调查成果的通知》的规定（7101）		√	
汇总表格检查（8）		表内数据逻辑一致性（81）	检查村等权属单位面积、分类面积之和是否等于乡镇面积、乡镇分类面积；各乡镇面积、分类面积之和是否等于县行政区域控制面积、县分类面积。各表之间的同一地类面积的一致性（8101）		√	
		表格汇总面积和数据库汇总面积一致性（82）	表格数据各级汇总面积是否和数据库汇总面积一致（8201）		√	
		表间数据逻辑一致性（83）	检查表格数据间面积的一致性（8301）		√	

第四节　第二次全国土地调查国家级数据库建设

建设第二次全国土地调查国家级数据库及管理系统（下称国家级数据库），实现国家对第二次全国土地调查成果的集中管理，是二次调查工程的核心任务，也是二次调查成果的集中体现，对二次调查本身和后续的土地变更调查制度建设均有重要的意义。二次调查中各地建设完成的数据库将集中汇交进入国家级土地调查数据库系统中进行统一管理，并与年度变更调查工作充分衔接，实现对数据库成果数据的年度更新。第二次全国土地调查国家级数据库及管理系统建设的目标是：有效集成第二次全国土地调查县级数据成果，实现国家对第二次全国土地调查成果的集中管理，为国土资源宏观规划和管理决策快速提供准确、翔实的土地调查成果数据，满足国家对县级土地调查数据管理和应用的迫切需求；建成长效的数据上报和快速更新机制，保持土地调查数据库的现势性，实现国家、省、市、县四级土地调查数据库的互联互通和同步更新。

建设国家级成果数据库，有助于建立和完善全国土地调查数据的长效应用与更新制度，对推动土地调查数据的全面充分应用，为国土资源管理参与宏观调控和服务国民经济建设，提供持续的土地基础数据支持等有着重要的意义。国家级数据库的建设，体现了与二次调查县市级数据库的汇总关系。国家级数据库管理的所有县级调查成果数据，均来自各地上交的数据，内容、质量、格式均要满足国家级数据库的入库要求，确保进入国家数据库的数据规范统一。国家级数据库的数据与地方数据库内容完全一致，统一了基础，满足了各级国土资源主管部门的数据需求，树立了二次调查数据内容的权威性。

在国家层面，国家级数据库是国土资源“一张图”综合监管平台的核心基础。通过多种数据接口，实现了国家级数据库与监管平台的实时数据调用，有效支撑了国土资源管理工作。

经过两年多的设计开发，国家级土地调查数据库及管理系统于 2009 年底建设完成。系统建设完成后，为国土资源部各项工作提供了扎实的数据支持，同时广泛应用于水利部、统计局等各个单位，为二次调查成果应用服务发挥了巨大的作用。本节从数据分析、数据库结构及系统结构等方面，描述国家级数据库的整体情况，为其他相关工作提供参考。

一、第二次全国土地调查国家级数据库数据分析

二次调查形成的各类县级数据成果均是国家级数据库的管理对象，入库数据内容如表 9-15 所示。

表 9-15　入库数据内容列表

数据类型	数据成果内容	数据来源
县级农村土地调查数据库	数字正射影像图（DOM）	国务院第二次全国土地调查领导小组办公室统一组织生成的底图数据，部分地区数据可由地方提供（包括二次调查底图、统一时点底图、土地核查底图）
	格式为 PGDB，采用平面坐标系的矢量数据	各县上交的 VCT 矢量数据通过核查后，再按照国家级数据库整合要求整合得到（包括二次调查本底数据、统一时点数据）
	格式为 PGDB，采用经纬度坐标的矢量数据	各县上交矢量数据通过核查后，再按照国家级数据库整合要求整合得到（包括二次调查本底数据、统一时点数据）
	元数据（矢量数据元数据和影像数据元数据）	由等待整合的矢量数据及收集的底图数据所建元数据进一步整理得到
	权属单位代码表	由各县汇交且必须通过国家级核查
	基础计算表、基础统计表	由各县汇交且必须通过国家级核查
县级汇总统计表格	农村土地利用现状一级分类面积汇总表	由各县汇交且必须通过国家级核查
	农村土地利用现状二级分类面积汇总表	
	农村土地利用现状一级分类面积按权属性质汇总表	
	耕地坡度分级面积汇总表	
	基本农田情况统计表	
	飞入地土地利用现状一级分类面积汇总表	
	飞入地土地利用现状二级分类面积汇总表	
	第二次土地调查情况统计表	
	田坎系数测算数据表	
	海岛土地利用现状一级分类面积汇总表	
	海岛土地利用现状二级分类面积汇总表	

续表

数据类型	数据成果内容	数据来源
省级、地市级汇总统计表格	省级农村土地利用现状一级分类面积汇总表、地市级农村土地利用现状一级分类面积汇总表	由各省土地调查办公室汇总，并提供国家
	省级农村土地利用现状二级分类面积汇总表、地市级农村土地利用现状二级分类面积汇总表	
	省级农村土地利用现状一级分类面积按权属性质汇总表、地市级农村土地利用现状一级分类面积按权属性质汇总表	
	省级耕地坡度分级面积汇总表、地市级耕地坡度分级面积汇总表	
	省级基本农田情况统计表、地市级基本农田情况统计表	
下发行政区划数据	全国县级行政界线及行政区层矢量数据	由国务院第二次全国土地调查领导小组办公室提供
	全国地市级行政界线及行政区层矢量数据	
	全国省级行政界线及行政区层矢量数据	

综上，第二次全国土地调查国家级数据库管理系统入库数据主要包括矢量数据、DOM数据、元数据、表格数据和其他文档类数据，整体数据量75TB，并且数据量将会逐年递增。这些数据内容复杂，种类多样，既有矢量数据也有栅格数据，数据尺度有县、市、省、国家多种尺度。

（一）矢量数据分析

矢量数据主体内容包括基础地理数据、土地利用数据、土地权属数据、基本农田数据和其他数据。第二次全国土地调查产生的土地调查矢量数据共2 ~ 5TB。

汇交的原始矢量数据格式包括三种：VCT，SHP和MDB。为了保证全国各县的入库效率和数据质量的有效性，要求进入国家库前各县的矢量数据格式应保持一致，所以需要通过整合，将各地上交的不同数据格式的数据进行统一转换。

国家库入库要求矢量数据格式统一转换为PGDB格式。矢量数据的数学基础有两种选择，一是采用“1980西安坐标系”经纬度坐标数据，二是采用平面坐标系统，即“1980西安坐标系”，投影方式采用高斯—克吕格投影。

各类矢量数据入库后，其逻辑关系主要为：缩编数据主要指全国粒度缩编数据和省级粒度缩编数据，主要用来实现浏览和制图功能；分县区存储的矢量数据主要包括土地利用现状数据，土地权属数据，基本农田数据和其他专项数据，主要用来实现查询统计分析和制图功能；对以县为单位的数据进行变更后，形成历史数据，系统能够实现对历史数据的浏览、查询、统计和分析功能。矢量数据业务关系如图9-11所示。

（二）栅格数据分析

国家级数据库中影像数据约占整个数据库总数据量的90%。包括1 ∶ 5000、1 ∶ 1万、1 ∶ 5万等比例尺的DOM数据。按数据类型分为二次调查底图数据（全国覆盖）、统一时点底图数据（全国覆盖）、核查底图数据、遥感监测数据（重点城市覆盖）。

第二次全国土地调查国家级数据库管理的影像数据内容丰富、种类繁多、格式多样、数据量巨大，

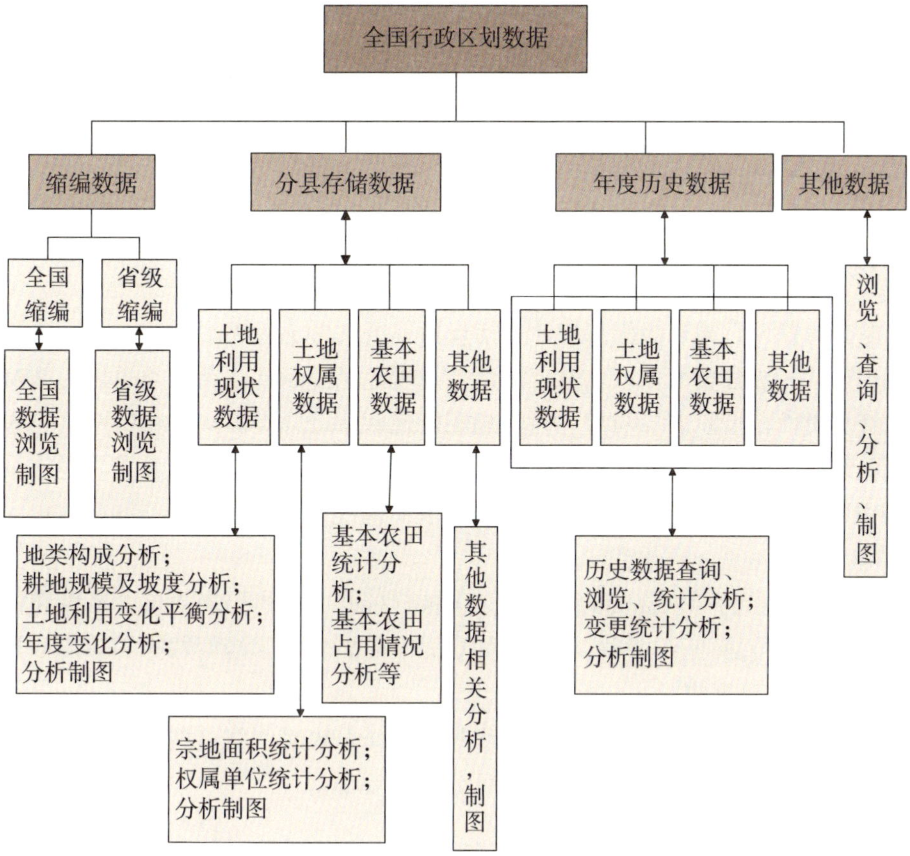

图 9-11　矢量数据业务关系图

由于各类数据层次复杂、维度众多，所以入国家库前需要进行影像数据整合。全国不同省份实际情况不同，上交的影像数据从数据类型、数据质量到分辨率、比例尺和其元数据文件等等方面都不尽相同。31 个省份，包含 1 ∶ 5000、1 ∶ 1 万、1 ∶ 5 万等不同标准分幅数据 60 余万幅，包括航空遥感影像数据和高分辨率卫星遥感影像数据。

国家级数据库采用数据集对影像进行存储与管理，采用 JPEG 的方式压缩后存储于 ORACLE 数据库中。在影像数据库中自动建立影像数据的金字塔，依据网格行列（256 或 128）及原始数据的影像分辨率，当原始数据的网格及分辨率在上述分层之间时，底层金字塔采用最靠近层级逐一建立金字塔。

（三）元数据分析

元数据包括矢量数据元数据和影像数据元数据。

矢量数据元数据格式为 XML，影像数据元数据格式为 Excel。

国家库系统入库的元数据可以建立与数据的关联，可以实现元数据浏览，元数据的查询和统计汇总，在数据经历重要处理时相关元数据信息可以进行追加或更新，并且可以对元数据进行输出。

（四）其他相关数据分析

其他相关数据主要指一些报告文本，扫描文件，表格数据等。

1. 表格数据

表格数据主要包括面积汇总统计表、权属单位代码表、基础统计表和基础计算表。

1）面积汇总统计表

面积汇总统计表包括各县提交的汇总统计表和各省市提交的省、市级汇总统计表。

（1）由各县汇交的县级汇总统计表格包括农村土地利用现状一级分类面积汇总表、农村土地利用现状二级分类面积汇总表、农村土地利用现状一级分类面积按权属性质汇总表、耕地坡度分级面积汇总表、基本农田情况统计表、飞入地土地利用现状一级分类面积汇总表、飞入地土地利用现状二级分类面积汇总表、第二次土地调查情况统计表、田坎系数测算数据表、海岛土地利用现状一级分类面积汇总表。

（2）由各省提交的省级、地市级汇总统计表格包括省级农村土地利用现状一级分类面积汇总表、地市级农村土地利用现状一级分类面积汇总表、省级农村土地利用现状二级分类面积汇总表、地市级农村土地利用现状二级分类面积汇总表、省级农村土地利用现状一级分类面积按权属性质汇总表、地市级农村土地利用现状一级分类面积按权属性质汇总表、省级耕地坡度分级面积汇总表、地市级耕地坡度分级面积汇总表、省级基本农田情况统计表、地市级基本农田情况统计表。

2）权属单位代码表

权属单位代码表是以县为单位提交的，格式为 xls。权属单位代码表中包含乡级和村级的行政区划代码和名称。可以用作建立详细到村级的行政区划数据字典，方便系统对数据的应用和管理。

3）基础统计表和基础计算表

如果地方提交了以县级为单位的基础统计表和基础计算表数据。将这些统计表入库，对数据的统计分析可以在这些表基础上进行，可以大大提高统计分析的效率。

2. 扫描文件

扫描文件主要包括“批而未建”扫描文件等的图件类文件。

3. 报告文本

报告文本主要指入库相关报告，检查记录相关报告等文档类文件。

二、数据库设计

（一）数据库内容

第二次全国土地调查国家级土地调查数据库内容如图 9-12 所示。

如图 9-12 所示，国家级数据库由矢量数据、栅格数据、元数据、历史数据及其他数据组成。矢量数据内容包括基础地理数据、土地利用数据、土地权属数据及部分上报数据等。栅格数据主要包括数字正射影像（DOM）。元数据中存放矢量和栅格数据，包括以行政区划为单位的矢量数据元数据和以图幅为单位的影像数据元数据。其他数据主要包括统计表格、报告文本、扫描文件等。

（二）数据库组织

1. 数据库组成

为保障第二次全国土地调查国家级数据库建设的顺利进行，确保建成的国家级数据库能够稳定、可靠、持续更新，并支持多种应用需求，将第二次全国土地调查国家级数据库划分为原始数据库、成果数据库、工作数据库和历史数据库，其中原始数据库和历史数据库为文件库，成果数据库和工作数据库为商用数据库，如图 9-13 所示。

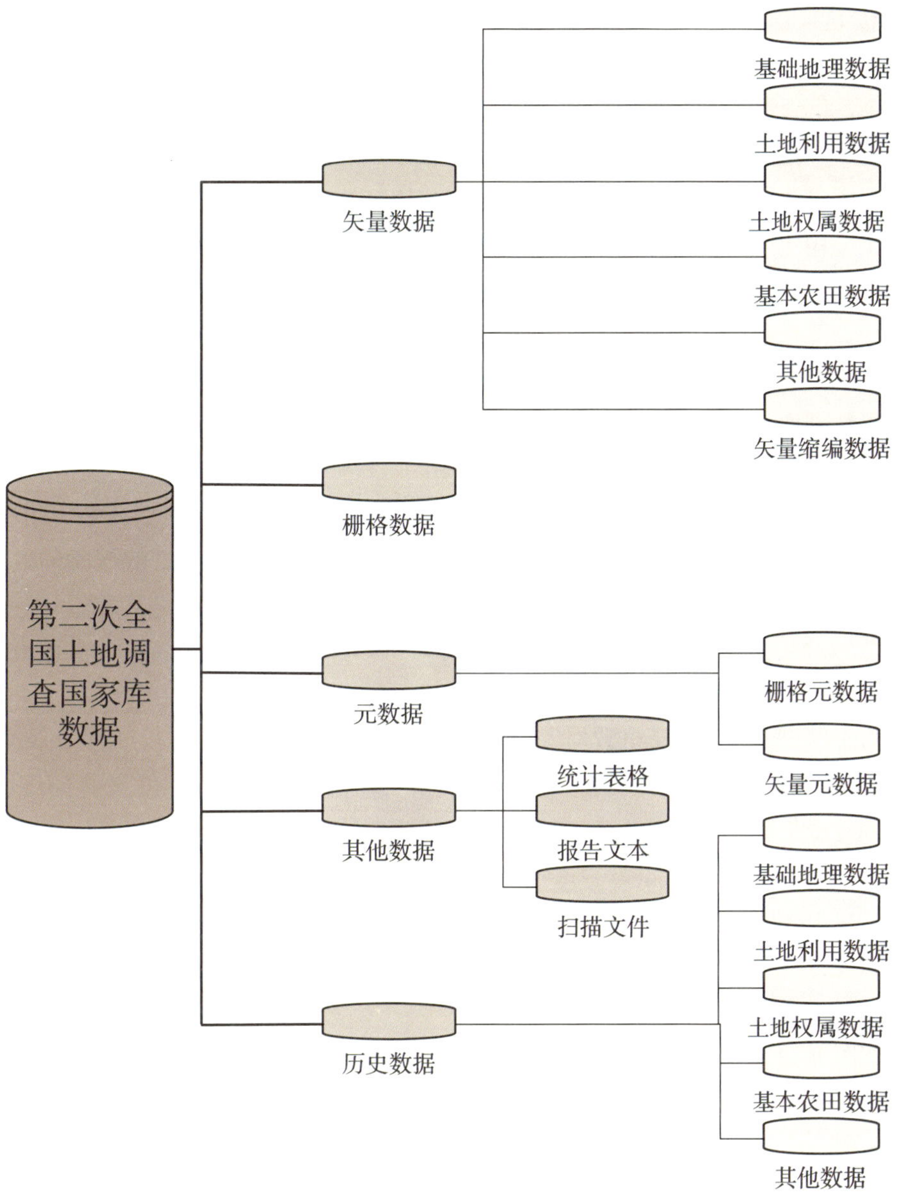

图 9-12　国家级土地调查数据库内容

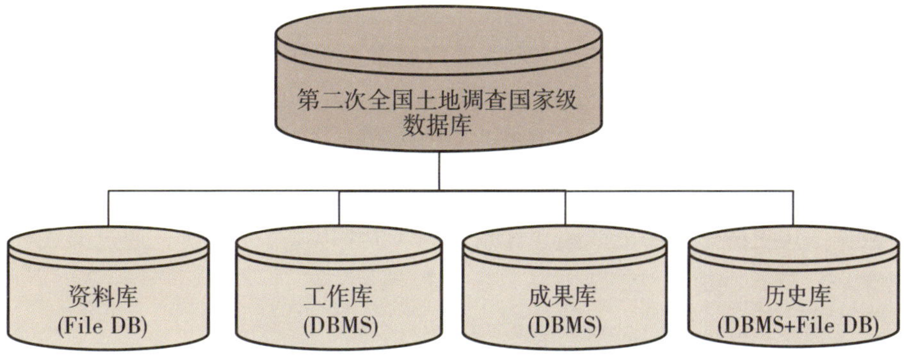

图 9-13　数据库组成结构

数据库的结构是根据业务数据的流向来组织的，从而实现各个数据库对各种类型的数据的管理功能。

入库数据资料备份到资料库。原始资料和整合资料都需要备份到资料数据库中。资料数据库是文件库，是以文件资料编目的方式进行统一管理。原始资料指通过核查单位核查后的县级提交的土地调查数据成果。整合资料库是为了统一数据入库质量，核查单位整合后的数据成果。

入库数据操作应用于工作库。为了考虑数据的安全，入库后的成果数据不能直接面对如数据编辑、更新等对数据有变化的数据操作。工作数据库类似于数据的“缓冲池”，来保证成果数据的安全。随着业务和应用的进行，工作数据库中的数据会被不断更新，待工作数据库的变更得到制度化的确认后，该部分成果即可以同步到成果数据库，工作数据库与成果数据库存储管理的主体内容将保持阶段性一致。工作数据库与成果数据库是关系型数据库，放在 Oracle 数据库中，两者物理隔离，采用逻辑与物理相结合的机制来处理工作数据库与成果数据库两者的应用。

最终成果数据存储在成果数据库。全国范围的土地利用现状数据，国家、省、市、县四级土地利用统计报表及各种图件和文字成果数据，以及中间成果数据都将作为成果数据库的数据内容。成果数据库是第二次全国土地调查国家库的核心，是以大型关系数据库 Oracle 为基础，影像数据直接存储在 Oracle 数据中，矢量数据采用开放的数据结构（Oracle Spatial）进行存储，将矢量与栅格进行统一组织、存储和管理。

历史数据归档于历史数据库。历史数据库包括历史变更库和历史归档库。历史变更库为关系型数据，存储在 Oracle 数据库中，主要是当年变更历史数据。历史归档库是文件库，主要存储年代久远的数据。第二次全国土地调查成果数据量非常巨大，业务应用又要求数据库在运行状态中保持时态特征而不只是反映现状，因此，成果数据库的数据量会逐年增加。为降低数据库存储压力，并保持其运行的高效性，年代久远（如 5 年以上）的数据会进行离线处理（数据归档），离线的成果数据将进入历史数据库进行管理，必要时历史数据库也会参与一些综合性的查询、统计分析应用。

2. 数据库关系

数据库关系如图 9-14 所示。

如图 9-14 所示，各个不同类型的数据库间的相互关系主要包括以下内容。

（1）县级土地调查成果数据通过县到市、市到省、省到国家核查单位的核查，最后形成批次县级土地调查汇交成果。

（2）通过核查单位的核查、整合后，形成整合后数据。整合前和整合后的数据都需要作为资料进行备份。通过文件编目方式进行管理形成原始资料库和整合资料库。

（3）资料数据库以文件库形式进行存储，通过元数据进行索引。整合后的文件数据通过数据入库，进入工作数据库，工作数据经过审核确认后转入成果数据库。工作数据库与成果数据库采用大型关系数据库 Oracle 进行存储。

成果数据库是整个第二次全国土地调查国家库的主体核心，工作库又称为临时库，是为了保障成果数据库的数据安全而设计的。通过年度数据更新，历史数据进入历史数据库，该数据库也存储于 Oracle 数据库中，便于数据的历史浏览和历史回溯。年代久远（5 年以上）的数据，通过离线存储存放在历史归档库。

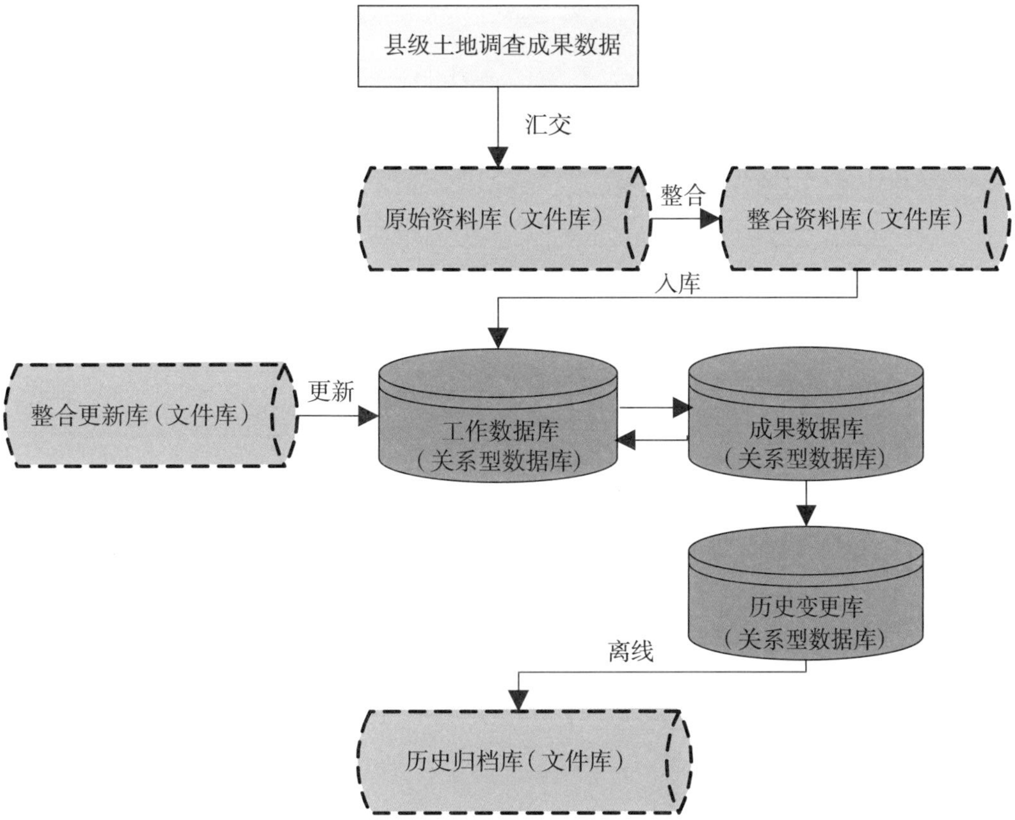

图 9-14　数据库关系

三、系统总体分析

（一）系统架构分析

第二次全国土地调查数据库，主要依托于各级土地调查数据库的建设，从而实现县、市、省、国家数据的层层汇交。从广义的层次上讲，第二次全国土地调查国家级数据库与各级土地调查数据库是层层汇总衔接的关系。广义层次的国家级数据库架构如图 9-15 所示。

（二）系统兼容性分析

依据第二次全国土地调查实施方案要求，需要在统一的国土资源信息化框架体系下，按照统一的标准和规程规范，开展第二次全国土地调查国家级数据库管理系统建设，并确保与国土资源部相关系统的数据衔接，实现数据成果的快速汇交和共享。

为了保证国家成果系统今后的可扩展性和国家成果有效共享应用，在第二次全国土地调查国家级数据库管理系统建设过程中，必须考虑系统兼容性特点，实现纵向与各级土地调查数据库、横向与国土资源部相关信息化成果有效衔接的目的。第二次全国土地调查国家级数据库管理系统兼容性具体要求如下。

（1）严格执行第二次全国土地调查数据库标准和相关技术规范，包括《第二次全国土地调查技术规程》（TB/T 1014 — 2007）、《土地利用数据库标准》（TB/T 1016 — 2007）、《城镇地籍数据库标准》（TB/T 1015 — 2007）、《第二次全国土地调查数据库建设技术规范》、《第二次全国土地调查成果国家级核查技术规定》、《第二次全国土地调查成果检查验收办法》等。

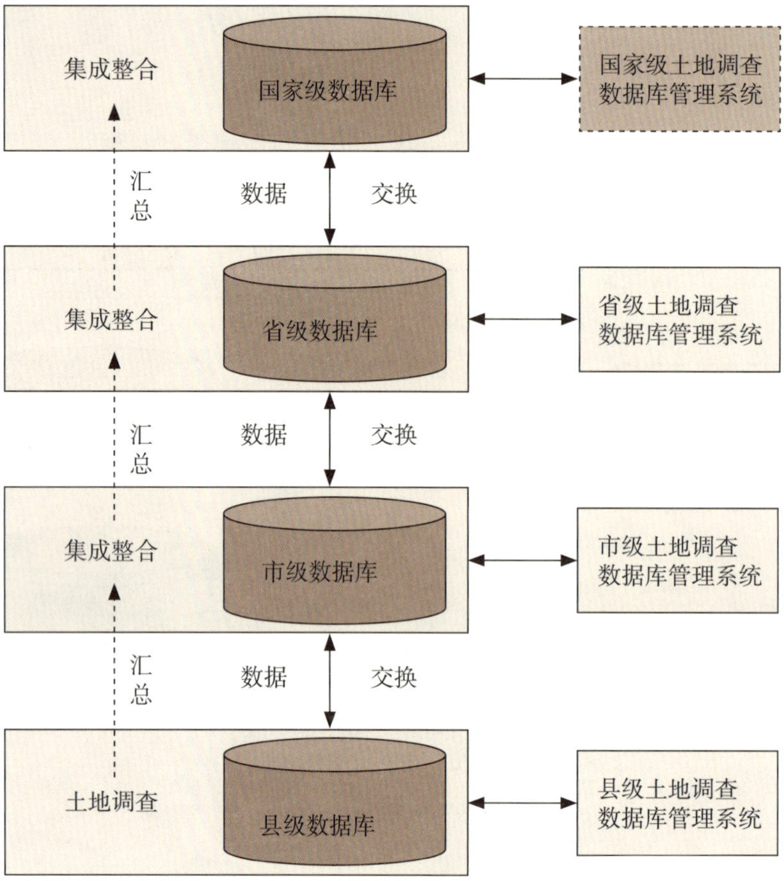

图 9-15　广义层次的国家级数据库架构

（2）应与第二次全国土地调查统一下发的数据库质量检查软件兼容，能够直接调用质量检查软件的检查功能。

（3）系统底层数据存储应基于中国土地勘测规划院已有的 SAN+NAS 数据存储结构，并在用户和数据管理权限、元数据管理和数据物理存储组织等方面使用土地数据存储平台提供的应用开发接口。

（4）系统应采用组件式方式进行开发，能为外部扩展应用提供相应接口，并支持通过注册加载使用第三方组件工具，保证系统的可扩展性。

（5）系统应满足金土工程提出的数据汇交要求。

（三）系统部署环境分析

数据库部署结构如图 9-16 所示。

如图 9-16 所示，结合第二次全国土地调查国家级数据库管理系统的网络部署环境，为了合理分配存储空间，同时发挥各种数据的效率，达到性价比最大化，第二次全国土地调查国家库部署于不同的网络节点。存储网络采用SAN+NAS模式部署，服务器采用IBM小型机，分为在线、进线、离线三种存储模式。第二次全国土地调查国家库的各个子库存储于不同的存储设备上，由于工作数据库、成果数据库、历史变更库访问比较频繁，存储于光纤盘的在线存储设备；原始资料库和整合资料库等文件库存储于 SATA 盘的进线存储设备；年代久远的历史数据离线存储。整个数据库的主库部署于内部存储网，与工作网及外网物理隔离。分发数据库部署在工作网的分发（交换）服务器上，用于对外信息服务与数据分发。

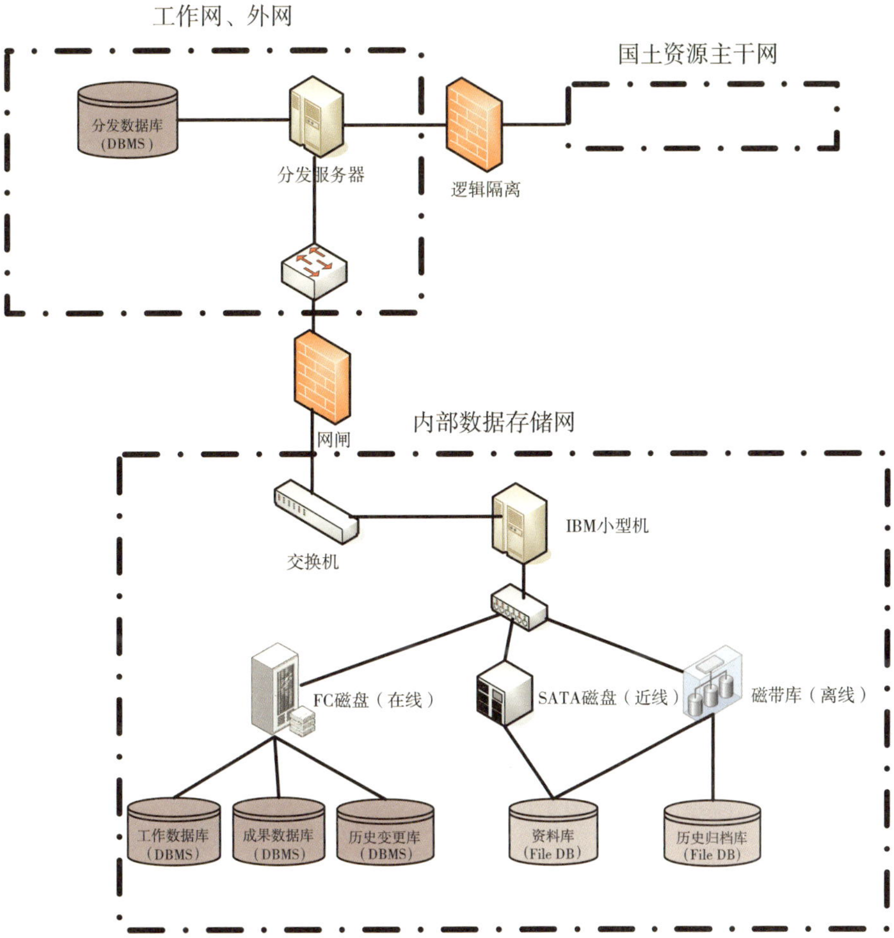

图 9-16 数据库部署结构

（四）系统用户分析

国家库系统用户较多，为了提高系统效率，采用分角色管理的机制进行系统设计。不同的用户，按照其需求的不同，通过权限分配，实现定制化的系统服务。国家级数据库管理系统主要用户分为如下类别。

1. 数据分析 / 研究人员

该类用户是经过授权的，是可以从事相关土地利用战略研究分析的人员，其主要应用需求是查看浏览系统的数据汇总结果、空间数据及属性数据，以作为分析研究的基础数据来源。

数据分析 / 研究人员主要参与数据浏览、数据查询统计与分析、制图与输出、三维浏览的分析研究。

（1）数据浏览。采用不同层级的快速检索机制，自动按照浏览的级别确定显示相应内容的技术，实现海量影像数据的快速无缝浏览。

（2）数据查询统计与分析。提供灵活、全面、方便的查询、统计、分析功能，满足全国土地利用数据的应用需求。

（3）制图与输出。提供土地管理业务的常用专题图的生成功能，满足用户任意图制作需求，提供符号编辑器实现符号库的管理。

（4）三维浏览。以 DEM 和影像数据构建三维显示基础数据，实现三维实景的快速浏览。

2. 数据处理人员

该类用户是从事数据入库前数据统一转换、检查、处理、数据更新工作的，其应用需求是系统的数据检查、数据编辑、数据处理、数据入库功能。

数据处理人员主要参与数据提交、数据质检、数据转换、数据入库、数据编辑与处理、数据更新、元数据管理。

3. 系统管理人员

系统管理人员主要参与系统安全维护管理。

（1）系统安全管理。从用户与数据使用权限管理、数据备份、系统监控等多方面来保证系统和数据的安全。

（2）系统管理与维护。提供数据字典管理和维护、系统设置、日志管理等多方面管理，保证系统运行正常。

4. 国土资源部相关工作人员

该类用户主要获取相关的信息，以便于管理工作的开展。

5. 地方国土资源主管部门工作人员

该类用户主要是数据分发与汇交，获取相关的土地信息。

（五）系统性能分析

国家级土地调查数据库管理系统管理数据量巨大，面对的应用需求复杂多样，系统能满足运行快速高效、数据稳定安全、支持海量空间数据网络化管理等要求。

在具体性能指标方面。国家级数据库管理系统支持 80 个用户并发访问。在最大并发访问情况下：并行查询速度保证小于 5 秒 /500MB；客户端浏览土地调查矢量数据单屏刷新时间不超过 10 秒，数据加载应在 30 秒 /500MB 以内；客户端浏览加载任何尺度的影像数据，单屏刷新时间不超过 3 秒。系统支持 VCT、Oracle Spatial 和 ArcGIS 系列数据格式并且满足 24 小时 ×365 天的不间断稳定运行要求。

（六）系统安全性分析

系统安全保障是国家级数据库管理系统的重要内容，如何保障数据安全、系统安全是系统实现的难点和重点。此次，国家库管理系统从用户与数据使用权限管理、数据备份、系统监控等多方面来保证系统和数据的安全。功能如图 9-17 所示。

1. 用户与数据使用权限管理

此次国家级数据库管理系统需采用国家级数据管理系统主体部署在 SAN+NAS 的存储网，故系统内部用户局限于有存储网端口的用户。

2. 数据备份

系统在数据备份方面充分考虑了业务需求，考虑了不同数据类型的数据量、不同的数据更新特征、不同数据的存储要求来对应选择不同的备份方式和备份频率。

（1）系统提供多种数据备份方式。系统支持整体备份、增量备份、任意区域数据备份等。

（2）系统提供多种备份数据类型。系统支持矢量数据、影像数据、扫描数据、成果数据、表格数据等所有数据库数据备份。

（3）系统提供自动备份功能。用户可以设定数据备份方案，让系统自动进行数据备份，如备份发生条件、备份数据内容、备份频率、备份数据存储路径等。

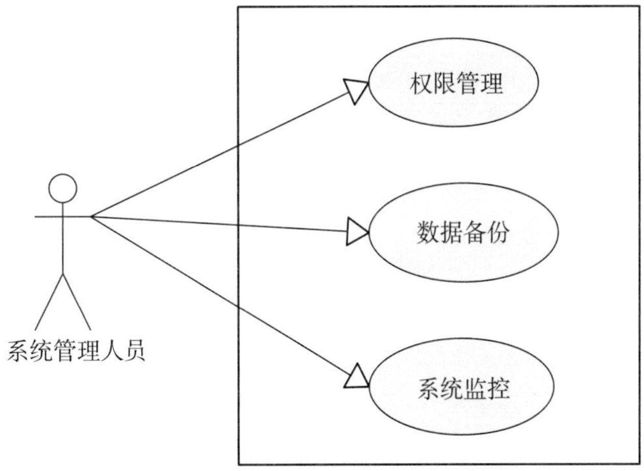

图 9-17 系统安全性分析

（4）系统提供备份方案管理功能。用户可以定制多套数据备份方案支持对不同数据的备份策略，支持对备份方案的定制、备份频率修改等管理。

（5）系统提供手动备份功能。用户可以选择数据对象和备份方式进行数据的手动备份。

（6）系统提供数据恢复功能。用户选择数据备份的时间节点进行数据恢复。

3. 系统监控

国家级数据库管理系统提供独立的系统监控模块，支持对系统和数据库状态的监控。

（1）系统提供用户监控功能。系统对用户的连接与状态、用户对数据访问和数据操作等进行监控，能够设置和调整系统报警规则和相应处理响应，发现恶意操作或非正常操作等问题时可采取中止连接、中止操作等措施。

（2）系统提供外部组件注册情况监控功能。

（3）系统提供工具使用情况监控功能。

（4）系统提供系统资源状况调控功能。系统根据系统和数据库状态进行系统资源调配、数据库优化等操作。

（5）系统提供流量监控功能。系统监控数据资源的下载、应用情况，合理调配网络资源。

四、系统整体架构

（一）系统总体架构

第二次全国土地调查国家级数据库管理系统是实现全国土地调查成果数据集成管理的计算机软件系统。从整体结构上，国家级数据库管理系统分为数据管理维护子系统、系统维护子系统、数据分析应用子系统和对外信息服务子系统 4 个子系统。系统管理维护子系统主要用于系统安全管理和系统维护。数据管理维护子系统是系统的核心，主要用于数据的质检、转换、入库，以及数据建成后的数据更新和对数据进行高效管理。系统分析应用子系统主要用于数据的浏览、查询、分析，为领导者提供分析决策。对外信息服务系统包括产品制作、分发管理、信息发布及数据交换汇交等，对外提供数据产品与信息服务。通过子系统的功能整合从而达到土地调查数据的建库、数据的分析与应用，信息的分发与服务及未来的动态数据更新。第二次全国土地调查国家级数据库管理系统总体框架如图 9-18 所示。

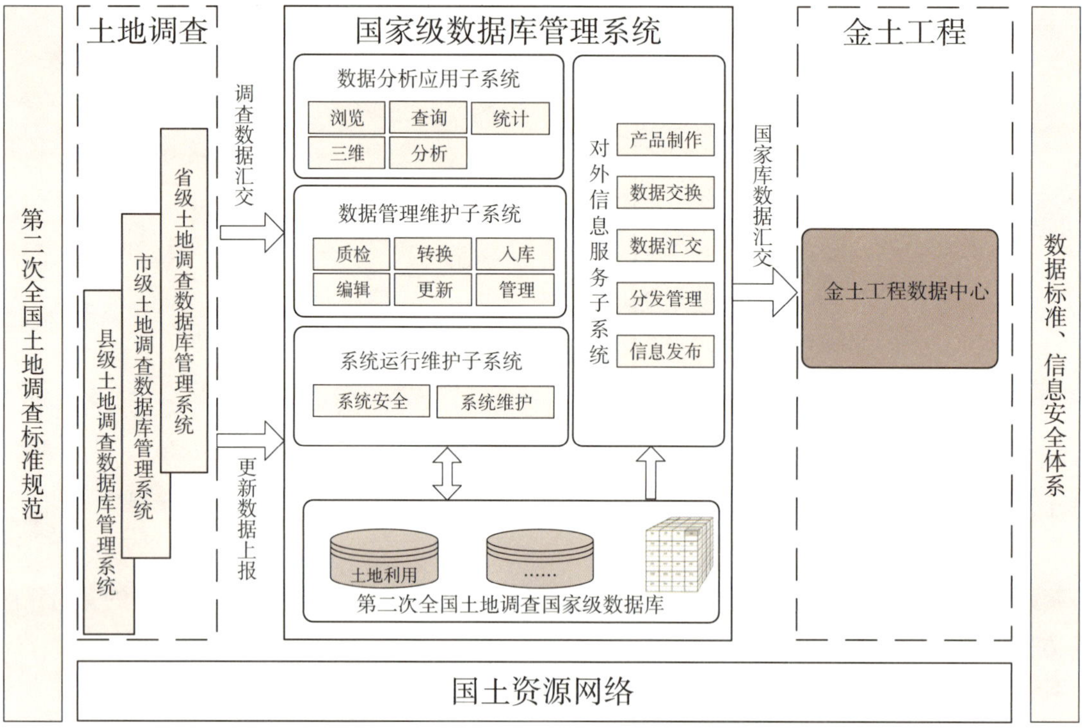

图 9-18　第二次全国土地调查国家级数据库管理系统总体框架

从图9-18上可以看出，第二次全国土地调查成果数据库管理系统建设涵盖了国家、省、市、县四级，通过数据库系统建设，自下而上地形成土地调查数据的汇总与更新、维护、服务机制。从数据的来源考虑，系统的设计还要充分考虑土地调查数据的汇交与未来数据更新的实际需求。从数据的应用服务考虑，系统建设要充分考虑与国土资源部一张图监管平台的数据汇交接口和信息服务接口。

（二）功能结构设计

第二次全国土地调查国家级数据库管理系统由数据检查入库、数据更新、数据浏览、查询统计、应用分析、热点地区分析、元数据管理、数据分发与汇交、产品制作、系统维护等模块组成。系统功能组成如图 9-19 所示。

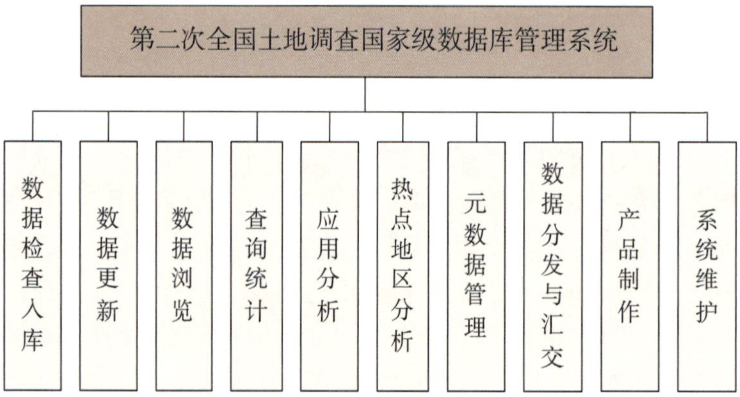

图 9-19　系统功能组成

数据检查入库包括矢量数据入库和影像数据入库两条主线。即包括第二次全国土地调查成果(矢量)、调查底图(影像)两部分的入库，包含检查、预处理、入库3个步骤，整合入库过程采用流程化管理。同时，为了掌握入库的情况还进行了有效的统计。

数据更新模块主要是支持年度增量数据更新，包括更新数据包检查、更新数据校核、更新入库、年度变化信息提取、历史回溯、影像回溯、影像对比分析、更新成果统计。

第二次全国土地调查国家级数据库包含的数据种类较多，时间维度并不一致。因此，国家数据库管理系统的数据浏览支持不同年度、不同数据类型、不同数据格式的数据查看、检索与定位。

系统支持多种查询方式，包括点查询、行政区查询、拉框查询、缓冲区查询、多边形查询等多种空间查询方式；通过任意属性字段查询，组合查询等实现对多粒度、跨存储单元数据的查询和图斑历史变更情况追溯查询；支持用户进行特殊查询条件自定义；支持对查询结果的多种方式保存和输出。系统可根据第二次全国土地调查相关要求动态生成全部的二次调查成果表格。

应用分析是国家库数据库成果应用的主要体现，通过将国家库二调数据与年度变更数据、建设用地审批数据、社会统计等数据的结合分析，可以快速生成相关分析成果，为国土资源管理提供更多的数据应用产品。

热点地区分析是根据宏观经济管理及国土资源管理需求，针对特殊地区开展的专题应用分析，如经济热点地区、七大流域地区的用地情况分析等。

元数据管理模块主要是对国家库的元数据进行结构维护及元数据的查询、浏览、定位、统计。数据分发与汇交是面向国土资源部各部委、省市级国土资源主管部门、其他数据应用部分的数据输出与导出。

系统支持生成土地利用现状图、基本农田专题图、耕地坡度分级专题图等土地调查要求的标准制图，同时，制图功能还支持应用分析模块生成专题图的制作与导出。

系统维护模块是国家库系统的基础，负责维护系统的参数配置、数据的管理、系统的监控、用户的管理及生成操作日志等。

五、系统运行情况

(一)国家级数据库建设成果

1. 数据成果

第二次全国土地调查数据库及管理系统开发完成后，总数据量达75TB，其中，影像数据70TB，土地调查矢量数据5TB(约1.5亿个地块，1亿条道路，74万个村庄)。数据库中主要包括影像数据、土地调查数据、统计数据及其他数据四大类。

(1)影像数据。国家级数据库中包含航空摄影数据、国外卫星数据和国产卫星数据三类，2007年、2009年两个年份的数据覆盖全国，2008年部分覆盖。航空摄影数据分辨率为0.3 ~ 0.5米，国外卫星数据分辨率为0.6 ~ 2.5米(卫星种类为SPOT5、快鸟、IKONOS、ALOS、RapidEye、IRS-P5等)，国产卫星数据分辨率为2 ~ 4米。

(2)调查数据。土地调查数据包含了2009年覆盖全国的2889个县级土地调查数据；包含了2009年度的国家、省、市、县、村五级土地调查统计数据；包含了二调文档数据和调查成果的元数据信息。

2. 软件成果

（1）国家级数据库管理系统。包括二次调查国家级数据库管理系统源代码和安装程序。系统主要由数据入库子系统、数据管理子系统、数据更新子系统、数据备份子系统及数据应用子系统等构成。

（2）系统软环境。主要包括由操作系统软件、数据库软件、存储平台软件和 GIS 平台软件等组成的综合系统软环境。

（3）数据上报更新软件等辅助应用软件成果。

3. 硬件成果

硬件成果主要包括与软件系统共同支持和维护系统运行的硬件组成环境。包括服务器、数据存储设备、网络通信设备、网络安全设备和输入输出设备等。

4. 文档成果

主要包括数据库建设文档、管理系统开发文档及其他文档。

（1）数据库建设文档。①《第二次土地调查国家级数据库建设技术报告》；②《第二次土地调查国家级数据库建设工作报告》；③《第二次土地调查国家级数据库入库数据质量检查报告》；④《第二次土地调查国家级数据库入库报告》。

（2）管理系统开发文档。①《第二次土地调查国家级数据库管理系统需求分析》；②《第二次土地调查国家级数据库管理软件系统总体设计》；③《第二次土地调查国家级数据库管理软件系统详细设计》；④《第二次土地调查国家级数据库管理系统用户手册》；⑤其他相关文档。

（二）国家级数据库应用情况

国家级土地调查数据库建成至今，运行稳定，年平均使用时间为 300 天左右，系统直接用户约为 200 人。数据库建成后，主要提供的服务包括五部分。

（1）年度变更调查数据成果更新入库。每年入库数据量 20 ~ 30TB，数据范围覆盖全国。

（2）为国土资源部及其直属单位提供基础数据服务。2011 年以来，提供规模化数据服务（数据范围超过一个省）约 64 次。

（3）为国土资源部信息中心、九大督察局及部分省份迁移数据与部署系统。2009 年至今，累计向各单位迁移部署数据库 25 次，迁移数据量约 350TB。

（4）为国家各部委提供专项数据，先后为环保部、水利部、农业部、国家统计局、总参测绘局、广州军区作战部、二炮土地管理局等部委提供过数据成果。2012 — 2013 年两年间，还为国家相关部委和国土资源部相关司局累计提供专项数据汇总成果 39 次，涉及表格 50 余种。

（5）为国家抗震救灾等工作提供应急数据支持。为四川汶川地震和青海玉树地震、云南盈江地震等抗震救灾工作提供了应急数据支持。

第五节　土地调查数据库更新机制

第二次全国土地调查任务完成后，为确保调查成果的现势性，国土资源部部署开展年度变更调查工作，及时更新土地调查数据成果。为了满足变更调查需要，精确掌握各地土地利用变化情况，年度变更调查采取增量更新的方式实现土地调查数据库的更新。增量更新即在上一年度形成的土地调查数据库基础上，通过空间分析等技术手段，抽取土地利用变化数据，形成增量数据包和各类土地流向数据，国家利用增量包和上一年度的土地调查数据库叠加，实现各级土地利用数据库的年度更新。与传统的变更调查工作相比，以数据库增量更新的方式开展变更调查对技术要求较高，但能较好地保证年度变更调查成果的“图数一致”性，方便对变更成果的核实检查，符合新形势下国土资源管理对土地基础数据的需求。

一、土地调查数据库更新任务

（一）县级土地调查数据库现状信息变更

运用土地调查数据库管理软件的变更功能，以更新前的县级土地调查数据库为基础，按照数据库更新的国家有关标准和要求，对土地调查数据库中已经发生变化的地类、范围、属性等进行逐地块变更，更新调查数据库，生成更新后的年度土地调查数据库。在此基础上，将更新前的县级土地调查数据库与更新后的县级土地调查数据库进行空间叠加，并自动提取发生变化的增量数据及变更调查统计报表。

将生成的增量数据、变更调查统计报表及其他相关数据导入国家统一下发的更新数据上报软件，对新建现状变更成果进行检查，检查通过后生成县级更新数据包（现状）。将生成的数据成果上报上一级国土资源主管部门。

（二）县级土地调查数据库管理信息变更

在更新数据包（现状）成果经过逐级检查，并通过了国家统一组织的内外业核查后，根据国家下发的用地管理信息控制数据将管理信息录入经对接整改后的土地利用现状数据库中，形成2012年度变更调查最终成果数据，包含了现状信息变更成果和管理信息变更成果，内容包括最终版本的增量数据成果和完整的统计报表数据。

将生成的增量数据、统计报表及其他相关数据导入更新数据上报软件，对新建管理变更成果进行检查，检查通过后生成最终版本的更新数据包成果。将生成的数据成果逐级上报国家，开展最终版本成果数据的检查与核对工作。

（三）地市级土地调查数据库检查与更新

地市级国土资源主管部门对各县上交的更新数据包进行检查，依据是否有本级数据库管理系统，分为两种更新方式。

（1）有本级数据库管理系统的，使用更新数据上报软件接收并检查县级上报更新数据包，检查通过后，用其数据库管理系统对本级数据库进行更新，并输出本级统计报表。同时，利用更新数据上报软件对各县的更新数据包及本级更新数据进行打包输出，生成市级更新数据包，上报省级国土资源主管部门。

（2）未建设本级数据库管理系统的，利用更新数据上报软件直接对上报的各县更新数据包进行检查，并统计地市级相关统计报表，进而生成本级更新数据包，上报省级国土资源主管部门。

（四）省级土地调查数据库检查与更新

省级土地调查数据库质量检查与更新的主要任务包含组织省内数据库更新工作与开展省级数据库质量检查两方面内容。在组织省内数据库更新工作方面，主要包含制订省内数据更新工作技术要求；部署开展省内各县变更调查和数据更新工作；负责本省数据更新工作的技术把关与指导；汇总省级变更调查要求数据。

在省级数据库质量检查方面，对本省辖区范围内各县上报的土地变更调查成果（主要是更新数据包）进行审查确认，使用土地调查数据库质量检查软件、更新数据上报软件等相关软件对县级土地调查数据库及更新数据包进行质量检查，并以县（市、区）为单位，将通过检查的省级变更调查成果上报国土资源部，在省级数据成果经国家确认后，组织开展省级数据库更新工作。

（五）数据汇总统计与分析

各地依据更新后的土地调查数据库，逐级汇总每块土地的利用变化情况，形成2012年度各类土地利用变化汇总结果。各地以变更调查结果为基础，由有关业务部门结合相关管理工作分别开展分析，并综合形成本地区土地利用变化情况分析报告。

国家在各地变更调查结果的基础上，开展国家级汇总工作，并将土地利用现状变化结果数据与用地管理信息结果数据合并，形成2012年度全国土地变更调查汇总数据，结合各地变更调查分析报告，开展全国土地利用变化分析工作，统一形成全国土地利用变化情况分析报告。

（六）国家级土地调查数据库质量检查与更新

国家级数据库质量检查与更新的任务主要包括工作技术规范制定与国家级数据检查更新两方面。在工作技术规范制定方面，国家负责制定全国各级单位变更调查数据更新技术要求及规定；确立数据更新及上报汇交流程；统一规定并明确县级增量数据库、各级更新数据包应包含的内容；统一数据库变更类型、地类流向要求，规定变更平衡表、变更调查统计报表填写与数据库面积统计方法；制定用于数据上报的更新数据包质量检查规则，并统一开发质量检查软件为各地使用。

在国家级数据检查更新方面，国家负责接收省级国土资源主管部门提交的县级变更调查成果数据。使用土地调查数据库质量检查软件、更新数据上报软件等相关软件开展数据库质量检查，对通过检查并按核查要求完成地类整改且统计面积无误的县级土地调查数据库成果，进行国家级数据库入库更新，形成年度国家级土地调查数据库。

二、土地调查数据库更新流程与方法

（一）土地调查数据库更新总体流程

土地调查数据库更新流程是由县级数据库更新逐级汇总更新到地市级、省级，最终到国家级数据库更新，总体流程如图9-20所示。

1.县级数据变更及更新

县级数据库变更分两部分，一部分依据外业调查结果，利用建库软件进行现状信息变更，另一部分依据国家下发的用地管理信息矢量图层及统计表格对管理信息变更，分别输出增量数据库及相关统计报表。生成增量数据之后，使用国家统一下发的更新数据上报软件检查增量数据库及相关统计报表，依据提交的现状信息变更成果和管理信息变更成果，分别新建不同的检查任务，检查通过后生成不同版本的更新数据包，汇交上级国土资源主管部门。

2.地（市）级土地调查数据更新

地（市）级土地调查数据更新方式分为两种，一种为有本级数据库管理系统的，使用其数据库管理系统对本级数据库进行更新，并输出本级统计报表；另一种为未建设本级数据库管理系统的，利用更新数据上报软件统计地市级相关统计报表。市级数据汇总更新后，生成本级更新数据包，上报省级国土资源主管部门。

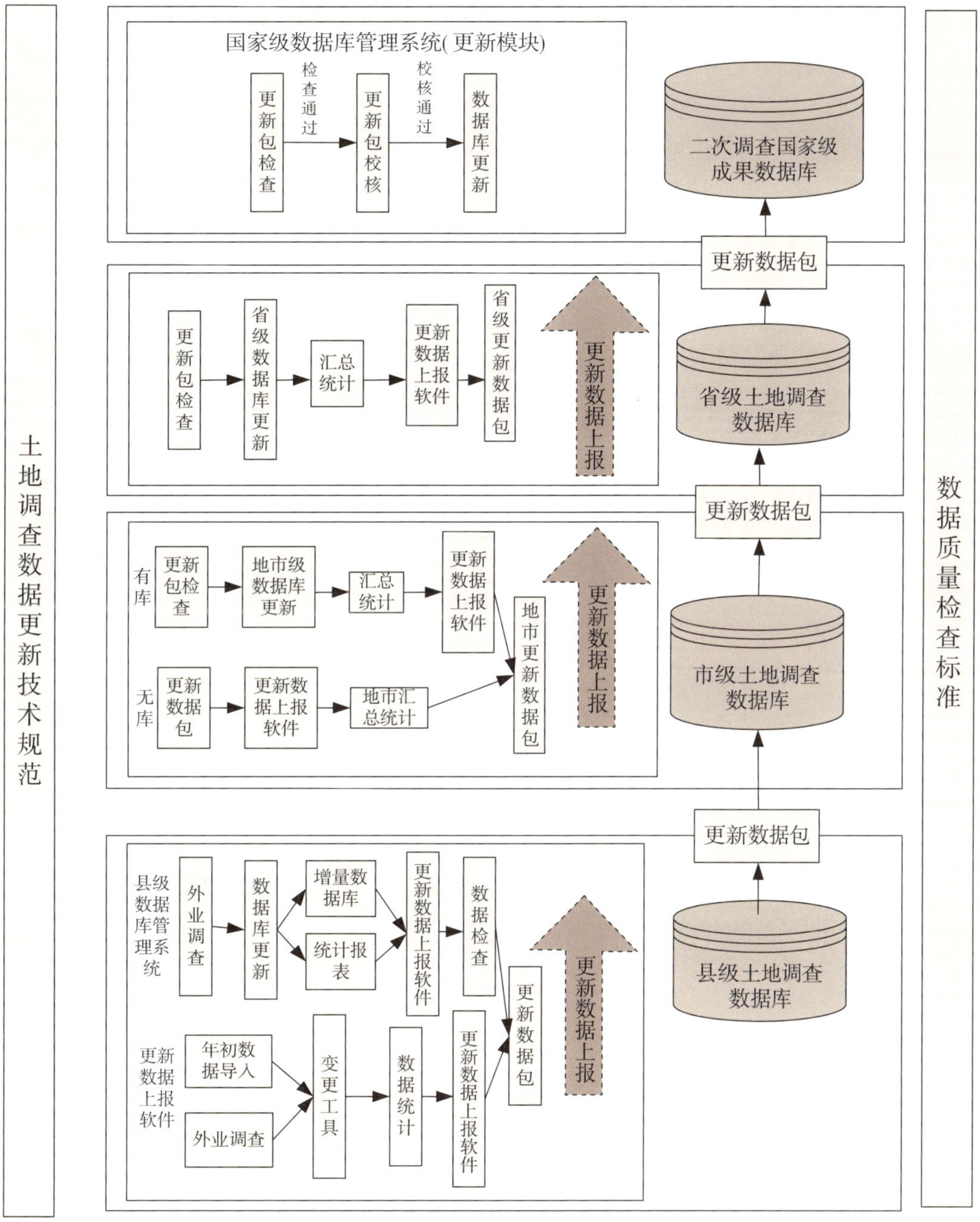

图 9-20 变更调查数据库更新总体流程

3. 省级土地调查数据库更新

省级国土资源主管部门使用更新数据上报软件接收并检查地市级上报的更新数据包，检查通过后，利用省级数据库管理系统对本级数据库进行更新，并输出本级统计报表。省级数据库更新完毕后，使用更新数据上报软件对各市级更新数据包进行检查、打包，生成省级更新数据包，上报国家。

4. 国家级土地调查数据库更新

国家通过国家级数据库管理系统的更新模块接收各省提交的更新数据包成果，并对更新数据包进行数据检查和最终版本核对。在检查和核对通过后，利用各省提交的更新数据包更新国家级数据库。

（二）土地调查数据库更新方法

1. 县级土地调查数据库更新

1）外业调查

由县级国土资源主管部门组织开展外业调查，具体包括权属调查、地类调查、建设用地类型调查、新增耕地来源调查等内容，同时填写土地变更调查记录表。外业调查过程中需要填写的土地变更调查记录表内容包括土地变更调查记录表中的变更前权属单位名称、图斑号、地类编码、耕地类型信息、变更后的权属单位名称、地类编码、耕地类型、变更部分的新增耕地来源、建设用地类型信息和草图。

依据外业填写的土地变更调查记录表信息，对土地调查基础数据库进行变更，利用数据库补充记录表中的面积信息和变更后的图斑编号等信息，并输出完整的土地变更调查记录表。

2）数据库更新

数据库更新的现状信息以外业调查成果为基础，管理信息以国家下发的用地管理信息控制数据为基础，利用县区的数据库管理系统数据变更功能，结合审批数据及其他相关数据综合更新，并输出增量数据库和统计报表。县级土地调查数据库更新流程如图 9-21 所示。

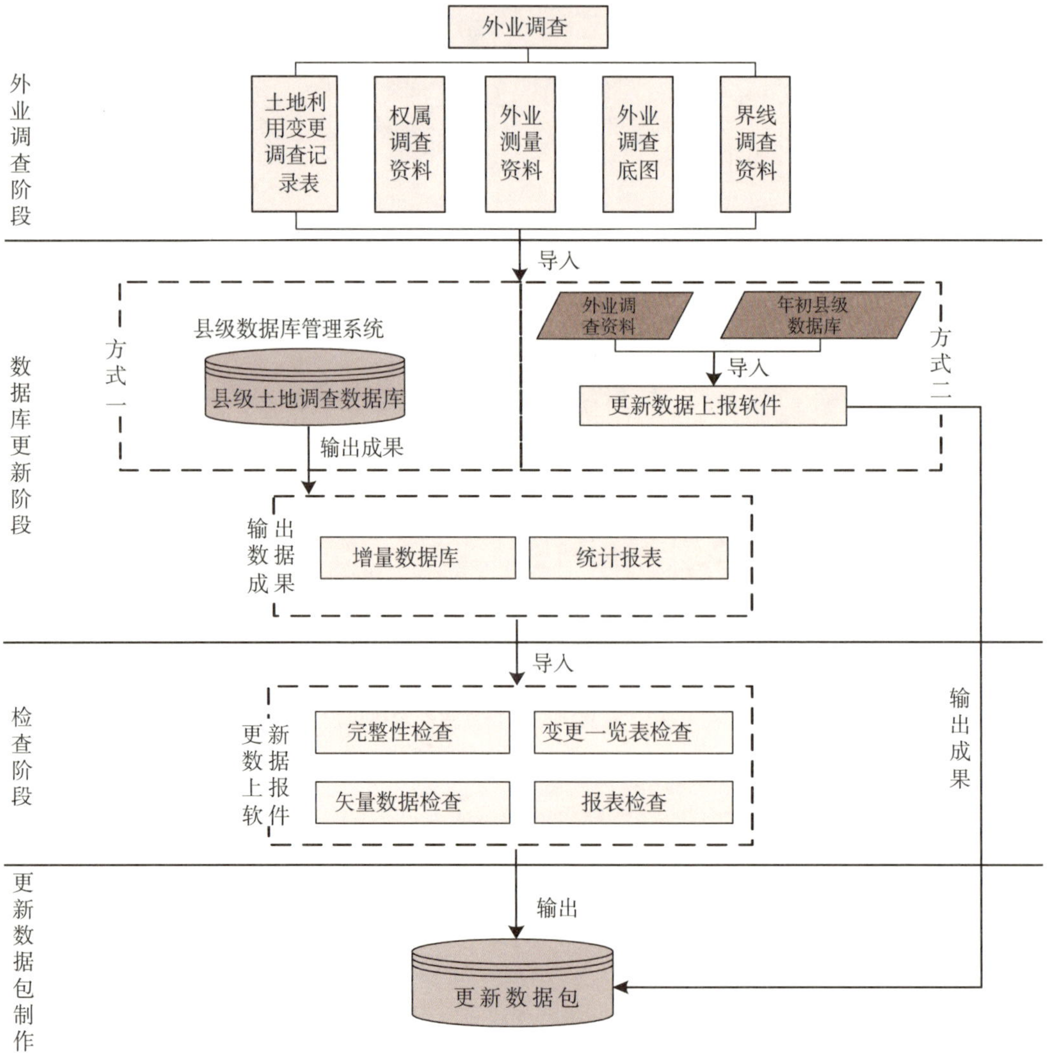

图 9-21　县级土地调查数据库更新流程

具体内容包括：

（1）导入外业调查资料。外业调查资料包括土地变更调查记录表、GPS测量数据、外业调查工作底图、勘测定界数据等。

（2）数据更新。在导入外业调查数据基础及国家下发的用地管理信息数据基础上，对数据库中各图层数据进行更新。更新数据主要包括：土地利用数据（地类图斑层、线状地物层、零星地物层、地类界线层）、土地权属数据（宗地层、界址线层、界址点层）、行政区划数据（行政区层、行政区界线层）、基本农田更新（基本农田保护片块、基本农田保护图斑）、其他数据。

（3）输出增量数据库和统计报表数据。数据库更新完毕后，输出符合要求的各类统计报表和增量数据库，导入更新数据上报软件，进行数据检查和更新数据包输出。

3）数据检查

根据变更任务将信息变更分为现状信息变更和管理信息变更，利用国家统一下发的更新数据上报软件，新建不同类型的检查任务分别对现状信息变更成果和管理信息变更成果进行检查。

将增量数据库和统计报表数据导入更新数据上报软件；利用更新数据上报软件对导入数据进行检查，包括数据完整性检查、矢量数据检查、土地变更一览表检查、其他统计报表检查等；对检查结果进行数据质量评价，不合格的数据由县级国土资源主管部门进一步修改完善，并重新检查；数据合格后，输出更新数据包。

2. 省级、地（市）级土地调查数据库更新

1）数据检查

修改基础数据库检查。使用国家统一下发的数据库质量检查软件检查各县提交的基础数据库，未通过检查的区县，限期修改完善。

更新数据包检查。省（市）级数据检查要识别县级检查结果文件，确认更新数据包通过检查后，对上报的更新数据包进行质量评价及确认；如果缺失检查结果，则将更新数据包退回。

2）数据更新

数据经检查无误后，利用省（市）级土地调查数据库更新模块进行自动更新。使用更新数据上报软件打包各县提交的更新数据包，上报国家（省）。

3. 国家级土地调查数据库更新

数据经检查、核对无误后，利用国家级数据库管理系统更新模块，对国家级数据库进行自动更新。更新入库主要包括更新数据包入库、部分土地调查基础数据库入库、报表数据入库、权属单位代码数据入库、元数据入库五部分。

三、土地调查数据库更新基本要求

（一）土地调查数据库更新总体要求

土地调查数据库更新工作具有较强的技术特点，必须严格保证数据之间的逻辑关系正确无误，各级数据库更新工作遵循如下原则。

1. 标准统一原则

各级国土资源主管部门在数据更新方法、数据更新标准及更新流程方面必须统一按照国家标准执行；在数据库更新成果结构、内容等方面必须使用国家下发的软件统一规范，确保各地成果全国统一。

2. 自主变更原则

县级国土资源主管部门负责生成县级更新数据包，市、省、国家级国土资源主管部门利用该更新包自行实现本级数据库的更新，不得改变更新包内容。

3. 同步更新原则

地方上报国家的更新数据包经过核查与质量检查确认后，从县到国家各级国土资源主管部门必须及时利用经确认的更新数据包开展数据库更新工作，确保年度国家级数据库与地方各级数据库的内容同步。

基于上述数据库更新原则，土地调查数据库更新的总体要求归纳起来包括如下方面：

（1）县级更新数据成果的数据结构必须符合更新数据标准。

（2）各级生成的更新数据成果必须通过国家统一下发的最新版更新数据上报软件检查。

（3）变更调查使用的数据库变更软件或数据库管理系统所采用的更新数据方法必须以国家统一的技术要求为基础自行研发，不同的软件处理相同的变更实例所输出的成果必须一致。

（4）当年度的数据必须以上年度经国家检查及确认的土地调查数据库为基础进行变更，严格确保“图数一致”。

（5）年度变更调查生成的变更汇总表等相关表格均以数据库统计为基础，并结合变更一览表统计汇总生成。

（6）县级行政区控制面积、年初土地调查数据库、变更一览表、变更调查统计汇总表、年末土地调查数据库五者之间必须保证数据逻辑关系正确，如年初与年末土地调查数据库汇总所得总面积必须等于行政区控制面积，并等于变更调查汇总表中的总面积；变更调查汇总表中地类的变化面积必须等于变更一览表中相应地类的变化面积。

（7）更新数据成果必须经县、市、省三级检查，方可上报国家；上报国家的更新数据成果必须经国家级核查与数据库质量检查通过并通过面积审查、数据库质量确认与地方确认后，方可作为当年度变更调查数据库更新最终成果，并以此为基础更新各级土地调查数据库。

（二）各级土地调查数据库更新要求

各级国土资源主管部门须对本级数据库质量负总责，保证本级数据库内容正确、规范，并保证与上下级数据库版本的一致性。上报的数据库质量须满足国家对土地调查数据库质量的基本要求。

1. 县级、地（市）级数据库建设更新要求

县级、地（市）级土地调查数据库建设与更新的总体技术要求如下：

（1）更新后土地调查数据库内容须保证正确性和现势性，与当年的现状土地利用情况、权属状况、行政区划等保持一致。

（2）土地调查数据库与更新数据包质量须满足国家对数据库的质量要求。

（3）数据库变更的基础数据库应为上年度国家与地方共同确认的数据库成果，地方开展数据变更的基础数据应与国家级数据库数据保持一致。

（4）变更汇总统计数据应与上年度变更汇总统计结果相衔接，即当年变更汇总表中年初面积应与上年度变更汇总统计表格中的年末面积保持一致。

（5）在本县辖区界线范围不变的前提下，变更前后数据库的控制面积不变，与国家下发的控制面积一致。

（6）依据外业变更调查结果，进行本年度数据库变更，变更过程需满足变更调查技术要求，如新增建设用地需填写建设用地类型等。

（7）增量数据提取应依据变更前数据库和变更后数据库叠加形成，且形成的增量数据库应满足《土地调查数据库更新标准（试行）》，矢量数据与变更汇总统计结果需保持一致。

2. 省级数据库建设更新要求

省级国土资源主管部门负责接收、审查辖区内各县提交的更新数据包，并完成省级土地调查数据库的更新，形成省级变更汇总统计结果，利用更新数据上报软件打包形成省级更新数据包，上报国家。

省级数据库更新的总体要求如下：

（1）数据更新采用的土地调查数据库，应与上年度提交国家的更新数据成果保持一致。

（2）在更新省级数据库前，应对地方上报的更新数据成果开展质量检查，保证其正确性与一致性。

（3）利用地方上报的县级更新数据包更新升级数据库，包括矢量数据更新、影像数据更新、统计表格更新、元数据更新、文字报告更新和其他资料更新。

（4）更新后的数据库应确保图数一致，即保证空间矢量数据与汇总统计数据一致。

（5）更新后的数据库应与国家、市县对应的数据保持一致。

3. 国家级数据库建设及更新要求

国家接收各省上报的变更调查成果数据，开展数据库成果质量检查工作。利用地方提交的更新数据包完成国家级数据库更新。国家级数据库更新总体技术要求如下：

（1）国家用于更新的土地调查数据库，应与地方开展变更采用的土地调查数据库保持一致。

（2）利用地方提交的更新数据包进行国家库更新，保证国家更新后结果与地方提交数据保持一致，严禁出现未更新、漏更新、更新错误等。

（3）更新后对全国进行变更汇总统计，统计结果应与矢量数据库保持一致。

第十章　县级调查成果国家级核查

土地是人类赖以生存和发展的物质基础，是立国的基本要素之一。真实、准确的土地调查数据是各级政府制定社会经济发展规划的重要基础，是实施国土资源管理工作的重要依据。获得真实、准确的土地调查数据，是第二次全国土地调查的根本所在和"生命线"。第二次全国土地调查成果国家级核查（以下简称国家级核查）是第二次全国土地调查工作的重要组成部分，是保证第二次全国土地调查数据成果质量所采取的一个重要手段和措施，也是确保第二次全国土地调查数据成果真实准确的关键环节。国家级核查由全国土地调查办统一组织和实施，其核心任务是对县级调查成果质量进行全面控制和检查。通过开展县级调查成果影像判读地类与数据库标注地类的一致性检查（以下简称地类一致性核查）、重点地区和重点地类的外业实地核查等内外业核查工作，极大地避免了因技术因素造成的成果质量失真，防止地方弄虚作假情况的发生，进一步督促地方如实上报调查成果，确保县级调查成果的真实性和准确性，更好地满足了国民经济和社会发展、国土资源管理对土地基础数据和资料的需要。本章主要介绍国家级核查的内容、技术方法和要求等。

第一节　国家级核查内容、依据、流程和组织实施

国家级核查是指依据全国土地调查办研究制定的国家级核查有关技术标准、规范等，对通过省级检查的县级农村土地调查（即县级调查）成果，采取内、外业相结合的方式进行的全面质量检查。国家级核查包括内业核查和外业核查两部分。

一、内容

（一）内业核查

1. 成果齐全性检查

重点检查地方提交的县级调查成果数据的齐全性、规范性。

2. 土地调查数据库检查

在全面检查县级土地调查数据库质量的基础上，重点检查数据库的数学基础、数据格式、各图层命名及属性，各图层间套合、数据逻辑一致性，系统运行情况等内容。

3. 面积汇总检查

重点检查土地调查数据库面积汇总数据与上报面积统计表格数据的一致性。

4. 地类一致性核查

检查土地利用数据库中图斑和线状地物的地类，与在遥感影像上相应位置判读地类是否一致，是否存在错判、丢漏、移位等情况。将两者不一致的图斑或线状地物提取出来，作为疑问图斑或疑问线状地物，以此为依据由地方（指县级土地调查办公室）开展实地核实工作。地类一致性核查是内业核查的

重点内容。

5. 基本农田核查

在全面分析基本农田调查上图成果的基础上，重点检查土地调查数据库中基本农田图层数据与其他相关图层数据的一致性，以及汇总数据的正确性。

6. 核实地方复核成果

依据遥感影像对地方复核成果（即地方依据疑问图斑或线状地物实地核实修改后的土地调查数据库）进行核实，重点是检查疑问图斑、疑问线状地物是否修改到位，判断未按要求修改的合理性，检查是否存在修改非疑问图斑（即地类一致性核查提出的疑问图斑、疑问线状地物以外的图斑）的情况等。

7. 标准时点统一更新核查

针对地方提交的标准时点统一更新县级调查成果，以统一时点遥感影像为主要依据，对土地调查数据库中的变化图斑、线状地物和建设用地图斑开展全面检查。

8. 质量控制

针对国家级核查单位提交的核查成果，采用成果监理检查和评价分级等方式对核查成果进行质量把关，确保核查成果的整体质量。质量控制是国家级核查工作重要的组成部分。

（二）外业核查

1. 实地核查

综合分析内业核查中发现的主要问题，在地方提交的复核结果的基础上，全国土地调查办组织外业核查队伍，对重点地区和重点地类有针对性地抽取不少于5%的疑问图斑、疑问线状地物和补测地物等开展实地核实工作，检查外业核查图斑、线状地物的地类、形状特征、范围界线、与其他地物的关系等方面的正确性。

2. 国家级重点抽查核实

全国土地调查办统一组织，采用行政和技术力量相结合的方式，围绕耕地、建设用地面积变化较为明显的省份，以内、外业核查结果为基础开展实地核实，重点检查地方上报成果质量是否满足技术要求，要求地方如实上报调查成果。

二、依据

（一）国家标准

（1）《土地利用现状分类》（GB/T 21010—2007）。

（2）《国家基本比例尺地形图分幅与编号》（GB/T 13989—1992）。

（3）《中华人民共和国行政区划代码》（GB/T 2260—2007）。

（二）行业标准

（1）《第二次全国土地调查技术规程》（TD/T 1014—2007）。

（2）《土地利用数据库标准》（TD/T 1016—2007）。

（3）《第二次全国土地调查基本农田调查技术规程》（TD/T 1017—2008）。

（三）有关技术方案、规定

（1）《第二次全国土地调查成果国家级核查总体方案》［国务院第二次全国土地调查领导小组办公室

（国土调查办发〔2007〕3号）]。

（2）《第二次全国土地调查成果国家级核查实施方案》[国务院第二次全国土地调查领导小组办公室（国土调查办发〔2007〕7号）]。

（3）《第二次全国土地调查成果国家级核查技术规定》[国务院第二次全国土地调查领导小组办公室（国土调查办发〔2007〕55号）]。

（4）《第二次全国土地调查数据库建设技术规范》[国务院第二次全国土地调查领导小组办公室（国土调查办发〔2007〕54号）]。

（5）《第二次全国土地调查县级调查成果报送方案》[国务院第二次全国土地调查领导小组办公室（国土调查办发〔2008〕62号）]。

三、技术流程

国家级核查主要包括工作准备、内业核查、地方复核、核实地方复核结果、外业核查、国家级重点抽查核实、标准时点统一更新数据核查、成果整理与评价等内容和阶段。国家级核查技术流程如图10-1所示。

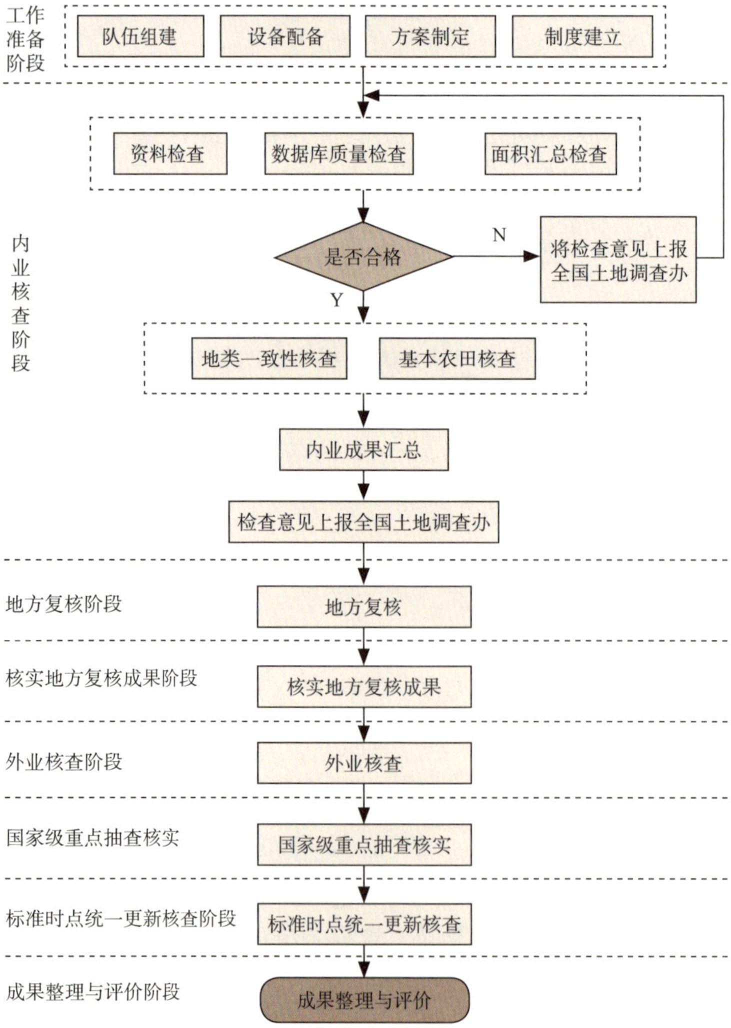

图10-1 国家级核查技术流程

（一）工作准备

全国土地调查办通过招投标方式确定内、外业检查队伍，配备核查设备，制定国家级核查方案等技术标准规范，建立国家级核查制度等。

（二）内业核查

全国土地调查办统一组织内业核查队伍，对地方提交的县级土地调查成果进行全面质量检查，包括资料检查、数据库质量检查、面积汇总检查、地类一致性核查、基本农田核查、内业核查成果汇总与分析等内容。

（三）地方复核

根据全国土地调查办提取下发的疑问图斑、疑问线状地物等内业核查结果，地方（主要指省级、县级）组织逐一进行实地复核，并详细记录复核过程和结果。

（四）核实地方复核结果

内业核查队伍根据地方提交的实地复核结果，结合内业核查结果检查地方修改情况，重点检查地方修改的合理性。

（五）外业核查

全国土地调查办组织外业核查队伍，依据内业核查和地方复核的结果，抽取不少于5%的疑问图斑、疑问线状地物和补测地物，逐一进行外业实地核实。

（六）国家级重点抽查核实

全国土地调查办统一组织行政和技术相关人员成立督查组，重点对耕地、建设用地面积变化较大的省份进行重点抽查核实，要求地方如实上报调查成果。

（七）标准时点统一更新数据核查

内业核查队伍依据标准时点统一更新遥感影像，对地方提交的标准时点土地调查数据库中的变化图斑、线状地物和建设用地图斑进行全面核查。

（八）成果整理与评价

内、外业核查队伍汇总各阶段核查情况结果，并对核查成果进行质量评价。

四、组织实施

全国土地调查办统一组织，核查单位具体实施，监理单位审核把关，省级土地调查办公室密切配合，分工协作，共同完成县级土地调查成果国家级核查工作。

（一）全国土地调查办

全国土地调查办负责第二次全国土地调查成果核查的全面组织和管理工作。具体负责制定成果检查验收办法、负责编制核查工作计划和总体方案；负责制定成果核查的有关技术标准及管理办法；负责监督全国核查的工作进展，督促调查成果的提交；负责全国核查工作的宣传和培训工作；负责组织确定国家级核查队伍；在地（市）级复查、省级预检验收的基础上，负责组织全面核查县级农村土地利用现状调查成果、基本农田和农村土地调查数据库。

（二）省、地（市）级土地调查办公室

地方各级土地调查办公室负责本地区土地调查成果核查的组织实施工作。各省级土地调查办公室按照全国土地调查办公室制定的统一技术标准和要求，根据地方土地利用特点，认真研究本地区工作基础和现有条件，编制本省（自治区、直辖市）的核查方案。地（市）级土地调查办公室按照本省（自治区、直辖市）的核查方案，具体负责复查县级调查成果（农村土地调查成果和城镇土地调查成果）；省级土地调查办公室在地（市）级复查的基础上，具体负责预检和验收县级调查成果。同时，各级土地调查办公室还负责配合全国土地调查办，完成县级调查成果的核查与确认。

（三）核查承担单位

各核查承担单位负责核查工作的具体实施，依据全国土地调查办制定的有关技术标准和要求，制定相应的技术细则，并对参加核查的人员进行技术培训，规范核查程序，统一核查方法和要求等。核查承担单位负责对核查工作的各个阶段进行自检、互检和专检，并接受全国土地调查办的抽查和监理单位的监督检查。

（四）核查监理单位

核查监理单位具体负责对各级土地调查成果核查工作的全程监督。全国土地调查办委托长期从事土地调查工作的技术单位，负责国家级核查工作的监理。监理单位全过程监督各核查单位的核查工作，负责核查队伍的质量考核。核查监理单位向全国土地调查办负责。

第二节　建立解译标志

一、解译标志分类

由于国家级核查区域广、地域差异大、土地利用多种多样，不同核查队伍承担的核查区域不同，且技术水平参差不齐，因此，各核查队伍根据对应的核查区域建立了影像解译标志，以辅助快速掌握统一的技术标准，增强图斑核查的客观性和正确性。

在遥感影像上，不同地物有不同的特征。可依据影像特征差异识别和区分不同的地物，这些典型的影像特征称为影像解译标志。解译标志分为直接解译标志和间接解译标志。在影像上可直接看到的影像特征称为直接解译标志，包括影像的几何形状、大小、色彩、色调、阴影、纹理和位置等。在直接解译基础上，需要经过分析、判别才能识别、推断其性质的影像特征称为间接解译标志。

二、建立解译标志

基于对遥感影像上地物的形状、大小、色调、阴影及纹理特征等分析，同时根据核查需要，重点对建设用地、耕地及其他农用地的影像特征分析，并结合相关工作经验、生活常识等，建立了主要地类解译标志。

（一）影像形状特征

影像的形状是指地物在调查底图上表现出来的外部形态、结构和轮廓。人工地物通常呈现出较规则的几何形状，如房屋、人工修建的渠道等；自然地物多呈不规则形状，如坑塘、山区中的耕地、河流等。

地物影像的形状特征可分为点状，如树木、山顶、墙角、地物交叉点等；线状，如铁路、公路、农村道路、河流、沟渠等；面状，如地块、山坡、湖泊、水库等。复杂的地物也是由点、线、面组合而成。掌握了地物在影像上形状特征，就能充分发挥影像的作用，提高核查效率和质量。

（二）影像大小特征

影像上除形状特征外，还有大小之分。在同一影像上，根据地物影像的大小及形状，可以较准确地识别出不同的地类，如同是居民地，较大的居民地一般为建制镇、城市，而较小的一般为村庄。

（三）影像色调与色彩特征

由影像的色调、色彩所构成的地物的影像特征，是影像解译的重要标志。不同地类在影像上会呈现出深浅不同的色调和色彩，影像的色调和色彩决定于物体的颜色、亮度、含水量等。一般情况下，真彩色影像的颜色大致与实际地物的颜色相似，如水体实际颜色为深蓝色，植被为绿色，居民地为灰色或深灰色等；黑白影像一般是地物颜色的深浅与影像中同名地物的颜色深浅一致，如水面颜色在实地和影像上均较深，山脊两侧的山坡，向阳面颜色淡，背阳面的颜色暗。含水量越多影像越深，如水浇地比旱地的颜色深；成熟庄稼的耕地比未成熟庄稼的耕地颜色浅等。

（四）影像阴影特征

在影像上，突出的地面物体都会有阴影，阴影的色调一般为黑灰色。对于高分辨率影像而言，阴影对突出地面物体的判读是有帮助的。但是阴影的存在也产生了对影像判读不利的遮蔽因素，如高大建筑物有时会遮盖小的地物，不利于影像判读，所以针对这种情况的影像判读要掌握其各自的色调特征进行判读。

（五）影像纹理特征

纹理是指地物的细部色调以一定的规律出现，纹理可解释为影像内色调变化频率，点状、粒状、线状、斑状等以不同的色调按一定的频率出现，组成轮廓内的影像特征。例如，流动的沙丘表现为粗糙的纹理，草地、平坦的地面则表现为平滑的纹理，森林和园地表现出一定的颗粒状纹理，其中园地颗粒状纹理更为规则。

三、主要地类解译标志

结合遥感影像，对建设用地、耕地及其他农用地等重点核查对象，建立了主要地类解译标志。

（一）水田（011）

田块分割小而整齐，地面平整，周围筑有田埂，影像色调一般较均匀、呈深绿色，比旱地深。水田在平原地区形状多为网格状，在山区形状不规则（011 为土地利用现状分类国家标准的二级类编码）。

（二）水浇地（012）

一般为绿色或灰色、条带状、大小不一、条块分明、边界清晰、大面积呈网格状、规则块状，主要分布于平原区，与沟渠、农村道路相连。

（三）旱地（013）

多分布于山顶及山坡，一般呈白色或浅绿色，色调均匀，在山顶一般呈圆形或椭圆形，在山坡上多为梯田，呈阶梯状，有明显的黑灰色田坎。

（四）果园（021）

一般呈颗粒状、排列整齐、色调一般为深绿色，由于枝叶茂密，表层不光洁。

（五）茶园（022）

集中连片，一般呈颗粒状、排列密集、色调较深，多分布于山区、丘陵地。

（六）其他园地（023）

符合园地解译特征，而又有别于果园、茶园特征。

（七）有林地（031）

面积及阴影面积较大，形状不规则。色调较暗，表面不光洁，呈密集颗粒状，间黑色不规则斑点；生长繁茂地区呈片状，色调不均匀，边缘不清晰有阴影，山区阴阳坡分布规律明显。

（八）灌木林地（032）

形状较有林地分布不规则，色调较暗，阴影面积较小，呈颗粒状。在丘陵、低山地，分布比较零散。

（九）其他林地（033）

轮廓不明显，分布比较稀疏。

（十）天然牧草地（041）

根据季节的不同可能呈灰、灰白或绿色，形状不规则，一般面积较大，位于我国西北部。

（十一）人工牧草地（042）

色调与天然牧草地相近，形状较为规则，面积相对天然草地较小。

（十二）其他草地（043）

根据季节的不同可能呈灰、灰白或绿色，分布零散，面积较小，形状不规则。

（十三）铁路用地（101）

一般呈浅灰色或灰色的平滑线状图形，转弯处为平滑弧形，且一般与其他道路直角相交。

（十四）公路用地（102）

呈白色或浅灰色带状，路面宽度基本相等。公路两侧一般有行树和道沟，呈较暗线条。

（十五）农村道路（104）

呈条带状，宽度较窄且大多未硬化。

（十六）机场用地（105）

呈规则条带状几何图形，一般位于城市郊区。高分辨率影像上能较清晰地识别出灰白色的跑道。

（十七）港口码头用地（106）

一般呈灰或灰白色，影像上呈若干排列整齐的矩形紧密相连，位于江、河、湖、水库沿岸。

（十八）河流水面（111）

水体一般呈蓝色、蓝黑色、蓝绿色。有时水面上有水草、浮萍、水葫芦等浮水植物，影像上呈现植被特征。

（十九）湖泊水面（112）

面状水体，岸线不规则，无堤坝。

（二十）水库水面（113）

多分布在沟谷末端，上游纹理不规则，下游多有明显人工构筑物。水面色调呈浅黑色或灰色，面积较大。

（二十一）坑塘水面（114）

水域色调较深，纹理平滑均匀，边界明显。

（二十二）沿海滩涂（115）

分布于沿海区域，形状不规则，多呈灰、灰白色。

（二十三）内陆滩涂（116）

分布河流两侧，形状不规则，多呈灰、灰白色。

（二十四）沟渠（117）

线状或带状、形态比较规则、宽度统一，多分布于大面积耕地周围。

（二十五）水工建筑用地（118 ）

多呈暗灰色调的条带状或块状，介于河流、沟渠之间或周边。

（二十六）设施农用地（122）

多分布于村庄周围、大面积耕地内部，呈长条状整齐排列，规格相同，宽度较窄。

（二十七）盐碱地（124）

土地表层盐碱积聚、呈不规则白色，间有耐盐碱植物生长，植被较为稀疏。

（二十八）沼泽地（125）

色调较深，地势平坦，一般位于河湖附近。

（二十九）沙地（126）

基本无植被覆盖，反射率高、色调较亮。

（三十）裸地（127）

表层为土或岩石、石砾覆盖大于70%，基本无植被的土地，反射率低于沙漠，颜色发灰。

（三十一）城市（201）

规模较大且建筑集中，多高层建筑，影像上阴影较多，由于城市规划较好，灰白色建筑排列整齐。

（三十二）建制镇（202）

建筑纹理较村庄集中，较城市分散，面积和建筑物高度介于两者之间，一般离城市较近。

（三十三）村庄（203）

相对于城市与建制镇较为分散，面积一般较小，周边有大量绿色调耕地。

（三十四）采矿用地（204）

一般呈灰色或灰白色调，影像上亮度较高。

（三十五）风景名胜及特殊用地（205）

通过规划痕迹即可判断为风景名胜用地。

第三节　内业核查

内业核查是国家级核查工作的重要环节。内业核查工作主要运用地理信息系统、遥感等先进技术，利用 GIS 软件，采用归纳整理、自动检查、人机交互检查、统计分析等多种方法开展核查工作，主要检查内容包括资料接收与检查、数据库质量检查、面积汇总检查、图斑核查、线状地物核查、“补测地物”图斑核查、“批而未用”图斑核查、基本农田核查及成果制作等内容，具体流程如图 10-2 所示。

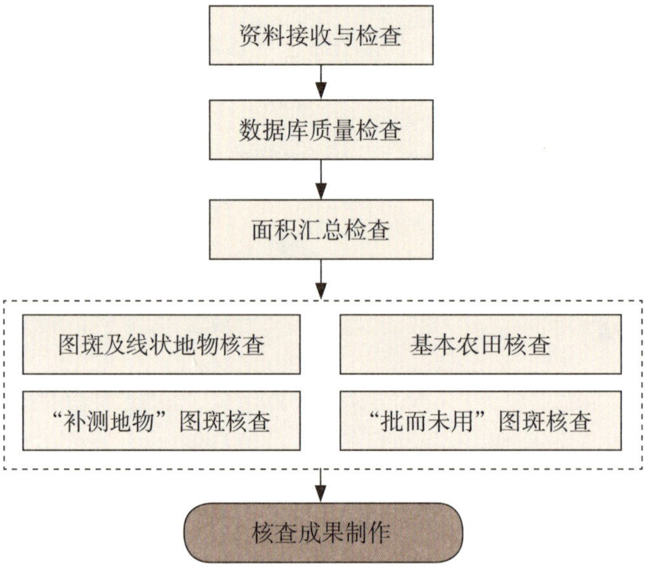

图 10-2　内业核查流程

一、资料接收与检查

为保证核查工作的顺利开展，确保核查成果提交的时效性，全国土地调查办组织负责完成核查资料与成果的收发工作。依据第二次全国土地调查成果国家级核查资料提交要求，内业核查单位对核查资料进行全面检查，及时反馈资料检查中影响核查工作的问题，根据反馈的问题全国土地调查办及时给予解决，以满足内业核查工作的需要。

（一）资料接收

全国土地调查办接收地方报送的农村土地利用数据成果，统一下发至核查单位。在规定的时间内，对核查单位在资料检查中发现的问题，协调地方给予补充完善。核查单位再次接收与检查核查资料；对核查数据检查无问题的，核查单位必须在3个工作日内完成核查任务并提交核查成果。

（二）资料检查

数据资料检查主要包括重大质量问题和一般质量问题检查。重大质量问题指严重影响地类一致性核查和基本农田核查的质量问题，具体包括资料完整性检查、数据有效性检查、数据格式检查、数学基础检查、重要图层检查、重要属性字段检查、套合精度检查及影像数据检查等；一般质量问题指不影响后续核查工作开展的问题，具体包括汇总表格及文字报告检查。具体资料检查流程如图10-3所示。

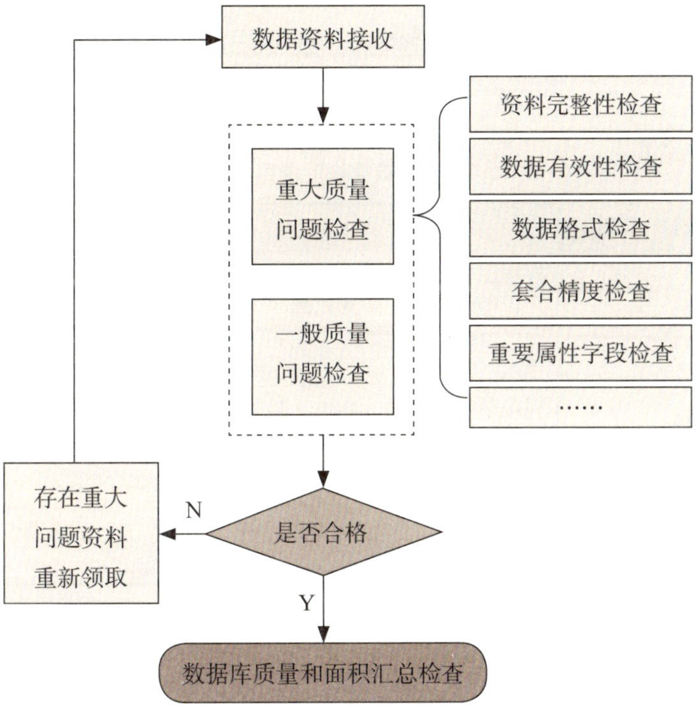

图10-3　资料检查流程图

1. 重大质量问题检查

1）资料完整性检查

查看有无资料清单、土地调查数据库、数字正射影像图(DOM)、栅格数据(DRG)、扫描文件、文字报告、汇总统计表及其他资料，各类资料内容应符合《第二次全国土地调查成果国家级核查资料提交要求》的要求。

2）数据有效性检查

检查土地调查数据库能否正常打开，汇总统计表能否正常导入。

3）数据格式检查

检查农村土地调查数据库格式是否为MDB、SHAPE或VCT格式。

4）数学基础检查

检查土地调查数据库数学基础是否为“1980年西安坐标系”、“高斯—克吕格投影”、“1985国家高程基准”等。

5）重要图层检查

检查土地调查数据库中行政调查区域（行政区）、坡度图、地类图斑、线状地物、宗地、基本农田保护片（块），以及基本农田图斑层等重要必选图层有无缺失。

6）重要属性字段检查

检查土地调查数据库中必填属性字段有无缺失。

7）套合精度检查

应用GIS专业软件加载地类图斑、线状地物、地类界线及土地利用要素注记等图层和影像数据，检查有无明显整体偏移情况。

8）影像数据检查

对影像数据的完整性、格式、现势性、分辨率，以及有无人为修改情况进行检查。具体检查内容如表10-1所示。

表10-1 影像数据检查内容与方法表

检查内容及要求		方法
影像数据	完整性	根据图幅理论面积与控制面积接合图表，检查行政调查区域范围内的所有图幅是否都有对应的影像数据
	格式为GEOTIFF	检查后缀名是否为.TIFF，是否带有坐标定位信息
	现势性	利用影像数据的元数据，检查产品的生产日期是否在规定范围内，影像生产日期与调查建库的时间间隔是否在规定有效年限内
	无人为修改情况	查看影像上是否有复制、模糊等情况
	分辨率、色彩和纹理能否达到判读要求	在GIS中放大到实际像素，利用其量算工具量算最小像元的长度是否在要求的范围内；其他可通过人为经验来判断

2. 一般质量问题检查

检查数据资料是否符合相关标准或规范要求，主要检查内容和方法如表10-2所示。

表10-2 一般质量问题检查内容和方法表

检查内容及要求		方法
汇总统计表	存储格式为ACCESS和EXCEL	检查后缀名是否为.MDB和.XLS
	编排格式符合规程要求	打开统计表，检查格式是否符合《第二次全国土地调查成果国家级核查资料提交要求》的要求
文字报告	存储格式为WORD	检查后缀名是否为WORD默认的文件后缀名
	内容符合相关标准要求	检查各文字报告的主要内容是否符合《第二次全国土地调查技术规程》要求
	引用的表格、数据正确且与统计表中数据一致	依据文字报告中的描述，与对应统计表中的值对照，查看两者是否一致

3. 问题处理方法

为了快速开展核查工作，确保整体工作进度，将资料检查中发现的问题细化分类解决。对于汇总统计表格式不标准，文字报告格式不正确、内容不符合要求、报告中引用数据与汇总统计表不一致等不影响核查图斑判读的一般质量问题，须对存在的问题进行记录，并在内业核查报告中进行详细说明；对存在必要文件缺失、农村土地调查数据库无法正常打开、数据格式不满足要求、数学基础错误、重要图层及属性字段缺失、套合精度不满足要求、影像数据存在问题等情况，核查单位须对检查存在的问题及时上报至全国土地调查办，由全国土地调查办与地方国土资源主管部门进行协调，要求地方及时对问题成果进行修改并重新提交，以确保地类一致性核查工作顺利开展。

二、数据库质量检查

数据库质量检查应符合《第二次全国土地调查数据库建设技术规范》的要求，具体检查内容包括基本信息、属性数据、逻辑一致性、数据接边等的检查。通过数据分析，对规律性较强的检查项，利用计算机技术，根据检查内容设定规则，通过批量检查的方式，对值域正确性、属性值正确性、逻辑一致性和数据接边等进行检查；对数据规律性较差的检查项，通过单项人工检查的方式对数据库完整性、结构正确性和命名正确性进行检查。数据库具体检查内容、方法及要求如表 10-3 所示。

表 10-3　数据库检查信息表

方法	检查项	检查内容	检查要求
人工检查	基本信息检查	完整性检查	矢量数据必选图层齐全；元数据内容齐全
		结构正确性检查	矢量数据和元数据的数据结构符合《土地利用数据库标准》要求
		命名正确性检查	图层命名符合《土地利用数据库标准》要求，其他文件命名符合《第二次全国土地调查成果国家级核查资料提交要求》的要求
批量检查	属性数据准确度检查	值域正确性检查	矢量数据中，地类名称、行政调查区域名称、宗地四至等字段中不存在"?><":= ~ #/\——*"等非法字符。地类图斑地类编码的分类体系为《土地利用现状分类》标准。属性值在规定正确取值范围之内，城镇村及工矿用地不得小于上图面积 4.0 平方毫米，耕地、园地不得小于上图面积 6.0 平方毫米，林地、草地等其他地类不得小于上图面积 15.0 平方毫米。田坎系数的值域与省级田坎系数测算表中的数值一致。元数据的属性值在标准规定的正确取值范围之内
		属性值正确性检查	属性值填写正确，如地类图斑权属性质与实地调查结果一致；属性值计算方法和结果正确，如计算面积为椭球面积，图斑地类面积 = 图斑面积 – 应扣线状地物面积 – 应扣零星地物面积 – 应扣田坎面积
	逻辑一致性检查	值域一致性检查	地类图斑层线状地物面积汇总值与线状地物层的面积汇总值一致，地类图斑层零星地物面积汇总值与零星地物层的面积汇总值一致，地类图斑汇总面积和坐落宗地面积一致，地类图斑汇总面积和坐落行政区域调查面积一致，宗地汇总面积和坐落行政区域调查面积一致
		图层内部拓扑关系检查	地类图斑、行政调查区域、宗地等面状图层内要素无相互重叠、无缝隙、无自相交。线状地物、行政区域调查界线、界址线等线状图层内要素无自相交、无相互重叠、无冗余点、无悬挂点、无伪节点。零星地物、界址点等点状图层内要素无相互重叠
		图层之间拓扑关系检查	地类界线必须是地类图斑的边界。地类图斑不能跨越行政区边界。线状地物不能穿越地类图斑。零星地物坐落在地类图斑内部。界址线为宗地的边界。界址点为界址线的端点
		碎片检查	矢量面层不存在碎面、矢量线层不存在碎线
	数据接边检查		相邻图形要素不存在缝隙和重叠现象，相邻要素属性的一致性

三、面积汇总检查

应用GIS软件，以县级行政调查区域为单位，采用椭球面积计算公式，重新计算并汇总各地类面积，与地方上报的农村土地利用现状汇总表数据进行对比，检查数据库汇总数据与上报汇总表数据是否一致，制作面积汇总检核表。检查内容主要包括土地利用现状一、二级分类面积、耕地坡度分级面积、土地利用现状不同权属性质面积等。对于面积汇总检查存在问题但不影响图斑地类一致性核查等后续工作的，将问题详细记录在内业核查报告中。

四、图斑核查

图斑核查，是指在同一地理坐标系下，将农村土地调查数据库中地类图斑层与影像数据套合，依据核查解译标志，通过目视判读的方式，对比检查数据库地类与影像判读地类的一致性，对不一致的视为疑问图斑，制作图斑一致性核查记录表，如表10-4所示。提取疑问图斑并依据核查类型进行分类统计。图斑核查工作主要包括数据预处理、图斑检查及疑问图斑提取等环节。

表10-4 图斑一致性核查记录表

序号	原图斑标识码	内业核查										地方复核		外业核查		备注
		图幅号	疑问图斑编号	权属名称	权属代码	所属图斑号	数据库地类编码	判读地类编码	问题及说明	疑问类型编号	疑问图斑面积	复核结果	是否正确	外业核实地类	是否正确	
1	2	3	4	5	6	7	8	9	10	11	12	13	14	15	16	17

（一）数据预处理

1. 创建疑问图层

疑问图层包括疑问图斑层和疑问线状地物层。疑问图斑层为面状图层，疑问线状地物层为线状图层。同一核查区域的两个疑问图层应为同一地理坐标系统。利用GIS软件，根据核查区域地理坐标系统，创建疑问图层。

依据地类一致性核查工作中对疑问图斑及疑问线状地物属性信息的要求，定义疑问图层字段名称、字段类型及字段长度等，形成疑问图斑及疑问线状地物层。具体属性结构如表10-5和表10-6所示。

表10-5 疑问图斑属性结构表（表名：YWTB）

序号	字段名称	字段代码	字段类型	字段长度	小数位数	备注
1	标识码	BSM	Int	10		
2	原标识码	YBSM	Int	10		对应图斑的标识码
3	图幅号	TFH	Char	19		
4	数据库地类	SJKDL	Char	4		
5	判读地类	PDDL	Char	4		
6	疑问类型编号	YWLXBH	Long	4		

续表

序号	字段名称	字段代码	字段类型	字段长度	小数位数	备注
7	疑问图斑编号	YWTBBH	Long	4		
8	疑问图斑面积	YWTBMJ	Float	15	2	单位：平方米
9	问题及说明	WTSM	Char	50		
10	权属名称	QSMC	Char	60		
11	权属代码	QSDM	Char	19		
12	所属图斑号	SSTBH	Char	8		
13	批准文号	PZWH	Char	50		
14	位置是否正确	WZSFZQ	Char	1		
15	批准面积	PZMJ	Float	15	2	
16	复核结果	FHJG	Char	4		
17	是否正确	SFZQ	Char	1		
18	复核说明	FHSM	Char	50		
19	外业核实结果	WYHSJG	Char	4		
20	外业核实说明	WYHSSM	Char	50		
21	备注	BZ	Char	50		

表 10-6 疑问线状地物属性结构表（表名：YWXZDW）

序号	字段名称	字段代码	字段类型	字段长度	小数位数	备注
1	标识码	BSM	Int	10		
2	原标识码	YBSM	Int	10		对应线状地物的标识码
3	图幅号	TFH	Char	19		
4	疑问线状地物编号	YWXZDWBH	Char	4		
5	数据库地类	SJKDL	Char	4		
6	判读地类	PDDL	Char	4		
7	疑问类型编号	YWLXBH	Long	4		
8	问题及说明	WTSM	Char	50		
9	权属名称	QSMC	Char	60		
10	权属代码	QSDM	Char	19		
11	所属线状地物编号	SSXZDWBH	Char	8		
12	量算宽度	LSKD	Float	15	1	单位：米
13	数据库宽度	SJKKD	Float	15	1	单位：米
14	长度	CD	Float	15	1	单位：米
15	疑问线状地物面积	YWXZDWMJ	Float	15	2	单位：平方米
16	复核结果	FHJG	Char	4		
17	是否正确	SFZQ	Char	1		

续表

序号	字段名称	字段代码	字段类型	字段长度	小数位数	备注
18	复核说明	FHSM	Char	50		
19	外业核实结果	WYHSJG	Char	4		
20	外业核实说明	WYHSSM	Char	50		
21	备注	BZ	Char	50		

2. 提取“批而未用”图斑和“补测地物”图斑

在地类图斑层中，通过“批准文号”字段属性，筛选出有规范批准文号的记录，并在对应的“图斑编号”字段内容前添加字母“P”，导出单独“批而未用”图斑层，用于后续“批而未用”图斑核查。

在地类图斑层中，筛选出“图斑编号”前带有字母“B”（补测地物）的图斑，并导出“补测地物”图斑层，用于后续“补测地物”图斑核查。

3. 影像数据处理

同时具有国家下发和地方提交两套影像数据的，原则上使用国家下发影像开展内业核查工作。正射影像处于不同分带的，须进行跨带处理，将其统一到同一分带中。

4. 数据套合显示

应用 GIS 软件，将正射影像图与地类图斑、标准图幅、行政调查区域调查界线及疑问图层叠加并符号化显示。地类图斑设置显示外边框，图斑不填充，标注地类编码，以利于图斑检查过程中同时参考影像特征及图斑信息，辅助图斑核查工作。

（二）图斑检查方法

按照“不遗漏任何一个疑问图斑”的原则，对地类图斑层进行检查，提取满足图斑最小上图面积的疑问图斑。以图幅为单位，采用“从左到右，从上到下”的检查方式，逐图斑目视判读影像，检查图斑地类认定是否正确、图斑界线是否移位，提取疑问图斑。其中，城乡结合部、乡（镇）周围、公路两侧等是检查的重点区域。

（三）疑问图斑提取标准

部分同一级类内的二级地类变化图斑，原则上不进行疑问图斑提取，即数据库地类和影像判读地类的一级地类编码同为耕地 (01)、园地 (02)、林地 (03) 和城镇村及工矿用地 (20) 时，不提取疑问图斑。

疑问图斑最小提取面积标准：城镇村及工矿用地的疑问图斑最小提取面积为 3 亩，耕地疑问图斑最小提取面积为 5 亩，园地、林地、草地等其他地类的疑问图斑最小提取面积为 8 亩。提取方法为：一是图斑地类认定整体存在疑问时，即图斑地类与影像特征整体不一致的，复制图斑到疑问图斑层，并记录判读地类的编码；二是图斑地类认定部分存在疑问时，即图斑部分与影像特征不一致的，在疑问图层中沿影像勾绘出不一致部分，并记录判读地类的编码。

当核查区域存在很多共性疑问图斑时，应逐图斑提取，并列入“共性问题图斑记录表”如表 10-7 所示，不计入疑问图斑个数和面积统计。在县级核查报告中单独对共性问题进行说明，并列出共性问题的类型，涉及的图幅数、图幅号、图斑个数、面积及对应的共性问题图斑编号。关于共性问题类型举例如下：

（1）铁路、公路、河流、沟渠等双线地物，影像上没有或综合过大的（图斑个数大于等于 10 个，按共性问题图斑提取，否则按疑问图斑提取）。

（2）数据库为滩涂，影像明显为耕地的（图斑个数大于等于30个，按共性问题图斑提取，否则按疑问图斑提取）。

（3）平原地区，出现大量的、大面积的其他草地的（大于等于30个，按共性问题图斑提取，否则按疑问图斑提取）。

（4）数据库地类为农用地，影像判读地类为建设用地的（单个图斑面积大于等于30亩，图斑个数大于等于10个，按共性问题图斑提取，否则按疑问图斑提取）。

（5）数据库地类为水工建筑用地，影像判读地类为耕地或农用地的（宽度大于等于40米，图斑个数大于等于10个，按共性问题图斑提取，否则按疑问图斑提取）。

共性问题图斑提取时从一条路或河流角度出发，每一条路或河流可以提为一类共性问题；对于湖滩、沿海滩涂、水库这类集中连片的地物，提共性问题时，从集中连片角度出发，一片或多片可以提为一类共性问题；同一共性问题所有图斑必须数据库地类相同、影像判读地类基本一致。

表 10-7　共性问题图斑记录表

类型号	内业核查										地方复核		外业核查		备注
	图幅号	疑问图斑编号	权属名称	权属代码	所属图斑号	数据库地类编码	判读地类编码	问题及说明	疑问类型编号	疑问图斑面积	复核结果	是否正确	外业核实地类	是否正确	
1	2	3	4	5	6	7	8	9	10	11	12	13	14	15	16

（四）疑问图斑分类

为了更直观地体现内业核查提取图斑的疑问类型情况，根据虚报建设用地及瞒报耕地的核查重点，以及地方可能存在的人为修改地类情况，将核查疑问图斑进行了系统分类。

疑问图斑的分类是依据影像判读地类和数据库地类的不同类型，结合土地利用现状分类与三大类对照表，对疑问图斑进行分类。具体分类如表10-8所示。

表 10-8　疑问图斑分类表

疑问类型编号	数据库地类	影像判读地类	疑问类型说明
T01	城镇村及工矿用地	耕地	数据库中为城镇村及工矿用地，影像图为耕地
T02	其他建设用地	耕地	数据库中为交通或水利设施用地，影像图为耕地
T03	城镇村及工矿用地	农用地或其他地类	数据库中为城镇村及工矿用地，影像图为园地、林地、草地或其他农用地
T04	其他建设用地	农用地或其他地类	数据库中为交通或水利设施用地，影像图为园地、林地、草地或其他农用地
T05	未利用地	耕地	数据库中为未利用地或其他土地，影像图为耕地
T06	未利用地	农用地或其他地类	数据库中为未利用地或其他土地，影像图为园地、林地、草地或其他农用地

续表

疑问类型编号	数据库地类	影像判读地类	疑问类型说明
T07	城镇村及工矿用地	未利用地	数据库中为城镇村及工矿用地，影像图为未利用土地或其他土地
T08	其他建设用地	未利用地	数据库中为交通或水利设施用地，影像图为未利用土地或其他土地。
T09	农用地或其他地类	耕地	数据库中为园地、林地、草地或其他农用地，影像图为耕地
T10	其他		
填写说明： 1. 其他建设用地包含地类编码为 101/102/105/106/107/113/118 的地类。 2. 农用地其他地类包含地类编码为 02/03/041/042/104/114/117/122/123 的地类。 3. 未利用地包含地类编码为 111/112/115/116/119/043/124/125/126/127 的地类。			

注：表中的数字为土地利用现状分类标准二级类编码，下同。

通过对疑问图斑进行特征分析，总结规律性问题，疑问图斑除了以上疑问类型，还存在新增铁路类型、新增公路类型，以及推平（土）未建。对于“新增铁路及新增公路”类型特征图斑，整图斑提取；“推平（土）未建”类型特征图斑，需分割图斑。以上三种疑问类型图斑不参与疑问图斑分类型、分地类面积统计分析，单独在报告中对其图斑总个数及总面积进行统计分析。

（五）检查结果汇总与分析

通过图斑检查、疑问图斑提取及对疑问图斑数据汇总分析，制作疑问图斑面积分类型统计表与疑问图斑面积分地类统计表，具体如表 10-9 与表 10-10 所示。根据疑问图斑数据汇总，总结各类型疑问图斑数量占总体疑问图斑数量比例，各类型疑问图斑面积占总体疑问图斑面积比例，同时分析疑问图斑分布区域，为后续相关核查工作提供参考数据。

表 10-9　疑问图斑面积分类型统计表　　单位：公顷

疑问类型	数据库地类	影像地类	疑问图斑数量	所占疑问图斑数量百分比 / %	疑问图斑面积	所占疑问面积百分比 / %
T01	城镇村及工矿用地	耕地				
T02	其他建设用地	耕地				
T03	城镇村及工矿用地	农用地或其他地类				
T04	其他建设用地	农用地或其他地类				
T05	未利用地	耕地				
T06	未利用地	农用地或其他地类				
T07	城镇村及工矿用地	未利用地				
T08	其他建设用地	未利用地				
T09	农用地其他地类	耕地				
T10	其他类型					
合　计						

表 10-10 疑问图斑面积分地类统计表 单位：公顷

判读地类 数据库地类	耕地	园地	林地	草地	城镇村及工矿用地	交通运输用地	水域及水利设施用地	其他土地	合计
耕地									
园地									
林地									
草地									
城镇村及工矿用地									
交通运输用地									
水域及水利设施用地									
其他土地									
合计									

五、线状地物核查

（一）检查方法

对照正射影像图，结合地类影像解译标志，查看线状地物与对应影像的位置关系，检查线状地物有无丢漏、错判、移位，数据库标注宽度与影像宽度是否一致，提取判断存在疑问的线状地物到疑问线状地物层，并填写线状地物检查记录表，格式如表 10-11 所示。

（1）线状地物存在丢漏时，在疑问线状地物图层沿影像进行勾绘，记录疑问类型编号、线状地物的判读地类编码和宽度。

（2）线状地物错判时，复制原线状地物到疑问线状地物层，记录疑问类型编号和判读地类编码。

（3）线状地物增加或位置与影像不一致时，复制原线状地物到疑问线状地物层，记录疑问类型编号。

（4）线状地物宽度与影像所示宽度不一致时，复制原线状地物到疑问线状地物层，记录疑问类型编号和线状地物的宽度。

（5）疑问线状地物提取后，以全辖区为单位，从左到右、从上到下的顺序统一编号。

表 10-11 线状地物检查记录表

序号	原图斑标识码	内业核查													地方复核		外业核查		备注
		图幅号	疑问图斑编号	权属名称	权属代码	所属图斑号	数据库地类编码	判读地类编码	问题及说明	疑问类型编号	量算宽度	数据库宽度	长度	疑问图斑面积	复核结果	是否正确	外业核实地类	是否正确	
1	2	3	4	5	6	7	8	9	10	11	12	13	14	15	16	17	18	19	20
…																			

（二）疑问类型分类

根据影像特征、线状地物数据库地类与宽度，对线状地物存在丢漏、错判、移位等情况，分析归纳形成六种线状地物疑问类型，具体如表 10-12 所示。

表 10-12　线状地物疑问类型表

疑问类型	疑问类型说明
X01	影像上明显存在，数据库中未标示的线状地物
X02	影像上不存在，数据库中标示为线状地物
X03	数据库中线状地物位置与影像上位置不一致
X04	数据库中线状地物宽度与影像上量算的宽度不一致
X05	数据库地类与影像判读地类不一致
X06	其他类型

六、“补测地物”图斑核查

“补测地物”图斑检查方法与前面介绍的图斑核查方法一致，按照疑问图斑提取标准，提取影像判读地类与数据库地类不一致部分，需分割图斑。不参与特征疑问图斑统计，但需要单独统计与影像判读地类不一致的图斑数量和面积，最终在县级核查报告中说明，制作“补测地物”图斑一致性核查记录表，格式如表 10-13 所示。

表 10-13　“补测地物”图斑一致性核查记录表

序号	原图斑标识码	内业核查										地方复核		外业核查		备注
		图幅号	疑问图斑编号	权属名称	权属代码	所属图斑号	数据库地类编码	判读地类编码	问题及说明	疑问类型编号	疑问图斑面积	复核结果	是否正确	外业核实地类	是否正确	
1	2	3	4	5	6	7	8	9	10	11	12	13	14	15	16	17

七、基本农田核查

基本农田是按照一定时期人口和社会经济发展对农产品的需求，依据土地利用总体规划确定不得占用的耕地。基本农田核查是国家级核查工作的组成部分。通过开展基本农田核查，判定依法划定的基本农田保护地块是否落实到土地利用现状图上，为国家准确掌握基本农田地块的位置、分布及利用状况提供基础数据。

依据《第二次全国土地调查成果国家级核查技术规定》、《第二次全国土地调查基本农田调查技术规程》，以及基本农田相关法律、法规等，按照基本农田核查要求，采用人机交互检查、重新汇总比对、叠加提取比对等方法对基本农田的调查情况进行分析，检查基本农田属性数据及数据汇总情况。具体检查内容与方法如表 10-14 所示。

表 10-14　基本农田核查内容及方法

检查内容		检查方法
图层数据	图层命名检查	人机交互检查法
	属性数据准确性检查	
	逻辑一致性检查	
汇总数据	汇总数据与上报数据一致性检查	重新汇总比对法
	汇总数据与基本农田地块内地类面积数据一致性检查	叠加提取比对法

（一）基本农田调查情况分析

对地方提交的基本农田调查报告、图层数据、汇总表格等检查并分析，记录基本农田调查所采用的原始图件类型、合法性，采用的上图方法等情况。

（二）图层数据检查

1. 图层命名检查

依据《第二次全国土地调查基本农田调查技术规程》，检查基本农田保护数据层命名是否正确，图层是否命名为基本农田保护片（块）与基本农田图斑层。

2. 属性数据准确性检查

依据《第二次全国土地调查基本农田调查技术规程》和《中华人民共和国行政区划代码》，检查基本农田保护片（块）层中保护片（块）编号（BHPKBH）字段值，是否为“行政区代码+保护片（块）号（4位数字顺序码）”，行政区代码在现有行政区划代码的基础上扩展到行政村级，即县以上行政区划代码（6位）+乡级代码（3位）+村级代码（3位），检查是否存在漏掉或重复编号情况；检查基本农田图斑层中基本农田图斑编号（JBNTTBBH）字段值，是否为“保护片（块）编号+基本农田图斑号”组成。

3. 逻辑一致性检查

检查基本农田数据图层内部属性一致性、图层间值域一致性、图层内部拓扑关系，以及图层间拓扑关系正确性。如基本农田保护片(块)层内多边形无自相交、无重叠，基本农田图斑在基本农田保护片(块)范围内。

（三）汇总数据检查

1. 汇总数据与上报数据一致性检查

利用重新汇总比对方法，重新计算农村土地调查数据库中基本农田保护片(块)面积，以县为单位，形成基本农田汇总数据，与地方上报基本农田汇总表格数据对比，检查两者一致性。

2. 基本农田保护片(块)层与地类图斑层逻辑一致性检查

将基本农田保护片(块)层与地类图斑层叠加分析，自动检查基本农田保护片(块)层与地类图斑层的地类及面积的一致性。

通过对基本农田各项内容检查，制作基本农田调查成果检查记录表，具体表格格式如表10-15所示。

表 10-15　基本农田调查成果检查记录表

<table>
<tr><td colspan="7">一、技术审查</td></tr>
<tr><td colspan="7">(一)成果齐全性检查</td></tr>
<tr><td colspan="3">资料内容</td><td colspan="2">有/无</td><td colspan="2">备注</td></tr>
<tr><td rowspan="2">1. 数据库成果</td><td colspan="2">基本农田片(块)层</td><td colspan="2"></td><td colspan="2"></td></tr>
<tr><td colspan="2">基本农田图斑层</td><td colspan="2"></td><td colspan="2"></td></tr>
<tr><td rowspan="2">2. 汇总表</td><td colspan="2">基本农田调查汇总表</td><td colspan="2"></td><td colspan="2"></td></tr>
<tr><td colspan="2">基本农田补划面积汇总表</td><td colspan="2"></td><td colspan="2"></td></tr>
<tr><td>3. 报告</td><td colspan="2">基本农田调查报告</td><td colspan="2"></td><td colspan="2"></td></tr>
<tr><td colspan="7">(二)属性检查</td></tr>
<tr><td>检查内容</td><td>是/否</td><td colspan="5">情况说明(否的填写)</td></tr>
<tr><td>1. 基本农田数据库是否符合建库要求</td><td></td><td colspan="5"></td></tr>
<tr><td>2. 面积检查是否一致</td><td></td><td colspan="5"></td></tr>
<tr><td>3. 补划是否全为耕地</td><td></td><td colspan="5"></td></tr>
<tr><td>4. 是否扣除田坎系数</td><td></td><td colspan="5"></td></tr>
<tr><td>5. 土地利用数据库图层与基本农田图层是否一致</td><td></td><td colspan="5"></td></tr>
<tr><td colspan="7">二、政策审查</td></tr>
<tr><td colspan="3" rowspan="2">1. 补划中有不是耕地的是否认可</td><td colspan="2">是</td><td colspan="2">否</td></tr>
<tr><td colspan="2"></td><td colspan="2"></td></tr>
<tr><td colspan="3" rowspan="2">2. 指标是否一致</td><td colspan="2">是</td><td colspan="2">否</td></tr>
<tr><td colspan="2"></td><td colspan="2"></td></tr>
<tr><td colspan="3" rowspan="2">3. 基本农田图斑地类是否确认</td><td>是</td><td>否</td><td>否的地类</td><td>否的面积</td></tr>
<tr><td></td><td></td><td></td><td></td></tr>
</table>

八、“批而未用”图斑核查

依据用地批复文件(须为县级以上人民政府盖章批复的合法有效扫描件)和相关扫描图件，对照影像及提取的“批而未用”图斑，采用目视判读的方法，检查“批而未用”图斑的位置和四至范围是否与用地批复文件及相关图件一致，并在图斑检查记录表中记录检查其结果，格式如表 10-16 所示。具体检查方法与内容如下：

(1)“批而未用”图斑，地方提供了对应矢量数据和坐标文件资料，若资料与调查成果比例尺相同，直接将原有的矢量数据和地类图斑层套合检查；若比例尺不同，则对照原有矢量数据和地类图斑层，寻找同名地物点进行检查。

(2)地方只提供了扫描图件，对照扫描图件和影像图，根据相关位置找到同名地物点进行检查。

(3)既无矢量数据也无图件资料，只有批复文件时，首先检查批复文件扫描件的有效性，包括批准文号、批文年份、批准单位、批文级别，再根据批文中有关位置及面积的描述检查“批而未用”图斑位置的正确性。

（4）无任何资料则如实记录相应情况。

内业核查中“批而未用”图斑整图斑提取，不进行分割。“批而未用”图斑核实结果单独列表统计，并根据核查情况分别进行汇总。

表 10-16　“批而未用”图斑核查记录表

图斑基本情况							有效性检查								地方复核情况说明	备注
序号	原标识码	图斑编号	权属名称	座落名称	数据库批准文号	图斑面积	批文名称	批准面积	图件类型	批文扫描件批准文号	批文年份	批准单位	批文级别	批文位置		
1	2	3	4	5	6	7	8	9	10	11	12	13	14	15	16	17

九、内业核查成果汇总

内业核查成果包括阶段性成果及汇总分析成果。阶段性成果包括资料检查、数据库质量检查、面积汇总检查、基本农田核查、地类一致性核查各阶段成果；汇总分析成果主要包括疑问面积汇总统计表、疑问图斑（含线状地物）分布图和内业核查报告。具体内容如表 10-17 所示。

表 10-17　内业核查成果表

成果类型	作业阶段	成果内容	成果格式
阶段性成果	资料检查	资料检查记录表	表格
	数据库质量检查	数据库质量检查记录表	表格
	面积汇总检查	面积汇总检核表	表格
	基本农田核查	基本农田调查成果检查记录表	表格
	地类一致性核查	疑问图斑层	矢量
		疑问线状地物层	矢量
		图斑一致性核查记录表	表格
		线状地物的一致性核查记录表	表格
汇总分析成果	汇总与分析	疑问面积分类型统计表	表格
		疑问面积分地类统计表	表格
		农村土地调查数据库地类核查统计汇总表	表格
		全辖区疑问图斑分布图	图件
		标准分幅疑问图斑分布图	图件
		内业核查报告	文字报告

内业核查成果按数据格式分又可分为矢量成果、表格成果、图件成果及文字报告成果。其成果格式及内容如下：

（一）矢量成果

内业核查矢量成果数据为 MDB 格式，其主要包括疑问图斑层及疑问线状地物层。

（二）表格成果

填写表格成果时，应注意面积单位有效位数。图斑面积单位为公顷时保留 2 位小数，单位为亩时保留 1 位小数；相对值计算公式为：(计算机汇总面积 – 上报面积)/ 上报面积)；填写比例时保留 1 位小数。主要表格内容包括：

（1）图斑一致性核查记录表 .xls。

（2）“补测地物”图斑一致性核查记录表 .xls。

（3）“批而未用”图斑核查记录表 .xls。

（4）共性问题图斑记录表 .xls。

（5）线状地物一致性核查记录表 .xls。

（6）不同权属性质面积汇总检核表 .xls。

（7）土地利用现状一、二级分类面积汇总检核表 .xls。

（8）土地调查数据库地类核查统计汇总表 .xls。

（9）疑问图斑面积分地类统计表 .xls。

（10）疑问图斑面积分类型统计表 .xls。

（11）耕地坡度分级面积汇总检核表 .xls。

（12）基本农田面积汇总检核表 .xls。

（13）基本农田调查成果检查记录表 .xls。

（14）海岛土地利用现状一、二级分类面积检核表 .xls。

（三）图件成果

内业核查图件成果数据包括县级调查区域疑问图斑分布图和标准分幅疑问图斑分布图，主要为 GEOTIFF 格式。具体制作方法如下：

1. 县级调查区域疑问图斑分布图制作

全辖区疑问图斑分布图以县级行政调查区域为单位制作。制图比例尺根据制图范围大小确定，以图上表示内容清晰可读为原则。

1）图面内容

县级调查区域疑问图斑分布图主要用以反映县级调查区域范围内所有疑问图斑分布情况。图面内容包括：疑问图斑界线、地类图斑界线、主要线状地物、县界、乡镇界、村界、标准分幅图廓线、地名注记、图幅号等。

2）制图要求

疑问图斑依据疑问类型色标填充表示，如图 10-4 所示。县界、乡（镇）界和村界以各级行政调查区域（行政区）符号表示。为了突出表示疑问图斑位置及信息，地类图斑边线（界线）淡化显示，除疑问图斑外的其他矢量数据不填充颜色和标注注记。图面标注内容要求不重叠、不压盖、注重清晰可读、美观。图面整饰显示图名、比例尺、图幅号、图例、制图单位及制图时间。

图　例

疑问类型	色标	疑问类型说明	RGB
T01		城镇村及工矿用地，影像为耕地	255, 0, 0
T02		交通或水利设施用地，影像为耕地	255, 0, 255
T03		城镇村及工矿用地，影像为园地、林地、草地或其他农用地	0, 204, 76
T04		交通或水利设施用地，影像为园地、林地、草地或其他农用地	151, 215, 0
T05		未利用土地或其他土地，影像为耕地	255, 255, 0
T06		未利用土地或其他土地，影像为园地、林地、草地或其他农用地	255, 190, 0
T07		城镇村及工矿用地，影像为未利用土地或其他土地	204, 178, 127
T08		交通或水利设施用地，影像为未利用土地或其他土地	127, 135, 255
T09		园地、林地、草地或其他农用地，影像为耕地	163, 0, 255
T10		其他类型	255, 190, 232
T11		补测地物	0, 197, 255
T12		批而未用（无疑问）	230, 76, 0
T12		批而未用（有疑问）	230, 76, 0

图 10-4　疑问图斑图例

县级调查区域疑问图斑分布图图面要素表示方法如表 10-18 所示。

表 10-18　图面要素表示方法

图面要素		表示方法
疑问图斑		按疑问类型色标填充
原数据库图斑地类界		青翎灰色，线宽度 0.1 毫米，图斑不填色
半依比例尺的线状地物	铁路	黑色表示，线宽度 0.15 毫米
	公路	红色，线宽度 0.15 毫米
	农村道路	红色虚线，线宽度 0.15 毫米
	河流	蓝色，线宽度 0.15 毫米
县界、乡（镇）界		使用相应符号表示，黑色，县界线宽 0.4 毫米，乡、镇界线宽 0.3 毫米，村界线宽为 0.2 毫米
标准分幅图廓线		黑色，线宽度为 0.15 毫米
名称注记		宋体、黑色，字体大小根据图幅尺寸确定。以能清晰辨识，尽量不压盖图面线划为原则
图例		包含各疑问类型代码、颜色标识及各疑问类型说明

3）制图方法

应用 GIS 软件，叠加套合疑问图斑、图廓、地类图斑及行政区域调查界线等编辑成图。

首先依据行政区域调查界线整体范围及出图纸张大小的约束确定出图比例尺，同时根据出图比例尺适当调节图面显示要素的大小，各要素间要求不压盖，图面清晰、易读、美观。然后进行图幅整饰并出图，图件输出时分辨率设置为300dpi。

2. 标准分幅图疑问图斑分布图制作

以标准分幅图为单位，叠加疑问图斑、行政区域调查界线及正射影像数据制作的图件成果。

1）图面内容

标准分幅疑问图斑分布图图面内容包括：疑问图斑界线、地类图斑界线、疑问线状地物、行政区域调查界线、标准分幅图廓线、地名注记、疑问图斑编号、地类编码。

2）制图要求

疑问图斑边线按照疑问类型色标表示，如图10-4所示。县界、乡（镇）界和村界以各级行政区符号表示，地类图斑边线淡化并标注地类编码，疑问线状地物统一采用红色边线并标注疑问类型编号。图面标注内容要求不重叠、不压盖、注重清晰可读、美观。图面整饰时显示图名、比例尺、图幅号、图例、制图单位及制图时间。

3）制图方法

叠加套合需要出图的矢量数据及正射影像图，根据出图要求对各要素进行符号化并标注，完成图面整饰并出图，图件输出时分辨率设置为300dpi。

（四）文字报告成果

内业核查文字报告为Word格式，主要内容包括核查任务的总体情况、资料检查、数据库质量检查、面积汇总检查、影像分析、地类一致性核查及基本农田核查情况，以县为单元（单位），编写内业核查报告，具体内容如下：

（1）总体情况：核查时间、核查对象、核查范围及数量、核查内容与方法等。

（2）资料检查：资料清单、数据格式、套合准确程度、资料处理情况等。

（3）数据库质量检查：数据库基本信息、属性数据、逻辑一致性、数据接边检查结果等。

（4）面积汇总检查：数据库中图斑、线状地物数量，汇总面积对比分析情况。

（5）影像特征分析：影像类型、质量、时相，核查区域的主要地形、地貌特征、主要地类及分布、主要地类影像解译标志建立情况。

（6）数据汇总分析：疑问面积按类型分析、统计图、表，并用文字表述数据库中图斑地类与影像判读地类差异的主要情况和原因；汇总共性问题的类型，涉及的图幅数、图幅号、图斑个数、面积及对应的共性问题图斑编号等。

（7）基本农田核查：基本农田调查情况、基本农田保护图层和数据汇总情况。

（8）内业核查意见：对数据库质量检查、面积汇总检查、地类一致性检查中存在的规律性问题进行归纳、总结，形成内业核查意见。

第四节　地方复核

为保证土地调查数据库的准确性，依据内业核查结果，地方组织开展复核工作，进一步修改完善数据库成果，经省级检查合格后将地方复核成果上报至全国土地调查办，并由全国土地调查办组织核查队伍对其进行检查。具体工作流程如图10-5所示。

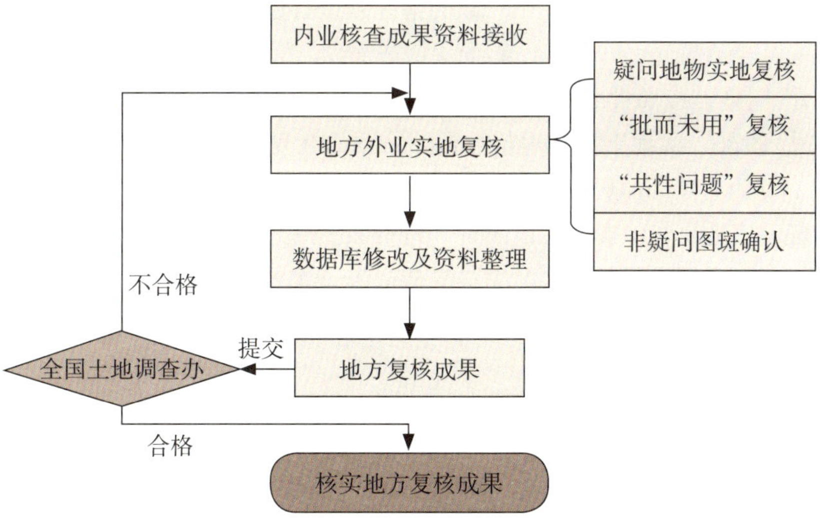

图 10-5　地方复核工作流程图

一、复核方法与要求

依据《国务院第二次全国土地调查领导小组办公室关于报送县级土地调查地方复核成果的通知》（国土调查办发〔2009〕17 号），各县（区、市）土地调查办公室组织对接收的全国土地调查办公室内业核查结果资料进行检查并在规定的时间内完成地方复核工作。主要复核任务有：

（一）外业实地复核

根据国家下发的内业核查结果，地方组织开展对疑问地物（包括疑问图斑和疑问线状地物，下同）复核确认工作。主要包括：疑问地物复核、“批而未用”图斑复核、“共性问题”图斑复核、非疑问图斑确认等。

1. 疑问地物复核

依据内业核查结果，定位疑问地物开展外业实地复核，确认疑问地物位置、范围、地类，拍照并记录复核结果。

2. “批而未用”图斑复核

检查“批而未用”图斑对应的批准文件是否合法有效，并提供对应扫描文件；确认图斑实地位置，包括图斑范围及面积、实际使用情况，并记录检查结果。

3. “共性问题”图斑复核

依据相关审批文件及实地确认情况，检查共性问题图斑地类、范围及面积等，记录复核结果。

4. 非疑问图斑确认

非疑问图斑指内业核查结果中未指出存在疑问，地方对其修改的图斑。地方调查人员对此类图斑进行外业实地核实确认，确定图斑位置、范围、面积及地类等，记录复核结果。

（二）数据库修改及资料整理

依据内业核查结果及外业实地复核结果的记录，开展数据库修改及资料整理工作。其中包括外业复核表格信息录入、修改数据库属性、检查表格与矢量数据一致性、整理实地照片与扫描文件、数据库质量检查等内容。

（1）疑问地物，经实地确认与数据库不一致的情况须进行数据库修改，提供对应实地照片及相关说明信息。

（2）“批而未用”图斑，按照批准文号整理扫描文件资料，并完善数据库属性信息。

（3）“共性问题”图斑，实地土地利用与数据库一致的在复核报告中说明，对于不一致的情况进行地块属性信息修改，作为非疑问图斑上报。

（4）非疑问图斑，实地复核确实存在错误时，进行数据库修改并整理对应实地照片。

（5）复核报告，地方根据实际复核情况编写复核报告，主要内容包括复核情况概述、地方复核技术方法、复核情况及数据分析、主要成果、质量控制、问题及建议和结论等。

二、成果内容与要求

（一）成果内容

地方复核成果主要包括数据库、表格、文字报告、图件、数据库质量检查及其他成果，具体内容如下：

1. 县级土地调查数据库

县级土地调查数据库是地方复核修改后的数据库成果，主要包括原始矢量数据格式成果、标准数据交换格式成果、元数据和权属代码表等。

2. 表格成果

（1）××县（区、市）图斑一致性核查记录表。

（2）××县（区、市）非疑问图斑一致性核查记录表。

（3）××县（区、市）“批而未用”图斑核查记录表。

3. 文字报告

××县（区、市）第二次全国土地调查成果地方复核报告。

4. 图件成果

（1）地方复核实地照片。

（2）扫描图件。

5. 数据库质量检查结果

数据库质量检查结果 DCB 文件。

6. 其他成果

（1）地方复核成果资料清单。

（2）其他地方复核的相关资料。

（二）成果要求

1. 土地调查数据库

根据内业核查意见及复核结果，修改完善土地调查数据库成果，修改后的土地调查数据库应通过数据质量检查，并重新汇总统计各项数据后提交。

（1）农村土地调查数据库只提交矢量数据成果。

（2）矢量数据提交格式为 VCT、MDB 或 SHAPE。

依据《关于报送第二次全国土地调查县级调查成果的通知》（国土调查办发〔2008〕62 号），原则上一个完整的县级行政辖区提交一个 VCT 文件，并提交描述矢量数据的元数据，格式为 XML。由于各地实际工作中采用的入库软件不同，矢量数据成果提交格式为 VCT、MDB、SHAPE 均可。

2. 表格成果

各表格成果应在格式上与全国土地调查办提供的表格保持一致，不得增加或删除表头中的行或列，并依据“填表说明”进行填写。

经地方复核后的疑问图斑，需在“图斑一致性核查记录表”和“批而未用”图斑核查记录表中填写“复核情况说明”。经地方复核后修改的非疑问图斑单独填写“非疑问图斑一致性核查记录表”。

3. 图件成果

图件成果主要包括地方复核图斑的实地照片和扫描文件等。

所有疑问图斑原则上均需提交复核照片，照片为 JPG 格式，文件命名格式为“疑问图斑编号 + FH”。复核照片应与疑问图斑一一对应。地方复核确认已修改的疑问图斑可不提交复核照片，对于“新增道路”类型疑问图斑、连片的同一类型疑问图斑，在确保清楚描述问题原因及现状的前提下，需逐一实地核实，可不逐一拍照。

扫描文件主要包括“批而未用”图斑土地审批相关资料扫描文件，格式为 JPG。

4. 地方复核报告

根据地方复核的实际情况编写地方复核报告。地方复核报告主要包括复核情况概述、地方复核技术方法、复核情况及数据分析、主要成果、质量控制、问题及建议和结论等。报告提交为 WORD 格式。

5. 数据库质量检查结果

修改完善后的土地调查数据库成果需满足数据库成果质量检查要求，形成数据库质量检查结果 DCB 文件。

6. 其他成果

包括地方复核成果资料清单及其他地方复核的相关资料。

第五节　核实地方复核成果

依据内业核查结果与地方复核成果，全国土地调查办组织内业核查专业技术队伍对地方复核结果进行再核查。主要工作包括检查疑问图斑是否修改到位、结合地方提交材料分析判断未修改图斑是否合理、修改非疑问图斑是否合理等，为后续外业核查工作提供数据分析参考资料。具体核实工作流程如图 10-6 所示。

一、成果规范性检查

成果规范性检查主要针对地方复核成果中的地方复核报告、实地照片及上报表格开展的检查工作，其目的是为保证核实地方复核成果工作的顺利开展。检查内容如下：

（1）检查地方复核报告是否按要求编写、格式是否规范、内容是否齐全。

（2）检查复核照片编号是否规范，编号方式为“疑问图斑编号 +FH.jpg”，并是否与疑问图斑一一对应。

（3）检查图斑一致性核查记录表、“批而未用”图斑核查记录表等表格数据填写是否正确、规范，表格填写是否符合要求。

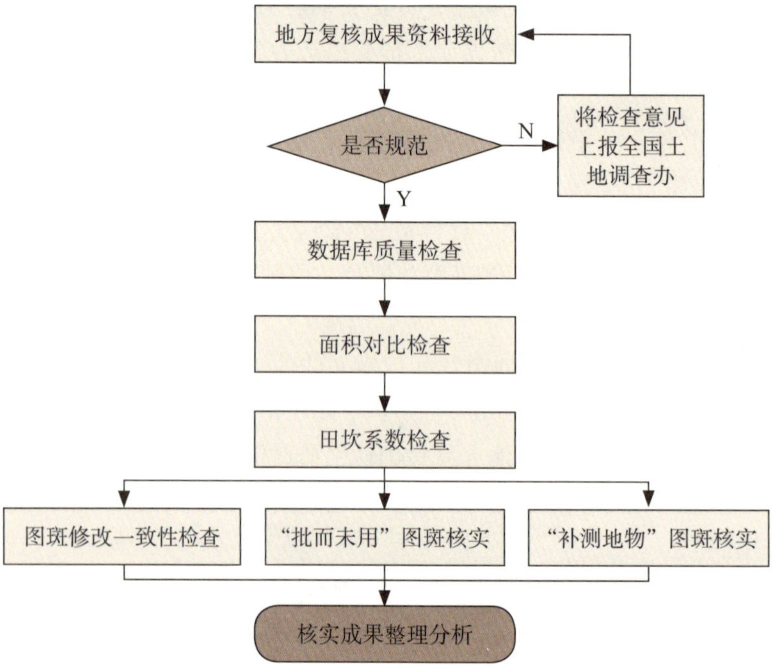

图 10-6　核实地方复核成果工作流程图

二、数据库质量检查

采用人机交互检查的方法，对地方复核成果中土地调查数据库进行全面检查，检查方法和要求与内业核查中数据质量检查一致，数据库质量应符合《第二次全国土地调查数据库建设技术规范》要求。

三、面积对比检查

重新计算和汇总各地类面积，并与复核前数据库汇总面积对比检查，制作土地利用现状一级分类面积汇总对比表；地方复核成果资料中有纸质表格数据时，将重新计算汇总的各地类面积与纸质表格数据进行比较，并在核实意见中说明比较结果。

四、田坎系数检查

利用相关专业软件，分梯田、坡地提取耕地图斑不同坡度分级的田坎系数，计算整个县级调查区域田坎扣除面积，记录检查结果，为田坎系数正确性检查提供基础数据，如表 10-19 所示。

表 10-19　田坎系数检查情况表

坡度级	样方类型	田坎系数	坡度级	样方类型	田坎系数
2° ～ 6°	梯田		6° ～ 15°	梯田	
	坡地			坡地	
15° ～ 25°	梯田		>25°	梯田	
	坡地			坡地	
扣除田坎面积					
备注：					

五、图斑修改一致性检查

利用地方复核数据库与内业核查结果，通过数据叠加分析完成数据预处理，采用人机交互检查的方法，判断疑问图斑是否修改到位、对未修改的疑问图斑及修改的非疑问图斑判断是否合理等。

（一）图斑伪变化判断

当疑问图斑整体或部分复核后数据库地类与最新影像判读地类一致时，称为伪变化或部分伪变化，具体标准如表 10-20 所示，此类图斑不需要进行核实。

表 10-20 判读一致地类对照表

疑问类型	数据库地类	影像判读地类	与判读一致的地类
T01	城镇村及工矿用地	耕地	01，02，03，041，042
T02	其他建设用地	耕地	01，02，03，041，042
T03	城镇村及工矿用地	农用地或其他地类 (114)	01，02，03，041，042，122，(114)
T04	其他建设用地	农用地或其他地类 (114) [是否为农用地或其他地类 (114)]	01，02，03，041，042，122，(114)
T05	未利用地	耕地	01，02，03，041，042
T06	未利用地	农用地或其他地类 (114)	01，02，03，041，042，122，(114)
T07	城镇村及工矿用地	未利用地	111/112/115/116/119/043/124/125/126/127
T08	其他建设用地	未利用地	111/112/115/116/119/043/124/125//126/127
T09	农用地其他地类	耕地	01
T10	其他		

（二）疑问图斑修改检查

结合内业核查结果，检查地方复核成果中疑问图斑是否修改到位，判断其标准如下：

（1）地方复核数据库地类与内业核查判读地类相同，或同属于耕地、农用地或其他地类、未利用地的（判定标准如表 10-20 所示），判定为已修改。

（2）复核后数据库地类有多个，且有一个地类与内业核查判读地类相同或地类一致时（判定标准如表 10-20 所示），判定为部分修改。

（3）其他情况判定为未修改。

（三）合理性检查

根据地类认定标准，结合地方提交的复核报告、照片和复核情况说明等资料，综合判断地方复核未修改的疑问图斑及修改的非疑问图斑的合理性，具体判断标准如表 10-21 所示。

表 10-21 合理性判断标准

判断结果	相关说明
自相矛盾	照片和说明一致，但与核实地类不一致。如照片与说明是耕地，但核实后地类为建设用地
照片存疑	从照片判定该图斑复核地类存在疑问。如照片反映是耕地，但说明和复核后地类为建设用地

续表

判断结果	相关说明
说明存疑	地方提供的说明不符合规程对该地类的认定标准，且照片认定地类与复核后地类不吻合。如说明为森林公园，复核后地类为城市，照片为林地，但从数据库判断该图斑在城市圈外，根据标准应认定为林地
真伪存疑	照片拍摄的地物、范围与四至和影像图上所显示的地物完全不一致
缺少材料	缺少照片或缺少相关材料
影像一致	修改非疑问图斑核实，地方复核数据库地类与影像判读地类一致

（四）疑问图斑变为“批而未用”或“补测地物”

内业核查为疑问图斑，通过地方复核，整图斑或部分图斑变成“补测地物”或“批而未用”图斑，应对此类图斑变化情况进行分类记录(整图斑变为“批而未用”图斑记录为“AP”，部分变为“批而未用”图斑记录为“SP”；整图斑变为“补测地物”记录为“AB”，部分变为“补测地物”记录为“SB”；疑问图斑既变为“批而未用”图斑又变为“补测地物”记录为“BP”)，不做其他检查。

（五）行政区划调整

由于行政区划调整而产生的修改非疑问图斑，不进行图斑修改的正确性检查，记录图斑的增加与减少情况，标记为“行政区增加”或“行政区减少”。

六、“批而未用”图斑核实

提取地方复核数据库中的全部“批而未用”图斑，对其核实内容与方法如下。

（一）矢量数据与表格一致性检查

地方复核数据库中提取的“批而未用”图斑个数与地方提交的“批而未用”图斑核查记录表中数目应一致。经检查不一致时，对于地方复核表格中有记录，数据库对应未标识为“批而未用”图斑，则该图斑作为新增的“批而未用”图斑进行检查并参与统计。

（二）影像判读检查

依据影像检查“批而未用”图斑是否建设，图斑内部全部为建设用地或大部分为建设用地的认定为已建设。

（三）文件有效性检查

文件有效性检查，是检查地方提供的用地批复文件和相关扫描图件中的内容是否符合用地批复要求。主要对其批文名称、批准面积、图件类型、批准文号、批文年份、批准单位、批文级别及批文位置等进行整理检查。结合批文内容与批准单位等重要信息确定文件的有效性。

（四）记录“批而未用”减少图斑

“批而未用”减少图斑，即地方复核数据库与内业核查数据库对比减少的“批而未用”图斑，对此类图斑进行详细记录并标识图斑类型为“批而未用”图斑。

七、“补测地物”图斑核实

对从地方复核数据库中提取的“补测地物”图斑进行检查，具体检查流程、方法及对存在疑问图斑的处理方式与内业核查图斑检查方法一致。

提取复核后数据库地类为“20”的“补测地物”减少图斑，图斑类型判断为“补测地物图斑”，填写“补测地物”和“批而未用”减少图斑记录表（核实地方复核成果），如表 10-22 所示。

表 10-22 “补测地物”和“批而未用”减少图斑记录表（核实地方复核成果） 面积单位：公顷

复核前数据库								复核后数据库									外业核查		备注
序号	图斑标识码	图幅号	权属名称	权属代码	所属图斑号	数据库地类编码	图斑面积	图斑标识码	图幅号	疑问图斑编号	权属名称	权属代码	所属图斑号	数据库地类编码	图斑面积	图斑类型	外业核实地类	是否正确	

八、成果汇总

核实地方复核成果主要包括矢量成果、表格成果、文字报告成果及图件成果。具体格式及内容如下：

（一）矢量成果

矢量数据成果为 MDB 格式，包括疑问图斑层、“批而未用”图斑层、修改非疑问图斑层、复核疑问图斑变化层、补测地物和“批而未用”减少图层数据。

（二）表格成果

（1）土地利用现状一级分类面积汇总对比表 .xls。

（2）疑问图斑一致性核查记录表（核实地方复核成果）.xls。

（3）修改非疑问图斑一致性核查记录表（核实地方复核成果）.xls。

（4）“批而未用”图斑核查记录表（核实地方复核成果）.xls。

（5）“补测地物”图斑一致性核查记录表（核实地方复核成果）.xls。

（6）“补测地物”和“批而未用”减少图斑记录表（核实地方复核成果）.xls。

（7）地方复核核实统计表（核实地方复核成果）.xls。

（三）文字报告

县级地方复核成果核实意见 .doc。

（四）图件成果

第二次全国土地调查成果核查疑问图斑分布图 .tif。

第六节 外业核查

外业核查是国家级核查工作的重要组成部分。全国土地调查办统一组织外业核查队伍，根据内业核查和地方复核结果，应用“3S”及土地调查等技术，有针对性地对重点地区，选择重点地类图斑进行外业核查，检查数据库地类与实地的一致性，避免由于技术或人为因素造成数据成果的失真，确保第二次全国土地调查数据的真实性和准确性。具体工作流程如图 10-7 所示。

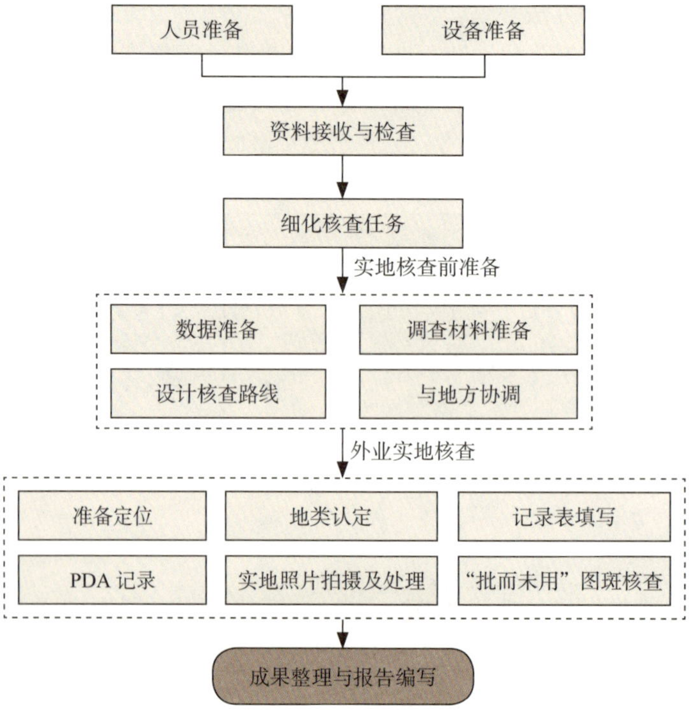

图 10-7　外业核查工作流程图

一、准备工作

全国土地调查办确定外业核查任务区域，提出外业核查的重点和需核查确认的图斑、“线状地物”、“补测地物”和“批而未用”图斑等。外业核查队伍根据任务书要求，开展核查准备工作。核查准备主要包括人员准备、设备准备、资料接收与检查、细化核查任务、输出外业核查记录表格和外业核查图件、收集核查区域交通图等相关资料、确定核查路线等。

（一）人员准备

外业核查队伍配备足够数量的技术人员以完成外业核查任务。接受任务后，根据任务具体情况组织技术人员，原则上每个县级核查队伍不少于 2 个作业组共 4 人，以保证外业核查工作保质保量按期完成。

（二）设备准备

外业核查所需设备包括笔记本电脑、移动硬盘、绘图仪、打印机、复印机、软件系统、PDA（带 GPS 功能）、数码照相机、GPS、全站仪、皮尺、铅笔、橡皮、录音笔和交通工具等，以满足外业核查需要为原则。

（三）资料接收与检查

外业核查队伍在接收到全国土地调查办下发的外业核查数据后，须对核查数据进行全面检查。检查内容包括数据是否齐全、完整，格式是否正确；数据是否损坏，使用相关软件是否可以打开使用；地方复核后重新提交的数据库和地类一致性核查记录表内容是否一致（包括疑问图斑号一一对应、地方复核栏填写内容与数据库一致等）；单幅影像数据量是否偏大等。数据经检查无误方可进行下一步工作，否则，须视问题性质进行相应的预处理。

（四）细化核查任务

根据各核查区域的第二次全国土地调查国家级外业核查任务书中的核查目标和核查任务，以内业核查结果和地方复核成果为基础，结合第二次全国土地调查数据与往年数据（变更调查数据）对比差异，认真分析建设用地变化较大区域，确定建设用地重点变化范围，从而明确和细化核查任务。

（五）实地核查前准备

实地核查前准备工作主要包括数据准备、调查材料准备、设计核查路线、与地方协调等工作。

1. 数据准备

抽取外业核查疑问图斑，应用核查软件生成外业核查数据，并导入PDA中；叠加影像制作外业核查图件数据。

2. 调查材料准备

输出打印外业核查记录表格（地类一致性核查记录表、外业实地核查记录表）和外业核查图件数据（县级调查区域疑问图斑分布图和标准分幅疑问图斑分布图）、收集核查区域交通图等相关资料。

3. 设计核查路线

根据抽取的样本分布情况，综合拟定核查路线，并将拟定的路线标识在县级调查区域疑问图斑分布图上，作为实地核查的向导。

4. 与地方协调

原则上外业核查队伍应独立开展工作，如遇高山、丘陵和水网地区，交通欠发达、核查地物分散，以及其他原因需要地方配合时，应由全国土地调查办统一与地方联系处理。

二、外业实地核查

为了确保核查的全过程有据可查，真实可靠，外业实地核查主要采用PDA/GPS机助核查方法开展核查工作。即将疑问图斑矢量数据和影像数据在PDA上叠加显示，对需要核查的疑问图斑和补测地物进行标识。利用GPS导航技术制定核查路线，实时跟踪显示当前所在的地理位置，准确定位疑问图斑，并通过记录外业核查轨迹、拍摄实地照片、记录具体地类描述情况、填写外业核查记录表等手段进行全面综合记录核查结果。

（一）准确定位

外业地类核查工作，必须建立在定位准确的基础上，确保现场核查记录的地物与所选取的疑问图斑（补测地物）和疑问线状地物对应。

（二）现场核查

现场核查时，首先把现状情况看清记明，并询问地方土地管理人员或现场可遇的知情人员，询问地块归属与用途等情况，再综合判定。

现场核查主要采取“远看近判”的方式核实地物，远看判断地物的总体情况及相互位置关系，近判确定具体地物的准确位置和地类，必要时借助仪器进行界线的测定。将地块的界线、范围、土地利用情况、实地询问信息及需要特殊说明的其他问题等内容调查记录准确。

（三）地类认定

地类认定严格按照《土地利用现状分类》（GB/T 21010—2007）国家标准，将实地认定的地类与数据库地类进行对比，确定数据库地类编码的正确性。

（四）核查记录表填写

外业核查须现场填写外业核查记录表，记录外业核实情况，并于室内整理提交。具体外业核查记录表格式和内容如表 10-23 所示。

表 10-23　外业核查记录表

<table>
<tr><td colspan="2">核查区域</td><td colspan="2"></td><td>核查单位</td><td colspan="2"></td></tr>
<tr><td colspan="2">核查人</td><td></td><td>审核人</td><td></td><td>核查时间</td><td>年 月 日 时</td></tr>
<tr><td colspan="2">疑问编号
（补测编号）</td><td></td><td>原图斑
编号</td><td></td><td>所在图幅号</td><td></td></tr>
<tr><td colspan="2">权属单位</td><td colspan="3"></td><td>疑问面积（亩）</td><td></td></tr>
<tr><td colspan="2">数据库地类</td><td colspan="3"></td><td colspan="2" rowspan="6">外业核实记录
主要记录核查图斑、线状地物等核查内容的实地用地情况、实地询问情况，以及需要说明的其他问题情况等。记录应翔实，便于判断调查是否正确</td></tr>
<tr><td colspan="2">内业判读地类</td><td colspan="3"></td></tr>
<tr><td colspan="2">外业核实地类</td><td colspan="3">%</td></tr>
<tr><td colspan="2" rowspan="3">相邻图斑</td><td>图斑编号</td><td></td><td></td></tr>
<tr><td>数据库地类</td><td></td><td></td></tr>
<tr><td>外业核实地类</td><td></td><td></td></tr>
<tr><td rowspan="2">疑问图斑影像及实地照片</td><td colspan="3">影像</td><td colspan="3">照片</td></tr>
<tr><td colspan="3">影像</td><td colspan="3">照片</td></tr>
</table>

（五）PDA 记录

1. 轨迹记录

外业核查时须记录核查轨迹，作为对外业核查质量监督的资料。同时将轨迹记录图附在外业核查报告内，并针对核查路线结合轨迹记录图做简要说明。

2. 记录核查信息

外业核查时须记录疑问地物实地坐标，并简单记录外业核查信息，包括实地认定地类、核实情况简单说明等。

（六）实地照片拍摄和处理

（1）外业核查时需拍摄不少于 2 张不同位置不同角度的实地照片。

（2）照片拍摄注意选位，须在能够反映其地理位置的地点进行拍摄，如十字路口等。并采用广角拍摄，2 张照片应能够反映出疑问地物的土地利用情况。

（3）对拍摄的照片，要求疑问地物的信息量占 70% 左右，相邻图斑的信息量占 30% 左右，并用红线标绘疑问图斑和相邻图斑的界线，根据实地现状认定疑问地物的地类和相邻图斑的地类，根据实际情况每一个疑问图斑认定 1 ～ 2 个相邻图斑的地类。

（4）外业核查宜使用号码标识牌标识疑问图斑编号，并在照片中显示标号。

（5）当在同一个位置拍摄照片时，拍摄角度应不同，重合部分要少。

（6）实地照片编辑整理时内容包括：照片编号、地块范围标示、疑问地物和相邻图斑界线、相邻图斑编号和数据库地类。

（7）实地照片用红线描绘范围时，有遮挡物的地方可以不描绘，选择的照片必须能够清晰地反映疑问地物和相邻地物的地类信息和相互位置关系。

（8）照片摆放应和影像图上箭头所指顺序一致。

（七）“批而未用”图斑外业核查

对抽取的“批而未用”外业核查图斑，需对照用地批复文件及相关图件，核实“批而未用”图斑位置和四至范围、地类、规划用途等，是否与用地批复文件和相关图件一致。对地方现场补充“批而未用”图斑材料的疑问图斑，外业核查队伍可以收取材料提交全国土地调查办，但不作为地类认定的依据，地类认定以实地现状为准，在外业核查记录表中的外业核实记录栏内详细记录情况。具体检查方法如下：

（1）若批复文件提供具体图件时，对照批复图件及疑问图斑分布图，寻找同名地物点，检查“批而未用”图斑实地位置和四至范围、形状、地类、规划用途是否与用地批复文件一致。

（2）若既无矢量数据也无图件资料，只有批复文件，则依据批复文件的描述及疑问图斑分布图，查找“批而未用”图斑实地位置，核查其是否与用地批复文件一致。

（3）“批而未用”图斑实地位置与批复文件不一致时，需在外业核查记录表中记录其实际位置及四至坐标、地类、批准的规划用途等。

（八）成果整理及报告编写

成果整理主要包括在影像截图上标示拍照方位、勾绘照片上核查地物范围、标注相邻图斑编号、整理外业核查汇总表，格式如表 10-24 所示。制作外业核查记录表，格式如表 10-23 所示。

表 10-24　外业核查汇总表

序号	批次	区域	疑问图斑涉及图幅数	外业疑问图斑		疑问错误图斑		外业相邻图斑		相邻错误图斑		相邻图斑涉及图幅数
				个数	面积	个数	面积	个数	面积	个数	面积	

外业核查工作全部完成后，通过汇总实地核实情况，归类分析核查中所发现的问题，提出意见和建议，做出质量评定，并总结外业核查工作，编写外业核查报告。

外业核查报告的内容包括：核查区域概况；核查队伍及其资源配置、核查组织实施和工作进度情况；细化核查任务、抽取核查样本情况；核查结果及分析；问题及建议；检查结论；核查成果附件。

三、外业核查成果汇总

外业核查成果主要包括外业轨迹成果、表格成果及文字报告成果。主要格式及内容如下。

（一）外业轨迹

（1）CheckList.txt。

（2）MyPath.grt。

（3）Project.prj。

（4）XX 县检查任务国家级核查 .tsk。

（5）TransFormcoordinate.txt。

（二）表格成果

（1）外业核查汇总表 .xls。

（2）外业核查记录表 .xls。

（三）文字报告

外业核查报告 .doc。

第七节　国家级重点抽查核实

为保证第二次全国土地调查成果真实准确，客观评判各地调查成果质量，全国土地调查办组织对问题突出的部分地区的调查成果进行质量抽查与实地核实。具体工作流程如图 10-8 所示。

一、抽查核实内容

成果质量的抽查与核实，原则上选择全国 31 个省（自治区、直辖市）一定数量的县级成果统一进行调查成果综合评判，即通过对地方上报数据的分析，重点围绕耕地、建设用地面积变化较为明显的地区，以内、外业核查结果为基础，实地核实，检查各地上报成果质量，重点发现调查质量问题。具体核实内容如下：

（1）检查各地贯彻落实《国土资源部办公厅关于完善第二次全国土地调查中耕地增加或减少有关政

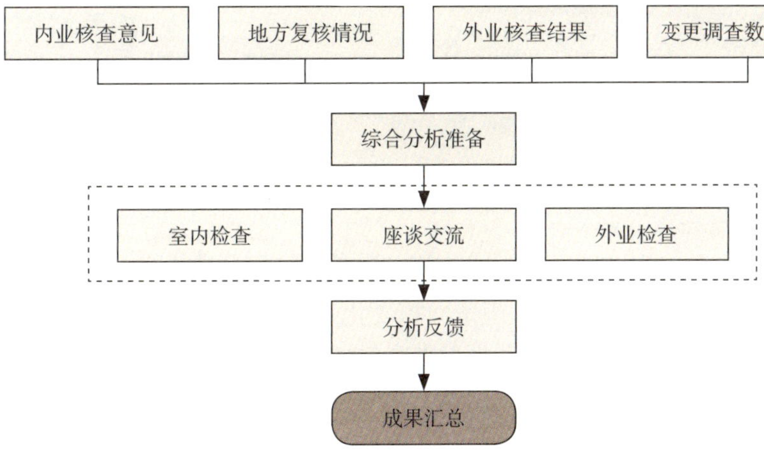

图 10-8 国家级重点抽样核实工作流程

策的通知》（国土资厅发〔2009〕70 号）和《国土资源部关于做好第二次全国土地调查工作的若干意见》（国土资发〔2009〕10 号）情况。

（2）检查各地调查工作组织是否有效，调查成果是否准确齐全，是否严格执行《土地利用现状分类》国家标准。

（3）现场检查部分地区耕地、建设用地面积明显增减的真实性，分析原因。

（4）督促检查地方基本农田调查上图工作的进展情况，掌握各地土地确权登记发证总体情况。

（5）发现一批弄虚作假、虚报瞒报，以及成果质量存在重大缺陷的典型案例。

二、抽查核实方法和要求

全国土地调查办组织外业核查队伍对重点抽查的县，围绕“耕地增加数量较多”、“耕地减少明显”，以及“建设用地增加较多”等情况，进行重点核实，具体检查工作包括分析准备、座谈交流、室内检查、外业检查、分析反馈及成果汇总等环节。

（一）分析准备

综合分析国家内业核查意见、地方复核情况和外业核查结果，以及与变更调查数据差异等材料，掌握耕地、建设用地面积变化较大地区的基本情况，有针对性地开展实地重点抽查核实工作。

（二）座谈交流

采取座谈方式，听取地方调查工作情况报告。通过座谈交流，掌握各地区调查工作总体情况，同时了解地方基本农田调查进展和土地登记发证工作等情况。

（三）室内检查

针对抽查重点县，室内抽查部分数据库成果、统计台账、外业调查记录表、外业调查图和内业统计报表等，检查调查成果是否齐全、完整、规范、准确，检查基本农田上图是否规范准确。

（四）外业检查

结合地方实际情况，每县抽查 5 ～ 10 个图斑，现场认定地类，详细记录检查情况，填写外业抽查核实情况记录表（表 10-25），对典型地物拍摄实地照片。

（五）分析反馈

结合内业一致性核查、地方复核和外业核查结果，综合分析耕地和建设用地增加或减少的准确性和可靠性。对发现的弄虚作假及虚报瞒报情况要详细记录原因及责任情况。抽查结束后，向省级土地调查办反馈和通报抽查核查结果。

（六）成果汇总

检查结束后，对抽查核实工作成果进行整理汇总，由重点抽查核实人员编写抽查核实情况报告。

抽查核实工作中，发现涉及耕地、建设用地面积变化特别大，弄虚作假问题特别严重的，且省级政府干预调查结果报送的，由全国土地调查办领导带队检查，对弄虚作假和虚报瞒报典型地区进行全国通报。

表 10-25　外业抽查核实情况记录表

编号：　　　　　　　　　　　　　　　　　　　　　　　　抽查时间：

<table>
<tr><td>抽查地区</td><td colspan="5">××市××县××镇××村（代码）</td></tr>
<tr><td>抽查图斑编号</td><td></td><td>所属图幅号</td><td></td><td>数据库地类</td><td></td></tr>
<tr><td>影像判读地类</td><td></td><td>实地主要地类</td><td></td><td>图斑面积</td><td></td></tr>
<tr><td rowspan="2">外业核实地类现状</td><td rowspan="2">（01、02、03、10、11、12、20等各地类，以及所占的百分比）</td><td colspan="4">现场记录记事</td></tr>
<tr><td colspan="4">实地现场描述：实地种植农作物的类型，及周边情况说明（例如：实地种植“水稻”，地类应认定为“耕地”）</td></tr>
<tr><td rowspan="4">疑问图斑影像及对应照片</td><td rowspan="3">室内影像图片</td><td colspan="4">外业实地核实照片</td></tr>
<tr><td colspan="2">方向 1 拍照</td><td colspan="2">方向 2 拍照</td></tr>
<tr><td colspan="2">方向 3 拍照</td><td colspan="2">方向 4 拍照</td></tr>
<tr><td colspan="5">实地核实照片应从两个以上方向进行拍照，在影像图片上应注明拍照方位和方向</td></tr>
<tr><td>重大质量问题及发现弄虚作假等事项记录</td><td colspan="5">要明确填写具体的质量问题，对弄虚作假及虚报瞒报、故意提供虚假数据的，要明确填写有关负责人和相关责任人</td></tr>
</table>

填表人：　　　　　　　　　　　　分组负责人：

三、成果汇总

国家级重点抽查核实成果主要包括文字报告成果、表格成果及图件成果，具体格式及内容如下：

（一）文字报告

国家级重点抽查核实报告 .doc。

（二）表格成果

外业抽查核实情况记录表 .xls。

（三）图件成果

典型地物实地照片 .jpg。

第八节　标准时点统一更新数据核查

为了保证第二次全国土地调查数据库成果的现势性，全国土地调查办统一组织内业核查队伍，以2009年12月31日为标准时点，应用最新的遥感影像数据和地方报送的标准时点统一更新数据库成果，开展统一时点核查工作。具体工作流程如图10-9所示。

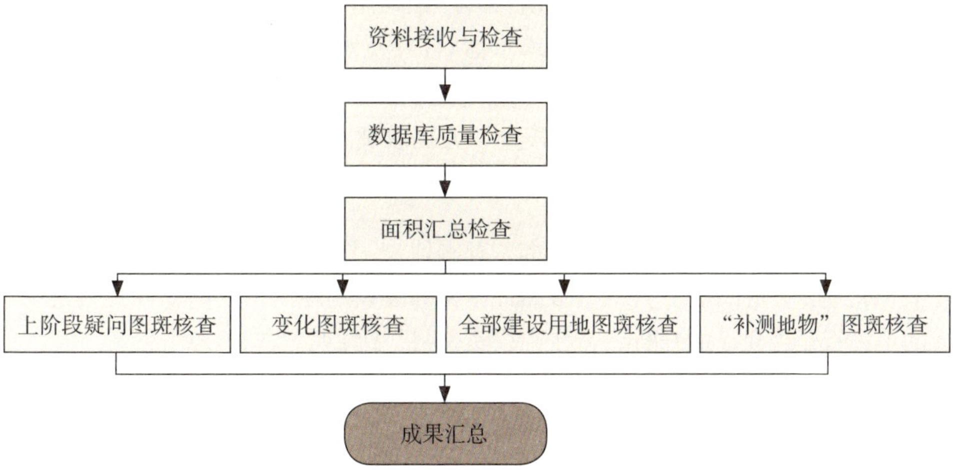

图10-9　标准时点统一更新数据核查工作流程

一、资料接收与检查

接收地方上报的县级标准时点统一更新数据，检查其提交格式是否规范，内容是否完整，保证数据资料满足更新核查工作需要。资料检查主要包括：资料完整性检查、数据有效性检查、数据格式检查、数学基础检查、重要图层检查、重要属性字段检查、影像数据检查等。

二、数据库质量检查

根据《第二次全国土地调查数据库建设技术规范》，对标准时点统一更新数据库进行检查。主要包括数据库格式及命名检查、数据库质量检查、数据库图层完整性等方面检查。

三、面积汇总检查

利用标准时点统一更新数据库重新计算一级分类面积数据，与地方上报数据对比检查，确保更新数据库面积与地方上报面积汇总数据一致。

四、图斑核查

（一）核实地方复核成果阶段疑问图斑核查

根据核实地方复核成果中的疑问图斑，非疑问图斑和“补测地物”图斑，检查标准时点统一更新数据库是否已按照最新影像做了修改，即数据库地类与最新影像判读地类为同一大类（一级类），保留未做修改的疑问图斑，形成新的疑问图层。

（二）变化图斑核查

通过标准时点统一更新数据库与地方复核数据库叠加对比分析，提取标准时点统一更新数据库地类变化图斑，删除变化图斑中的“批而未用”图斑和“补测地物”图斑，利用最新影像对变化图斑进行地类一致性核查，将与影像不一致的提取为疑问图斑。

（三）建设用地图斑核查

提取标准时点统一更新数据库中全部建设用地图斑，其中，建设用地包括城市(201)、建制镇(202)、村庄(203)、采矿用地(204)、风景名胜及特殊用地(205)、铁路用地(101)、公路用地(102)、机场用地(105)、港口码头用地(106)、管道运输用地(107)、水库水面(113)及水工建筑用地(118)，不含“批而未用”图斑和“补测地物”图斑，生成建设用地图层。利用GIS软件删除建设用地图层与疑问图斑重叠的部分，使用最新影像对建设用地图层进行地类一致性核查，并提取疑问图斑。

（四）“补测地物”图斑核查

利用GIS软件，提取面积大于0.6亩的全部“补测地物”图斑，根据新影像判定是否建设，并分割图斑，形成“补测地物”矢量图层。其中，数据库地类为建设用地的需判断影像是否建设；数据库地类为非建设用地的不进行是否建设的判断，需在“核实说明”中注明“非建设用地”。

（五）疑问图斑提取原则

（1）疑问图斑最小上图面积为5亩。

（2）城市、建制镇及村庄内部不提取疑问图斑。

（3）有建设痕迹的新增铁路和新增公路图斑不提取为疑问图斑。

（4）疑问图斑的类型包括T01-T10，T101，T102和T103类型。

五、成果汇总

标准时点统一更新数据核查成果主要包括矢量成果与表格成果。

（一）矢量成果

矢量成果格式为MDB和SHAPE两种数据格式，主要包括更新疑问图斑层与更新补测地物图斑层。

（二）表格成果

（1）标准时点统一更新数据核查疑问图斑一致性核查记录表.xls。

（2）标准时点统一更新数据核查“补测地物”图斑一致性核查记录表.xls。

（3）标准时点统一更新数据核查土地利用现状一级分类面积汇总检核表.xls。

（4）标准时点统一更新数据核查疑问图斑面积分地类统计表.xls。

第九节 质量控制

质量控制贯穿国家级核查工作全过程，是保证核查整体流程一致、方法正确、成果精准、进度符合安排的重要控制环节。通过国家级核查队伍自检、互检、专检及核查监理检查，对核查成果质量严格把关，确保核查成果质量。

一、质量控制内容与方法

国家级核查质量控制主要从前期准备、内业核查、核实地方复核、标准时点统一更新数据核查等阶段进行质量控制。

（一）前期准备阶段

为保障核查工作顺利开展，满足进度要求，核查工作前期须对核查队伍办公环境、设备配置、人员配置、制度建设、组织管理等进行综合检查。各核查队伍对前期准备工作进行落实，由核查监理人员进行现场检查，并对检查结果进行记录，如表10-26所示。

表10-26 前期准备监理记录表

监理项		监理要求	是否符合要求	备注
办公环境		在北京有固定办公场所		
		有固定资料存放地或资料柜		
设备配置	计算机	数量、CPU、内存、硬盘、显卡		
	软件	ArcEngine		
		专业核查软件		
	绘图仪	数量、幅面、分辨率		
	其他	核查相关设备		
人员配置		与申报人员相符		
		专业核查作业人员数量		
组织管理		组织机构配置合理		
制度建设		有“三检”制度		
		有安全保密制度		
检查结论		□通过 □不通过		

（二）内业核查阶段

1. 现场监理

现场监理工作主要由核查监理人员完成。一个核查周期内，不定期地对核查队伍进行现场监理，检查核查作业的技术方法、质量控制措施和工作管理等情况，并形成检查记录。

2. 地类一致性核查检查

（1）检查所需数据资料的完整性、可读性、可操作性及组织结构的正确性。

（2）检查解译标志建立是否典型有代表性、方法是否正确。

（3）检查地类认定是否准确，疑问图斑是否存在漏提、错提。

（4）检查疑问图斑最小提取面积是否符合标准。

（5）检查“批而未用”图斑与“补测地物”图斑核查方法是否正确，疑问图斑提取是否准确。

3. 内业核查成果检查

（1）对成果齐全性、规范性和疑问图斑的正确性等内容进行全面检查。

（2）检查表格成果与矢量成果的一致性。

（3）图件成果检查图面内容是否完整、色标是否符合要求、出图范围是否覆盖全辖区、比例尺是否恰当、图名注记是否符合标准。

（4）检查文字报告成果中汇总分析数据是否准确，内容是否完整。

（三）核实地方复核成果阶段

1. 数据资料检查

检查地方复核成果数据的完整性、可读性、可操作性及组织结构的正确性。

2. 图斑核实检查

（1）检查疑问图斑与修改非疑问图斑核实方法是否正确。

（2）检查“批而未用”图斑及“补测地物”图斑的核实方法是否正确。

（3）检查疑问图斑提取是否存在漏提或错提情况。

3. 核实成果检查

（1）检查成果目录的规范性、成果完整性、数据有效性。

（2）检查矢量成果各层之间是否存在拓扑问题。

（3）检查表格成果中表格命名的正确性、内容的逻辑一致性等。

（4）检查图件成果是否符合出图技术要求。

（5）检查文字报告有无缺项、引用的数据与表格及矢量数据是否一致。

（四）标准时点统一更新数据核查阶段

1. 数据资料检查

（1）检查影像数据的现势性。

（2）检查核查数据的完整性、可读性、有效性、可操作性及组织结构的正确性。

2. 图斑核查检查

检查变化图斑核查、建设用地图斑核查及“补测地物”图斑核查方法是否正确，疑问图斑提取是否符合要求。

3. 标准时点统一更新数据核查成果检查

检查标准时点统一更新数据核查成果是否规范、齐全，命名及格式是否符合要求。

二、质量控制措施

国家级核查作业流程复杂，且互相之间存在很大的关联性，每道工序的质量好坏都会影响最终成果的质量，因此必须将质量意识贯穿于核查工作始终，制定严格有效的质量控制措施。

（一）统一规范作业

依据国家级核查工作方案、细则、相关规范及具体实施要求，定期组织核查单位及全体监理人员开展技术交流培训会，明确国家级核查任务与目标，熟练掌握核查工作流程及技术方法，对核查控制指标及图斑地物认定等精确把握，确保最终成果标准统一、规范。

（二）全程监理控制

国家级核查工作开展过程中，监理人员对核查各阶段工作全程控制，具体包括现场监理、内业核查阶段监理、核实地方复核成果阶段监理、标准时点统一更新数据核查阶段监理等。通过对核查单位内业工作监理，实现对国家级核查工作的质量控制、监督和检查，从而确保土地调查成果的规范、真实和准确。

（三）监理规避原则

为了保证核查监理工作公平公正，合理控制成果质量，核查监理统一按照回避原则安排监理任务，即核查监理不对本单位核查成果检查。核查工作开展期间，为了不受任何外界因素影响（相关利益人宴请、娱乐及馈赠礼品、礼金等），杜绝任何人员与各地受检单位联系，避免弄虚作假，保证核查成果的真实性及准确性，充分发挥核查监理的质量控制作用。

三、成果质量评定

国家级核查成果质量评价由核查监理完成，主要依据界定的各阶段核查成果缺陷分级进行打分评定。

（一）缺陷分级

核查监理对成果数据进行缺陷分级界定，缺陷分级主要包括严重缺陷、重缺陷、轻缺陷 3 个等级。具体核查成果质量评定缺陷分类如表 10-27 所示。

严重缺陷指核查成果的极重要质量特性不符合核查相关规定，或核查成果的质量特性极严重不符合核查相关规定，以致不能正常开展核查监理工作的情况；重缺陷是指核查成果的重要质量特性不符合核查相关规定，或核查成果的质量特性严重不符合核查相关规定，对核查成果质量有重大影响的情况；轻缺陷指核查成果的一般质量特性不符合核查相关规定，或核查成果的质量特性不符合核查相关规定，对核查成果质量有轻微影响的情况。

表 10-27 核查成果质量评定缺陷分类表

质量元素	严重缺陷	重缺陷	轻缺陷
时效性检查	超时完成任务		
齐全性检查	成果不齐全		
规范性检查		矢量数据格式不符合要求	1. 矢量数据、文字报告、数据表格、图件成果命名不规范； 2. 文字报告、数据表格、图件成果格式不符合要求

续表

质量元素	严重缺陷	重缺陷	轻缺陷
成果正确性		1. 文字报告内容有缺项； 2. 文字报告引用的数据与表格中数据不一致； 3. 数据表格内部有逻辑错误； 4. 数据表格之间有逻辑错误	1. 图件图面要素内容或图斑个数不完整，整饰不规范； 2. 表格序号、备注等错误或遗漏； 3. 出图比例尺不恰当
数据库质量检查结果		记录表与重新计算的不一致	
面积汇总检查结果		记录表与重新计算的不一致	
基本农田核查结果		基本农田地类与面积汇总数据检查错误	
地类一致性核查结果		1. 疑问类型为 T01 的图斑提取错误或漏提； 2. “批而未用”图斑检查错误； 3. 结果数据不规范（疑问图层数据结构不正确）； 4. 疑问地物统计表与疑问图层记录不一致	1. 其他疑问类型图斑错提或漏提； 2. 疑问线状地物错提或漏提； 3. 补测地物错提或漏提； 4. 不符合最小上图图斑标准； 5. 疑问图斑编号不符合要求

（二）评分标准

核查成果按缺陷分为严重缺陷、重缺陷和轻缺陷三类，依据成果缺陷级别、数量及类别对核查成果所扣分值如下：

（1）严重缺陷的每发现一处扣分值为 21 分。

（2）重缺陷的每发现一处扣分值为 5 分。

（3）轻缺陷的每发现一类扣分值为 2 分。

（三）评价方法

运用缺陷扣分法计算县级核查成果质量得分，分值采用百分制，记录评分结果，并以各核查单位在一个核查周期内所有核查成果的算术平均分计算各核查单位周期得分。

（四）质量评定

1. 核查成果质量评价等级

（1）合格：80 ~ 100 分。

（2）不合格：80 分以下（不包含 80 分）。

2. 周期评分

以各核查单位在一个核查周期内所有核查成果的算术平均分作为周期得分，并依据所有核查单位的周期得分进行排名。

第十节　关键技术

国家级核查工作时间紧、任务重，面对大量的内外业核查工作，项目开展中采用了数据库高效管理、图斑自动筛选等关键技术，为提高工作效率，确保成果质量，满足进度要求起到了重要作用。

一、数据库高效管理

通过数据库技术实现海量数据的集中管理与应用，其具有减少数据冗余，管理操作方便、快捷，数据维护简单、安全，检索统计准确、高效的特点。应用于国家级核查工作，实现数据成果汇总、自动检查、编辑等，保证核查工作质量的同时极大幅度地提高了工作效率。

二、影像解译标志应用

地类影像解译标志应用于国家级核查工作，辅助核查作业人员更加准确地进行地类图斑认定。尤其核查区域面积较大，作业人员对核查区域背景了解程度差异大，外业踏勘不足的情况，可以辅助作业员迅速适应核查区域各地类解译采集要求。地类影像解译标志在国家级核查中的应用，使图斑认定工作更准确、客观统一。

三、疑问图斑自动筛选

地类一致性核查时，对影像判读地类与数据库地类不一致的进行疑问图斑提取，存疑图斑最小面积应满足提取指标。在 GIS 软件中，图斑勾画提取时无法直接精准掌握疑问图斑面积，如采用先量后画的方法，既不能保证其面积准确又影响核查工作进度。因此核查过程中采用自动筛选的方法，设置满足疑问提取的指标，图斑勾画的同时自动准确判断并保留符合面积标准的疑问图斑，满足工作需要的同时大幅度地提高了工作效率。

四、全程跟踪记录

通过 GPS/PDA 预指定核查路线及导航功能的应用，指导外业核查人员对全辖区疑问地物实地核实检查，记录实际核查路线，做到全程跟踪。通过记录的轨迹辅助室内成果整理，同时作为对外业核查质量监督的资料。

第十一章　第二次全国土地调查事后质量抽查和评价

第二次全国土地调查是对我国土地利用状况的全面调查，也可以说是以土地利用为对象的全面普查。按照普查的要求，普查完成之后随即独立地进行事后质量抽查是国际惯例。借鉴普查后独立进行事后质量抽查的基本做法，第二次全国土地调查主要任务完成后，全国土地调查办随即委托国家统计局，以国家统计局为主，全国土地调查办配合，对第二次全国土地调查数据成果独立进行了事后质量抽查。第二次全国土地调查事后质量抽查是第二次全国土地调查工作的一项重要内容。

本章主要介绍事后质量抽查的基本概念及理论基础、第二次全国土地调查事后质量抽查的方案设计及实施、抽查结果及评价。

第一节　事后质量抽查的基本概念

事后质量抽查的英文名称是“Post Enumeration Survey”，简称 PES，最早应用于人口普查。美国、印度等都是应用比较早的国家，大约要追溯到 20 世纪 40 年代。2010 年，联合国为世界各国新一轮人口普查出版了《事后质量抽查方法应用指南》，该方法已经成为世界大部分国家和地区在进行大型普查后独立开展的调查项目。我国的人口普查、经济普查和农业普查也都开展了事后质量抽查。

一、基本概念

什么是事后质量抽查，从字面上看，包括 4 个方面的含义：

（1）“事后”。这里的“事后”是指“事情之后”，这里的“事情”就是指普查。一般来讲是指人口普查，因为世界上最早开展的普查就是人口普查。所谓普查，简单地说就是对普查对象（人口普查的对象是人口）一个一个地查，也就是“清查”。可以想象，一个单位如果只有 50 余人，用一个人进行“清查”似乎比较容易，如果有 500 人、1000 人，一个人查就困难了，必须组织几个人查。就像中国、美国、印度等这样的人口大国，按“亿”来计算的人口，那就要动员很大力量来进行普查工作。所以说普查是个“大事情”，尤其是国家越大，事情就越大，越重要。还要注意这个“后”字，字面上看显然是指普查之后，但这里要强调的是，这个“之后”是有时间限制的，不是一个很长的时间，而是普查完成之后马上进行，这个“之后”一般是在普查初步完成后，正式公布数据前。

（2）“质量”。普查的质量问题主要表现在两大方面，一是覆盖误差，包括“遗漏”和“重复”两个方面。“遗漏误差”就是本来应该普查的对象，可能没有登记上，也可能登记了但因为各种原因没有清查到，被遗漏了。“重复误差”就是一个普查对象在两个或多个地方登记了，或者是因为编码的错误，一个普查对象被编了两个以上不同的代码，从而造成了重复。二是内容误差，也称为计量误差，就是在清查普查对象的过程中出现的记录错误。有两个来源，一个是来自普查对象，他们可能对问题理解有误，或是不愿意如实回答；另一个是来自普查员，他们在工作过程中可能出现各种疏忽、失误，导致记录的错误。

（3）"抽查"。对普查的数据质量进行估计，就是回答质量问题发生了多少，有多大程度。要得到这个估计，不可能普查之后再来一次"大清查"，时间、财力、物力、人力等都不允许，必须采取精简的方法。这个方法就是利用概率抽样的方法，在全部普查对象中抽出一定比例的样本（一般为1‰）；当然也不能将普查对象样本像普查一样再清查一遍，也是要针对普查中可能出现的两大质量问题，确定一个抽查目标和抽查内容，有重点、有针对性地进行核查，将核查结果作为质量评估的依据。

（4）"组织"。组织普查时的机构和人员进行抽查，可能会影响结果的客观、公正性。所以要强调抽查组织的独立性，抽调的组成人员应是没有参与普查的人员。当然在基层不可能完全做到，一般采用"互换"人员的方式，就是A普查区的普查人员到B普查区进行抽查。

把上面四层含义综合起来，事后质量抽查的基本概念就是：在普查之后，在普查结果公布之前，独立组织的，采用概率抽样的方法，抽选普查对象样本进行有确定目标的重复清查，对普查的两大质量问题（覆盖误差和内容误差）进行估计，从而对普查结果做出评估。

二、国内外开展情况

根据联合国的统计，进入21世纪以来，开展人口普查的国家和地区有154个，其中进行事后质量抽查的有95个，占了62%，其中人口规模达1亿以上的国家都开展了事后质量抽查。

美国是较早开展事后质量抽查的国家。在1940年美国人口普查之后，正式对人口覆盖率进行测算；从1980年开始，采用"双系统"的方法，测算人口普查覆盖率；2000年美国的人口普查事后质量抽查称为"准确性与覆盖度评估"(Accuracy and Coverage Evaluation，简称为ACE)，采用三阶段分层整群抽样设计，最终计算得到人口普查净遗漏率为1.16%。

印度于1872年首次进行了人口普查，从1951年人口普查起开展事后质量抽查。2001年人口普查事后质量抽查(简称PES)，主要目的是计算覆盖误差(Coverage Error)，采取两阶段分层系统抽样设计。2001年印度PES显示全国范围内总的净遗漏率为2.3%，其中，城市比农村遗漏的更多，前者净遗漏率为4%，后者净遗漏率为1.7%。

2000年我国人口普查事后质量抽查采取分层随机等距整群抽样设计，采用人口普查小区名录作为调查目录。首先根据1999年年末人口数据，将我国31个省（自治区、直辖市）按总人口规模划分为四层，各省（自治区、直辖市）再按城乡分层，在层内随机等距整群抽取调查小区（根据《第五次全国人口普查办法》，人口普查登记和资料汇总按照划分的普查区域进行）。全国共抽取602个调查小区，调查了162940人，抽样比例为0.13‰。

2006年我国第二次全国农业普查的事后数据质量抽查，采用了二阶段整群抽样的方法，由国务院农业普查办公室根据普查小区名录和清查摸底结果直接抽取开展事后质量调查的县及普查小区。按比例估计的简单随机抽样公式，计算对全国普查质量评价有代表性的样本量，考虑到抽样效率和调查负担，最终确定了2万个农业普查登记户样本。综合抽查结果显示，农业普查应登记户的净漏报率为0.20%，原始数据差错率为0.14%。

三、意义与作用

普查结束后独立进行事后质量抽样调查是联合国向各成员国家和地区推荐的，也是大部分国家愿意开展的调查项目。这是因为，对于普查来说，事后质量抽查具有很重要的意义和作用，主要表现在以下方面。

1. 有利于整体把握数据质量

对于普查组织者来说，通过事后质量抽查，从总体上深入、清晰地了解普查的数据质量，有利于制定相应对策，有效把握、控制普查的整体数据质量。

2. 有利于全面控制误差

对于普查的实施者来说，通过事后质量抽查，充分反映实际工作过程中存在的问题和差错，以此作为评价比较各级调查实施工作质量的重要依据，为基层改进工作方法、控制调查误差、提高工作质量指明了方向和重点。

3. 有利于有效使用调查成果

对于普查结果的使用者来说，经事后质量抽查对普查结果进行的评价，为使用者提供必要的数据质量信息，以便使用者可以明了普查结果的质量，更有效地使用普查结果。

第二节　事后质量抽查的理论基础

事后质量抽查是一个独立、完整的抽样设计、调查与估计（评估）的过程，涉及的方面很多，它的理论基础主要有两大方面，一个是抽样调查样本的设计方法，另一个就是对普查误差的估计方法。最新的理论方法是来自联合国的《事后质量抽查操作指南（Post Enumeration Surveys Operational Guidelines）》，以下就从样本设计方法和误差估计方法两个方面概要介绍。

一、抽样设计

事后质量抽查为什么要采用概率抽样调查的方式，原因主要有两个，一个是财力、物力和人力有限的情况下，不可能做到大范围的“再清查”；另一个是如果要推断总体，必须要遵循一个“随机”的规则来抽选样本，只有已知入样概率的样本才能使从样本得出的估计具有明确的可信度。所以，概率抽样调查方法是事后质量抽查推荐的方法。根据抽样理论的要求，以及许多国家的实际经验，在抽样设计上有以下要求：

（1）抽样框。抽样框也叫抽样总体，就是抽选概率样本的“母体”。只要是抽样，就必须要有抽样框。抽选事后质量抽查的样本也需要一个“母体”，如果是单阶段的抽样设计，普查区目录直接可以作为抽样框，从普查区目录中可以直接抽出要调查的样本。如果是多阶段的设计，那就需要“层层推进”，分阶段来进行样本抽选，每个阶段都要有完整的属于该阶段的目录作为抽样框。如两个阶段的抽选，第一阶段的抽样单元是市级行政单位，那么全部市级行政单位的目录就是抽样框，还要有每个市级行政单位的普查区数量作为第一阶段抽样单元大小的度量。抽出市级行政单位样本后，再将市级行政单位样本范围内的全部普查区目录作为第二阶段的抽样框，然后从这个抽样框里抽选出要调查的样本普查区。严格地说，抽样框要求全部的普查区都应该对应在覆盖全国普查区域、具有明确行政区域地理界线的地图上。

（2）分层设计。从各国的经验看，分层是很多国家经常采用的。因为通过分层可以使相同特点的普查区在一个层里，而差异比较大的普查区则分在不同的层里。这样可以有效降低因普查区差异而产生的估计偏差。一般的分层可以按照地理区域来分，也可以按照社会区域来分，或者将两者结合起来。如按大城市、一般城市、农村地区等分层。

（3）样本量测定。对于概率抽样来说，总体的估计的精确程度“区间”用一个概率表达式，可以看到它取决于3个方面：总体变异程度、置信度和样本量。假定简单随机抽样的情况下，表达式为：

$$P\left(\hat{\bar{Y}} \pm t_{1-\alpha}\sqrt{\left(1-\frac{n}{N}\right)\frac{s^2(y)}{n}}\right)=1-\alpha \quad (11\text{-}1)$$

式中：

$\hat{\bar{Y}}$—— 总体均值的估计值；

$1-\alpha$—— 置信度，如 α=5%，（$1-\alpha$）=95%；

$t_{1-\alpha}$—— 正态分布下，当置信度是（$1-\alpha$）的分位数，如当（$1-\alpha$）=95%，$t_{1-\alpha}$=1.95；

$S^2(y)$—— 总体均值方差的估计值；

N—— 总体目标单元（普查区）的总数量；

n—— 样本量。

设定：$1-\frac{n}{N}\approx 1$，则样本量的计算公式为：$n=t^2{}_{1-\alpha}\frac{s^2(y)}{\Delta^2}$，Δ 为期望的绝对偏差水平。

上述样本量只是一个理论数量，最终的样本数量要结合有限的财力及所能动员的力量等各种因素来确定。

（4）样本抽选方法。有了抽样框，有了分层，有了预计的样本数量，就可以进行样本抽选了。怎么实施这个抽样，就是抽样方法。针对事后质量抽查的样本，推荐的方法是概率与规模成比例抽样、系统抽样等。普遍采用的方法，就是不等概率的系统抽样方法，它是结合了两种方法的好处和方便。

具体地说，就是系统抽样方法中，考虑到普查区（EA）的住户数量，按住户数量进行等距抽样，抽选普查区样本。如表11-1所示，在某个层内共有32个普查区，住户总数量为4493人，预计抽选8个普查区样本。

表 11-1 系统抽样方法抽选层内普查区

普查区编码	普查区住户数量	普查区住户累计数量	抽中样本位置
01	200	200	
02	70	270	
03	80	350	
04	**225**	**575**	**355.2**
05	120	695	
06	55	750	
07	100	850	
08	**165**	**1015**	**916.8**
09	193	1208	
10	203	1411	
11	**75**	**1486**	**1478.5**
12	60	1546	

续表

普查区编码	普查区住户数量	普查区住户累计数量	抽中样本位置
13	245	1791	
14	170	1961	
15	**97**	**2058**	**2040.1**
16	88	2146	
17	124	2270	
18	78	2348	
19	86	2434	
20	60	2494	
21	**220**	**2714**	**2601.7**
22	137	2851	
23	199	3050	
24	**210**	**3260**	**3163.3**
25	165	3425	
26	272	3697	
27	**208**	**3905**	**3725.0**
28	230	4135	
29	68	4203	
30	72	4275	
31	**108**	**4383**	**4286.6**
32	110	4493	

步骤如下：

第一步：将层内全部普查区按自然顺序编码，然后按编码排序，形成抽样序列，也就是抽样框。

第二步：按“普查区住户总量 / 样本量”计算抽样的样本间隔，即 4493/8=561.6。

第三步：在 1 ～ 561.6 之间，取一个随机数，本例是 355.2。

第四步：可以看到抽样框中的第 4 个普查区，其累计住户数为 575 户，第 3 个普查区的住户累计数为 350 户，这样，355.2 正好落在这两个数之间，因此第 4 个普查区为第一个抽中样本。

第五步：第二个抽中样本的位置，就是随机起点 + 抽样间隔 =355.2+561.6=916.8，即为第 8 个普查区。依次类推，代码为 04，08，11，15，21，24，27 和 31 的普查区成为 8 个抽中样本。

上述示例的系统抽样方法，是一个比较容易理解和操作的方法。而且这个方法考虑到了样本入样概率的规模因素（例子里是普查区内的住户数量），使住户数量越大的普查区被抽中的概率也越大，与 PPS（概率与规模成比例抽样）抽样方法的结果是一致的；同时这还是一个自加权的设计，对估计结果的计算是一个很简单的方法。

二、估计方法

覆盖误差和内容误差是普查误差的两大部分，事后质量抽查对普查误差的估计也是围绕这两大部分进行的。

(一)“双系统估计”法

对于普查中的覆盖误差是采用“双系统估计”法(Dual System Estimate，简称 DSE)来进行的。通俗地说，就是把普查作为一个系统，把事后质量抽查作为一个系统，用两个系统结果交叉计算的方法来估计覆盖误差。

下面以某区域人口普查为例，说明双系统估计方法的应用情况。就是通过 9 个计算步骤，计算出总的覆盖错误率，分别如下。

1. 真实人口数量

将普查和事后质量抽查的人口覆盖，组成一个“双对应”表，如表 11-2 所示。

表 11-2 普查和事后质量抽查的人口覆盖“双对应”表

内容	普查覆盖	普查未覆盖	合计
事后质量抽查覆盖	$\hat{N}_{11}$	$\hat{N}_{12}$	$\hat{N}_{1+}$
事后质量抽查未覆盖	$\hat{N}_{21}$	$\hat{N}_{22}$	$\hat{N}_{2+}$
总　计	$\hat{N}_{+1}$	$\hat{N}_{+2}$	$\hat{N}_{++}$

双系统估计方法的估计的真实人口按以下公式计算：

$$\hat{N}_{++} = \hat{N}_{+1}\left(\frac{\hat{N}_{1+}}{\hat{N}_{11}}\right) \tag{11-2}$$

例如，根据事后质量抽查结果，以及所对应的普查结果，经过统计计算得出的结果如表 11-3 所示，表中的结果为虚拟值。

表 11-3 事后质量抽查及与普查对应计算结果(虚拟值)

代码	说　明	虚拟值 / 人
a	从抽查样本中估计的没有流动的人口数量	1300200
b	从抽查样本中估计的流出的人口数量	165000
c	从抽查样本中估计的流入的人口数量	175000
d	普查和抽查样本重合的没有流动的人口数量	1179450
e	普查和抽查样本重合的流出的人口数量	98780
f	普查的错误包含人口(从抽查样本中估计)	41777
g	普查正确但事后抽查错误的人口(从抽查样本中估计)	338500

普查和事后质量抽查都覆盖的人口 = d+e=1179450+98780=1278230；

普查人口 = d+e+f+g=1179450+98780+41777+338500=1658507；

事后质量抽查人口 = a+c=1300200+175000=1475200；

$$真实人口 = \frac{事后质量抽查人口 \times (普查人口 - 普查的错误包含人口)}{普查和事后质量抽查都覆盖的人口}$$

$$= \frac{1475200 \times (1658507 - 41777)}{1278230} \approx 1865861$$

2. 净覆盖错误

净覆盖错误 = 真实人口 – 普查人口 =1865861–1658507=207354

3. 净覆盖错误率

净覆盖错误率 = 净覆盖错误 / 真实人口 × 100%=207354/1865861 × 100%≈11%

4. 普查遗漏

普查遗漏 = 真实人口 – 普查人口 + 普查的错误包含人口

= 1865861–1658507+41777=249131

5. 普查遗漏率

普查遗漏率 = 普查遗漏 / 真实人口 × 100%=249131/1865861 × 100%≈13%

6. 重复覆盖率

重复覆盖率 = 普查和事后质量抽查都覆盖的人口 / 事后质量抽查人口 × 100%

=1278230/1475200 × 100%≈87%

7. 普查的错误包含率

普查的错误包含率 = 普查的错误包含人口 / 普查人口 × 100%

= 41777/1658507 × 100%≈2.5%

8. 总的覆盖错误

总的覆盖错误 = 普查遗漏 + 普查的错误包含人口 =249131+41777=290908

9. 总的覆盖错误率

总的覆盖错误率 = 总的覆盖错误 / 普查人口 × 100%=290908/1658507 × 100%≈18%

（二）内容误差的估计方法

普查内容误差的估计，是针对普查中各类变量指标，如年龄等。下列模型，就是普查记录结果值与真值、误差的关系：

$$x_i = u_i + e_i \tag{11-3}$$

式中：

x_i—— 某个指标的普查记录结果；

u_i—— 某个普查指标记录 i 次的真值；

e_i—— 某个普查指标记录 i 次的误差，这个误差可能来自普查对象、普查员或数据处理人员等，假定这个误差是随机的。这里，i 等于 1 到总的普查单元个数 N。

采用 5 种指数，用来比较事后质量抽查和普查结果的变异情况。以下假设一个按年龄分组的比较表，如表 11-4 所示，用以说明 5 个指数是如何计算的。

表 11-4　年龄分组虚拟数据表：普查与事后质量抽查对比表

年龄分组（普查）	年龄分组（事后质量抽查）							
	0～4岁	5～14岁	15～19岁	20～29岁	30～44岁	45～64岁	64+岁	普查合计 x_{*i}
0～4岁	2107	170	16	25	22	12	6	2358
5～14岁	161	5372	192	61	25	11	8	5830
15～19岁	13	179	2493	132	16	9	3	2845
20～29岁	26	61	124	3832	156	24	8	4231
30～44岁	21	21	18	149	4435	200	17	4861
45～64岁	15	14	9	25	198	3088	84	3433
65+岁	7	11	4	11	16	84	1132	1265
抽查合计 x_{i*}	2350	5828	2856	4235	4868	3428	1258	24823

1. 净差异率（NDR）

是指年龄分组中的某组（如 15～19 岁年龄组）普查合计与抽查合计的比较结果占全部回答总量的比例。公式及计算结果如下：

$$NDR_i = \frac{x_{*i} - x_{i*}}{n} \times 100 = \frac{2845 - 2856}{24823} \times 100 = -0.04\% \qquad (11\text{-}4)$$

式中：

x_{*i}—— 第 i 个年龄组的普查合计；

x_{i*}—— 第 i 个年龄组的抽查合计；

n —— 普查和抽查都回答的合计；

$i=1，2，3，\cdots，s$，s 为年龄组的总组数。

本例中是第 3 组，即 15～19 岁年龄组的净差异率。

2. 不一致性指数

是指年龄分组中的某组（如 15～19 岁年龄组）普查和抽查的合计回答数，与该组对角线方向（上表中加黑的数据，即普查和抽查完全重合部分）回答数的差异情况。公式及计算结果如下：

$$\hat{I}_i = \frac{(x_{*i} + x_{i*} - 2x_{ii})}{\frac{1}{n}\{x_{*i}(n - x_{i*}) + x_{i*}(n - x_{*i})\}} \times 100 = \frac{716}{5047} \times 100 = 14.2\% \qquad (11\text{-}5)$$

式中 x_{ii} 为对角线方向，该组（15～19 岁年龄组）普查和抽查完全重合的回答数，此例中为 2493。

3. 综合不一致性指数（对于类分组的）

是指从普查合计与抽查合计综合起来的角度反映年龄分组的普查和抽查完全重合的回答数合计，即对角线方向的合计数与普查和抽查回答总合计数的差异情况。公式如下：

$$\hat{I} = \frac{\left\{n - \sum_{i}^{s} x_{ii}\right\}}{\left\{n - \frac{1}{n}\sum_{i}^{s} x_{*i} x_{i*}\right\}} \tag{11-6}$$

4. 总差异率（GDR）

直接反映年龄分组的普查和抽查完全重合的回答数合计，即对角线方向的合计数，与普查和抽查回答总合计数的差异情况。公式如下：

$$GDR = \left\{\frac{n - \sum_{i}^{s} x_{ii}}{n - \frac{1}{n}\sum_{i}^{s} x_{ii}}\right\} \tag{11-7}$$

5. 符合率

指按年龄分组的抽查和普查完全重合的回答数合计（对角线方向合计数）占该年龄组总回答合计数的比例。

$$符合率 = \frac{\sum_{i}^{s} x_{ii}}{n} = \frac{22459}{24823} = 0.90 \tag{11-8}$$

表 11-5 为衡量内容误差的参考值。

表 11-5 衡量内容误差的参考值

衡量方法	水平		
	低	中间	高
不一致性指数	<20	20 ~ 50	>50
净差异率绝对值与平均水平之比（*NDR/P*）	<20	20 ~ 50	>50
综合不一致性指数	<0.01	0.01 ~ 0.05	>0.05

第三节 样本设计及抽选

第二次全国土地调查和其他普查一样，都是一种普查，但有它自身显著的特点，就是其他普查都是对人的，而土地调查是对地的，是对客观物体的。因此它的误差主要来自调查的实施者，而不是被调查对象。不存在被调查对象的理解误差、配合误差。引起误差的因素主要来自调查者对地类的认定错误、图斑范围的勾绘误差、图斑内复杂因素（田坎、零星地物等）的计算误差等。因此，二次土地调查的事后质量抽查方案就是根据这些特点，参照人口普查事后质量抽查基本原理进行设计的。

一、设计目标

第二次全国土地调查的事后质量抽查是调查完成之后独立进行的抽查，目的是检验调查数据的可靠性，对调查所获取数据的可靠性进行评估。

二、抽查主题

第二次全国土地调查是按照《土地利用现状分类》(GB/T 21010—2007)，对不同地类进行的调查。根据不同地类的相对重要性及人们的关注度等因素，经第二次全国土地调查领导小组办公室研究确定，将耕地、园地、林地、草地和城镇村及工矿用地等5个地类，作为第二次全国土地调查事后质量抽查的抽查主题。

三、抽选原则

图斑（地块）是抽查的最终对象。图斑（地块）和人口普查中的家庭、农业普查中的农户和农业生产单位一样，数量巨大，不可能直接作为样本。但也有和这些普查样本不同的地方，即普查样本必须现场进行调查，因此要求相对集中，不能过于分散，以减少交通成本和实际工作量，所以样本抽样阶段比较多；而图斑（地块）都是在图上可定位、可见的，很多样本在室内就可以进行调查，因此不需要考虑样本分散性的影响，这样就可以减少抽样阶段。参考人口普查、农业普查的事后质量抽查的样本抽选方法，确定采取多阶段概率抽样方法，以省为总体，先抽县，然后在样本县里直接抽选样本图斑（地块）。样本的抽选原则如下：

（1）随机性原则：采用随机、多阶段抽样方法，保证样本具有鲜明的随机性和较强的代表性。

（2）突出主题原则：由于5个抽查主题的分布差异较大，为突出主题，对各主题分别抽取样本。

（3）点面兼顾原则：样本分配既要突出重点，即主题面积大的省份，抽出的样点也相对较多；同时兼顾分布的均匀性，即样本点尽量覆盖较多省份。

四、抽选过程

（一）样本量的测算

样本量是根据预估的差错率及相对差异系数，使用简单随机抽样的比例估计公式进行测算。

采用比例估计的简单随机抽样公式，计算对各主题质量评价有代表性的图斑样本量。

样本量的计算公式如下：

$$n_i = \frac{t^2 pq}{d^2} \tag{11-9}$$

取置信度为95%，则 t=1.96，p 为图斑的低限差异发生率，设为2%，即 p =0.02，则 q=(1–p)=0.98。

根据抽样原则的要求，分别对于不同的抽查主题确定样本量。

（1）设定耕地主题的允许绝对误差限为 d=0.3%，则所需抽查的图斑样本约为8000个，按每个县抽查200个图斑计算，耕地主题需要抽查40个县。

（2）设定其他每个主题的允许绝对误差限为 d=0.5%，则其他各主题所需抽查的图斑样本各为约3000个，按每个县抽查100个图斑计算，其他每个主题需要抽30个县，共计120个县12000个图斑。

总计5个主题共需抽选160个县，共计图斑20000个。

（二）样本的抽选

以全国为总体，采用多阶段概率与规模成比例（PPS）抽样方法抽选样本。第一阶段的抽样单元是县级调查单位，第二阶段的抽样单元是村，第三阶段的抽样单元是图斑；以抽查主题（耕地、园地、林地、草地和城镇村及工矿用地）面积为规模度量。具体过程如下：

第一阶段：抽选县级调查单位样本

为了使各主题的评价更有针对性，需要对各主题分别抽样，分别抽出 5 个主题的抽查样本。以县级调查单位的主题面积排序，去除面积为“0”的县级调查单位，组成抽样框，采用 PPS(Probability Proportionate to Size) 抽样方法，抽选出各主题样本的县级调查单位。

第二阶段：抽选样本村

以抽中的县级调查单位全部行政村主题面积排序组成第二阶段抽样框，计算抽样距离（全县主题面积总数除以 10），随机起点，村主题面积累计，等距抽样，抽出 10 个样本村。

第三阶段：抽选图斑样本

以样本村抽查主题的全部图斑的唯一编码顺序排序，随机起点，面积累计，按各主题规定的现场核实图斑样本量（耕地主题为每村 20 个，其他主题为每村 10 个）等距抽取出核实样本图斑。如果存在比较大的图斑，使实际图斑数量少于规定的样本量，需对大图斑进行分割，使图斑的面积大致均衡，并重新编码排序组成新的图斑抽样框。

五、抽选结果

实际抽选了 826 个样本县、60300 个样本图斑（地块），作为事后抽查样本。其中，耕地图斑 38000 个，园地图斑 8000 个，林地图斑 3050 个，草地图斑 3250 个，城镇村及工矿用地图斑 8000 个。具体如表 11-6 所示。

表 11-6　二次土地调查事后质量抽查样本分布情况

单位：个

抽查主题	样本县	平均每县样本图斑（地块）个数	总样本图斑（地块）
耕地	380	100	38000
园地	160	50	8000
林地	61	50	3050
草地	65	50	3250
城镇村及工矿用地	160	50	8000
合计	826	—	60300

第四节　核实方案制定及实施

根据核实目标，国家统计局会同第二次全国土地调查领导小组办公室制定了《第二次全国土地调查数据结果事后质量抽查和评价实施方案》，主要内容包括：核实内容、核实方法、核实要求等，按照核实方案的要求组织队伍实施核实。

一、核实内容

抽查的样本（图斑）核实内容主要包括：

（1）图斑位置。将选定的图斑样本位置与实地位置进行核对，确认图斑位置的真实性、准确性。

（2）图斑形状。选定的图斑样本形状与实地确定的图斑的形状是否一致。

（3）图斑地类。对选定图斑的地类进行认定，确认图斑地类的正确性。

（4）图斑面积。测量选定图斑的面积。

二、核实方法

采取实地核实与内业核实相结合的方法，对于影像清晰、可以准确判断地类的，采用内业核实的方法；对影像质量较差或存在疑问的，采用实地核实的方法。

（一）实地核实

主要采取对比的方法。携带选中图斑所在图件资料到实地，找到与选中图斑对应的实地地块。将图件上图斑和实地地块通过对比，核实位置、形状、地类、面积是否一致。将对比结果填入《样本图斑外业核实情况记录表》（本章附表1）。

1. 核实方法与步骤

1）图斑位置

根据地物之间的相对位置关系，确定选定的样本图斑与实地确定的地块的位置是否一致。

2）图斑界线

采取对比的方法，核实选定的样本图斑与实地确定的地块的范围界线是否一致。

3）图斑地类

按照《土地利用现状分类》（GB/T 21010—2007），正确认定实地地块的地类。

4）面积测量

根据实地情况，选择测量方法。

（1）只测量图斑界线上的主要拐点，计算图斑面积。对于图斑界线为曲线时，应测量足够的拐点，保证面积精度。

（2）沿着图斑界线，绕行一周，计算图斑面积。沿界线绕行时，应不跑线。

2. 核实要求

实地核实要求如下：

（1）没有参加全国土地调查办组织培训的人员，不能参与实地核实工作。

（2）实事求是、客观地对样本图斑进行实地核实和记录。

（3）独立完成样本图斑的实地核实工作，不与地方国土资源管理部门发生联系。

（4）对于实地地块与数据库中图斑地类、范围界线不一致的，可向当地群众了解情况。对于因农业结构调整造成地类不一致、由于工程等人为因素造成图斑界线变化的，应在记录表备注中作详细记录；对由于调查原因造成不一致的，按实地现状进行核实和记录。

（5）对于测量面积极困难的地块，面积可不进行测量，但需核实图斑的地类及形状，并在记录表中说明。

（6）核实记录表一经填写完毕，不允许以任何名义和理由修改核实结果。

（7）对违反上述要求的，按全国土地调查办有关规定进行处理。

（8）对填写的《样本图斑核实情况记录表》（本章附表2）、《样本图斑外业核实情况记录表》（本章附表1）应进行审核确认，由实地核实人员和核实小组负责人签字并上报全国土地调查办。

3. 填写《样本图斑外业核实情况记录表》（本章附表1）

根据土地利用现状图，以及实地核实、量测的结果，填写《样本图斑外业核实情况记录表》（本章附表1）。每个图斑填写一张表。填表要求如下：

1栏填写图斑所在图幅编号；

2栏填写图斑内任意点实测X坐标（用度分秒表示或与土地利用图坐标一致）；

3栏填写图斑内任意点实测Y坐标（用度分秒表示或与土地利用图坐标一致）；

4栏填写土地利用现状图图斑编号；

5栏填写土地利用现状图图斑地类编码；

6栏填写实地地类编码（填写到二级地类）；

7栏填写图斑实测面积（单位是平方米，保留一位小数）；

8、9、10栏根据实际情况填写“√”；

11栏填写需要说明的内容；

草图栏，土地利用现状图图斑界用红线表示，实测图斑界用蓝线表示。

4. 图斑核实结果

将土地调查数据库中图斑轨迹与实测图斑轨迹套合，根据套合情况判断图斑地类的准确性。

1）地类正确

数据库中图斑轨迹与实测图斑轨迹重合部分，实地地类与数据库一致时，确定为地类属性正确。

2）地类错判

数据库中图斑轨迹超出实测图斑轨迹部分，确定为地类错判。将超出部分分割出来，根据影像特征判读地类，并量算面积。

3）地类漏判

实测图斑轨迹超出数据库中图斑轨迹部分，确定为地类漏判。将超出部分分割出来，并量算面积。

（二）内业核实

1. 核实方法

将样本图斑套合在调查底图或标准时点更新底图的影像上，仔细比对图斑范围界线及地类属性与影像特征是否一致，如图11-1所示，判断图斑地类属性及面积的准确性。

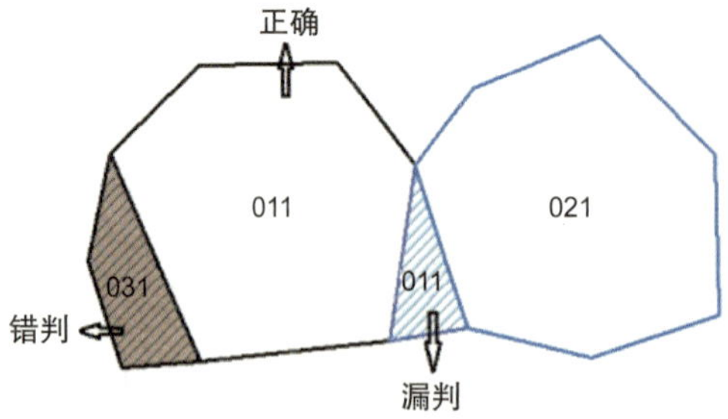

图11-1 样本图斑与调查底图套合情况

注：图中011、021、031分别为水田、果园、有林地地类的编码

2. 图斑核实结果

1）地类正确

样本图斑内地类与影像特征一致部分，如图 11-1 中样本图斑地类为 011（水田），影像特征也为水田，确定为地类属性正确。

2）地类错判

若样本图斑内有部分与影像特征不一致，如图 11-1 中样本图斑地类为 011（水田），部分影像特征也为 031（有林地），确定为地类错判。将不一致部分分割出来，根据影像特征判读地类，并量算其面积。

3）地类漏判

若样本图斑相邻属性不同图斑内含有与样本图斑属性一致部分，如图 11-1 中样本图斑 021（果园）中，含有部分影像特征为 011（水田），确定为地类漏判。根据影像特征将这部分分割出来，并量算其面积。

三、样本图斑核实情况记录表填写

根据内外业核实情况填写样本图斑核实情况记录表（本章附表 2），具体填写要求如下：

1 栏填写县级行政区域代码；

2 栏填写图斑内任意点 X 坐标；

3 栏填写图斑内任意点 Y 坐标；

4 栏填写图斑在数据库中的图斑编号；

5 栏填写图斑在数据库中的地类编码；

6 栏填写图斑球面面积（不扣除线状地物、零星地物面积），即数据库中图斑面积；

7 栏填写图斑平面面积（不扣除线状地物、零星地物面积），即实测面积；

8 栏填写核实正确及漏判部分的地类编码；

9 栏填写核实正确部分平面面积；

10 栏填写核实漏判部分平面面积合计；

11 栏填写核实图斑内错判部分地类编码，若错判有多个地类，填写面积最大的地类编码，在备注中说明还涉及的地类；

12 栏填写核实错判部分平面面积合计；

13 栏填写错判率，表中已有公式，可自动生成（错判率等于 12 栏除以 7 栏）；

14 栏填写漏判率，表中已有公式，可自动生成（漏判率等于 10 栏除以 7 栏）；

15 栏填写绝对差异率，表中已有公式，可自动生成（绝对差异率等于 10 栏加 12 栏除以 7 栏）；

16 栏填写净差异率，表中已有公式，可自动生成（净差异率等于 10 栏减 12 栏除以 7 栏）；

17 栏填写需要说明的情况。

四、组织实施

第二次全国土地调查是一项重大的国情国力调查，为了检验调查数据的可靠性，遵循国内外大型普查进行事后抽查评估的通行做法，国务院第二次全国土地调查领导小组办公室委托国家统计局中国经济景气监测中心制定了二次土地调查数据质量事后抽查和评估实施方案。中国土地勘测规划院是事后抽查的实施单位，2009 年 11 月至 2010 年 3 月，中国土地勘测规划院选聘了 20 支专业调查队伍，按照实施方案的要求，对抽取的各类样本图斑的地类、图斑范围界线和面积进行了独立的核实工作。对专业队伍的核实结果，全国土地调查办又组织进行了复核和完善。

第五节 评价指标、方法及标准

一、评价指标

评价指标分为3个：

（1）图斑地类，图上与实地不一致发生率（%）。指抽中 m 图斑中，图上与实地不一致地类数量占抽中图斑总量的比例。计算公式如下：

$$Fr_i = \frac{n_{ei}}{n_i} \tag{11-10}$$

式中：

Fr_i—— 第 i 个抽查主题的图斑地类不一致发生率；

n_{ei}—— 第 i 个抽查主题的地类不一致图斑数量；

n_i—— 第 i 个抽查主题的抽查图斑总量。

（2）图斑地类，图上与实地不一致面积发生率（%）。指抽中图斑中，图上与实地不一致地类面积的绝对量占抽查图斑总面积的比例。计算公式如下：

$$Fd_i = \frac{\sum_{j=1}^{n_i}\left|e_{ij} - M_{ij}\right|}{\sum_{j=1}^{n_i} M_{ij}} \tag{11-11}$$

式中：

Fd_i—— 第 i 个抽查主题的图斑类别差异发生程度；

e_{ij}—— 第 i 个抽查主题第 j 个图斑的地类差异发生面积；

M_{ij}—— 第 i 个抽查主题第 j 个图斑的原面积。

（3）实测图斑面积与图上面积不一致程度发生率（%）。指以图上面积为“真值”，实测面积与“真值”差值的绝对量占抽中图斑总面积的比例。计算公式同（11-11）。

二、计算方法

（一）村级汇总

计算样本村的抽样主题的各评价指标，即村样本调查图斑（地块）各评价指标的简单平均。公式为

$$C_r = \frac{1}{n}\sum_{i=1}^{n} S_{ri} \tag{11-12}$$

式中：

C_r—— 村的抽样主题评价指标，用%表示；

S_{ri}—— 第 i 个核实地块的评价指标；

n —— 本村核实地块样本的数量。

（二）县级汇总

样本县的抽样主题各评价指标等于各样本村抽样主题各评价指标的简单平均。

（三）全国汇总

全国的抽样主题各评价指标等于各样本县的抽样主题各评价指标的简单平均。

三、评价标准

根据实地核实结果，对二次土地调查数据结果进行评价。统计数据差异发生率、差异程度及差错率，分析差异的来源，对成果数据的应用提出注意事项，并对将来的土地调查提出改进措施。

根据事后质量抽查目标的要求，二次土地调查数据的可靠性主要体现在地类判读是否正确、图斑勾绘是否准确等方面。因此，本次事后质量抽查采用地类的面积净差异率作为评估指标。净差异率是指样本图斑多测面积与少测面积相抵后占图斑调查记录面积的比例。多测面积是指图斑内非本地类的面积，少测面积是指图斑边缘漏测面积。根据国际上通行的净差异率一般小于 3%，国内大型普查的净差异率一般小于 2% 的经验，同时考虑耕地是二次土地调查的重点地类等因素，耕地的净差异率指标应小于 1%，园地、林地、草地、城镇村及工矿用地的净差异率指标应小于 2%。

第六节 抽查结果、评价及展望

一、各抽查主题结果

根据内业和外业调查、核实，以及对数据的加工处理的结果，各抽查主题的结果如下。

（一）耕地

耕地样本图斑的总面积为 3380880198.00 平方米，经核实多测面积为 3654868.17 平方米，少测面积为 1211351.38 平方米，净差异率公式为：

$$Fd_i = \frac{\sum_{j=1}^{n_i} \left| e_{ij} - M_{ij} \right|}{\sum_{j=1}^{n_i} M_{ij}} \tag{11-13}$$

按照净差异率公式（11-13）计算：

耕地的净差异率 =（3654868.17–1211351.38）/3380880198.00=0.72‰。

（二）园地

园地样本图斑的总面积为 347980219.00 平方米，经核实多测面积为 436158.00 平方米，少测面积为 41113.00 平方米，按照净差异率公式（11-13）计算：

园地的净差异率 =（436158.00–41113.00）/347980219.00=1.14‰。

（三）林地

林地样本图斑的总面积为970256645.00平方米，经核实多测面积为189607.60平方米，少测面积为6674.83平方米，按照净差异率公式（11-13）计算：

林地的净差异率 =（189607.60 – 6674.83）/970256645.00=0.19‰。

（四）草地

草地样本图斑的总面积为68192877535.16平方米，经核实多测面积为4862659.86平方米，少测面积为155442.80平方米，按照净差异率公式（11-13）计算：

草地的净差异率 =（4862659.86–155442.80）/68192877535.16=0.07‰。

（五）城镇村及工矿用地

城镇村及工矿用地样本图斑的总面积为593543199.00平方米，经核实多测面积为2484421.63平方米，少测面积为124759.34平方米，按照净差异率公式（11-13）计算：

城镇村及工矿用地的净差异率 =（2484421.63–124759.34）/593543199.00=3.98‰。

二、总体评价

按各事后质量抽查主题，对样本图斑的调查、核实结果表明，耕地的净差异率为0.72‰，远低于1%的净差异率控制要求范围；园地、林地、草地、城镇村及工矿用地的净差异率分别为1.14‰、0.19‰、0.07‰、3.98‰，也远低于2%的净差异率控制要求范围。因此，二次土地调查数据结果是可靠的，可以满足土地管理和土地统计的需要。

三、展望

按照国际惯例进行普查之后的事后质量抽查，对于很多国内外普查来说，是一个很常用的方法。但是与对土地调查这样客观对象的抽查相比还是有很大不同。一方面没有通常因主观调查对象所产生的误差，另一方面由于是利用全球定位技术进行的测量，对不规则图形的测量精度是很高的。可以说在误差来源方面客观对象与主观调查对象有很大的不同。如果采用类似与主观对象的方法进行差错的调查和评估，还是有不适应的方面，结果可能得到一个下偏的差错估计。因此，需要对客观对象调查中产生的差错来源进行进一步的梳理，应主要集中在地类认定错误、图斑勾绘误差等方面，需要有一个更为合适的差错计算方法，这都需要在以后类似的质量抽查中做进一步研究。

附表 1 样本图斑外业核实情况记录表

省（区、市） 地（市、州、盟） 县(市、区、旗) 乡（镇） 村

<table>
<tr><td rowspan="2">图幅号</td><td colspan="2">图斑内任意点地理坐标</td><td colspan="2">土地利用现状图</td><td colspan="2">外业核实情况</td><td colspan="3">形状与现状图比较</td><td rowspan="2">备注</td></tr>
<tr><td>X</td><td>Y</td><td>图斑
编号</td><td>地类
编码</td><td>核实
地类</td><td>核实
面积</td><td>一致</td><td>基本一致</td><td>不一致</td></tr>
<tr><td>1</td><td>2</td><td>3</td><td>4</td><td>5</td><td>6</td><td>7</td><td>8</td><td>9</td><td>10</td><td>11</td></tr>
<tr><td rowspan="4"></td><td rowspan="4"></td><td rowspan="4"></td><td rowspan="4"></td><td rowspan="4"></td><td></td><td></td><td rowspan="4"></td><td rowspan="4"></td><td rowspan="4"></td><td rowspan="4"></td></tr>
<tr><td></td><td></td></tr>
<tr><td></td><td></td></tr>
<tr><td></td><td></td></tr>
<tr><td>草图</td><td colspan="5">数据库中图斑轨迹：</td><td colspan="5">核实图斑轨迹：</td></tr>
</table>

核实人员： 核实日期： 检查人： 检查日期：

附表 2　样本图斑核实情况记录表

序号	行政代码	坐落（度分秒）		土地调查数据库				核实情况					核实情况与数据库比较				备注
				图斑编号	地类编码	面积 / 平方米		地类编码	核实面积 / 平方米		错判		差异率				
		X	Y			球面	平面		正确	漏判	地类编码	面积	错判率	漏判率	绝对差异率	净差异率	
	1	2	3	4	5	6	7	8	9	10	11	12	13	14	15	16	17
合计		—	—		—			—			—						

第十二章　城镇土地调查

城镇土地调查是第二次全国土地调查的内容之一。根据《第二次全国土地调查实施方案》，城镇土地调查是指对城镇范围以内的土地开展大比例尺调查。充分利用已有地籍调查成果，调查城市、建制镇内部每宗土地的界址、范围、界线、地类和面积等利用状况，以及土地的所有权和使用权状况，并规定到2009年底，应完成城市建成区、县城所在地建制镇建成区的城镇土地调查。在农村土地调查和城镇土地调查的基础上，收集有关资料，通过统计调查，查清工业、基础设施、金融商业服务、开发园区和房地产等用地状况。

本章主要介绍城镇土地调查的技术方法和要求等内容。

第一节　城镇土地调查概述

城镇土地调查也称城镇地籍调查，是对城市、建制镇内部每宗土地开展的调查。城镇土地调查的范围是城市和建制镇的建成区，调查范围应与农村土地调查范围相衔接。

城镇土地调查应充分利用已有地籍调查成果，依据地籍调查技术规程，查清城镇内部建设用地的使用权状况，确定城镇内部每宗土地的权属、界址、面积、用途和位置等。通过汇总分析，掌握调查区域内各类土地的权属、数量、质量和使用等情况及其空间分布，形成数据、图件、文字、数据库等调查成果，为科学规划、合理利用、有效保护土地资源，加强和改善宏观调控提供依据。

城镇土地调查是土地登记的基础工作，可以为土地登记提供地籍调查表、宗地图、界址点坐标等基础数据，地籍调查成果经土地登记后具有法律效力。

一、城镇土地调查概况

1987年9月，原国家土地管理局发布关于试行《城镇村庄地籍调查规程》和《全国土地登记规则》的通知，要求各地开展城镇国有土地使用权的申报工作。作为土地登记的法定程序，我国城镇地籍调查工作开始起步。

1989年9月，原国家土地管理局颁布了《城镇地籍调查规程》，1993年6月修订后发布了行业标准《城镇地籍调查规程》（TD 1001—1993），对城镇地籍调查的内容、方法、程序、精度和成果资料等作了系统性、整体性的规定。《城镇地籍调查规程》实施后，我国的城镇地籍调查工作开始提速，土地登记明显加快；1998年3月，原国家土地管理局印发了《城镇变更地籍调查实施细则（试行）》，针对土地所有权和使用权的主体和客体及权利义务发生变化的日常性调查，进一步统一了技术标准，规范了操作程序。

2007年开展的第二次全国土地调查，将城镇土地调查作为一项重要的工作内容。各地积极争取经费，开展城镇地籍调查工作，部分地区全面完成了城镇地籍调查工作。在此基础上，通过对城镇调查成果的汇总分析，全面掌握了工业用地、基础设施用地、金融商业服务用地、房地产用地、开发园区等专项用地的结构、数量和分布，为科学制定土地政策、合理确定土地供应总量、落实土地调控目标提供了重要依据。2007 年 8 月中华人民共和国国家质量监督检验检疫总局和中国国家标准化管理委员会联合发布了《土地利用现状分类》国家标准（GB/T 21010—2007），实现了全国城镇土地分类和土地利用现状分类的统一。

2012 年 9 月发布的《地籍调查规程》（TD/T 1001—2012），修订了原《城镇地籍调查规程》中不适应当前地籍管理要求的规定和难以满足地籍信息化要求的技术方法，统一了城乡地籍调查技术标准，是当前开展城镇土地调查工作的主要技术依据。

二、城镇土地调查单元

城镇土地调查的对象是城镇范围内的土地。为准确调查土地的权属状况和利用状况，将调查区域的土地按照一定的规则进行分块，以宗地为单元开展城镇土地调查。

（一）宗地的内涵

宗地是指被权属界址线封闭的地块或者空间。根据土地使用方式的不同，土地使用权可在地表、地上和地下分别设立，对于地表设立使用权的宗地，宗地位置采用平面界址点确定，而对于设立地上、地下使用权的宗地，需要使用空间范围来确定宗地的位置，通常以平面界址点所构成的垂直面和上、下界限高程平面封闭形成的空间范围来表示。

根据宗地内土地权利人的使用情况，可将宗地分为独立宗和共用宗，其中，独立宗是只有一个土地权利人使用的宗地，共用宗是指一个地块内由几个土地使用者共同使用而其间又难以划清权属界线的宗地。

（二）宗地划定

宗地应当依据国有建设用地使用权出让合同、用地批准文件等合法的土地权属来源材料，结合实际使用情况，按照地籍调查程序划定。划定宗地应以保持权利人的土地权利完整和方便地籍管理为原则，具体要求为：

（1）一般情况下，直接依据土地权属来源材料的用地界线范围划定宗地。

（2）同一权利人的土地相连成片的，可划为一宗地，但土地使用权类型、期限不同的，应当分别划宗。

（3）同一权利人的土地被公用道路、公路、铁路、河流等线状地物分割的，应划分为若干宗地。

（4）大型单位用地内具有法人资格的独立经济核算单位用地，或被道路、围墙等明显线状地物分割成单一地类的地块应独立分宗。

（5）多个使用者共同使用土地，且相互之间界线难以划清的，划定为一宗土地，称为共用宗。

（6）公用广场、停车场、道路、水域、市政绿化用地、市政设施公共用地、归属不明的地块可单独设宗。

（7）有权属争议的土地，若无界线争议，将争议土地单独设宗，若界线有争议，以争议界线所围成的范围单独设宗。

宗地一经确定，不得随意调整，确需分割、合并或调整边界的，应经国土资源主管部门会同有关部门同意。

（三）宗地代码

宗地代码是地籍管理和信息化建设的重要手段。对每宗土地按照一定规则赋以全国实行统一的宗地代码，是建立以土地为基础的不动产登记制度的基本要求，同时有利于集成和统一全国土地资源数据成果，有利于促进全国城乡一体化地籍管理建设，有利于实现以"一张图"为基础的土地管理新格局。

宗地代码的编制采用五层 19 位码结构：

第一层次为县级行政区划，代码为 6 位，采用《中华人民共和国行政区划代码》（GB/T 2260）。

第二层次为地籍区，代码为 3 位，用阿拉伯数字表示。

第三层次为地籍子区，代码为 3 位，用阿拉伯数字表示。

第四层次为土地权属类型，代码为 2 位。其中，第一位表示土地所有权类型，用 G、J、Z 表示，"G"表示国家土地所有权，"J"表示集体土地所有权，"Z"表示土地所有权争议；第二位表示宗地特征码，用 A、B、S、X、C、W、Y 表示，"A"表示集体土地所有权宗地，"B"表示建设用地使用权宗地（地表），"S"表示建设用地使用权宗地（地上），"X"表示建设用地使用权宗地（地下），"C"表示宅基地使用权宗地，"W"表示使用权未确定或有争议的土地，"Y"表示其他土地使用权宗地，用于宗地特征扩展。

第五层次为宗地顺序号，代码为 5 位，用 00001 ~ 99999 表示，在相应的宗地特征码后编码。

三、城镇土地调查内容

城镇土地调查以权属调查为核心，调查内容包括：

（一）土地利用现状及变化情况调查

包括地类（用途）、位置、面积、分布等状况的调查。土地利用现状及变化情况调查，是掌握城镇土地利用情况的有效手段。

（二）土地权属及变化情况调查

主要是对国有建设用地使用权的调查，也包括城镇范围内未征收的宅基地和集体建设用地使用权的调查。土地权属及变化情况调查是土地登记的基础资料。

（三）土地条件调查

包括土壤、植被、地形、地貌、气候及水文地质等自然条件，以及对土地的投入、产出、收益、交通、区位等社会经济条件的调查。土地条件调查为制定各项计划、规划和土地政策提供基础资料；为土地资源的优化配置提供科学依据；为土地分等定级、估价、税收提供可靠资料。

四、城镇土地调查类型

城镇土地调查通常分为城镇地籍总调查和城镇土地变更调查。

城镇地籍总调查是在一定时间内，对城镇区域内的全部宗地开展的调查工作。城镇地籍总调查工作由县级以上人民政府国土资源主管部门会同同级有关部门组织实施，一般是为开展土地总登记而进行的区域性普遍调查。

城镇土地变更调查是在地籍总调查之后，根据土地利用状况和土地权属变化情况随时进行的变更调查。城镇土地变更调查是日常地籍调查的一项重要内容，由县级以上国土资源主管部门按照国家统一要求组织实施。城镇土地变更调查以日常土地登记开展的地籍调查成果为基础，以宗地为单位，全面变更相应地籍图件和数据库，保持地籍调查成果的现势性和准确性，并定期进行汇总统计。

第二节　城镇土地调查内容

城镇土地调查需要对每宗土地的权属状况、利用状况、界址等因素进行确切的文字描述和记载，同时需要借助测量手段对土地的四至、界址、面积等进行统一的图、数定量记载和描述。因此，城镇土地调查可概括为土地权属调查和地籍测量两方面工作内容。

一、土地权属调查

土地权属调查是城镇土地调查的核心工作，除建设用地使用权及相关内容的权属调查外，还包含了地类、位置、面积、分布等土地利用现状的调查和相关土地条件的调查。土地权属调查主要包括土地权属状况调查、土地利用状况调查、界址调查、绘制宗地草图、填写地籍调查表等工作。

（一）土地权属状况调查

土地权属状况调查主要根据登记申请文件和相关材料，调查人员通过实地调查，对相关内容进行核实，并根据调查核实情况填写地籍调查表。

1. 土地使用者调查

土地使用者的信息主要包括土地使用者的姓名（名称）、通讯地址、联系电话、单位性质、行业代码、组织机构代码、法定代表人（或负责人）姓名及其身份证明、代理人姓名及其身份证明等。调查工作是根据申请材料审核土地使用者信息的一致性；通过实地调查宗地的土地使用者是否与申请人一致。

2. 土地权属来源及性质调查

土地权属来源情况调查主要是初步核实证明材料是否齐全、合法，以及与实际情况的一致性。

土地权属性质根据土地权属来源材料进行认定，包括国有土地所有权、国有建设用地使用权、国有农用地使用权、集体土地所有权、集体建设用地使用权、宅基地及地役权等。

根据土地权属来源证明文件确定土地使用权类型，国有土地使用权主要包括划拨、出让、国家作价出资（入股）、国家租赁、国家授权经营五种类型。

3. 土地坐落和宗地四至调查

土地坐落调查是指调查人员根据工作用图，现场核对宗地坐落的道路名称、门牌号码与申请书是否一致，同时还应现场调查宗地四至具体情况。

4. 共有使用权情况调查

当几个土地使用者共用同一宗地时，应对宗地的共用情况进行调查。主要调查内容包括共有使用者情况、共有使用者独自使用的土地情况，以及共有使用者共同使用的土地情况，并根据土地使用者的约定或相关规定计算共用分摊面积。

5. 地役权调查

地役权调查主要根据地役权合同，调查其申请内容是否与实地一致。

（二）城镇土地利用状况调查

城镇土地利用状况调查是在土地用途调查的基础上，对各类土地分布状况、土地等级、国民经济行业分类、建筑占地和建筑面积等开展的调查。

1. 土地用途、等级及各类土地分布状况调查

土地用途依照《土地利用现状分类》国家标准规定调查至二级分类。批准用途与实地调查不一致时，

调查人员须注明原因，并将调查的实际用途填写到地籍调查表上。对批准用途（如综合用地）与《土地利用现状分类》规定的土地分类不对应的宗地，调查人员可将批准用途和实际用途填写到地籍调查表上，并在说明栏内按《土地利用现状分类》规定的二级类说明该宗地的主要使用用途、其他使用用途。

一宗地有多种土地用途的，应调查各类土地的分布状况。实地能够区分各种土地用途范围的，调查地类界并计算各用途地类的面积；实地无法区分各种土地用途范围的，按各用途的比例计算各地类的面积。

土地等级按当地制定的土地分等定级标准执行。尚未制定土地等级标准的，可暂不调查。

2. 建筑占地和建筑面积调查

建筑密度和容积率调查，主要根据工作图件，调查宗地内建筑物的建筑占地、结构层次，计算建筑面积，再根据建筑占地、建筑面积与宗地面积的比值分别计算建筑密度和容积率。

3. 国民经济行业分类调查

国民经济行业分类根据《国民经济行业分类》（GB/T 4754 — 2011）大类标准开展调查，在地籍调查表填写类别名称和编码，没有的不填。

（三）界址调查

界址调查是指对相邻双方的界址进行的实地调查和认定，是土地权属调查的核心工作。界址调查包括指界、界标设置、界址边长丈量、宗地草图绘制等工作。

1. 指界工作程序步骤

（1）向调查宗地和相邻宗地权利人送达指界通知书并留存回执。土地权利人下落不明的，可采取公告方式，告知其在指定的时间到指定地点出席指界。权利人是单位的，指界人为法定代表人（负责人）或代理人；权利人是个人的，指界人为权利人本人或代理人；共用宗地由共用人共同指界或共同委托代理人出席指界。

（2）调查员、本宗地指界人及相邻宗地指界人应同时到场进行指界。如一方缺席，其宗地界线根据土地权属来源资料及另一方所指界线确定；如双方缺席，其宗地界线由调查人员根据土地权属来源资料、实际使用现状及地方习惯确定。对违约缺席指界的，应将现场调查结果及违约缺席定界通知书送达违约缺席者。违约缺席者对调查结果如有异议，须在收到调查结果之日起 15 日内，重新提出划界申请，并负责重新划界的全部费用。如逾期不申请，经公告 15 日后，则上述确定的界线自动生效。

（3）指界人在指界后，应在地籍调查表上、土地权属界线协议书上或土地权属争议原由书上签字盖章确认。不在地籍调查表上、土地权属界线协议书上签字盖章的，参照违约缺席指界规定执行。

2. 界址点和界标

界址点是描述宗地权属界线的特征点，可在地籍子区范围统一编号，也可以宗地为单位顺序编号。设置宗地界址点时，除界址线的拐点外，在相邻宗地的界址线交叉处应设置界址点；土地权属界线依附于沟、渠、路、河流、田坎等线状地物的交叉点应设置界址点；在一条界址线上存在多种界址线类别时，变化处应设置界址点。

宗地界址点上应按规定设置界标，界标类型由界址线双方的土地权利人确定。设置界标有困难时（如界址点在水中），应在地籍调查表或土地权属界线协议书中，采用标注界址点位和说明权属界线走向等方式描述界址点具体位置。损坏的界标，可根据已有解析界址点坐标和界址点间距、宗地草图、土地权属界线协议书等资料，采用现场放样、勘丈等方法恢复界址点。

（四）绘制宗地草图

宗地草图是描述宗地的位置、界址点、线和相邻宗地关系的实地记录。界址调查时应实地丈量界址边长、界址点与邻近地物的相关距离或条件距离，现场绘制宗地草图。宗地草图要求图形近似可不依比例尺，可以根据丈量数据手工绘制，也可利用正射影像图、地形图、土地利用现状图、地籍图等绘制。面积较大、界线复杂或已有解析法测图的宗地，可不绘制宗地草图，直接采用地籍图（宗地图）等绘制土地权属界线附图，界址边长和关系距离采用坐标反算求得。

（五）填写地籍调查表

土地权属调查时，以宗地为单位，将土地权属状况、土地利用状况和界址调查情况填写在地籍调查表上，地籍调查表应附宗地草图并由调查员填写权属调查记事。

经调查的土地权属状况与实际情况一致的，按照权属材料载明的土地权属状况填写地籍调查表；无土地权属来源资料或土地权属来源资料缺失、不完整，以及土地权属状况与实际情况不一致的，按照实际调查情况填写地籍调查表，在地籍调查表的说明栏目中填写情况说明，必要时应附由权利人提供的相关证明材料的复印件。

土地利用状况和相关的土地条件根据实际调查情况填写。

地籍调查表填写的界址调查情况应与宗地草图一致，开展界址调查时，指界人认为有必要的，可同时在宗地草图上签章确认。

二、地籍测量

地籍测量是在土地权属调查的基础上，借助仪器，以科学的方法，测量宗地的权属界线、界址位置、形状等，计算面积，测绘地籍图和宗地图，为土地登记提供依据。地籍测量包括地籍控制测量、界址点测量、地籍图测绘、宗地图绘制、宗地面积量算等工作。

（一）地籍控制测量

地籍控制测量主要是平面位置的测量，是地籍要素测绘的基础工作。为与农村土地调查成果相衔接，地籍控制测量一般采用 1980 西安坐标系统。也可根据实际情况采用 1954 年北京坐标系统、2000 国家大地坐标系统、地方坐标系统或独立坐标系统，但这些坐标系统应与 1980 西安坐标系统联测或建立转换关系。

地籍平面控制网分为首级控制网和图根控制网，各等级控制网的布设应遵循“从整体到局部、分级布网”的原则，在精度上要满足测定界址点坐标精度的要求，在密度上要满足地籍细部测量的要求，同时还要顾及日常地籍管理的需要。地籍平面控制网的基本精度要求一是四等网或 E 级网中最弱边相对中误差不得超过 1/45000；二是四等网或 E 级以下网最弱点相对于起算点的点位中误差不得超过 ±5 厘米。

首级控制网是测区的基本控制，等级分为三、四等或 D、E 级和一、二级。首级控制网应利用已有的国家二、三、四等三角点和国家 B、C、D、E 级 GPS 点，以及三、四等城市平面控制点 (含 GPS) 和一、二级城市平面控制点 (含 GPS)，采用静态全球定位系统定位方法加密建立，一、二级地籍平面控制网也可采用导线测量方法施测。图根控制点是直接用于测图的控制点，可采用动态全球定位系统定位方法、快速静态全球定位系统定位方法或导线测量方法建立地籍图根控制网点。

（二）界址点测量

界址点测量可采用解析法和图解法。

解析法是指在建立地籍平面控制网的基础上，采用全站仪、GPS 接收机、钢尺等测量工具，通过全野外测量技术获取界址点坐标和界址点间距的方法。解析法测量的精度应满足以下要求，如表 12-1 所示。

表 12-1　界址点解析法测量精度要求

级别	界址点相对于邻近控制点的点位误差、邻近界址点间距误差 / 厘米	
	中误差	允许误差
一	± 5.0	± 10.0
二	± 7.5	± 15.0
三	± 10.0	± 20.0

注 1：土地使用权明显界址点精度不低于一级，隐蔽界址点精度不低于二级。
注 2：土地所有权界址点可选择一、二、三级精度。

图解法是指采用标示界址、绘制宗地草图、说明界址点位和说明权属界线走向等方式描述实地界址点的位置，由数字摄影测量加密或在正射影像图、土地利用现状图、扫描数字化的地籍图和地形图上获取界址点坐标和界址点间距的方法。界址点精度指标要求，如表 12-2 所示。

表 12-2　界址点图解法测量精度要求

序号	项目	图上中误差 / 毫米	图上允许误差 / 毫米
1	相邻界址点的间距误差	± 0.3	± 0.6
2	界址点相对于邻近控制点的点位误差	± 0.3	± 0.6
3	界址点相对于邻近地物点的点位误差	± 0.3	± 0.6

（三）地籍图测绘

地籍图是按照特定的投影方法，比例关系和专用符号把地籍要素及其有关的地物和地貌测绘在平面图纸上的图形。城镇地籍图的基本比例尺为 1：500，采矿用地、风景名胜设施用地、特殊用地、铁路用地、公路用地等区域可采用 1：1000 和 1：2000 比例尺。

地籍图测绘主要采用全野外数字测图、数字摄影测量和编绘法等方法。测图的具体技术应根据测图比例尺和测图方法，按照相关测绘标准执行。地籍图的基本精度应符合表 12-3 的规定。

表 12-3　地籍图基本精度规定

序号	项目	图上中误差 / 毫米	图上允许误差 / 毫米
1	相邻界址点的间距误差	± 0.3	± 0.6
2	界址点相对于邻近控制点的点位误差	± 0.3	± 0.6
3	界址点相对于邻近地物点的点位误差	± 0.3	± 0.6
4	邻近地物点的间距误差	± 0.4	± 0.8
5	地物点相对于邻近控制点的点位误差	± 0.5	± 1.0
荒漠、草原、山地、森林及隐蔽地区等可放宽至 1.5 倍			

地籍图的内容包括行政区划要素、地籍要素、地形要素、数学要素和图廓要素5个方面内容。行政区划要素主要指行政区界线和行政区名称；地籍要素包括地籍区界线、地籍子区界线、土地权属界址线、界址点、图斑界线、地籍区号、地籍子区号、宗地号（含土地权属类型代码和宗地顺序号）、地类代码、土地权利人名称、坐落地址等；地形要素包括建筑物、道路、水系、地理名称等，可根据需要表示地貌，如等高线、高程注记、悬崖、斜坡、独立山头等；数学要素包括内外图廓线、内图廓点坐标、坐标格网线、控制点、比例尺、坐标系统等；图廓要素包括分幅索引、密级、图名、图号、制作单位、测图时间、测图方法、图式版本、测量员、制图员、检查员等。

宗地图是以宗地为单位编绘的地籍图，是描述宗地位置、界址点线和相邻宗地关系的图件，一般根据宗地的大小和形状确定比例尺和幅面。宗地图的内容包括宗地所在图幅号、宗地代码、宗地权利人名称、面积及地类号、本宗地界址点、界址点号、界址线、界址边长、宗地内的图斑界线、建筑物、构筑物及宗地外紧靠界址点线的附着物、邻宗地的宗地号及相邻宗地间的界址分隔线、相邻宗地权利人、道路、街巷名称、指北方向和比例尺、宗地图的制图者、制图日期、审核者、审核日期等。

（四）面积量算

宗地面积量算主要包括宗地面积、地类面积、独自使用面积、共用面积、建筑占地面积和建筑面积等。

利用解析法获取的界址点坐标或界址点间距计算面积，称为解析法面积计算；利用图解法获取的界址点坐标或界址点间距计算面积，称为图解法面积计算，图解法计算的宗地面积，应在地籍调查表的说明栏注明。

采用图解法量算面积时，应独立进行两次量算取中数，两次独立量算的较差应满 $\Delta P \leqslant 0.0003M\sqrt{P}$，其中 M 指地籍铅笔原图比例尺分母，P 指量算面积，单位是平方米。

第三节　城镇地籍总调查

城镇地籍总调查一般是在无地籍资料或地籍资料比较散乱，严重缺乏、陈旧的状况下，根据城镇土地总登记的要求开展的基础性工作。城镇地籍总调查成果除为土地登记和建立地籍信息系统提供基础资料外，同时还要满足地政管理、税费征收、城乡规划、房地产市场管理和土地动态监测，以及其他国民经济各部门的需要。

城镇地籍总调查是对城镇区域内土地开展的全面调查，调查范围涉及区域内的所有宗地。城镇地籍总调查除了权属调查和地籍测量两项工作内容外，还需要在调查前做好充分的准备工作，制定调查方案。在调查完成后组织成果的检查验收、进行成果资料整理与归档和数据库与地籍信息系统建设等工作。

一、准备工作

城镇地籍总调查是一项综合性的系统工程，在开展城镇地籍总调查前，应做好充分的准备工作，以确保调查工作的顺利进行，并使调查成果符合质量要求。

（一）组织准备

城镇地籍总调查工作涉及司法、税务、财政、规划、房产等多方面的内容。县级以上地方人民政府应成立专门的工作领导小组，负责组织制订工作计划，编制技术设计书，负责地籍总调查的宣传、培训和试点等工作。

国土资源主管部门应成立相应的工作机构，组织调查队伍，负责本行政区域内城镇地籍总调查工作的实施。调查队伍应由土地行政管理人员和专业技术人员组成，其中地籍测量工作可由具有相应测绘资质的作业单位承担。

（二）资料准备

城镇地籍总调查应充分利用调查区的已有资料，主要包括宗地权属资料、测绘资料和其他有关资料等。收集的宗地权属资料一般包括登记档案、申请材料、人民政府及国土资源主管部门形成的有关权属文件等；收集的有关测绘资料包括航空正射影像、航天正射影像、地形图、控制网点和其他已有图件等；收集的其他有关资料包括行政区划、自然地理、社会经济、房屋普查、标准地名等。

（三）工具和表册准备

城镇地籍总调查需要的表册主要包括地籍调查表、指界委托书、法定代表人身份证明书、指界通知书、违约缺席定界通知书等。

调查工具包括 GPS 接收机、全站仪、钢尺、测距仪、计算机等仪器及相应的应用软件。需要设定界址点的还应准备相应的界址点标志（如界桩等）。

（四）划分地籍区和地籍子区

在县级行政区域内，以乡（镇）、街道界线为基础结合明显线性地物划分地籍区。在地籍区内，以行政村、居委会或街坊界线为基础结合明显线性地物划分地籍子区。

地籍区、地籍子区划定后，其数量和界线应保持稳定，原则上不随所依附界线或线性地物的变化而调整。

二、权属调查工作

城镇地籍总调查按以下程序和要求开展土地权属调查工作。

（一）制作工作底图

城镇地籍总调查的范围一般要覆盖城镇的规划区，在实地开展权属调查前，应根据收集资料制作工作底图，确保每宗土地在调查时做到不重不漏，提高调查的工作效率。

调查范围内的已有地籍图、地形图或正射影像图可作为调查工作底图，工作底图的成图比例尺、坐标系统宜与测绘制作的地籍图保持一致。制作工作底图时应注明地籍区和地籍子区，预编宗地号，并根据权属来源材料预先展绘权属界线。当调查范围内的调查工作用图现势性及精度不能满足要求或没有相应的调查工作用图时，也可先按地籍测量的要求进行测量，形成图件后进行权属调查。

（二）土地权属状况和土地利用状况调查

权属调查时根据登记档案和申请材料，结合实际情况开展土地权属状况和土地利用状况调查。无申请材料或不符合登记条件的，按实际情况开展调查，并在地籍调查表中进行说明。

（三）界址调查

已登记的宗地，应对原宗地界址进行核实，实地损坏的界标可根据已有解析界址点坐标和界址点间距、宗地草图等资料，采用现场放样、勘丈等方法恢复界址点。对界址点错误或变更的宗地，需重新绘制宗地草图，错误或变更的界址点调查按未登记宗地要求进行。

未登记的宗地应实地调查界址位置并设置界标，并根据以下要求开展指界工作：

（1）对土地权属来源资料中的界址不明确的宗地，以及界址与实地不一致的宗地，需要现场指界，并将实际用地界线和批准用地界线标绘到工作底图上，并在地籍调查表的权属调查记事栏中予以说明。

（2）对无土地权属来源资料，根据法律法规及有关政策规定，经核实为合法拥有或使用的土地，可根据双方协商、实际利用状况及地方习惯现场指界；对与未确定土地使用权的国有土地相邻的宗地，可根据土地权属来源资料单方指界。

（3）对土地权属来源资料合法，界址明确，经实地核实界址无变化的宗地，可直接利用已有资料填写地籍调查表，原土地权属来源资料复印件作为地籍调查表的附件。

无权属来源材料等根据法律法规及有关政策规定不能登记的宗地，不开展界址调查，但需根据实际使用范围按当地习惯划定宗地使用界线。

（四）绘制宗地草图和填写地籍调查表

土地权属调查时，以宗地为单位，将土地权属状况、土地利用状况和界址调查情况填写在地籍调查表上。对已登记且界址未发生变化的宗地，可直接采用已有地籍调查表；对不能登记的宗地，根据实际调查情况将土地利用状况等相应内容填写在地籍调查表上。

宗地草图一般直接采用工作底图绘制。对采用图解法进行界址点测量的，应实地丈量界址边长、界址点与邻近地物的相关距离或条件距离；对采用解析法进行界址点测量的，可不绘制宗地草图，直接采用地籍图（宗地图）绘制土地权属界线附图，界址边长和关系距离采用坐标反算求得。

三、地籍测量

城镇地籍总调查按以下程序和要求开展地籍测量工作。

（一）地籍控制测量

地籍总调查应根据收集的调查区控制网点资料，建立覆盖整个调查区的地籍控制网，主要方法为：

（1）已建立城市控制网的地区，可采用静态、快速静态全球定位系统方法加密二级以上的地籍控制网；也可采用导线测量方法加密一、二级地籍控制网。

（2）未建立城市控制网或城市控制网不符合要求的地区，主要采用静态全球定位系统方法建立地籍首级平面控制网。

（3）图根控制网点主要采用 gps-rtk 法和导线法进行施测。

地籍总调查时建立的地籍控制网，除满足当前界址点测量和地籍图测绘的需要外，还要满足日常地籍资料频繁变更的需求。因此地籍控制网需要具备一定的密度，并进行埋石。

（二）界址点测量

界址点的测量主要采用解析法和图解法。采用解析法获取的界址点精度高，一般适用于城镇明显界址点的测量；对城镇内部隐蔽界址点，难以通过解析法施测的，可采用图解法。

受条件限制的地区，为满足城镇地籍总调查的需要，可由数字摄影测量加密或在正射影像图、扫描数字化的地籍图和地形图上获取界址点坐标，采用图解法开展界址点测量工作。采用图解法测量界址点时，应结合宗地草图的丈量数据，对错误界址点进行改正，对误差超限的界址点进行修正。

（三）测绘地籍图

城镇地籍总调查地籍图测绘主要采用全野外数字测图、数字摄影测量和编绘法等方法。地籍图采用 1：500 比例尺，按正方形分幅（50 厘米 ×50 厘米）或矩形分幅（40 厘米 ×50 厘米）。

1. 全野外数字测图

主要采用全站仪或 GPS 野外实地采集数据，经计算机分析处理，运用绘图系统软件绘制地籍图，一般与测量界址点同步进行。

2. 数字摄影测量

以高分辨率航空相片作为数据采集对象，利用数字摄影测量技术采集数据，专用测图软件处理后获取地籍图。数字摄影测量时通常采用全站仪实测界址点坐标，以满足解析界址点的精度要求。当解析界址点与数字摄影测量的地物点实地为同一位置时，应以解析界址点坐标代替地物点坐标。

3. 编绘法

利用测区内符合精度要求的工作底图，经外业调绘和修补测，根据宗地草图的丈量数据、解析界址点坐标和修补测的地形要素，编绘地籍图。修补测的内容主要有界址点的位置、权属界线必须参照的线状地物、新增或变化的地物等地籍和地形要素；修补测可采用全野外数字测图或数字摄影测量方法。

（四）宗地图绘制

在地籍总调查中，宗地图以基本地籍图为基础进行绘制，或利用数字法测图系统自动生成。宗地图和内容应与地籍图一致，并加注界址边长、指北方向、面积及图廓等要素。

（五）面积量算

城镇地籍总调查的面积量算包括调查区面积、地籍区面积、地籍子区面积、宗地面积、用途（地类）面积、建筑占地面积和建筑面积的量算，以及面积汇总统计。

面积的控制与量算的原则为“从整体到局部，层层控制，分级量算，块块检核”。地籍数据宜进行面积的控制与量算，并进行“整体＝∑部分”的面积逻辑检验。

四、检查验收

城镇地籍总调查成果实行三级检查，一级验收的“三检一验”制度。三级检查包括作业员的自检、作业队（组）的互检和作业单位的专检，成果验收由省级国土资源主管部门组织实施。

（一）自检

自检是作业员在作业过程中或作业阶段结束时对作业质量的检查，自检比例为 100%。

（二）互检

互检是下一工序的作业队（组）对上一工序的作业成果进行的全面检查，其中内业检查比例为 100%，外业实际操作的检查比例不得低于 30%，巡视检查比例不得低于 70%。

（三）专检

专检是由作业单位质量管理机构组织的对成果质量进行的检查，其中内业检查比例为 100%，外业实际操作的检查比例不低于 20%，巡视检查比例不低于 40%。

（四）验收

验收是在三级检查的基础上进行。验收组应先进行成果抽检，其中内业随机抽检 5% ~ 10%，外业抽检不得低于 5%；再根据抽检情况进行质量评定；验收成果合格的，验收组应出具验收报告和存在问题的书面处理意见。验收报告一份交被检单位，一份由国土资源主管部门存档。

五、成果资料整理与归档

在城镇地籍总调查工作结束后，应该对成果资料进行整理归档。地籍调查成果包括文字、图件、簿册和数据等。

（一）文字资料

包括工作方案、技术方案、工作报告、技术报告等。

（二）图件资料

包括地籍工作底图、地籍图、宗地图等。

（三）簿册资料

包括地籍调查外业记录手簿、地籍控制测量原始记录与平差资料、地籍测量原始记录、地籍调查表册、各级质量控制检查记录资料等。

（四）电子数据

包括地籍数据库、数字地籍图、数字宗地图、影像数据、电子表格数据、文本数据、界址点坐标数据、土地分类面积统计汇总数据等。

成果资料整理应核实资料是否齐全、是否符合要求，并应按照统一的规格、要求进行整理、立卷、组卷、编目、归档。发现资料不全、不符合要求的，应进行补充修正。

第四节　城镇土地变更调查

城镇土地变更调查是在地籍总调查之后，因土地利用状况及权属变化而开展的变更调查。城镇土地变更调查以日常土地登记开展的地籍调查成果为基础，以宗地为单位，及时全面变更相应地籍图件和数据库，并定期进行调查数据汇总统计。

为土地登记开展的日常地籍调查工作具有目标分散、发生频繁、任务紧急、精度要求高的特点。根据具体登记业务的不同，可分为新设宗地的地籍调查、界址发生变更宗地的地籍调查、界址未发生变更宗地的地籍调查三种类型。

一、新设宗地的地籍调查

新设宗地的地籍调查主要是在地籍总调查之外，为土地初始登记而开展的宗地调查工作，土地登记类型主要包括划拨、出让土地使用权的初始登记。

（一）土地权属调查

新设宗地的土地权属调查内容与地籍总调查相同。调查工作具体要求如下：

（1）以城镇地籍总调查划定的地籍区、地籍子区为基础，编制新设宗地的宗地号，宗地号应在地籍子区的最大号码后面继续编号。

（2）根据土地权属来源材料，结合实际情况开展土地权属状况和土地利用状况调查。无土地权属来源资料，根据法律法规及有关政策规定核实为合法拥有或使用的土地，按宗地实际情况开展调查。

（3）新设宗地的界址调查应根据土地权属来源材料，结合宗地实际使用情况和相邻宗地登记情况进行，并合理设置宗地界址点。

①土地权属来源资料合法，界址明确，经实地核实与批准文件一致的，不需要进行指界，直接利用已有资料填写地籍调查表，原土地权属来源资料复印件作为地籍调查表的附件。

②对土地权属来源资料中的界址不明确的宗地，或无权属材料经核实为合法使用的土地，以及界址与实地不一致的宗地，需要现场指界，并在地籍调查表的权属调查记事栏中予以说明。

宗地与街、巷、公共道路、河流等未确定土地使用权的国有土地相邻的，可根据土地权属来源资料单方指界。

相邻宗地已开展地籍调查并办理土地登记的，可由本宗地指界人单方指界，并复印相邻宗地的界址调查材料作为地籍调查表的附件。

（二）地籍测量

新设宗地的地籍测量以宗地为单位，开展宗地测量。地籍测量工作具体要求如下：

（1）新设宗地的宗地测量一般直接采用地籍总调查布设的埋石控制点，不需开展地籍控制测量工作。对原埋石控制点密度不够或因工程建设等原因造成部分原埋石控制点灭失的，可采用导线测量方法布设相应的图根控制点。

（2）新设宗地的界址点一般采用解析法测量；对土地权属材料中的界址与实地一致，且附有界址点坐标的，可直接展绘宗地界址点。

（3）新设宗地不需测绘分幅地籍图，直接按宗地图绘制要求测绘宗地图；已有大比例尺地形图的，也可修补测后直接编绘宗地图。宗地图除表示本宗地要素外，还需测绘相邻宗地部分地籍、地形要素，标注相邻宗地号及相邻宗地间的界址分割线，以及宗地权利人、道路、街巷名称。

二、界址未变化宗地的地籍调查

界址未变化宗地的地籍调查，是对因土地登记内容发生变化，但宗地界址未发生变化的宗地申请土地登记而开展的地籍调查，涉及的土地登记类型包括划拨转为出让、国家租赁、国家作价出资（入股）、国家授权经营土地使用权的初始登记，土地使用权变更登记等。

（1）界址未变化宗地，除行政区域变化引起宗地档案的变更外，宗地号不变更。当行政区域界线变化时，取消原宗地编号，在新的地籍子区宗地最大编号后续编宗地号，在地籍调查表上注明原宗地号。

（2）界址未变化宗地且土地利用现状未变化的，不需实地开展地籍调查，地籍调查表根据原地籍调查表重新填写，并对相应内容进行变更，宗地图和界址点坐标表直接沿用原登记资料。

（3）对界址未变化宗地但土地利用现状发生变化（如新增或拆除建筑物）的，不需开展界址调查，直接以原地籍调查表为基础，根据权属状况调查和土地利用状况调查情况填写新地籍调查表，并根据调查情况修测或重测宗地图。

（4）对宗地进行修测或重测的，地籍测量精度应不低于原地籍测量精度，宗地面积应在充分利用原成果资料的基础上，采取高精度代替低精度的原则，用精度较高的面积值取代精度较低的面积值。

①经核实原宗地面积计算有误的，在确认重新量算的面积值正确后，以新面积值取代原面积值。

②变更前后均为解析法量算的宗地面积，如原界址点坐标或界址点间距满足精度要求的，则保持原宗地面积不变。

③变更前为图解法量算的宗地面积，变更后为解析法量算的宗地面积，用解析法量算的宗地面积取代原宗地面积。

④变更前后均为图解法量算的宗地面积，两次面积量算差值满足规定限差要求的，如表 12-4 所示，保持原宗地面积不变；两次面积差值超限的，应查明原因，取正确值。

表 12-4　面积量算精度指标

宗地面积 / 米 ^{2}	较差限差 / 米 ^{2}
0 ～ 100	2
100 ～ 500	3
500 ～ 1000	5
1000 ～ 2000	7
>2000	<1/300（相对误差）

三、界址发生变化宗地的地籍调查

界址发生变化的主要原因为宗地合并、分割和边界调整，对因宗地界址发生变化的宗地申请土地登记而开展的地籍调查，涉及的土地登记类型主要为土地变更登记。

界址发生变化宗地的地籍调查后，必须对有关地籍资料做相应的变更，达到各种地籍资料之间有关内容的一致性，不应通过变更以后使本宗地的图表、卡、册、证之间，相邻宗地之间对于共同边界描述及宗地四邻等内容产生矛盾。

（一）宗地编号变更

在地籍管理中，一个宗地号对应唯一的一个宗地。宗地合并、分割、边界调整时，宗地形状发生改变，这时宗地必须赋以新号，旧宗地号将作为历史，不复再用。新宗地在地籍子区宗地最大编号后续编宗地号，并在地籍调查表上注明原宗地号。

（二）界址点号变更

因界址发生变化需要增减界址点的，界址点号按以下要求变更：

（1）界址点号以地籍子区统一编号的，新增界址点在地籍子区界址点最大编号后续编，其他界址点编号不变。

（2）界址点号以宗地顺序编号的，新增界址点在宗地界址点最大编号后续编，其他界址点编号不变。

（3）需要废弃的界址点，取消废弃界址点号，不再使用。

（三）宗地草图变更

界址发生变化后新增设的界址点必须勘丈界址边长和关系距离，结合原宗地草图资料，重新绘制宗地草图。

（四）地籍调查表变更

界址发生变化的宗地开展地籍调查时，对新形成的宗地根据实地调查情况填写地籍调查表，并注明原宗地号。新增设的界址点、界址线须严格履行指界签字盖章手续。对没有发生变化的界址点、界址线，不需重新签字盖章，但在备注栏内须注记原地籍调查表号，并说明原因，同一界址点变更前后的编号如果不一致，还应注明原界址点号。将原使用人、土地坐落、地籍号及变更主要原因在说明栏内注明。

（五）宗地图变更

日常地籍调查一般采用解析法，对变化界址点和相关地物进行修测，原宗地图精度较低或地籍、地形要素变化范围较大的，可重新进行界址点测量和宗地图测绘。根据修测或重新测绘成果绘制变更后的宗地图。当变更引起相邻宗地地籍要素发生变更的，相邻宗地也需进行相应变更。

（六）宗地面积变更

界址发生变化的宗地，应根据界址点测量成果，重新计算新的宗地面积。宗地合并时，合并后的宗地面积应与原几宗地面积之各相等；宗地分割时，分割后的几宗地面积之和应等原宗地面积，闭合差按比例配赋；边界调整时，调整后的两宗地面积之和不变，闭合差按比例配赋。

（七）界址点坐标处理

界址点测量后，应根据测绘成果生成新宗地的界址点坐标成果表。对未发生变化的界址点，如果原登记资料中没有该点的坐标，则直接使用新测的坐标；如果旧坐标值精度较低，则用新坐标取代原有资料；如果新测绘标值与原坐标值的差数在限差之内，则保留原坐标值，新测资料归档保存。

第五节　城镇土地利用调查与汇总

一、城镇土地利用调查

（一）城镇土地利用调查的内涵

城镇土地利用调查，是指为获取城镇土地利用情况开展的土地调查。通常情况下，城镇土地利用调查与以宗地为基础的地籍调查结合在一起，依托地籍调查中权属调查阶段的土地利用调查获取宗地土地利用信息（参见本章第二节城镇土地调查内容）。在未全面完成地籍的地区，可以通过单独的城镇土地利用调查（本节以下所涉及城镇土地利用调查即指本类调查）来获取城镇土地利用信息。

（二）城镇土地利用调查单元

与地籍调查不同，城镇土地利用调查以获取土地利用信息为最终目标，无须一定以宗地为单元开展。城镇土地利用调查可根据可获取的影像、基础图件等资料，结合工作条件，灵活确定调查单元。

（三）城镇土地利用调查的技术方法

1. 工作底图制作

利用高分辨率遥感正射影像、城镇地籍图等基础图件，通过坐标转换、行政区域与地籍区范围套合等工作制作城镇土地利用调查工作底图。

2. 调查范围确定

根据城镇地籍图，对已经完成地籍调查的宗地，直接根据地籍调查成果形成土地利用数据，并直接作为城镇土地利用调查的成果，不再开展调查。将未开展地籍调查的区域，包括已完成宗地调查但未开展道路、河流等其他土地调查的区域，作为城镇土地利用调查的范围。

3. 内业判读

根据高分辨率正射影像，在内业对道路、河流、公园绿地进行勾绘，标注土地利用类型；对建设用地，结合街道、明显地物特征，进行室内勾绘和土地利用信息预标注。

4. 外业调查核实

根据工作底图和内业判读结果，实地核实道路、河流和公园绿地等土地范围和地类的准确性。对建设用地，结合实地土地利用类型与范围的可区分情况，综合考虑工作量和工作进度，对可以细化的建设用地进一步细化。

原则上，城镇土地利用图斑不突破城镇道路。

对集中成片的纯住宅小区、商业区，可作为一个图斑进行调查，有条件的，可细化内部土地利用情况。要通过实地调查和估算的方法获取图斑内建筑占地面积和建筑层高，以此来计算建筑密度和容积率。

对集中成片的工业区，应以工业企业所用宗地作为调查单元。确有困难的，可以适当调整调查单元和范围。要通过实地调查和估算的方法获取图斑内细化土地利用情况，包括建筑占地面积和建筑层高，以此来计算建筑密度和容积率。

对学校、大型机关事业单位等大宗用地，应将宗地作为城镇土地利用调查单元。要通过实地调查和估算的方法获取图斑内细化土地利用情况，主要包括建筑占地面积和建筑层高，以此来计算建筑密度和容积率。

对住宅、商业、工业混杂在一起、难以区分的综合区域，可将一个整体区域作为调查单元。细化内部土地利用情况，调查和估算区域内住宅、商业、工业用地面积和比例。要通过实地调查和估算的方法获取图斑内建筑占地面积和建筑层高，以此来计算建筑密度和容积率。

5. 数据建库

根据外业调查核实结果，结合地籍调查获取的城镇土地利用成果，进行图形数据处理和属性数据编辑，利用数据库平台建立城镇土地利用现状数据库。

二、城镇土地利用数据汇总

根据《土地调查条例》和《土地调查条例实施办法》，土地调查成果实行逐级汇交、汇总统计制度。

（一）数据汇总制度

2000 年 3 月，国土资源部建立了城镇地籍调查数据汇总制度，要求从 2000 年开始，已完成城镇地籍调查的地区要开展城镇地籍调查数据汇总工作，逐级汇总城镇土地分类面积。

第二次全国土地调查完成后，全面完成了城市建成区和县城所在地建制镇建成区范围内的城镇土地调查，其他城镇、村庄的地籍调查也在稳步推进，城镇地籍调查数据汇总的范围不断扩大。从 2009 年开始，以每年 12 月 31 日为时点，开展城镇地籍调查数据更新汇总。

（二）数据汇总工作内容和要求

城镇土地利用现状数据更新汇总以每年 12 月 31 日作为调查和数据更新汇总时点，数据汇总工作范围包括城市、建制镇及试点村庄。依据本年度土地变更调查中核定的城市（201）、建制镇（202）图斑范围确定，要求与农村土地调查范围不重不漏。

城镇地籍调查数据汇总工作按照“县级—地（市）级—省级—国家级”四级体系，以县级为基础，分别汇总地（市）级、省级、全国的城市和建制镇各类土地面积。汇总主要包括城镇土地利用现状调查数据汇总、城镇土地利用强度调查汇总、城镇土地利用分析3个方面的内容。

1. 城镇土地利用现状调查数据汇总

城镇土地利用现状调查数据主要包括城镇范围内的土地利用类型、面积等数据。城镇土地利用类型按《土地利用现状分类》（GB/T 21010—2007）国家标准调查至二级分类，对宗地内含多种用途，且各种用途能计算出面积的，按各类用途进行统计汇总

城镇土地利用现状数据汇总需要全面调查或补充调查上一年更新调查核定后城镇汇总工作范围内的土地利用现状，重点对非实地调查及城镇新增建设用地数据进行更新，进行数据统计汇总。同时，填报本年度土地变更调查中城市、建制镇图斑汇总面积，以此检核汇总范围的合理性。

2. 城镇土地利用强度调查汇总

城镇土地利用强度指标主要包括容积率和建筑密度。在城镇土地利用现状调查数据更新汇总的基础上，通过调查城镇建筑用地面积（宗地面积），建筑占地总面积、建筑总面积、宗地个数，计算城镇综合容积率、城镇建筑密度。

（1）城镇综合容积率＝建筑总面积／汇总工作范围总面积。

（2）城镇建筑密度＝建筑占地总面积／汇总工作范围总面积。

对于调查资料无法满足统计汇总的，应与汇总工作范围所在地有关部门（如建设、房产）联系，并收集相关资料。

3. 城镇土地利用分析报告

在城镇地籍调查数据汇总的基础上，综合土地利用现状和城市规划、土地利用总体规划，以及社会经济、人口、环境等资料、数据，考虑经济容积率、城市规划强制因子和规划调整等因素，编写城镇土地利用分析报告。

分析报告中必须明确阐述工作范围、城镇各类土地利用现状数据来源、各类城镇土地利用现状数据计算统计方法等内容。分析报告内容应对城市土地利用整体现状进行全面分析，包括城市土地利用发展现状、城镇各类用地基本流量分析、同类城市发展比较、城市土地利用潜力分析、城市土地利用挖潜途径与对策等。

（三）城镇地籍调查汇总方法

根据本地区地籍调查的实际情况，在城镇地籍调查数据更新汇总工作中，可选择以下方法：

（1）已经全部完成工作范围内城镇地籍调查，土地利用现状数据覆盖每一块土地，数据现势性较强，且建立了完善的城镇地籍信息系统的城镇，直接利用信息系统中的汇总功能，统计汇总出工作范围内所有地块的土地利用现状数据。

（2）已经基本完成工作范围内城镇地籍调查，建立了较完善的城镇地籍信息系统，但汇总工作范围内有部分地块缺少土地利用现状数据的城镇，应采取实地调查或利用最新遥感影像图等直接判读的调查方式，将土地利用信息补充到数据库中，应用信息系统进行数据的汇总输出，统计汇总出工作范围内所有地块的土地利用现状数据。

（3）工作范围内已经完成城镇地籍总调查，但未及时开展日常地籍调查的城镇，以地籍总调查数据作为基础，与汇总工作范围内的土地利用变更数据（可利用土地登记资料、用地审批资料、勘测定界资料等汇总变更数据）相结合，形成整个城镇的土地利用现状数据。

（4）工作范围内未开展地籍调查，但具备一定基础资料的城镇，先将汇总工作范围内已登记发证宗地的土地利用现状数据进行汇总，其余部分结合实地，利用航空航天遥感影像图、地形图进行判读和量算，得出基本准确的土地利用现状数据。

（5）工作范围内未开展地籍调查且基础资料缺乏的，其汇总面积依据土地变更调查中的建制镇图斑面积确定，地类面积采用区域抽样调查计算或依据已有典型城镇数据推算的方法获得。

（四）数据汇总主要成果

1. 县级成果

县级城镇土地利用现状更新汇总数据。

2. 地（市）级成果

地（市）级城镇土地利用现状更新汇总数据。

3. 省级成果

（1）省级城镇土地利用现状更新汇总数据。

（2）村庄地籍调查省级试点数据。

（3）典型城镇土地利用强度汇总数据。

（4）城镇地籍调查数据更新汇总工作报告及数据分析报告。

4. 国家级成果。

（1）本年度全国城镇地籍调查数据更新汇总工作报告。

（2）本年度全国城镇土地利用分析报告。

第十三章　全国系列比例尺土地利用数据缩编

第二次全国土地调查通过现代遥感技术和实地调查，获取了全国 1 ： 1 万、1 ： 5 万比例尺的土地利用图件及其数据库成果。该成果全面、准确地反映了我国土地利用的状况，为国土资源管理和科学决策提供了基础和依据；为土地利用规划、合理利用土地、保护耕地、农用地转用、土地登记、土地整治等提供了可靠的数据支撑，是第二次全国土地调查的重要成果之一。为了满足编制更小比例尺土地利用图件需要，全国土地调查办组织，在全国土地调查数据库的基础上，采用数据指标和地图综合处理技术，编制了我国系列基本比例尺土地利用图件、并建设了相应的数据库。

全国系列比例尺土地利用数据缩编及制图是指以第二次全国土地调查形成的 1 ： 1 万、1 ： 5 万土地利用图件及其数据库成果为基础，按照地图制图综合原理，以计算机制图综合软件为工具，通过人机交互完成多尺度土地利用图件逐级缩编的制图过程。相对于传统的主要依靠手工编辑、综合取舍的地图缩编技术，需要依靠人脑处理图面信息，工作量巨大、周期长且质量差异明显。随着计算机和数据库技术的发展，计算机制图综合软件随之而生，利用数据处理技术使地图制图综合的自动化和半自动化生产成为可能。全国系列比例尺土地利用数据缩编及制图成果，为在全国范围内编制标准规范的县级、地（市）级、省级和国家级系列比例尺土地利用图件和建设其数据库，成为第二次全国土地利用调查制图的重要组成部分；为各级政府进行土地利用总体规划、为国家和区域的经济建设和社会发展、为国家和各级政府宏观掌握全国和区域土地利用状况等提供了基础底图、土地利用资料。

本章主要介绍利用计算机制图综合平台，对土地利用数据库各内容要素实施归并、简化、综合取舍等，并辅以人工参与的技术路线和方法，以达到全国土地利用系列制图的最终目标和要求。

第一节　主要任务和成果

一、主要任务

根据第二次全国土地调查总体要求，在第二次全国土地调查成果汇总工作中，需要利用数据库管理和计算机辅助制图等技术，采用地图缩编等手段对全国土地调查的成果数据库进行整理缩编，形成可提供国家、省级、地（市）级、县级编制土地利用图、图集和其他各种专题图的系列比例尺土地利用图件数据。为此，全国土地调查办组织，于 2009 年至 2010 年开展并完成了全国系列比例尺土地利用数据缩编工作。全国系列比例尺土地利用数据缩编工作的主要任务是：在第二次全国土地调查 1 ： 1 万比例尺土地利用图数据成果的基础上，按 1 ： 1 万→1 ： 5 万→1 ： 10 万→1 ： 25 万→1 ： 50 万→1 ： 100 万→1 ： 400 万的制图顺序，逐级采用土地利用内容要素的归并、简化和综合技术措施（数据库缩编技术），编制相应系列比例尺的土地利用图件并建立相应的数据库。缩编及图件编制工作，形成系列比例尺地（市）级、省级和国家级土地调查数据及图件成果。具体工作任务包括：

（1）全国1∶1万至1∶5万比例尺数据缩编及图件编制工作。
（2）全国1∶5万至1∶10万比例尺数据缩编及图件编制工作。
（3）全国1∶10万至1∶25万比例尺数据缩编及图件编制工作。
（4）全国1∶25万至1∶50万比例尺数据缩编及图件编制工作。
（5）全国1∶50万至1∶100万比例尺数据缩编及图件编制工作。
（6）全国1∶100万至1∶400万比例尺数据缩编及图件编制工作。

二、主要成果

1. 系列比例尺土地调查数据成果

（1）全国1∶5万比例尺土地调查数据成果及其元数据。
（2）全国1∶10万比例尺土地调查数据成果及其元数据。
（3）全国1∶25万比例尺土地调查数据成果及其元数据。
（4）全国1∶50万比例尺土地调查数据成果及其元数据。
（5）全国1∶100万比例尺土地调查数据成果及其元数据。
（6）全国1∶400万比例尺土地调查数据成果及其元数据。

2. 系列比例尺图件成果

（1）全国1∶5万比例尺土地利用标准分幅图成果。
（2）全国1∶10万比例尺土地利用标准分幅图成果。
（3）全国1∶25万比例尺土地利用标准分幅图成果。
（4）全国1∶50万比例尺土地利用标准分幅图成果。
（5）全国1∶100万比例尺土地利用标准分幅图成果。
（6）全国1∶400万比例尺土地利用标准分幅图成果。

3. 文字报告

（1）《第二次全国土地调查成果数据缩编技术指标规范》。
（2）《全国系列比例尺土地利用现状数据缩编项目技术方案》。
（3）第二次全国土地调查数据缩编工作报告。
（4）第二次全国土地调查数据缩编技术报告。
（5）第二次全国土地调查缩编成果监理报告。

第二节　技术路线与关键技术

一、数据缩编的基本原则

全国土地利用图形数据缩编是一项技术要求高、涉及范围广、工作量大的系统工程。项目实施设计要满足科学、规范、高效的总体要求。主要遵循以下基本原则：

（1）土地利用数据缩编应合理概括区域土地利用语义特征，图斑归并时遵循土地利用类型属性邻近优先原则。

（2）土地利用数据缩编前后土地利用类型分布面积的视觉对比应保持一致，对主要一级地类的面积比例变化进行控制。

（3）土地利用数据缩编时应保持要素的区域分布特征，如土地利用类型图斑的大小、密度等区域特征及其区域之间对比、道路网分布密度特征等。

（4）土地利用数据缩编时应考虑要素综合的优先级，次要地物避让重要地物。

（5）土地利用数据缩编时应保持要素的地理特征，如岸线的类型特征、水系分布特征等，保持特定要素的特殊形态特征，如建设用地、机场等的规则轮廓特征等。

（6）土地利用数据缩编后各要素之间空间关系协调，保持逻辑一致性。

（7）土地利用数据缩编应保证综合要素的位置精度和属性精度，并保持数据完备性。

二、主要依据

为保证系列土地利用数据库综合取舍的统一性和关联性，必须确保数据文件名称、编码系统和数据组织具有唯一性和系统性，并使计算机地图自动综合系统与土地利用现状管理、土地利用规划管理、业务办公自动化系统等其他 GIS 应用系统共享信息。在对土地利用数据库综合取舍过程中，应高度重视数据的规范化和标准化。为此，土地利用数据库综合依据下列现行的和制订的有关标准和规范：

（1）《土地利用现状分类》（GB/T 21010—2007）。

（2）《第二次全国土地调查技术规程》（TD/T 1014—2007）。

（3）《第二次全国土地调查数据库建设技术规范》（国土调查办发〔2007〕54 号）。

（4）《第二次全国土地调查总体方案》（国土调查办发〔2007〕3 号）。

（5）《第二次全国土地调查成果检查验收办法》（国土调查办发〔2007〕48 号）。

（6）第二次全国土地调查成果数据缩编技术指标规范。

（7）各层次土地利用数据库数据组织标准。

（8）土地利用数据库综合元数据标准。

三、技术路线

全国土地利用系列制图采用的技术路线为：按照全国土地利用调查制图规范，遵从区域土地利用分布规律、属性特征和制图标准体系，主要借助于计算机地图自动综合应用平台，对土地利用数据库内容进行归并、简化和综合的技术措施，并辅以人工参与相结合的技术路线，以达到全国土地利用系列成图的总体目标和质量标准。全国土地利用数据库综合技术路线，如图 13-1 所示。

四、工作流程

全国土地利用数据库综合是一项系统工程，主要包括前期准备、技术培训、数据库综合实施、成果验收整理等几个大的阶段。在具体的数据库综合实施方面，又分为县级土地利用数据库综合、地（市）级土地利用数据库综合、省级土地利用数据库综合、国家级土地利用数据库综合 4 个阶段。全国土地利用数据库综合总体工作流程如图 13-2 所示。

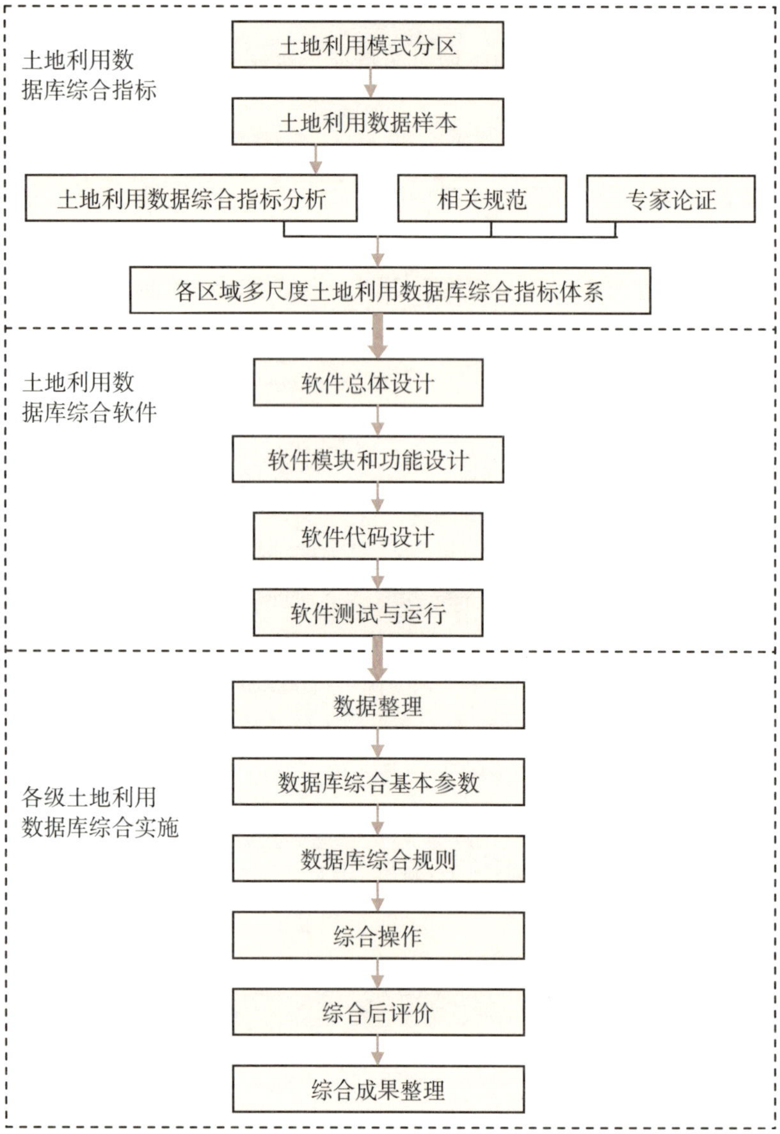

图 13-1　全国土地利用数据库综合技术路线

五、关键技术

（一）建立土地利用数据综合规则

土地利用数据综合必须保持和反映土地利用空间分布特征，如区域对比特征、地类对比特征、数量结构特征等。通过建立土地利用综合知识规则，规范、统一土地利用综合操作，达到结果的一致性。土地利用数据综合规则包括地类层次树的合并规则、地图载负量、地类面积比例结构、地类空间分布对比、地类最小上图图斑面积、图斑最小间距、图斑边界的最小弯曲等。

（二）相邻图斑综合分析与图斑归并

土地利用图斑归并必须同时考虑图斑在语义和空间两个方面的邻近特征。需要建立语义邻近度计算模型和空间邻近度计算模型，并制定图斑归并时综合邻近度的评估规则和图斑归并操作的选取规则。

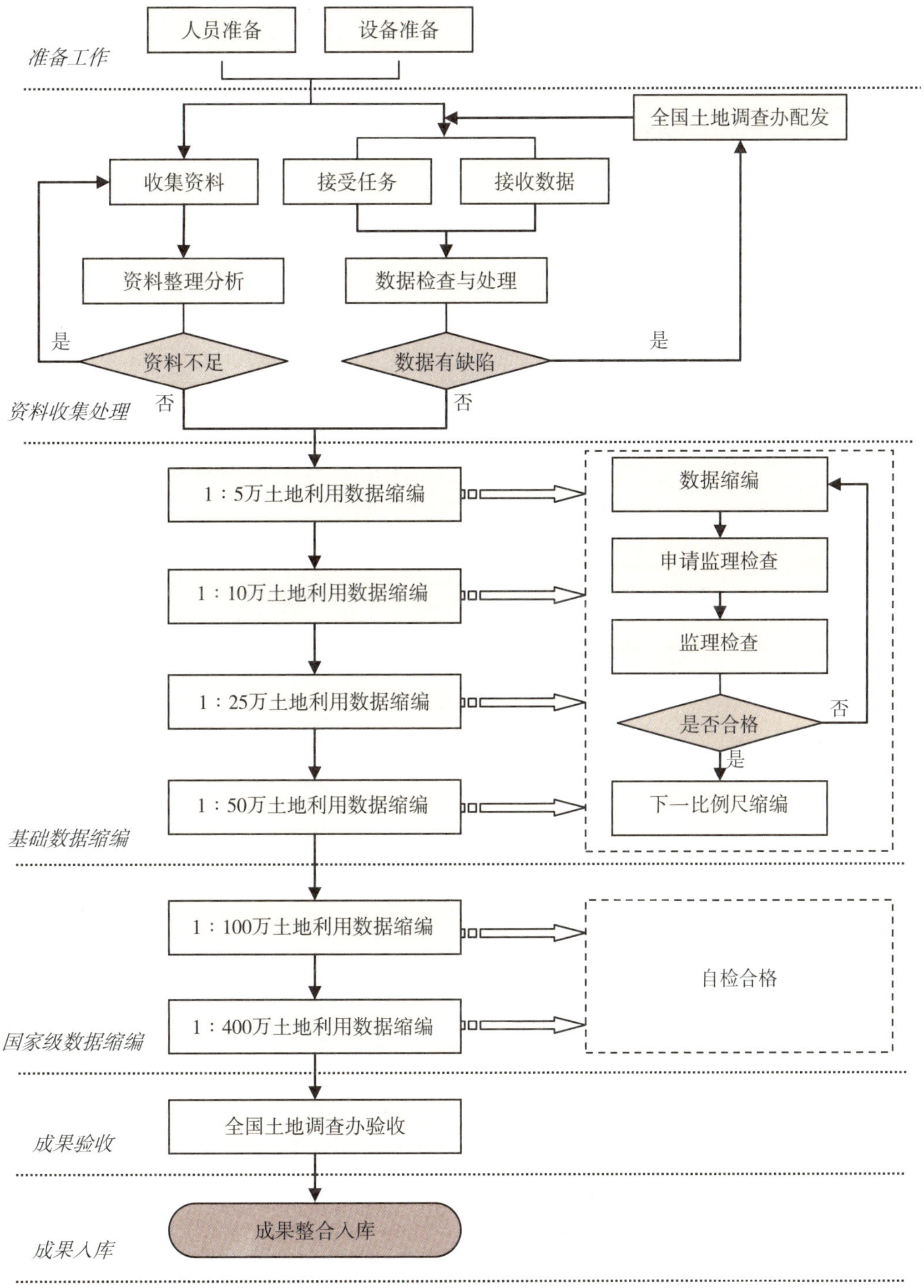

图 13-2　全国土地利用数据库综合总体工作流程

（三）综合过程中的要素关系处理

制图比例尺的缩小和土地利用数据综合操作会导致地物要素的冲突、压盖等问题。土地利用数据综合过程中处理要素冲突需要遵循重要地物避让次要地物的基本原则，如地类界线和道路重合时表示道路不表示地类界线，村界和道路重合时优先表示道路等。

（四）土地利用数据自动综合软件

为了实现土地利用数据自动综合，需要将土地利用综合过程分解为具有一定独立性的自动综合操作算子。这些综合操作算子包括：图斑聚合、图斑融合、提取骨架线、图斑边界化简等。土地利用数据自动综合软件集成了上述数据综合操作算子，实现了土地利用要素的自动综合。

第三节　技术指标

一、数学基础

（一）比例尺

县级土地利用数据库一般采用 1 ∶ 5 万比例尺；地（市）级土地利用数据库根据区域范围不同选用 1 ∶ 10 万至 1 ∶ 25 万比例尺；省级土地利用数据库一般采用 1 ∶ 50 万比例尺；国家级土地利用数据库采用 1 ∶ 450 万比例尺。

（二）地图投影

县级、地（市）级土地利用数据库均采用高斯—克吕格投影，采用 6° 分带；省级土地利用数据库根据区域范围选用高斯—克吕格投影 6° 分带或双标准纬线等积圆锥投影；国家级土地利用数据库采用双标准纬线等积圆锥投影，中央经线：110°，标准纬线：北纬 25°、北纬 47°。

（三）坐标系和高程系

县级、地（市）级、省级和国家级土地利用数据库的坐标系采用 1980 年西安坐标系，参考椭球为 IAG-75 参椭球体，高程系统采用 1985 国家高程基准。

二、定位要素

（一）控制点

控制点可分为平面控制点和高程控制点，控制点的布置参考同比例尺地形图数据标准。

为了保证编图资料的拼贴精度，每幅图内用于拼贴底图之控制点一般为 16 ～ 20 个并应分布均匀。优先选用等级高的测量控制点作为拼贴控制点。当无测量控制点或数量不足时，可选用坐标网交点。

测量控制点应均匀分布，密集时，水准点、埋石点，以及低等三角点可适当取舍。位于居民点内的测量控制点，如影响居民地的清晰时，水准点可不表示，其他控制点可只表示符号，不注记高程。

（二）地图定向

县级、地（市）级、省级土地利用数据库尽可能采用北方定向，但制图区域情况特殊（如我国的甘肃省），可考虑采用斜方位定向。国家级土地利用数据库采用北方定向。

三、道路

道路选取按地物等级选取法进行选取，即按道路的质量标志规定某一等级作为全取界限。如在大比例尺地图上，规定某地区大车路以上的道路全部选取。全取界限以上的道路不应超过规定的选取数量指标，不足的部分再按一定条件从低级道路中选取。此外，道路的连贯性也是道路重要性的一个标志。

在同级道路中，应优先选取连贯性较强的道路。道路选取指标如表 13-1 和表 13-2 所示。

对铁路的选取：我国的铁路网密度极小，从 1 ∶ 1 万到 1 ∶ 50 万的土地利用现状图上，都可以完整地表示出全部的营运铁路网，要舍去的只是一些专用线、短小的分叉等。

对公路的选取：公路的选取较为复杂。大中比例尺（1 ∶ 1 万、1 ∶ 5 万、1 ∶ 10 万、1 ∶ 25 万、1 ∶ 50 万）地图上，公路基本上都可以表示出来，只会舍去一些专用线、短小的分叉、部分的简易公路。在 1 ∶ 450 万全国土地利用挂图上表示高速公路、国道和个别具有重要意义的低等级道路。

对其他道路的选取：除以上提到的道路外，其他道路是舍弃的主要对象。它们的选取旨在反映地区道路网的特征，补充道路网的密度，使之达到保持密度对比和网眼平面结构特征的目的。

对道路附属物的选取：主要公路上的隧道，图上长度超过 5 毫米的须予以表示。双线河上的铁路、高速公路、主要公路的桥梁全部选取，单线河上的桥梁一律不表示。1 ∶ 1 万、1 ∶ 5 万、1 ∶ 10 万、1 ∶ 25 万图上标绘铁路车站符号，1 ∶ 50 万、1 ∶ 450 万图上不标绘。

表 13-1　土地利用数据库中道路等级指标

级别	比例尺	公路分类	铁路分类
县级	1 ∶ 5 万	高速公路、国道、省道、县道、乡镇道路	都表示
地市级	1 ∶ 10 万	高速公路、国道、省道、县道	都表示
	1 ∶ 25 万	高速公路、国道、省道、县道	都表示
省级	1 ∶ 50 万	高速公路、国道、省道	都表示
国家级	1 ∶ 450 万	高速公路、国道	主要铁路

表 13-2 道路选取指标（网眼大小：平方厘米）

级别	县级	地市级		省级	国家级
比例尺	1 ∶ 5 万	1 ∶ 10 万	1 ∶ 25 万	1 ∶ 50 万	1 ∶ 450 万
极密，稠密区	3 ～ 4	2 ～ 4	2 ～ 3	2 ～ 3	2 ～ 3
中密区	4 ～ 6	3 ～ 5	3 ～ 5	3 ～ 4	3 ～ 4
稀疏区	>6	>5	>5	>4	>4

确定道路的最小上图长度。根据土地利用现状图道路的分析，各主比例尺的道路最小上图长度为 12 毫米。

确定道路的最小弯曲。小于 0.5 毫米 ×0.6 毫米的道路弯曲细部，一般舍去拉直。

确定道路宽度。当道路图上宽度大于等于 2 毫米时，按图斑表示；当道路图上宽度小于图上 2 毫米时，用线状符号表示。

四、水系

（一）河渠的长度、间距综合技术指标

河渠的长度、间距综合技术指标如表 13-3 所示。

表 13-3 河渠长度、河渠间距综合技术指标

密度分区	实地河渠密度（千米/平方千米）	图上选取长度（毫米）	图上平行间距（毫米）				
			县级	地市级		省级	国家级
			1 ∶ 5万	1 ∶ 10万	1 ∶ 25万	1 ∶ 50万	1 ∶ 450万
极密区	>2.0	8	4	4	3	3	3
稠密区	1.0 ~ 2.0	8 ~ 10	5	5	4	4	4
中密区	0.3 ~ 1.0	10 ~ 12	6	6	5	5	5
稀疏区	0.1 ~ 0.3	12	7	7	6	6	6
极稀区	<0.1	基本全取					

（二）河渠单双线的上图指标

河渠单双线的上图指标如表 13-4 所示。

表 13-4 河渠单双线的上图指标

符号	县级	地市级		省级	国家级
	1 ∶ 5万	1 ∶ 10万	1 ∶ 25万	1 ∶ 50万	1 ∶ 450万
不依比例尺 0.1 ~ 0.4 毫米	20 米以下（含 20 米）	40 米以下（含 40 米）	100 米以下（含 100 米）	200 米以下（含 200 米）	1800 米以下（含 1800 米）
依比例尺双线表示	20 米以上	40 米以上	100 米以上	200 米以上	1800 米以上

注：各种比例尺栏目下的数据为河流、沟渠的实地宽度；河流、沟渠的表示以常水位为准；不依比例尺单线表示的渠道按图式区分干渠、支渠。

（三）湖泊、坑塘的上图标准

湖泊、坑塘图上面积大于 1 平方毫米的，一般全取；在湖塘密集区，作适量选取，但只取舍，不合并。水库，一般全取，图上面积大于 2 平方毫米的依比例尺表示；小于 2 平方毫米的用符号表示。河、湖、水库，图上面积大于 1 平方毫米的依比例尺表示；小于 1 平方毫米的按其形状特征用点状符号表示，适当取舍。

（四）河渠的最小弯曲

小于 0.5 毫米 ×0.6 毫米的河渠弯曲细部，一般舍去拉直。

五、居民点

（一）居民点选取模型

相对模型：以底图上居民地密度为基础来确定新编图上选取指标的数学模型称为相对模型。居民点的相对选取模型如表 13-5 所示。

国家级土地利用数据库居民点选取：图上面积大于上图指标平方毫米的，一般全取，依比例尺表示；小于上图指标平方毫米的，用圈形符号表示。居民点的综合取舍应正确反映其与其他地类面积的对比关系和人地关系。居民点最小上图面积指标参见地类图斑综合指标部分。

表 13-5　居民点的相对选取模型

中小型居民点		大中型居民点	
1 ∶ 5 万编 1 ∶ 10 万	$Y=2.6277x-0.2640$	1 ∶ 5 万编 1 ∶ 10 万	$Y=2.6227x-0.2640$
1 ∶ 10 万编 1 ∶ 25 万	$Y=1.4261x-0.4831$	1 ∶ 10 万编 1 ∶ 25 万	$Y=1.4658x-0.4803$
1 ∶ 25 万编 1 ∶ 50 万	$Y=0.4324x-0.0864$	1 ∶ 25 万编 1 ∶ 50 万	$Y=0.4156x-0.0582$

注：Y 是居民地选取率，X 是居民地实地密度（个 / 分米 ^{2}）。

（二）居民点密度规定

居民点密度分区情况如表 13-6 所示，居民点密度综合技术指标如表 13-7 所示。

表 13-6　居民点密度分区

分区	实地每百平方千米内居民地数量
极密，稠密区	110 个以上
中密区	60 ～ 110 个
稀疏区	60 个以下

表 13-7　居民点密度综合技术指标　　单位：个 / 分米 ^{2}

分区	县级	地市级		省级	国家级
	1 ∶ 5 万	1 ∶ 10 万	1 ∶ 25 万	1 ∶ 50 万	1 ∶ 450 万
极密，稠密区	5 ～ 10	13 ～ 26	18 ～ 38	8 ～ 16	8 ～ 16
中密区	3 ～ 7	8 ～ 18	11 ～ 26	4 ～ 11	4 ～ 11
稀疏区	1 ～ 2	2 ～ 5	3 ～ 7	1 ～ 3	1 ～ 3

居民点密度在 1 ∶ 5 万、1 ∶ 10 万、1 ∶ 25 万随比例尺变小，密度变大；1 ∶ 25 万综合至 1 ∶ 50 万、1 ∶ 450 万时，居民点密度变小。

图上面积大于上图指标的，一般全取，依比例尺表示；小于上图指标的，用圈形符号表示。居民点的综合取舍应正确反映与其他地类面积对比及人地关系。

六、地类图斑

（一）各类用地最小上图图斑面积

根据土地利用的地域分区和地类重要性，调查有代表性的土地利用现状数据样本，采用多元统计方法分析地类最小上图图斑面积和比例尺、土地利用格局之间的关系，确定各类用地最小上图图斑面积指标。

（二）最小图斑间距

考虑图面负载量和人的视觉分辨力，确定了最小图斑间距指标如表 13-8 所示。

表 13-8　图斑间距指标　　　　单位：毫米

级别	比例尺	图斑间距
县级	1 ：5 万	0.8
地（市）级	1 ：10 万	0.6
	1 ：25 万	0.4
省级	1 ：50 万	0.2
国家级	1 ：450 万	0.2

（三）地类图斑界线的最小弯曲度

地类图斑界线小于 0.5 毫米 ×0.6 毫米的弯曲可综合，但应保持综合前后形状的相似性。

七、零星地物

小于上图图斑面积指标但又具有重要意义的耕地、园地等可用相应的独立符号表示，位于耕地中有重要意义的其他地类亦可采用相应的独立符号表示。因此，零星地物和独立符号只是在符号表示上有所差异，综合技术指标可以统一制定，如表 13-9、表 13-10 所示。

表 13-9　零星地物上图密度和数量标准

分区	密度指标 /（个·分米 ^{2}）	数量指标 /（个·分幅图 $^{-1}$）
高破碎度区	12 ～ 18	330 ～ 500
中高破碎度区	6 ～ 12	160 ～ 330
中低破碎度区	2 ～ 6	0 ～ 160
低破碎度区	0 ～ 2	0 ～ 60

表 13-10　零星地物的面积阈值　　　　单位：平方毫米

级别	比例尺	耕地	园地	林地	草地	其他土地	城镇村及工矿用地
县级	1 ：5 万	1.5	1.5	4.5	4.5	4.0	0.8
地市级	1 ：10 万	1.5	1.5	4.0	4.0	3.5	0.6
	1 ：25 万	1.0	1.0	3.5	3.5	2.5	0.5
省级	1 ：50 万	1.0	1.0	2.5	2.5	2.0	0.4
国家级	1 ：450 万	1.0	1.0	2.5	2.5	2.0	0.4

八、行政区域调查界线

土地利用数据库中行政区域级别表示标准如表 13-11 所示。

表 13-11 行政区域级别表示标准

级别	比例尺	行政区域调查界线表示级别
县级	1 ∶ 5 万	乡（镇）、县、市、省、国界
地（市）级	1 ∶ 10 万	乡（镇）、县、市、省、国界
	1 ∶ 25 万	乡（镇）、县、市、省、国界
省级	1 ∶ 50 万	县、市、省、国界
国家级	1 ∶ 450 万	省、国界、零米线

1 ∶ 25 万土地利用现状图根据不同区域特点，表达到乡、镇或县、市。当不同等级境界重合时，按最高级境界表示。

九、注记

土地利用数据库中的注记要素主要包括定位要素注记、高程注记、行政区域名称注记、地类图斑注记、线状地物注记、零星地物注记、其他注记等。各类注记需要应根据综合数据库中要素保留情况，对保留要素进行注记。其中行政区域名称注记、线状地物要素注记时应按其等级注记，具体要求如表 13-12 所示。

表 13-12 要素注记要求

要素	要素注记			
	县级	地（市）级	省级	国家级
行政区域	县注记、乡镇注记、行政村注记、部分自然村注记	地（市）注记、县注记、乡（镇）注记、行政村注记	地（市）注记、县注记、部分乡（镇）注记	省注记、地（市）注记、县注记
道路	铁路、高速公路、国道、省道、县道、乡（镇）道路	铁路、高速公路、国道、省道、县道	铁路、高速公路、国道、省道	铁路、高速公路、国道
河流	有名称双线河流	有名称双线河流部分单线河流	省内主要河流	我国主要河流

第四节 土地利用数据缩编方法

一、准备工作

（一）资料收集、分析与评价

根据《全国系列比例尺土地利用现状数据缩编项目技术方案》（以下简称技术方案）对资料收集的要求，对收集的相关资料进行分析、评价，提出资料的使用方法、使用程度等。用于数据缩编的资料主要包括以下内容：

（1）公路部门提供的 GPS 公路数据。主要用于确定公路等级及补充公路名称、编号，还可用于面状公路中轴化时位置走向的参考。资料截止日期为 2010 年底。数据格式为 shp 格式，采用 WGS— 84

坐标系，高斯—克吕格投影，内容主要包括高速公路、国道、省道、县道、乡道、农村公路、专用公路及其附属设施，属性内容主要包括公路名称、编号等。

（2）权威部门出版的地图集。主要用于补充主要河流、湖泊、水库名称；居民点定位，核对居民点的名称，确定居民点等级等。

（3）中华人民共和国《行政区划简册》和各省《行政区划简册》。主要用于行政村及乡（镇）以上行政等级居民地名称注记的参考。

（4）与土地利用数据缩编相关的图件、文件等。

（二）数据预处理

按照《全国系列比例尺土地利用现状数据缩编项目技术方案》要求，利用数据库质量检查软件对基础数据进行质量检查。质量检查包括以下内容：

（1）完整性检查。包括行政区域、行政区域调查界线、地类图斑、线状地物和零星地物等图层数据完整性检查。

（2）数据格式检查。检查数据格式是否符合要求。

（3）数学基础检查。采用1980年西安坐标系，高斯—克吕格投影，3°分带。不符合数据要求，但不影响数据缩编的，无须处理。

（4）图层检查。检查图层范围一致性，以及线状地物、零星地物与地类图斑之间的逻辑关系是否符合要求。

（5）属性值检查。检查图形和属性要素的一致性，图层属性结构完整性，数据结构和编码方法是否符合《土地利用数据库标准》要求。

（6）逻辑一致性检查。检查基础数据拓扑关系的正确性和汇总面积的一致性。

二、人机交互缩编处理

根据不同地区的区域特征和地形地貌特点，依据《第二次全国土地调查技术规程》、《第二次全国土地调查成果数据缩编技术指标规范》和系列比例尺《地形图编绘规范》，确定具体区域系列比例尺缩编方案。在计算机软件辅助处理的基础上，采用人机交互的方法进行缩编操作，缩编中间成果应由专门制图人员进行检查，避免过度综合现象，具体缩编要求如下：

（1）综合时考虑要素综合的优先级，次要地物避让重要地物。

①平原区一般综合顺序为：水域及水利设施用地、城镇村及工矿用地、交通运输用地、耕地、园地、林地、草地、其他土地。

②低山、丘陵一般综合顺序为：水域及水利设施用地、城镇村及工矿用地、交通运输用地、园地、其他土地、耕地、林地、草地。

③山区一般综合顺序为：水域及水利设施用地、城镇村及工矿用地、交通运输用地、林地、草地、园地、其他土地、耕地。

（2）综合后要素空间关系协调，没有逻辑错误

①居民地符号位于两河交叉口，河流等级又相差很大时，居民地符号可与主要河流相切，与次要河流相割。若两河等级相同，可与两河都相割。

②居民地符号位于单线河流、道路、湖岸线、河岸线、海岸线近旁时，要保持居民地符号与其相切或相离的关系。但居民地符号与高速公路、铁路只能相离0.2毫米。

③当居民地符号夹在水崖线与路之间时，等级低的道路可与居民地符号相交，与水崖线相切。

④道路与水系、道路与道路间的间距过小，应作适当的位移，使道路与水系、道路之间的距离不小于0.2毫米。移位的一般原则是：当道路与水系发生争位时，一般水系不移位，移动道路符号，但当铁路、高速公路与小河流、支渠发生争位时，移动小河流、支渠的位置，以保持铁路、高速公路的形状、位置不变；道路之间发生争位时，同等级的应相对移位，否则，低等级的移位。

⑤零星地物符号之间相互压盖可相对移位，零星地物符号与线状地物符号之间相互压盖，一般移动零星地物符号。

（3）地类图斑归并时遵循语义邻近优先原则，相同二级分类的图斑语义邻近度最高，相同一级分类内的图斑的语义邻近度高于不同一级分类的图斑的语义邻近度（表13-13，表13-14）。

表13-13　土地利用现状分类一级类语义邻近度

用地类型	邻近度排序
耕地（01）	02 03 04 20 10 11 12
园地（02）	01 03 04 20 10 11 12
林地（03）	02 01 04 20 10 11 12
草地（04）	03 02 01 20 10 11 12
城镇村及工矿用地（20）	10 11 01 02 03 04 12
交通运输用地（10）	20 11 01 02 03 04 12
水域及水利设施用地（11）	01 02 03 04 20 10 12
其他土地（12）	01 02 03 04 20 10 11

表13-14　土地利用现状分类二级类语义邻近度

用地类型	邻近度排序	用地类型	邻近度排序
耕地（01）		水域及水利设施用地（11）	
水田（011）	012 013	湖泊水面（112）	114 113 118 115 116 119
水浇地（012）	011 013	水库水面（113）	112 114 118 115 116 119
旱地（013）	011 012	坑塘水面（114）	112 113 118 115 116 119
园地（02）		沿海滩涂（115）	116 114 112 113 118 119
果园（021）	022 023	内陆滩涂（116）	115 114 112 113 118 119
茶园（022）	021 023	水工建筑物用地（118）	112 113 114 115 116 119
其他园地（023）	021 022	冰川及永久积雪（119）	112 113 114 115 116 118
林地（03）		城镇村及工矿用地（20）	
有林地（031）	032 033	城市（201）	202 203 204 205
灌木林地（032）	031 033	建制镇（202）	201 203 204 205
其他林地（033）	031 032	村庄（203）	202 201 204 205
草地（04）		采矿用地（204）	203 202 201 205
天然牧草地（041）	042 043	风景名胜及特殊用地（205）	204 203 202 201

续表

用地类型	邻近度排序	用地类型	邻近度排序
人工牧草地（042）	041 043	其他土地（12）	
其他草地（043）	041 042	设施农用地（122）	123 124 125 126 127
交通运输用地（10）		田坎（123）	122 124 125 126 127
公路用地（102）	104 105 106 107	盐碱地（124）	125 126 127 122 123
农村道路（104）	102 105 106 107	沼泽地（125）	124 126 127 122 123
机场用地（105）	102 106 107 104	沙地（126）	124 125 127 122 123
港口码头用地（106）	102 105 107 104	裸地（127）	124 125 126 122 123
管道运输用地（107）	102 105 106 104		

（4）综合时尽量保持要素的地理特征，如岸线的类型特征、水系分布特征等。

（5）综合时保持要素的区域分布特征，如道路密度分布特征、图斑密度的区域对比特征等。

（6）综合时保持要素的特殊形态特征，如建设用地、机场等的规则轮廓特征等。

（7）综合前后土地利用类型分布面积的视觉对比应保持一致。

三、数据接边及整合

（一）1 ∶ 1万、1 ∶ 5万县级土地利用数据接边

（1）本省内相邻县级数据接边：当行政界线两侧明显地物接边误差小于图上 0.5 毫米，不明显地物接边误差小于图上 1.0 毫米时，双方各改一半进行接边，接边后行政界线两侧相同要素的符号表示、属性保持一致；否则不接。

（2）本项目区域内，相邻省的县级数据接边：当行政界线两侧明显地物接边误差小于图上 0.6 毫米，不明显地物接边误差小于图上 1.2 毫米时，双方各改一半进行接边，接边后行政界线两侧相同要素的符号表示、属性保持一致；否则不接。

本项目区域外，相邻省的县级数据没有接边。

（二）1 ∶ 10万、1 ∶ 25万地市级土地利用数据接边

（1）本省内相邻地市级数据接边：当行政界线两侧明显地物接边误差小于图上 0.5 毫米，不明显地物接边误差小于图上 1.0 毫米时，双方各改一半进行接边，接边后行政界线两侧相同要素的符号表示、属性保持一致；否则不接。

（2）本项目区域内，相邻省的地市级数据接边：当行政界线两侧明显地物接边误差小于图上 0.6 毫米，不明显地物接边误差小于图上 1.2 毫米时，双方各改一半进行接边，接边后行政界线两侧相同要素的符号表示、属性保持一致；否则不接。

本项目区域外，相邻省的地市级数据没有接边。

（三）1 ∶ 50万省级土地利用数据接边

本项目区域内，相邻省的省级数据接边：当行政界线两侧明显地物接边误差小于图上 0.6 毫米，不明显地物接边误差小于图上 1.2 毫米时，双方各改一半进行接边，接边后行政界线两侧相同要素的符号

表示、属性保持一致；否则不接。

（四）空间数据整合处理

对缩编后各图层内部及各图层之间的空间关系进行拓扑关系维护，确保图形数据的正确性和逻辑一致性。保证图形数据能够满足缩编数据入库要求。利用软件工具根据行政区与地类图斑重新生成行政区界线及地类界线，并完善“地类界线类型”等属性信息。系列比例尺缩编数据库不需要地类界线，编制样图需要地类界线。

（五）属性数据整合处理

按照缩编土地利用数据库数据组织要求，应用软件工具，整合各图层数据属性，保证缩编后各图层属性信息完整。例如，点状地物综合后，重新提取其所在面状地物的属性；狭长地物中轴化后，要继承原狭长面状地物的属性。重新对缩编后的图斑进行编号等。保证属性数据能够满足缩编数据入库要求。属性数据结构完全符合《技术方案》“附录 7：缩编数据库结构”的要求。

四、系列比例尺缩编图件编制

（一）数学基础

1 ：5 万、1 ：10 万和 1 ：25 万样图采用高斯—克吕格投影，按 6° 分带，平面坐标系统采用 1980 西安坐标系，参考椭球为 IAG-75 参椭球体。

1 ：50 万样图采用双标准纬线正轴等角圆锥投影，平面坐标系统采用 1980 西安坐标系，参考椭球为 IAG-75 参椭球体，江苏双标准纬线为 31° 30′ 和 34° 00′，原点纬度为 28°，中央经线为 119° 30′；安徽双标准纬线为 30° 30′ 和 33° 30′，原点纬度为 28°，中央经线为 117°，江西双标准纬线为 26° 和 29°，原点纬度为 24°，中央经线为 116°。采用北方定向。

（二）表示内容

图件表示内容包括水域及水利设施用地、交通运输用地、城镇村及工矿用地、地类图斑、零星地类、行政界线、注记及图外整饰。

（三）各要素编辑顺序和要求

1. 水域及水利设施用地

单线河流有流向或能辨别流向的自上游至下游以 0.1 毫米～0.4 毫米粗细实线渐变，不能辨别流向的用 0.2 毫米粗实线表示。沟渠区分干渠和一般沟渠表示，不能区分的以一般沟渠表示。点、线、面状水系分别用相应的符号表示。

2. 交通运输用地

公路不分行政等级，按高速公路和公路表示，主要公路需标注编号。宽度依比例尺的道路以图斑表示，半依比例尺铁路、公路和农村道路分别选用相应的符号表示。

（1）铁路、公路在数据库中如果穿过面状居民地，样图则保留原样穿过居民地表示；如果断在面状居民地处，样图中铁路、公路则断在居民地边线上。

（2）铁路、公路在数据库中如果断在面状水边，铁路、公路直接通过面状水。

（3）铁路、公路在数据库中断在其他地类边，如果断开部分图上长度小于 5 毫米则将铁路、公路直接连接；如果断开部分图上长度大于 5 毫米则在断头处用直线连接，以隧道符号表示。

（4）农村道路遇面状居民地则断在居民地边线上。

3. 城镇村及工矿用地

图斑表示的居民点以相应图斑符号表示，点状居民点以相应等级点状符号表示。

一般情况下自然村不注名称，重要的自然村才加注名称；乡镇级居民地以图斑表示的，其名称注在图斑相应位置，以点表示的用相应乡镇级零星符号表示，并加注名称；省级、地市级、县级政府在政府办公所在地位置用相应符号和名称表示。

在1∶5万样图上，行政村名称在村界范围内以表面注记注出，其余比例尺样图不表示行政村名称。

4. 地类图斑

地类界与线状地物重合的，以线状地物符号表示，规范各图斑地类界的线划粗度和用地颜色。

5. 零星地类

按《技术方案》“附录8”规定的符号表示。

6. 行政界线

各级行政界线按《技术方案》“附录8”规定的符号表示。注意处理行政界线与其他线状地物的关系。

（1）陆地上不与线状地物重合的境界线，应连续不断地绘出。如果符号化后境界线与其他线状地物粘连，境界线位置应保持不变，移动其他线状地物符号，保持0.2毫米的间距。

（2）境界与线状地物（河流、运河、道路）重合时，应使境界符号与这些线状地物的图形保持一致，间距（空白）为0.2毫米。

①当境界以线状地物一侧为界时，可将境界符号沿线状地物一侧不间断地绘出。

②当境界以线状地物中心为界，但线状地物符号内部又不能容纳境界符号时，可将境界符号沿线状地物符号的两侧每隔3～5厘米交错成组绘出3～4节；但当图上长度小于1.2厘米时，境界不需跳绘。色带应按河流中心线连续绘出。

当境界以线状地物中心为界，且线状地物符号内能容纳境界符号时，境界符号最好连续不断地绘出，影响图幅清晰性时可将境界符号分段成组绘出，配置在线状地物急转弯处，但要注意交代河中岛屿的归属。

③共有线状地物，不论线状地物图形的宽窄，境界符号都不绘在线状地物内部，而交替绘在线状地物的两侧。

（3）不同等级的境界相重合时，只表示高一级境界。

（4）随着地图比例尺的缩小，符号化后境界两侧的地物符号不能压在境界线上或跨越境界线，应分别保持在各自权属的一方，其注记尽量注在符号同一侧。

7. 各要素间的关系处理

由于符号化后，符号大小和线划宽度变化引起部分要素间相互压盖或粘连，所以各要素间除了合理的相交、相切关系以外，其他应保持0.2毫米以上的相离关系。

（1）居民点符号位于两河交叉口，河流等级又相差很大时，居民点符号可与主要河流相切，与次要河流相割。若两河等级相同，可与两河都相割。

（2）居民点符号位于单线河流、道路、湖岸线、河岸线、海岸线近旁时，要保持居民点符号与其相切或相离的关系。但居民点符号与高速公路、铁路只能相离0.2毫米。

（3）当居民点符号夹在水崖线（面状水）与路之间时，等级低的道路可与居民点符号相交，与水崖线相切。

（4）道路与水系、道路与道路间的间距过小，应作适当的位移，使道路与水系、道路之间的距离不小于 0.2 毫米。移位的一般原则是：当道路与水系发生争位时，一般水系不移位，移动道路符号，但当铁路、高速公路与小河流、支渠发生争位时，移动小河流、支渠的位置，以保持铁路、高速公路的形状、位置不变；道路之间发生争位时，同等级的应相对移位，否则，低等级的移位。

（5）零星地类符号之间相互压盖可相对移位，零星地类符号与线状符号之间相互压盖，一般移动零星地类符号。

8. 注记

注记要素主要包括城镇村及工矿注记、水域及水利设施用地注记、交通运输用地注记、地类图斑注记等。

（1）注记字体、字大、字色按《技术方案》“附录 8”规定执行。

（2）水系、居民点、道路名称按规范配置，各类图斑用地要加注地类编码，对于小图斑内标注不下的可不表示，同一地类被现状地物分隔多块时不需要每块标注地类编码。同一线状地物注记每隔 15 ～ 20 厘米重复注记。

（3）注记不能压盖同色要素，不能压盖道路交叉口、主要河流交汇处。

（4）注记指示明确，不能产生歧义和张冠李戴。

9. 图外整饰

图外整饰主要包括图廓、图名、出版说明、版权、图例、比例尺（数字比例尺、直线比例尺）及附图等。

第五节 质量控制

一、建立检查制度

质量控制是本次核查成果数据缩编的重要环节之一，建立完整的质量控制体系是顺利完成任务的基本保障。其核心是按照《技术方案》、《实施方案》、系列比例尺地形图编绘规范、《第二次全国土地调查技术规程》、《土地利用数据库标准》、第二次全国土地调查核查成果数据缩编相关技术文档及 ISO 质量管理体系要求，逐道工序检查合格后方可进入下一环节。并随时接受项目管理部门、组织实施单位及其委托的专家等对作业质量和进度进行抽查和定期检查。

每一比例尺的成果只有经过本单位检查、监理单位预检合格后，才能进行下一比例尺数据的缩编。

（1）本单位检查包括自检、互检和质量检查小组专检。

（2）本单位检查合格后提交预检申请，并连同检查报告及数据库、图件等成果一并报监理单位。

（3）由项目监理单位负责将预检通过的缩编成果和其预检报告进行汇总，并向全国土地调查办提交验收申请。

本项目严格按照“自检 — 互检 — 专检 — 预检 — 验收”的“四检一验”制度。

自检：作业人员对自己完成的成果进行全面的检查，自检比例为 100%，发现错误及时纠正，并填写质量检查记录表。在错误未得到纠正之前不得执行新的任务。

互检：在自检基础上，指定专人负责组织作业人员相互检查自检成果，互检比例为 100%，对出现的错误和问题进行错误指标分级，填写质量检查记录表，同时通知对方限期整改，修改成果后再进行检查。

专检：专检比例为50%，质量检查组对自检和互检中发现的问题，应全面检查，发现错误应及时记录，成果经修改后再次检查，直到合格为止。

预检：缩编成果通过专检后，由监理单位依据监理实施细则对缩编成果进行预检，预检不通过，由缩编单位修改后再次进行预检，直到合格为止。

验收：缩编成果通过预检后，由全国土地调查办组织验收。

二、检查内容

（一）成果完整性检查

检查缩编成果及其资料是否齐全、完整，包括：

（1）缩编成果数据库及其元数据。

（2）用于自检的回放图、自检记录及自检报告、图历簿。

（3）样图及样图编制报告。

（二）数据库及元数据质量检查

（1）数据格式正确性检查。检查数据库格式是否为ARCGIS9.3 PGDB或FGDB文件格式。

（2）过程数据库数学基础检查。1∶1万比例尺到1∶5万比例尺土地利用数据缩编时，其投影为高斯—克吕格投影，3°分带；1∶5万比例尺到1∶10万比例尺、1∶10万比例尺到1∶25万比例尺土地利用数据缩编时，其投影为高斯—克吕格投影，6°分带；1∶25万比例尺到1∶50万比例尺土地利用数据缩编时，其投影为双标准纬线正轴等角圆锥投影。

（3）提交成果（录入国家数据库）数学基础检查。系列比例尺土地利用数据缩编数据库坐标系统采用1980西安经纬度坐标系统，参考椭球为IAG-75参椭球体。

（4）检查地图分幅是否符合要求。

（5）图形检查。检查图层与字段命名是否符合《技术方案》“附录7：缩编数据库结构”规定的要求。

（6）图层检查。包括行政区域要素、土地利用要素及注记要素层。检查必选图层是否缺失，内容是否完整，其属性实体不为空。

（7）拓扑关系检查。主要包括：相邻图幅空间接边无误，对应的要素保持逻辑一致性；点、线、面之间的相互关系正确，对接边和综合后的矢量数据进行拓扑处理，建立拓扑结构；各要素无线段自相交、两线相交、线段打折、碎片多边形等图形错误；各要素之间拓扑关系正确，地类图斑闭合，各相邻实体的空间关系可通过完整的拓扑结构描述；公共边线或同一目标具有两个或两个以上类型特征时，应保证位置的一致性；要求各图层数据中，单图层满足《第二次全国土地调查成果数据质量检查细则》中对单图层的拓扑要求。

（8）数据属性检查。图形和属性挂接无错误，图形和属性一致；图层的属性结构完整且不是空值；数据结构和编码方法符合缩编土地利用数据库结构要求；属性值正确，精度符合缩编土地利用数据库结构要求；属性项的值域范围与缩编土地利用数据库结构一致；元数据格式和内容是否符合要求、是否正确；区分不同的行政区域级别，数据命名和组织目录是否符合规定要求。

（三）数据缩编质量检查

（1）检查土地利用现状类型是否符合《土地利用现状分类》（GB/T 21010—2007）国家标准。

（2）检查各种资料利用是否正确。

（3）检查境界是否错绘漏绘、描绘严重变形，或其附近地物错绘错注，造成归属错误。

（4）检查水域及水利设施用地、交通运输用地、城镇村及工矿用地等要素综合后是否保持了区域分布特征。

（5）检查综合后的土地利用数据是否保持了区域土地利用的基本特征。

（6）检查各要素综合指标是否符合技术指标要求。

（7）检查综合图斑的地类代码是否正确，图斑归并是否遵循了语义邻近优先原则。

（8）检查图斑的界线移位、夸张等操作是否合理。

（9）检查以狭长面状表示的道路、河流变为单线表示时，图斑分割操作是否合理，与相邻图斑的拓扑关系是否正确。

（10）检查各要素的关系是否协调，道路、河流的连通性和空间关系是否合理。

（11）检查线状地物宽度是否超限。

（12）检查零星地物面积是否超限。

（13）检查线状地物、图斑边界综合的最小弯曲等是否符合指标要求。

（四）样图成果检查

（1）数据格式正确性检查。检查数据格式是否为 tiff 或 jpg 文件格式，分辨率为 300dpi。

（2）数学基础正确性检查。1 ∶ 5 万、1 ∶ 10 万和 1 ∶ 25 万比例尺样图是否采用高斯—克吕格投影，按 6° 分带，平面坐标系统采用 1980 西安坐标系，参考椭球为 IAG-75 参椭球体；1 ∶ 50 万样图采用双标准纬线正轴等角圆锥投影，平面坐标系统采用 1980 西安坐标系，参考椭球为 IAG-75 参椭球体。

（3）检查图内要素是否齐全，必要要素是否缺失。图内要素包括零星地物、行政区域调查界线、线状地物、地类界线、地类图斑、注记等。

（4）检查图外要素是否齐全，配置是否合理。图外要素包括图名、坐标系及高程系统说明、成图比例尺、编制单位、资料及成图说明、位置示意图、图例等。

（5）检查图廓设置是否符合要求或合理美观，经纬网绘制是否符合要求，经纬网坐标及其注记是否正确。

（6）检查图内、外要素的颜色、图案、线型、符号等表示是否符合要求，图件整饬是否规范、美观。

（7）检查图内要素关系处理是否得当，点状要素间不允许相互压盖，线状要素间不允许相互粘连等。

（五）文字成果检查

（1）文字成果内容完整，结构合理，逻辑清楚，表达清晰、流畅，前后表述是否一致。

（2）文字报告结合地区实际和区域土地利用特征。

（3）报告中各种数据表格规范，表格内数据平衡。

（4）排版格式规范。

三、检查方法

（一）程序自动检查

利用数据的图形与属性之间、图形与图形之间、属性与属性之间的关联性、规律性和逻辑关系，通过系统设计的程序进行检查和发现数据中存在的错误，通过对属性数据表设计有针对性地辅助程序来提高属性数据检查效率。

（二）人机交互检查

程序自动检查不能完全发现隐含的属性、无规律的、无逻辑性的数据错误，不能完全满足和确定数据的正确性，还需要对图形数据和属性数据进行人机交互检查来判断数据的正确性。

（三）回放图检查

数据缩编操作完成后，按缩编比例尺打印输出土地利用图，人工检查图面总体视觉效果，检查综合后各要素区域基本特征的继承性、各要素的协调性、道路和水系的连通性等。

第六节　组织实施

鉴于计算机辅助缩编（制图综合）是地图学中难度较高的应用基础研究，目前我国尚没有建立关于土地利用图缩编的系列标准或规范体系。因此，2010 年 7 月全国土地调查办组织编制并发布了《关于印发第二次全国土地调查成果数据缩编技术指标规范的通知》(国土调查办发〔2010〕9号)，印发了《第二次全国土地调查成果数据缩编技术指标规范（试行)》作为数据缩编的技术依据。为了保证数据缩编成果质量，提高工作效率，全国土地调查办还委托武汉大学研制开发了土地调查数据缩编软件，辅助开展数据缩编目工作。

2010 年 2 月，中国土地勘测规划院委托中央国家机关政府采购中心通过公开招投标工作确定了数据缩编承担单位，3 月 8 日采购中心发布了中标公告，广州南方测绘仪器有限公司、江西省第三测绘院、北京地星伟业数码科技有限公司、内蒙古自治区土地勘测规划院、北京世纪国源科技发展有限公司、湖南省国土资源规划院、武汉大学、广东省国土资源厅测绘院、上海数慧系统技术有限公司 9 家单位承担基础数据缩编任务，北京苍穹数码科技有限公司负责成果质量监理和国家级数据缩编。其中，基础数据缩编单位负责全国 1 ∶ 1 万比例尺～1 ∶ 5 万比例尺、1 ∶ 5 万比例尺～1 ∶ 10 万比例尺、1 ∶ 10 万比例尺～1 ∶ 25 万比例尺、1 ∶ 25 万比例尺～1 ∶ 50 万比例尺系列数据缩编及图件编制工作；国家级数据缩编单位负责基础数据缩编成果质量检查、系列比例尺数据整合和全国 1 ∶ 100 万比例尺和 1 ∶ 400 万比例尺的国家级数据缩编工作。在数据缩编开展初期，全国土地调查办组织召开了技术研讨会确定了数据缩编技术方案和技术细则，并组织进行了试点和试点成果检查交流会，就数据缩编试点和监理检查情况进行了总结，完善了技术方案和监理细则。在数据缩编实施过程中，全国土地调查办多次组织了中期检查和技术研讨，根据数据缩编进展和存在问题等情况，及时调整技术指标，解决技术问题。

2011 年 7 月 20 日，全国土地调查办组织召开了项目阶段性成果检查会，组织有关专家对 1 ∶ 5 万数据缩编成果进行了检查。2011 年 11 月，组织召开了项目最终成果预检会议，对项目成果质量进行了检查。

2012 年，中国土地勘测规划院组织有关专家对全国土地利用数据缩编成果进行了验收。

第十四章　国家级土地利用系列图编制

国家级土地利用系列图包括土地利用图集和土地利用挂图。国家级土地利用系列图是第二次全国土地调查的主要成果之一，也是土地利用调查结果最直观的展示。国家级土地利用系列图是以第二次全国土地调查形成的县级土地调查数据库为基础，以通过综合、逐级缩编（第十三章）技术，形成的1 ∶ 100万和1 ∶ 400万比例尺“全国土地利用数据库”为依据，采用计算机辅助制图技术，根据不同的用途，按照数据库制图技术要求编制的国家级土地利用系列图。国家级土地利用系列图，全面、系统地反映了第二次全国土地调查的全国，各省、自治区、直辖市，以及9个国家土地督察局所督察区域的土地利用的类型、分布、利用状况，以及地理信息等内容。可为各级政府、国土资源主管部门、其他相关部门了解、掌握土地调查时点的土地利用现状和分布规律，为制定有关土地政策提供依据；为科研单位开展土地科学研究提供支撑；也可成为向社会宣传土地国情、增强大众了解土地国情的图件资料。

本章将主要介绍国家级土地利用系列图成果内容和系列图编制技术等内容。

第一节　土地利用系列图成果

第二次全国土地调查形成的国家级土地利用系列图主要包括国家级土地利用图集和国家级土地利用挂图。

一、国家级土地利用图集

（1）4开本的1 ∶ 100万《中华人民共和国土地利用图集》。按照1 ∶ 100万国家基本比例尺地形图标准分幅覆盖全国陆域部分，以同比例尺地图反映全国土地利用状况。

（2）4开本的《中华人民共和国分省土地利用图集》。分别以省级行政区和国家土地督察督察区域为单位分幅，系统反映我国各省级行政区和各督察区域土地利用状况。

二、土地利用挂图

（一）全国土地利用挂图

（1）9全开的1 ∶ 250万中华人民共和国土地利用图。

（2）双全开的1 ∶ 400万中华人民共和国土地利用图。

（3）双全开的1 ∶ 450万三维立体中华人民共和国土地利用图。

（4）全开1 ∶ 600万中华人民共和国土地利用图。

（二）督察区域土地利用挂图

国家土地督察共有9个督察区域，其土地利用挂图均为双全开，具体包括：

（1）1 ∶ 223万国家土地督察北京局督察区域土地利用图。

（2）1 ： 120 万国家土地督察沈阳局督察区域土地利用图。
（3）1 ： 73 万国家土地督察上海局督察区域土地利用图。
（4）1 ： 90 万国家土地督察南京局督察区域土地利用图。
（5）1 ： 83 万国家土地督察济南局督察区域土地利用图。
（6）1 ： 103 万国家土地督察广州局督察区域土地利用图。
（7）1 ： 103 万国家土地督察武汉局督察区域土地利用图。
（8）1 ： 210 万国家土地督察成都局督察区域土地利用图。
（9）1 ： 223 万国家土地督察西安局督察区域土地利用图。

第二节　系列图编制的数学基础和流程

一、数学基础

（一）地图投影

（1）1 ： 100 万《中华人民共和国土地利用图集》，采用正轴等角割圆锥投影。

（2）《中华人民共和国分省土地利用图集》，采用双标准纬线等角圆锥投影。

（3）全国土地利用挂图和 9 个国家土地督察局各个督察区域的土地利用挂图，均采用双标准纬线等积圆锥投影。

（二）坐标系和高程系

坐标系采用 2000 大地坐标系，参考椭球为 IAG-75 参椭球体；高程系采用 1985 国家高程基准。

（三）地图定向

采用北方定向。

二、基础数据来源

（一）土地利用专题数据来源

用于国家级土地利用系列图编制的土地利用专题数据，来源于对第二次全国土地调查县级土地调查数据库进行逐级缩编（第十三章），形成的 1 ： 25 万、1 ： 50 万、1 ： 100 万和 1 ： 400 万比例尺的“全国土地利用数据库”。

（二）基础地理数据来源

用于国家级土地利用系列图编制的基础地理数据，主要来源于中国地图出版社自主完成的多尺度“中国地图数据库”，并参照使用了大量现有的多个小比例尺全国及区域地图数据，如 1 ： 250 万、1 ： 400 万、1 ： 600 万、1 ： 1200 万《中华人民共和国全图》，以及部分地区的最新遥感影像。

三、国家级土地利用系列图编制总体流程

国家级土地利用系列图编制的专题数据主要来源于全国第二次土地调查逐级缩编完成的 1 ： 100 万和 1 ： 400 万比例尺“全国土地利用数据库”（数据格式为 ArcGIS pgdb），地理底图数据主要来源于

中国地图出版社开发的多尺度“中国地图数据库”。根据国家级土地利用系列图编制的要求及专题数据库的数据特点，从多尺度“中国地图数据库”中提取相应数据，形成本图件编制所需的 1 ∶ 100 万和 1 ∶ 400 万基础地理底图数据库。将同比例尺的专题库和基础地理底图信息库比对分析后进行融合，综合考虑专题数据调查时点和基础地理信息的现势性，如道路网，既是本次调查重要的专题信息，也是重要的基础地理底图要素，道路现势性以现势性好的“中国地图数据库”为准，道路走向有差异的，调取相应影像进行考证纠正，确保地图各要素的相对准确。经融合后形成的 1 ∶ 100 万和 1 ∶ 400 万数据库统一进行现势性更新，更新后的数据库作为图件编制数据库，作为图件编制的数据源，在此基础上开展图件编绘工作，其制作流程如图 14-1 所示。

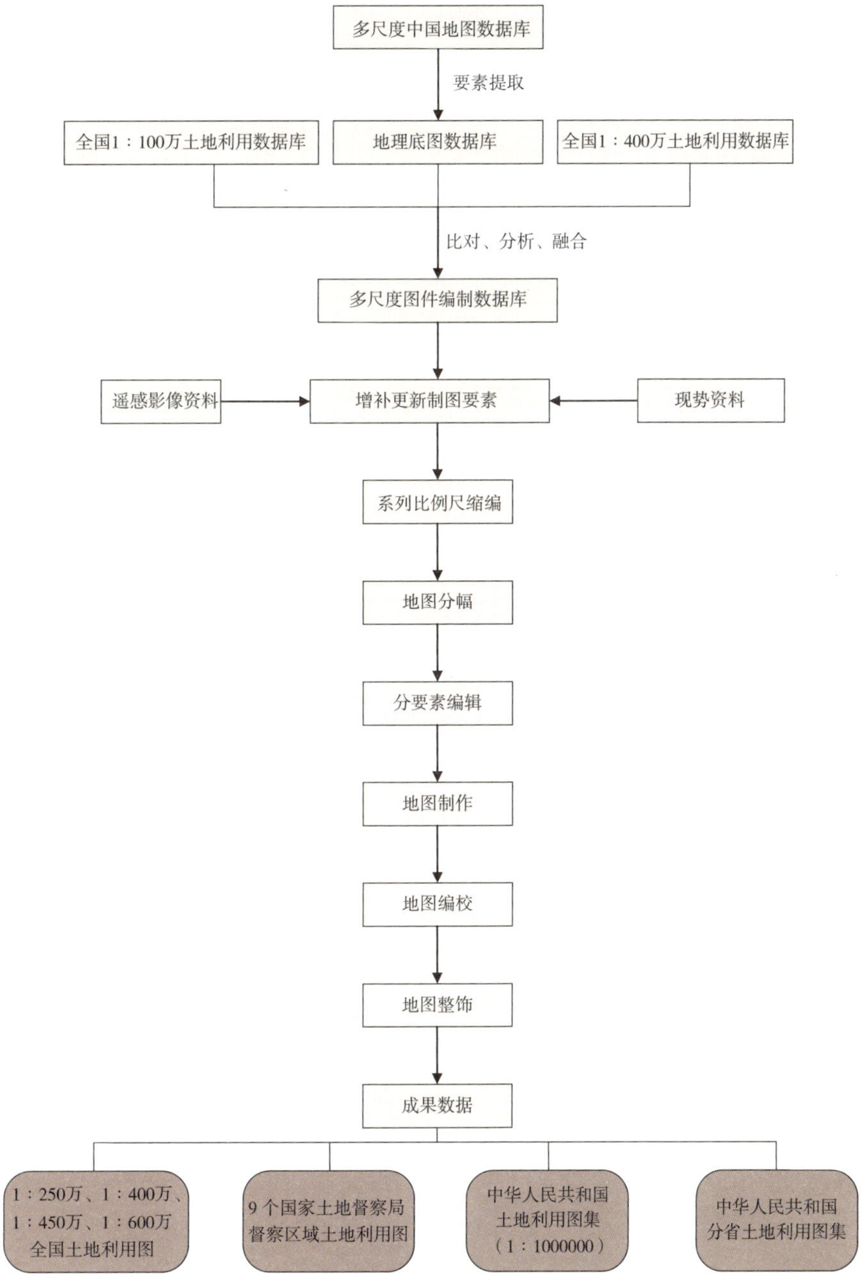

图 14-1　国家级土地利用系列图编制总体流程

四、土地利用图集的制作流程

（一）《中华人民共和国土地利用图集（1 ∶ 100 万）》

基于融合好的 1 ∶ 100 万图件编制数据库，按照 1 ∶ 100 万标准分幅地形图分幅要求，投影转换后切割成图。分幅情况如图 14-2 所示。图集一共分幅 64 幅，其中 I52、H52、G52、E48 幅覆盖区域为没有岛屿的海域，故在土地利用图集中不再单独成幅；位于南海海域的 10 幅标准分幅图，因资料关系，未按标准分幅成图，以“南海诸岛”命名，缩小合幅表示，比例尺为 1 ∶ 400 万。

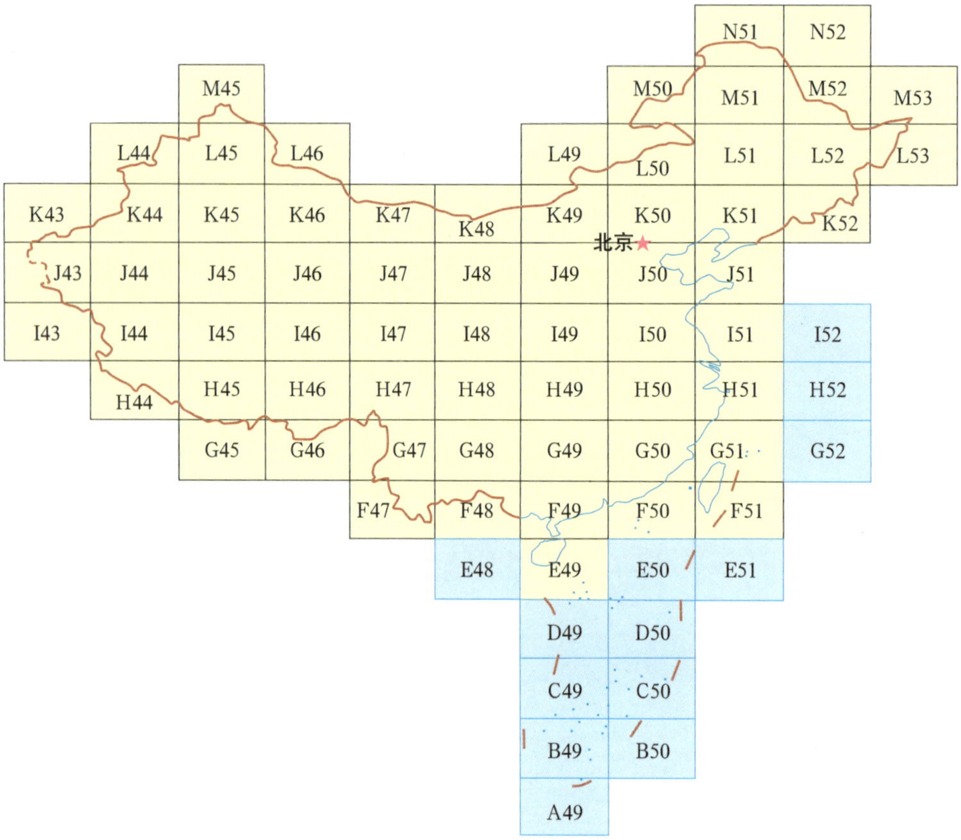

图 14-2　1 ∶ 100 万标准分幅

对各分幅地图开展分要素编绘，并进行图幅整饰，按照地图集公开出版的要求，完成 64 幅地图的“三审三校”工作，最后编辑成图。

（二）《中华人民共和国分省土地利用图集》

图集以省级行政区为单位分幅，一省（自治区、直辖市）一幅，由于各省（自治区、直辖市）面积相差悬殊，故各省（自治区、直辖市）图幅比例尺差异较大；同时，考虑图集实用性，增加了 9 幅国家土地督察局督察区域土地利用图。

根据各制图区域比例尺大小，选取合适比例尺的图件编制数据库。根据各省区范围及投影要求，以省级行政区为单位投影转换并切割成图。对切割好的分幅地图开展分要素编绘，并进行图幅整饰，按照地图集公开出版的要求，完成 34 幅省（自治区、直辖市）地图的“三审三校”工作，最后编辑成图。按照同样的流程，完成 9 幅督察区域土地利用图的编制。

五、全国土地利用挂图和督察区域土地利用挂图的制作流程

系列全国土地利用挂图包括 1 ： 250 万中华人民共和国土地利用图、1 ： 400 万中华人民共和国土地利用图、1 ： 450 万三维立体中华人民共和国土地利用图、1 ： 600 万中华人民共和国土地利用图；督察区域土地利用挂图分别以 9 个国家土地督察局督察区域为制图区域，包括北京局、沈阳局、上海局、南京局、济南局、广州局、武汉局、成都局和西安局 9 个国家土地督察局督察区域土地利用图。

以 1 ： 100 万土地利用编制图件数据库为基础，编制 1 ： 250 万全国土地利用图；1 ： 400 万全国土地利用图在 1 ： 250 万全国土地利用图基础上缩编而成；1 ： 450 万三维立体全国土地利用图和 1 ： 600 万全国土地利用图在 1 ： 400 万全国土地利用图基础上缩编而成。

9 个土地督察区域挂图根据各制图区域比例尺大小，选取合适比例尺的图件编制数据库，按照设计书要求分别投影转换并切割成图。对切割好的分幅地图开展分要素编绘，并进行图幅整饰，按照地图集公开出版的要求，完成地图的“三审三校”工作，最后编辑成图。

第三节 系列图编制技术

土地利用图集和系列比例尺土地利用挂图的编制均利用了已有的成熟技术工艺流程，针对本图件的特点，结合现有的缩编技术、制图技术，并对个别工艺进行了优化，使图件编制中比较烦琐的工序或是难点得到解决，将大量繁重的人工作业演变为简单的计算机批处理操作，大大地解放了劳动生产力，提高了工作效率，也减少了误差的产生，提高了成果的质量。

一、制图要素的快速增补与更新

基于中国地图出版社自主开发的 GISWAY 制图软件，将不同比例尺的土地利用数据融合到多尺度中国地图数据库中，形成一个图件编制用的母库。

由于部分土地利用专题数据也是基础地理底图数据的一部分，如交通运输用地、水域及水利设施用地（水系）等，首先对两库中同类要素进行比对分析，按编辑设计书确定的原则进行互补更新处理；同时，检索近期更新的地理要素记录，利用影像、网络地图等其他参考资料更新数据库内容。由于更新的数据均带有空间属性，数据库只需更新一次，其他比例尺度的数据会自动更新。

二、制图技术

传统的地图生产工艺是利用各种绘图或刻图工具手工制图，生产周期较长，效率低下。从 20 世纪 80 年代中期开始，随着计算机的推广应用，出现了纸图数字化为主的计算机辅助制图。随着地理信息数据来源的日渐多元，地图数据可视化处理平台的日益创新，地图制图学科也发生了深刻的变化，出现了以数据库技术为支撑的地图制图技术，这在众多的商业 GIS 软件中表现很突出。这些商业 GIS 软件的统计分析及制图功能比较强大，但对于地图的艺术化表达却有许多不尽人意之处，在地图编制出版方面存在较大的应用局限性。

为解决地图编制出版这种个性化生产需求，自主开发了一个地图编辑生产平台，该软件平台既可以实现各种常用的数字化地图编辑和数据库管理功能，如属性数据的管理、通用数据接口、地图线型及符号编辑、地图投影、随意分幅切割等；同时，针对地图出版的需要，开发了地图要素的综合选取、注记匹配及自动位置调整、线型编辑处理、索引生成、地图整饰，以及与一些常用平面设计软件的数据

接口等，通过该平台输出的地图数据文件，在格式上具有通用性，易于置入到其他地理信息软件平台，也可以无损输出到一些平面设计软件，对地图作进一步的编辑艺术化处理等。

本图件的编制充分利用已有的地图编辑生产出版平台，在整合土地利用调查数据库和多尺度基础地理底图数据库基础上缩编而成。先根据全国地理特点进行分区，再在每个分区里选取典型区进行要素特征分析，做出试验样图，从而确定各分区缩编技术指标，最后按照技术要求进行缩编综合成图。各要素缩编时均遵循现势性、合理继承性及简便易行的原则。其中，水系与地貌，交通与居民地，地貌与土地利用图斑等相互关系密切的要素，采用相互校正、穿插缩编进行。确保缩编成的地图主题突出、各要素关系协调、图幅载负量合理，能正确反映出该地区土地利用分布与总体的地貌特征，以及两者的相关性。

对不同比例尺的土地利用现状图数据，按上述办法进行缩编处理后，形成图形数据库，利用软件加载预先设计好的符号库，实现地图要素的编绘和表达，大幅度简化地图编绘的工作量，使空间要素能够按照设计书的规定和要求，自动实现不同比例尺的制图数据的输出。

地图整饰及艺术化设计利用平面设计软件完成。

三、地图数据缩编及质量控制

本图件的缩编实际上包括 3 种：一是利用 1 ∶ 400 万土地利用数据库，缩编分省土地利用图集中比例尺 1 ∶ 400 万左右的省级行政区图，利用 1 ∶ 100 万土地利用数据库，缩编分省土地利用图集中比例尺大于 1 ∶ 400 万的省级行政区图；二是利用 1 ∶ 100 万土地利用数据库缩编 1 ∶ 250 万全国土地利用挂图，利用 1 ∶ 400 万土地利用数据库缩编 1 ∶ 600 万全国土地利用挂图；三是利用 1 ∶ 400 万土地利用数据库，缩编督察区域挂图中比例尺 1 ∶ 400 万左右的土地利用图，利用 1 ∶ 100 万土地利用数据库，缩编督察区域挂图中比例尺大于 1 ∶ 400 万的土地利用图。

为保证缩编过程中的各要素选取的合理性和准确性，拟先将数据库里各类要素进行分级，确保各要素按等级高低进行选取。

在缩编工作完成后，先后采用机查软件和人工检查对缩编成果进行检查，主要包括：

（1）精度检查：检查专题要素、地理要素、更新要素误差是否在范围内。

（2）专题要素检查：检查专题要素精度是否合格、综合是否合理、表示方法是否正确、与其他要素关系是否正确；检查各种图表是否准确。

（3）地理要素检查：要素更新是否正确、表示方法是否正确、相关位置是否正确等等。

（4）正确性与逻辑一致性检查：检查要素符号化是否正确、要素之间关系是否正确、检查注记是否正确、检查图外整饰与图例是否正确。

第四节 系列图分要素编绘指标和要求

一、地类图斑

（1）地类图斑以数据库数据为准，并加注地类编码，表示到二级类（1 ∶ 600 万全国土地利用挂图除外，此图图斑不加注地类编码，耕地、园地、林地、草地表示到一级类）。

（2）各地类最小上图图斑面积如表 14-1 所示。

表 14-1 1 ∶ 100 万各地类最小上图标准

上图指标	耕地	园地	林地	草地	交通运输用地	水域及水利设施用地	其他土地	城镇村及工矿用地
图上面积 / 平方毫米	3.0	2.0	6.0	6.0	—	2.0	5.0	2.0
实地面积 / 平方千米	3.0	2.0	6.0	6.0	—	2.0	5.0	2.0

根据图上不同地区的情况来确定，一般情况下，图上各类用地图斑面积不少于 2 平方毫米，耕地、林地、草地零星分布时，最小上图面积指标为 2 平方毫米。

（3）最小图斑间距。最小图斑间距指相邻的两个岛状图斑之间最小间隙。根据图上不同地区的情况来确定，一般情况下，图面上的最小图斑间距是 0.2 平方毫米。

（4）地类图斑界线的最小弯曲度。地类图斑界线小于 0.5 毫米 ×0.6 毫米的弯曲可综合，但应保持综合前后形状的相似性。

（5）图斑设色参照第二次全国土地调查土地分类色标设定，但考虑纸质地图印刷效果，在同色系基础上予以适当调整；图斑边线统一设定灰色地类界线（1 ∶ 600 万全国土地利用挂图图斑不设地类界线）。

二、城镇村及工矿用地（居民地）

（1）城镇村及工矿用地图上面积大于上图指标 2 平方毫米的，一般全取，依比例尺表示，并加注不同行政等级的点状符号（居民地按行政等级分为首都、省级行政中心、地级行政中心、县级行政中心、乡镇和村 6 级）；小于上图指标 2 平方毫米的，用点状符号表示。

（2）城镇村及工矿用地的综合取舍应正确反映其与其他地类面积的对比关系和人地关系，1 ∶ 100 万土地利用图上的城镇村及工矿用地密度指标如表 14-2 所示。

表 14-2 1 ∶ 100 万密度分区标准

密度分区	实地每 100 平方千米内居民地数量 / 个	图上密度 /（个 · 分米 $^{-2}$）
极密、稠密区	>110	20 ～ 40
中密区	60 ～ 110	12 ～ 30
稀疏区	<60	3 ～ 7

注：居民点密度计数包含城镇村及工矿用地图斑。

（3）优先选取高等级居民地，低等级居民地依据地图比例尺、不同区域的密度对比，以及图面载负量合理确定选取指标。

（4）根据主次的原则，优先选取位于交通线、道路交叉口、关隘、国境线等地的居民地。

三、水系

（1）按照中国地图出版社内部拟定的河流水系分级图，将河流分成 7 级，根据成图比例尺及区域河流密度特点，确定河流选取标准。不同地区河流选取技术参照指标如表 14-3 所示。

表 14-3　1 ∶ 100 万河渠的长度、间距综合技术指标

密度分区	实地河渠密度 /（千米 · 千米 $^{-2}$）	选取长度		图上平行间距	
		图上 / 毫米	实地 / 千米	图上 / 毫米	实地 / 千米
极密区	>2.0	8	8	3	3
稠密区	1.0 ～ 2.0	8 ～ 10	8 ～ 10	4	4
中密区	0.3 ～ 1.0	10 ～ 12	10 ～ 12	5	5
稀疏区	0.1 ～ 0.3	12	12	6	6
极稀区	<0.1	基本全取		基本全取	

（2）选取河流、沟渠、运河时，按从大到小、由主及次的顺序进行，界河、独流河、连通湖泊的河流及荒漠缺水地区的短小河流必须选取。

（3）河流单双线的上图指标：当河流实地宽度大于阈值 400 米时，依比例尺双线表示；当河流实地宽度小于（含）阈值 400 米时，不依比例尺用 0.1 ～ 0.4 毫米渐变单线表示。双线河中的拦水坝、水闸，择要选取。

（4）水涯线和海岸线小于 0.5 毫米 ×0.6 毫米的弯曲细部，一般舍去拉直。

（5）湖泊、坑塘图上面积大于 1 平方毫米的，一般全取；在湖塘密集区，作适量选取，但只取舍，不合并。水库，一般全取，图上面积大于 1 平方毫米的依比例尺表示；小于 1 平方毫米的用符号表示。在干旱地区，湖、水库图上面积在 0.8 ～ 1 平方毫米之间的夸大到 1 平方毫米表示；小于 0.8 平方毫米的可适当选取用点状符号表示。

（6）海岸线综合应保持岸线类型的地理特征，主要转折点的位置准确，岸段弯曲程度的对比关系。凸向海域的岸段，一般应夸大陆地，舍去海域碎部；凹向陆地的岸段，则应夸大海域，舍去陆地碎部。河流入海处，应注意反映三角洲和三角港的图形特点。

（7）岛屿综合应保持岛屿轮廓形状特征和位置准确性。图上面积大于 1 平方毫米的一般应表示，小于 1 平方毫米（实地面积 1 平方千米）一般可舍去，但具有重要意义的要酌情选取，并放大到 1 平方毫米表示。为显示群岛、列岛的分布特征，还要适当选取一部分小于 1 平方毫米的岛屿，并用实点表示。岛屿综合时，只能取舍，不能合并。海洋中的礁石应适当选取。已有相应比例尺海洋测绘主管部门提供的海岛等测绘图件的，应充分利用海洋部门的测绘资料。

四、道路

（1）依据比例尺与不同区域的密度对比，以及图面载负量确定铁路、公路的选取综合标准，以线状表示的交通运输用地综合的一般要求如下：

①道路的最小上图长度：12 毫米。

②道路的最小弯曲：0.5 毫米 ×0.6 毫米。小于 0.5 毫米 ×0.6 毫米的道路弯曲细部，一般舍去弯曲作拉直处理。

（2）道路综合后不同区域之间路网密度对比关系应与资料图保持一致。道路网眼要求如下：

①极密、稠密区道路网眼大小为 2 ～ 3 平方厘米；

②中密区道路网眼大小为 3 ～ 4 平方厘米；

③稀疏区道路网眼大小应大于 4 平方厘米。

（3）道路实行等级分类，优先选取铁路主干线、高速公路、国道等级高的道路。同时，也要表示具有重要意义的低等级道路。

（4）表示出全部的营运铁路网，舍去一些专用线、短小的分叉等。

（5）综合后的线状交通运输用地应检查道路网的拓扑关系，保持道路的连通性和空间关系的合理性。

五、境界线

（1）境界线分为国界线、省级界、地级界和县级界，界线选取表示根据地图比例尺、用途和图面载负量而定。当不同等级境界重合时，按最高级境界表示。

（2）1：100万标准分幅中华人民共和国土地利用图集和中华人民共和国分省土地利用图集界线表示到县级界；国家土地督察局督察区域土地利用图表示到地级界；1：400万和1：600万全国土地利用挂图表示到省级界。

（3）国界线按照《中国国界线画法标准样图》绘制，省级界线按照《中华人民共和国省级行政区域界线画法标准样图》绘制。

六、地貌

（1）适当采用地貌符号表示典型地貌。

（2）高程点按地貌特征进行选取，地貌形态比较破碎复杂的地区应多取，比较完整简单的地区可少取。高程点综合时优先选取测量控制点、水位点、图幅内最高点、凹地最低点、区域最高点、河流交汇处、道路交叉处及有名称的山峰、山隘等处的高程点。

七、注记

土地利用数据库中的注记要素主要包括定位要素注记、高程注记、行政区注记、地类图斑注记、线状地物注记、其他注记等。

各类型注记需要根据综合数据库中要素保留的情况对保留要素进行注记。其中，行政区注记、线状地物要素注记时需要考虑地物的等级。各类注记清晰，主次分明，不压盖。

八、地图要素协调处理

在地理基础要素编绘的基础上，依照图式图例编制系列比例尺的全国土地利用图。各要素的参数设置、相互间的关系、图面效果和相邻图幅的接边处理等均进行全面考虑，统一协调。

地理要素既能反映该区域的地理、地貌特征，又不影响专题要素的阅读，能够客观准确地表达制图区域的土地利用状况、特征和土地利用规律。在制图软件的基础上进行各地图要素的协调处理，处理好专题要素与相关地理要素之间的关系，图面简洁，层次清楚。制图要素的协调处理主要包括以下方面：

1. 注记压盖

根据制图的要求，采用制图软件进行处理，对注记压盖问题进行调整处理，使得图件达到图面简洁、层次清楚，满足土地利用图出版的要求。

2. 依比例尺要素处理

GIS数据要求用面对象表达，图式要求用线要素表达，当这类要素与其他线要素相交时，有些可以通过调整图层顺序实现压盖，但有些情况就必须借助辅助要素才能实现压盖；同时，为保证表达效果，还需对要素进行适当的综合取舍。

3. 空间要素平面图形化处理

正确获得与处理好空间要素间关系是实现GIS数据与制图数据一体化建库的关键，而空间要素间完整关系只有在数据按规则采集全面完成后才能得到充分表达。制图过程中还要对空间数据进行平面图形化处理。

4. 水系与其他要素关系的处理

在地图要素关系处理和表达上，河流起到骨架的作用。因此，河流与交通网、境界等人文要素之间，在符号化、配置其属性发生冲突时，视具体情况分别对待。

河流与道路间的关系处理。地图上的铁路、公路、河流等要素都有自己的固定位置，它们以符号的中心线在地图上定位。当符号发生冲突时，一般采取压盖和位移的方法处理。当道路与河流符号并行时，需要先保证河流位置正确，再移动道路位置。图件中有些区域的道路的走向与河流保持一致，当它们之间发生冲突时，保持河流位置不变，移动道路，但应保持其与河流的相对位置不变。由于编制的图件均为小比例尺地图，当道路与河流符号相交时，一般道路通过河流等水系要素时原则上不断开，即不绘制桥梁符号。对于长江、黄河上著名的桥梁以不依比例尺符号表示出来。

河流与境界之间的关系处理。在很多情况下，境界以河流为分界线，以河流中心线或沿河流的一侧为界，这就需要对境界进行跳绘。主要遵循：

（1）以河流中心线为界时，沿河流量测分段交替绘出，省界色带应该按河流中心线连续绘出，但要注意，由于国界、省级界和地级界是点线相间构成的，因此跳绘时应保持点与线的连续性和符号的完整性。

（2）沿河流一侧分界时，境界符号沿一侧不间断绘出。

5. 居民地与其他要素关系的处理

系列土地利用图采用居民地符号与真形图斑双重表示。其中，符号表示行政中心政府驻地，与其他要素的关系表现为：同线状要素具有相接、相切、相离的关系；同面状要素具有重叠、相切、相离的3种关系；同离散的点状符号只有相切和相离的关系。其中，与线状要素关系最具有代表性。

（1）相接：当线状要素通过居民地时，圈形符号的中心配置在线状符号的中心线上。

（2）相切：当居民地紧靠在线状要素的一侧时，表示相切关系，圈形符号切于线状符号的一侧。

（3）相离：居民地实际图形同线状物体离开一段距离，在地图上两种符号距离0.2毫米以上。

在小比例尺地图上表示时，居民地圈形符号与境界、经纬网、道路等要素都发生冲突，不能按照实际位置表示。解决的方法是优先保证圈形符号的中心线与经纬网、境界、高速公路相对关系，与其他要素关系可弱化处理。

6. 道路关系处理

正确表示道路的类型、位置、分布、结果、通行状态、运输能力及与其他要素的关系。

（1）相关道路连接、相交关系处理。不同等级的道路相连接的地方，在实地有时没有明显的分界线，但在地图上却用了两种符号配置其属性。为了使它们之间的关系表达合理、清楚，在地图上将两条道路中心线表示一致；道路相交时，要处理道路间压盖问题，一般情况下，道路压盖顺序从高等级到低等级道路，但是也存在特殊情况，如铁路在高架桥上经过，而高速公路在桥下，在地图上就应该做相应的调整修改。

（2）道路表达有冲突时的关系处理。随着地图比例尺的缩小，地图上的符号会发生争位性矛盾，比例尺越小矛盾越突出。通常采用舍弃、位移等手段处理。当同等级道路要素符号发生冲突时，一般会采用舍弃的方式处理。即便是不同等级的，若构成的道路网格密度过大，也应该选择舍弃。一般情况下优先选取该地区域内等级相对较高的道路，舍弃低等级道路，以达到符合要求的网格密度。但对于作为路网结构主线的道路、区域分界线的道路、通向国界线的道路、沙漠区通向水源的道路、穿越沙漠、沼泽的道路、通向机场、车站、隘口、港口等重要目标的道路，这些具有特殊意义的道路优先考虑。

（3）当不同类别的道路要素符号发生冲突时，如果不采用舍弃其中一种的方法，就采用位移的方式。具体做法：当两者重要性不同时，就采用单方位移，保持高等级道路的现状，对低等级道路进行相应的位移，并使符号间保留正确的拓扑关系；而当这同等重要时采用相对位移的方法，使之保持必要的间隔。要素位移后要满足：各种要素容易区分；要素移动不能产生新的冲突；局部空间关系和点群图案特征必须保持；为了保证空间完整性与方位相对正确性移动的距离应当最小。

7. 境界与其他要素的关系处理

对于国界两侧的地物符号及其注记都不要跨境界线应该保持在各自的一方，以区分它们的权属关系。

第五节 三维立体土地利用图编制技术

1 ∶ 450 万三维立体《中华人民共和国土地利用图》以 1 ∶ 400 万全国土地利用图数据为基础，经过地图编绘、地图制作、编辑加工、出版和印刷装订等基本流程，其编绘、编辑加工和出版等与其他土地利用挂图无异，不同点在于它的制作流程和印刷装订。

由于三维立体图印前制作工艺复杂，印刷装订时需要昂贵的特种制造设备和耗材，操作难度大，废品率较高。

1 ∶ 450 万三维立体《中华人民共和国土地利用图》制作流程如图 14-3 所示。

一、原理

三维立体图是利用人眼视觉差别和光学折射原理，模拟人眼看世界，裸眼可直接看到平面内物体的上下、左右、前后三维关系。三维立体《中华人民共和国土地利用图》利用这一原理，将土地利用数据在统一的数学基础下与 DEM 高程数据叠加，生成三维立体土地利用图数据，使人们眼睛感观上看到一幅三维立体的土地利用图。它融合了光学原理、空间透视及当前最新的立体光栅技术和印刷技术手段，实现三维立体土地利用图的呈现。

二、三维立体图的制作

（一）数据源

本图采用的数据源包括 1 ∶ 400 万中华人民共和国土地利用图数据、全国数字高程模型 DEM 数据，以及相关的地理信息资料、现势资料等。

（二）地图编绘

地图编绘包括土地利用专题内容的编绘和地理地图的编绘，其编绘方法与其他土地利用图的编绘方法一致。由于比例尺的关系，以及三维立体图视觉效果需要，图中土地利用专题要素的取舍与 1 ∶ 400

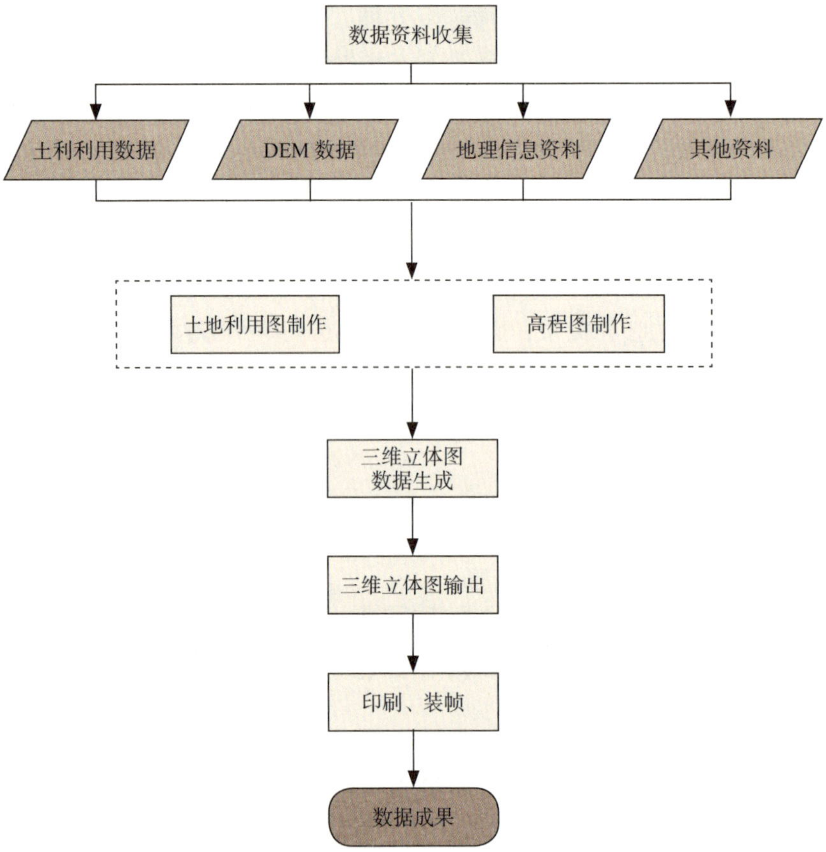

图 14-3 三维立体《中华人民共和国土地利用图》制作流程

万《中华人民共和国土地利用图》稍有不同，对耕地、园地、林地、草地等的二级土地利用分类进行了部分合并。

（三）高程图制作

将 DEM 数据与土地利用图进行配准，建立统一的数学基础，制作土地利用高程图。利用图像处理软件对其进行匀色和调色处理。

（四）生成三维立体图数据

生成三维立体图数据主要步骤包括以下方面：

（1）利用立体软件，根据 DEM 数字高程模型中的色彩与高程对应信息，建立数学模型。

（2）设定光栅材料能表现的最大位移量。不同的光栅材料所能表现的最大位移量是不同的，本图采用 70 线 / 英寸的光栅材料，对应的最大位移量为 1.2 厘米。

（3）设定 CTP 分辨率与光栅线数对应的每个栅距图像数。帧数与 CTP 分辨率及光栅线数之间的关系有一套复杂的数学公式。本图承印物光栅的线数采用 70 线 / 英寸，而 CTP 分辨率是固定的 2400dpi，简单计算为：2400 ÷ 70 ÷ 2.5，得到的近似值为 14。因此设定每个栅距图像数为 15 个。

（4）设定每个像素的变形值，合成不同角度的图像。像素的变形值由软件自动根据相关参数自动设定。

（5）利用软件预览工具生成彩色和灰度两种红蓝立体预览图，检查立体参数设定的正误和准确程度。

（6）预览无误后，生成土地利用图专用立体数据。

三、印刷与装帧

（一）数据输出

根据 CTP 尺寸设置页面及光栅参数，导入专用立体数据，通过 CTP 直接制版技术生成三维立体图的输出数据。

（二）印刷

一幅完整的立体图主要由画面、光栅和中间介质三部分材料组成，这三部分裱贴在一起时才能展现立体效果。

立体画面是利用激光在特种光学（光栅板或光栅膜）材料上雕刻印刷的。本图印刷采用的光栅为 70 线 / 英寸，光栅幅面宽度为 1.0 米。由于采用光栅背面直接印刷的方式，因此采用特别的对位系统，使印版上的条纹与片材上的光栅条纹精确对应。

（三）装订

本图装订工序包括模切、背涂和装裱图框。

由于光栅材料较厚，不能像普通纸张那样直接裁切成成品，而要采用模切的方式裁切。

背涂是在印刷后的光栅背面涂覆一层透明涂料或白色涂料，以高图像的亮度，使图像更清晰，层次更加分明。

由于目前国内市场立体印刷机器最大为全开，而本图为双全开拼图，所以需要将左右幅拼贴在 PVC 板上，最后装框。外框采用高强度 PVC 材料。

第六节　系列图出版

全国土地利用系列图件的出版包括整体设计、编辑加工和印刷装订 3 个方面。

一、出版前的数据整理

按照公开出版的要求，合理处理与地图整饰相关的图名、图廓、图例、附图等内容的表达，结合美术设计，使整个图面美观、协调。

在图集及挂图出版前，对数据进行整理检查，包括数据文件字体、设色，成果数据的输出格式和输出方式是否正确；重点对图集及挂图内容的完整性、规范性、正确性进行检查。

二、整体设计

全国土地利用系列图件的整体设计包括装帧设计和版式设计。设计时遵从整体性、实用性、艺术性、经济性的原则。

本次出版的全国土地利用系列图件包括 1 ∶ 100 万标准分幅《中华人民共和国土地利用图集》、《中国分省土地利用图集》两本图集和 1 ∶ 250 万《中华人民共和国土地利用图》、1 ∶ 400 万《中华人民共和国土地利用图》、1 ∶ 600 万《中华人民共和国土地利用图》、1 ∶ 450 万三维立体《中华人民共和国土地利用图》4 幅全国挂图，以及 9 个国家土地督察局督察区域土地利用挂图，形成了一个完整的系列。设计时充分体现系列图的整体性，即在内容、形式、风格、技术工艺和艺术构思等方面配套、协调。

考虑到不同的用图对象使用的便利和审美需求，充分实现全国土地利用系列图件使用价值和审美价值的统一，设计时，对每种产品尽可能采用多种装帧形式。

在艺术性上，根据土地利用图件的特点，力求艺术和技术的完美结合和创新。

全国土地利用系列图是国土资源出版领域的基础性、公益性重大成果，具有极高的社会价值、科学价值和使用价值，社会效益远远大于经济效益。因此，设计时兼顾其实际经济效益的比差，既经济又实用。

（一）装帧设计

装帧设计包括开本设计、封面设计、选择纸张、正文的字体和字号、确定装订方法和印刷方法等。各图（集）装帧设计如表 14-4 所示。

表 14-4　各图（集）装帧设计　　单位：毫米

书（图）名	开本	图幅展布	成品尺寸	印刷	装订	封面	特殊工艺
《中华人民共和国土地利用图集（1 ： 100 万）》（精装本）	四开		425 × 570	对开四色，双面印刷	锁线，胶订	涂布面料	烫银
《中华人民共和国土地利用图集（1 ： 100 万）》（盒装本）	对开		850 × 570	对开四色，单面印刷	散页盒装	涂布面料	烫银
《中华人民共和国分省土地利用图集》（精装本）	四开		425 × 570	对开四色，双面印刷	锁线，胶订	涂布面料	烫银
《中华人民共和国分省土地利用图集》（盒装本）	对开		850 × 570	对开四色，港澳台及督察区图单面印刷，其他图双面印刷	散页，盒装	涂布面料	烫银
《中华人民共和国土地利用图（1 ： 250 万）》	9 全开	横向	2930 × 2200	全开四色，单面印刷	散页，盒装	涂布面料	烫银
《中华人民共和国土地利用图（1 ： 400 万）》（精装版）	2 全开	横向	1600 × 1150	全开四色，单面印刷	双面覆亚膜，加装图框	无	无
《中华人民共和国土地利用图（1 ： 400 万）》（筒装版）	2 全开	横向	1600 × 1150	全开四色，单面印刷	挂杆，双面覆亚膜，筒装	彩色	覆膜
《中华人民共和国土地利用图（1 ： 400 万）》（袋装版）	2 全开	横向	1600 × 1150	全开四色，单面印刷	折页	彩色	覆膜
《中华人民共和国土地利用图（1 ： 600 万）》（精装版）	全开	横向	1066 × 760	全开四色，单面印刷	双面覆亚膜，加装图框	无	无
《中华人民共和国土地利用图（1 ： 600 万）》（筒装版）	全开	横向	1066 × 760	全开四色，单面印刷	挂杆，双面覆亚膜，筒装	彩色	覆膜
《中华人民共和国土地利用图（1 ： 600 万）》（袋装版）	全开	横向	1066 × 760	全开四色，单面印刷	折页	彩色	覆膜
《中华人民共和国土地利用图（三维立体）》	2 全开	横向	1320 × 945	全开单面，3D 印刷	加装图框	无	覆膜
各督察区域土地利用图（横幅）（筒装版）	2 全开	横向	1600 × 1150	全开四色，单面印刷	挂杆，双面覆亚膜，筒装	彩色	覆膜
各督察区域土地利用图（横幅）（袋装版）	2 全开	横向	1600 × 1150	全开四色，单面印刷	折页	彩色	覆膜

续表

书（图）名	开本	图幅展布	成品尺寸	印刷	装订	封面	特殊工艺
各督察区域土地利用图（竖幅）（筒装版）	2 全开	竖向	1600 × 1150	全开四色，单面印刷	挂杆，双面覆亚膜，筒装	彩色	覆膜
各督察区域土地利用图（竖幅）（袋装版）	2 全开	竖向	1600 × 1150	全开四色，单面印刷	折页	彩色	覆膜

（二）版式设计

版式设计包括环衬和扉页之外正文的全部格式设计。版式设计以清晰、易读、和谐为基本原则，其最终目的是为了鲜明地表现土地利用内容，突出土地利用主体，使主体更加清晰。

图集的版式设计包括目录、前言、正文等的编排及其版心、天头、地脚、内口、外口的大小设计、栏目设计、书眉的设计、页码的设置等。

各挂图版式设计包括图名、图廓、花边、比例尺、附图、坐标系和高程系说明、版权信息等的设计。

各图（集）版式设计如表 14-5 所示。

表 14-5 各图（集）版式设计 单位：毫米

书（图）名	成品尺寸	版心 / 图廓尺寸	天头 / 地脚	外口	其他
《中华人民共和国土地利用图集（1 ： 100 万）》	850 × 570（展开页）	820 × 515	30/25	15	
《中华人民共和国分省土地利用图集》	850 × 570（展开页）	820 × 515	30/25	15	
《中华人民共和国土地利用图（1 ： 250 万）》	2930 × 2200	2640 × 1790	210/100	145	
《中华人民共和国土地利用图（1 ： 400 万）》	1600 × 1150	1506 × 1105	85/60	50	图外加花边底纹
《中华人民共和国土地利用图（1 ： 600 万）》	1060 × 760	1006 × 670	60/30	30	图外加花边底纹
《中华人民共和国土地利用图（三维立体）》	1320 × 945	1320 × 945	无	无	满版心
各督察区域土地利用图（横幅）	1600 × 1150	1506 × 1105	85/60	50	图外加花边底纹
各督察区域土地利用图（竖幅）	1600 × 1150	1415 × 1050	85/60	50	图外加花边底纹

三、编辑加工

全国土地利用系列图件的编辑加工主要有审稿、加工整理、审定发稿等。工作流程如图 14-4 所示。

（一）审稿

审稿包括内审和外审。

1. 内审

内审是出版社严格按照《中华人民共和国测绘法》、《中华人民共和国保守秘密法》、《中华人民共和国地图编制出版管理条例》、《公开地图内容表示若干规定》、《公开地图内容表示补充规定》、《1 ： 100 万中国国界线画法标准样图》、《公开版地图质量评定标准》、《图书质量管理规定》、《中华人民共和国图

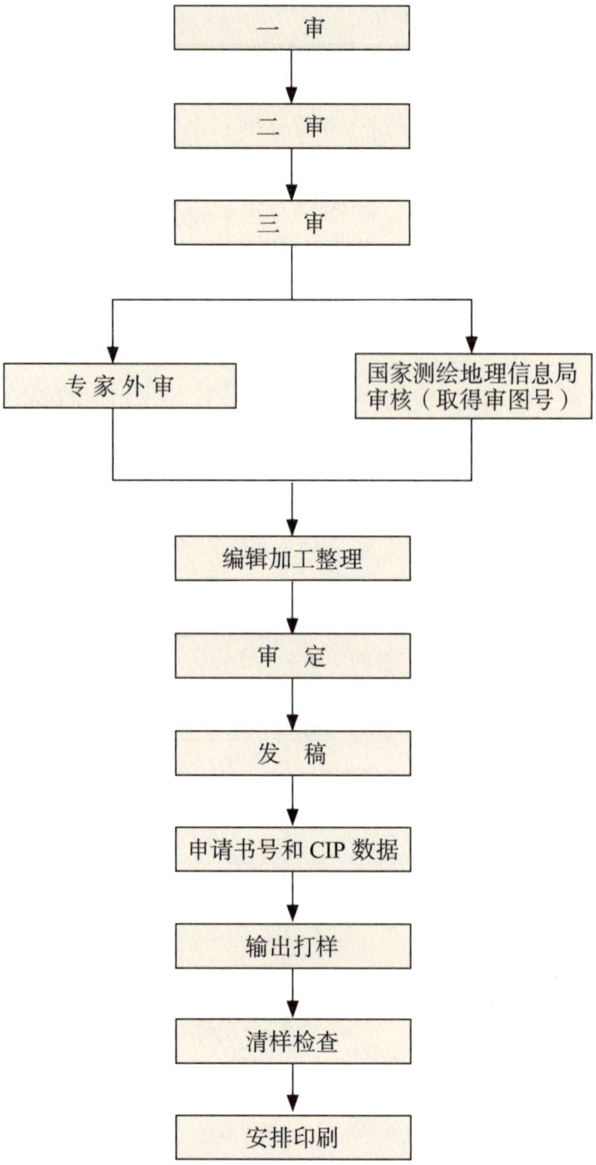

图 14-4 系列图件编辑工作流程

书和杂志开本及其幅面尺寸》等相关的法律、法规对全国土地利用系列图稿件的内容质量和形式质量进行三审、三校、三改、三读，主要是从政治性、科学性、艺术性等方面对全国土地利用系列图的稿件进行审读、审改、审定。一审由地图或土地利用及相关专业的责任编辑负责，二、三审由地图或土地利用及相关专业并具有副编审以上职称的专业人员负责。

2. 外审

外审包括两种情况，一是将全国土地利用系列图的稿件送国家测绘地理信息局审核，取得审图号后方能公开出版；二是将全国土地利用系列图的稿件送本出版单位以外相关专业的专家审读，以保证全国土地利用系列图的出版质量。

（二）加工整理

编辑加工整理是在前期审稿的基础上进行的，包括消灭差错、润色提高、统一规范、查对资料等。

消灭差错是编辑加工整理的首要任务，是对全国土地利用系列图稿件中政治性、科学性、艺术性和文字、语法、修辞、逻辑、标点符号等方面的错误一一改正。

润色提高是对全国土地利用系列图稿件进行增删、整饬，使稿件质量进一步提高，包括调整结构、理清层次、弥补缺漏等。

统一规范是对全国土地利用系列图稿件中各种符号、文字中的量和单位等方面使用不合规范的地方加以改正。

查对资料是对全国土地利用系列图稿件中各种资料如现势资料、统计数据、图表等进行一一查对。

（三）审定发稿

完成全国土地利用系列图稿件的编辑加工整理后，将其提交审定和发稿。审定是将编辑加工整理后达到齐、清、定的稿件再次逐级报送复审、终审人员审定。审定通过后方可发稿，取得书号、条形码，图集还要取得图书在版编目（CIP）数据，按照公开地图出版程序出版，由出版社安排印刷装订。

四、印刷装订

印刷装订过程主要包括印前处理、印刷和装订等，其工艺流程图 14-5 所示。

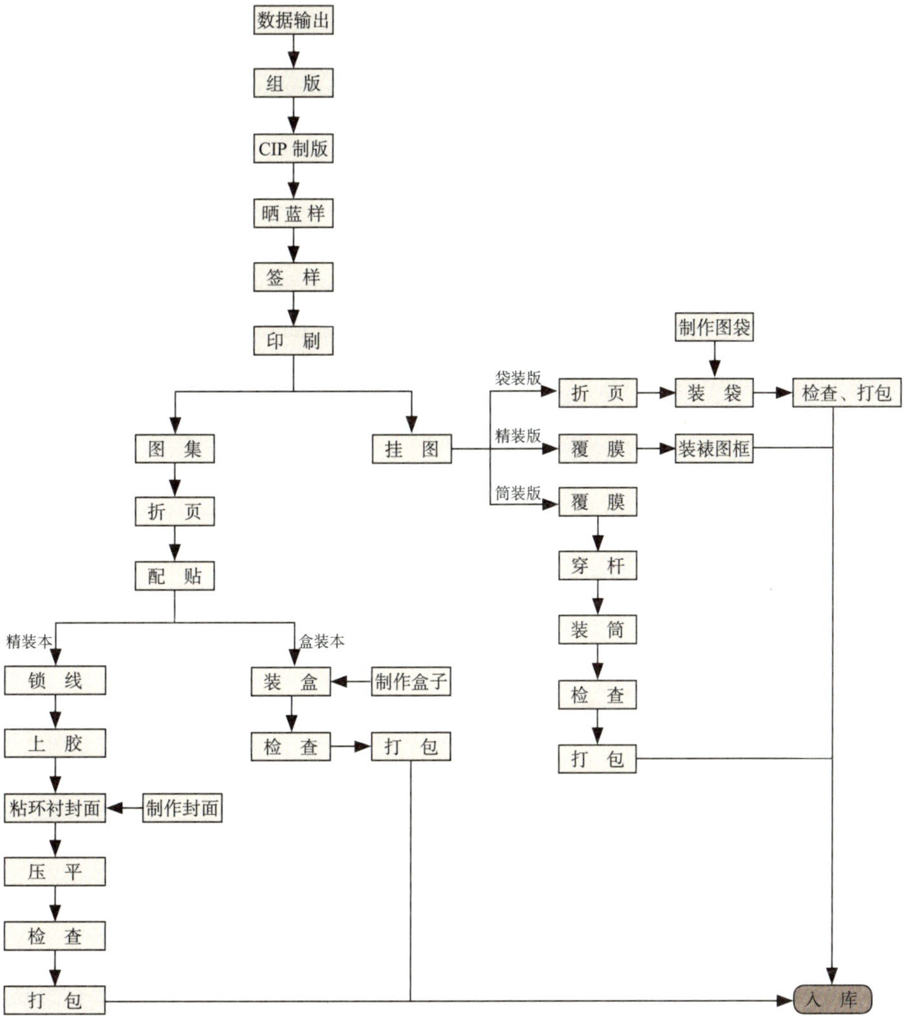

图 14-5　印刷装订工艺流程

（一）印前处理

1. 打印付印清样

在安排印刷之前需要将数据整理，根据工厂的需要转成 EPS 或 PDF 等格式输出，进行组版、打印付印清样。一般图书只是晒蓝样，本系列图图面用色复杂，需要打数码彩样。责任编辑须从排版质量和全书结构的角度对付印清样进行全面检查，包括检查格式是否统一、版心是否平齐、图面是否有污点、全书结构（封面、扉页、版权、前言、目录、图例、正文）是否齐全，检查无误后签样印刷。

2. 制版

全国土地利用系列图全部采用 CMYK 四色印刷，利用计算机将已经拼版的输出文件直接制成 PS 版（CTP 制版）。其中，三维立体《中华人民共和国土地利用图》需要根据 CTP 尺寸设置页面及光栅参数。导入专用立体数据，通过 CTP 直接制版技术生成土地利用三维立体图的输出数据。

（二）印刷

除三维立体《中华人民共和国土地利用图》外，全国土地利用系列图均采用铜版纸双面或单面印刷，但纸型和印刷幅面各有大小。土地利用三维立体图需要利用激光在特种光学材料上雕刻印刷。各产品的印刷要求如表 14-6 所示。

表 14-6　印刷要求表　　单位：毫米

书（图）名	承印材料	规格	印刷
《中华人民共和国土地利用图集（1 ： 100 万）》（精装本）	157 克铜版纸	889×1194	对开四色，双面印刷
《中华人民共和国土地利用图集（1 ： 100 万）》（盒装本）	128 克铜版纸	889×1194	对开四色，单面印刷
《中华人民共和国分省土地利用图集》（精装本）	157 克铜版纸	889×1194	对开四色，双面印刷（港澳台地区及督察区域图单面印刷）
《中华人民共和国分省土地利用图集》（盒装本）	157 克铜版纸	889×1194	对开四色，双面印刷
《中华人民共和国土地利用图（1 ： 250 万）》	157 克铜版纸	787×1092	全开四色，单面印刷
《中华人民共和国土地利用图（1 ： 400 万）》	157 克铜版纸	889×1194	全开四色，单面印刷
《中华人民共和国土地利用图（1 ： 600 万）》	157 克铜版纸	787×1092	全开四色，单面印刷
《中华人民共和国土地利用图（三维立体）》	PVC 光栅材料	700×1000	全开，3D 印刷单面
《国家土地督察北京局督察区域土地利用图》等 9 个督察区域图	157 克铜版纸	889×1194	全开四色，单面印刷

（三）装订

1. 图集精装本的装订

1 ： 100 万标准分幅《中华人民共和国土地利用图集》和《中华人民共和国分省土地利用图集》精装本均为大四开图集，成品尺寸为 570 毫米 ×425 毫米，锁线胶订。其工艺流程包括书心加工、书壳加工和套合加工 3 部分。

由于目前国内各厂还没有四开以上的锁线机，因此只能手工锁线。

2. 图集盒装本的装订

1 ∶ 100 万标准分幅《中华人民共和国土地利用图集》和《中华人民共和国分省土地利用图集》盒装本及《中华人民共和国土地利用图（1 ∶ 250 万）》均为散页装盒。盒子为精装大八开，成品尺寸为 440 毫米 ×320 毫米。其工艺流程包括折页和配贴、盒子加工两部分，盒子的加工流程与精装书书壳加工基本一致。

3. 挂图精装版的装订

1 ∶ 400 万、1 ∶ 600 万《中华人民共和国土地利用图》和 1 ∶ 450 万三维立体《中华人民共和国土地利用图》精装版均加装外图框。1 ∶ 400 万《中华人民共和国土地利用图》和三维立体《中华人民共和国土地利用图》外框采用高强度 PVC 材料，1 ∶ 600 万《中华人民共和国土地利用图》用木制图框。1 ∶ 400 万、1 ∶ 600 万《中华人民共和国土地利用图》双面覆亚膜。

4. 挂图筒装版的装订

1 ∶ 400 万、1 ∶ 600 万《中华人民共和国土地利用图》和 9 个督察区域图筒装版均为挂杆、双面覆亚膜，卷装。挂杆采用高强度 PVC 材料，圆筒外裱彩色封面，封面为 157 克铜版纸，全开四色印刷，覆亚膜。

5. 挂图袋装版

1 ∶ 400 万、1 ∶ 600 万《中华人民共和国土地利用图》和 9 个督察区域图袋装版均为纸质折图，装袋。彩色图袋，200 克铜版纸对开四色印刷，覆亚膜。

所有产品印装完毕后，进行包装，贴标签，入库，最后进入发行环节。

第十五章　土地变更调查

按照《国务院关于开展第二次全国土地调查的通知》（国发〔2006〕38号）的部署，全国土地调查办于2007年7月1日至2009年12月31日组织完成了第二次全国土地调查，查清了2009年12月31日标准时点的土地利用状况和土地权属状况，并建设了各级集影像、图形、地类、面积和权属为一体的土地调查数据库，对土地调查成果实行了信息化管理。第二次全国土地调查结束后，由于土地利用总是处在动态变化之中，如何保持调查成果（图件、数据等）的现势性，为各级政府、国土资源主管部门、其他相关部门提供当年的土地基础资料和数据，以及变化状况，是土地调查面临的后续问题。经过多年的实践证明，采用年度土地变更调查（以下简称土地变更调查、变更调查）的手段，是目前保持调查成果现势性的最好方法。《土地调查条例》（中华人民共和国国务院令第518号）、《土地调查条例实施办法》（中华人民共和国国土资源部令第45号）对变更调查进行了明确规定。国土资源部根据《土地调查条例》、《土地调查条例实施办法》也印发了《全国土地变更调查工作规则（试行）》（国土资发〔2011〕180号），保障了年度土地变更调查的实施。

土地变更调查是土地调查的重要内容和继续。土地变更调查工作是对自然年度内的全国土地利用现状及变化状况、权属变化状况，以及各类用地管理信息，进行调查、监测、核查、汇总、统计和分析等的活动。开展全国土地变更调查工作的目的是：掌握全国年度土地利用现状变化情况，保持全国土地调查数据和国土资源综合监管平台基础信息的准确性和现势性，以满足国土资源管理和经济社会发展的需要。土地变更调查是当年重要的国情国力调查。经依法公布的土地变更调查成果，是实施国土资源规划、管理、保护、开发与合理利用的重要依据，是编制国民经济和社会发展规划、有关专项规划的基础。

年度土地变更调查由国土资源部组织、国土资源部内相关司局配合，国土资源部直属的中国土地勘测规划院、信息中心、土地整治中心等单位技术支撑，省级国土资源主管部门组织以县为单位开展调查。

本章主要介绍土地变更调查的内容、方法、流程、土地调查数据库更新、质量控制、数据分析等内容。

第一节　土地变更调查主要内容、任务与成果

一、土地变更调查主要任务、内容

（一）采购遥感影像

国土资源部统一组织，根据各地区社会经济发展状况、管理需求、土地利用变化程度、天气状况等综合因素，将全国划分为四个区域，统一采购不同分辨率的遥感影像（数据）：一类区采用DOM分辨率优于1米的遥感数据，如QuickBird、WorldView数据，主要满足全国50万人口以上城市市辖区，东中部地区主要地级市市辖区，以及长江三角洲、珠江三角洲地区、环渤海和福建广东沿海地区等地

区土地变更调查需要；二类区采用DOM分辨率优于2.5米的多光谱遥感数据，如SPOT6、资源一号02C数据，主要满足除一类区外的东中部地区重点城市土地变更调查需要；三类区采用DOM分辨率优于2.5米的全色或多光谱遥感数据，或DOM分辨率优于5米的多光谱数据，如遥感二号、RapidEye数据，主要满足除一、二类区外的中、东部地区，以及西部重点县（区）土地变更调查需要；四类区采用DOM分辨率优于5米的全色或多光谱遥感数据，如遥感八号数据，满足西部沙漠、戈壁和藏北无人区土地变更调查需要。

（二）变更调查数字正射影像图（DOM）生产

对采购的遥感影像，以第二次全国土地调查底图为纠正控制基础，由国家统一组织生产当年用于变更调查的DOM。

（三）开展遥感监测，提取当年土地利用变化信息

国家统一组织，以制作的当年分县DOM（简称为后时相影像）为基础，叠加上一年度的DOM（以下简称为前时相影像），通过前、后时相影像的变化对比，并对照上一年度的土地调查数据库，提取本年度遥感监测信息（即土地利用变化信息），并将提取的遥感监测信息（遥感监测成果）分发给地方用于开展变更调查。目前提取的遥感监测信息主要为疑似当年新增面状和线状的建设用地。

（四）地方以县为单位开展土地变更调查

地方以每年12月31日为标准时点，以实地现状认定地类为原则，以日常变更为基础，利用年度遥感监测成果，按照土地变更调查的有关要求，调查年度内每一块变化土地的位置、范围、地类、权属和面积等实际情况。

（五）用地管理信息套合

国家将用土地管理信息与土地利用现状变更结果进行空间叠加，自动分类标注新增建设用地和新增耕地管理信息，计算各地类面积。

（六）县级土地调查数据库更新

根据土地变更调查的权属调查、地类调查等的结果，县级组织更新县级土地调查数据库，形成了当年的土地调查数据库。同时，统一使用国家开发的数据库质量检查软件，进行县级更新后的土地调查数据库质量检查，以保证县级土地调查数据库质量。

（七）质量控制

为了保证土地变更调查成果质量，获得真实准确的土地利用现状图件和各地类面积数据，年度变更调查采取了事前技术培训、事中省级国土资源主管部门检查、事后国家级核查的质量控制措施。

（八）国家级土地调查数据库更新

国土资源部组织，集中开展对更新后县级土地调查数据库的质量检查，对通过检查的县级土地调查成果入库，最终形成年度的国家级土地调查数据库。

（九）数据汇总与数据分析

根据更新后的年度国家级土地调查数据库，汇总出当年的各类土地数据及变化数据。根据汇总数据，对耕地、建设用地等各类土地进行增减变化分析。

二、土地变更调查流程

土地变更调查流程如图 15-1 所示。

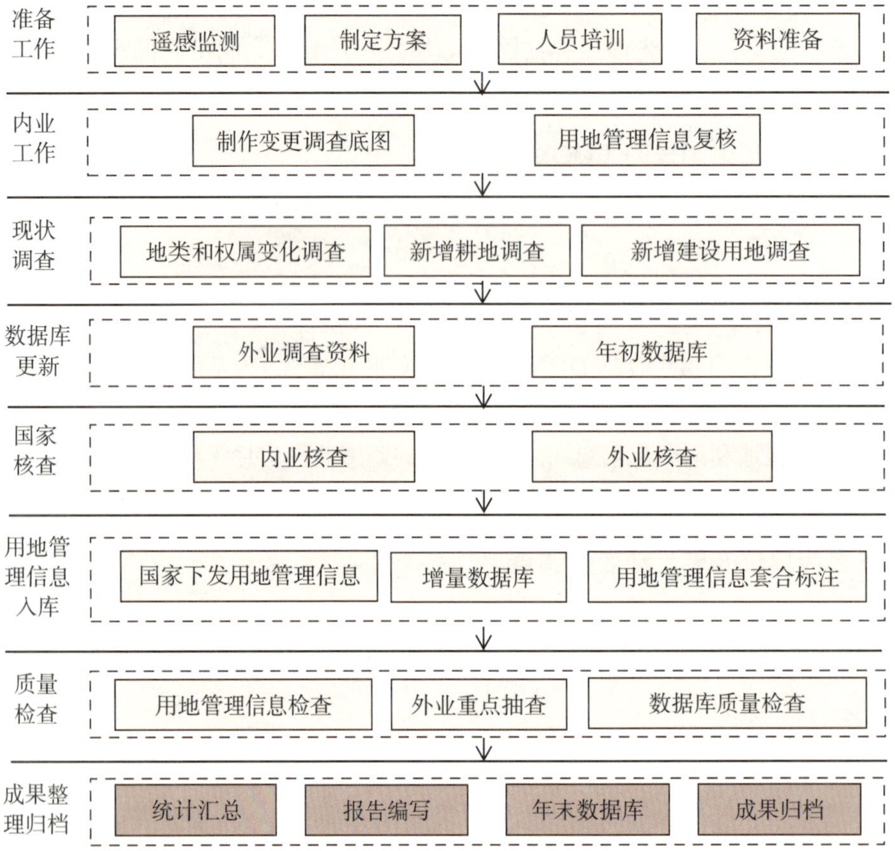

图 15-1　土地变更调查流程图

三、变更调查主要成果

（一）县级调查成果

1. 遥感监测成果

包括县级遥感正射影像图和县级遥感监测图斑。

2. 外业调查成果

包括外业调查图件、地物补测资料。

3. 数据库成果

包括更新后的土地调查数据库和土地调查数据库更新数据包。

4. 各类统计汇总表

包括图斑信息核实各类报表、《土地变更调查记录表》、《土地变更一览表》、变更调查各类面积统计汇总表。

5. 文字成果

《土地利用变化情况分析报告》。

（二）地（市）级、省级、国家级成果

1. 数据库成果

包括地（市）级、省级更新后的土地调查数据和土地调查数据库更新数据包；国家级更新后的土地调查数据库。

2. 汇总表

变更调查各类面积统计汇总表。

3. 文字成果

地（市）、省级、国家级《土地利用变化情况分析报告》。

四、新时期土地变更调查特点

第二次全国土地调查结束后，土地变更调查与遥感监测工作全面启用新机制、新方法，与传统土地变更调查相比，呈现以下特点。

（一）“3S”技术综合应用

土地变更调查充分吸收了现代遥感技术、计算机技术、空间信息技术的发展成果。现代遥感平台发展为变更调查提供了最新航天遥感数字正射影像图作为调查底图；外业调查利用 GPS-PDA 等技术实现数据采集全过程数字化；GIS 技术建设的时空数据库和管理系统，可以实现数据的即时更新和对历史数据的管理。在“3S”技术支持下开展土地变更调查，使土地变更调查工作变得简捷、实时、高效、准确，有利于提高土地利用管理的现代化水平。

（二）业务部门与社会化力量结合

土地变更调查是在现代数字技术和空间信息技术支持下进行的，具有科技含量高和技术性强的特点。县级国土资源主管部门吸纳社会技术力量，通过技术合作等方式，不仅为项目的顺利开展提供了技术保障，也为土地调查管理部门与社会技术力量的合作积累了宝贵的经验。

（三）坚持内外业相结合

利用“3S”集成技术开展土地变更调查，仍要经过室内预判、外业调查和成果处理 3 个阶段，不同之处在于从过去的光学处理、目视解译发展为数字化处理和辅助解译；外业调查从传统的简单测绘仪器替换成现代仪器支持下的数字化作业；室内转绘成图，将纸质地图编绘发展为基于数字化的土地调查数据库更新。内业为外业确定调查目标，外业调查验证并补充更新信息。

（四）多部门共同参与

在土地变更调查组织模式上，各部门按照分工协作、多方参与、各司其职、共同负责的原则开展工作。土地变更调查工作不再是地籍部门的单打独斗，而是规划、用地、耕地保护及执法检查等多个部门共同完成的任务，促进了国土资源主管部门系统内部各项业务的相互衔接，使各项管理形成合力，为实现土地变更调查的“一查多用”目标奠定了坚实的基础。

第二节　土地变更调查正射影像图（DOM）生产

对采购的遥感影像数据（主要是航天遥感影像数据）生产用于变更调查的正射影像图（DOM），是

变更调查的基础性工作，直接关系到变更调查成果的质量和进度，是地类调查、权属调查、数据库更新的主要依据。因此，DOM 生产是变更调查的关键环节。DOM 生产是基于获取的航天遥感卫星原始影像，均以第二次全国土地调查使用的调查底图（基础底图）为纠正控制基础，形成了与第二次全国土地调查使用的调查底图同精度的 DOM。

一、DOM 生产基础资料使用

纠正控制资料统一采用第二次全国土地调查使用的调查底图（基础底图）和高程数据作为 DOM 纠正的基础，使用 ASTGTM30 米的高程数据，坐标系统为 1980 西安坐标系，GeoTIFF 格式，保证了前、后时相影像数据统一的参考基准。

二、DOM 生产

（一）技术流程

根据年度土地变更调查总体要求，需要在特定的时间段（每年的 9 — 12 月为主）内获取到覆盖全国的遥感影像数据。但由于受到天气等客观因素的影响，采购到覆盖全国的遥感影像数据难度很大，有时非常困难。但为了保证年度变更调查需要，采取了各种措施，发掘数据源，寻找替代品，采购各种类型的遥感影像数据。根据不同遥感影像数据源的特点，分别制定了 DOM 生产技术流程，总结归纳，用于年度变更调查 DOM 生产技术流程主要有三种模式。

1. 对于仅有全色波段数据

首先从基础底图上采集控制点，结合高程数据，对其进行正射纠正，然后镶嵌、裁切制作县级调查区域的 DOM。技术流程如图 15-2 (a) 所示（除蓝色虚线框部分）。

2. 对于仅有多光谱数据

首先检查各波段是否匹配，不匹配先进行相互配准，再进行波段组合，合成 RGB 影像。然后再以基础底图和高程数据为控制基础对其进行正射纠正，最后镶嵌、裁切制作县级调查区域的 DOM，技术流程如图 15-2（b）所示。

3. 对于全色与多光谱配对数据较好情况

如果多光谱与全色数据同步获取，匹配精

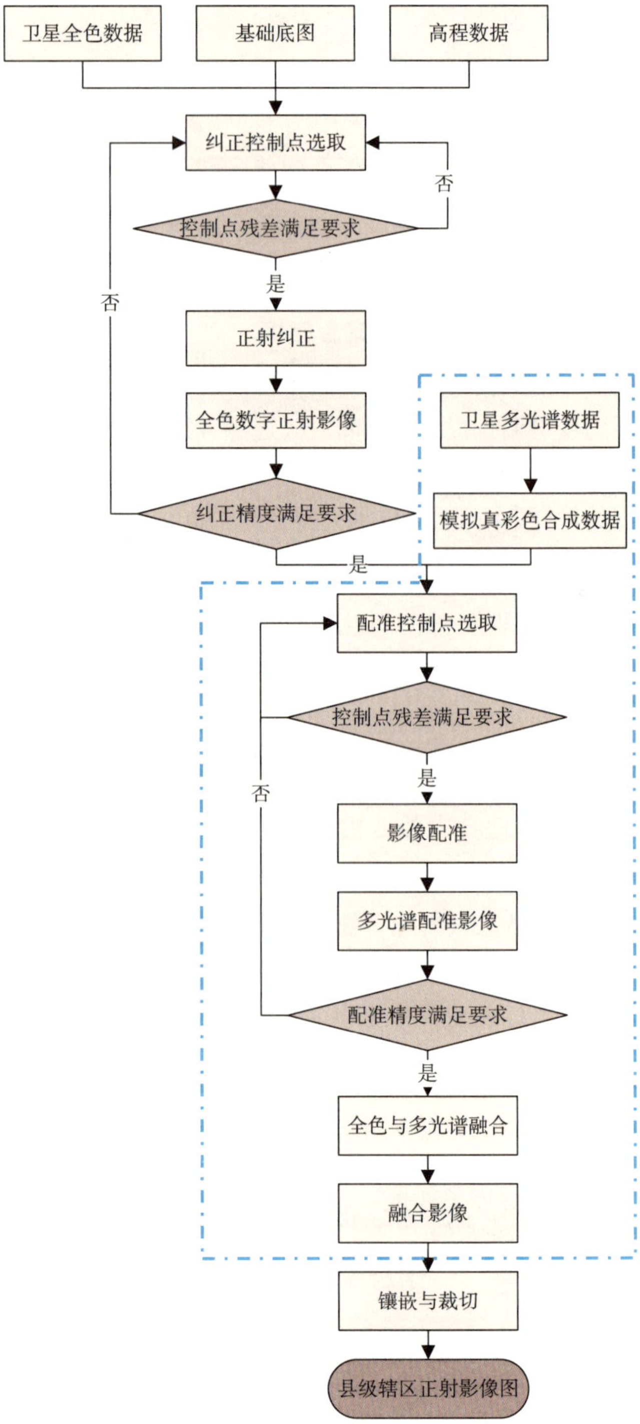

（a）

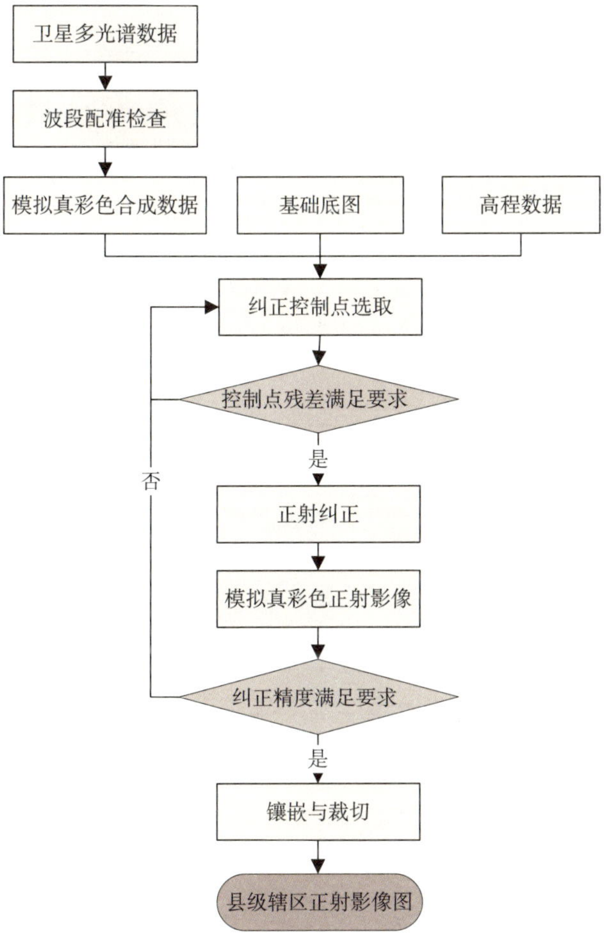

（b）

度较高时，首先需要对多光谱进行波段重组，合成模拟自然真彩色，然后与全色波段融合，最后纠正、镶嵌、裁切制作县级调查区域的 DOM，技术流程如图 15-2（c）所示（除橘色虚线框部分）。

4. 对于全色与多光谱配对数据较差情况

如果全色与多光谱数据不同步获取或匹配精度不好时，可以从基础底图上采集控制点，结合高程数据，对其全色数据进行正射纠正，同时对其多光谱数据进行波段重组，合成模拟自然真彩色，然后再将多光谱数据对全色数据进行配准、融合，最后镶嵌、裁切制作县级调查区域的 DOM，技术流程见图 15-2 (a)；或将各波段匹配好的多光谱数据与全色数据进行配准、融合，再将融合后影像从基础底图上采集控制点，结合高程数据进行正射纠正，最后镶嵌、裁切制作县级辖区 DOM，技术流程见图 15-2（c）。

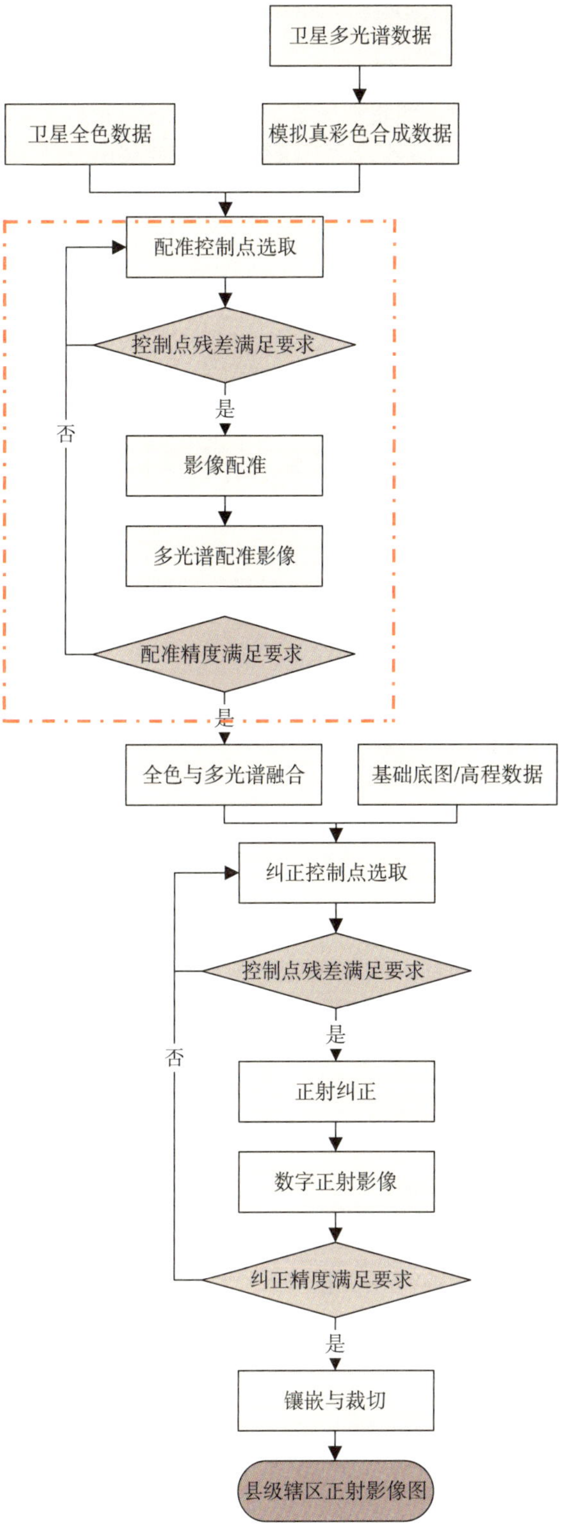

（c）

图 15-2　正射影像图的生产流程

（二）影像纠正

1. 纠正控制点采集

以景为纠正单元，采用基础底图和高程数据为纠正基础，选取待纠正影像和基础底图上均有的同名明显特征地物点为纠正控制点，应避免在基础底图镶嵌线附近、存在错误或误差超限的区域采集。

控制点应在纠正区域内均匀分布，根据纠正模式、软件类型和区域地形选取一定数量控制点，一般不少于 9 个，山地应适当增加控制点，相邻景重叠区域内应选取不少于 3 个公共点。

在纠正单元内，如果纠正参考的基础底图比例尺同时包括 1 ∶ 1 万和 1 ∶ 5 万两种，可根据控制点分布区域基础底图比例尺，对一景数据分块后，采用各自基础底图分别纠正。若其中一种比例尺基础底图只占小部分可整体纠正。

根据纠正过程中软件自动记录的控制点残差文件，检查正射纠正控制点点位精度。要求纠正控制点残差中误差应不大于表 15-1 所示之规定，特殊地区可放宽 0.5 倍（特殊地区指大范围林区、水域、阴影遮蔽区、沙漠、戈壁、沼泽或滩涂等）。取中误差的两倍为其最大误差。若控制点残差超限，须查找原因并重新选点。

表 15-1　纠正控制点残差

地形类别	平地、丘陵地（像素）	山地、高山地（像素）
残差中误差	1.0	2.0

2. 正射纠正

1）纠正模型

纠正模型采用物理模型或有理函数模型。

2）纠正方法

（1）单景纠正

不同轨道、不同时相影像，通常对单景数据采用严格物理模型或有理函数模型进行正射纠正。

（2）单轨纠正

对同轨道、同时相影像，可自然拼接、消除重叠误差后采用有理函数模型进行正射纠正。

（3）区域纠正

待纠正区域范围涉及连片多景同源遥感数据时，优先使用区域纠正方法进行整体纠正，采用严格物理模型或有理函数模型。

3. 精度检查

将纠正后影像与基础底图在同一窗口中打开，采用“拉窗帘”的方法逐屏幕检查。若影像发生了明显抖动或错位现象，则量测该处同名点误差，两者相对误差应满足表 15-2 所示要求。否则，须查明原因，除卫星侧视角、控制资料精度造成相对误差超限的局部地区外，其他地区应符合精度要求。

相对误差是指 DOM 地物点相对于基础底图上同名地物点的误差。

表 15-2　相对误差限差

地形类别	平地、丘陵地（采样间隔）	山地、高山地（采样间隔）
相对误差	2.0 倍	4.0 倍

（三）影像融合

多源数据的融合依据调查区域情况不同、数据源的类型不同，其融合方法也不同。但总体上分为以下步骤：融合前影像处理、融合单元的选择、最佳融合算法的选取及实现，以及融合后的处理和效果检查。其数据融合流程见图 15-3 所示。

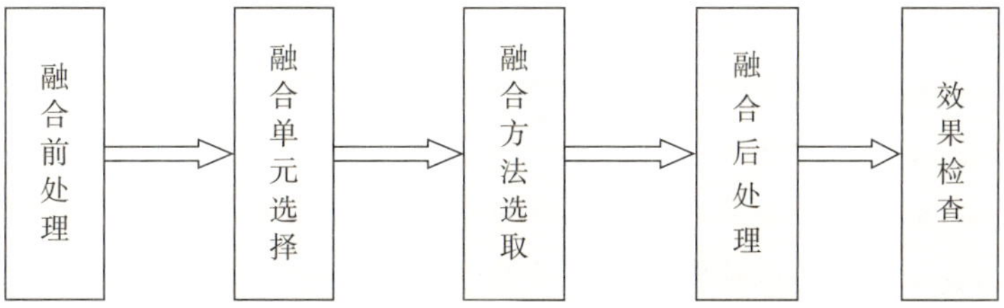

图 15-3　数据融合流程

1. 融合前影像处理

对纠正、配准后满足精度要求的全色与多光谱数据，融合前还需要对其进行预处理。一方面，提高全色数据的亮度，增强局部反差突出纹理细节，尽可能降低噪声；另一方面，对多光谱数据进行色彩增强，拉大不同地类之间的色彩反差，突出其多光谱彩色信息。

1）全色数据处理

在融合中要突出全色数据的高分辨率特征，因此融合前处理的目的是为了增强局部灰度的反差从而突出纹理细节和加强纹理能量，通过细化来尽可能减少噪音。特别强调在增强局部灰度反差时只是增加灰度的值，原灰度关系保持不变。考虑到土地利用遥感监测需要从遥感影像上直接判读地类信息，从而发现遥感监测图斑。因此，在拉伸方法选择上不应采用非线性拉伸。否则原灰度值的大小关系会发生变化，从而使影像产生灰度扭曲，增加含义不明确的伪信息，影响解译准确性和精度。

2）多光谱数据处理

多光谱数据具有多个光谱波段和丰富的光谱信息，不同波段影像对不同地物有特殊的贡献。因此在影像融合前需要进行最佳波段的选择组合和彩色合成，以最大程度地利用各波段的信息量，辅助影像的判读与分析。在融合影像中，多光谱数据的贡献主要是光谱信息。融合前以色彩增强为主，调整亮度、色度、饱和度，拉开不同地类之间的色彩反差，对局部的纹理要求不高。有时为了保证光谱色彩，还允许削弱纹理信息来确保融合影像图的效果。

2. 影像融合

1）基本要求

（1）相同季节融合后影像要色调基本一致，不同季节影像色彩应反映当时地类光谱特征。

（2）根据影像波段的光谱范围、地物和地形特征等因素，选择能清晰表现土地利用类型特征和边界、色彩接近自然的融合方法。

（3）融合影像应无重影、模糊等现象。

2）融合方法选择

选取融合方法的原则：

（1）能清晰地反映纹理信息，能突出主要地类（如水体、建筑群、耕地、道路等）。

（2）影像光谱特征还原真实、准确、无光谱异常。

（3）各种地类特征明显，边界清晰，通过目视解译可以区分各种地类。

（4）融合影像色调均匀、反差适中、色彩接近自然真彩色。

在遥感影像处理过程中，通常采用的融合方法有IHS变换、主成分变换、加权乘积、比值变换、小波变换、高通滤波、BROVERY、结合GRB与IHS变换的PANSHARP融合等多种方法，其中变更调查中使用的IHS变换和PANSHARP融合方法对图像融合有较好的效果。

3. 融合后影像处理

融合后影像处理是保证成果质量的重要技术环节，融合后影像通常亮度偏低、灰阶分布动态范围小，色彩不够丰富。需要采用线性或非线性拉伸、亮度对比度、色彩平衡、色度、饱和度和明度调整等方法进行色调调整。处理后的影像要达到灰阶分布具有较大动态范围，纹理清晰、色调均匀、反差适中，色彩接近自然真彩色，可以清晰判别建设用地、耕地等重要地类类型。

为了形成完整的调查区域影像文件，对分块融合的影像应进行色调调整。色调调整时应保留多光谱影像的光谱信息和全色影像的纹理细节，以便进行变化信息分析。同时，注意视觉效果，为去除杂色保证整体反差，必要时可牺牲部分光谱信息和纹理，以达到自然真彩色的效果，但要区分不同地类边界。

4. 融合效果检查

（1）检查融合影像整体亮度、色彩反差是否适度、是否有蒙雾。

（2）检查融合影像整体色调是否均匀连贯。不同季节影像只要求亮度均匀，植被变化引起的色彩差异可不考虑。

（3）检查融合影像纹理及色彩信息是否丰富，有无细节损失，层次深度是否足够，特别是各植被、地物等地类是否可见和容易判读。

（4）检查清晰度。判断各种地物边缘是否清晰明确，特别是城乡接合部建设用地与耕地等边界是否清晰明确。

（四）影像镶嵌

1. 镶嵌原则

（1）镶嵌只针对相同采样间隔、同波段类型（即单波段与单波段、多波段与多波段）影像之间，制作县级调查区域内该采样间隔的IMG文件。采样间隔不同及多波段与单波段影像，相互之间原则上不进行镶嵌，制作县级调查区域各自独立的IMG文件。但为了实现最终无缝接边，需在相邻数据重叠区域进行如下处理：首先，在相邻数据重叠区域勾绘镶嵌线，镶嵌线勾绘尽量靠近采样间隔较小影像的外边缘；相同采样间隔的多波段与单波段影像，镶嵌线勾绘尽量靠近多波段影像的外边缘，以保证其数据使用率最大化。然后对镶嵌线两侧影像进行裁切，裁掉重叠区域影像，各自保持原采样间隔以独立文件存放。为避免因坐标系转换导致接边处出现缝隙，对于采样间隔小或单波段影像严格沿镶嵌线裁切，采样间隔大或多波段影像应适当外扩一定范围，原则上不超过10个像素进行裁切。

（2）镶嵌前进行重叠精度检查。景与景之间重叠限差应符合表15-3所示要求。重叠误差超限时应立即查明原因并进行必要的返工，使其符合规定的接边要求。

（3）影像镶嵌应尽可能保留分辨率高、时相新、云雾量少、质量好的影像。

（4）时相相同或相近的影像镶嵌，纹理、色彩要求自然过渡；时相差距较大、地物特征差异明显的影像镶嵌，允许存在光谱差异，但同一地块内光谱特征尽量一致。

表 15-3　重叠误差限差

地形类别	平地、丘陵地（采样间隔）	山地、高山地（采样间隔）
相对误差	2.0 倍	4.0 倍

注：相对误差因侧视角超限、基础底图和高程数据等控制资料精度不足引起，且无法改正的特殊地区除外，但该地区周边不超限。

2. 重叠精度检查

叠加相邻纠正单元，采用“拉窗帘”方式逐屏幕目视检查相邻纠正单元间重叠区域的精度，若同名地物出现“抖动”或“错位”现象，则量测该处同名点误差，两者相对精度应不超过表 15-3 所示要求。

3. 影像镶嵌

1）镶嵌线选取

镶嵌线应尽量沿线状地物、地块边界，以及空旷、色调较暗处及山谷地带选取，避免切割完整地物，并尽量舍弃云、雾、雪及其他质量相对较差区域影像，保证镶嵌处无裂缝、模糊、重影现象。

2）镶嵌

对重叠精度满足要求的相同采样间隔纠正后影像进行镶嵌。

当相邻两景影像时相或质量相差不大时，保持影像纹理、色彩自然过渡；时相差距较大、地物特征差异明显时，保持各自的纹理和色彩，但同一地块内光谱特征保持一致。

（五）影像裁切

按县级行政区域调查范围对镶嵌后 DOM 进行裁切，形成各采样间隔影像分别镶嵌后若干独立的影像文件。裁切线为县级行政区域调查范围界线外扩 1 千米，裁切线至最小外接矩形之间的区域填充黑色（RGB 值为：0，0，0 或全色灰度值 0），裁切线边缘及填充区无其他任何异常值。如果沿海区域因为围填海造地等导致海岸线延伸的，应沿扩展后海岸线陆地部分外廓 10 个像素对影像进行裁切。

第三节　土地变更调查监测图斑提取

监测图斑是指对同一监测区域（即调查区域，一般为县级调查区域）同一地物，以上一年度的变更调查遥感影像为标准影像，监测出当年变更调查遥感影像相对于标准影像发生变化的地块，也称变化信息。第二次全国土地调查后的年度土地变更调查，将提取出来的监测图斑作为地方开展变更调查的主要依据。变化信息类型很多，有已建设的用地、非建设的用地，有农用地、未利用地，有正在建设的用地，有城市用地、村庄用地，有铁路用地、公路用地，有水库水面，等等。考虑到年度变更调查的重点、监测图斑提取的难易程度，建设用地在影像上位置、范围、用地类型等特征较其他用地特征明显等因素，因此将建设用地的变化信息视为土地变更调查监测图斑的重点，并简称为监测图斑（包含面状和线状的建设用地）。即在地方开展年度变更调查时，建设用地的变化应主要依据监测图斑确定；其他类型用地的变化应主要依据实地现状确定。因此，监测图斑的提取是开展年度变更调查的重要环节之一，直接关系到建设用地变更的准确性。

土地变更调查监测图斑的提取主要包括建立主要地类影像解译标志库、变化信息发现、变化信息提取、监测图斑类型确定等内容。

一、建立主要地类的遥感影像解译标志库

根据遥感影像上影像特征可以识别和区分不同的地物，这些典型的影像特征称为影像解译标志，也称影像判读标志。影像特征包括地物的形状、大小、阴影、色调、颜色、纹理、图案、位置和布局等。影像解译标志的建立是影像解译的前提。影像解译者根据影像解译标志就能够直接在影像上识别地物和有关情况。中国土地勘测规划院按照《土地利用现状分类》（GB/T 21010—2007）国家标准统一建立了地类的影像解译标志库。遥感影像解译标志库是内业对影像所代表地类进行解译的重要依据。通过建立影像解译标志库并在实践中不断充实和完善，将会大大提高内业对影像所代表地类解译认定的准确性。影像解译标志包括建设用地解译标志和非建设用地解译标志。根据土地变更调查将建设用地作为重点地类变更的总体要求，建设用地解译标志是建立解译标志库的重点内容。

（一）主要建设用地解译标志

建设用地类型很多，主要包括城市、建制镇、村庄、采矿用地、风景名胜及特殊用地、铁路用地、公路用地、机场用地、港口码头用地、管道运输用地、水工建筑用地等。由于实地的建设用地有的已经建成、有的正在建设中，造成已建成的建设用地、正在建的建设用地在影像上的特征也不同，同时还有一些建设用地与非建设用地在影像上也容易混淆。因此，根据主要建设用地实际建设情况和类型所反映在影像上的特征，建立了主要建设用地解译标志。主要建设用地的影像解译标志分为三类：第一类为已建成的主要建设用地影像解译标志；第二类为正在建设中的主要建设用地影像解译标志；第三类为易混淆的主要建设用地影像解译标志。

（二）主要非建设用地解译标志

非建设用地类型也很多，与土地变更调查密切相关的非建设用地地类主要包括耕地、园地、林地、草地、农村道路、坑塘水面、设施农用地、盐碱地、裸地等。根据这些非建设用地地类在遥感影像上的特征建立了主要非建设用地解译标志。

（三）监测图斑类型划分标准

根据土地变更调查、土地管理的需要，将年度变更调查提取的监测图斑分为十一种类型，具体各类型划分标准，如表 15-4 所示。

二、变化信息的发现

变化信息的发现是变化信息提取过程中的最为关键的一步。土地变更调查中的变化信息发现主要采取人工目视解译发现变化信息的方法。依据解译标志、影像解译经验和图斑类型划分标准，通过多时相影像交替显示，使用操作软件的“卷帘”、“漫游”、“局部放大”、“缩小”、“标记”等功能，通过肉眼对比观察来发现、分析变化区域和类别，采用全覆盖式检查方式，遵照“不遗漏任何一个变化图斑”的原则，按照“从上到下，从左到右”的顺序，逐屏目视判读变化区域。一般采用以作业区需求自定义格网的方式，逐格网地发现变化图斑。在实际作业中，充分分析前后时相影像的时相特征、光谱信息，灵活选择适合作业的变化信息发现方法。目视解译具有灵活性好、准确率高等优点。

表 15-4 监测图斑类型划分标准表

类型	典型特征	
第一类	前时相影像有植被覆盖或明显非建设痕迹，后时相影像有明显建设特征（如地基、建筑物、构筑物等）	
第三类	前时相影像有明显建设推填土特征，后时相影像有明显建设特征（如地基、建筑物、构筑物等）；或前时相影像为低矮建筑，后时相影像翻建为居住小区、高层建筑或规模化工厂等较大规模建筑	
第一类、第三类又细分为六个类型	A 类图斑	指可确定为住宅小区、工厂、高层建筑、集中建设的大规模农村居民点、学校、运动场、机场等大型建设项目及可确定为以上用地类型的建设地基
	B 类图斑	指不能明确归为 A 类的部分大型建设项目或建筑物，其他低层建筑或小型建设项目、具有或疑似彩钢特征的建设项目、零散分布的农村居民点，以及大型建设项目内部新建或扩建的附属绿地、广场、停车场等
	C 类图斑	指大型水工建筑、港口码头、水库水面等
	D 类图斑	指非建设用地附属的独立广场、停车场、露天货站等以地面硬化为主的用地
	E 类图斑	指公园、绿地等休憩及美化环境的用地
	F 类图斑	指简易的疑似设施农用地或简易临时建筑
第二类	前时相影像有植被覆盖或明显非建设痕迹，后时相影像有明显建设推填土特征	
第四类	后时相影像在前时相影像非建设用地基础上仅有新建院墙，该类型图斑非每年度都提取	
第五类	上年末土地调查数据库中的“批而未用”土地（P），后时相影像有明显建设或建设推填土痕迹	
第五类又细分为三个类型	A 类图斑	指有新增建筑 / 构筑物特征的图斑
	B 类图斑	指有新增建设推填土特征的图斑
	C 类图斑	指范围内无任何新增建设特征的 P 图斑
第六类	后时相影像上未拆除的上年度“疑似新增建设用地图斑”	
第七类	前时相影像有植被覆盖或没有明显建设，后时相影像有明显道路或大型沟渠特征（包括在建推土、搭建桥墩等）；或前时相影像明显在建，后时相影像有道路或沟渠明显建成特征（包括路面硬化、运行使用等）。对于新增道路需图上量取路面宽度，单位为“米”，宽度不均匀路面采取平均值	
第七类又细分为四个类型	A 类图斑	指新增硬化或建成的道路，包括前时相在建、后时相硬化或建成道路
	B 类图斑	指新增在建道路
	C 类图斑	指在建或建成的大型开发建设区域内部路网
	D 类图斑	指在建或建成的大型沟渠（如南水北调等）
第八类	前时相为海水覆盖，后时相影像为围填海造地	
第八类又细分为三个类型	A 类图斑	指新增围海项目
	B 类图斑	指新增填海造地
	C 类图斑	指尚未封闭的围海堤坝及其他伸入海中的线状水工建筑
第九类	往年“临时用地”，后时相影像有明显建设特征（往年“临时用地”未完全拆除）	
第九类又细分为两个类型	A 类图斑	指往年“临时用地”仍保持原状
	B 类图斑	指往年“临时用地”在原基础上扩建、加高等进一步规模扩大
第十类	新增高尔夫球场用地	
第十类又细分为两个类型	A 类图斑	指前时相无高尔夫球场，后时相新建球场
	B 类图斑	指在已建高尔夫球场基础上向外扩建部分
第十一类	新增光伏用地	

三、变化信息的提取

在变化信息发现以后，将变化信息的边界即范围提取出来，提取方式主要为人工提取。即通过手工勾绘确定变化图斑的范围，采用人机交互方式对变化信息综合分析，并准确提取变化图斑。

通过人机交互解译，从变化信息特征增强的图像中手工描绘出变化区域。解译的基本要素包括色调/颜色、大小、形状、纹理、结构、高度、阴影、组合构型和所处的地理位置等。

（一）本年度新增建设用地图斑勾绘

将前后两时相 DOM 及土地调查数据库三者套合，将数据库中“DLBM”（地类编码）属性为建设用地的图斑全部设置为完全不透明，对比其余范围前后两期影像，按照影像地物特征，结合数据时相、地域特点、地形地貌、周边环境等综合要素进行分析，发现和提取土地调查数据库“批而未用”图斑范围以外的年度新增建设用地图斑。

监测图斑边界勾绘，影像分辨率较低或地物特征不明显时，沿新增构筑物或地面动土痕迹勾绘。原则上采用后时相 DOM 勾绘。

所有监测图斑均按面状图斑勾绘，包括公路、铁路和管道用地等线状地物。线状地物分段建设的，只勾绘实际已建成和正在建设区域。

如果影像新增建设用地图斑与数据库建设用地图斑相邻或有重叠，仅提取数据库图斑外新增部分，相邻或重叠位置的数据库图斑边界直接作为新增建设用地图斑边界。

（二）“批而未用”图斑范围内已建设图斑勾绘

将数据库中“DLBZ”（地类标注）属性为“P（批而未用）”的图斑与当年度 DOM 套合，分析“批而未用”图斑范围内影像地物特征，影像表现为建设或建设推填土痕迹的，按照影像纹理特征勾绘“批而未用”图斑范围内已建设图斑。

“批而未用”图斑范围建设部分和非建设部分可明确分界的，仅勾绘其建设部分；建设部分和非建设部分有“插花”现象难以分界的，可以沿建设用地图斑外围整体提取为一个图斑；相邻“批而未用”图斑，其范围内建设用地图斑也相邻的，可将建设用地图斑进行合并，不需要按照“批而未用”界线进行分割；如果图斑线与“批而未用”图斑边界线靠近，则可以直接采用“批而未用”图斑边界线。

（三）“临时用地”图斑范围内未完全拆除图斑勾绘

将“临时用地”图斑与当年度 DOM 套合，分析“临时用地”图斑范围内影像地物特征，影像表现为明显建设痕迹的，即往年图斑未完全拆除的，将该图斑整体保留作为当年度遥感监测图斑。

四、图斑类型界定

根据土地变更调查实际需求和满足管理需要，提取的遥感监测信息分为十一种类型（具体如表 15-4 所示），变化类型的确定方法是以勾绘的变化区域为外围边界叠加在两个时相的影像上面，套合上年度土地调查数据库，交互显示两个时相的影像，结合目视解译判断变化区域在两个时相上对应的地物类型，按照“图斑类型单一”的原则界定。当只凭影像特征难以确定地物类型时，需参考周边纹理相似的数据库中地类等相关资料。确定图斑类型的准确性一方面有赖于判读经验的积累和判读相关知识的辅助，另一方面还充分结合了各种已有数据资料的协助。

五、勾绘新增建设用地图斑

（一）指标与要求

1. 最小监测图斑上图指标

根据土地变更调查要求，结合不同分辨率影像识别能力，规定最小监测图斑面积如表 15-5 所示。实地建设用地面积小于最小监测图斑面积的，如单体的采油井、风力发电机等，不作为土地变更调查监测图斑提取。

表 15-5 最小监测图斑面积

原始影像分辨率（R）	最小监测图斑实地面积
R ≤ 1 米	0.6 亩
1 米 < R ≤ 2.5 米	1 亩
2.5 米 < R ≤ 5 米	3 亩
5 米 < R ≤ 10 米	10 亩

2. 监测图斑边界精度

监测图斑界线相对于 DOM 上明显同名地物的位移不得大于 2 倍采样间隔。

3. 监测图斑编号原则

监测图斑编号以县级调查区域为单位，按照自上而下、从左到右的顺序，采用阿拉伯数字方式从“1”开始统一编号。补充图斑编号原则是原最大图斑号整百位起续编，如原最大号是 5、53、116、1230，则补充图斑分别从 100、100、200、1300 开始续编。

4. 图斑属性结构

基于 GIS 软件对监测图斑建立拓扑关系，生成图斑属性表。定义变化信息图斑层的字段名称、字段类型及字段长度等内容，以影像坐标系统为基础，生成监测图斑矢量数据图层。具体的监测图斑属性表结构如表 15-6 所示。

表 15-6 监测图斑属性表结构

号	字段名称	字段代码	字段类型	字段长度	小数位数	备注
1	县级行政区代码	XZQDM	Char	6	—	—
2	县级行政区名称	XMC	Char	30	—	—
3	监测图斑编号	JCBH	Char	10	—	—
4	图斑类型	TBLX	Char	3	—	见本表注 1
5	图斑特征	TZ	Char	2	—	见本表注 2
6	前时相	QSX	Char	20	—	见本表注 3
7	后时相	HSX	Char	20	—	
8	中心点 X 坐标	XZB	Double	15	1	—
9	中心点 Y 坐标	YZB	Double	15	1	—
10	监测面积	JCMJ	Double	15	1	单位：亩

续表

号	字段名称	字段代码	字段类型	字段长度	小数位数	备注
11	变更后地类	BGDL	Char	3	—	—
12	变更范围情况	BGFW	Char	2	—	—
13	未变更原因	WBGLX	Char	2	—	—
14	备注	BZ	Char	100	—	—

注 1：图斑类型共分为 11 个一级类和 24 个二级类，根据影像和数据库情况，分别填写相应数字代码。大类填写阿拉伯数字，小类填写大写的英文字母，如“1A”。
注 2：根据各图斑类型要求，分别填写相应代码或数字。
注 3：依据监测图斑所在原始遥感影像拍摄的时相填写，填写至日，如“20140906”。未拆除的“临时用地”和“拟拆除图斑”前时相沿用原图斑前时相，后时相填写本年度影像时相。

（二）勾绘监测图斑要求

1. 图斑提取类型单一原则

相邻图斑原则上需按照十一种图斑类型“独立”勾绘，并处理好图斑间边界拓扑关系。如果第一类与第三类图斑相邻，不需要拆分，可勾绘为一个图斑，图斑类型以面积较大的类型为准。

如果第一类或第三类图斑与第二类图斑相邻，且影像无法确定为同一个建设项目，应该拆分归类处理。

但如果第一或第三类图斑与第二类图斑相邻，从影像可以确定属于同一个建设项目，为尽量保证同一项目图斑完整性，根据以下原则决定是否拆分：

（1）如果影像表现为集中建设部分与推填土部分可以明确分界，且均具备一定规模，需要将两者拆分归类。

（2）如果影像表现为整体建设，仅在内部及外围小面积推填土部分，可将图斑整体归为“一类”或“三类”。

（3）如果影像表现为整体推填土，内部仅有零散分布的小面积建筑，可将图斑整体归为“二类”。

2. 图斑边界勾绘原则

监测图斑边界勾绘，影像分辨率较低或地物特征不明显时，沿新增构筑物或地面动土痕迹勾绘。原则上采用后时相 DOM 勾绘。

所有监测图斑均按面状图斑勾绘，包括公路、铁路和管道用地等线状地物。线状地物分段建设的，只勾绘实际已建成和正在建设区域，如果线状地物分段且过于细碎，可暂时不提取。

六、监测图斑提取案例

（一）疑似建设用地

位于平原区域，前时相特征为耕地，后时相特征为永久性建筑，可能是居民点用地，不是明显高层建筑特征（大概 2 ~ 3 层），按照图斑提取原则，农村零散矮层楼房居民点应按 1B 类型提取。

（二）疑似管道

依据后时相为线状地物，难以判断是否为在建管道或公路，长度较长，宽度较窄，周边无居民点，或工业区，应按 7B 类型提取。

（三）伪变化

提取新增建设用地变化信息时，无法完全杜绝伪变化图斑出现。在变化信息提取过程中，应使用经验法、周边推断法、资料辅助推断法等方法，在影像判读和图斑类型的确定上做出更合乎事实情理的判断，尽量避免伪变化图斑的出现，增加内业工作的可信度和准确性。

伪变化的情况，主要包括农业设施用地误判为新增建设用地、临时堆物、临时构筑物等伪变化的情况。

1. 农业设施用地

农业设施用地指直接用于经营性养殖的畜禽舍、工厂化作物栽培或水产养殖的生产设施用地及其相应附属用地，农村宅基地以外的晾晒场等农业设施用地。

（1）修建具有较正规固定设施，如日光温室、大型温室（具有加热、降温、通风、遮阳、滴灌等控制系统）、水产养殖建筑物（或温室）和设备（如控温、控氧、控流速设备等）、畜禽养殖建筑物，用于工厂化作物栽培、水产养殖、畜禽养殖的土地。

（2）农村居民点以外，固定用于晾晒场的土地。农业设施用地在影像上呈由若干小的矩形紧密相连在一起的成片图形。色调一般呈灰或灰白，一般位于农村居民点附近。

2. 临时堆物

临时堆放的矿渣、杂物等不提取为新增建设用地。

3. 土地开发整理

土地开发整理、土地整治等不提取为新增建设用地。

第四节 变更调查方法

一、主要技术方法

要保持土地变更调查数据的现势性，必须按实际土地利用现状变化情况及时做好数据成果的更新，即对土地调查成果进行变更。土地变更调查依据收集资料和变更要求的不同，选择不同的变更方法。目前土地变更调查的主要方法有综合调绘法、其他补测法等。

（一）综合调绘法

综合调绘法是土地变更调查的主要方法，是内、外业相结合的调绘方法。

1. 概述

利用工具型地理信息系统软件或专业土地变更调查软件，可实现遥感正射影像图、监测成果与上一年度土地调查数据库套合。以遥感影像、上年度土地调查成果为基础，利用遥感监测图斑、本年度新增建设用地审批通过图斑、土地整治图斑、城乡建设用地增减挂钩图斑、执法检查图斑等成果在室内先进行目视分析解译，标注土地利用变化信息，形成土地变更调查工作底图。到实地再对标注的变化信息进行全面核实、调整和补充调查，将确认的变化图斑、界线的位置、地类和其他属性，调绘到变更调查工作底图上，以此为依据更新土地调查数据库，这种土地变更调查方法称为综合调绘法。

综合调绘法是目前土地变更调查最主要的一种土地变更方法，该方法充分利用了遥感影像直观性的优点，极大地提高了土地变更调查的效率。从 2010 年开始，我国借助航天遥感影像实施了土地利用动态遥感监测，利用遥感监测发现疑似发生土地利用现状变化的位置、范围等信息，提取疑问图斑，下发给县级国土资源主管部门进行实地核实，为土地变更调查提供了良好的工作基础。县级国土资源主管部门利用国家每年下发的遥感影像、遥感监测图斑，按照年度土地变更调查要求，通过制作土地变更调查工作底图和表格，经外业实地核实、调绘或补测其准确变更范围，查清变更前后图斑属性，更新土地调查数据库，完成年度土地变更调查任务。

2. 操作流程

综合调绘法操作流程分为准备工作、叠加预判、外业调查、内业处理、质量检查等步骤。

1）准备工作

准备工作主要包括组织准备、资料收集和仪器设备准备三项内容。

（1）组织准备。目前土地变更调查和年度土地利用动态遥感监测同步进行，改变了过去单纯依靠地籍管理部门实施变更调查的方式。土地变更调查工作涉及国土资源管理的多个业务部门及乡（镇）国土所，按照统一组织、统筹安排、一查多用、分工实施的原则，做好土地变更调查工作组织与实施。地籍管理部门负责组织地类实际变化的调查核实，遥感监测图斑核实，调查数据库中“批而未用”图斑建设情况，标注“以前批而未用本年实地建设”图斑；土地规划部门负责收集本地区城乡建设用地增减挂钩、低丘缓坡开发利用、工矿废弃地复垦等日常审批管理信息；耕地保护部门负责收集本地区的用地审批、土地整治等日常审批管理信息；土地利用部门负责收集分析本地区节约集约用地和“批而未用”土地建设情况；执法监察部门负责日常土地执法检查资料收集。地籍管理部门将其他各有关部门的变更资料汇总整理后，提交技术支持单位进行土地调查数据库更新，并做好变更增量数据的统计与分析。

（2）资料收集。收集各有关业务部门土地利用变更相关资料，具体包括本年度新增建设用地计划、新增建设用地审批资料、土地整治资料、基本农田划定和调整资料、土地违法案件查处资料、农业结构调整资料、土地规划调整资料等。收集行政区域调查界线调整资料，用于行政区域调查界线的调整。县级（含）以上行政区域调查界线调整的，将调整后的基础数据库报国土资源部备案。如有沿海陆海分界线（零米线）变化情况，要先将所涉及的图幅矢量数据和相应影像数据提前单独上报，经国土资源部确认并重新下发控制面积后方可使用零米线调整后的基础库。领取当年下发的卫星遥感影像、遥感监测图斑数据、《遥感监测图斑信息核实记录表》等相关资料。将收集到的资料进行整理，转换为统一的数据格式、数字基础。

（3）仪器设备准备。调查所需仪器设备主要包括：定位测量设备、钢（皮）尺、计算机、平板电脑、数码相机及软件系统，以及交通工具等。

2）叠加预判

利用遥感监测成果、土地整治项目区数据、上年度土地调查数据库和相关审批管理信息，及其他有关资料，初步确定变化信息，制作土地变更调查工作底图。为了使外业人员清晰地理解工作底图上的信息，可以按变化图斑性质不同标注不同的边界颜色进行区分，如将遥感监测图斑采用红色边界表示，“批而未用”图斑用紫色边界表示、农转用图斑用蓝色边界表示等。将国家下发的《遥感监测图斑信息核实记录表》中的记录，按图斑实际坐落的乡（镇）为单位进行归并，分乡（镇）打印表格，并分发给外业调查人员。

3）外业调查

（1）调查原则。严格遵循以实地现状认定地类的原则，按照土地分类的地类含义来确定用地类型，保证“图、数、实地”三者一致。对实地发生变化的，依据实地现状认定地类，如实变更；对本年度批准未建设的土地，依据合法有效的批准文件，确定地类、位置和范围，进行变更。对遥感监测提取的变化图斑，应进行全面外业核实，实地确实发生变化的如实变更，实地未发生变化的，不纳入年度变更。建设用地的类型，主要依据实地现状及合法有效的批准文件确定；新增耕地来源类型，依据土地整治项目资料确定。

（2）调查方法。外业调查通常由乡（镇）国土所人员负责。调查人员利用线划影像套合的变更调查工作底图，找到准确的同名特征点，凭借高清影像特征，直接勾绘变更后的情况，明确每一块变化地块的范围、形状和其他信息；对于影像不清晰或影像未能反映的新增地物，根据实际情况，采用实测坐标法、直接补测法、间接补测法等多种方法开展补充调查，依据变更调查工作底图上的原有线划，按比例尺详细记录变化图斑的形状、范围及其他信息。

（3）监测图斑核实。

利用土地变更调查工作底图，对照实地现状，对下发的遥感监测图斑及属性信息进行逐一核实、调整和补充调查，调绘实地建设范围和地类，确认遥感监测图斑变化情况，如实填写《遥感监测图斑信息核实记录表》（表 15-7）、《设施农用地图斑信息核实记录表》（表 15-8）、《临时用地图斑信息核实记录表》（表 15-9）和《拆除图斑信息核实记录表》（表 15-10）。

表 15-7 遥感监测图斑信息核实记录表

省（区、市） 市 县（区） 第 页 共 页

遥感监测情况									变更情况（地方填写）			
序号	行政代码	监测图斑号	图斑类型	中心点坐标		时相		监测面积（亩）	变更后地类	变更范围情况	未变更原因	备注
				X	Y	前	后					
1	2	3	4	5	6	7	8	9	10	11	12	13

表 15-8 设施农用地图斑信息核实记录表

行政区代码	序号	过程层标识码	变更后标识码	监测图斑编号	监测图斑类型	权属性质	权属单位名称	坐落单位名称	权属单位代码	坐落单位代码	变更前地类	图斑面积（亩）	是否提供用地协议	用地协议备案编号	备注
1	2	3	4	5	6	7	8	9	10	11	12	13	14	15	16

表 15-9 临时用地图斑信息核实记录表

行政区代码	序号	标识码	监测图斑编号	批准文号	图斑面积（亩）	临时用地批准面积（亩）	是否提供证明材料	证明材料编号（根据地方提交材料填写）	临时使用土地合同编号（根据地方提交材料编写）	临时用地用途分类	临时用地具体项目用途	备注
1	2	3	4	5	6	7	8	9	10	11	12	13

表 15-10　拆除图斑信息核实记录表

序号	行政区代码	监测图斑号	图斑类型	监测面积（亩）	占用耕地面积（亩）	拆除完成时间	部分拆除情况		是否向上级部门上报举证资料	地市级部门验收意见	省级部门审核意见	是否属依土地管理法拆除	备注
							范围面积	占用耕地面积（亩）					
1	2	3	4	5	6	7	8	9	10	11	12	13	14

对实地已动工建设的，确认为新增建设用地的按建设用地变更；确认为设施农用地的按设施农用地变更；确认为临时用地的，不作为建设用地变更，但应调查该地块的范围和面积，以单独图层方式，录入土地调查数据库，并纳入更新数据包。

对于年度变更时点前已拆除的遥感监测图斑，维持原地类不变。

对上年度卫片执法检查和土地督察中查处的建设用地结果，如实纳入土地变更调查。对上年度土地变更调查已经调查为建设用地的图斑，经依法查处并拆除的，按恢复原貌的地类变更。

对路基未确定的新增道路可纳入下一年度变更。

对遥感监测影像拍摄时段后新增的建设用地，在国土资源部综合监管平台备案的，可本年度变更；未备案的，可纳入下一年度变更。

对土地调查数据库中“批而未用”土地，本年度实地已建设的，按实地建设位置、范围、地类进行变更。

（4）实地变更调绘。按照土地变更调查技术要求，对实际变化的每一块土地进行实地调查，包括线状地物、图斑、零星地物等，在土地变更调查外业底图上标绘图斑的位置、范围、地类等信息，填写《土地变更调查记录表》，如表 15-11 所示。

《土地变更调查记录表》包含所有变更图斑的具体变化信息，是记录土地权属和地类变化及相关信息的唯一原始资料，是土地调查数据库更新的主要信息源。以下情况必须填写《土地变更调查记录表》：对基础库数据中的“批而未用”图斑进行现状调查，实地开工建设的填写土地变更调查记录表；对当年审批的农转用范围进行现状调查，实地开工建设的填写土地变更调查记录表；对验收的新增耕地范围进行现状调查，填写土地变更调查记录表；对其他土地利用情况发生变化的进行调查，填写土地变更调查记录表。外业调查中要在调查工作底图上标绘实际变化范围，在土地变更调查记录表上绘制变更草图。

（5）调绘精度要求。调绘的各类界线与遥感正射影像图图（DOM）上同名地物间应满足：明显界线位移不得大于图上 0.3 毫米；不明显界线位移不大于图上 1.0 毫米。

补测地物点对四周明显地物点的误差，平地、丘陵不得大于图上 0.8 毫米，山地不得大于图上 1.5 毫米。

4）内业处理

内业处理的目的是获取正确的数字化变更信息。根据外业调查成果图件、数据及表格，将变更的图形信息和相应的属性信息进行数字化，录入计算机中，完成数据库更新。

（1）调查工作底图数字化处理。在计算机屏幕上，装入遥感影像和相应的矢量数据，对照外业调查工作底图上需要修改的图形界线，用屏幕数字化方式采集图形。当调查工作底图上变更图斑较多，也可以采用将调查工作底图用大幅面扫描仪扫描，然后将扫描图像进行图像定位纠正，更方便地进行图形矢量化。

表 15-11 土地变更调查记录表

（××××年）

土地坐落：　乡（镇）　村　所在图幅号：　长度单位：米（0.0）面积单位：平方米（0.00）NO：

变更前图斑							变更后图斑							地类变更部分					备注
权属单位名称	图斑号	地类编码	面积	权属性质	耕地坡度分级	耕地类型	权属单位名称	图斑号	地类编码	面积	权属性质	耕地坡度分级	耕地类型	地类编码		面积	新增耕地来源类型	建设用地类型	
														变更前	变更后				
1	2	3	4	5	6	7	8	9	10	11	12	13	14	15	16	17	18	19	20

草图：

填表人：　填表日期：　检查人：　检查日期：

（2）图形数据文件导入。对外业调查过程中获得的测量电子数据或审批类电子数据，可以用直接导入方法输入计算机，获取变更范围坐标。

（3）数字化变更。采集变更的图形数据后，利用县级土地调查数据库管理系统软件所提供的功能，对变化图形和属性进行数据库更新处理。

5）质量检查

为确保土地变更调查成果质量，应开展质量检查，严格把好质量控制关。其检查内容主要包括内业成果检查和外业成果核查等。

（1）内业检查。将遥感监测图斑与变更为建设用地或设施农用地的增量图层进行比对，核对遥感监测图斑是否变更正确。依据本年度遥感影像，结合《遥感监测信息核实记录表》、实地照片和设施农用地等的证明文件举证材料，判断遥感监测图斑未变更是否合理，原因是否充分。将建设用地增量图层与本年度遥感影像套合，结合上报的实地照片，核对上报变更的监测外图斑实地是否已经建设。

（2）外业检查。对内业检查存在的疑问，组织人员到实地进行外业实地核查，及时完善土地利用现状变化调查结果，形成土地利用现状增量数据和土地调查数据库。

3. 变更处理类型

变更处理类型按其处理形式及目标可分为纯属性变更，分割，合并，划归，增删点、线、面，综合性变更六类。

1）纯属性变更

空间对象仅其一项或多项属性（面积属性除外）发生变化，称纯属性变更，如地块的地类变化、权属性质变化等。纯属性变更大多属于一对一的变更，一般只需要修改相应属性字段的内容，并记录好变更前后的对应关系。

2）分割

分割是指一个地块分割成多个地块的操作。如图 15-4 所示，图中虚线表示分割线（下同）。图 15-4 (a) 示意非包含分割，图 15-4 (b) 示意包含分割，即在地块内部割出一个岛，岛指大地块中的小地块。

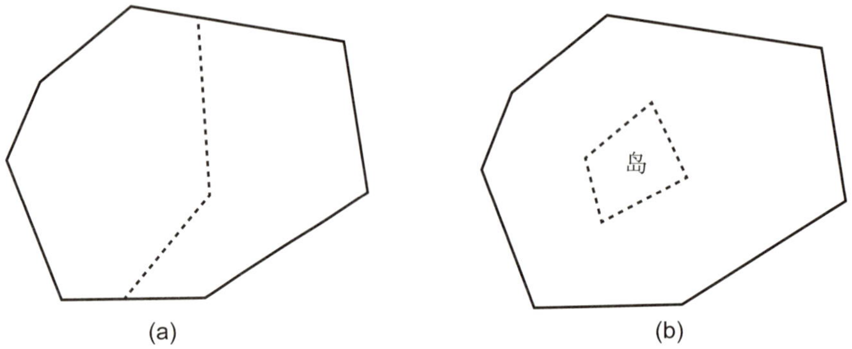

图 15-4　图斑分割示意图

土地变更调查时的分割，有时比较复杂，特别是图斑中包含线状地物和零星地物的多边形地块分割，如图 15-5 所示，其中 1 号线状地物被分割成两段，分别被包含于分割后的两个地块之中，2 号线状地物被包含在分割后的一个较大的地类块中，1 号零星地物被包含在分割后的一个较小的地块中。

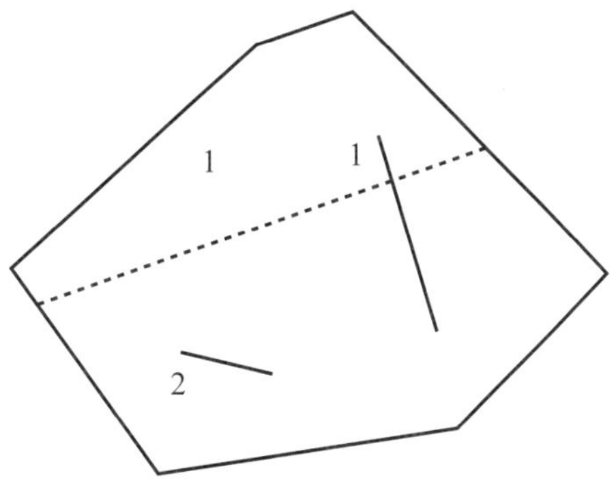

图 15-5　复杂多边形地块分割

3）合并

合并是指两相邻多边形地块合并。图 15-6(a) 示意合并前情况，图 15-6(b) 示意合并后情况。具体应用时也可以多个相邻多边形地块合并。对含线状地物或零星地物的相邻多边形地块合并的，要处理好与线状地物、零星地物关系。

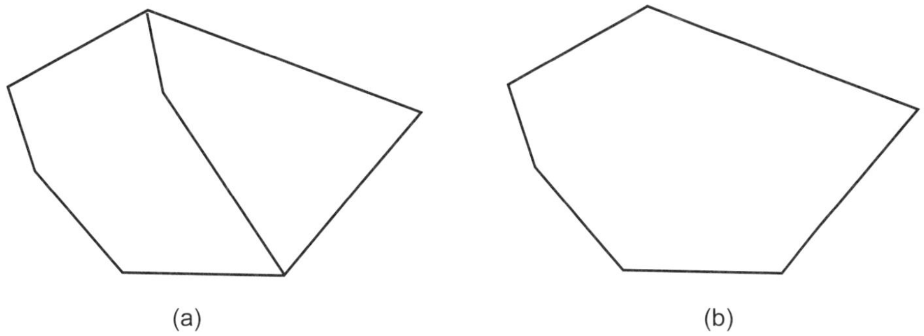

图 15-6　两相邻多边形地块合并

4）划归

划归是指地块在相邻行政区域或权属单位之间的归属变化。如图 15-7(a) 为划归前情况，将甲村 U 村民小组的 1 号地块划归到乙村 V 村民小组后，不仅甲、乙两村的权属界线发生了变化，也隐含着甲村 U 村民小组与乙村 V 村民小组之间的界址线发生了变化，如图 15-7(b) 所示。

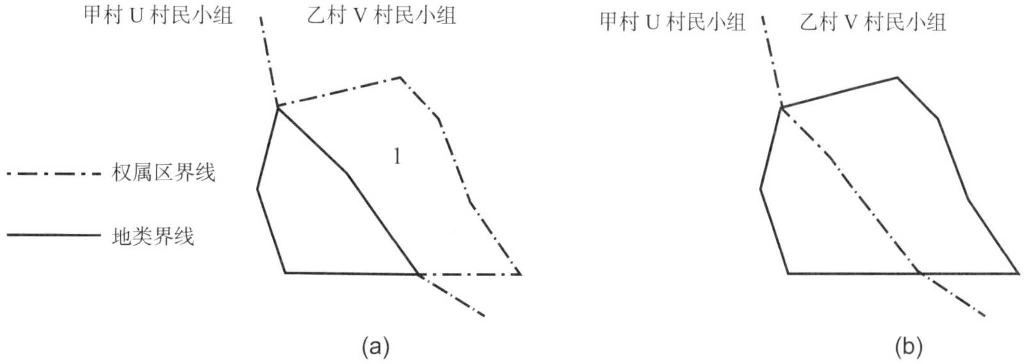

图 15-7　图斑划归处理

5）增删零星地物、线状地物

增删点线仅发生于地块内部增加或删除线状地物或零星地物。如图 15-8(a) 为变更前情况，经过变更，地块中的零星地物被删除，但增加了一条线状地物，如图 15-8(b) 所示。

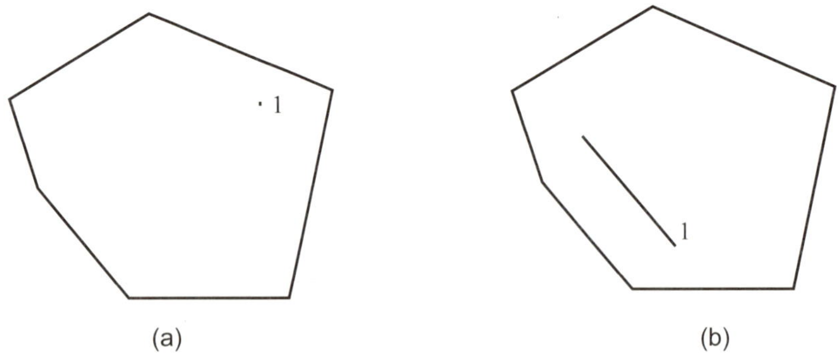

图 15-8　增删线状地物和零星地物

6）综合性变更

综合性变更是指对上述分割、合并、划归、增删点、线等各类变更的不同组合，如区域扩展、土地整理、道路新建或拓宽、电力工程建设等都属于综合性变更。如图 15-9 所示，新建高速公路导致的综合性变更，它主要由下述三种变更组成：

（1）分割。甲乡 K 村 E 村民小组的 1、2、3 三个地块，乙乡 Q 村 C 村民小组的 1、2、4 三个地块，均被新建高速公路的两条边线（图中以虚线表示）分割。

（2）合并。甲乡 K 村 E 村民小组中，3 号地块分割后位于新建公路北边线以南的土地，1、2 号地块分割后位于新建高速公路南边线以北的土地；乙乡 Q 村 C 村民小组中 1、2 号地块分割后位于新建高速公路北边线以南的土地，4 号地块分割后位于新建高速公路南边线以北的土地，以及未被分割的 3 号地块，所有这些位于新建高速公路两边线中间的土地，都被合并为公路用地。

（3）改变土地权属性质。所有被合并为公路用地的土地，其权属性质从集体所有变为国有土地。

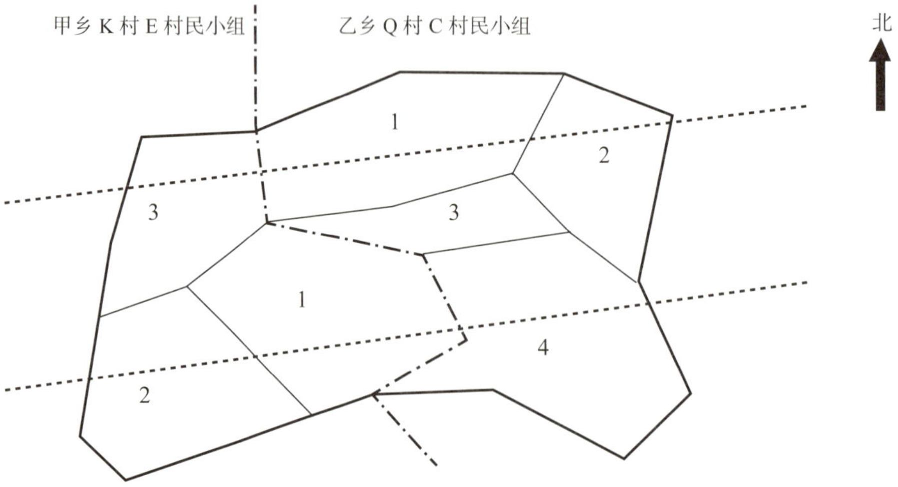

图 15-9　综合性变更

（二）其他补测方法

对于影像不全、影像不清晰、影像未能反映的新增地物（图斑、线状地物），需要采用其他方法补测。补测方法主要包括实测坐标法、直接补测法、间接补测法等。

1. 实测坐标法

实测坐标法主要使用 GPS、全站仪等测绘仪器，实测新增地物边界上主要拐点的坐标，导入内业数据采集系统并连线，即可得到新增地物图形，然后更新土地调查数据库。该方法适用于补测地物范围大、不规整及用简易补测法（直接补测法、间接补测法）无法补测的情况。对于大型新增线状地物，如高速公路、铁路及大型工矿企业等，一般应采用实测补测法。

1）GPS 实测坐标法

GPS 实测坐标法是指利用测量型 GPS，实时获取待测点坐标的方法。要达到高精度的测量坐标，选择合适的 GPS 机型和合适的测量方法是关键。

目前市场上可供选择的 GPS 有导航型和测量型，两者之间的价格和测量精度相差较大。一般的导航型价格较低，测量精度也较低，不适合土地变更调查。测量型 GPS 可分为静态型和动态型。静态型 GPS 具有测量精度高的优点，但测量效率较低，也不完全适合土地变更调查。用于土地变更调查最好选择动态型 GPS。

动态型 GPS 接收机采用差分原理来提高测量精度。目前各地测绘部门开始建立全球导航卫星系统综合信息服务网（CORS），为快速、实时、高精度 GPS 测量提供了可靠保障。使用 GPS 连续运行参考站进行土地变更调查，主要有以下步骤：

（1）申请 CORS 注册。依据有关规定，准备相关材料向有关部门或有关单位申请 CORS 注册，并缴纳相应服务费。

（2）外业测量。在协议范围内使用 CORS 网络，利用 GPS 流动站等设备快速获取待测点高精度坐标数据。

（3）内业处理。对 GPS 外业测量数据进行内业分析处理成图形，同时录入有关土地调查属性数据（如图斑地类等）。

2）全站仪实测坐标法

全站仪是一种在实地利用已知测量控制点，通过自动测量角度、距离后，由仪器程序自动计算待测点坐标的一种测量仪器。全站仪取得待测点坐标后，保存在仪器中，待测量完成后可连接室内计算机，读入到土地变更软件中，按前面 GPS 实测法相似过程，完成变更。

2. 直接补测法

直接补测法是指在实地将新增地物边界直接补测到本年度变更调查工作底图上，作为更新土地调查数据库的依据。直接补测法有目视内插法、截距法、距离交会法、直角坐标法、延长线截距法等。该方法适用于补测地物较小或较规整，并且四周有较多实地与影像对应地物点作为控制的地区。

直接补测法一般使用钢尺或皮尺、圆规、三角尺等简单测量工具，将地物补测到调查工作底图上。如图 15-10 所示，需补测一房屋拐点 P 的位置，可利用 A、B 两明显地物点，分别量取至 P 点的实际距离 $L1$、$L2$，并按调查工作底图比例尺换算为图上的长度 $l1$、$l2$，据此用分规进行距离交会，得到的交会点即为 P 点。之后再从第三地物点 C 量测到 P 点的距离 $L3$，换算图上长度 $l3$，用以在图上校核 P 的位置。同样以此方法可以确定出 Q 点位置，即可绘制出新增房屋的图形。

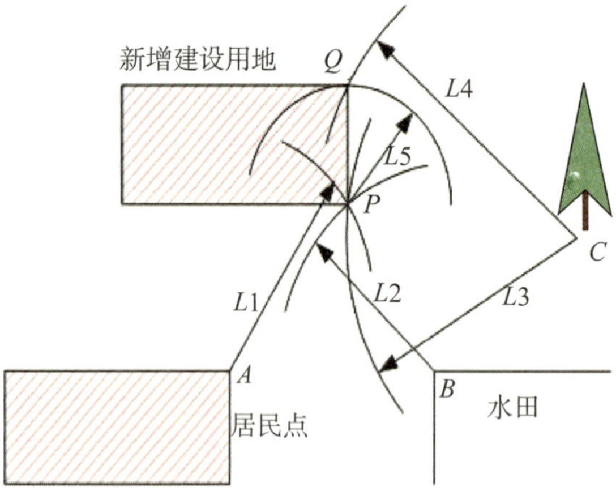

图 15-10 直接补测法示例

直接补测法补测时，要满足如下的补测精度要求。

1）量距丈量精度要求

用皮尺或钢尺丈量距离时，测量单位为米（m），保留 1 位小数，往返或单程两次丈量的相对误差不大于 1/200。

2）平面位置精度要求

补测的地物点相对邻近明显地物点距离中误差，平地、丘陵地不得大于图上 0.5 毫米，山地不得大于图上 1.0 毫米。

3. 间接补测法

间接补测法是指利用收集与补测地物有关的资料，如设计图、建设用地竣工图等，采用透绘法、转绘法等方法，将新增地物标绘在本年度变更调查工作底图上，经实地核实无误后，作为更新土地调查数据库的依据。该方法主要适用于已有相关资料的地区。标绘后必须对其标绘内容进行实地核实确认，当与实地的位置、界线一致时，予以确认；不一致时，按实地现状进行修改后确认。

二、土地调查界线、权属界线变更

（一）土地调查界线变更

土地调查界线包括国界线、大陆（含海岛）零米线、省界、县界、乡（镇）界等。土地调查界线按下列要求变更。

1. 国界线、省界的变更

当国界线、省界发生变化且需要变更的，由国土资源部依据有关资料负责变更，并将变更结果下发给地方直接使用。

2. 沿海零米线的变更

当沿海零米线发生变化且需要变更的，由省级国土资源主管部门组织，依据最新遥感影像确定变更后的界线，并将变更后所涉及的图幅矢量数据和相应影像数据报国土资源部，经国土资源部确认并重新下发涉及的行政区域调查界线和控制面积后方可使用。

3. 县界的变更

当县界发生变化且需要变更的，由省级国土资源主管部门组织，将变更依据或原由，界线变更后的数据库、涉及的县级控制面积、界线变更前后的地类面积对比表报国土资源部，经国土资源部审核通过后，方可作为当年变更调查的基础数据库。

4. 乡（镇）界的变更

当乡（镇）界发生变化且需要变更的，由县级国土资源主管部门组织确定，并提取由于界线变化产生的变化信息，作为更新数据包报国土资源部。

（二）权属界线变更

对集体土地所有权界线，当依据政府有关文件划定、权属界线争议调处结果、双方共同协商指界确定等，造成原集体土地所有权界线发生变更的，界线双方应重新签订土地权属界线协议书（原土地权属界线协议书归档），按照新的权属界线开展变更调查，提取变化后的界线信息，形成更新增量包报国土资源部。

对由于界线变更形成的新图斑，应赋予国有或集体权属性质。对于国有土地变为集体土地的，应认真核实，查明原因。

三、地类调查内容与方法

地类变更调查包括变化的线状地物、图斑、零星地物、可调整地类等的调查。在土地变更调查工作底图上按实地现状标绘变化图斑的位置、范围界线、地类等信息，并填写《土地变更调查记录表》。

（一）线状地物调查

（1）线状地物包括河流、铁路、公路、管道用地，以及北方宽度大于等于 2 米、南方宽度大于等于 1 米的农村道路、沟渠、田坎、林带等。

（2）线状地物宽度大于等于图上 2 毫米的，按图斑调查。

（3）线状地物宽度小于图上 2 毫米的为单线线状地物。调绘其中心线，在图上用单线符号表示，并按要求在宽度均匀处量测其宽度，精确到 0.1 米，并在图上对应实地位置打点标记量测点和其宽度值；当线状地物宽度变化大于 20% 时，分别量测线状地物宽度，并在图上对应实地位置垂直线状地物绘一短实线，分隔宽度不同的线状地物。

（4）宽度小于上图标准的单线线状地物，作为行政区域调查界线或权属界线时，线状地物准确位置应调绘上图，并标注清楚线状地物的归属，但该线状地物不参与面积计算。

（5）在以系数扣除田坎面积的地区，田坎不调绘。但作为权属界线和行政区域调查界线的田坎应调绘其准确位置，不参与面积计算。

（6）对于路基宽度大于 6.5 米或路面宽度大于 6 米的新增道路，按公路用地进行调查。

（二）图斑调查

1. 图斑

单一地类地块，以及被行政区域调查界线、土地权属界线或单线线状地物分割的单一地类地块称为图斑。

2. 最小上图图斑面积

城镇村及工矿用地为图上 4.0 平方毫米，耕地、园地为图上 6.0 平方毫米，其他地类为图上 15.0 平方毫米。

3. 变更图斑编号

按照原有编号规则在最大图斑号后续编。对只有属性变更无图形变化的地类图斑，图斑编号应仍沿用变更前图斑编号。

4. 调绘方法

图斑范围应采用综合调绘法或其他补测方法确定，并详细记录图斑的地类和权属性质等属性内容。

（三）零星地物

零星地物指小于最小上图面积的图斑。零星地物可不调查。对于零星地物较多地区，可根据本地区实际情况自行制定具体调查方法和要求，开展调查。

（四）监测图斑核实及新增建设用地调查

（1）对照实地现状，结合日常变更，对遥感监测图斑的位置、范围、地类、权属等逐一进行核实和确认。

（2）对实地已动工建设的，确认为新增建设用地的按建设用地变更；确认为设施农用地的按设施农用地变更；确认为临时用地的，不作为建设用地变更，但应调查该地块的范围和面积，以单独图层方式，录入土地调查数据库，并纳入更新数据包。

（3）对于年度变更时点前已拆除的遥感监测图斑，维持原地类不变。

（4）对上年度卫片执法检查和土地督察中查处的建设用地结果，如实纳入土地变更调查。对上年度土地变更调查已经调查为建设用地的图斑，经依法查处并拆除的，按恢复原貌的地类变更。

（5）对路基未确定的新增道路可纳入下一年度变更。

（6）对遥感监测影像拍摄时段后新增的建设用地，在国土资源部监管平台备案的，可本年度变更；未在国土资源部监管平台备案的，可纳入下一年度变更。

（7）对土地调查数据库中“批而未用”土地，本年度实地已建设的，按实地建设位置、范围、地类进行变更。

（五）新增建设用地管理信息套合标注

新增建设用地管理信息包括“本年批准本年建设”信息，用“B”表示；“本年批准未建设”信息，用“P”表示；“本年未批先建”信息，用“W”表示。

1.“本年批准本年建设”信息的确定

土地变更调查中，当新增建设用地图斑（含线状地物）与国土资源部监管平台用地管理信息空间位置基本重合的，认定为“本年批准本年建设”，标注“B”。其中，属于之前年度批准用地的，标注为“B+年度”。

2.“本年批准未建设”信息的确定

土地变更调查中，对于批准建设用地信息空间范围超出新增建设用地的部分，认定为“本年批准未建设”，标注“P”。P图斑作为单独的图层保存。

3.“本年未批先建”信息的确定

土地变更调查中，当新增建设用地图斑（含线状地物）与国土资源部监管平台用地管理信息空间位置未重合的，认定为“本年未批先建”，标注“W”。

（六）新增耕地调查

1. 新增耕地坡度分级、耕地类型的确定

1）耕地坡度分级

根据《第二次全国土地调查技术规程》，耕地分 5 个坡度级（上含下不含），耕地坡度分级及代码表见第七章表 7-1。

2）耕地坡度分级的确定

将第二次全国土地调查制作的坡度分级图与土地利用现状图套合，确定新增耕地坡度分级。对已确定的耕地图斑坡度分级，原则上不允许变更。对于坡度分级变更的，应认真核实，查明原因。

3）耕地类型确定

坡度≤ 2° 的耕地视为平地，其他坡度级耕地应调查确定分为梯田和坡地两种类型。耕地的梯田、坡地类型一经确定，原则上不允许将梯田变更为坡地。对于梯田变为坡地的，应认真核实，查明原因。

4）不同坡度分级耕地图斑归并原则

一是由于工程等原因，只是造成相邻不同坡度分级耕地图斑归并形成一个新耕地图斑时，坡度分级应采用归并前面积较大图斑的坡度分级。

二是由于工程等原因，造成地形地貌完全改变的，新的耕地图斑坡度分级用新的地形图或采用其他测绘手段确定。这种情况极少，当出现这种情况时，应详细说明情况及新的耕地图斑坡度分级确定的方法。

2. 新增耕地及田坎调查

1）非耕地变为耕地情况

在非耕地上，经土地整治工程形成新的耕地，当坡度＞ 2° 时，新增耕地图斑中的田坎，可采用第二次全国土地调查中，省级确定的本地区同类型耕地田坎系数，按系数在耕地图斑中扣除田坎面积。新增耕地面积等于新的耕地图斑面积减去田坎等其他非耕地面积之值。

2）耕地整治情况

对耕地图斑中不表示的田坎、小于上图标准沟渠实施土地整理工程的，当土地整理处于土地整治项目区内的，标注为“土地整理田坎等新增耕地”（ZZL）。土地整治项目经竣工验收，耕地中田坎面积不再按系数方式扣除，田坎按线状地物调查要求逐条调绘，通过内业计算田坎面积；土地整治项目新增耕地面积等于土地整治前田坎等非耕地面积减去土地整治后田坎等其他非耕地面积之值，土地整治前耕地面积与新增耕地面积之和应小于等于耕地图斑面积。土地整治项目区范围内，未实施土地平整工程措施的耕地不得变更。

3）土地整治本年验收往年变更新增耕地 (ZZW)

对在国土资源部农村土地整治监测监管系统备案的，经年度土地整治项目验收的新增耕地中，往年已变更的耕地图斑，确定范围界线，以单独图层表示，并标注项目备案编号等相关备案信息。

4）其他新增耕地情况

采取土地整治工程以外其他方式得到的新增耕地，如农民自主开发的耕地等，按照实地现状调绘新增耕地的位置、范围和地类。新增耕地及田坎面积按上述非耕地变为耕地情况要求计算田坎面积。

3. 新增耕地管理信息标注

新增耕地管理信息主要包括：增减挂钩新增耕地、工矿废弃地复垦新增耕地、土地整治项目新增耕地、农业结构调整新增耕地、其他方式新增耕地信息的标注。土地变更调查新增耕地管理信息的标注由国家依据有关资料统一组织实施。

（1）新增耕地图斑与历年增减挂钩拆旧项目区、工矿废弃地复垦项目区套合，基本重合的分别标注为增减挂钩新增耕地（ZJG）和工矿废弃地复垦新增耕地（GKF）。

（2）对未标注为 ZJG、GKF 的新增耕地图斑，与已验收的土地整治项目区套合，基本重合的分别标注为往年验收本年变更新增耕地（ZZWB）、本年验收本年变更新增耕地（ZZB）。

（3）对未标注为 ZJG、GKF、ZZWB、ZZB 的新增耕地图斑，变更前地类为园地、林地、草地或坑塘水面等农用地的，标注为农业结构调整新增耕地（TZ）。

（4）对上述标注以外的新增耕地图斑，标注为其他方式增加耕地（QT）。

（5）对地方标注的 ZZL、ZZW 进行套合检查。

（七）农用地变为未利用地

对于此类遥感影像难以发现变化的农用地、未利用地等其他地类图斑，主要依据日常土地变更结果和各类涉及土地利用现状变化的材料，逐地块调查变化地块的范围和地类等。

1. 农用地灾毁变为未利用地的认定

因洪水、泥石流、滑坡、塌方等自然灾害，造成农用地地表土层严重损毁，且不经过土地整治工程难以恢复种植的灾毁农用地，经省级主管部门核实后，可按照实地现状认定地类和范围，纳入当年变更，并填写《农用地变更为未利用地图斑核实记录表》，如表 15-12 所示。

表 15-12　农用地变更为未利用地图斑核实记录表

行政区代码	序号	图斑标识码	图幅号	权属名称	坐落名称	变更前地类编码	地类编码	图斑面积/亩	情况说明	文件编号	备注
1	2	3	4	5	6	7	8	9	10	11	12

2. 其他情况农用地变为未利用地的认定

除灾毁外，因重大生态环境整治工程等人为因素、长期自然环境变迁所致农用地实际变化为未利用地的，按照实地现状认定地类和范围，填写《农用地变更为未利用地图斑核实记录表》，提前专报，通过国家审查确认的，可纳入当年变更。

（八）新增可调整地类

可调整地类包括：可调整果园、可调整茶园、可调整其他园地、可调整有林地、可调整其他林地（耕地变为未成林地、苗圃）、可调整人工牧草地和可调整坑塘水面 7 个可调整地类。当耕作层未被破坏时，可调整地类之间依据实地现状允许相互变更。

1. 新增可调整地类的认定

第二次全国土地调查以后，因农业结构调整导致耕地变更为果园、茶园、其他园地、有林地、其他林地、人工牧草地、坑塘水面的，且耕作层未被破坏的土地，可以认定为可调整地类。其他地类，如果园、茶园等不可以变更为可调整果园、可调整茶园等。

2. 可调整地类的表示

在土地调查数据库相应属性字段中加注“K”表示可调整地类。

（九）可视为补充耕地的园地

1. 可视为补充耕地的园地的认定

可视为补充耕地的园地是指年度内将闲置的建设用地、未利用地经土地整治工程变为园地，并经土地和农业等相关部门共同认定能够调整为耕地的，可认定为可视为补充耕地的园地。可视为补充耕地的园地包括可视为补充耕地的果园、可视为补充耕地的茶园、可视为补充耕地的其他园地。

2. 可视为补充耕地的园地的表示

在土地调查数据库相应属性字段中加注“KB”表示可视为补充耕地的园地。

3. 填表

将新增可视为补充耕地的园地填写在《土地变更调查记录表》上。

（十）其他变化地类的调查

上述以外其他地类之间的变化，依据实地现状调查和变更。

（十一）基本农田调查上图

1. 依据

依据基本农田划定成果及基本农田占用（减少）、补划（调整）等资料，调整数据库中基本农田图斑的位置和范围，按照《第二次全国土地调查基本农田调查技术规程》（TD/T 1017—2008）更新形成基本农田数据层，汇总形成基本农田面积汇总表。

2. 说明

在《土地利用变化情况分析报告》中说明基本农田变化情况和依据。

四、质量控制和检查

为确保土地变更调查质量，应建立一套质量控制机制和严格的检查验收制度。

（一）质量控制原则

1. 统一标准原则

对土地变更调查各阶段和主要环节严把质量关，严格执行国家相关技术标准和规范的规定。

2. 过程控制原则

要对土地变更调查全程每一重要环节进行质量控制与记录，以免环节出错造成误差传递、累加等。

3. 持续改进原则

使内业预判、外业调查、数据库更新等环节中，不断优化各环节的技术要求，保障成果质量。

4. 质量评定原则

对各环节实施质量进行评定，及时发现问题，保证变更调查成果的质量水平。

（二）质量检查指标

1. 齐全性

主要指变更调查成果类型齐全。

2. 完整性

指各调查区范围完整，数据的内容和结构完整。

3. 准确性

即精度，指空间点位准确，属性取值准确。

4. 逻辑性

主要指图层内部和图层之间的空间关系合理，相关面积数据之间的关系合理。

5. 规范性

指数据符合对应规范要求。

6. 时效性

指调查成果数据现势并保存历史数据。

7. 功能性

指信息系统应具备的功能，系统具有稳定性、操作便捷性和安全性。

（三）成果检查内容

建立县级自检、地（市）级检查、省级检查验收、国家级核查和实地抽查的检查验收核查制度。

1. 县级成果检查

检查内容包括调查界线、权属界线；变更图斑、线状地物的位置、范围及地类认定；基本农田调整、补划依据；《土地变更调查记录表》、《土地变更一览表》、《土地利用现状变更表》、变更调查各类面积统计汇总表的填写；土地调查数据库、更新数据包；《土地利用变化情况分析报告》。检查要求包括：检查变更内容是否齐全、完整、规范，符合本规程要求；检查实地、调查记录表、数据库三者是否一致；按统一的质量检查标准开展各级数据库及更新包的检查；省级对县级数据库及更新数据包进行全面内业检查，外业抽查不少于20%县级调查单位，检查结果在《土地利用变化情况分析报告》中说明。

2. 国家级核查

对地方上报的土地变更调查成果开展地类一致性检查、用地管理信息审查、土地调查数据库质量检查，并将检查结果下发地方复核。国家级核查内业核查包括：数据库质量检查和图斑地类一致性检查。以最新遥感影像为基础，结合地方有关举证材料，检查地方上报的土地变更调查成果与遥感影像的地类一致性。国家级外业核查是对内业核查发现的重大问题，抽取一定数量的县（区）开展重点地区、重点地类的外业核查。

第五节　数据库更新

一、县级数据库更新

（一）数据库更新原则

（1）严格遵循实事求是的原则，更新数据获取要以地类的实际变化为依据。

（2）当更新数据源与本底数据库的精度不一致时，精度低的数据要服从于精度高的数据。

（3）数据库更新过程要满足数据库建设的各项质量要求。

（二）数据库更新内容

县级土地调查数据库包括基础地理信息要素、土地利用要素、土地权属要素、基本农田要素、栅格要素和其他要素等。土地调查数据库更新是指以上一年度土地调查数据库为基础，依据土地变更调查内、外业成果，对变化要素的更新，得到本年度土地调查数据库的过程。土地调查数据库更新包括空间数据和属性数据的更新。空间数据更新包含县级调查界线、权属界线、线状地物、地类界等数据及其相关地类数据的更新。属性数据更新是指由空间范围更新带来的属性数据更新及其他属性更新。

土地调查数据库采用智能联动方式来实现自动更新，保证数据更新后的拓扑一致性和数据完整性。目前土地利用变化几何图形信息采用 GPS 采集或 1 ∶ 500 大比例尺数据来源的电子数据，在县级土地利用现状管理信息系统（县级土地调查数据库管理系统）中作为变更基本依据，利用系统变更功能实现数据库的全面有效更新。

基于联动规则的土地调查数据库更新过程基本流程为：①导入几何图形电子数据或手绘草图；②根据变更类型，采用不同的联动规则提取关联对象；③对主导变更对象进行属性信息的交互操作；④关联对象核心要素变更，主要包括几何图形变更（分割、合并）及必要的属性信息更新（标识码、长度、面积等属性值）；⑤判断是否有其他变更操作：如果有则重复步骤①至步骤④，否则执行下一步；⑥判读是否具有单纯拓扑关系联动：如果有则执行“根据单纯拓扑关系联动规则生成界线”，否则执行下一步；⑦基于属性联动规则对关联对象进行属性赋值，整个流程结束。具体流程如图 15-11 所示。

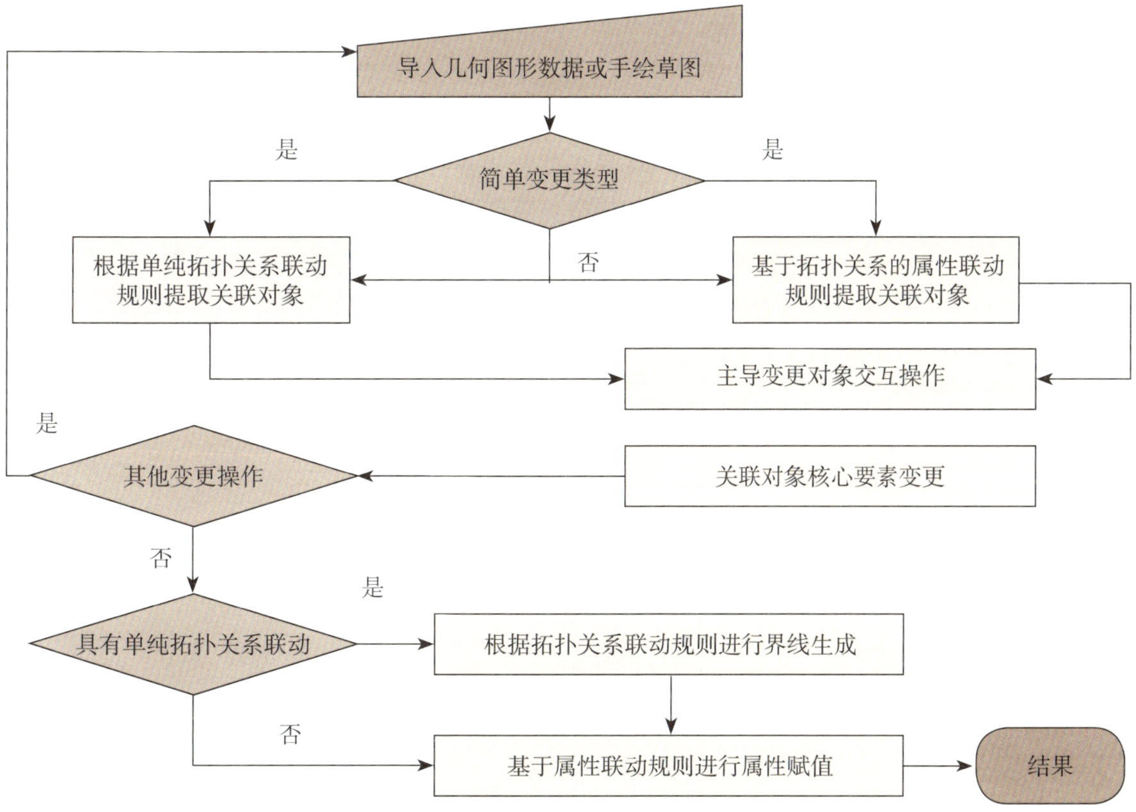

图 15-11 基于联动规则的更新流程

（三）数据库更新方法

以上一年度土地调查数据库为基础，依据变更调查内外业成果，采用人机交互的方式，变更并提取上一年度土地调查数据库中的变化图斑，实现土地调查数据库空间和属性的更新，生成更新数据包。

数据库更新以外业调查成果为基础，结合审批数据及其他相关数据综合更新，针对更新所采用的软件不同，分为两种方式。

（1）利用县级数据库管理系统进行更新，输出增量数据库和统计报表，流程如图 15-12 所示。

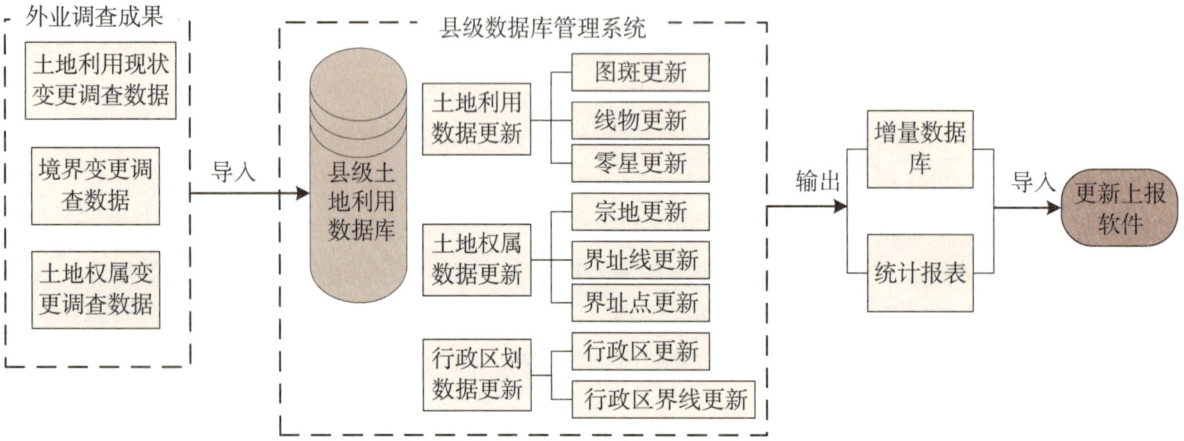

图 15-12　利用县级数据库管理系统更新流程

①导入外业调查资料。外业调查资料包括：土地利用变更调查记录表、GPS 测量数据、外业调查工作底图、勘测定界数据等。②数据更新。在导入外业调查数据基础上，对数据库中各图层数据进行更新。更新数据主要包括：一是土地利用数据，即地类图斑层、线状地物层、零星地物层、地类界线层；二是土地权属数据，即宗地层、界址线层、界址点层；三是行政区域数据：行政区层、行政区界线层；四是其他数据。③输出增量数据库和统计报表。数据库更新完毕后，输出符合要求的各类统计表和增量数据库，导入更新数据上报软件，进行数据检查和更新数据包输出。

（2）利用国家下发更新数据上报软件进行数据库更新，并输出更新数据包，更新流程如图 15-13 所示。

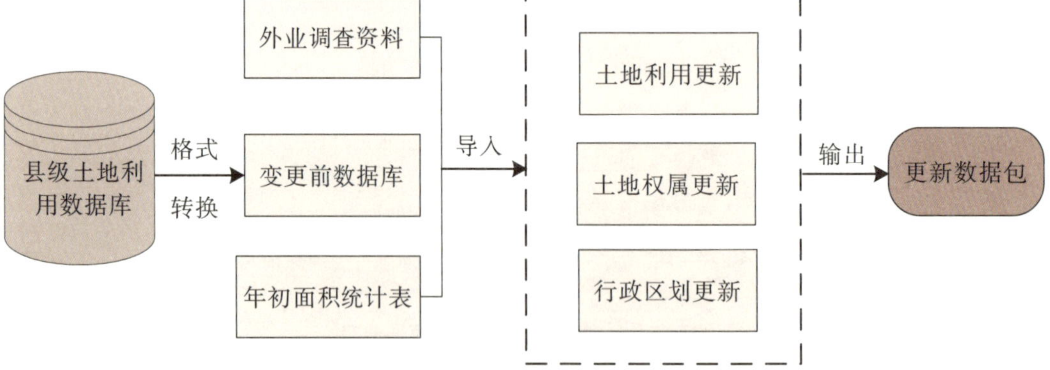

图 15-13　利用更新数据上报软件更新流程

①格式转换。将县级数据库数据转换成标准交换数据格式 VCT 格式，并且转换之后的数据必须通过国家统一下发的质量检查软件的检查。②数据导入更新数据上报软件。将格式转换后的矢量数据库、土地利用分类面积统计表（年初面积）、外业调查资料等导入到更新数据上报软件。③数据更新。利用更新数据上报软件对数据库中各图层数据进行变更与更新。④输出更新数据包。数据更新完成后，对更新结果进行检查，检查通过后生成更新数据包。

（四）数据库更新要求

1. 变更调查所用基础数据库必须与上一年度国家确认的数据库完全一致

土地调查数据库更新是以上一年度土地调查数据库为基础，对要素变化所产生的数据库变化进行更新。县级单位必须将经国家审核通过的上一年度数据库作为本年度变更调查基础数据库，以此为基础开展变更调查，提交增量数据库成果。

2. 更新数据包结构必须符合数据更新有关技术规定

更新数据包包括增量据数库、统计表、数据检查结果信息等内容，其数据内容、数据结构、数据格式、数据要求必须符合要求。

3. 以图斑为变更基本单元，数据更新结果应确保准确且“图、数、实地三者一致”

严格按照土地调查数据库更新要求，以正确填写的《土地变更调查记录表》为基础，采集属性数据，实施逐图斑的数据库更新。数据库更新所生成的各项统计汇总表，必须保证“图数一致”、同一数据在不同表格中应一致。不仅要保证空间数据的拓扑关系、度量关系和方位关系的一致性，还要保证图形数据和多种形式的属性数据的一致性。

4. 更新前后面积要求

数据库变更过程中，所涉及发生变更图斑，必须保证变更前图斑总面积与变更后图斑总面积完全一致。未变更图斑的面积不得改变。变更后形成的数据库所有地类面积之和应等于相应行政调查区域、权属单位控制面积，同时等于上一年度数据库汇总总面积，即当年变更汇总表中年初面积应与上年度变更汇总统计表中的年末面积保持一致，以保持数据的逻辑一致性和衔接性。

5. 分层矢量化

分层矢量化是指根据土地变更调查工作底图（DOM 和扫描影像数据），参照《土地变更调查记录表》，进行人机交互矢量化，分层采集权属界线、地类图斑界线和线状地物（根据在底图上的宽度区分为单线线状地物和双线线状地物）等，具体流程如图 15-14 所示。

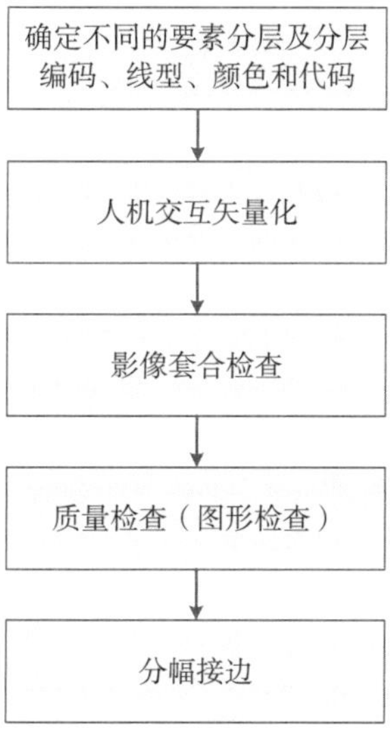

图 15-14　分层矢量化流程

要素分层参见土地调查数据库更新要求中要素代码与名称描述表。要素代码与名称描述表将土地调查中涉及的地物按照大类、小类、一级类、二级类、三级类、四级类进行划分，在要素矢量化采集过程中按二级类分层。要素的分层应与更新前数据库分层保持一致。

人机交互矢量化过程中，要特别注意以下方面：一是对于点状要素，主要采集影像的几何中心，线状要素采集影像的中心线。二是相邻图斑的公共边线，或者具有多重属性的线状要素（如某线状要素既是公路又是行政区域调查界线）只能矢量化一次，拷贝至相应数据层中。三是线状地物在采集中，要注意保持形状不失真。在此基础上，减少采集点的密度。

在影像套合检查中，对各图层内要素，明显界线移位不得大于图上 0.6

毫米，不明显界线不得大于图上 1.5 毫米。套合检查由专门的质量检查员负责，检查图（DOM 或扫描影像图的打印图，直接将错误标注在其上）上应有检查员与作业员的签名。

质量检查应在数据采集、编辑完成后，对所有数据层内、间建立拓扑关系，进行图形检查。此外，还应对要素进行丢漏检查和数据采集产生的碎片应进行处理。对于出现拓扑错误的地方，要人工加以处理。

接边是指对行政区域调查界线、权属界线两侧，图幅之间的地物进行衔接。接边前要有质量检查员对分幅数据进行检查确认，未确认过的数据不得进行接边处理。当遇到地物错位时：明显地物接边误差小于图上 0.6 毫米、不明显地物接边误差小于图上 2.0 毫米时，双方各改一半接边；否则双方应到实地核实接边。此外，图形数据接边的同时也要注意保持与属性数据的一致性，当不一致时应核实处理并保证一致。当两边的精度不同时，要与高精度的图形和属性数据一致。

（五）更新成果

1. 更新后的土地调查数据库

更新后的土地调查数据库保持分层的数据组织方式，层名称及各层要素如表 15-13 所示。

表 15-13　土地调查数据库分层标准

序号	层名	层要素	几何特征	属性表名	约束条件	说明
1	定位基础	测量控制点	Point	CLKZDGX	O	
		数字正射影像图纠正控制点	Point	JZKZDGX	O	
		测量控制点注记	Annotation	ZJGX	O	
2	行政区划	行政调查区域	Polygon	XZQGX	M	
				XZQGXGC	C	见本表注 2
		行政区域调查界线	Line	XZQJXGX	M	
		行政要素注记	Annotation	ZJGX	O	
3	地貌	等高线	Line	DGXGX	O	
		高程注记点	Point	GCZJDGX	O	
		坡度图	Polygon	PDTGX	M	
4	土地利用	地类图斑	Polygon	DLTBGX	M	
				DLTBGXGC	C	见本表注 2
		线状地物	Line	XZDWGX	M	
				XZDWGXGC	C	见本表注 2
		零星地物	Point	LXDWGX	C	
				LXDWGXGC	C	见本表注 2
		地类界线	Line	DLJXGX	M	
		土地利用要素注记	Annotation	ZJGX	O	
5	土地权属	宗地	Polygon	ZDGX	M	
				ZDGXGC	C	见本表注 2
		宗地注记	Annotation	ZJGX	O	
		界址线	Line	JZXGX	M	
		界址线注记	Annotation	ZJGX	O	
		界址点	Point	JZDGX	M	
		界址点注记	Annotation	ZJGX	O	

续表

序号	层名	层要素	几何特征	属性表名	约束条件	说明
6	基本农田	基本农田保护区	Polygon	JBNTBHQGX	O	
				JBNTBHQGXGC	O	见本表注 2
		基本农田保护片块	Polygon	JBNTBHPKGX	M	
				JBNTBHPKGXGC	C	见本表注 2
		基本农田保护图斑	Polygon	JBNTBHTBGX	M	
				JBNTBHTBGXGC	C	见本表注 2
		基本农田注记	Annotation	ZJGX	O	
7	栅格数据	数字正射影像图	Image	SGSJGX	M	
		数字栅格地图	Image	SGSJGX	O	
		数字高程模型	Image/Tin	SGSJGX	O	
		其他栅格数据	Image	SGSJGX	O	
8	其他	开发园区	Polygon	KFYQGX	O	

注 1：约束条件取值：M（必选）、0（可选）、C（条件可选）。
注 2：在要素发生变化时，变为必选项。

2. 县级年度更新数据包

更新数据包是依据上一年度的土地调查数据库和更新后的数据库，抽取变更部分数据的变更前、变更过程及变更后的相应内容，结合变更调查各类统计报表等成果，生成的土地调查数据库更新数据包。

县级更新数据包是更新各级土地调查数据库的基本单元，包含内容如图 15-15 所示。

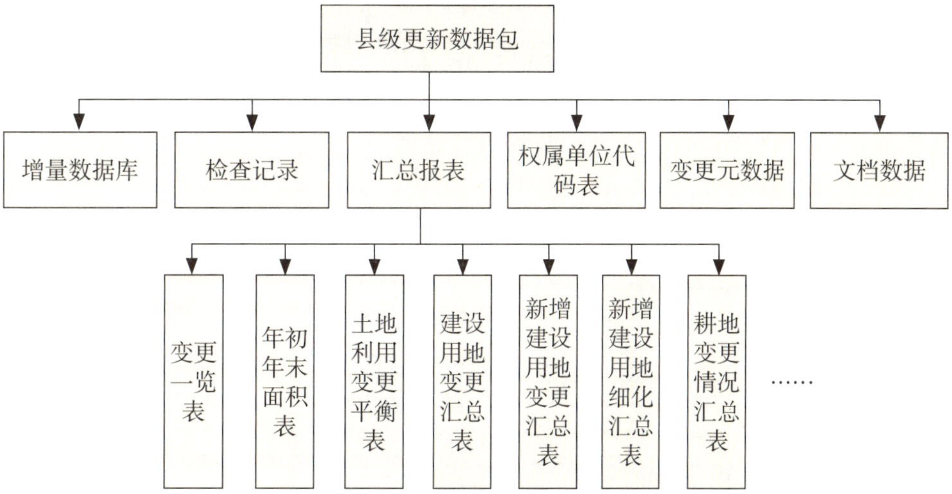

图 15-15　县级更新数据包内容

1）增量数据

增量数据主要包括参与更新的各图层数据，主要图层如表 15-14 所示。

表 15-14　增量数据图层

序号	层名	层要素
1	土地利用	地类图斑更新层
		地类图斑更新过程层
		线状地物更新层
		线状地物更新过程层
		零星地物更新层
		零星地物更新过程层
		地类界线更新层
2	行政区域	行政调查区域更新层
		行政调查区域更新过程层
		行政调查区域调查界线更新层
3	土地权属	界址点更新层
		界址线更新层
		宗地更新层
		宗地更新过程层

更新层和更新过程层反应的是两个时点之间对比要素对象的变化及其相关对象的集合。其中更新过程层是变更基本单元，即两个时点之间的要素对象叠加所形成的最小面对象和被其分割或包含或和其相交的线对象、点对象的集合。基本单元中任一对象发生变化，视为基本单元发生变化。

2）检查结果

包含县级检查记录，更新数据上报软件检查后自动生成的检查结果。

3）报表数据

报表数据分为 Excel 和 MDB 两种格式。数据内容如表 15-15 所示。

表 15-15　报表内容

1	土地变更一览表	Excel 格式
2	土地利用现状变更表（核实名称）	Excel 格式
3	农村土地利用现状一级分类面积按权属性质统计汇总表	Excel 格式
4	耕地坡度分级面积统计汇总表	Excel 格式
5	基本农田面积统计汇总表	Excel 格式
6	可调整地类面积统计汇总表	Excel 格式
7	建设用地类型面积统计汇总表	Excel 格式
8	耕地来源类型统计汇总表	Excel 格式
9	土地利用现状变更表（“三大类”总表）	MDB 格式

4）权属单位代码表

包括乡（镇）级行政区名称及编码、村级行政区划名称及编码、权属单位名称及代码，格式为Excel。

5）变更元数据

存储描述增量数据库数据的元数据，格式为XML。

6）文档数据

县级土地利用变化情况分析报告，应包含本年度土地变更状况及对土地变更原因的分析。

7）其他资料

其他资料包括相关扫描资料、说明文档等。

二、地（市）级、省级、国家级数据库更新

（一）更新内容

地（市）级、省级、国家级数据库更新内容同县级。

（二）更新方法

1. 整库更新法

直接利用县级更新后的本年度的土地调查数据库，更新地（市）级、省级、国家级上一年度相应的县级土地调查数据库，形成更新后的土地调查数据库。

这种以整库为单位的更新方法存在以下缺点：一是数据冗余。一个中等大小的县级土地调查数据库，其矢量数据库文件大小为300M左右（mdb格式文件），全国一年的土地利用现状数据更新量是$2859 \times 300 = 857700M \approx 837.6G$。二是难以直观显示土地利用年度变化，给动态监管造成一定困难，库与库之间土地利用数据变化的目标对象难以定位和计算。

2. 增量更新法

土地调查数据库的增量更新是一种全新的数据库更新方法，其核心是只对数据库中发生变化的数据进行更新，对没有发生变化的数据保持不变。增量更新法，极大地减少了数据库更新的工作量，提高了数据更新的效率，降低工作冗余，是目前地（市）级、省级、国家级土地调查数据库更新的主要方法。

依据县级上报的更新数据包及地（市）级、省级、国家级上一年度相应的县级土地调查数据库，采用人机交互的方式，替换上一年度土地调查数据库中相应变化范围的数据，实现了各级土地调查数据库的年度更新。更新数据包是土地调查数据库增量更新的重要成果。不同类型、级别的土地调查数据库更新数据包的内容及要求有所区别，应该参照具体的规范和标准。

更新数据包内容包括以下方面。

1）图形数据成果

更新数据包的图形数据成果是描述土地调查数据库增量更新数据的空间位置信息和属性信息的数据集合。不同领域的图形数据成果的表达方式有所区别。为此，国家参照《中华人民共和国国家标准地球空间数据交换格式》（GB/T 17798—1999,Geo-spatial data transfer format, 简称CNSTDF）中的矢量数据交换格式进行了统一规定，并增加一些特殊要求来实现图形数据的表达。

2）表格数据成果

更新数据包的表格数据成果是土地调查数据库增量更新数据属性信息的一种表现形式，用于反映土

地利用的基本状况和变化情况。土地调查数据库的表格成果有土地调查分类面积汇总表、耕地坡度分级面积汇总表、基本农田情况统计表、土地利用现状变更平衡表等。

3）其他成果

更新数据包其他成果主要包括元数据、栅格数据、文字报告、图件成果等，主要是土地调查数据库增量更新的描述和辅助数据等。

更新数据包成果要求，针对重要的图形数据和表格成果进行说明。

一是图形数据成果要求。要求图层齐全、命名规范、拓扑正确以及属性信息完整，具体包括：

（1）必选图层齐全，基础地理、土地利用、土地权属、基本农田等要素完整；

（2）矢量数据、属性数据等命名正确，格式内容符合要求，数学基础符合相关规范要求；

（3）图形要素不同类型的拓扑关系正确；

（4）相邻图幅自然接边，图形数据和属性数据的逻辑要保持一致；

（5）地类图斑面积之和与控制面积保持一致；

（6）各要素属性数据正确无误，各要素层之间的逻辑关系正确，图形要素与属性表记录对应关系正确。

二是表格数据成果要求。

（1）所有表格数据的表格格式必须符合相关规范要求，数据正确；

（2）表格数据必须和图形数据一致；

（3）所有表格数据内部逻辑关系一致；

（4）所有表格数据的表间逻辑关系一致。

（三）更新要求

各级国土资源主管部门负责本级数据库的年度更新与维护，确保更新后数据库内容正确、规范，并保证与上下级数据库版本的一致性。以县级调查单位更新数据包为基础进行更新。上一级应对下一级提交的更新后的土地调查数据库或更新数据包进行图数一致性、内容正确性与数据质量的检查，检查通过后方可更新本级数据库。国家、省级、地（市）级更新后的数据库与当年的土地利用情况、权属情况、行政区域和地类面积数据等应保持一致。

（四）更新成果

1. 数据检查

修改基础数据库检查。使用国家统一下发的数据库质量检查软件检查各县提交的基础数据库，未通过检查的县，限期修改完善。

更新数据包检查。省级数据检查主要是通过识别县级检查结果文件对更新数据包进行检查；确认更新数据包通过检查后，对上报的更新数据包进行质量评价及确认。如果缺失检查结果，则将更新数据包退回。

2. 数据更新

数据经检查无误后，利用省级土地调查数据库更新模块进行自动更新，生成更新后的地（市）级、省级土地调查数据库。使用更新数据上报软件打包各县提交的更新数据包，上报国家。

更新数据包上报到国家后，对其进行统一检查、核对无误后，利用系统更新模块对国家级数据库进行自动更新，生成更新后的国家级土地调查数据库。更新入库主要包括更新数据包入库、报表数据入库、权属单位代码数据入库、元数据入库等。

第六节 国家级核查

国家级核查是指由国土资源部统一组织，采用内业抽样核查、内业全面比对和外业抽样核查相结合的方法，在对省级年度变更调查遥感监测数据、现状调查汇总数据进行汇总统计和分析的基础上，对县级土地变更调查成果进行的核查。目前，国家级核查重点是检查新增建设用地与遥感影像的地类一致性，并对新增耕地、农用地变为未利用地及其他地类变化情况进行抽样核查。通过国家级核查，要求地方对错误的调查成果进行整改，以确保调查成果的整体质量。

一、工作任务

国家级核查的主要任务包括内业抽样检查、全面比对，外业整改成果复核、设施农用地和临时用地资料整理和年度卫片执法检查图制作等。具体工作任务包括以下内容。

（一）内业抽样核查

利用最新遥感影像、遥感监测成果和基础数据库等数据资料，以县为单位，采用抽样核查的方法，抽查遥感监测图斑、新增建设用地图斑、新增耕地图斑、农用地变更为未利用地图斑和其他地类变更图斑的变更情况，包括各类图斑的地类和范围。通过抽样检查，对省级土地变更调查成果质量进行快速评价，对经抽样检查不符合标准的省份退回整改。

（二）全面比对

1. 监测图斑内业核查

对照遥感影像，对地方上报的变更图斑进行核实，检查遥感监测图斑是否变更；检查地方上报的新增建设用地图斑对应影像上是否建设；对遥感监测图斑变更为设施农用地和临时用地的，检查变更范围是否正确，并整理相关批准材料开展进一步审查；对于实地未发生变化或推填土的遥感监测图斑，地方未变更的遥感监测图斑，检查其相应的证明材料。

2. 建设用地图斑核查

对照遥感影像，对地方（县级）上报的新增建设用地图斑进行检查，遥感影像没有建设迹象的，责成省级国土资源主管部门组织各地退回原地类，对拒不退回的，按虚报建设用地进行查处。

3. 农用地变为未利用地图斑核查

根据地方报送的证明文件，结合实地照片及遥感影像，进行农用地变为未利用地数据的内业审查。未提供地（市）级人民政府或相应主管部门证明文件，或证明文件不符合要求的；遥感影像明显判断为农用地的或实地照片明显不支持变更的；外业核查认定实地仍为农用地的，一律不得变更。

对涉及重大问题的地类变更，通过专家论证，报国土资源部专题研究同意后，方可纳入年度变更。

4. 新增耕地及其他地类变化图斑内业核查

对地方变更为耕地和其他地类的图斑进行抽样核实，检查地类与其遥感影像特征是否一致，防止地方重复或虚报耕地。

（三）设施农用地和临时用地资料整理

对于监测图斑变更为设施农用地和临时用地的，全面收集整理地方上报的设施农用地和临时用地的用地批准材料，提交国土资源部相关业务司局组织各省份相关部门开展进一步审核。

（四）外业核查及整改

根据内业核查和地方复核结果，委托专业队伍，针对建设用地、设施农用地和临时用地图斑、耕地、农用地变为未利用地及其他地类变化图斑，以省为单位，采用抽样的方法，开展外业实地核查，核实变更图斑的地类、范围和面积等。

根据外业核查结果，县级国土资源主管部门负责组织及时完善土地利用现状调查结果，并形成土地利用变化增量数据，经省级检查后报国土资源部。

（五）整改成果审核

依据内业核查进度，分批次将内业核查结果反馈各省级国土资源主管部门，要求组织对国家反馈的问题分类型进行整改和核实。根据图斑整改和核实结果，修改完善土地变更调查成果，经省级质量检查后重新上报。

二、程序和方法

国家级核查的主要工作程序如图 15-16 所示。

（一）抽样及评价方法

根据土地变更调查工作特点和要求，综合考虑抽样检验工作量和准确率的前提下，年度土地变更调查省级成果抽样方案按标准计数检验方案进行设计。以某省的所有变更调查涉及的图斑总数为抽样检查的总体 N，采用系统抽样的方法随机抽取其中 n 个图斑进行计数检验，发现有 d 个不合格图斑，若 $d \leqslant Ac$，则全省变更调查成果视为合格（接收）；若 $d > Ac$，则全省变更调查成果视为不合格（拒收）。其中 Ac 为合格判定数，由抽样方案给定。

1. 抽样参数设定

1）总体和样本大小

以省为单位确定。省所有变更调查涉及的遥感监测图斑和变更图斑总数为抽样检查的总体 N，随机在该省份抽取检查的图斑为样本 n。

2）拒收下界 p_0

设定省抽样检查的拒收下界 p_0 为 89%。

3）接收上界 p_1

设定省抽样检查的接收上界 p_1 为 91%。

4）弃真概率 α

将合格的成果错判为不合格，导致全省的成果被拒收的概率为弃真概率，设定弃真概率 α 为 2.5%。

5）存伪概率 β

将不合格的成果错判为合格，导致全省整体质量评价予以通过的概率为存伪概率，设定存伪概率 β 为 2.5%。

6）批不合格品率 P

根据对省级土地变更调查成果质量的要求，将省级抽样检查的拒收下界 90%，作为省级抽样检查合格率 P 的估计值，即用 P=90% 来计算最多允许错误数。

7）置信度

设定省级抽样检查的置信度为 95%。

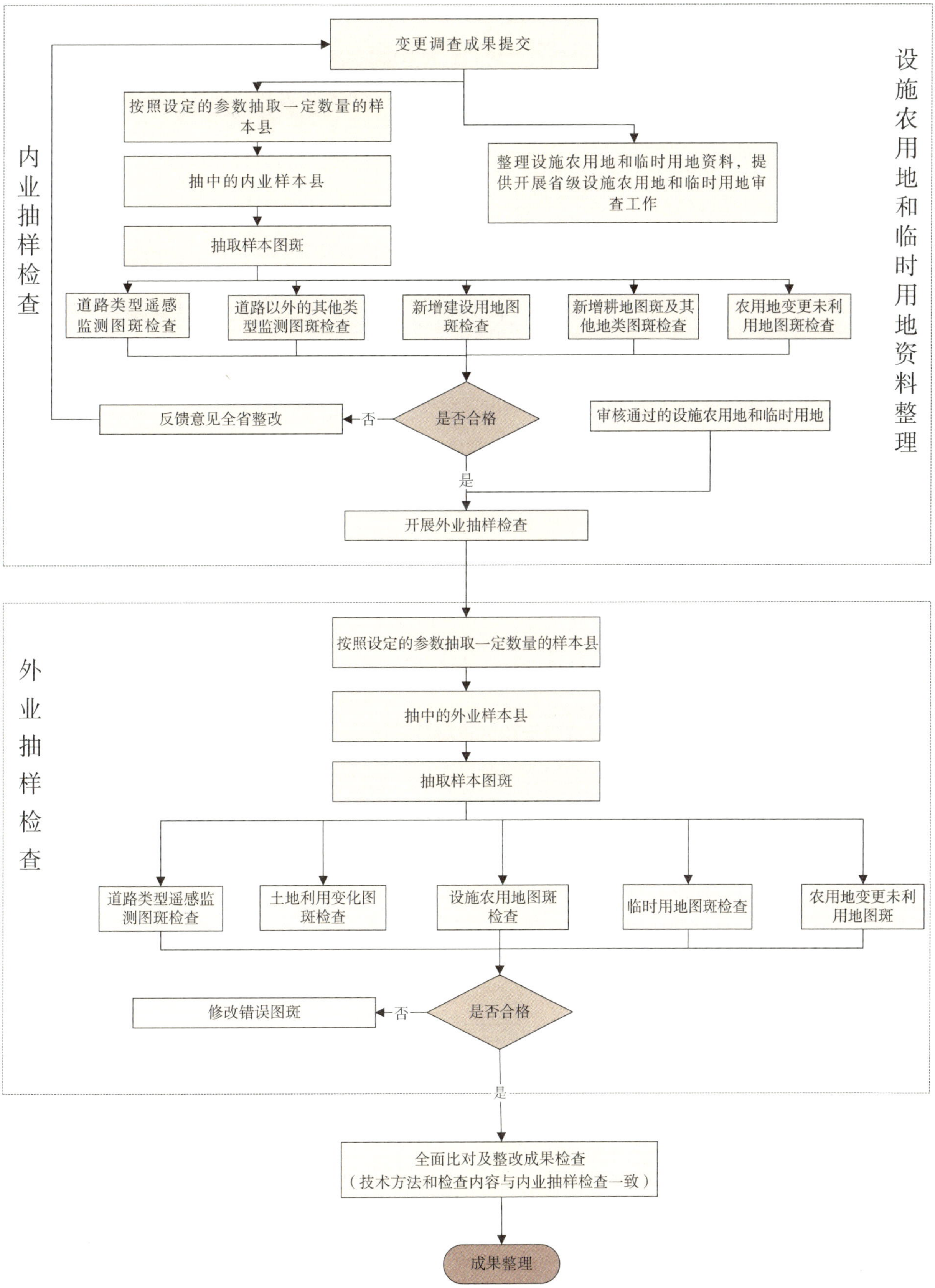

图 15-16　全国土地变更调查国家级核查流程

2. 样本量确定

各省样本量计算方法为，以国家提取的全部遥感监测图斑和省级上报的土地变更图斑为总体，以各省上报土地变更调查的县级行政调查区域为抽样单元，采用系统抽样的方法，抽选检查县样本，对样本县的全部监测图斑和变更图斑进行检查。抽选步骤如下：

按估计总体比率样本容量公式，确定抽样图斑的容许数量：

$$n=\frac{(Z_\alpha+Z_\beta)^2P(1-P)}{(P_1-P_0)^2} \tag{15-1}$$

根据上述参数设定，P=90%，$p0$=89%，$p1$=91%，置信度为 95%，以 α=2.5%，β=2.5%，分别查正态分布表，得 Zα=Zβ=1.96，代入公式得，n=3457。即每个省份大约需要选取约 3500 个样本图斑，据此确定样本县数量。如省内各县的变更图斑数大于 350 个，则最低需要抽 10 个县为样本；如果县内的变更图斑小于 350 个，应再多抽几个县为样本，以满足每省至少 3500 个样本图斑的要求。

当样本容量超过总体的 5% 时，需要调整样本容量，调整公式：$n'=\frac{n\times N}{(N+n-1)}$，$n$ 为原样本量，N 为变更图斑总量。

3. 最多允许错误个数

设 Ac 为各省抽样检查最多允许错误图斑个数，根据上述样本抽样情况，当按省级抽样图斑平均数 3500 个计算时，按照上述设定的参数带入公式计算可得：

$$Ac=n\{1-\frac{1}{2}[(Z_\alpha-Z_\beta)\sqrt{\frac{(1-P)P}{n}}+(P_1+P_0)]\} \tag{15-2}$$

$$=3500\{1-[\frac{1}{2}(0.91+0.89)]\}$$

$$=350$$

即最多允许错误数 Ac 为 350 个，按差错率计算为 10%。

4. 成果置信区间

对成果的正确率进行定量的评价，只需将抽样数 n，样本正确频数 $\bar{x}$ 和在特定置信水平（1–α）条件下查正态分布表得到的 $Z_{\alpha/2}$ 的值，通过如下公式，就可得出成果所能达到的最高和最低正确率，即 P 的 100（1–α）的置信区间为（PL，Pn），公式中，$a=(n+Z_{\alpha/2}^2)$；

$$\begin{cases} b=-(2nx+Z_{\alpha/2}^2)\text{；}c=n\bar{x}^2 \\ PL=\dfrac{-b-\sqrt{b^2-4ac}}{2a} \\ Pn=\dfrac{-b+\sqrt{b^2-4ac}}{2a} \end{cases} \tag{15-3}$$

当置信水平为 99% 时，$Z_{\alpha/2}=2.58$，抽中的样本的正确频数 x，即 $\bar{x}=\frac{m}{n}=\frac{3500-350}{3500}$=0.9，带入公式得：成果的置信区间为（88.6%，91.3%）；

当置信水平为 95% 时，$Z_{\alpha/2}=1.96$，抽中的样本的正确频数 x，即 $\bar{x}=\frac{m}{n}=\frac{3500-350}{3500}$=0.9，带入公式得：成果的置信区间为（88.9%，91%）；

当置信水平为90%时，$Z_{\alpha/2}=1.65$，抽中的样本的正确频数x，即$\overline{x}=\frac{m}{n}=\frac{3500-350}{3500}=0.9$，带入公式得：成果的置信区间为（89%，90.8%）。

5. 省级抽样检查及评价

以国家提取的全部遥感监测图斑和省级上报的土地变更图斑为总体，以各省上报土地变更调查的县级行政调查区域为抽样单元，采用系统抽样的方法，抽选检查县样本，分为道路类型监测图斑、道路以外其他类型监测图斑、新增建设用地图斑、新增耕地图斑、农用地变为未利用地图斑和其他地类变化图斑6个类型，对样本县的全部监测图斑和变更图斑进行检查。

根据抽样图斑检查结果，以省为单位进行整体评价，对于省级各类抽样检查错误图斑个数之和与省级各类抽样检查总图斑个数的比值（差错率）小于10%为省级整体质量抽样检查合格，对于合格的省级成果将予以接收并开展后续全面比对检查工作。

对于省级各类抽样检查错误图斑个数之和与省级各类抽样检查总图斑个数的比值（差错率）大于10%为省级整体质量抽样检查不合格。对抽样检查质量评价不合格的省份，国土资源部将下发质量抽样检查不合格通知书，并对道路类型监测图斑、道路以外其他类型监测图斑、新增建设用地图斑、新增耕地图斑、农用地变为未利用地图斑和其他地类变化图斑6个类型的检查结果分类进行说明，反馈全省变更调查结果及各类图斑检查情况，并按照相关文件要求给予相应处理。

（二）内业全面比对

比对是指逐图斑检查遥感影像与实地地类的一致性。

1. 道路类型遥感监测图斑

全面比对检查道路类型的遥感监测图斑和地方上报的新增公路图斑，量取监测图斑的路面宽度，对未按公路用地变更的路基宽度大于6.5米或路面宽度大于6米的道路类型监测图斑，作为本年新增建设用地图斑，移交有关部门开展土地卫片执法检查。

2. 道路以外的其他类型监测图斑

全面比对检查道路以外的其他类型监测图斑和地方上报的变更数据库，对遥感影像有建筑物或构筑物的遥感监测图斑，未在数据库中变更为建设用地、设施农用地或临时用地，作为本年度新增建设用地图斑的，移交土地卫片执法检查；对发生土地平整的遥感监测图斑，未变更为建设用地、设施农用地或临时用地的，也未按要求提供实地照片和县级国土资源主管部门主要负责人签字盖章的遥感监测图斑信息核实记录表的，作为本年新增建设用地图斑的，移交土地卫片执法检查。

3. 新增建设用地图斑

依据遥感影像对地方上报的新增建设用地图斑进行全面比对检查，对影像无建设迹象的虚报建设用地图斑，在用地管理信息套合标注工作结束后，责成将无合法批准手续的虚报建设用地退回原地类。

4. 新增耕地图斑及其他地类图斑

对抽样检查新增耕地及其他地类单项检查问题严重的省份，根据数据变化流量和流向审查结果，对重点地区开展新增耕地及其他地类比对工作。对遥感影像明显不是耕地特征的新增耕地图斑、其他地类图斑变更地类与遥感影像特征明显不符的，开展外业抽样核实。根据内业比对及外业抽样核实结果，组织相关省份进行数据对接整改。

1）新增耕地核查

利用GIS空间套合技术，将地方上报的新增耕地图斑与上年度土地变更调查数据库（土地调查数据库）进行套合，对于新增耕地图斑与原有数据库地类重复的，予以退回，防止重复上报耕地。对新增耕地图斑，依据遥感影像，采用抽样核查的方法，检查图斑地类与其遥感影像特征是否一致，防止地方虚报耕地。影像明显反映不是耕地的，应返回地方进一步核实修改，将该新增耕地退回原地类，对未按照国家核查意见修改的，开展外业核查。

2）其他地类变化核查

以省为单位，对其他地类变化进行抽样核实，检查地类与其遥感影像特征是否一致。

5. 农用地变为未利用地图斑

首先对农用地变为未利用地进行流向合理性分析，然后确定有异常流量的县级单位，检查农用地变为未利用地的证明材料及照片的合理性，同时比对查找与卫星影像明显不一致的图斑，开展外业抽样核实。根据内业比对及外业抽样核实结果，组织相关省份进行数据对接整改。

6. 设施农用地及临时用地图斑

全面整理地方上报的设施农用地和临时用地的用地批准材料及《临时用地图斑记录表》和《设施农用地图斑记录表》，提供国土资源部各相关司局组织开展批准文件审核，对经审通过的设施农用地和临时用地，开展外业抽样核实。外业抽样核实全省整体质量评价不通过的，要求该省份重新组织审核，并上报临时用地图斑记录表和设施农用地图斑记录表；对国土资源部各相关司局审核未通过的设施农用地和临时用地图斑，作为本年新增建设用地，提交土地卫片执法检查。对审核通过的临时用地，以独立图层保存，在以后年度遥感监测中进行跟踪监测。

7. 已拆除的遥感监测图斑

整理地方认定为实地已拆除的遥感监测图斑，以独立图层保存，待下年度遥感监测工作中，利用最新遥感影像核实拆除情况。

（三）外业核查

根据内业核查结果，委托专业技术队伍，采用 GPS 及"远看近判"等技术方法准确定位，针对建设用地、耕地、农用地变为未利用地、其他地类变化等图斑，以省为单位，采用抽样调查的方法，开展外业实地核查。依据《土地管理法》、《土地利用现状分类》（GB/T 21010—2007）、《关于进一步支持设施农业健康发展的通知》（国土资发〔2014〕127 号）等法律、技术标准和文件，实地检查外业核查图斑的地类、边界等内容，判定变更的正确性。

（1）依据《土地利用现状分类》（GB/T 21010—2007）等地类认定标准，对土地利用现状变化地类及范围认定不准确的，判定为错误图斑。

（2）对不符合《土地管理法》、《土地管理法实施条例》规定的临时用地认定范围、临时用地上兴建永久性建（构）筑物的，判定为错误图斑。

（3）对不符合《关于进一步支持设施农业健康发展的通知》（国土资发〔2014〕127 号）等相关标准和文件中规定的设施农用地认定范围的，判定为错误图斑。

（4）对外业核查图斑为在建或刚建成，若实地无法准确认定为设施农用地的，待下年度进一步核实。

（四）整改成果核查

（1）使用最终核查成果与建设用地图斑叠加比对检查道路监测疑问图斑，对于地方修改为公路但宽度不符合要求的、地方改为农村道路或未修改的，以遥感监测图斑范围作为本年新增建设用地图斑，移交土地卫片执法检查。

（2）使用最终核查成果与建设用地图斑叠加比对检查道路之外的监测疑问图斑，地方未修改的或改为设施农用地、临时用地的监测疑问图斑，作为本年新增建设用地图斑，移交土地卫片执法检查。

（3）对于遥感监测的推平图斑，地方未提供材料或照片的，检查地方是否重新补充提供照片或材料，对仍未提供照片或材料，作为本年新增建设用地图斑，移交土地卫片执法检查。

（4）对于地方解释为已拆除的监测疑问图斑，单独生成图层，在以后年度遥感监测中进行跟踪监测。

（5）对于虚报的建设用地图斑，检查是否退回原地类，同时，检查新增加的建设用地图斑影像判读是否建设，对于未退回的和新增的未建设图斑，单独生成图层，在以后年度遥感监测中进行跟踪监测。

（6）检查地方上报新增耕地和农用地变为未利用地的流量和流向是否合理，检查疑问图斑是否退回原地类。

三、核查主要成果

（一）矢量成果

主要包括遥感监测图斑核查矢量数据成果、新增建设用地图斑核查矢量数据成果、农用地变为未利用地图斑核查矢量数据成果、新增耕地及其他地类变化图斑核查矢量数据成果、设施农用地和临时用地矢量数据成果等。

（二）图件成果

主要包括标准分幅和县级外业核查图斑分布图、标准分幅和县级重点抽查核实图斑分布图。

（三）表格成果

包括遥感监测图斑核查记录表、新增建设用地图斑核查记录表、农用地变更为未利用地图斑核查记录表、新增耕地图斑核查记录表、设施农用地和临时用地图斑记录表等。

（四）报告成果

主要包括核查区内业核查报告和外业核查报告等。

第七节　土地变更调查年度数据汇总与数据分析

县级行政调查区域是年度变更调查的基本单位和年度数据统计的基本单位，也是地（市）级、省级、国家级年度数据汇总的基础。因此，县级数据统计是各级数据汇总的关键环节。对得到的各级年度变更调查数据，结合当年社会经济发展状况开展数据分析，可以了解掌握年度的土地利用现状和变化状况，建设用地、耕地等主要地类的土地利用变化与社会经济发展的关系，为各级政府和国土资源主管部门制定有关政策提供支撑。

一、总体要求

（一）面积统计要求

（1）面积统计单元。以县级行政调查区域为面积统计单元进行数据统计。

（2）县级土地调查数据库中各地类的年初面积（以下简称年初面积）应与国家土地调查数据库中的面积保持完全一致。

（3）各地类面积之和应等于行政调查区域控制面积。

（4）按权属性质统计面积之和等于行政调查区域控制面积。

县级行政调查区域范围控制面积、年初土地调查数据库、变更一览表、变更调查统计汇总表、年末土地调查数据库五者之间必须保证数据逻辑关系正确，如年初与年末土地调查数据库汇总所得总面积必须等于行政调查区域控制面积，并等于变更调查汇总表中的总面积；变更调查汇总表中地类的变化面积必须等于变更一览表中的相应地类的变化面积。

（二）表格统计要求

县级变更调查统计表应由县级土地调查数据库生成。县级变更调查统计表主要包括:《土地利用变更一览表》、《农村现状一级分类面积按权属性质统计汇总表及续表》、《耕地坡度分级面积统计汇总表》等。县级变更调查统计表需要在数据库更新完成之后形成，并经过数据检查才能进入更新数据包提交阶段。更新后数据库统计结果、增量更新统计结果与逐级上报的统计表应保持一致。各级上报的统计报表表内、表间逻辑关系正确。

表格数据的一致性包括表格数据内部的逻辑一致性和不同表格数据之间的逻辑一致性。表格数据内部的逻辑一致性是指表格中诸如小计、合计、总计等行或者列的值应该等于其子行或者子列的值的汇总，以及表格中其他行或者列之间的逻辑对应关系。不同表格数据之间的逻辑一致性是指描述同一份土地利用数据的不同表格之间的一致性关系。

（三）平差原则

增量数据处理中由于进位和精度的问题，误差是存在的，可能会导致不同级别的数据不一致，需要通过平差的方法对误差进行处理。平差原则包括：①行政调查区域变更前后控制面积相等；②涉及变化的图斑，变更前后图斑面积相等；③线状地物基本变更单元长度之和与原线状地物或者变更后长度相等；④图形地类面积没有发生变化，不允许参与平差。

二、县级统计汇总

（一）由县级数据库生成《土地变更一览表》

在《土地变更调查记录表》中，包含了土地坐落、图幅号、调查表编号、建设用地类型代码、变更前后的所属权属单位名称、图斑编号、地类编码、图斑面积、土地权属性质、坡度代码、地类面积等变更信息，备注中包括批地文件号、注记、补充说明等信息，并在草图栏将图斑变更前后状况标绘清楚，另外还包括调查人、填表人、审核人、调查日期等信息。该表的填写必须严格遵循《土地变更调查技术规程》要求。

根据《土地变更调查记录表》中记录的信息，输入到各县级单位的土地利用现状管理系统并更新数据库，保证县级数据库与实际变更情况一致，由数据库直接生成《土地变更一览表》。土地利用变更一览表记录了地类面积的流向信息、权属性质变更信息、耕地坡度变更信息、耕地类型变更信息等，是变更汇总统计的基础表，它的形成必须严格按照一定的规范：

（1）根据实际变更情况，添加一览表中的变更前地类、变更后地类、变更前图斑编号、变更后图斑编号、变更前坐落代码、变更后坐落代码、变更前权属性质、变更后权属性质、变更前耕地坡度分级、变更后耕地坡度分级、变更前耕地类型、变更后耕地类型、变更面积信息。

（2）耕地坡度分级的填写值域范围为“1、2、3、4、5”。

（3）权属性质按照增量数据库中记录的属性性质填写。

（4）当变更前或变更后图斑为可调整地类时，在相应地类编码后加“K”表示，如可调整果园，编码为021K；当图斑为可视为补充耕地园地时，在相应地类编码后加“KB”表示，如可视为补充耕地的果园，编码为021KB；当图斑为批而未用土地时，在相应地类编码后加“P”表示，如201P。

（5）土地利用变更一览表中，由于地类变化引发的地类、面积流向的计算规则参照《土地调查数据库更新规范》中相关要求，由计算机自动完成。

（6）在地类不变但其他性质发生变化（如权属）的情况下，土地利用变更一览表中仍需记录权属性质、耕地类型、耕地坡度级别、坐落单位代码发生变更的信息。

（7）一览表中新增耕地来源、建设用地类型数据来源于外业调查，当变更类型属于新增耕地、新增建设用地时，必须填写新增耕地来源、建设用地类型内容。

（8）一览表中的记录表号来源于土地利用变更调查记录表表号，并在表号前加乡级行政区划代码（9位）。

（二）依据《土地变更一览表》生成《土地利用现状变更表》

生成《土地利用现状变更表》要以一览表为基础。一览表作为变更调查的总表，可通过分组统计求和，生成单位为平方米的变更基础计算表，然后直接进行单位换算，生成单位为公顷的变更基础计算表，小数位保留两位。土地利用现状变更表由以公顷为单位的变更基础计算表和上一年的统计结果生成。

（1）土地利用现状变更表的年初面积值来源于上一年上报国家的年末汇总统计结果。

（2）以公顷为单位的变更基础计算表为基础，对同一类型的地类变化进行汇总统计（如将某村内所有“011”变更为“204”的数值求和），形成以村为单位的土地利用变更表（流向部分）。

（3）将各村统计结果汇总，形成全县的土地利用现状变更表（流向部分），同时将年初面积值加上年内增加面积，减去年内减少面积，得出土地利用现状变更表中的年末面积值。

（4）将统计结果按照土地利用现状变更表的形式填写。

（三）依据《土地变更一览表》生成其他各类统计报表

其他各类统计报表的生成以一览表为基础，结合一览表生成的单位为公顷的变更基础计算表，和上一年度的本类报表的信息，生成本年度的报表，必须遵循《土地变更调查技术规程》中的填表规范，以农村土地利用现状一级分类面积按权属性质统计汇总表为例进行说明。

（1）表中“年初面积”值来源于上一年年末上报国家的汇总统计结果。

（2）提取以公顷为单位的变更基础计算表中的“变更前地类”、“变更后地类”、“变更面积”、“变更前权属性质”、“变更后权属性质”数值。

（3）以村为单位，按一级地类统计权属性质发生变更的面积，包括年内减少面积和年内增加面积。

（4）将各村统计结果汇总，形成以县为单位的权属性质发生变更的面积统计结果。

（5）将“年初面积”减去年内减少面积加上年内增加面积，得出农村土地利用现状一级分类面积按权属性质统计汇总表“年末面积”值。

（6）将统计结果按照规定表式填写。

（7）此表中“年初面积”和“年末面积”行中的各一级地类面积值及土地总面积值应该与土地利用变更表中“年初面积”、“年末面积”的值相等。

（四）基本农田统计汇总

当基本农田范围依法依规进行调整、补划时，按照要求对基本农田保护片块范围进行编辑，将调整后的基本农田保护片块与更新后的土地利用现状数据库叠加，形成基本农田保护图斑，统计汇总当年基本农田面积。基本农田变更涉及基本农田保护片块层和图斑层。

基本农田情况统计包括描述现实数据和变更数据两部分。基本农田统计汇总表依据数据库汇总生成该行政区内一级地类耕地（01）[包括二级类水田（011）、水浇地（012）、旱地（013）]，园地（02），林地（03），草地（04），城镇村及工矿用地（20），交通运输用地（10），水域及水利设施用地（11）和其他土地（12）年末面积并填写。

基本农田统计汇总表表内数据逻辑一致性要求：

（1）村级耕地面积小计等于村级水田、水浇地、旱地面积之和。

（2）村级其他地类面积小计等于村级园地、林地、草地、城镇村及工矿用地、交通运输用地、水域及水利设施用地、其他土地面积之和。

（3）村级合计（面积）等于耕地小计和其他地类小计之和，乡级合计（面积）等于村级合计（面积）之和，县级合计（面积）等于乡级合计（面积）之和。

（4）县级合计（面积）等于县级耕地小计（面积）与县级其他地类小计（面积）之和。

（5）县级耕地小计（面积）等于县级耕地二级类（面积）之和，县级其他地类小计（面积）等于县级其他地类二级类（面积之和）。

（五）县级土地利用变化情况分析

（1）年末各地类规模和本年度各地类变化情况。包括两个方面：一是对辖区面积变化情况进行说明，主要说明变化的原因和依据的资料。二是对年末耕地、建设用地等地类的现有规模、分布等状况及各地类的变化情况进行说明，同时对辖区内的不同权属性质土地、耕地的不同坡度分级、可调整地类、基本农田、批而未用土地等的现状和变化情况进行说明。

（2）耕地数量增减变化情况及分析。包括3个方面：一是耕地减少去向分析，包括建设占用耕地情况，即对当年建设占用耕地，分当年批准建设、批而未用、未批先建三种情况进行分析；灾毁耕地情况，即说明灾毁耕地的原因、灾毁程度（可复垦和难以复垦）及分布区域等；生态退耕状况，即说明当年生态退耕还林、还草、还湖数量和原因；农业结构调整占用耕地状况，需对当年农业结构调整占用耕地面积进行具体分析。同时分析当年生态退耕、农业结构调整减少耕地中可调整地类的类型及面积情况，以及年末基本农田的类型和面积状况。二是耕地增加来源分析，补充耕地情况，即按土地整治、增减挂钩、工矿废弃地复垦、农业结构调整等补充耕地情况进行具体分析，包括分析可视为补充耕地的新增园地情况。三是耕地总量平衡、占补平衡情况分析，耕地总量平衡情况，即分析年度耕地增减变化情况，并将现有耕地面积同土地利用总体规划的耕地保有量作对比分析；占补平衡情况，即比较分析建设占用耕地和补充耕地数量情况，以及按建设项目占补平衡情况，说明主要经验和存在问题。

（3）建设用地增减变化情况分析。包括3个方面：一是新增建设用地情况。对建设占用农用地、未利用地，分“本年批准本年建设”、“本年批而未用”、“本年未批先建”三种情况进行重点分析。二是建设用地变为农用地和未利用地的类型、数量及分析。三是年度用地计划执行情况分析。新增建设用地及建设占用农用地、耕地的数量，与年度土地利用计划进行比较分析，说明计划安排使用情况，对差距较大的，要详细说明。

三、地（市）级、省级、国家级数据汇总

（一）土地利用现状变更表汇总

上一级依据下一级的《土地利用现状变更表》，逐级汇总生成各级《土地利用现状变更表》，具体汇总情况如下：

（1）土地调查数据库更新流程是由县级数据库更新逐级汇总更新到市级、省级，最终到国家级数据库更新。

（2）地市级国土资源主管部门若有本级数据库管理系统则利用本级数据库进行更新并输出《土地利用现状变更表》；若未建设本级数据库管理系统，则利用更新数据上报软件统计地市级《土地利用现状变更表》，提交本级更新数据包至省级国土资源主管部门。

（3）省级国土资源主管部门使用更新数据上报软件接收并检查地市级上报的更新数据包，检查通过后，利用省级数据库管理系统对本级数据库进行更新，并输出本级相应《土地利用现状变更表》。省级数据库更新完成后，使用更新数据上报软件对各市级更新数据包进行检查、打包，上报国家。

（4）国家通过国家级数据管理系统更新模块接收各省提交的更新数据包成果，进行检查、核对，更新国家级数据库，并输出《土地利用现状变更表》。

（二）地（市）级、省级、国家级数据统计汇总表

上一级依据下一级的各类面积统计汇总表，逐级汇总生成农村土地利用现状一级分类面积按权属性质、耕地坡度分级、基本农田、可调整地类面积统计汇总表、建设用地类型面积统计汇总表、土地利用现状变更表（三大类表总表）等各类面积统计汇总表。

（三）各级土地利用变化情况分析

1. 土地利用变化情况分析要求

（1）能够真实、直观地反映出本年度土地变更状况。

（2）能够准确分析土地变更原因。

（3）对于耕地变化、建设用地变化，进行详细的归类及分析。

（4）能够及时反映出地方占补平衡状况及具体做法。

2. 分析内容

（1）根据变更调查内容，分析年末各土地分类面积数量现状和增减变化情况。一是辖区面积变化情况。对辖区面积变化情况进行说明，主要说明变化的原因和依据的资料。二是各地类现状和变化情况。对年末耕地、建设用地等地类的现有规模、分布等状况及各地类的变化情况进行说明，同时对辖区内的不同权属性质土地、耕地的不同坡度分级、可调整地类、基本农田、批而未用土地等的现状和变化情况进行说明。

（2）耕地面积数量增减变化情况及分析。一是耕地减少去向及分析。建设占用耕地状况。对当年建设占用耕地，分当年批准建设、批而未用、未批先建三种情况进行具体分析。灾毁耕地状况。主要说明灾毁耕地的原因、灾毁程度（可复垦和难以复垦）及分布区域等。生态退耕状况。主要说明当年生态退耕还林、还草、还湖数量和原因。农业结构调整占用耕地状况。对当年农业结构调整占用耕地面积进行具体分析。同时分析当年生态退耕、农业结构调整减少耕地中可调整地类的类型及面积情况，以及年末基本农田的类型和面积状况。二是耕地增加来源及分析。补充耕地情况，按土地整理、增减挂钩、

工矿废弃地复垦、农业结构调整等情况进行具体分析。同时分析可视为补充耕地的新增园地情况。

（3）建设用地增减变化状况及分析。一是建设用地扩展规模类型、数量及分析。对建设占用农用地、未利用地，分“本年批准本年建设”、“本年批而未用”、“本年未批先建”三种情况进行重点分析。二是建设用地变为其他用地的类型、数量及分析。三是年度用地计划执行情况分析。新增建设用地及建设占用农用地、耕地的数量，与年度的土地利用计划进行比较分析，说明计划安排使用情况，对差距较大的，要详细说明。

（4）耕地“占补平衡”及年度用地计划执行情况分析。一是耕地总量平衡状况。现有耕地数量同《土地利用总体规划》要求的耕地保有量进行对比分析。二是“占补平衡”状况。比较分析全省建设占用耕地和补充耕地数量情况，以及按建设项目占补平衡的情况，说明主要经验和存在的问题。

（5）检查抽查情况。包括对本辖区内不少于1/4县级单位的检查、抽查情况，特别是对本省（自治区、直辖市）耕地净减少数量和新增建设用地数量位于前5名的县级单位分别进行实地抽查的情况。

后 记

按照《国务院关于开展第二次全国土地调查的通知》（国发〔2006〕38号）的部署，国土资源部、国务院第二次全国土地调查领导小组办公室于2006年7月1日至2009年12月31日组织开展了第二次全国土地调查。2013年12月30日，国土资源部、国家统计局、国务院第二次全国土地调查领导小组办公室向社会公布了第二次全国土地调查主要数据成果。为了全面总结第二次全国土地调查技术，按照国土资源部、第二次全国土地调查领导小组办公室的要求，2014年底组建了参加过第二次全国土地调查人员为主的团队，开始了《中国土地调查技术》专著的撰写。专著本着全面总结第二次全国土地调查各主要技术环节的原则，经过撰写提纲和内容、分章节撰写、讨论修改、统稿和修改完善等过程，最终形成了这本《中国土地调查技术》。全书共分十五章，其中前十四章为总结第二次全国土地调查主要环节的技术、方法、流程等；第十五章为第二次全国土地调查后，为了保持调查成果的现势性而开展的年度土地变更调查技术。

本书不但可以全面了解第二次全国土地调查的技术路线、流程、方法等内容，也可为今后开展土地调查提供参考。

本书是集体智慧的结晶。各章撰写及统稿人员如下：第一章，孙毅、曾巍、李琪、许实；第二章，周连芳、曾巍、梁耘；第三章，梁耘、孙毅、周连芳、曾巍；第四章，史良树、杨冀红、宋海容、战鹰、孙茜茜、陈华萍；第五章，李金鹿、赵乔贵、李刚、王志宏、齐建伟、李佳明、郝继坤、尹鹏程、杨良顺、范胜强、王孝强、孙毅、杨祝晖、霍淼、牛春盈、袁金；第六章，钟京涛、孙建宏、石珩、于丽娜；第七章，毛玉龙、李相一、齐建伟、 李佳明、梁耘、李留所、何乐；第八章，赵乔贵、李金鹿、齐建伟、李佳明、孙毅、周连芳、曾巍；第九章，白晓飞、张嘉；第十章，李琪、高莉、张炳智、曾珏、辛丽璇、唐程杰、武娟、王慧敏、马小计、蒋科、王建平；第十一章，韦革；第十二章，何欢乐、姜栋、高学文；第十三章，曾珏；第十四章，高莉、芦仲进、宋永存；第十五章，曾巍、辛丽璇、张荣慧、李涛、杨地、赵伟、戴韫卓、张丰、王建弟、张利卫；全书统稿，孙毅。

本书在撰写过程中得到了国土资源部、第二次全国土地调查领导小组办公室领导的大力指导和帮助。在此对他们辛苦的付出表示最真诚的感谢！

由于时间仓促，加之水平有限，书中恐有疏漏和不足之处，敬请各位同行和读者批评指正。

编　者

二〇一七年五月八日